Imperiofobia y leyenda negra

1.ª edición: octubre de 2016
20.ª edición: octubre de 2018

En cubierta: *Lienzo de Tlaxcala* (1522),
pacto de Cortés con los cuatro tlataloques
Colección dirigida por Ignacio Gómez de Liaño
Diseño gráfico: Gloria Gauger

c/ Almagro 25, ppal. dcha.
28010 Madrid. Tel.: + 34 91 355 57 20
Fax: + 34 91 355 22 01
www.siruela.com
ISBN: 978-84-16854-23-3
Depósito legal: M-27.197-2016
Impreso en Cofás
Printed and made in Spain

Papel 100% procedente de bosques bien gestionados
de acuerdo con criterios de sostenibilidad

María Elvira Roca Barea

Imperiofobia y leyenda negra

Roma, Rusia, Estados Unidos y el Imperio español

Prólogo de Arcadi Espada

Siruela

Biblioteca de Ensayo 87 (Serie Mayor)

Índice

«No es un hombre más que otro si no hace más que otro».

MIGUEL DE CERVANTES

Una leyenda y una verdad

Solo hay una leyenda negra y es la española. Rechace imitaciones. Este es el mensaje, cargado de beligerancia, conocimiento y ardor, que M.ª Elvira Roca Barea transmite a los lectores de este libro excepcional. Una historia de España, y por tanto también del Imperio, escrita por el dorso. «Cuando te den papel pautado escribe por el otro lado», rimaba el poeta. Y eso es precisamente lo que se ha propuesto hacer la autora: con los hombres, desde Felipe II a Tony Blair, y con los documentos. Debo pararme en esta última formalidad: la manera cómo nuestra ensayista levanta a pulso las toneladas de papel de propaganda cernidas sobre la indolente España es puramente admirable. Y como me dedico desde hace muchos años a un trabajo similar tengo autoridad para añadir que también es envidiable. M.ª Elvira Roca Barea pertenece a esa clase de críticos que leen con un portentoso oído y que detectan con una glacial agudeza las farsas de la propaganda distribuida a lo largo de las épocas. Ese oído es una condición inexcusable de la gran historia, que ocupándose de hechos ha de ocuparse también de los hechos de mentira y darles su lugar aparte. Este libro es un virtuoso ejemplo de cómo se cumple con esta obligación.

Las famosas y gastadas alusiones al excepcionalismo español, o expañol, siempre me recuerdan las elucubraciones sobre la conciencia de muchos dualistas vergonzantes. Se trata de personas instruidas e inteligentes que han reflexionado profundamente sobre la naturaleza y la conducta humanas, y que saben que nada puede explicarse sin algo. Es decir, saben que la materia es el punto de partida de cualquier explicación razonable, pero al mismo tiempo, y atormentados tal vez por el misterio, añaden que la conciencia no puede explicarse completamente por la interacción de la materia. Lo mismo sucede con el excepcionalismo español. Es difícil que alguien admita la posibilidad de que la historia española se rija, en líneas generales, al margen de las circunstancias de países próximos. Pero inmediatamente después de haber aceptado eso hay quien entra en una especie de letárgico recogimiento y acaba siempre mascullando: «Pero algo tiene que haber...».

Este libro da numerosos ejemplos de hasta qué punto no hay nada al margen de algo. Ni siquiera la obstinada indolencia con que España ha reaccionado a las mentiras que han proyectado los otros sobre ella es estrictamente característica. Los Estados Unidos reaccionan hoy ante la imperiofobia en parecidos términos a como lo hacían los españoles del siglo XVI y del XVII... y a como siguen haciéndolo. La diferencia es que los Estados Unidos es el imperio más poderoso que ha conocido la humanidad y España una nación trabada, cuya única relación con el imperio del pasado es, precisamente, esa indolencia ante los insultos y las falsedades, mucho más peligrosa, como demuestra la crisis de deuda, cuando se proyecta sobre un organismo frágil.

Ante el fracaso general y admitido de la hipótesis excepcionalista yo he tomado desde hace tiempo una reserva que este libro confirma con poderes fácticos. Hay algo en la historia española que no tiene analogías fáciles en las historias cercanas. Y es «esa voluntad, ciertamente empecinada, de vivir juntos los distintos», para decirlo en las palabras que usó Cayetana Álvarez de Toledo en el discurso de presentación de Libres e Iguales. En este sentido, el libro de María Elvira Roca Barea reúne un espectacular acopio de datos que recorre las épocas desde la propia matriz de la acusación xenófoba. Es decir, como dice: «No está aquí fuera de propósito recordar que las expulsiones de judíos fueron una constante en la Europa tardomedieval y moderna: Inglaterra en 1290, Francia en 1306, etcétera, y no cosa particularmente española. Todas fueron más duras que la que aquí se produjo y no se dio a los judíos la posibilidad de convertirse ni de enajenar sus bienes».

Nuestra ensayista ha conseguido con este libro algo de extremada dificultad en esta época. Ha hecho de España un país simpático. Esta es su mayor victoria contra el excepcionalismo, porque cualquier aventura humana, observada con la resignación a que obliga la muerte, acaba ganándose el corazón de sus pares. Es el momento de decir que su logro es el de una escritura tempestuosa, apasionada, el de una discusión inacabable y por momentos violenta, el de un punto de vista que va río arriba, pero que no olvida que la estrategia del salmón no la exime de la ecuanimidad y de la presentación rigurosa de las pruebas. Una escritura también simpática, pero en el sentido que lo es una voladura controlada.

Así pues, curioso lector, lee este libro, nutritivo y ameno, hasta el final. Verás cómo a partir de ahora dirás sin vacilación ni miedo alguno leyenda negra. Pero, a diferencia de la costumbre, cargando fieramente la suerte por el sustantivo.

ARCADI ESPADA
Barcelona, a 31 de agosto de 2016

Introducción

Se procurará en lo que sigue no incurrir en resbaladizas disquisiciones morales sino dejar constancia de los hechos. No porque los actos humanos colectivos o de naturaleza histórica deban estar libres de juicio moral, sino porque antes de aplicar el dictamen de bueno o malo en estos, como en todos los casos, hay que determinar cuáles son esos hechos. Por otra parte, el juicio moral en la historia es planta muy delicada y suele ser arrastrada por prejuicios conscientes e inconscientes. Es relativamente fácil juzgar un acto humano individual, y aun así a veces resulta muy arduo. Cuando empiezan a multiplicarse exponencialmente los factores en juego, las causas y los efectos interaccionan entre sí de manera tan apretada y circular que no se puede determinar honradamente cuál es la causa y cuál el efecto. Frente a este desafío, no hay más receta para ser honrado que la humildad.

Es posible (o no) que el ser humano fuese más feliz viviendo en un estado de perfecta igualdad edénica y que este ideal sea moralmente superior a otros, pero el hecho es que ni los mansos franciscanos ni los más circunspectos budistas lo han conseguido. Guste o no a los perseguidores de utopías, la verdad es que la mayoría de los seres humanos prefiere ser rico a ser pobre y que no hay grupo de nuestra especie con un mínimo éxito reproductivo que no viva bajo alguna forma de organización jerarquizada. La jerarquía y el poder existen en todas las sociedades humanas y también en otras muchas no humanas. Quizá sería muy bonito que no fuera así, pero para nuestra desgracia desconocemos cómo se organizan los cuerpos sin esta ley de la gravedad social. Algunos antropólogos piensan que el éxito evolutivo del *Homo sapiens* frente al neandertal se debió a que fue capaz de organizar (jerarquizar) grupos numerosos, mientras que el neandertal vivía en pequeños clanes familiares de unas veinte personas y no construyó unidades mayores. Quizá eran muy sabios y no quisieron, pero de ellos solo sabemos una cosa cierta y es que se extinguieron.

Alguien manda siempre, y solemos odiar o admirar a quien lo hace por el mero hecho en sí, ciega e irreflexivamente, cuando el verdadero asunto moral es cómo manda el que manda cuando le toca mandar. Porque nadie manda mucho tiempo sin el consentimiento explícito o silencioso de los mandados. El mando es responsabilidad, y el que manda tiene que asumir muchas responsabilidades y hacerles frente. No puede desertar de ellas o perderá el mando. Asume riesgos, toma decisiones, enfrenta errores. Por eso es tan cómodo que mande otro.

Desde que tenemos noticia de nosotros mismos, vemos que los seres humanos han tendido a crear enormes estructuras sociopolíticas que llamamos «imperios». Si nos atenemos a la definición extensiva, un imperio es una organización política independiente que tiene al menos un millón de kilómetros cuadrados. Y eso no es algo nuevo hoy, cuando podemos cómodamente viajar al lugar más distante del globo en menos de veinticuatro horas. Esto ha ocurrido desde los comienzos de nuestra historia, cuando desplazarse sobre la superficie del planeta era trabajoso y arriesgado, y la mayor velocidad se alcanzaba a lomos de un caballo o sobre frágiles naves sujetas al albur impredecible de los vientos. Pero tales dificultades no parecen haber arredrado a nuestros antepasados, que se empeñaron y lograron construir un imperio tras otro. Partamos del axioma de que el ser humano no es por naturaleza suicida y de que tiende a obrar en su mayor beneficio. Si esto es así, alguna ventaja ha debido hallar nuestra especie en estas macroestructuras políticas. De otro modo no se entiende que hayan surgido una y otra vez, siglo tras siglo y en todo el planeta.

A este misterio hay otro que lo acompaña. Lo podemos llamar leyendas negras o imperiofobia. La primera expresión tiene la ventaja de aludir a la naturaleza evanescente y escurridiza de estos prejuicios, y la segunda, de poner de relieve que se trata de una clase especial de prejuicios, mejor organizados y promovidos, al menos en su origen, que los otros. Los españoles hemos creído durante décadas que este enojoso asunto era un rasgo exclusivo de nuestra historia. Nada más lejos de la realidad. Las leyendas negras son como el principio de acción y reacción de la física aplicado a los imperios. Nuestro propósito con este libro es comprender por qué surgen, qué tópicos las configuran y cómo se expanden hasta llegar a ser opinión pública y sustituto de la historia.

Dos puntos conviene aclarar antes de proseguir. El primero tiene que ver con el tema de este libro, que está irremediablemente vinculado a creencias e ideologías. Y sé que la primera tentación de muchos lectores será saber desde qué punto de vista ideológico está escrito, para así determinar si le merece confianza o si vale la pena leerlo. No veo inconveniente en facilitar este escrutinio. No tengo vínculo de ninguna clase con la Iglesia católica. Pertenezco a una familia de masones y republicanos y no he recibido una educación religiosa formal. Auscultándome para ofrecer al lector una radiografía lo más precisa posible, me he dado cuenta de que la persona de religión con quien más trato he tenido ha sido el reverendo Cummins de la parroquia baptista de Harvard St. (Cambridge, MA), un hombre bueno y un cristiano ejemplar. No comparto con el catolicismo muchos principios morales. Las Bienaventuranzas me parecen un programa ético más bien lamentable y poner la otra mejilla es pura y simplemente inmoral, porque nada excita más la maldad que una víctima que se deja victimizar. Defenderse es más que un derecho: es un deber. Dos principios católico-romanos me resultan admirables y los comparto sin titubeo, a saber: que todos los seres humanos son hijos de Dios, si lo hubiera, y que están dotados de libre albedrío. Es extraordinario que la Iglesia católica jamás haya coqueteado con esa idea aberrante, madre de tantos demonios, entre ellos el racismo científico, que es la predestinación.

Ahora, la política. Siempre he tenido dificultades para decidir si soy de izquierdas o de derechas. Está claro que las economías planificadas han demostrado ser un fracaso, y que la libertad política va ligada a la libertad económica. Por otra parte, la vertiente de religión política de las ideologías tradicionalmente llamadas de izquierda me asusta. Ahora bien, el Estado debe ser delgado y fuerte, no gordo y débil como los que tenemos ahora, porque de otro modo no podrá garantizar un mínimo de justicia social y una economía de mercado realmente libre.

El segundo y último particular tiene que ver con la bibliografía, con eso que María Rosa Lida de Malkiel llamaba con tanto acierto «el vértigo bibliográfico». No someteré al lector al tormento de miles de notas bibliográficas. La que se ofrece es concisa y en modo alguno exhaustiva. De estos hilos podrá tirar quien esté interesado en algún punto concreto.

Nota a esta edición

Aprovecho esta nueva edición para agradecer a los lectores la calurosa acogida que le han dado a mi trabajo. He recibido tanto cariño y tanta gratitud que verdaderamente me siento autorizada a afirmar que la habitual creencia que dice que España es un país lleno de envidiosos del éxito ajeno es falsa de toda falsedad. Este es, en realidad, un país tremendamente agradecido, a poco que se haga por él.

En la presente edición se han corregido erratas, actualizado ciertos datos bibliográficos y añadido alguna imagen. Sigue, sin embargo, lo esencial de las ediciones anteriores.

María Elvira Roca Barea

PARTE I

IMPERIOS Y LEYENDAS NEGRAS: LA INSEPARABLE PAREJA

1

Leyenda negra: origen y significado de la expresión

Para entender la historia del sintagma «leyenda negra» hay que seguir la pista de varios hilos que se entrecruzan en distintos puntos. El proceso es interesante en sí y nos va a ayudar a comprender mejor el fenómeno histórico que designamos con la unión de estos dos términos.

La expresión «leyenda negra» nace a partir de otra semejante y de significado opuesto: «leyenda áurea». Es una antítesis cuyo origen hemos de situar en la obra del dominico Santiago de la Vorágine (1230-1298) titulada *Legenda sanctorum* o *Legenda aurea*, una colección de hagiografías. Para dar idea de la popularidad inmensa de esta obra, baste señalar que se conservan en torno a mil manuscritos e incunables del texto y sus variantes. Fue leidísima durante los siglos finales del Medievo y el Renacimiento. En 1500 ya se habían publicado setenta y cuatro ediciones latinas, tres traducciones al inglés, cinco al francés, ocho al italiano, catorce al bajo alemán y seis al español.

El erasmismo, haciendo gala de la soberbia intelectual que heredó del Humanismo, arremetió duramente contra la *Legenda aurea* de De la Vorágine en el siglo XVI. El propio Juan Luis Vives en *De disciplinis* no tiene piedad. Pero el ataque furioso del erasmismo no hizo mucha mella en la popularidad de la obra. Su influencia fue inmensa en pintura, escultura, relieves, etcétera. Bellísimos frescos, retablos y toda clase de representaciones de Fra Angélico, Signorelli o Piero della Francesca tienen su origen en De la Vorágine. La imagen de san Jorge clavando su espada al dragón o la de san Martín de Tours partiendo su capa por la mitad, se remontan a los deliciosos cuentecillos de De la Vorágine. Cualquier lector que haya leído a Berceo se hará a la idea de cómo es aproximadamente la colección del dominico. Las críticas inmisericordes no hicieron que se leyera menos[1].

[1] Santiago de la Vorágine, *La leyenda dorada*, edición del Dr. Graesse, traducida por fray José Manuel Macías, Madrid: Alianza Editorial, 1996. Sherry L. Reames, *The Legenda aurea: a reexamination of its paradoxical history*, Madison (Wisconsin): University of Wisconsin Press, 1985.

Las traducciones y ediciones hispanas de la *Legenda aurea* de De la Vorágine se llamaron *Flos sanctorum*. Su popularidad fue tal que generó obras semejantes no solo en la Edad Media sino mucho después, y así, por ejemplo, en el siglo XVII el jesuita Pedro de Ribadeneyra escribió un *flos sanctorum* en tres tomos. El Romanticismo, con su fascinación por la Edad Media y por el lado irracional de la existencia, sintió un gran interés por la *Legenda aurea*. Esto sucedió dentro y fuera del catolicismo, lo que explica la canonización en 1815 de Santiago de la Vorágine. Su obra fue objeto de estudios y ediciones filológicas en latín (Londres y Nueva York, 1897); en inglés (Londres y Nueva York, 1900); en francés (París, 1843, 1902 —dos ediciones—, 1908), etcétera.

Existía por lo tanto una expresión «leyenda dorada» o «leyenda áurea» fácilmente comprensible por referencia a un texto hiperfamoso que además la había originado. Vamos ahora con las primeras apariciones del sintagma «leyenda negra». El historiador Luis Español Bouché remonta su origen hasta 1893 y lo documenta en francés, *legènde noir*. En esta fecha se publicó una obra de Arthur Lévy titulada *Napoleon intime* (París: E. Plon, Nourrit et Cie, 1893). Ahí encontramos el siguiente párrafo: «Sin embargo, al estudiar con rectitud la vida del emperador, se ve de inmediato cómo la realidad acaba zafándose de las leyendas, tanto de la dorada como de la que podemos llamar leyenda negra napoleónica. He aquí esa realidad; Napoleón ni fue un dios ni un monstruo». *Napoleon intime* fue pronto traducida al español y publicada en la colección Nelson.

En España el uso de la frase puede retrotraerse hasta 1899, cuando el padre Cayetano Soler en su obra *El fallo de Caspe*, dedicada al compromiso de todos conocido, la emplea en los siguientes términos: «Digamos desde luego que tan falsa es la leyenda de oro de nuestros reyes catalanes como la leyenda negra de los reyes de castellana alcurnia»[2].

Este mismo año, Emilia Pardo Bazán emplea por primera vez la expresión «leyenda negra» para referirse a la propaganda antiespañola. Esto sucede el 18 de abril de 1899 en la Sala Charras de París durante una conferencia titulada «L'Espagne de hier et celle d'aujourd'hui». La Societé de Conférences parisina, respondiendo al interés que existía en Europa en este momento por saber qué iba a pasar con España después de la pérdida de los últimos restos de su imperio, invitó a doña Emilia. Los franceses, como buenos vecinos, estaban especialmente preocupados. Doña Emilia pronunció su conferencia en francés, idioma que hablaba muy bien. Aquí se vale de la frase «leyenda negra» varias veces:

> En el extranjero se saben de sobra nuestras desdichas, y aun no falta quien con mengua de la equidad las exagere; sirva de ejemplo el libro

[2] Cayetano Soler, *El fallo de Caspe*, Barcelona: Imprenta Subirana Hermanos, 1899, pág. 251.

> reciente de M. Yves Guyot, que podemos considerar como *tipo de leyenda negra, reverso de la dorada.* La *leyenda negra española* es un espantajo para uso de los que especialmente cultivan nuestra entera decadencia, y de los que buscan ejemplos convincentes en apoyo de determinada tesis política.
>
> Nos acusa *nuestra leyenda negra* de haber estrujado las colonias. Cualquiera que venga detrás las estrujará el doble, solo que con arte y maña.
>
> Tengo derecho a afirmar que *la contraleyenda española, la leyenda negra,* divulgada por esa asquerosa prensa amarilla, mancha e ignominia de la civilización en Estados Unidos, es mil veces más embustera que la *leyenda dorada.* Esta, cuando menos, arraiga en la tradición y en la historia; la disculpan y fundamentan nuestras increíbles hazañas de otros tiempos; por el contrario, la *leyenda negra* falsea nuestro carácter, ignora nuestra psicología, y reemplaza nuestra historia contemporánea con una novela, género Ponson du Terrail, con minas y contraminas, que no merece ni los honores del análisis[3].

Obsérvese que en los tres autores mencionados (Arthur Lévy, Cayetano Soler, Emilia Pardo Bazán) el sintagma «leyenda negra» aparece tras la frase «leyenda dorada», porque está todavía muy vinculado al que le ha dado origen, como contrapunto y antítesis suyo. Aún no ha adquirido independencia suficiente como para que sea fácil comprenderlo sin el apoyo de la frase que lo ha originado.

La conferencia de doña Emilia no pasó desapercibida. Fue profusamente comentada dentro y fuera de España, pero sobre todo dentro. A partir de este momento la expresión «leyenda negra» corre como la pólvora en la prensa española, lo cual es muy sintomático del estado de ánimo en que se halla el país. Ya el jueves 20 de abril aparece en *La Época* un comentario escrito por Joaquín Maldonado Macanaz titulado «Dos leyendas». El 22 de abril, el texto en francés se publica en la *Revue Politique et Littéraire. Revue Bleue,* y el mismo día *Blanco y Negro* cubre con abundante información la noticia social del acto. En mayo, doña Emilia se encargará de publicar a sus expensas el texto de su conferencia en español, con otros textos atinentes al caso. A partir de este momento los ejemplos en prensa se multiplican: *La Época* (17-mayo-1899), *El siglo futuro. Diario Católico* (6-junio-1899), *El Liberal* (30-junio-1899), *La Escuela Moderna. Revista pedagógica hispanoamericana* (18-junio-1900)[4],...

[3] Emilia Pardo Bazán, *La España de ayer y la de hoy (La muerte de una leyenda),* Madrid, 1899, págs. 62, 79, 90. Pierre Alexis Ponson du Terreil (1829-1871) es un prolífico autor de folletines y novelas góticas, creador del personaje Rocambole. El tipo de novela que cultiva hace que use y abuse de los temas de la leyenda negra.

[4] Véase *http://www.filosofia.org/ave/002/b030.htm.* Consultado el 12 de abril de 2014.

Un nuevo impulso, por si alguno necesitaba, vendrá del empleo que Vicente Blasco Ibáñez hace de la expresión en 1909 en dos conferencias dadas en Buenos Aires: «La Argentina vista por España» y «La leyenda negra de España». Decía don Vicente en el teatro Odeón, lleno a rebosar en aquella ocasión: «Quiero hablaros de la leyenda negra de España, surgida como consecuencia de opiniones falsas vertidas en varios siglos de propaganda antipatriótica [...]. Entremos ahora en el terreno de la conferencia que, como antes he dicho, lleva por título *La leyenda negra de España*, título un poco vago que parece pudiera referirse a todo aquello que en nuestro pasado se refiere a la intolerancia religiosa. No es así, sin embargo. Sobre España hay dos leyendas: la leyenda dorada y la leyenda negra». Blasco Ibáñez se valió bastantes veces de esta expresión a un lado y otro del Atlántico, y así la revista *La correspondencia de España* («España y la exposición», 27-julio-1909) comenta: «En estos días tenemos aquí a Blasco Ibáñez, que en una serie de conferencias históricas ha roto gallardamente lanzas por el buen nombre de España. Al tratar de destruir la leyenda negra de España, esa leyenda de calumnias y de infamias grotescamente formada por historiadores extranjeros para desprestigiar a nuestro país, decía Blasco Ibáñez: "Nuestra nación no es una nación decadente porque hoy camina al nivel de las grandes naciones europeas..."».

Cuando Julián Juderías usa la expresión «leyenda negra» en 1914 para dar título a su libro, esta ya está completamente consolidada en el uso. En honor a la verdad hay que decir que Juderías nunca pretendió ser el creador de la frase. Ahora bien, sin el éxito de su obra, esta expresión probablemente no habría tenido la historia y el significado que tiene. El trabajo de Juderías se publicó en cinco entregas sucesivas en 1914 en *La Ilustración Española y Americana* con el nombre «La leyenda negra y la verdad histórica». Obsérvese que Juderías ya no necesita adjetivar la expresión, lo que indica que es perfectamente comprendida por sus lectores.

El texto fue editado de nuevo en 1917 (Barcelona: Araluce). Esta segunda edición presenta el texto completamente refundido, aumentado y con provisión de nuevas indicaciones bibliográficas. También el título cambia: *La leyenda negra: Estudios acerca del concepto de España en el extranjero.* La obra de Juderías adquiere aquí su configuración definitiva y las sucesivas ediciones y traducciones que se han hecho de ella siguen con pocas variaciones la edición de Barcelona.

¿Quién es Julián Juderías? Ante todo un hombre de mundo. Había nacido en Madrid, en el seno de una familia en la que hablar más de una lengua era lo normal. En casa aprendió inglés, francés y alemán. Luego lo mandaron, no sin esfuerzo, porque era gente culta pero no rica, a la Escuela de Lenguas Orientales de París, porque el joven Julián Juderías Loyot daba muestras de un talento fuera de lo común para los idiomas. Llegó a dominar dieciséis lenguas: francés, inglés, alemán, búlgaro, húngaro, croata, ruso, serbio, danés, italiano, portugués, noruego, sueco... El ruso fue una de sus lenguas preferidas y tradujo a Gógol, Pushkin, Gorki... También vertió al castellano obras literarias procedentes del portugués, el sueco o el húngaro. Durante tres años, hasta 1903, vivió en Odesa. Allí trabaja en el consulado español, que le había nombrado *oficial de lenguas*. Tiene en este momento veinticinco años[5]. Durante este tiempo el joven Juderías comprende hasta qué punto la opinión pública europea tiene una visión distorsionada de Rusia y se interesa por entender este fenómeno, que pronto relaciona con la propaganda antirrusa que, con centro en Alemania, Francia y Gran Bretaña, pulula a sus anchas por el continente sin réplica alguna. Fruto de estas inquietudes será *Rusia contemporánea* (Madrid: Imp. Fortanet, 1904), una de sus primeras obras. Puede decirse que con ella Juderías abre un camino nuevo en el campo de los estudios históricos. Seguramente es el primero en darse cuenta de que las propagandas antiimperiales existen, y de que se fabrican imágenes arquetípicas negativas con el fin de perjudicar a las naciones a las que se teme.

La publicación de *La leyenda negra* le traerá reconocimiento público y académico, y se le nombrará miembro de la Real Academia de la Historia poco antes de morir. Pero no serán estos sus únicos trabajos. Es autor de muchísimos ensayos y artículos publicados en prensa, docenas de traducciones de distintas lenguas, trabajos de investigación históricos y un buen número de estudios sociopolíticos al servicio de los distintos ministerios en los que trabajó. Juderías fue un funcionario ejemplar que nunca alcanzó ningún puesto de relevancia, pero que sirvió a su país con todo su talento y su capacidad. Trabajó con ahínco para el Instituto de Reformas Sociales y se ocupó de delincuencia juvenil, trata de blancas y prostitución, protección de menores, mendicidad, pequeños créditos urbanos y rurales (lo que hoy llamamos microcréditos), etcétera. Publicó así *La miseria y la criminalidad en las grandes ciudades de Europa y América* (1906) con el propósito de ofrecer al Ministerio de Estado una mejor comprensión de esta lacra social y fórmulas para acabar con ella, o al menos reducirla. Más tarde escribió *El problema de la mendicidad: medios prácticos para resolverlo* (1909). Una de las grandes preocupaciones de Juderías fueron los niños desamparados. En 1910 publicó *Los tribunales para niños: medios para implantarlos en España*, y en 1912 *La infancia abandonada: leyes e instituciones*

[5] Quienes sientan curiosidad por la vida y obra de este hombre singular pueden consultar Luis Español Bouché, *Leyendas negras: vida y obra de Julián Juderías*, Salamanca: Junta de Castilla y León, 2007. El título de Español Bouché se debe al hecho curioso de que también Juderías fue víctima de la leyenda negra. Durante décadas se le acusó de ser un retrógrado y un ultramontano. Basta repasar los títulos de sus numerosas obras para confirmar cuánto lo fue. Español Bouché ha editado en 2014 (Madrid: La Esfera de los Libros), por el centenario, la obra clásica de Juderías.

protectoras. Gracias a su trabajo y esfuerzo, España desarrolló y amplió una legislación que ya era bastante novedosa sobre menores y que fue en su tiempo de las más avanzadas del mundo.

Ahora debemos tratar siquiera brevemente de la palabra, aparentemente inocente, «leyenda». Su significado actual no es ajeno a la historia de España y a la propaganda antiespañola. El origen del término es el participio de futuro pasivo del verbo *lego*: lo que se ha de leer, cosas que se han de leer. El primer sentido que recoge nuestro diccionario académico es «acción de leer». Luego viene «obra que se lee». La acepción siguiente remite ya a De la Vorágine: «historia o relación de la vida de uno o más santos». Las acepciones primeras han vivido en el uso vulgar hasta hace poco. Recuerdo haberle oído a un anciano de mi pueblo (El Borge, Málaga) en la década de los ochenta (él también tenía alrededor de ochenta años) la frase: «De la leyenda de los libros sabes más que yo, pero de la leyenda de la vida, sé yo más que tú». El sentido nuevo, el que procede del protestantismo, aparece en el Diccionario de la Real Academia en cuarto lugar: «relación de sucesos que tienen más de tradicionales o maravillosos que de históricos o verdaderos».

«Leyenda» como narración tradicional que no se ajusta a la verdad histórica es una extensión conceptual que nace con la reforma protestante y se extiende al castellano y otras lenguas romances con el Romanticismo y a partir del sentido nuevo que el término adquiere en inglés. En lengua inglesa este corrimiento semántico se produce en los inicios del protestantismo al considerar que la *Legenda aurea* es una fantasía que carece de fundamento. Nace también, en consecuencia, a partir de la popular obra de Santiago de la Vorágine. Quiere decirse que no solo la expresión «leyenda negra» sino el mero sentido actual de la palabra «leyenda» procede del protestantismo y de las guerras de religión. Tras la ruptura de Enrique VIII con Roma, el término inglés *legend*, que remitía a la popular obra de De la Vorágine y a la hagiografía católica, desplazó su valor al de narración de dudosa veracidad[6]. En el siglo XVI los protestantes ingleses y otros aprovecharon los ataques del erasmismo para arremeter contra la popularísima *Legenda aurea* del dominico. Los santos y mártires de la Reforma eran reales, mientras que los santos y mártires católicos no eran más que personajes de cuentos. Precisamente por eso la palabra «leyenda» varió su sentido. La hagiografía protestante era cierta; la hagiografía católica era *leyenda*. Para demostrar esto se escribió, por ejemplo, *El libro de los mártires* de John Foxe (1516-1587). Esta obra es fundamental para entender la opinión común de los ingleses sobre María Tudor o sobre la Iglesia católica y los católicos. Su influencia ha sido enorme en la creación de la

[6] Samuel Johnson, *Dictionary of English Language*, Londres: Penguin, 2006. Data de 1775.

opinión popular durante siglos[7]. La primera edición, tras diversos avatares, se publicó en latín en Basilea en 1559 con el título *Acta et Monumenta*, pero pronto fue conocida como *The book of martyrs containing an Account of the sufferings and death of the protestants in the reign of Queen Mary the First.* El éxito fue enorme y Foxe pasó a ser «England's first literary celebrity». En la Parte II de este libro volveremos sobre la obra de Foxe, una poderosísima máquina propagandística. Ahora nos limitaremos a señalar que la moderna crítica no ha sido demasiado piadosa con la veracidad de las hagiografias protestantes de Foxe, aunque nadie niega su genial capacidad para generar mitos, usando aproximadamente los mismos procedimientos que Santiago de la Vorágine[8]. A partir de este momento, en lengua inglesa, *legend*, por asociación con De la Vorágine, se desliza durante el siglo XVI del sentido que tenía semejante a «lectura», totalmente dependiente de su valor latino, al de narración poco o nada creíble.

El sintagma «leyenda negra» resultó afortunado y vino oportunamente a darle un nombre propio a un malestar que se sentía desde antiguo. De este modo se vinculó tan fuertemente a la propaganda antiespañola que no necesita el gentilicio, ni en español ni en otras lenguas. *Black legend, legènde noir, leggenda nera...* son por definición la española y no se suelen acompañar de adjetivo. Indiscutiblemente, que leyenda negra y propaganda antiespañola hayan llegado casi a equipararse es un proceso que cuaja con el libro y por el libro de Juderías. Naturalmente la expresión admite ser aplicada a otras situaciones, y así la encontramos referida a los rusos, estadounidenses, otomanos... Y no solo a los imperios: vale para personajes y hechos diversos. Ahora bien, cuando se habla de leyenda negra rusa o japonesa o napoleónica, la expresión se entiende por referencia a nuestra historia y a nuestra leyenda, en español y en otros idiomas. Es necesario añadir el adjetivo «rusa», «japonesa» o «napoleónica». De otro modo la frase refiere de forma automática a España.

¿En qué momento se produce esta asimilación? La igualación se desarrolla en los años que siguieron a la publicación del libro de Juderías. En 1949, en el mundo de habla inglesa, el proceso está completamente verificado. En esta fecha, Carlos Dávila publica un artículo titulado «The Black Legend», sin más especificaciones[9].

En la popular Wikipedia en versión inglesa leemos: «Deriving from the Spanish example the term *black legend* is sometimes used in a gene-

[7] Glyn Parry, «Elect Church or Elect Nation: the recepción of the Acts and Monuments», en D. Loades (ed.), *John Foxe: An Historical Perspective*, Aldershot: Ashgate, 1999, págs. 167-181.

[8] Patrick Collinson, «Truth and Legend: The veracity of John Foxe's Book of Actes and Monuments», en *Elizabethans*, Hambledon y Londres: Cambridge University Press, 2003, págs. 151-177.

[9] Carlos Dávila, «The Black Legend», *Américas* 1 (1949), págs. 12-15.

ral way to describe any form of unjustified demonization of a historical person, people or sequence of events» [Procedente del caso español, la expresión *leyenda negra* es a veces usada de un modo general para describir modos diversos de demonización injustificada de un personaje histórico, un pueblo o una secuencia de acontecimientos]. En la versión francesa se dice más o menos lo mismo: «Une légende noire est une expression désignant une perception négative d'un personnage ou d'un évènement historique. Généralement infondée ou partielle, elle ne peut se confondre avec la vérité historique. L'expression fut introduite à propos de l'Espagne et du peuple espagnol en 1913 par Julián Juderías» [Una leyenda negra es una expresión que designa una percepción negativa de un personaje o un hecho histórico. Generalmente infundada o parcial, no puede confundirse con la verdad histórica. La expresión fue introducida a propósito de España y del pueblo español en 1913 por Julián Juderías].

La definición y negación de la leyenda negra

Se han dado muchas definiciones de la leyenda negra. La clásica es la de Julián Juderías: «relatos fantásticos que acerca de nuestra patria han visto la luz pública en todos los países, las descripciones grotescas que se han hecho siempre del carácter de los españoles como individuos y colectividad, la negación o por lo menos la ignorancia sistemática de cuanto es favorable y hermoso en las diversas manifestaciones de la cultura y del arte, las acusaciones que en todo tiempo se han lanzado sobre España fundándose para ello en hechos exagerados, mal interpretados o falsos en su totalidad, y, finalmente, la afirmación contenida en libros al parecer respetables y verídicos y muchas veces reproducida, comentada y ampliada en la Prensa extranjera, de que nuestra Patria constituye, desde el punto de vista de la tolerancia, de la cultura y del progreso político, una excepción lamentable dentro del grupo de las naciones europeas»[10].

Personalmente, la definición que más me gusta, por lo ajustada y concisa, es la de Maltby. La leyenda negra es «la opinión según la cual en realidad los españoles son inferiores a otros europeos en aquellas cualidades que comúnmente se consideran civilizadas»[11]. Es también concisa y clara la que ofrece el Diccionario de la RAE, según el cual es «opinión contra lo español difundida a partir del siglo XVI», y también «opinión desfavorable y generalizada sobre alguien o algo generalmente infundada». Estos son

[10] Julián Juderías, *La leyenda negra: estudios del concepto de España en el extranjero*, Valladolid: Consejería de Educación y Cultura, 1997, pág. 28.

[11] William S. Maltby, *La leyenda negra en Inglaterra. Desarrollo del sentimiento antihispánico 1558-1660*, México: FCE, 1982, pág. 9. La primera edición en inglés es de 1971.

básicamente los sentidos que recogen en inglés y francés la Wikipedia, y los que ofrecen los diccionarios Webster y Oxford.

En este repaso por los léxicos, interesa destacar tres puntos: leyenda negra es opinión, es contra España y es infundada. Todos los diccionarios y enciclopedias por mí consultados en español, inglés, francés, italiano, portugués, griego, ruso, holandés... coinciden en estos tres puntos. Sin embargo, en las últimas décadas se ha convertido en un lugar común negar la existencia de la leyenda negra o al menos alguna de las características arriba señaladas.

La 2 de Televisión Española, 10 de junio de 2012 a las 22:00 horas. Un programa de viajes de la serie Lonely Planet trata de la época de los descubrimientos en los siglos XV y XVI: ingleses, holandeses, portugueses, turcos, españoles... Se muestran grandes aventuras y rutas transoceánicas. Solo en el caso de los españoles se mencionan, y durante bastantes minutos, hechos luctuosos y poco edificantes. Asombrosamente, ni siquiera se hace esto en el caso de los turcos, y la joven con aire de eterna adolescente que hace de presentadora salta airosamente por encima de todas las perspectivas de género y se extasía ante la belleza del serrallo de Topkapi en Estambul, con su multitud de mujeres hermosas y atractivos eunucos. Solo los españoles robaron, mataron y acabaron con edénicas culturas indígenas. La serie Lonely Planet es de factura inglesa, concretamente de la BBC, y es enormemente popular. Se ha visto en todo el mundo, desde Japón a África del Sur. No es precisamente un prodigio de elevación intelectual y no está hecha para un público ilustrado. Expresa simplemente las ideas comunes y contribuye a su perpetuación. Si hubiera reflejado un prejuicio antisemita o contra los negros, hace tiempo que constituiría delito, pero la hispanofobia pertenece a una clase de racismo que, por su nacimiento vinculado a un imperio, vive bajo el camuflaje de la verdad y arropado por el prestigio de la respetabilidad intelectual. A lo largo de este libro intentaremos explicar que la imperiofobia es una clase de prejuicio racista *hacia arriba*, idéntico en esencia al racismo *hacia abajo*, pero mucho mejor disimulado, porque va acompañado de un cortejo intelectual que maquilla su verdadera naturaleza y justifica su pretensión de verdad.

La moda de negar la leyenda negra ha ido cobrando fuerza en las últimas décadas. En unos casos se considera que no hubo ni hay cosa tal, y en otros se defiende que ya no existe. Esto parece *a priori* una cosa muy buena y de la que tendríamos que alegrarnos. El hispanista Henry Kamen sostiene que en el mundo anglosajón la leyenda negra ha desaparecido hace mucho, como demuestra de modo fehaciente el capítulo emitido el 10 de junio de la serie Lonely Planet. Los propios trabajos de Kamen no invitan al optimismo sobre la desaparición de los prejuicios antiespañoles. Él mismo demuestra haber heredado una buena cantidad de ellos y no tener muchos pudores para sacrificar la verdad objetiva cada vez que es necesario en el altar de otros dioses. Podrían multiplicarse los ejemplos, pero pondremos solo algunos. En *El Mundo* (15-junio-2005) publicó un artículo sobre Trafalgar que reunía tal cantidad de inexactitudes (entre ellas el desconocimiento de la más elemental bibliografía sobre el tema) o directamente falsedades que provocó un irritado artículo de Arturo Pérez Reverte, el cual dejó el prestigio profesional del señor Kamen un poco lesionado. En 2002 la revista *Clío* (n.º 26) publicó otro artículo titulado «Felipe II: un rey tolerante frente a la leyenda negra». Aquí afirma Kamen que fueron las conspiraciones españolas las que llevaron a la muerte a María Estuardo (?): «las conspiraciones [españolas] fueron descubiertas y condujeron a María [Estuardo] a la muerte». Luego continúa vertiendo afirmaciones tan estupefacientes para un historiador profesional como esta, que atañe a la Gran Armada de Felipe II contra Inglaterra: «En 1588, 130 navíos a bordo de los cuales viajaban más de 18.000 hombres salieron del Tajo. Pero el enlace con los galeones, bajo el mando del duque de Medina-Sidonia, con las tropas de Flandes nunca llegó a producirse. Los galeones se vieron superados en número y calidad por los ingleses, que obligaron a la Armada a huir al mar del Norte y a volver a España por las costas de Irlanda. Se destruyeron unas 40 de las 68 naves que quedaban, con pérdidas humanas de unos 15.000 hombres». Palabra por palabra y dato por dato, todo el párrafo anterior es falso, como demostraremos en su lugar.

En 2003 publicó Kamen su obra *Imperio*, que generó críticas muy duras. La tesis de Kamen es que España era un país pobre (¿en relación con qué?) «convertido en un imperio *solo* por la herencia de la dinastía austriaca de los Habsburgo» (la cursiva es mía) y que pudo «montar un gran negocio multinacional» gracias a una sola cosa y esta es «la plata descubierta en América a mediados del siglo XVI» (*El Mundo*, 21-agosto-2001). Para él España se convirtió en un imperio *de golpe y porrazo* o, dicho de otro modo, España no construye un imperio sino que, digamos, le cae uno encima de manera casual[12]. En realidad, Kamen viene a añadir su granito de arena a la teoría del Imperio Inconsciente, fascinante lugar común de todas las leyendas negras y naturalmente también de la nuestra. El error de Kamen es que, como muchos otros, confunde las circunstancias con las causas. Uniones territoriales por razones dinásticas en Europa se han producido muchas. Casi nunca han dado como resultado un imperio y, desde luego, nunca uno tan grande y poderoso como el español.

Por otra parte no se puede olvidar que para cuando las minas de plata se descubren España es ya un imperio. Naturalmente estas minas fueron una buena fuente de financiación que se presentó oportunamente a un imperio que ya existía y que necesitaba dinero, como todos

[12] Henry Kamen, *Imperio*, Madrid: Aguilar, 2003.

los imperios, países, familias y personas. De no haber habido minas de plata, el imperio hubiera buscado financiación por otros caminos. Ni las minas de plata de Hispania crearon el Imperio romano ni las minas de plata de América crearon el Imperio español. Por otra parte demuestra una gran estrechez de miras equiparar un imperio con «un negocio multinacional», ya sea el español, el otomano, el estadounidense o cualquier otro. Los imperios son fenómenos históricos y sociales de dimensiones planetarias tan complejos y difíciles de comprender que apenas si podemos afrontar su estudio con un mínimo de orientación.

Creo que la idea de que la leyenda negra es producto de los complejos españoles, así como de nuestra neurótica preocupación por la opinión ajena es de origen francés. La encuentro expresada por primera vez por Pierre Chaunu en la década de los sesenta: «La leyenda negra es el reflejo de un reflejo, una imagen doblemente deformada, la imagen exterior de España, tal y como España la ve. La especificidad de la leyenda negra radica no en la supuesta especial intensidad negativa de las críticas, sino que la imagen exterior ha afectado a España más que su imagen exterior ha afectado a cualquier otro país». Posiblemente Chaunu detectó qué era lo que los españoles querían y necesitaban oír en aquellos años. Sin embargo, la desaparición del prejuicio es, como demostraremos, rigurosamente incierta[13]. Este planteamiento hizo fortuna en el mundo académico nacional e internacional. Y también tuvo su pequeña repercusión, aunque en mucha menor medida, en la opinión pública. La intelectualidad española lo recogió y repitió, y terminó convirtiéndose en marchamo de modernidad. Negar la leyenda negra es ser un español moderno y no un periférico acomplejado. Carmen Iglesias, repitiendo casi a Chaunu, considera que la leyenda negra no es más que «la imagen exterior de España tal como España la percibe». En este juego de espejos, la leyenda negra es una creación de la conciencia española y habita en ella, no en el mundo exterior: «Consiste... en los rasgos negativos... que la conciencia española descubre en la imagen de ella misma»[14].

Pero sucede que la leyenda negra no habita en la conciencia española exclusivamente sino en los países de nuestro entorno, particularmente protestante. También vive en nosotros mismos, lo que no es en modo alguno extraño. Los pueblos imperiales suelen asumir la propaganda antiimperial, en mayor o menor medida, e incluso contribuyen a su difusión. Mueve a reflexión que la leyenda negra tenga escaso o nulo vigor en el mundo islámico, ruso o japonés. Con Japón o Rusia no hemos tenido muchos contactos históricamente, pero de ninguna manera

[13] Pierre Chaunu, «La légende noir antihispanique», *Revue des psicologie des peuples* 19 (1964), págs. 188-233.

[14] Citado por José Antonio Vaca de Osma, *El imperio y la leyenda negra*, Madrid: Rialp, 2004.

puede decirse esto en relación con las naciones del islam y, sin embargo, no hay rastro de leyenda negra en ese frente. Curioso, ¿no?

La leyenda negra es un fenómeno histórico perfectamente comprensible y en modo alguno único, cuya especificidad, si alguna tiene en el caso español, es haber perdurado más allá de las circunstancias imperiales que lo originaron por razones diversas, principalmente religiosas e ideológicas. La imperiofobia no debe confundirse con la panoplia habitual de tópicos y prejuicios nacionales. Afecta y ha afectado a nuestro país, como a otros imperios, y ahora mismo de manera notable al estadounidense y al ruso. Precisamente España reacciona —por primera vez— con intensidad frente a esta leyenda cuando ve perdurar el estereotipo de la demonización más allá de su propia existencia como imperio. La expresión «leyenda negra» nace en el contexto de 1898, justamente cuando algunos españoles cobran conciencia de la intensidad y la eficacia de la propaganda antiespañola en el momento en que España es un país derrotado por el nuevo imperio en auge y ha perdido sus últimas posesiones de ultramar.

Ricardo García Cárcel escribe su bien documentada *La leyenda negra. Historia y opinión* con el propósito no de «enterrar la leyenda negra, entre otras cosas porque se trataría de un cadáver imaginario», sino de contribuir «a enterrar, eso sí, la creencia en ese mito llamado leyenda negra, que ni es leyenda ni es negra, en tanto que la negritud viene contrapesada por otros colores, del rosa al amarillo»[15]. El libro parte de la premisa de que no ha existido la mítica leyenda negra en tanto no ha habido una crítica negativa sistemática, feroz, unánime, intencionadamente destructiva hacia España o los españoles. No se puede negar la existencia de la leyenda negra con el argumento de que no existe ni ha existido una conjura universal y organizada contra España. Tampoco existe esa conjura universal contra Estados Unidos y la leyenda negra norteamericana nos sale al paso a cada instante con tal insistencia que no hay que ir a buscarla.

Dejando a un lado el mínimo error de haber atribuido la invención de la expresión a Julián Juderías, no pueden aceptarse estas afirmaciones de García Cárcel. La leyenda negra existe, y es leyenda, y es negra. Creemos haber probado hasta qué punto la evolución semántica del término «leyenda» está relacionada con la propaganda antiespañola y los prejuicios protestantes. No es producto de la tendencia que, según García Cárcel, tiene nuestro país a agobiarse en el laberíntico mundo de sus señas de identidad y mirarse en el espejo narcisista regodeándose en lucubrar sobre las opiniones de los otros en medio del ensimismamiento y de un extraño complejo de inferioridad, como si esto, la inclinación a autocues-

[15] Ricardo García Cárcel, *La leyenda negra. Historia y opinión*, Madrid: Alianza Editorial, 1992, pág. 18.

tionarse, fuera una peculiaridad española y no una tendencia presente en la mayor parte de los imperios occidentales. Ahora mismo no hay pueblo más neurótico y acomplejado por la opinión ajena que el estadounidense o el ruso, y no parece que por eso se hayan inventado su leyenda negra.

No es este el único argumento que García Cárcel emplea para negar la leyenda negra. Otro es que hay más leyendas negras, que otros países y realidades tienen mala fama, cosa que en modo alguno hace desaparecer la española. ¿De dónde vendrá este empeño en negar la leyenda negra? El hecho es mucho más interesante de lo que a primera vista puede parecer[16]. Ser un español moderno y sin complejos, *exactamente igual que cualquier otro europeo,* pasa por negar estas antiguallas fantasmales que tanto angustiaron a las generaciones a las que les tocó perder los últimos restos del imperio. Sin embargo, para no haber estado nunca afectado por el complejo de la leyenda negra, encontramos algunas afirmaciones curiosas:

> «España nunca hizo gala de una actitud particularmente receptiva a lo foráneo» (pág. 22).
>
> «No ha sido precisamente demasiado integradora la actitud española hacia los elementos extraños. Por lo pronto se condenó a judíos y moriscos, tan españoles como los cristianos viejos» (pág. 22).
>
> «Si esa actitud se tomaba con respecto a "los otros españoles", ¿qué sería con los no españoles?» (pág. 23).
>
> «Toda la intelectualidad española del siglo XV fue xenófoba (Pulgar, Gómez Manrique, Sánchez de Arévalo, Diego de San Pedro)» (pág. 23, nota 2).

No está aquí fuera de propósito recordar que las expulsiones de judíos fueron una constante en la Europa tardomedieval y moderna: Inglaterra en 1290, Francia en 1306, etcétera, y no cosa *particularmente* española. Todas fueron más duras que la que aquí se produjo y no se dio a los judíos la posibilidad de convertirse ni de enajenar sus bienes. La ex-

[16] «Indeed, many Americans can be —and are— anti-American, just as Jews can be —and are— anti-Semitic, blacks can —and do— hold racist views, and women misogynist ones. The reason I am mentioning this is because often the very existence of anti-Americanism is denied by dint of Americans also adhering to such positions. It is not a matter of the holder's citizenship or birthplace that ought to be the appropriate criterion but rather her/his set of acquired beliefs about a particular collective»: Andrei S. Markovits, «European Anti-Americanism (and Anti-Semitism): EverPresent Though Always Denied». Disponible en *www.jcpa.org/phas/phas-markovits-05.htm.* Consultado el 11 de octubre de 2014. Markovits, nacido en Rumanía y actualmente profesor de la Universidad de Michigan, es uno de los mayores expertos en el estudio del antiamericanismo y del antisemitismo en Europa.

pulsión de 1492 fue especialmente traumática porque los judíos estaban muy bien integrados aquí. En la historia de Israel solo hay una Sefarad. Por lo que se refiere a los moriscos, la guerra de Granada que siguió a la gran rebelión puso en jaque la seguridad del país. Hubo que traer los tercios de Flandes y se temió con total justificación un desembarco turco o berberisco en las costas de Granada y Almería, el cual, si no se produjo, no fue precisamente porque los caudillos moriscos no lo procuraran.

Afirmar que toda la intelectualidad española del siglo XV es xenófoba es un exceso incomprensible, máxime cuando se incluye en la enumeración a Pulgar y Diego de San Pedro, conversos ambos. La obra de los dos está atravesada de paulinismo y de la idea de la igualdad absoluta de todos los cristianos a partir de su bautismo. Tampoco se entiende una expresión como «viejo régimen federal de los Reyes Católicos». Hablar de federalismo antes del siglo XVIII, antes de Montesquieu y Jefferson y otros teóricos de la democracia, es un despropósito[17].

En un libro posterior, Mateo Bretos y García Cárcel niegan de nuevo que la mentada leyenda negra haya existido, porque, según ellos, esas opiniones negativas no carecían de «fundamentos históricos» y además no era tan negra, sino más bien tendente al gris con variaciones, y desde luego estuvo siempre compensada por la leyenda rosa[18]. Resulta difícil negar la existencia de algo que tiene nombre propio en varios idiomas. Si sentado en un aula universitaria londinense, danesa o rusa alguien dice «leyenda rosa», tendrá que explicarse y decir a qué se refiere. En cambio, si dice «leyenda negra» no tendrá ni siquiera que ponerle un gentilicio. De hecho, Bretos y García Cárcel no titularon su obra *La leyenda negra española*, sino *La leyenda negra*, porque la leyenda negra por antonomasia es la española y no necesita especificaciones, ni en español ni en otras lenguas. No se puede negar su existencia con el argumento de que tenía algún fundamento real. Eso es como decir que el cuento de Blancanieves es verdad porque existen las madrastras y los espejos. Las propagandas antiimperiales son un proceso de demonización que parte de la realidad y alcanza el esperpento, pero el libelista sabe que es necesario mezclar bromas y veras para mayor eficacia. Dice un conocido refrán que no hay mayor mentira que una verdad a medias. Mentir con la verdad no deja de ser mentir.

Mucho antes de que existieran estos libros, se publicó en 1971 el trabajo de Maltby sobre la leyenda negra en Inglaterra entre 1558 y 1660.

[17] «Así pues la guerra de opinión empieza a explicarse si contemplamos la problemática de la invertebración hispánica y examinamos los contenciosos entre los propios españoles en el marco del endeble modelo estatal federal diseñado por los Reyes Católicos y continuado por los Austrias»: García Cárcel, *La leyenda negra...*, pág. 25.

[18] Lourdes Mateo Bretos y Ricardo García Cárcel, *La leyenda negra*, Madrid: Anaya, 1991, pág. 84.

Rechaza aquí la idea de que la leyenda negra en realidad no existe y de que es más o menos el producto de nuestras imaginaciones. El estudioso estadounidense considera esta negación como parte de la leyenda negra misma: «Los extranjeros hostiles a ella [a España] afirman que [los españoles] han descubierto allí [en la leyenda negra] una especie de engaño paranoico en masa, causado por su "aislamiento" de la corriente principal de la vida europea»[19]. Es por demás sorprendente, si la leyenda negra es un espejismo, un hecho psíquico reflectante y acomplejado o simplemente no existe, que en 1944 el American Council on Education de Estados Unidos elaborara un extenso informe que trata de los prejuicios antihispanos que se perpetúan a través de los libros de la escuela elemental y secundaria, y también en otros textos. Esto es lo que dice:

> Un asunto aún más serio [que la gran cantidad de errores en los hechos mismos] es la amplia perpetuación en nuestro material escolar, especialmente en los libros de Historia que tratan del periodo colonial de América, de la leyenda negra de la ineptitud, crueldad, capacidad para la traición, codicia y fanatismo de los españoles (y en menor grado de los portugueses). [...] La leyenda naturalmente arraigó con fuerza en la anticatólica Inglaterra del periodo isabelino y fue en consecuencia una parte de la herencia colonial de nuestra nación [...]. Las perjudiciales e inexactas comparaciones entre la colonización inglesa y la española que todavía hoy continúan en nuestros textos escolares de Historia demuestran bien a las claras la continuidad de la leyenda negra. Por un proceso natural de transferencia, muchos escritores de Estados Unidos, desde los comienzos de la independencia latinoamericana han embadurnado a los grupos criollos de estas tierras, descendientes de españoles y portugueses, con la brocha de la Leyenda Negra. Este prejuicio ha disminuido en gran parte en este siglo, pero sigue siendo todavía muy fuerte y penetrante. Indicios de este prejuicio se han encontrado en casi todos los estudios mencionados en este Informe. La abolición de la Leyenda Negra y sus efectos en nuestras interpretaciones de la vida latinoamericana es uno de nuestros mayores problemas tanto en el aspecto educacional e intelectual como político[20].

El Informe, que tiene más de cien páginas, repasa libros de texto, de historia y otras fuentes para poner de manifiesto errores e inexactitudes, cuando no completas falsedades, sobre España y el mundo hispano que son causa y efecto de los prejuicios antiespañoles. En 1971 Powell confiesa haber revisado durante los últimos treinta años «textos

[19] Maltby, *La leyenda negra en Inglaterra*, pág. 9.

[20] Véase pág. 31 del Informe, citado por Powell en *El árbol del odio*. Madrid: Porrúa, 1972, pág. 176.

orientados hacia las escuelas elementales y superiores concernientes a los países hispánicos. Con elogiables excepciones, la mayoría de los errores básicos sigue en pie»[21]. Acaba de publicarse en español el libro de la belga Christiane Stallaert titulado *Ni una gota impura. La España inquisitorial y la Alemania nazi*[22]. Equipara la señora Stallaert la Inquisición y el nazismo, califica de holocausto la limpieza de sangre y explica el atraso de España por su secular racismo. Es una acumulación de despropósitos que no merece respuesta. Pero nos sirve para un fin: si la leyenda negra es un fenómeno psíquico de la acomplejada mente de los españoles, hemos sido capaces de inocular dicho complejo a miles de kilómetros y a siglos de distancia. Es un extraordinario ejemplo de transferencia psíquica.

Mucho antes de Juderías, otros escritores españoles y extranjeros sabían de la virulencia de la propaganda antiespañola y procuraron responder a las calumnias con que se difamaba a este país. Quevedo fue si no el primero, sí de los primeros con su *España defendida.* Estas defensas de España fueron siempre el resultado de iniciativas individuales, y hasta García Cárcel reconoce que el imperio no produjo nunca «un taller» que respondiera organizada y ampliamente a la propaganda antiespañola.

[21] Powell, *El árbol del odio,* pág. 180.

[22] Barcelona: Galaxia Gutenberg, 2006.

2

Los imperios: del *imperium* al imperialismo

Nuestro objeto de estudio es la imperiofobia, esas leyendas negras que acompañan a los imperios casi como una parte constitutiva de estos, y muy particularmente la española. Trataremos de precisar qué son esas leyendas negras, cómo y en qué condiciones se producen y se propagan, qué las causa y cuáles son los tópicos habituales que las constituyen. Quizá así comprendamos mejor las grandezas y miserias del fenecido imperio y su leyenda negra, que los españoles de hoy han heredado. Pero antes de pasar a exponer qué son las leyendas negras de los imperios y qué significan, tenemos que precisar mínimamente qué es un imperio, lo que dista mucho de ser cosa fácil de definir.

No será ocioso detenerse un poco en la palabra *imperium* porque, más allá del gusto por las etimologías, casi todos los significados y matices de esta palabra en las lenguas en que se utiliza proceden de Roma. La palabra «imperio» viene, como es bien sabido, del latín *imperium*, y ya en la lengua de los romanos tenía múltiples aristas y connotaciones, todas ellas muy interesantes. A. H. M. Jones definió *imperium* como «the power vested by the state in a person to do what he considers to be in the best interest of the state» [el poder dado por el Estado a una persona para que haga lo que considera mejor para el Estado]. En el periodo arcaico *imperium* es un mandato que moviliza al ejército emitido por un magistrado *creatus cum imperio* según la viejísima *lex curiata de imperio*. En consecuencia, designaba la capacidad y el derecho de una persona o varias para tener el mando militar. Por analogía, el término se extiende a otros usos, ya que el magistrado *cum imperio* tiene poderes en otros ámbitos: iniciativa legislativa, capacidad para convocar al Senado, pero sobre todo detenta el *imperium militiae*. En latín se decía *summo in imperio esse*: estar investido de poder supremo. El magistrado *cum imperio* solo lo podía ejercer durante un año. Y para ello, como dijimos, una *lex curiata* tenía que otorgárselo. Como no mandaba el hombre *per se* sino en virtud de una designación legal, el magistrado investido de imperio debía ir acompañado de los signos externos de su poder, que eran los *lictores* portando los *fasces*, esto es, unos señores llevando un haz de varas con el hacha doble en medio.

El primitivo significado de la palabra *imperium*, que nunca se perdió, sufrió una ampliación de sentidos desde el siglo III hasta el siglo I a. C., hasta llegar a tener un valor territorial[23]. Al menos desde la segunda mitad del siglo I a. C., *imperium romanum* se usa con el mismo sentido que hoy día tiene «imperio romano». Leemos en Plinio el Viejo: «Durant ut fuere, Thebata et, ductu Pompei Magni terminus Romani imperi, Oruros, a Zeugmate L.CC.» [Siguen existiendo, como fueron, Hebata y Oruro, frontera del Imperio romano por conquista de Pompeyo Magno, el cual está a 250 millas de Zeligma] (*NH*, VI, 26, 120).

Dos parecen ser las notas dominantes en la noción de imperio a simple vista: poder y extensión territorial. Los imperios son notablemente más extensos que las formas de organización política y social que los preceden. La historiografía usa el concepto con profusión y hasta la antropología se vale de él, pero no hay unanimidad ni acuerdo sobre lo que significa. Así los trabajos reunidos por M. Duverger bajo el título *Le concept d'empire* ofrecen una visión muy amplia e interesante de los imperios del mundo, pero no un concepto de imperio, a pesar del título. Estupendo por la variedad de imperios analizados en los cinco continentes en distintas épocas, no ofrece una definición unitaria que dé coherencia a la propuesta[24]. En concreto, los imperios como tales han sido desdeñados olímpicamente por los estudios antropológicos que no han visto en ellos un hecho trascendental y recurrente en la historia de la humanidad, un motor de cambio y transformación y, por tanto, de evolución crucial en la historia de nuestra especie en los cinco continentes. La antropología ha concentrado su interés en folclores y tradiciones o en las transformaciones sociales, culturales y políticas derivadas de las expansiones imperiales de los pueblos cristiano-occidentales, principalmente en Asia, África y América. Marvin Harris acierta a plantear el problema de manera atinada, pero luego olvida desarrollar tan espinoso asunto, y no sin razones. Leemos en *Caníbales y reyes*: «¿Por qué algunos pueblos abandonaron la caza y la recolección como forma de vida en tanto que otros la conservaron? Y entre los que adoptaron la agricultura, ¿por qué algunos se conformaron con la vida aldeana mientras otros fueron acercándose uniformemente a una categoría de estado? Y entre los que se organizaron en estados, ¿por qué algunos crearon

[23] John S. Richardson, *The Language of Empire: Rome and the Idea of Empire from the Third Century BC to the Second Century AC*, Cambridge: Cambridge University Press, 2008. Es un estudio semántico de este término y otros vinculados a él, como «provincia». Richardson hace un esfuerzo muy meritorio por no participar en el juicio al poder de Roma.

[24] M. Duverger (ed.), *Le concept d'empire*, París: Presses Universitaires de France, 1980.

imperios y otros no?»[25]. Estoy por afirmar que será un benefactor de la humanidad el que sea capaz de responder a esta última pregunta, o al menos el que lo intente hacer honradamente y sin decir demasiadas incongruencias. Marvin Harris cree que el proceso arriba descrito no es caótico sino inteligible, y que la clave para su comprensión es lo que él llama la intensificación de la producción. Bien. Mientras explica lo que es eso de la intensificación de la producción, el lector tiene que hacer caso omiso a afirmaciones tan estupefacientes como esta: «Antes de la evolución del estado, en la mayoría de las sociedades grupales y aldeanas el ser humano medio disfrutaba de libertades económicas y políticas que hoy solo goza una minoría privilegiada». Se ve que ha tenido ocasión de conocer a la mayoría de estas sociedades grupales y aldeanas, aunque no acierta uno a comprender cómo. Y sigue: «La aparición del estado significó en muchos sentidos el descenso del mundo de la libertad al de la esclavitud». Por eso el hombre preneolítico, con una esperanza de vida de unos veinte años, era el más libre del planeta. Para explicar cómo ocurrió esta catástrofe, Harris distingue, siguiendo la terminología de Morton Fried, entre estados prístinos y estados secundarios. Para no alargarme en exceso y sacar al lector de tapadillo durante demasiado rato del asunto nuestro, diré que, *grosso modo*, la diferencia es que no sabemos qué causas provocaron el nacimiento de los estados prístinos, o sea, que son una serie de apariciones más o menos espontáneas en distintos lugares del globo, y que los segundos son una consecuencia de los anteriores. En este punto el lector malicioso comienza a sospechar que no van a enseñarle mucho sobre los imperios a pesar del discurso prometedor de la introducción. Especialmente tras leer párrafos como estos: «Los participantes en esta enorme transformación [la creación de un estado] parecen no haber sabido lo que estaban creando»[26]. Algunos sujetos habría que pudieran estar algo orientados, digo yo. En fin, las páginas se suceden y el autor no distingue en ningún momento entre estado e imperio. Hacia la página 156 aparece un rayo de esperanza: «La ingestión de prisioneros de guerra no solo representa un gran desperdicio de mano de obra bajo las condiciones ecológicas características de los estados primitivos del Viejo Mundo, sino que era la peor estrategia para cualquier estado que tuviera ambiciones imperiales. La construcción de un imperio no se ve facilitada por la promesa de que aquellos que se sometan al *gran proveedor* serán comidos». Continúa explicando que toda expansión imperial con éxito se hace convenciendo de que aquellos que se sometan al poder imperial no solo no serán comidos, sino que además sus vidas serán preservadas y sus dietas

[25] Marvin Harris, *Caníbales y reyes. Los orígenes de la cultura*, Barcelona: Salvat, 1986, pág. 83.

[26] Harris, *Caníbales y reyes...*, pág. 103.

mejorarán. Y después de haber llegado a la conclusión de que los imperios y el canibalismo no se mezclan, da por acabado el asunto. Claro, como el imperio azteca desmiente a todas luces este hecho, la dificultad se resuelve por el simple expediente de negar que fuera un imperio. A todo esto jamás ha sido explicado qué es un estado y qué no lo es, qué es un imperio y qué no lo es. Y lo único que nos ha quedado claro es que los pueblos imperiales no suelen comerse a la gente.

Si buscamos en el Diccionario de la RAE qué es «imperio» encontraremos una sucesión de acepciones que no nos sacan de apuros. Como primera acepción se recoge «imperar», y luego vienen «dignidad de emperador» y «organización política del Estado regido por un emperador», y, en la misma línea, «conjunto de estados sujetos a un emperador» y «potencia de alguna importancia, aunque su jefe no se titule emperador». Obsérvese cómo el diccionario evita sabiamente las complicaciones a la hora de definir un término tan proteico y va a lo evidente. ¿Qué es un imperio? Pues una organización política a cuyo frente está un señor que se llama emperador. Es como si los sabios lexicógrafos nos vinieran a decir que es tarea harto difícil, por no decir imposible, determinar qué es un imperio, y así las cosas lo mejor es atenerse al nominalismo. Si para completar estas definiciones tan lacónicas, buscamos «imperar» tampoco iremos muy lejos, aunque hallaremos, con la esperada brevedad, una pista interesante. Primero viene «ejercer la dignidad imperial» y luego «mandar, dominar». Aquí nuestro diccionario va al núcleo del asunto sin adornos de ninguna clase. En realidad, si bien se piensa, todo el asunto de este libro se reduce a eso: el mandar y lo que le pasa al que manda con su reputación.

El diccionario Oxford, un poco más dispuesto a arriesgarse con definiciones sociohistóricas, dice que un imperio «se caracteriza por ser una organización que engloba a pueblos diversos, con lenguas distintas y casi siempre religiones distintas». En este sentido un imperio es una forma de organización social y política que puede considerarse como lo más distinto que hemos producido los humanos por comparación con la tribu, la horda y la aldea. Estas asociaciones basadas en la sangre, la familia y el conocimiento mutuo son, no solo en cantidad sino en calidad, lo opuesto al imperio. Stephen Howe insiste en que es típico de los imperios el estar formados por componentes que tenían existencia previa y separada hasta que se juntaron y que estas unidades se diferenciaban por etnia, nación, cultura y/o religión[27].

[27] Stephen Howe, *Empire*, Nueva York: Oxford University Press, pág. 15. El trabajo colectivo publicado por David Armitage (ed.), *Theories of Empire, 1450-1800*, Aldershot: Ashgate, 1998, ofrece una pluralidad de explicaciones muy útil para comprender por dónde se mueve la historiografía académica. La selección de Armitage es singularmente atinada.

Produce estupefacción que en los diccionarios de términos históricos no aparezca «imperio». En el *Diccionario de Ciencias Históricas* de Akal viene «imperialismo», pero no «imperio», y lo mismo hallamos en el *Diccionario de términos históricos* de Alianza Editorial. El hecho es que hay grandes dificultades para distinguir entre estado e imperio y que solo la mayor extensión territorial de este parece ofrecer un rasgo distintivo firme, pero naturalmente la extensión es una realidad muy elástica y no parece que vaya al meollo de la diferencia. ¿Es un imperio como un estado pero mucho más grande? ¿Cuánto de grande? ¿Es la diferencia de tamaño una de esas diferencias cuantitativas que se transforman en cualitativas? Todos los estados que se formaron en la primera y en la segunda oleada en Europa Occidental son estructuras sociales si no multirreligiosas, sí plurilingües. En todos ellos conviven lenguas distintas y pueblos que en algún momento han tenido y perdido instituciones propias en pro del estado. Ni siquiera la pequeña Holanda escapa a esta regla: parte de los hablantes de antiguo sajón, y por tanto sajones, viven en el país del tulipán. Hay escoceses e irlandeses en Gran Bretaña; bretones y corsos en Francia; sicilianos y venecianos en Italia.

En el interior de Estados Unidos y Rusia conviven lenguas, religiones y razas distintas. Esto también es así en los países no cristianos. En Egipto habitan millones de coptos, con otra religión y una lengua litúrgica distinta. En Siria hay drusos, armenios, turcos y kurdos. Por lo tanto, la idea de que los pueblos forman estados, y los estados, imperios, se debe rechazar porque es una absoluta simpleza que la realidad contradice a cada paso. Súmese a esto que en los estados, como en los imperios, hay siempre un grupo étnico o un pueblo, o como lo queramos llamar, que encabeza la nueva estructura político-territorial y que los otros (galeses, languedocianos, escoceses, catalanes, alsacianos, calabreses, pomeranos...) se unen al proyecto estatal bien de grado o por la fuerza o las dos cosas al mismo tiempo. Entiéndase bien esto. Hay no pocas ocasiones en la vida en que hay que dar a la gente un empujoncito para que haga lo que en realidad desean y les conviene. Es como esa resistencia ritual que ofrecían las mujeres en la época anterior a la revolución sexual. En este convencimiento Bismarck provocó una guerra con Francia en 1870. Sabía que había que animar un poco a los pequeños principados alemanes para que firmaran la anexión. Esto era algo que necesariamente iba a ocurrir, antes o después. El canciller de hierro solo puso la alfombra, o sea, provocó una situación que *forzó* a los reacios y les dejó el orgullo intacto. Y todos contentos.

Este «de grado o por la fuerza o las dos cosas» no puede producirse más que entre gentes que ya tienen una larga convivencia por proximidad geográfica, y costumbres afines, por comercio, por guerras y por otras formas de intercambio humano. Y en esto sí hallamos una diferencia importante entre el estado y el imperio, a saber, que este último lo forman gentes diversas que antes de que el imperio existiera tuvieron nada o muy poco que ver. El estado se forma por unión de pueblos (siempre a impulsos de uno) que arrastran una larga historia de intercambios y relaciones, no sin tanteos, ensayos e intentos fallidos, mientras que los imperios colocan repentinamente bajo una misma regla a gentes que apenas han tenido relación previamente. En este sentido se les puede considerar como pasos de gigante en el proceso de globalización, y en cualquier caso en espacios que han ampliado la perspectiva de generaciones enteras y la han proyectado a nivel mundial o, cuando menos, continental.

Hasta comienzos del siglo XIII, los yurchen (frontera ruso-china actual), los sogdiano (parte de Tayikistán y Uzbekistán hoy), los iugures, los liao o kitanes (actualmente territorio chino fronterizo con Corea), karaítas y un larguísimo etcétera habían tenido pocos contactos. La mayor parte de los pueblos gobernados por la Yassa de Gengis Kan en estas fechas no habían tenido relación alguna unas décadas antes. En 1520 los españoles gobernaban sobre malteses, mexicas, napolitanos y toltecas, gentes que unos años antes vivían en un estado de desconocimiento mutuo tan grande como los anteriores. Las fechas señaladas nos obligan a recapacitar sobre el factor tiempo en el momento de levantarse los imperios. Si se miran bien una docena de casos, resulta que los imperios tienden a suceder repentinamente. No estoy diciendo por casualidad. Lo repentino es distinto de lo casual. Son obra de dos generaciones a lo sumo y nada hacía pensar que surgirían unas décadas antes. Las siguientes generaciones se limitan a consolidar, a veces a ampliar y luego a ir perdiendo poco a poco el imperio. Pero lo grande, el trabajo sustancial, lo hacen aproximadamente dos generaciones, a veces una. ¿Quién hubiera podido augurar en 1480 lo que sería Castilla en 1520? ¿Quién hubiera supuesto en 1180, cuando la tribu de Temujin —luego Gengis Kan— apenas si contaba con dos docenas de personas, que, en 1227, a la hora de su muerte, gobernaría un territorio de 30 millones de kilómetros cuadrados y más de 100 millones de habitantes? ¿Hubiera podido alguien imaginar en 650 el inmenso imperio que los árabes levantarían? ¿Qué pitonisa hubiera pronosticado en 323 a. C. lo que abarcaría el Imperio maurya en 300? ¿Y el de Alejandro Magno en 330 a. C.?

La noción de imperio se muestra singularmente cambiante y esquiva y mucho más confusa desde que con Lenin se mezcló con la de imperialismo. Los historiadores pagan peaje a las ideologías y acaban embarrancando en juicios morales que varían según el catecismo que se aplique. Esto dificulta enormemente no ya la comprensión de los hechos, sino su mera exposición y hasta identificación.

El término «imperialismo» lo echó a andar en 1902 John A. Hobson con su *Imperialism: a study*, y desde su mismo nacimiento supone una condena moral[28]. El imperialismo para Hobson es el resultado de las necesidades insaciables del capitalismo. Hobson estuvo en la órbita del socialismo no revolucionario de los fabianos, como Bernard Shaw. Pero el concepto no adquirió su configuración definitiva hasta *El imperialismo, fase superior del capitalismo* de Lenin[29]. Explica aquí el gran revolucionario que el capitalismo, cuando alcanza un nivel muy alto de desarrollo, se transforma necesariamente en imperialismo capitalista. Es en cierta forma una división internacional del trabajo. Los países centrales tienen mejores sueldos, mejores trabajos y mayor nivel de vida, mientras que los periféricos son pobres y atrasados y solo aportan recursos naturales. Esta forma de intercambio tiene necesariamente que producir explotación y empobrecimiento. Estos planteamientos no están en absoluto pasados de moda ni en la literatura académica ni en la mentalidad popular. Los repiten Negri y Hardt en un libro traducido a varios idiomas y de gran éxito[30].

En líneas generales, el término «imperialismo», que inicialmente venía a emplearse para la expansión colonial que comenzó en la segunda mitad del siglo XIX, ha extendido su uso a otras épocas. Así el lector encontrará numerosos títulos en los que se alude al imperialismo romano o al imperialismo español sin que su asunto sea otro que el Imperio romano y el Imperio español en sí. La confusión imperialismo/imperio era esperable porque la tentación del juicio moral era irresistible. En este particular asunto, además, la condena ya existía de manera general. El que manda tiene siempre mala prensa, como iremos viendo a lo largo de este trabajo.

Para dar idea de hasta qué punto ambos términos han llegado a la confusión total, señalaré que en 2011 la International Summer Schools de la Universidad de Cambridge dio un curso de cuatro semanas con el título *Imperialism in the Ancient World* que fue impartido por especialistas de reconocido prestigio académico. El curso es descrito en los siguientes términos: «We begin with brief studies of early *imperalism* [¿por qué no *empires*?] in southern Asia and China. Then we asses the inmense and long lasting Roman Empire [...]. For each, we trace the early development and subsequent history including decline and fall of Archaic *empires* [¿por qué no *imperialism*?] were aristocratic but the forms of organisation and modes of exploitation were diverse». La confusión es completa y en modo alguno gratuita, porque es valorativa. Indica con la precisión, sin concesiones, que la lengua tiene para manifestar el sub-

[28] John A. Hobson, *Estudio del imperialismo,* Madrid: Alianza Editorial, 1981.

[29] Disponible en *https://www.marxists.org/espanol/lenin-obrasescogidas05-12.pdf*. Consultado el 15 de abril de 2014.

[30] Michael Hardt y Antonio Negri, *Impire,* Cambridge (MA): Harvard University Press, 2000. [Traducción española: *Imperio,* Barcelona: Paidós Ibérica, 2005].

consciente social, cuál es la opinión generalmente hoy aceptada, se diga abiertamente o no.

Ver la evolución de las palabras, estudiar cómo se generan o se pierden sentidos, observar los cambios es un aprendizaje siempre interesante porque el lenguaje es una institución social que se genera en los tuétanos de los grupos humanos y muestra, con independencia de la voluntad, qué hay en su interior. La manipulación consciente del lenguaje es siempre visible y grosera, y por lo tanto, ayuda a ver aquello que la manipulación misma quiere tapar. En esta investigación el lenguaje será uno de nuestros principales aliados. Seguiremos a menudo las pistas que las palabras y expresiones han dejado tras de sí en varias lenguas europeas. Comprobaremos cómo nos ayudarán muchísimo a ver con mayor claridad lo que estudiamos: imperiofobia y leyenda negra. Porque este es nuestro objetivo: ver mejor y quizá comprender.

La confusión de «imperialismo» e «imperio» en todas las lenguas de nuestro entorno nos lleva a dos reflexiones en principio. Primeramente, que la comprensión de esos fenómenos humanos enormes que son los imperios hace más de un siglo que está lastrada por la contaminación ideológica, y que la condena moral que subyace, a veces hasta en los más asépticos trabajos académicos, impide un estudio honrado y libre de prejuicios[31]. Desde hace más de dos mil años los profetas de la pobreza han condenado sin desmayo cualquier eminencia o cualquier movimiento humano encaminado a lograr riqueza y prosperidad, como Antonio Escohotado ha probado magistralmente en *Los enemigos del comercio.*

La opinión general hoy en el seno de la clase media europea, e incluso norteamericana, es que imperio es imperialismo y que esto es una cosa mala. Por supuesto, la palabra «imperialismo» ahora mismo no necesita adjetivo: remite automáticamente a Estados Unidos. Puede el lector teclear en Google «anti imperialist propaganda» o «propaganda antiimperialista» y verá los resultados. Todos contra un único enemigo: los Estados Unidos de América. Da igual que el ciudadano italiano, francés, español o danés, convencido de que ser antiimperialista es estar con los buenos, haga denodados —y responsables— esfuerzos por que sus hijos hablen bien inglés. Tampoco será raro que disfrute bárbaramente con teleseries americanas, que prefiere a cualesquiera otras, como *Friends*, los *Soprano* o *Doctor House*, o que procure, si la economía

[31] Una exposición general de las enormes dificultades ideológicas de esta tarea puede encontrarse en Philip Pomper, «The history and theory of empire», *History and Theory* 44 (2005), págs. 1-27. Pasa revista a las habituales teorías del poder y el imperio desde el liberalismo a los planteamientos marxistas y neomarxistas (no tan distintos como pudiera pensarse) y explica la incapacidad para afrontar ciertas continuidades de la historia universal que sobrepasan estos marcos ideológicos. Es un texto útil para hacerse una composición de lugar, pero no va al fondo.

lo permite, darse una vueltecita por Nueva York para estar al día. En cuanto haya ocasión, hará expresión de sus convicciones profundamente antiimperialistas que, en este caso, se corresponden con los tópicos de la leyenda negra estadounidense. En otros tiempos hubiera repetido los lugares comunes de la propaganda antiespañola o antirromana. Y habría hecho exactamente las mismas cosas: procurar que sus hijos hablaran latín; divertirse leyendo a Virgilio o en espectáculos del circo y viajar a Roma si podía permitírselo.

Con tantas trabas ideológicas pululando en la historiografía no debe extrañar que algunas de las aportaciones más interesantes vengan de fuera de la historiografía académica. Peter Turchin es profesor de ecología y biología evolutiva. En su estudio sobre los imperios considera que ha habido entre 3000 a. C. y 1800 d. C. más de sesenta megaimperios, entendidos estos como estructuras de poder independientes que han llegado a controlar más de un millón de kilómetros cuadrados. Turchin llama la atención sobre el hecho indiscutible, a la vista de sus tablas y mapas, de que aproximadamente el 90 por ciento de estos megaimperios se levantaron en o cerca del cinturón árido que rodea el Viejo Mundo desde el Sáhara hasta el desierto de Gobi. Insiste en el papel de las fronteras en el origen de los imperios. Aquí debemos entender que se trata de amplias zonas fronterizas entre pueblos largamente sedentarizados y pueblos nómadas, o escasa y recientemente sedentarizados. Es una pena que, a pesar de que expresamente declara lo contrario, no preste atención alguna a los imperios formados tras el descubrimiento de América. En cualquier caso, es evidente que el Imperio español responde al patrón que Turchin describe[32].

El criterio de la extensión territorial no deja fuera la clase de imperio desarrollado por los estadounidenses desde que hicieron su entrada triunfal en el escenario mundial derrotando a España en 1898. Estados Unidos es un imperio territorial de costa a costa y un imperio hegemónico a nivel mundial. Esta clase de imperio basado en el comercio y en la supremacía económica no nace con los estadounidenses *ex nihilo*. En realidad, todos los imperios muestran esta doble vertiente. El imperio tiene que ver siempre con la extensión, esto es, es un poder que se ejerce sobre enormes territorios, pero no tiene por qué ser solamente dominio político y militar efectivo. Desde antiguo se manifiesta como poder territorial y/o como poder hegemónico. Esto no es nuevo ni ha surgido con los estadounidenses. Cuando Aristóteles discutía con Alejandro sobre la mejor forma de organizar un imperio, intentaba convencer a este de

[32] Peter Turchin, «A theory for formation of Large Empires», *Journal of Global History* 4 (2009), págs. 191-217. En lo que a España y la frontera se refiere es interesante Angus Mackay, *La España de la Edad Media. Desde la frontera hasta el Imperio, 1000-1500*, Madrid: Cátedra, 1985.

que debería desarrollar dos formas de dominación diferentes. Por un lado estaría la que Alejandro debería imponer —con delicadeza— a las polis griegas: *hegemon*, pero no control militar y político visible. Algo así como el estilo que Atenas había desarrollado en la Liga de Delos, la confederación creada tras las Guerras Médicas que llegó a tener doscientas polis bajo la batuta ateniense. En cambio, los pueblos bárbaros sí debían sentir un dominio político y militar tangible bajo la forma de un *basileus*, un rey. Resumiendo: para los griegos, hegemonía macedonia; para los bárbaros, un rey macedonio[33].

En su magnífico estudio *La Roma española*, Thomas J. Dandelet desarrolla el concepto de imperio informal. Con él se refiere a una forma de dominio que no es ni política ni militar. Es pura hegemonía e influencia. Tal fue la forma de control que España desarrolló para tener bajo su poder la ciudad de las ciudades. Dandelet destaca la sorprendente originalidad de la política que creó Fernando el Católico para la ciudad de los papas y con qué constancia fue mantenida por sus sucesores. España, un imperio esencialmente territorial, comprendió muy pronto que necesitaba desarrollar otras formas de imperio y que el dominio político y efectivo no servía para Roma. El propio Dandelet compara la hegemonía estadounidense con lo que él llama imperio informal de España.

Por otra parte, los británicos durante su segundo imperio, esto es, el que ponen en pie tras la pérdida de las colonias de Norteamérica, cambian sustancialmente el modelo y van hacia un mínimo dominio territorial y un máximo de explotación comercial. No obstante lo dicho, se ha de reconocer que el Imperio británico en su segunda versión es todavía territorial, aunque mucho menos que el Imperio español. Lo es también el Imperio ruso que coincide en el tiempo con el estadounidense. Está por verse qué camino tomará el Imperio ruso en este siglo, pero no es nada aventurado suponer que pronto escribirá un nuevo capítulo. Hay ya algunos ensayos interesantes sobre el nuevo modelo de imperio que los rusos están creando ahora mismo. Siguiendo con el asunto del control territorial y los imperios, no se puede obviar a China, una nueva versión de imperio mundial no territorial que estamos viendo levantarse delante de nuestros ojos.

En Occidente el uso de la palabra «imperio» ha sido tradicional y tiene su origen en el prestigio de Roma. El deseo perenne en Europa de restaurar aquel imperio llevó a Carlomagno a coronarse *imperator qui regit Imperium romanum* por el papa León III en el año 800. Naturalmente en Roma. Esto provocó la agria protesta del bizantino Miguel I Rangabé, que negaba absolutamente que el franco pudiera ser emperador de los romanos, puesto que eso ya lo era él. El viejo sueño de la Roma

[33] Johan Gustav Droysen, *Alejandro Magno*, Madrid: FCE, 2001. La primera edición alemana es de 1833.

Imperial, el deseo de ser el heredero de aquella grandeza nunca superada, florecerá otra vez cuando en 1155 Federico Barbarroja se haga de nuevo coronar por el papa Adriano V. Naturalmente en Roma. Esta vez se tituló emperador del Sacro Imperio Romano. Suena rimbombante, pero no era para tanto. Cosa de prestigio. ¿Nada más? Y nada menos. El prestigio es una cosa muy seria. Hizo cuanto pudo por conseguir el título de emperador, y lo logró nuestro Carlos I. Felipe II en cambio no pudo obtenerlo. El título existió de manera más o menos decorativa hasta que Francisco II renunció a él en 1809 para ser únicamente emperador austriaco.

Si nos atenemos al criterio de la extensión territorial, los cuatro imperios más grandes han sido:

1. Imperio británico: 31 millones de km^2 (en 1938).
2. Imperio mongol: 24 millones de km^2 (mediados del siglo XIII).
3. Imperio ruso: 23 millones de km^2 (en 1913).
4. Imperio español: 20 millones de km^2 (alrededor de 1750).

Vienen después el Imperio Maurya; el Imperio aqueménida; el Imperio chino de la dinastía Qing (*ca.* 1650-1912); el Imperio chino de la dinastía Yuan, descendientes de Gengis Kan (*ca.* 1270-1368); Segundo Imperio colonial francés (*ca.* 1880-1960); el Imperio abasida (siglos VIII-XI); el Imperio chino de la dinastía Tang (siglos VII-X); el califato Omeya (661-750); el Imperio portugués; el Imperio Rashidum (*ca.* 632-661) que comprende a los cuatro primeros califas que sucedieron a Mahoma; el Imperio brasileño; el Primer Imperio colonial francés que duró hasta comienzos del siglo XIX y se extendió fundamentalmente por América del Norte; el Imperio japonés con una extensión de 7,4 millones de kilómetros cuadrados en 1938; el Imperio chino de la dinastía Ming (siglo XV-XVI); el Imperio chino de la dinastía Han que duró desde 200 a. C. hasta 220 d. C. aproximadamente, y finalmente el Imperio romano con una extensión máxima de 6,5 millones de kilómetros cuadrados en tiempos de Trajano. Después vienen el Imperio de Alejandro Magno con 5,2 millones de kilómetros cuadrados y el Imperio otomano con 5 millones de kilómetros cuadrados en el momento de máxima extensión en 1683[34]. Naturalmente hay discrepancias de detalle entre los estudiosos, pero no afectan a la sustancia. Es evidente que no podremos tratar de todos ellos, pero de varios sí.

[34] Thomas Harrison, *The Great Empires of the Ancient World*, Los Ángeles: Paul Getty Publications, 2009, págs. 3-7. Jonathan M. Adams, Thomas D. Hall y Peter Turchin, «East-West orientation of Historial Empires», *Journal of World-Systems Research*, 2 (2006), págs. 219-229. Rein Taagepera, «Size and Duration of Empire: Growth-Decline Curves, 600 a. C. to 600 d. C.», *Social Science History* 3-4 (1971), págs. 115-138.

La leyenda negra acompaña a los imperios como una sombra inevitable. Es, como intentaremos explicar, el resultado de la propaganda antiimperial creada por poderes rivales o locales con los que el imperio ha colisionado en su crecimiento. No importa que esos poderes tengan su asiento en comarcas, regiones o ciudades que hayan salido claramente beneficiadas de su contacto con el imperio. Esas oligarquías locales opuestas al imperio en alza no son absorbidas y la propaganda antiimperial es una herramienta más en su lucha para conservar su estatus. Pero una leyenda negra es mucho más. Proyecta las frustraciones de quienes las crean y vive parasitando los imperios, incluso más allá de su muerte, porque segrega autosatisfacción y proporciona justificaciones históricas que, sin ella, habría que inventar de nuevo.

3

Roma y su leyenda negra

«Creo que fuiste golpeado
con escarnio torturado
en la cruz martirizado
siendo Pilatos pretor,
el romano imperialista,
puñetero y desalmado...».

ELSA BAEZA, *Credo de la Misa Campesina Nicaragüense*, CBS 1977

No se puede explicar en unas pocas frases lo que Roma fue y lo que ha significado, no ya para Occidente sino para el mundo. Cada uno, a la mención de ese nombre, verá aparecer en su cabeza un sinnúmero de ideas, imágenes, sensaciones... Pero interesa sobre todo que reflexione un poco sobre el hecho indiscutible de que sería hoy un ser humano totalmente distinto si Roma no nos hubiera sucedido. ¿Cree, amigo lector, que nuestra vida discurriría ahora mejor o peor si los romanos no hubieran puesto el pie en esta península? A esta pregunta, obviamente no se puede responder de manera racional, pero se puede *creer* algo. Es interesante averiguar sobre este punto qué es lo que uno cree. Este libro trata en gran medida de creencias y opiniones. Puesto que intentamos comprender mejor qué son los imperios y su mala prensa para entender de forma más acertada leyenda negra e imperiofobia, no está de más que nos vayamos haciendo de vez en cuando algunas preguntas a nosotros mismos.

Roma como Imperio Inconsciente

Decía Ortega que hay un hecho más formidable aún que el Imperio romano y este es el prestigio incomparable que tuvo y que pervivió a su desaparición, como si fuera inmune al paso del tiempo. Pero este prestigio no fue inmaculado ni mucho menos. Roma tuvo su leyenda negra y sufrió ataques propagandísticos en toda regla. Luego vino el prestigio y la admiración a que Ortega se refería, pero eso fue después, durante la Edad Media, el Renacimiento y la Ilustración. En el siglo XIX, con el desarrollo del concepto de imperialismo, Roma volverá de nuevo a ser cuestionada. ¿Fueron los romanos culpables o inocentes? La acusación principal es esta: ¿fue el Imperio romano una máquina de poder creada de manera consciente y deliberada, o se vieron los romanos más o menos empujados por diversas circunstancias históricas a hacer un imperio? Así planteado, el asunto produce perplejidad, pero el hecho es que a esto se han dedicado muchas páginas durante más de siglo y medio, empezando por el propio Theodor Mommsen, autor de la monumental *Historia de Roma* que todos conocemos. Para el gran historiador todas las guerras de Roma comienzan con una ofensiva del enemigo, y luego son continuadas con el propósito de no tener más problemas en el futuro. Veredicto: Roma es inocente. Serguéi Kovaliov y otros historiadores posteriores como William Harris, en cambio, han considerado que las guerras preventivas de los romanos no fueron más que un pretexto para llevar adelante sus planes expansionistas[35]. Veredicto: Roma es culpable.

Se puede comparar la opinión de Tenney Frank, en *Roman imperialism*[36], «[...] el pueblo libre de Roma se encontró, vacilante e inconscientemente, con un dominio cada vez mayor», con otra frase famosa en el mundo anglosajón, la de John R. Seeley, según la cual los británicos aparentemente adquirieron su imperio «in a fit of absense of mind» [un ataque de despiste]. El libro de Seeley titulado *Expansion of England* fue publicado en 1883. Tuvo tal éxito que se hicieron de él diez ediciones en un mismo año. En 2004 Bernard Porter publicó un ensayo titulado *The absent minded imperislist: What the British really thought about Empire.* Aunque dirigido al mundo académico, el libro ha tenido una acogida más amplia de lo que este tipo de obras suele tener, a un lado y otro del Atlántico. Porter, y esta es una de las razones indiscutibles de su éxito, alivia la conciencia de sus lectores al pretender demostrar que la mayor parte de la población inglesa vivía completamente al margen del imperio y hasta tenía mala opinión de él. En realidad, el imperio se construyó en medio de una generalizada apatía que permitió que algunos hicieran lo que les apetecía: expandirse por 31 millones de kilómetros cuadrados en un momento de distracción.

En el siglo I d. C. Polibio, un griego de Megápolis que pasó la mayor parte de su vida en Roma, rechaza el argumento de algunos griegos a los que no nombra, que consideraban que Roma había levantado aquel imperio enorme de manera casual y obligada por las circunstancias (I, 63, 9). Este asunto fue y vino muchas veces. Lo que se discute en realidad es si los romanos se merecían semejante imperio. Si aquel poderío inaudito era el producto de una serie encadenada de casualidades afortunadas, no había nada extraordinario en los romanos y ningún pueblo tenía que

[35] La monumental obra de Kovaliov se ha reeditado en español recientemente con notas y comentarios: Serguéi Kovaliov, *Historia de Roma*, Madrid: Akal, 2007. La primera edición es de 1948. William Harris, *War and Imperialism in Republican Roma*, 327-70 BC, Oxford: Clarendon Press, 1979.

[36] «[...] the free Roman people stumbled on falteringly and unwittlingly into ever-increasing dominion»: Nueva York, 1914, pág. 358.

sentirse disminuido en la comparación. El asunto es bien simple desde la perspectiva griega. Si Roma había levantado un imperio de manera defensiva y más o menos obligada por los hechos, entonces eso era algo que cualquier otro pueblo hubiera podido hacer en las mismas circunstancias. Por lo tanto, no hay nada de admirable en los romanos. Son perfectamente lo que parecen: unos palurdos venidos a más.

Cicerón se opuso con firmeza a este argumento favorito de la propaganda antirromana: «Non fortuito populum Romanum sed consilio et disciplina confirmatum esse» (*De Rep.* II, 2). Buen juicio y disciplina son por tanto los puntales del imperio para Cicerón. También Tito Livio (IX, 17-9) rechaza la idea promocionada por los que llama «levissimi ex Graecis» [algunos frívolos griegos], según la cual Roma no hubiera sido enemigo para Alejandro. Esta idea fue muy querida por los griegos y Plutarco la repetirá (*De fort. Rom.* 326 a-c), dando a entender que si Alejandro no hubiera muerto de modo prematuro, otro hubiera sido el destino de Roma. Porque a estas alturas Alejandro había dejado de ser un periférico, un macedonio semibárbaro que amenazaba la libertad de Grecia para convertirse en un príncipe griego, elevado a la categoría de semidiós, que a punto estuvo de conquistar todo el mundo conocido. Los historiadores helenísticos lo adoran porque es lo único que Grecia puede mostrar que se parezca a Roma.

Si Roma no hizo más que responder defensivamente a retos que se le fueron presentando a lo largo de su historia, esto es, fue peleando y conquistando básicamente para defenderse, entonces es inocente. No tiene la culpa de haber construido tan tremendo imperio. Ante esto se podría responder que otros pueblos, seguramente todos, afrontan retos y se ven obligados a defenderse, pero casi ninguno levanta un imperio como consecuencia de ello. España pudo descubrir América y no hacer allí un imperio enorme. De hecho es posible que antes llegaran los noruegos, cosa que ellos, de manera tan insistente como ineficaz, quieren dar a conocer. Es muy posible que llegaran, pero eso no significó nada para nadie. El argumento de la construcción casual o premeditada del imperio es muy viejo, y tendrá luego usos diversos. Como dijimos, lo habían usado ya los sofisticados alejandrinos, pero no para juzgar moralmente a Roma sino para rebajar sus méritos.

A este planteamiento lo llamaremos argumento del Imperio Inconsciente. Veremos que será utilizado con profusión a lo largo de la historia de Roma, de España, de Estados Unidos y de Rusia, y que ha servido para cimentar diversas conclusiones. Por un lado se pretende con él disminuir la grandeza, la eminencia que un pueblo determinado puede alcanzar por el hecho de haber levantado un imperio. Este es el caso de los intelectuales alejandrinos con respecto a Roma y de los humanistas italianos con respecto a España. Por otro, llegada la hora del juicio moral, el mismo argumento ha servido para absolver o culpar a Roma del crimen de haber construido un imperio. Y no solo a Roma. Las semejanzas entre los imperios son muy evidentes, sobre todo entre quienes asumen la imperiofobia como punto de vista moral[37].

El complejo del Imperio Inconsciente es un fantasma que aparece una y otra vez. En ocasiones forma parte de la propaganda antiimperial y en otras del sistema de autojustificaciones con que los pueblos imperiales pretenden aliviar el malestar que produce ser más poderoso que otros, especialmente desde el advenimiento del cristianismo. Hay además una tercera posibilidad no incompatible con las dos anteriores, pero mucho más subterránea. El Imperio Inconsciente alude al misterio de los misterios que este libro bordea y plantea en bastantes ocasiones: ¿por qué existen los imperios? Son tan evidentes y misteriosos como las borrascas. Los vemos surgir y evolucionar, vivimos en ellos, con ellos y contra ellos, pero en última instancia no sabemos cómo se producen y por qué. El problema histórico llamado imperio desborda ampliamente los límites de este ensayo. Es lamentable que pocos estudiosos hayan tenido el coraje intelectual de afrontar este problema y de hacerlo con un mínimo de humildad. Y las dos cualidades son necesarias (coraje intelectual y humildad), porque de otro modo no se pueden abordar procesos históricos complejísimos, de envergadura planetaria o casi planetaria, que a la postre nos van a derrotar o que solo se dejarán iluminar un poco, de manera insuficiente y parcial. El Imperio Inconsciente remite en última instancia a las fuerzas ciegas e involuntarias de la naturaleza. Ciegas para nosotros, naturalmente. En realidad nosotros somos los ciegos.

¿Nacen los imperios como consecuencia de la necesidad de intensificar la producción, como M. Harris parece creer? En tal caso todo crecimiento de población, puesto que lleva aparejado un aumento de dicha necesidad, produciría un imperio. Y si no en todos los casos, sí en la mayoría. La evidencia nos dice que esto es rigurosamente incierto. Si bien se mira, la teoría del Imperio Inconsciente la repite Harris con respecto a los estados («los participantes de esta enorme transformación parecen no haber sabido lo que estaban creando») y subyace en la distinción entre estados prístinos y estados secundarios de Field, que viene a decir que, en sus estratos profundos, desconocemos qué produjo el nacimiento de las primeras estructuras estatales y, por extensión, de los imperios. Vale que los que se originaran de forma más tardía surgieran

[37] Véanse los muchos parecidos que encuentra Pedro Luis Cano entre Roma y Estados Unidos. De hecho es la política exterior norteamericana en el golfo Pérsico la que provoca este artículo: «Invasores e invadidos: sobre dos discursos en el Agrícola de Tácito», *Methodos. Revista electrónica de Didáctica del Latín* 1 (2011), págs. 1-20. No tiene desperdicio. Disponible en *http://ddd.uab.cat/pub/methodos/2013682Xn0a12.pdf.* Consultado el 27 de febrero de 2015.

por imitación, pero ¿qué provocó, cómo surgieron los primeros? La teoría de Turchin vincula los imperios con el cinturón de tierras áridas que rodea Eurasia y con las zonas fronterizas entre pueblos muy sedentarios y otros poco o nada sedentarios. Los datos incuestionablemente demuestran que la mayoría de los imperios surgieron ahí, pero con ser mucho, esto tampoco nos resuelve el problema porque en esas zonas vivieron otros muchos pueblos que soportaron condiciones de vida semejantes y no crearon un imperio. Es posible que las características geográficas y de vecindario influyan bastante o mucho, pero no son determinantes. En este, como en otros muchos procesos complejos (economía, lengua, multiplicación de las bacterias, clima...) en los que interactúan múltiples factores, pequeñas variaciones en las condiciones iniciales del proceso pueden generar resultados totalmente diferentes. El imperio es un fenómeno histórico que solo se torna inteligible desde la perspectiva del caos, porque es en gran medida un fenómeno de autoestructuración.

Nuestro conocimiento de la leyenda negra romana depende de las fuentes conservadas y es naturalmente imperfecto, pero suficiente. Son sobre todo los historiadores romanos, aunque no únicamente, los que nos informan de los particulares de la propaganda antiimperial. Los romanos, como ahora los estadounidenses, tuvieron un acusado sentido de sus defectos, especialmente en política exterior. Esto a los españoles no debe extrañarles. Una parte notable de la propaganda antiespañola se ha alimentado de la autocrítica, que en nuestro país ha gozado siempre de muy buena salud, y mucho más en tiempos del imperio. Es posiblemente la única herencia viva que queda de él en la España de hoy.

Uno de los textos más elocuentes sobre los tópicos de la propaganda antirromana es de Salustio. Se trata de una carta supuestamente escrita por Mitrídates, rey del Ponto. Mitrídates fue uno de los enemigos más formidables con que tropezó Roma. El reino del Ponto estaba en la costa sur del mar Negro. Tenía frontera con Bitinia, Capadocia y Armenia, y estaba peligrosamente cerca de la provincia romana de Cilicia. En guerras sucesivas Mitrídates se enfrentó a Sila, Lúculo y Pompeyo, todos ellos generales excepcionales. La carta remite a hechos históricos que tuvieron lugar en 69 a. C. En esta fecha, Mitrídates y Tigranes de Armenia, que habían sido derrotados por L. Licinio Lúculo, intentan reorganizar sus ejércitos para seguir luchando contra Roma. En este contexto, Salustio nos lega una carta que Mitrídates escribió a Arsaces, rey de los partos, con el propósito de ganarlo para su causa e incorporarlo a la coalición antirromana. Si existió o no existió la mentada carta, no podemos saberlo. Es muy posible que sea una invención del propio Salustio, pero tampoco podemos descartar que Salustio se inspirara o conociera una carta semejante que realmente existió. En cualquier caso, como sucede con los discursos que los historiadores clásicos ponen en boca de sus personajes, la verosimilitud preside la creación histórico-literaria. Si Mitrídates no escribió la carta, pudo muy bien haberla escrito. La mayoría de los historiadores modernos coinciden en que Salustio aprovecha la ocasión para exponer los principales tópicos de la propaganda antirromana de su tiempo[38].

Muchos son los reproches que se hacen a Roma para convencer al parto Arsaces. En primer lugar, Mitrídates se apresura a destacar cuál es la causa principal por la que Roma va de un lado para otro del mundo guerreando, y que no es otra que un profundo deseo de riqueza y poder: «cupido profunda imperii et divitiarum» (*Historiae* IV, 69, 5). Naturalmente se hace hincapié en la suerte que han corrido varios monarcas orientales. No hay que fiarse de los romanos y de sus promesas de paz porque son expertos en astucias y traiciones: «callidi et repertores perfidiae». Recuerda a Filipo y a su hijo Perseo de Macedonia, a Eumenes de Pérgamo, a Antíoco y a la monarquía de Bitinia. La conclusión es clara: los romanos no sienten ningún respeto por las viejas monarquías orientales, ni por las personas de sangre real, y la prueba es que a Eumenes lo vendieron como esclavo sin ningún pudor. Roma no tiene empacho en destruir monarquías que para Mitrídates son el poder legítimo y aquí Salustio nos lleva a uno de los principales motivos de la propaganda antirromana (y de todas las propagandas antiimperiales): Roma representa un poder ilegítimo y externo que destruye poderes legítimos y locales. Gran asunto el de la legitimidad del poder. Por ahora, lo dejaremos pasar. Baste con tener presente que, según Salustio, Arsaces, rey de los partos, será receptivo al argumento de que para Roma ni las monarquías ni los monarcas están aureolados de un carisma especial. Si no puede servirse de ellos, los quita de en medio.

Esta irreverencia de los imperios jóvenes y en alza con respecto a los poderes locales, tradicionales y semisagrados es un clásico. Se me viene a la mente aquella escena memorable de McArthur cruzando las piernas y plantando las botas encima de la mesita de té del emperador del Japón. Hay otras estampas semejantes que pertenecen al imaginario histórico de los imperios, como Hernán Cortés en la petrificada corte de Moctezuma o Gengis Kan en su primer contacto con los civilizadísimos chinos tras la conquista de Hsi-hsia. Siguiendo este hilo, veremos luego que esta es una de las razones por las que triunfan los imperios. Rompen estructuras de poder locales, viejas y cuasi sacralizadas, con redes clientelares muy consolidadas y, por tanto, poco flexibles. Las oportunidades de prosperar en estas sociedades férreamente locales son escasas y están cada vez más ligadas al nacimiento, a la pertenencia a los clanes que controlan los resortes del poder. Aparece el imperio y rompe las viejas

[38] Juan Carlos Donaire Vázquez, «Salustio, *Historiae* IV, 69: algunas notas para el estudio de la Carta de Mitrídates», *Baetica. Estudios de Arte, Geografía e Historia* 2 (1989), págs. 143-152.

estructuras locales ya muy artríticas. Por lo pronto, ofrece oportunidades de promoción social que antes no existían, otros caminos hacia la cumbre o al menos hacia las colinas. Los imperios son principalmente meritocracias.

Pero no es solo esa «cupido profunda imperii et divitiarum» y la falta de respeto para con las venerables monarquías, es que además los romanos son gente de la peor calaña, dice Mitrídates. Desde que existen no han hecho otra cosa más que robar. Al principio robaban casas y mujeres, y luego, ya engrandecidos con este procedimiento, reinos e imperios. Hasta sus propios mitos así lo declaran, que eso es lo que realmente significa el rapto de las sabinas. Son en realidad una banda de ladrones y carecen de antepasados nobles. De nuevo la propaganda antirromana nos orienta sobre los tópicos que conforman el modelo de propaganda antiimperial. Este es un motivo reiteradísimo: acusar el pueblo dominante de proceder de malos orígenes, de tener «sangre mala y baja». Lo veremos desarrollarse con esplendor en el caso del Imperio español. La propaganda mitridática se explayó sobre el particular, de lo que nos informa Salustio puntualmente: «convenus olim sine patria, parentibus» [convendrás que antes no tenían ni patria ni padres] (Salustio, *Epist. Mithr.* 17).

Era una acusación común, que se repitió durante siglos. Tácito nos cuenta que este era también un argumento contra Roma usado por el jefe caledonio Cálgaco cuando luchaba contra su suegro Agrícola: «aut nulla, plerisque patria, aut alia est» [no tienen patria en su mayoría, y cuando la tienen es distinta de Roma] (Agrícola, 30). Tenía toda la razón. El ejército que manda Agrícola está formado en su mayoría por britanos, galos y germanos, pero la mitad eran, al menos *de iure*, ya que no de origen, ciudadanos romanos. Esto es una constante en Roma y en otros imperios. Tito Livio nos ha legado información sobre los envíos de tropas decretados por el Senado romano en los años de las guerras celtibéricas. En 193 a. C. se mandaron 6.200 soldados romanos y 10.400 que no lo eran. En 189 a. C. llegaron a Hispania 2.050 romanos y 8.400 no romanos; en 186 a. C., 3.200 romanos y 21.300 no romanos (Tito Livio, XXXIV). Cuando Qin Shi Huang (260-210 a. C.), primer emperador de China, construyó su gigantesca tumba, y ordenó poner en ella a miles de soldados de terracota, se ocupó de que estuvieran bien representadas las muchas etnias distintas que habían luchado juntas bajo su estandarte y habían colaborado en la creación de su imperio.

Con *Imperio* el hispanista Henry Kamen procura demostrar que el Imperio español nunca existió, ya que en cualquier situación histórica es posible ver que hay más gentes de otras naciones que españoles. En realidad, con esto señala una de las características fundamentales de los imperios: ser un *totum revolutum* de gentes diversas y en bastantes ocasiones desclasadas, o sea, una meritocracia.

Roma es como una peste para el mundo (*pestem... orbis terrarum*) y no respeta ni lo divino ni lo humano, dice Mitrídates. De nuevo Salustio expone otro de los grandes asuntos de la propaganda antiimperial: la acusación de impiedad. El pueblo imperial no respeta lo que es digno de ser respetado y hasta venerado, incluidos los dioses. Los romanos serán acusados por sus enemigos de ser un pueblo impío, como luego también lo serán los españoles, y esta propaganda servirá para sostener las guerras religiosas más interesantes y cruentas que Europa haya conocido.

Mitrídates continúa. Roma destruye lo que encuentra a su paso, ya sean amigos o enemigos, débiles o poderosos, y si ha alcanzado tanto poder es porque son buenos para la guerra, pero también por su incomparable talento para el engaño. El rey del Ponto debió levantar contra Roma una maquinaria propagandística espectacular, y por eso Salustio, con atinado criterio, le elige para ser el portavoz de esta propaganda[39]. En la corte de Mitrídates vivió Metródoro de Escepsis (*ca.* 145-71 a. C.), uno de los personajes más fascinantes de la Antigüedad. Metródoro fue tan hostil a Roma que recibió el sobrenombre de Misoromaeus. Ovidio menciona sus terribles invectivas y la elegante indiferencia con que Roma le respondió. Plinio el Viejo acudió a refutar algunas de las acusaciones vertidas por Metródoro, como la de haber atacado la ciudad etrusca de Volsinii o Vulsinii con el único propósito de apoderarse de las dos mil estatuas que contenía (*Naturalis Historia* XXXIV, 16).

Nacido en la antigua Misia, en el lado sur del mar de Mármara, en el seno de una familia humilde, Metródoro se formó al parecer en Atenas y fue discípulo de Carnéades. Luego enseñó en el Ptolomeum ateniense. Fue famoso por su memoria prodigiosa, que él no tomaba como un don especial sino el resultado de una técnica particular. Cicerón lo consideró un hombre excepcional y estaba orgulloso de haberlo conocido. Casi nada de su obra se ha conservado. Sabemos que fue autor de una biografía de Tigranes de Armenia y de una obra histórica que tenía como figura central a Mitrídates. Según Apiano, Mitrídates estuvo muy unido a Metródoro desde niño, hasta el punto de llamarlo padre. El de Escepsis fue un foco de cultura griega en la corte oriental de Mitrídates, que aspiraba a civilizar y helenizar la amalgama de pueblos semibárbaros que vivían bajo su monarquía. Parece que Metródoro enseñó a su discípulo sus prodigiosas artes de la memoria. Plinio el Viejo dice que sabía las veintidós lenguas que se hablaban en su reino y que nunca necesitó de intérpretes para entenderse con sus súbditos[40].

[39] E. Salomone Giaggero, «La propaganda antirromana di Mithridate VI Eupatore in Asia Minore e in Grecia», en *Contributo in onore di A. Garcetti*, Génova, 1977, págs. 89-107.

[40] Ignacio Gómez de Liaño, *Filósofos griegos, videntes judíos*, Madrid: Siruela, 1998, pág. 73, y del mismo autor, *El círculo de la sabiduría*, Madrid: Siruela, 2000, págs. 37-39.

En 71 a. C. Mitrídates mandó matar a Metródoro. No sabemos si las relaciones entre ellos se habían deteriorado ya, o si el hecho fue producto de un arrebato. Mitrídates tenía un carácter bastante extremado e irascible. En el contexto de la Tercera Guerra Mitridática, el rey mandó a Metródoro a la corte de Tigranes de Armenia a solicitar su apoyo. Cuando el armenio le preguntó qué era lo que él particularmente creía que le convenía hacer, Metródoro respondió que, como embajador, solicitaba su ayuda para el rey del Ponto, pero que personalmente pensaba que no era conveniente para él prestársela. Esto le costó la vida. Eso sí, se le tributó un magnífico funeral.

Metródoro pasa por ser uno de los inspiradores de motivos que saturaron la poderosa maquinaria propagandística antirromana, pero su caso no es único ni mucho menos. Dionisio de Halicarnaso (I, 4, 2) denuncia la existencia de historiadores griegos que odiaban a tal punto el poder de Roma que preferían servir en las cortes de reyes bárbaros. Tito Livio no se anda por las ramas y los critica severamente: «levissimi ex Graecis qui Parthorum quoque contra nomen Romanum gloriae favent» (IX, 18, 6) [algunos frívolos griegos que levantan la gloria de los partos contra la reputación de Roma].

Otro de los grandes enemigos intelectuales de Roma fue el orador e historiador Timágenes de Alejandría. Tuvo ocasión de conocer muy de cerca la vida de la ciudad en la época última de la República y comienzo del Principado de Augusto, porque en 55 a. C. fue llevado a ella como prisionero de guerra y comprado por Fausto Sila, el hijo del dictador. En Roma no le fue mal. Vivió durante bastante tiempo en la casa del gran historiador romano Asinio Polión. Enseñó retórica y parece que gozó del favor de Augusto, aunque luego, habiendo enfadado al emperador, huyó de la ciudad. Escribió una *Historia de las Galias* y una *Historia de los Reyes* que se han perdido.

Timágenes estuvo metido en todos los chismes políticos de Roma durante el tiempo que en ella vivió. Sabemos que se ocupó de proclamar que Teófanes había persuadido a Ptolomeo Auletes para dejar Egipto con el objetivo de darle un mando militar a Pompeyo. También se ocupó de publicitar la historia de Cepión y el oro de Tolosa. Durante la guerra contra los cimbros en la Galia Narbonense, Quinto Servilio Cepión, cónsul en 106 a. C., saqueó la ciudad de Tolosa y parece que encontró un fabuloso tesoro en oro y plata. Se ordenó su inmediato traslado a Roma, pero solo llegó la plata. Se dijo que unos ladrones habían saqueado el campamento, pero la reputación de Cepión quedó manchada para siempre. A Timágenes se le describió como *felicitati urbis inimicus* y dicen que lamentaba los incendios de Roma solo porque las nuevas construcciones eran mejores que las anteriores.

Powell señala, aunque no se detiene a explicar esto en toda su alarmante profundidad, un hecho que está vinculado a la expansión y al prestigio que adquirieron los tópicos de la propaganda antiimperial española, pero que se encuentra también y con idéntico rol en otras propagandas antiimperiales, notablemente la romana: la actividad de los llamados intelectuales. Es un rasgo característico de la imperiofobia y la diferencia de otros prejuicios raciales o nacionales como el antisemitismo o la supremacía blanca. La propaganda antiimperial de los intelectuales es un mecanismo para crear opinión pública formado consciente y deliberadamente por poderes locales que defienden su posición frente a un imperio en expansión. Estos poderes locales cuentan con el apoyo del gremio intelectual de turno, que, ahora y hace dos mil años, estaba dispuesto a servir con las herramientas de su inteligencia al poder constituido que lo alimenta, muy especialmente si lo veía peligrar. En esto difieren las propagandas antiimperiales y los prejuicios nacionales, insisto. Estos son el producto de contactos de diversa naturaleza entre pueblos, contactos que generan imágenes arquetípicas e incompletas de necesidad, las cuales se perpetúan en clichés que se transmiten de generación en generación. No son el producto de un programa conscientemente producido desde un poder local en peligro con el apoyo de la clase intelectual que está ligada a ese poder.

La actividad en forma de propaganda antirromana de los intelectuales en el Mediterráneo Oriental es paradigmática. La situación no es muy distinta a la de los humanistas italianos cuando el poder de España se extiende por la península vecina. Los intelectuales europeos ocupan ahora esa posición con respecto al Imperio norteamericano. Como los intelectuales del orbe alejandrino, los humanistas italianos estaban convencidos de ser lo más grande que las luces de la inteligencia humana habían sido capaces de producir. Y como los alejandrinos, no podían comprender ni aceptar que la tierra que les había visto nacer, a ellos que estaban destinados a educar al mundo y arrancarlo de las garras de la ignorancia y la barbarie, no fuera la que mandara. Y no solo eso, sino que además tenían que soportar el hecho hiriente para el orgullo de cualquiera, y mucho más para un intelectual, que suele tenerlo multiplicado por dos o tres, de que su tierra natal estaba sometida a un poder exterior. Este poder no tenía más remedio que ser bárbaro e inferior, y si había alcanzado una posición dominante tenía que ser por necesidad en virtud de su propia barbarie, a la que uno no puede enfrentarse sin convertirse en bárbaro también. Bárbaros e intelectualmente menguados fueron los romanos para los sofisticados griegos, como lo fueron siglos después los españoles para los cultísimos humanistas y lo son desde hace más de un siglo los estadounidenses para los intelectuales europeos. *Nihil novum sub sole.*

Los testimonios de la leyenda negra romana aparecen por todas partes, incluso donde menos lo esperaríamos. En *La guerra de las Galias* (VII, 77), el discurso del galo Critognato en Alesia es un buen ejemplo. Tenemos más en la obra del alejandrino Apiano (95 d. C.-165), en su *Mithridatica.* De la popularidad y vigencia de la propaganda antirromana da idea que un siglo y medio después de Salustio, el galo Pompeyo Trogo vuelve a repetir los motivos antiimperiales ya mentados y añade otros. Esta vez se trata de un discurso supuestamente pronunciado por Mitrídates al comienzo de su primera guerra contra Roma (88-80 a. C.). La obra de Pompeyo Trogo se ha perdido, pero ha llegado a nosotros a través del epítome que Justino hizo de ella en el siglo IV. Encontramos los habituales tópicos: los romanos son ladrones (Justino XXXVIII, 4, 2); desprecian las monarquías y a los reyes; son de origen más que humilde, infame; tienen un deseo voraz de poder y riqueza (Justino XXXVIII, 6, 7-8). A ellos, Pompeyo Trogo añade otros como las actividades nefastas de los *publicani* y magistrados romanos en Asia y varias alusiones al perjuicio que Roma ha causado a quienes confiaron en ella y firmaron alianzas. La prueba de ello es la guerra que tuvieron con sus aliados italianos (*socii*), que es conocida como Guerra Social. ¿Pompeyo Trogo era antirromano o solo se hace eco de esta leyenda negra? ¿Cómo conoció Pompeyo Trogo las ideas antirromanas de Metródoro? ¿Tan populares eran? ¿Lo hizo a través de Estrabón? Estrabón había nacido en el Ponto como Metródoro, y en su obra hay pasajes que muestran una actitud favorable al rey del Ponto, pero Pompeyo Trogo era galo. En realidad no es necesario suponer ni un conocimiento directo ni indirecto. Los tópicos de las leyendas negras son siempre populares.

> No hay gente alguna más allá de aquí, excepto los mares y acantilados y esa peste de los romanos, de cuya soberbia en vano intentaréis libraros con dádivas y amabilidad. Estos ladrones del mundo, después de haber arrasado la tierra, buscan en el mar. Si el enemigo es rico, son avaros; si pobres, ambiciosos. Ni Oriente ni Occidente los han saciado. De entre todos, solo ellos desean con idéntica pasión la riqueza y la miseria ajenas. A robar, esclavizar y saquear le dan el falso nombre de *imperium*, y cuando lo han convertido todo en un desierto, lo llaman paz[41].

[41] «Sed nulla iam ultra gens, nihil nisi fluctus et saxa, et infestiores Romani, quorum superbiam frustra per obsequium et modestiam effugeris. Raptores orbis, postquam cuncta vastantibus defuere terrae, iam et mare scrutantur: si locuples hostis es, avari, si pauper, ambitiosi; quos non Oriens, non Occidens satiaverit. Soli omnium opes atque inopiam pari adfectu concupiscunt. Auferre trucidare rapere falsis nominibus imperium, atque, ubi solitudinem faciunt, pacen appellant» (*Agricola* 30). La traducción es mía. Muchos siglos después, el francés Guez de Balzac escribirá: «Los españoles son ciertamente, más verdaderamente que lo fueron los romanos, los ladrones de todas las tierras y los piratas de todos los mares... Si acaso estuvieran seguros de que esas grandes sombras que se observan sobre la luna fuesen provincias y reinos, tal y como defendió Galileo, se consagrarían a encontrar un camino que los llevara hasta ellos»: H. Méchoulan, «L'Espagne dans le miroir des textes français», en *L'Etat Baroque, 1610-1652,* París, 1985, pág. 425, citado por Carlos Gómez-Centurión Jiménez, «Bajo el signo de sagitario.

Así se expresaba el jefe tribal Cálgaco, según Tácito. Se trata de uno de esos discursos retóricos que la historiografía antigua autoriza a poner en boca de los protagonistas de los hechos historiados. Que sean ficticios no resta un ápice de interés a estos discursos, puesto que siempre son verosímiles. Si el caledonio Cálgaco no se expresó en estos términos, Tácito y sus lectores saben que hubiera podido hacerlo. ¿Estas palabras reflejan lo que piensa el propio Tácito? Algunos historiadores modernos han creído que sí y considerado que Tácito tenía ideas antiimperialistas. Pero estas son palabras de Cálgaco, no de Tácito. Debe recordarse además que el discurso viene en la obra que Tácito escribió para ensalzar la figura de su suegro Agrícola, un gran conquistador, y que él mismo (*Historiae* IV, 73-74) expone una refutación en regla de los lugares comunes de la propaganda antirromana en la locución que Quinto Petilio dirige a rebeldes y desertores en Tréveris. Merece la pena detenerse un poco en esta exposición porque Tácito, lúcido y sombrío, fue uno de los más inteligentes historiadores de Roma[42].

Quinto Petilio Cerial Cesio Rufo fue un general que vivió en el siglo I d. C. bajo Vespasiano, uno de esos romanos que parecen hechos de una pieza, tan culto como eficaz al frente de las legiones. Fue enviado a la región que los romanos llamaban la Germania inferior para acabar con una rebelión. El levantamiento lo había encabezado Julio Civilis, un príncipe germano muy romanizado, tanto que era ciudadano romano. A él se habían unido Julio Clásico y Julio Tutor, galos bátavos y comandantes de dos legiones galas auxiliares. Obsérvese de paso cuán popular era entre estos pueblos el nombre Julio. En Tréveris, frente a los galos rebeldes, desgrana Quinto Petilio uno por uno los reproches que pueden hacerse a Roma y los va explicando.

Comienza el general romano recordando a los presentes que Roma vino a las tierras de los bátavos «nulla cupidine sed maioribus vestris invocantibus» (*Historiae* IV, 73), esto es, no arrastrada por la ambición sino llamada por sus antepasados, que reclamaron su ayuda cuando, en medio de las discordias constantes que entre ellos había, a alguien se le ocurrió pedir ayuda a los germanos y estos, claro está, vinieron a ayudar y de camino se quedaron y aprovecharon la ocasión para poner en servidumbre a amigos y enemigos. Dicho de otro modo: entre los germanos y los romanos, los bátavos, como otros pueblos galos, habían preferido a los romanos, lo cual no parece una decisión insensata. Es una elección que en Europa, Asia y el norte de África hicieron muchos

La visión europea del poder español (siglos XVI y XVII)», *Cuadernos de Historia Moderna* 16 (1995), pág. 211.

[42] Esteban Tollinchi, *La metamorfosis de Roma: espacios, figuras y símbolos*, San Juan: Universidad de Puerto Rico, 1998. Ofrece una interesante y amena exposición sobre el cambio de Roma de polis a imperio.

pueblos. Ningún imperio ha podido serlo sin asumir el papel de gran gendarme. El imperio nuevo es un poder que se alza y al que se acogen naciones pequeñas, muchas veces amenazadas por vecinos más poderosos y mucho más difíciles de soportar. La conquista de América, como veremos, es incomprensible si no se tiene en cuenta que muchos pueblos indígenas aprovecharon la ayuda de los españoles para levantarse contra sus dominadores tradicionales, seguramente convencidos de que estos nuevos amos, por malos que fueran, no podían ser peores que los que habían tenido. Este punto lo desarrollaremos más por extenso en la Parte II de este libro.

Los romanos, recuerda a su audiencia Quinto Petilio, han combatido muchas veces contra cimbros, contra teutones en defensa de los bátavos y junto a los bátavos. Indiscutiblemente Quinto Petilio quiere dejar muy claro que en los problemas de los bátavos han dejado la vida muchos romanos. Los imperios pagan por el hecho de serlo un tributo de sangre en ocasiones bastante elevado, para resolver sus problemas y también los de otros. La sangre romana, como en el último siglo y ahora la estadounidense (las dos guerras mundiales, por ejemplo), se derramó generosamente por todo el mundo conocido. El general destaca, ante su audiencia de rebeldes y desertores, el peligro constante que los germanos han sido siempre para los galos, cuántas veces los han invadido y sometido usando en no pocas ocasiones la excusa de la liberación («ceterum libertas et speciosa nomina praetexuntur») para echar la zarpa a las fértiles provincias del sur.

En la última parte del discurso de Quinto Petilio, Tácito expone algunos de los más delicados problemas que un imperio tiene que afrontar: el ejército, los impuestos y, finalmente, la participación de los sometidos en el gobierno. Tácito no se va por las ramas: «La tranquilidad de los pueblos no puede garantizarse sin armas, ni estas sin salarios, ni los salarios sin impuestos»[43]. Los impuestos que se pagan son inevitables, pero es que además los romanos no mandan solos en las Galias: «Todo lo demás lo tenemos en común. Vosotros mandáis a menudo nuestras legiones; vosotros regís estas y otras provincias; no hay privilegios ni ocultación»[44]. Los romanos comparten su poder con los locales y hay una comunidad galorromana a la que el propio príncipe rebelde pertenece. Los patriciados locales estuvieron muchas veces dispuestos a poner en peligro la seguridad y el bienestar de sus regiones en aventuras temerarias con las que pensaban acrecentar su poder, pero realmente ¿la vida de la gente corriente iba a mejorar? Quinto Petilio los desen-

[43] «Nam neque quies gentium sine armis neque arma sine stipendiis que stipendia sine tributis haberi queunt», *Historiae* IV, 74. Las traducciones son mías.

[44] «Cetera in communi sita sunt, ipsi plerumque legionibus nostris praesidetis, ipsi has aliasque provincias regitis; nihil separatum clausumve», *Historiae* IV, 74.

mascara sin piedad: «¿Acaso esperáis un gobierno más suave bajo el dominio de Tutor y Clásico o que tendréis ejércitos que mantengan lejos a germanos y bretones con menos tributos que ahora?»[45]. Quinto Petilio es consciente de que sus oyentes saben que la respuesta es no. El yugo de Roma es leve comparado con otros. Y finalmente concluye con una reflexión de largo alcance sobre el destino de la propia Roma y de los pueblos a ella sometidos, una reflexión muy al estilo de Tácito: «Ochocientos años de prosperidad y disciplina han consolidado esta enorme máquina del Imperio romano, el cual no puede ser destruido sin derribar también a aquellos que lo destruyan»[46]. Es una reflexión que puede aplicarse muy sosegadamente a todos los imperios. Cuando estos pierden su poder, ¿los distintos pueblos de ese imperio mejoran su vida? ¿Vivieron mejor los hispanos, dálmatas, belgas, griegos, egipcios... cuando el poder de Roma empezó a decaer? ¿Les fue mejor a peruanos, colombianos, cubanos o mexicanos sin el Imperio español que con el Imperio español? El asunto es peliagudo y arrastra tras de sí consideraciones morales tan profundas y prejuicios tan hondamente arraigados que habrá que dejar por ahora la cuestión.

La destrucción de Corinto (147 a. C.)

Conocemos los hechos que provocaron la destrucción de Corinto por Polibio y Pausanias. Fue tópico reiterado de la propaganda antirromana, como luego lo sería el saco de Roma sucedido en 1527 en la leyenda negra española. Originariamente el conflicto arranca, como ya había sucedido antes, del enfrentamiento entre Esparta y la Liga Aquea. En 147 a.C. el Senado romano exige en una embajada que queden libres de la Liga ciudades no aqueas como Esparta, Argos, Corinto... que no querían pertenecer a ella y que habían firmado pactos de amistad con Roma. Para los aqueos esto era claramente una demostración de que Roma pretendía acabar con la Liga, pero es que las ciudades nombradas no pertenecían a ella por su gusto. La reacción aquea ante esta exigencia de Roma fue virulenta y agresiva. Pronto se convirtió en un movimiento antirromano que se expandió con singular intensidad, alcanzando el carácter de revolución social: los cabecillas prometían la abolición de las deudas, el reparto de tierras y, en fin, resolver otros malestares sociales que en principio nada tenían que ver con Roma. Critolao fue elegido

[45] «Nisi forte Tutore et Classico regnantibus moderatius imperium speratis aut minoribus quam nunc tributis parabuntur exercitus quibus Germani Britannique arceantur», *Historiae* IV, 74.

[46] «Octingentorum annorum fortuna disciplinaque compages haec coaluit, quae convelli sine exitium convellentium non potest», *Historia* IV, 74.

para estratega de la Liga y se enfrentó a Cecilio Metelo. El romano reunió la asamblea de la Liga e intentó restablecer la concordia, pero Critolao le hizo saber que los aqueos querían a los romanos como amigos, no como amos. Esto significaba que los romanos debían venir a arreglar los desaguisados que se organizaban cada dos por tres en territorio heleno, y luego irse a su casa. Estos enfrentamientos constantes entre las polis solían tener como consecuencia casi inmediata atraer a las potencias asiáticas a territorio peligrosamente cercano a Italia, porque cada una buscaba alianzas en el exterior. Tras varios enfrentamientos en el campo de batalla, los romanos lograron cruzar el istmo y ocupar Corinto tras una férrea resistencia. La ciudad fue ocupada y saqueada, y sus habitantes vendidos como esclavos. La destrucción de Corinto fue considerada un crimen injustificable. Como no era este el proceder habitual de los romanos, los historiadores antiguos y modernos han intentado justificar el hecho. Quizá los romanos quisieron aplicar un castigo ejemplar hartos ya de verse envueltos en guerras y problemas por culpa de los griegos. Grecia quedó a partir de este momento sujeta a la autoridad del procónsul de Macedonia y *de facto* sometida como una provincia más. Sin embargo, Roma no dejó guarniciones militares en territorio griego, para no ofender mucho el delicado orgullo heleno, aunque sí impuso el pago de tributos. La destrucción de Corinto fue asunto favorito de la propaganda antirromana en el Mediterráneo Oriental y su popularidad solo decayó tras el saqueo de Rodas un siglo después.

Corinto y Rodas fueron entre los intelectuales alejandrinos la prueba irrefutable de la barbarie romana y su uso propagandístico se asemeja muchísimo al que tuvo el saco de Roma en la propaganda antiespañola muchos siglos después.

Los oráculos

En la propaganda antirromana los historiadores saben de la existencia de tópicos reiterados que, organizados como modelos, fueron empleados no solo por Mitrídates sino también en otros importantes núcleos del Mediterráneo Oriental como Judea, Armenia, Alejandría, las ciudades griegas continentales y del Asia Menor, etcétera. Aparecen reflejados en cartas y discursos como los que hemos visto, pero se manifiestan también de otro modo: en vaticinios y profecías que anuncian la destrucción del imperio, generalmente en medio de grandes catástrofes o por la venida de un salvador, rey o profeta. Los oráculos forman parte del modelo de la propaganda antiimperial. Los veremos de nuevo en el caso del Imperio español y es seguramente una de las más interesantes manifestaciones de este complejo combinado de admiración y envidia que el imperio despierta en la órbita de su influencia y que se manifiesta en las leyendas negras. Son los imperiales como semidioses y semidemonios, y las divinidades se ocupan preferentemente de enviar mensajes que anuncian a los oprimidos que aquella terrible *hybris* tendrá su castigo. La *hybris* es el pecado de orgullo y soberbia en que incurren los mimados por la fortuna, según la moral griega clásica, el cual lleva siempre aparejado un castigo divino que Némesis, diosa de la justicia retributiva, se encarga de enviar. Ahora mismo florecen los oráculos que pronostican el fin de la era estadounidense en los países islámicos, y lo vimos en el caso del credo marxista que pronosticó (y fue creído) no solo la caída de la Babilonia capitalista sino del capitalismo todo. Raymond Aron hace un análisis lúcido e inteligente de la actividad profética en el mundo marxista, y de cómo el desmentido de la realidad no logra acabar con la profecía[47]. No es asunto para tomárselo a la ligera en absoluto. Flavio Josefo nos dice que fue un oráculo antirromano el que encendió la mecha que provocó la guerra de Judea.

Dice la leyenda que la Sibila de Cumas era natural de Eritrea, en Jonia (actualmente costa de Turquía), aunque se la llama así porque pasó la mayor parte de su vida en la ciudad italiana de Cumas, en la costa de la Campania. Un día se presentó ante el rey Tarquino el Soberbio y le ofreció nueve libros de profecías a un precio que al rey le pareció muy elevado, así que rechazó la oferta en la idea de que la Sibila se avendría a rebajarlo. La Sibila se marchó y destruyó tres de los libros. Regresó después ante Tarquino y le ofreció los seis libros restantes por el mismo precio que antes había pedido por nueve. Pero Tarquino siguió negándose a pagar lo pedido y exigió de nuevo una rebaja. La Sibila se marchó y destruyó otros tres libros. De nuevo volvió a presentarse ante el rey, pero no rebajó el precio. Temeroso de que destruyera también los últimos tres libros, Tarquino se conformó y finalmente pagó por tres libros lo que no había querido pagar por nueve. Estos tres libros se guardaban en el templo de Júpiter y, según la tradición, estaban escritos sobre rollos de papiro y en griego.

Lo que ahora llamamos oráculos sibilinos son una colección de doce libros cuyo contenido abarca desde el siglo II a. C. hasta el siglo VII d. C., probablemente. Su origen y sus autores son muy variados, y han sido refundidos en varias ocasiones. Hay libros o fragmentos que se consideran de origen judío, otros griego, otros egipcio... Son fundamentales para comprender el fenómeno de la profecía en el mundo antiguo y su relación con la apocalíptica. No pueden considerarse un documento histórico, pero su función histórica es importante, puesto que el recurso que se emplea para dar autenticidad a la predicción es precisamente incluirla en una secuencia histórica coherente. Da igual que esto se

[47] Raymond Aron, *En defensa de la libertad y de la Europa liberal*, Barcelona: Argos, 1977. La primera edición en francés es del mismo año.

haga *post eventum* o con un propósito apocalíptico-escatológico, o las dos cosas a la vez. Tiene que haber una verosimilitud con respecto a los acontecimientos si el propósito es inculcar miedo. Normalmente no se busca provocar el temor de un modo universal, sino a un estado o nación que se consideran opresoras. En cierto modo es una variante de la «resistance literature». A esto se debe añadir que la profecía se suele combinar con un componente moral. El pueblo considerado opresor por el poder local es acusado sistemáticamente de impiedad y es culpado de crímenes e iniquidades por las que tendrá que responder. La ruptura de ciertos códigos morales justifica no solo la amenaza oracular sino también la rebelión. Si el poder local está en condiciones de emprender una rebelión, lo hará (rebelión de Judea contra Roma; rebelión de Flandes contra España). Si no lo está, el castigo se aplaza en lo inmediato y se deja en manos de un rey o profeta poderoso que vendrá o pasa directamente al apocalipsis, del que solo se librarán los justos. Son muchas las alusiones a la destrucción de Roma que hay en los *Libros Sibilinos*. La parte central del libro III reúne un cuerpo importante de oráculos referidos a ella. En conjunto, acumulan amenazas para acabar con una decidida exaltación del pueblo judío. En algunos casos el sibilinista, que adopta un punto de vista oriental, habla de la amenaza que viene «del mar occidental». La potencia invasora se caracteriza por su afán desmedido de riquezas y, acto seguido, se predice su caída provocada por la *hyperefanie* y la corrupción de sus costumbres: el cliché de la impiedad. Las profecías antirromanas duraron tanto como el propio imperio: «Dios enviará un rey que librará de la perniciosa guerra toda la tierra... y lo hará por obediencia a los nobles mandatos de Dios» (*Libros Sibilinos* III, 652-656). Oráculos y profecías se usan con fines diversos. Dan respuesta a situaciones de angustia personal o colectiva y a la necesidad humana de creer que existe un orden en el universo. Son liberadores y al mismo tiempo catalizadores de energías hacia un lugar determinado: «De ahí la posibilidad de que este recurso se utilice... como instrumento político, tanto de propaganda ideológica como de resistencia de quien se considera oprimido»[48].

Los oráculos reunidos bajo el nombre de *Libros Sibilinos* no son los únicos que gozaron de gran popularidad. Los oráculos de Histaspes, según su leyenda, son muy anteriores, pero los filólogos creen que fueron compuestos en los siglos II-I a. C. También están escritos en griego, como

[48] Emilio Suárez de la Torre, «Miedo, profecía e identidad nacional en el mundo greco-romano: los oráculos sibilinos», pág. 245, IV Simposio Internacional de la Sociedad Española de Ciencias de las Religiones, *Milenio: miedo y profecía* (3-6 de febrero de 2000, Universidad de La Laguna, Tenerife). Las ponencias están en *www.ull.es/congresos/conmirel/publicacion.html.* Hay una edición en papel: F. Díez de Velasco (ed.), *Miedo y religión*, Madrid: Orto, 2002.

los sibilinos. Esto era muy importante, ya que el griego era la lengua franca del Mediterráneo Oriental y el Asia Menor por razones de prestigio y antigüedad. Los oráculos de Histaspes se conservan indirecta y fragmentariamente. Histaspes, hijo de Aurvataspa, era rey de Chorasmia (en la actual Uzbekistán), una tierra muy fértil situada a la izquierda del mar de Aral. Según la tradición, fue contemporáneo de Zoroastro y tuvo el don de la visión profética. De hecho fue de los primeros en comprender que Zoroastro era un verdadero profeta y no un charlatán como tantos otros. Los historiadores han discutido largamente sobre el verdadero origen de estos oráculos. Algunos consideran que en realidad son iranios. Otros entienden que son un producto judeohelenístico y otros el resultado del sincretismo religioso greco-oriental. En cualquier caso, hay acuerdo en que su vinculación con el zoroastrismo es mínima y que fueron compuestos por magos iranios para alentar la pasión antirromana o más improbablemente antiseléucida[49]. Lactancio (*Div. Inst.* VIII, 15, 18-19) nos informa de que Histaspes, un rey medo anterior a Troya, profetizó que el imperio y hasta el nombre de Roma sería borrado de la faz de la tierra.

Los sacerdotes y magos persas fueron muy importantes en Capadocia y también en otros lugares del Asia Menor. Estrabón, Diodoro, Pausanias y Apiano describen la veneración que despertaba su culto, una mezcla sincrética que igualaba a Ahura Mazda con Zeus y a Mitra con Apolo-Hermes-Helios. Hay un hecho claro y es que si no fueron elaborados ex profeso contra Roma, fueron un elemento importante en la propaganda antirromana. Los oráculos insistían en la llegada de un rey salvador, asunto también muy presente en el libro III de los oráculos sibilinos. La venida de un salvador es tema favorito de toda actividad oracular y se repite a lo largo de los siglos en distintas religiones con asombroso parecido.

¿Sabe el lector que el texto bíblico de Daniel (8-26) pronostica la destrucción de Estados Unidos, así como el Apocalipsis 9, la profecía de los cinco reinos y Nostradamus? Pero la actividad profética en Occidente no es nada en comparación con el furor oracular desatado en el mundo islámico desde hace veinte años para acá. Alí Ibn Abi-Talib, primo y cuñado del profeta y una de las más venerables figuras entre los chiítas, profetizó que antes de la venida del Mahdi, el redentor definitivo, un hombre alto y negro gobernaría en Occidente. Este hombre estaría marcado con un signo distintivo que lo vincularía con Huseín Ibn Alí, el tercer imán del islam. Según las profecías, «Barack Obama» suena en árabe y persa como «el bendito de Huseín», más o menos. A los pocos días de la victoria de Obama, la revista *Forbes* daba a conocer que una web progubernamental iraní había publicado un hadiz (dichos

[49] Suárez de la Torre, «Miedo, profecía...», págs. 383-386.

y tradiciones religiosas) chiíta del siglo XVII, un texto llamado *Bihar al-Anwar* (*Mar de luz*), que había desatado una oleada de rumores sobre la profecía relacionada con el recientemente elegido presidente de Estados Unidos. Millones de chiítas creen que la llegada de un hombre negro a la presidencia de Estados Unidos anuncia la venida del Mahdi, el redentor definitivo, y la victoria absoluta del islam.

El estudio del mundo romano nos ha permitido establecer un modelo básico de lo que en este ensayo llamamos imperiofobia, un fenómeno casi universal que puede considerarse desde muchos puntos de vista: como propaganda, como complejo social, como prejuicio racial y de otros muchos modos. Pero indiscutiblemente presenta una fisonomía semejante por encima de los siglos y las circunstancias, y una pauta de evolución equiparable en los distintos imperios.

4

Antiamericanismo: la leyenda negra contra Estados Unidos

> «Estados Unidos es el único país que ha ido de la barbarie a la decadencia sin pasar por la civilización».
>
> OSCAR WILDE

El antiamericanismo nos ofrece una ocasión inmejorable para conocer la leyenda negra y determinar cómo funcionan los mecanismos de la imperiofobia, precisar cuáles son los motivos reiterados que constituyen este inevitable estereotipo nacido de la mezcla de admiración y envidia, y finalmente comprender los resortes individuales y tribales que los ponen en marcha. El antiamericanismo tiene la ventaja de que está plenamente vivo, se diría que en ebullición, y es ubicuo como ninguna leyenda negra lo ha sido a lo largo de la historia. Hasta el liderazgo de Estados Unidos, las leyendas negras vivían en uno o dos continentes y afectaban a determinadas religiones o grupos religiosos. En el caso estadounidense, en cambio, se la encuentra en los cinco continentes y en credos religiosos diversos, lo que prueba que es el primer imperio auténticamente planetario que ha existido.

La teoría de la degeneración es para Philippe Roger la raíz del antiamericanismo[50]. Según ella, América es un continente degenerado, esto es, las especies animales y vegetales que en otros continentes han progresado, se muestran allí degeneradas. Según Roger, esta teoría de la Ilustración subyace en todo el antiamericanismo posterior, con las necesarias transformaciones en cuanto a estilo. Estados Unidos no es más que una versión degenerada de Europa[51]: «Es un espectáculo magnífico y terrible ver a la mitad del planeta tan desfavorecida por la naturaleza, que todo lo que se encuentra en ella es degenerado o monstruoso». Así comienza Cornelius de Pauw su estudio sobre América en tres tomos. Este holandés fue el naturalista de la corte de Federico II de Prusia y uno de los grandes defensores de la teoría de la degeneración, que muchos estudiosos consideran la prehistoria del antiamericanismo. Esta

[50] Philippe Roger, *L'Ennemi américain. Généalogie de l'anti-américanisme français*, París: Éditions du Seuil, 2002.

[51] Disponible en *www.realinstitutoelcano.org/documentos/228/228_Chislett.pdf*. Consultado el 20 de septiembre de 2012.

teoría había sido formulada por el conde de Buffon y fue rápidamente asumida por Voltaire, que enriqueció los argumentos de aquel. A través de De Pauw la teoría de la degeneración llegaría hasta Kant. La veremos con más detalle cuando tratemos de la imperiofobia ilustrada en la Parte III.

En pocas décadas, el antiamericanismo general que afectaba a toda América concentró su atención en los Estados Unidos de América. Evidentemente la teoría de la degeneración no podía resistir mucho tiempo. Los que se opusieron a ella terminaron ganando la partida. Los puntos de vista defendidos por el abate Molina y el coronel Azara casi en solitario en el mundo hispano, y por Jefferson, Hamilton y Franklin en el lado estadounidense, terminaron por imponerse con la ayuda inestimable de la evidencia (véase Parte III). Pero si resultaba hasta cierto punto fácil desestimar la teoría de la degeneración, no era ya tan fácil de refutar que Estados Unidos —en el siglo XIX América comienza a ser ya Estados Unidos en solitario— era un país social y políticamente inferior[52].

Con el Romanticismo, ya no es el clima insalubre y el medio físico el que lleva a la degeneración, sino que son las ideas mismas sobre las que se habían fundado los Estados Unidos de América las que imposibilitan a este territorio para producir ninguna obra de mérito. El triunfo de Estados Unidos, fundado sobre los principios del racionalismo, se había hecho para los románticos sacrificando todo lo bello y lo noble del ser humano. El poeta Nikolaus Lenau expresaba en estos términos lo que los románticos en general pensaban sobre Estados Unidos: «Con la expresión *Bodenlosigkeit* [desarraigo] creo que puedo indicar el carácter general de las instituciones americanas: lo que nosotros llamamos patria, aquí es solo una especie de seguro de la propiedad». Para Lenau «el americano no sabe nada; no busca más que dinero; no tiene ideas». En realidad, no es que España se considere, en un momento dado, la reserva espiritual del Occidente, es que Europa tiende a considerarse a sí misma de este modo desde el siglo XIX.

Lenau había emigrado a Estados Unidos, pero no le fueron bien las cosas y regresó en 1833. Sus vivencias allí sirvieron de base a una novela titulada *Der Amerika-Müde* [Cansado de América][53], que no escribió el propio Lenau sino su amigo Ferdinand Kürnberger. Fue un éxito rotundo en lengua alemana y también en inglés con el título *The man who became weary of America.* Max Weber se hizo eco de las críticas de Kürnberger en *La ética protestante y el espíritu del capitalismo* (1930).

[52] Hay varios trabajos excelentes de Andrei S. Markovits sobre este asunto, como *Uncouth Nation: Why Europe dislike America,* Princeton: Princeton University Press, 2007.

[53] Winfried Fluck, *The Man who became weary of America: Ferdinad Kürnberger's Novel Der America-Müde (1885),* Nueva York: Peter Lang Publisher, 2002.

A finales del siglo XIX el estereotipo del estadounidense hortera, ignorante, voraz, maleducado e hipermaterialista está ya firmemente asentado en Europa. A ello contribuyeron notablemente los escritos de viajeros, sobre todo ingleses. La literatura de viajes, como veremos luego en el caso español, es una fuente de alimentación muy nutritiva de las leyendas negras. Abre la marcha la británica Frances (Fanny) Trollope en 1832 con su *Domestic manners of the Americans*[54]. La señora Trollope había viajado a América con su hermano para unirse a una comunidad utópica que fracasó. Utopismos aparte, el igualitarismo de la clase media estadounidense lo encuentra intolerable. Su propósito principal es poner de manifiesto que los estadounidenses carecen por completo de refinamiento y buen gusto. Mark Twain, con su habitual humor, consideró siempre que el retrato de la señora Trollope era muy acertado y que no había motivo para indignarse contra esta señora. Poco después, en 1839, se publica *Diary in America, with Remarks on Its Institutions* del capitán Frederick Marryat. Novelista, marino y amigo de Dickens, el capitán Marryat había luchado contra Estados Unidos en la guerra de 1812, pero este no es el origen de su libro, el cual recoge sus experiencias en un largo viaje por Estados Unidos y Canadá ocurrido unos veinte años después. El libro de Marryat ofendió tanto a los estadounidenses que ejemplares e imágenes suyas ardieron en hogueras en las calles de Detroit. Aunque los libros citados tuvieron bastante éxito, mucha mayor difusión tuvo *Vida y aventuras de Martin Chuzzlewit* de Charles Dickens, que es también fruto de un viaje por Estados Unidos en 1842. Es una sátira deudora de Swift y de la novela picaresca. El tono es auténticamente corrosivo y Estados Unidos es presentado como un desierto de civilización lleno de vendedores ambulantes[55].

Sin embargo, dejando de lado la extensión mundial e interreligiosa del antiamericanismo, este se presenta como una leyenda negra que cumple con todos los tópicos habituales que ya habíamos identificado en el caso de Roma: sangre mala o baja y ausencia de nobles ancestros; deseo insaciable de poder y riqueza («cupido profunda imperii et divitiarum»); impiedad, etcétera.

Antisemitismo

Los prejuicios racistas han afectado a Estados Unidos desde muy pronto. Como era esperable, nace en Francia esta faceta de la leyenda negra estadounidense. Los ataques racistas a Estados Unidos comenzaron

[54] Fanny Trollope, *Usos y costumbres de los americanos*, Barcelona: Alba Editorial, 2004.

[55] Charles Dickens, *Vida y aventuras de Martin Chuzzlewit*, Barcelona: Intervención Cultural, 2003.

con Arthur de Gobineau y su *Ensayo sobre la desigualdad de las razas*[56]. Gobineau considera que la mezcla que se está produciendo en Estados Unidos terminará engendrando una raza sin belleza ni inteligencia que dará como resultado el fin de las distintas razas, y además acabará con la clara supremacía de la blanca. Estados Unidos, que está acogiendo a las razas sobrantes de Europa, está mezclando a la raza superior anglosajona y nórdica con otras inferiores. Esto terminará produciendo la «raza humana», es decir, el fin de las distintas razas a favor de una en la que las cualidades sobresalientes de los blancos habrán desaparecido.

El antiamericanismo tiene algunas semejanzas con la leyenda negra que resultan interesantes porque son rasgos distintivos que precisan o se apartan algo del patrón general. El más notable es el vínculo de la leyenda negra y del antiamericanismo con el antisemitismo. Una parte significativa de la propaganda antiespañola se nutrió de los prejuicios antijudíos, que ahora alimentan generosamente el antiamericanismo.

Durante décadas feroces de persecución en Europa, la emigración a Estados Unidos fue la salvación para miles de personas de religión judía. Cualquiera que conozca a algún judío estadounidense puede haber oído de sus labios las terribles historias familiares que, en la mayoría de los casos, guardan en su memoria, heredadas de sus padres o abuelos. Pese a todo lo sucedido, la existencia misma del Estado de Israel está condenada desde su nacimiento por la izquierda y por el islam. Obviamente el antisemitismo, un prejuicio racial y religioso, es muy anterior al estado judío y no es este lugar para extendernos sobre el particular. En el contexto de las propagandas antiimperiales, el antisemitismo fue una de las primeras flechas que se afilaron contra España. Desde la culta y brillante Italia del Humanismo, comenzó a ofenderse a los españoles acusándolos de tener mezclada su sangre con la de pueblos semitas como los árabes y, notablemente, los judíos.

El papa español Alejandro VI fue acusado en 1493 de haber permitido la entrada en Roma de buen número de judíos que habían propagado una epidemia de peste. Los judíos han sido los mayores propagadores de peste de la historia de la humanidad. Savonarola y Giuliano della Rovere (luego Julio II) llamaban «marrano» al papa español. Julio II gustaba de calificar a su predecesor de «marrano circonciso». En 1495, con ocasión de la conquista de Nápoles por Carlos VIII, se difundió un poema francés que llamaba al rey aragonés de Nápoles «Filz de Marran et de Marrane». Por supuesto la acusación de impureza racial no cayó solo sobre el papa y el rey, sino sobre todos los españoles.

[56] Joseph Arthur de Gobineau, *Essai sur l'inégalité des races humaines*, París: Éditions Pierre Belfond, 1967.

Los tiempos han cambiado mucho. El antisemitismo viste ahora ropajes diferentes y busca camuflar su naturaleza racial[57]. Desde la Segunda Guerra Mundial la misma palabra «raza» se ha cargado de connotaciones negativas y no se usa hoy para referirse a los grupos humanos sino con muchas precauciones, incluso en los contextos más inocentes. La antropología, por ejemplo, la ha desterrado completamente de su uso, a pesar de ser uno de sus conceptos fundadores. Sin embargo, el prejuicio sigue existiendo, aunque se manifiesta de otras formas. No se acusará a los estadounidenses en estos tiempos de tener sangre impura, pero sí de servir a la causa del sionismo y de defender y apoyar al estado de Israel.

Las posiciones ideológicas van desde los que creen que el *lobby* judío maneja la política exterior de Estados Unidos y los lleva, abusando de su poder e influencia, a actuar siempre a favor de Israel, incluso cuando esto perjudica al propio Estados Unidos (John Mearsheimer y Stephen Walt, *The Israel Lobby and US. Foreign Policy*), hasta los que defienden el punto de vista contrario, según el cual Estados Unidos usa al pequeño, pero no inofensivo Israel, para influir en Oriente Medio de acuerdo con sus intereses imperialistas (James Petras, *The Power of Israel in the United States*). Walt y Mearsheimer culpan al *lobby* judío de deteriorar la imagen exterior de Estados Unidos y su fuerza moral como defensor de la democracia[58].

En un artículo publicado en *Freedom Socialist*, periódico *on line* del Freedom Socialist Party de Estados Unidos, con sede principal en Seattle y oficinas en más de ocho estados, Adrienne Weller se pregunta: «La relación entre Israel y Estados Unidos: ¿puede la cola menear el perro?»[59]. Su punto de vista es que las agresiones contra los palestinos solo son posibles gracias al apoyo incondicional de Estados Unidos, a pesar «del uso de tácticas genocidas» por parte de Israel. Sorprendentemente, Weller no quiere condenar a todos los judíos. No son ellos el objeto de su indignación, que se dirige claramente contra el imperio: «Pero el pueblo judío no es lo mismo que el Estado de Israel. Esta, sin embargo, es una distinción que mucha gente no reconoce. [...] Al contrario, ellos (los judíos no sionistas) ven la despiadada sed de lucro como la única explicación racional de las atrocidades de Estados Unidos e Israel. La clase

[57] Andrei S. Markovits, «European Anti-Americanism and Anti-semitism: Ever Present Though Always Denied», disponible en *www.aei.pitt.edu/9130/1/Markovits.pdf.* También «Twin Brothers: European Anti-semitism and Anti-americanism», disponible en *www.jcpa.org/phas/phas-markovits-6.htm.* Consultados el 3 de abril de 2014.

[58] John Mearsheimer y Stephen Walt, *The Israel Lobby and US. Foreign Policy*, Nueva York: Farrar, Strauss & Giraud, 2007. James Petras, *The Power of Israel in the United States*, Atlanta: Clarity Press, 2006.

[59] Véase *www.socialism.com/drupal-6.8/freedom-socialist.* Consultado el 15 de enero de 2014.

dirigente no quiere paz pues la guerra es indispensable para garantizar su poder y sus ganancias». Haga el lector un esfuerzo por recordar a Salustio: «cupido profunda imperii et divitiarum». Este es solo un ejemplo de los miles que podrían aducirse. Es especialmente significativo porque se produce en el interior de Estados Unidos, donde la propaganda antiimperial vive y se explaya con total libertad. Hubieran servido también un buen ramillete de anécdotas y textos de Gore Vidal o Susan Sontag, pero bastará Noam Chomsky, gran padre judío-estadounidense del antiamericanismo. Y esta es otra semejanza importante de España y Estados Unidos ante sus leyendas negras: la autocrítica. Uno y otro imperio aceptaron, y hasta promovieron desde las instancias de poder, la crítica de sus políticas imperiales, incluso cuando eran excesivas e injustificadas. Los que las hicieron, rara vez sufrieron persecución o represión. En *El triángulo fatídico: Estados Unidos, Israel y los palestinos,* Chomsky se propone convencer de que Estados Unidos y su aliado Israel son culpables de todo lo malo que sucede en Oriente Medio: hambre, guerra y epidemias[60]. Aquí compara una docena de veces a Hitler con Israel, los sionistas y los judíos. Otro texto memorable es *Las intenciones del Tío Sam,* dedicado a la Guerra Fría, donde Chomsky presenta una serie de atrocidades unilaterales por parte de los estadounidenses, sin referencia alguna a lo que sucedía en el otro bando y a los actos protagonizados por Stalin y sus sucesores. La descontextualización sistemática de las actividades norteamericanas hace que parezcan auténticos monstruos.

Es famosa la frase con que Noam Chomsky respondió a los atentados contra las Torres Gemelas:

> Los ataques terroristas fueron grandes atrocidades. En su escala, sin embargo, puede que no llegasen al nivel de muchas otras, de los bombardeos de Clinton sobre Sudán, por ejemplo, hechos sin ningún pretexto creíble, que destruyeron la mitad de sus recursos farmacéuticos y mataron a un número desconocido de personas. Nadie lo sabe porque Estados Unidos bloqueó una investigación de la ONU y a nadie le preocupa llevarla a cabo[61].

Después añadió: «De acuerdo con las estimaciones realizadas por la

[60] *The fateful triangle: the United States, Israel and the Palestinians,* Nueva York: South End Press, 1983; *Las intenciones del Tío Sam,* Tafalla (Navarra): Txalaparte Argitatxea, 1995. La editorial que publica en español —inexplicablemente— el texto de Chomsky, se define a sí misma en su sitio web como «comprometida desde Navarra con la soberanía cultural e informativa de nuestro país, Euskal Herria».

[61] La entrevista «On the Bombings» está disponible en *http://www.zmag.org/chomnote.htm* y también en *www.salon.com/2002/01/16/chomsky.* Consultada el 18 de diciembre de 2013.

embajada alemana en Sudán y Human Rights Watch, probablemente provocó decenas de miles de muertes». Más tarde la directora de la ONG citada, Carroll Bogert, publicó una carta en la que explicaba que no habían hecho estudio alguno sobre el particular. Al parecer el embajador alemán (no la embajada), después de su cese, escribió un artículo muy antiamericano en el que hablaba de las muertes que *podían* haber producido los bombardeos. Estos fueron ordenados por los servicios de inteligencia tras los atentados de Al Qaeda a las embajadas de Kenia y Tanzania, en el convencimiento de que aquellas instalaciones se estaban usando para fabricar armas químicas. El bombardeo se realizó de noche, para no herir a ningún civil (*Washington Post*, 21-agosto-1998), y finalmente resulta que murió un guardia de seguridad cuya vida, como toda vida humana, es preciosa y única. Pero un muerto no son miles. Amnistía Internacional, Human Rights Watch, Oxfam y Médicos Sin Fronteras pudieron investigar los hechos y ninguno dijo que los bombardeos causaran muertes masivas. Pero las frases de Chomsky dieron la vuelta al mundo y ahí quedaron, como verdades imposibles de desmentir. Una mancha más en la reputación de los estadounidenses por la que nadie ha pedido excusas. Chomsky ha sido una máquina expendedora de antiamericanismo durante décadas. Ha negado el genocidio camboyano y ha escrito cosas como esta: «En comparación con las condiciones impuestas por la tiranía y la violencia de Estados Unidos, el Este de Europa bajo la esfera rusa era prácticamente un Paraíso». Y su prestigio sigue intacto.

Chomsky mezcla medias verdades y medias mentiras (mecanismo habitual de la leyenda negra y de todo libelismo). Nadie se atreverá a reprochárselo porque vive protegido por la armadura moral de ser un intelectual de izquierdas y estar, por tanto, en el lado de la justicia y la verdad. Tampoco nadie levantó su voz en España para acusar a fray Bartolomé de Las Casas de verter acusaciones terribles a partir de medias verdades o de ninguna. También él estaba protegido por la barbacana de la integridad moral, puesto que era un hombre de la Iglesia. Fray Bartolomé fue escuchado y atendido en las más altas instancias políticas y sociales de su tiempo, exactamente igual que hoy lo es Noam Chomsky. Es conocidísimo el fragmento de la *Brevísima relación* de Bartolomé de Las Casas en el que acusa a los españoles de matar a niños y azuzar los perros contra los inofensivos indígenas. Sirvieron de inspiración a los grabados de De Bry, que han dado la vuelta al mundo durante siglos. Luego resultó que el propio fray Bartolomé reconoció no haber presenciado estas atrocidades. Afirma que lo oyó decir y no puede precisar ni dónde ni cuándo sucedieron. En cuanto al número de muertos ocasionados por los españoles en América tenemos que, si dividimos los millones que fray Bartolomé dice por el número de españoles que llegaron a las Indias, cada español —incluidos mujeres y niños— tuvo que matar a unos catorce indios al día hasta la independencia de las repúblicas. Como Chomsky, fray Bartolomé de Las Casas es universalmente respetado dentro y fuera de su país. Durante su vida fue tratado con consideración y hasta reverencia, incluso por el mismo rey, y gozó de la admiración de sus contemporáneos. Si algún intrépido lo acusó de mentir o de mezclar mentiras y verdades para producir el mismo efecto, lo hizo muy bajito y fue acallado por muchos (españoles) que pensaban que si el dominico exageraba, esto era perdonable porque su causa era buena, justa y santa.

Pero ni Chomsky ni fray Bartolomé fueron fabricantes de leyendas negras, sino dispensadores de un producto del que existía una gran demanda. Se exagera su importancia individual. Ambos encontraron una causa de gran repercusión a la que servir y de ella obtuvieron buenos beneficios en forma de notoriedad social, respeto intelectual y moral y provecho material. Es el haberse puesto al servicio de los prejuicios antiimperiales lo que los llevó a la cumbre y los convirtió en personajes históricos[62].

Estados Unidos ha asumido su leyenda negra de una manera que solo admite comparación con España. Adoptando el punto de vista de Chomsky, según el cual son los errores de la política exterior estadounidense los que provocan la animadversión del mundo, el Congreso elaboró un informe en 2007 cuyo propósito era mejorar la imagen exterior de Estados Unidos, que era muy negativa. La causa fundamental, según este informe, ha sido la política a lo *cowboy* de Bush. Pero Bush es solo una anécdota en la historia del antiamericanismo[63].

A propósito de la versión italiana de la leyenda negra, Arnolsson considera que «hay que contar con otros factores que influyeron desfavorablemente en el juicio italiano sobre sus vecinos occidentales»[64]. Se refiere a la presencia de los musulmanes y judíos en la península Ibérica, hecho que, por su exotismo, pudo ser una razón que influyera objetivamente en el malestar de los italianos. Pero no suele haber causas objetivas en el nacimiento de las leyendas negras imperiales. Estas buscan sus motivos

[62] Carta reimpresa en Alexander Cockburn, *The Golden Age Is In Us*, Nueva York: Verso, 1995, págs. 149-151. Si me permiten una pequeña broma malvada, diré que en la comparación entre Chomsky y fray Bartolomé sale ganando el dominico, porque Las Casas pudo faltar a la verdad poseído por el santo furor de su causa, a la que se entregó en cuerpo y alma viviendo de acuerdo con los más estrictos principios de castidad, pobreza y obediencia. En cambio, Chomsky no ha podido evitar pecar contra su credo y se ha hecho rico.

[63] Más de lo mismo encontramos en las cercanías del poder del presidente Obama: Mohamed El-Bendary, *The «ugly American» in the Arab mind: why do Arabs resent America*, Washington D. C.: Potomac Books, 2011.

[64] Arnolsson, *La leyenda negra...*, pág. 18.

o los generan, y es imposible que no encuentren algo a lo que agarrarse. Los prejuicios antiimperiales no se originan como consecuencia de unos motivos, sino que son anteriores al rosario de tópicos en torno a los cuales se articulan. Nacen del complejo de inferioridad que resulta de ocupar una posición secundaria al servicio de otro o con respecto a otro, incluso cuando esto beneficia o no perjudica. Nada nos hace sentir más incómodos que tener que estar agradecidos. El resquemor de vecinos y aliados puede ser mucho más intenso que el de un enemigo. Por esto las distintas imperiofobias se parecen tanto unas a otras, porque nacen del mismo pozo de frustración.

Pondremos un ejemplo muy concreto. Los italianos de los siglos XV y XVI achacaban a los españoles el ser inmorales y tener costumbres licenciosas. Dice Pontano: «ut sunt plerique Valentini cives, tum senes, tum iuvenes, amoribus dediti ac deliciis»[65] [son los valencianos, tanto jóvenes como viejos, inclinados a los amores y a los deleites]. Si hemos de creer algunos textos de la época, todas las putas que había en Italia en este momento eran valencianas. Naturalmente el que era valenciano era el papa, y hacía muchísimo tiempo que solo había papas italianos. La lascivia de los soldados españoles era proverbial. No tiene ninguna importancia que esos soldados estuvieran allí muchas veces para proteger a Italia de invasiones, notablemente de los turcos, como tampoco una circunstancia semejante evitó a los soldados estadounidenses que estaban en Inglaterra durante la Segunda Guerra Mundial ser acusados de lo mismo. La población británica solía repetir una especie de muletilla muy graciosa y ofensiva para referirse a ellos: «They are overpaid, oversexed and over here» [Están sobrepagados, sobresexuados y sobran]. Pero al menos parece que no sobraban.

La existencia de un paralelismo acusado entre los imperios de España y Estados Unidos y sus respectivas leyendas negras ha sido ya percibida por algunos autores. En su estudio sobre la leyenda negra en Inglaterra, William S. Maltby señala que para los estadounidenses el estudio de este prejuicio tiene un interés mayor aún porque «en más de un aspecto la posición de Estados Unidos se asemeja a la de España en el siglo XVI. Blandiendo un poderío enorme en defensa de un ideal esencialmente conservador, se encuentra como blanco del odio y los celos tanto de amigos como de enemigos. Nadie que lea los periódicos podrá dudar de que las naciones del mundo están compilando una nueva leyenda negra ni de que Estados Unidos es la presunta víctima. Como España, Estados Unidos ha disfrutado de un poderío mundial; como España, se ha permitido llevar la autocrítica hasta el extremo; y a la postre, su destino puede ser el mismo. También Estados Unidos puede vivir para ver olvidadas sus

[65] Benedetto Croce, *España en la vida italiana durante el Renacimiento*, Madrid: Mundo Latino, 1920, pág. 75. Disponible en *https://archive.org/details/espaaenlavidai00croc*.

glorias y desacreditadas sus más grandes realizaciones por el talento de sus enemigos»[66]. Esto lo escribió el profesor Maltby en 1971. En el mismo año publicó el profesor Philip W. Powell su magnífico y apasionado *Árbol del odio*: «El relato de esta Leyenda Negra, con su deformada visión de una España singularmente depravada, ha de ofrecer especial interés a los ciudadanos de aquella otra potencia, los Estados Unidos de América, ahora en la cumbre de su poderío, que actualmente derrama sangre y riqueza en la doble tarea de defender al Occidente y auxiliar a las naciones subdesarrolladas, en tanto que sufre los golpes de una propaganda a nivel global, calculada para destruirla. Asimismo, para el entendimiento del vasto mundo hispánico, tan vital y trascendente en la supervivencia de la civilización occidental, es esencial un conocimiento del origen, evolución y perennes frutos de aquel extenso y fecundo árbol del odio». En su trabajo sobre *La Roma española*, Thomas J. Dandelet señala: «Aunque la finalidad de este trabajo es, en primer lugar y ante todo, analizar un capítulo vital de la historia europea, como historiador americano que escribe en la era del Imperio americano, descubrí que el tema suscita una reflexión sobre el carácter y las consecuencias del imperio informal de una manera más general. Espero que suscite lo mismo a los ciudadanos y súbditos del actual imperio»[67].

Nadie en los años setenta del siglo XX se hubiera atrevido en España a escribir un libro como el de Powell, con la actitud desembarazada y sin complejos que él adoptó. La obra ha sido ininterrumpidamente editada en inglés y en español, pero mucho menos en español. La última reedición en inglés es de 2008. Su caso no es único entre los estadounidenses. Frente a los varios y buenos estudios sobre la leyenda negra que han engendrado estos, los vecinos europeos se han interesado mucho menos por este fenómeno, y cuando lo han hecho, han solido negar su existencia, caso del anglobirmano Kamen o de los franceses Pierre Chaunu y Joseph Pérez. Es fascinante ver cómo el mecanismo de los prejuicios consigue abrirse camino a través de la más elaborada y académica investigación. En cambio, no he tropezado con ningún estudio, por parcial o pequeño que fuese, salido de los Estados Unidos de América que niegue la realidad de la leyenda negra. La actitud de los estadounidenses hacia los hispanos y el mundo de habla española, tanto en el ámbito académico como popularmente, ha cambiado muchísimo en los últimos veinticinco años. Un cambio asombroso en algunos aspectos, del que nos ocuparemos en la Parte III.

La historia del antisemitismo dentro de la leyenda negra es muy larga y tiene diversas manifestaciones. Será argumento de la hispanofobia

[66] Maltby, *La leyenda negra...*, pág. 16 y 17.

[67] Thomas J. Dandelet, *La Roma española (1500-1700)*, Barcelona: Crítica, 2002, pág. 32. La primera edición en inglés es de 2001.

italiana, protestante, ilustrada y liberal con usos diversos según los contextos y las necesidades del momento. El desarrollo de este prejuicio dentro del antiamericanismo tiene un comportamiento muy parecido. También es ubicuo y puede ser usado desde distintas trincheras ideológicas. O'Connor destaca que «a particular strand of anti-Americanism has become an extension of anti-Semitism. In the minds of certain criticism, Jews were associated with rootless modernity and capitalism with the worst outcome of these forces being America». En uno de sus trabajos recoge la respuesta del columnista conservador francés Robert Brasillach a la pregunta de qué separa a Francia de Estados Unidos: «La respuesta es triple: su hipocresía, sus dólares y su judaísmo internacional» (la traducción es mía)[68].

Antiamericanismo en España

El antiamericanismo en España no tuvo presencia destacable hasta la guerra de 1898. La declaración de John Adams en 1783 proclamando la necesidad de anexionarse Cuba y Puerto Rico no levantó mucha polvareda. Ni tampoco lo hizo la Doctrina Monroe: «América para los americanos» (1823). Todavía en octubre de 1895, el periódico canovista *La Época* puntualiza sobre la Doctrina Monroe: «Se ha sintetizado impropiamente en la frase: "América para los americanos". La declaración de aquel presidente contenía una excepción categórica a favor de las naciones europeas que actualmente conservasen colonias en el Nuevo Mundo, en cuyo caso estaba España» (*La Época*, 18-octubre-1895). No hay por lo tanto nada de lo que preocuparse, ya que hay una garantía para las posesiones europeas existentes en América, y particularmente para las españolas en el Caribe. Existía un estado de opinión en el país según el cual Estados Unidos no atentaría contra territorios españoles debido a la gran ayuda que se le prestó en la hora de su independencia. Eran amigos.

Cuando estalla el conflicto, en España la reacción fue idéntica a la que tuvieron los estadounidenses. De la misma manera que ellos echaron mano de los tópicos de la leyenda negra para alentar a la opinión pública y convencerla de la necesidad de aquella guerra, los españoles acudieron a los tópicos del antiamericanismo ya existente en el mundo para ofender y sostener su orgullo. Recuérdese que desde la invasión de la Santa Alianza en 1823, Estados Unidos es el único país con el que España ha estado en guerra, excepto alguna escaramuza colonial en Marruecos.

[68] Brendan O'Connor, «A Brief History of Anti-Americanism from Cultural Criticism to Terrorism», *Australasian Journal of American Studies*, julio de 2004, págs. 77-92 (pág. 80). Se puede leer en *http://www.anzasa.arts.usyd.edu.au/a.j.a.s/Articles/1_04/OConnor.pdf?origin=publicationDetail.* Consultado el 21 de abril de 2015.

España es uno de los países más antiamericanos de la Unión Europea. Según sucesivos sondeos hechos por la German Marshall Fund, los sentimientos de España con respecto a Estados Unidos son los más fríos de Europa después de Turquía[69]. Como media, los europeos daban a Estados Unidos un 55 sobre 100, pero en España la cifra bajaba hasta 42. Solo Turquía con 28 está por debajo. Las encuestas del Pew Global Attitudes Project dan el mismo resultado. Según el 2005 Global Issues Monitor de GlobeScan, el 36,1 por ciento de los encuestados en España estaba «fuertemente en desacuerdo» con la afirmación de que Estados Unidos «ejerce una influencia esencialmente positiva en el mundo». Se trata del segundo porcentaje mayor en Europa después de Francia (39,2 por ciento)[70].

Autor de varios trabajos sobre las relaciones entre España y Estados Unidos, el periodista y escritor William Chislett considera que el antiamericanismo español es el resultado de la acumulación sucesiva de seis factores[71]:

1. La guerra Hispanoamericana de 1898.
2. El apoyo de Washington a Franco tras la Guerra Civil de 1936-1939.
3. El Pacto de Madrid de 1953, por el que se establecieron las bases estadounidenses en España.
4. El poco entusiasmo mostrado por Estados Unidos en apoyar la transición española hacia una democracia tras la muerte de Franco.
5. El apoyo de la Administración Reagan a las dictaduras militares de América Latina.
6. Más recientemente, la invasión estadounidense de Irak en 2003.

Por lo que se refiere al primer factor, no parece demasiado relevante. Es sorprendente la enorme cantidad de españoles con un título universitario que ignoran hoy día que hubo una guerra con Estados Unidos. No se ha olvidado popularmente la invasión de los franceses ni la presencia de los musulmanes pese a los siglos transcurridos, pero sí la guerra Hispanoamericana de 1898. Sin duda, porque los primeros conflictos sucedieron en España misma y acabaron en victoria, mientras que el segundo sucedió fuera de España y acabó en derrota. La acumulación de hechos de arriba, atinada y bien establecida en conjunto, admite una interpretación complementaria. Los factores 2 al 6 pueden resumirse en uno: la influencia de la izquierda. Ciertamente hay una relación entre el

[69] Véase German Marshall Fund of the US, Transatlantic Trends, 2005.

[70] Véase *www.realinstitutoelcano.org/documentos/228/228_Chislett.pdf*. Consultado el 20 de septiembre de 2012.

[71] William Chislett, *España y EE. UU.: en busca del redescubrimiento mutuo*, Madrid: Real Instituto Elcano y Ariel, 2005.

franquismo y el antiamericanismo español, y también hay una conexión estrecha, histórica y socialmente muy interesante, entre el antiamericanismo español y Francia. La larga dictadura explica la buena salud de que disfruta hoy día la mentalidad de izquierdas en España. No solo en el hecho del voto, aunque también. Aquí la derecha no gana las elecciones; las pierde la izquierda. Poquísimos españoles tienen el coraje de decir en voz alta que son de derechas. Son de centro. Algún sociólogo debería hacer una interpretación *de profundis* sobre el hecho reiterado de que en las encuestas que se elaboran cuando va a haber elecciones, las derechas nunca ganan, aunque luego ganen. Y si ganan en las encuestas, es por un porcentaje muy inferior al que luego se da en la realidad. A los encuestados no les gusta decir que van a votar a la derecha, que en España existe como una especie de realidad virtual.

Pero lo fundamental es que la mentalidad social aceptada y compartida por la mayoría, la opinión pública, la *vox populi*, es la que determina la izquierda que hay hoy en España y Europa, ya sin tierra prometida y sin dictadura del proletariado, pero con el patrimonio de la brújula moral intacto. El ciudadano de clase media que quiere ser bueno y progresista necesita esa brújula, y por eso la brújula existe. La moral siempre la administra alguien. Esto sucede en España como en Francia, como en el desierto del Gobi. Los vínculos de la izquierda española con la francesa son grandísimos. En realidad, la izquierda española viene de allí. El sistema usado por una y otra para conducir la opinión pública es casi idéntico. Consiste básicamente en apropiarse del mundo de la cultura por medio de subvenciones, premios, cargos y otras sinecuras, y controlar los principales medios de comunicación. Es un procedimiento diseñado por Lenin que Willi Münzenberg llevó a la perfección y resulta de una eficacia arrolladora. Lo explica magníficamente bien Muñoz Molina en su novela-ensayo *Sepharad*.

Todos los cultos marxistas, tanto en la etapa ultraortodoxa como en la versión descafeinada actual, son antiamericanos por definición. Puesto que representan la justicia y la bondad, esto es, la administración de la moral, es de su competencia condenar la impiedad del imperio desde el trono de su superioridad moral. Si a esto sumamos el efecto de la dictadura, que hace que España sea uno de los países más de izquierdas —moralmente— de Europa, porque ser de derechas es socialmente inadmisible, encontramos la explicación del antiamericanismo español, que no es de una forma escandalosa superior al de otros países de la Unión Europea, pero sí un poquito más acentuado. Y lo raro, me atrevería a decir, es que no sea todavía más intenso, teniendo en cuenta todo lo referido. En resumen: la clave del antiamericanismo español resulta de la conjunción de dos factores: la buena salud de la izquierda moral y la influencia francesa, tanto en las izquierdas como de manera general en la vida cultural y social española.

Pero el antiamericanismo francés no es de izquierdas ni de derechas. Es previo a estas denominaciones. La intensidad con que se manifiestan los sentimientos antiimperiales en Francia se ve ya claramente en el Siglo de las Luces y necesitaría de una investigación concienzuda. Su arraigo es profundísimo y difícil de exagerar. El novelista Henry de Montherlant lo expresó por boca de uno de sus personajes: «Una nación que logra bajar la inteligencia, la moral, la calidad humana en casi toda la superficie del planeta es algo nunca antes visto en la historia». Este es un matiz muy habitual de las leyendas negras: el imperio es lo nunca visto, un género de maldad tan inaudito que carece de precedentes. Recordemos que el jefe caledonio Cálgaco dijo de Roma que era «un caso único en el mundo», refiriéndose a su capacidad para el latrocinio y la destrucción. También se dijo de España, y ahora de Estados Unidos. Y concluye Montherlant: «Acuso a Estados Unidos de vivir en un permanente estado de crimen contra la humanidad»[72].

La lista de promotores del antiamericanismo en Francia que ofrece Philippe Roger es espectacular: Baudelaire, Stendhal, Charles Maurras, Jean-Paul Sartre, Simone de Beauvoir, Jean Baudrillard... Además es ajena por completo a la ideología política y se da con igual intensidad en la derecha y la izquierda. El antiamericanismo de De Gaulle era proverbial. El general se decía incapaz de soportar el poder de los americanos, que no tenía, según propia confesión, más remedio que tolerar porque el peligro soviético le parecía demasiado serio. Durante la guerra de Irak, Max Gallo en el semanario *Le Point* sacaba la conclusión esperable: «Los americanos, arrastrados por la *hybris* de su poderío militar, parecen haber olvidado que no todo puede tratarse por la fuerza de las armas..., que la gente tiene una historia, una religión, un país». Como han incurrido en el pecado de *hybris*, Némesis no tardará en reequilibrar la balanza distributiva y eso es lo que anuncia Emmanuel Todd[73]. El propósito de Todd es proporcionar argumentos que alivien el pesar de los que aguardan la caída del Imperio norteamericano y no acaban de verle el fin. La actividad profética había decaído mucho en las iglesias izquierdistas desde la caída del muro, pero Todd está decidido a recuperar el esplendor perdido valiéndose además del ropaje de la ciencia, que sirve para todo en estos tiempos. Todd es historiador y demógrafo profesional, y el libro ha sido un éxito en Francia. Su punto de vista es sencillo: «Hay una sola amenaza a la estabilidad global en el mundo de hoy: la de Estados Unidos, que ha pasado de protector a depredador». El contenido puede

[72] Henry de Montherlant, *Le chaos et la nuit*, París: Gallimard, 1963, pág. 265. [Traducción española: *El caos y la noche*, Barcelona: Duomo, 2009. Agradezco a W. Chislett que me proporcionase este dato].

[73] Emmanuel Todd, *Après l'Empire: essai sur la décomposition du système américain*, París: Gallimard, 2002.

resumirse en que, como el terrorismo no tiene solución, esto llevará a un estado de guerra permanente que debilitará cada vez más al imperio. A esto se debe sumar que la bajada de la natalidad equilibrará a los países emergentes y la subida de la alfabetización les traerá prosperidad. Todo junto provocará el derrumbamiento del poder estadounidense. Se le podría responder con una frase que Quinto Petilio dijo a los rebeldes bátavos: «Octingentorum annorum fortuna disciplinaue compages haec coaluit quae convelli sine exilio convelentium non potest» (*Historiae* IV, 74) [Ochocientos años de prosperidad y disciplina han consolidado esta enorme máquina del Imperio romano, el cual no puede ser destruido sin derribar también a aquellos que lo destruyan] (la traducción es mía).

El antiamericanismo ha producido hasta hace muy poco escasos estudios serios y no ha sido asunto que haya atraído el interés ni de los sociólogos ni de los intelectuales. Para Paul Hollander esto es debido a que no se considera materia digna de un análisis minucioso. Se entiende que no es una patología social que requiera comprensión: «A diferencia de otros comportamientos y prejuicios unánimemente reprobados, como el racismo, el sexismo, el antisemitismo o la homofobia, el antiamericanismo ha sido considerado por la *intelligentsia* como un fenómeno más o menos natural, quizá indeseable pero fácil de entender y ampliamente justificado». Las palabras de Hollander se asemejan muchísimo a las que Powell escribió para referirse a la leyenda negra española: «Es lamentable en extremo que los mitos de la hispanofobia lleven la etiqueta de la respetabilidad intelectual. Esto contrasta con prejuicios tales como el de la supremacía blanca o el denominado antisemitismo que, muy al contrario, no llevan tal pasaporte»[74]. Y esta es otra semejanza más entre la leyenda negra y el antiamericanismo que merece destacarse: la respetabilidad intelectual del prejuicio[75]. Ya sumamos tres: autocrítica inmisericorde, antisemitismo y respetabilidad intelectual.

El antiamericanismo, como todas las leyendas negras, nace en el subsuelo de la frustración y es un fenómeno que tiene que llegar a la superficie maquillado, o sea, justificado por una serie de causas. De otro modo no servirá para aliviar el malestar que lo ocasiona. Brota en las profundidades abisales de los pueblos que tienen que vivir en la órbita de otro pueblo más poderoso —en general, por su propio interés—,

[74] Powell, *El árbol del odio*, pág. 5.

[75] Paul Hollander, «La política de la envidia», New Criterion, en *http://www.neoliberalismo.com/envidia.htm*. Hollander nació en Hungría en 1932 y huyó a Occidente en 1956. Vive y trabaja en Estados Unidos. Ha estudiado las tentaciones totalitarias y defendido la democracia liberal. Es autor de varios trabajos notables sobre el antiamericanismo: *Antiamericanism: Irrational and rational*, New Brunswich (NJ, USA): Transaction Publishers, 1995; *Understanding anti-americanism. Its origins and impact at home and abroad*, Chicago: Ivan R. Dee, 2004.

hacia el que proyectan complejos y resentimientos. Estos se manifiestan en la superficie como una demonización —con algunos rasgos divinos— que es capaz de saltar por encima de los siglos a poco que haya alguna circunstancia que les sirva de asidero, como es el caso de España, que dejó de ser un imperio pero no desapareció de la faz de la tierra. Convive frontera con frontera con pueblos que en otro tiempo temieron su poder. Además unió su destino al del catolicismo, lo que significa que el triunfo del protestantismo hace y hará perdurar *sine die* el estereotipo del demonio español. Y para colmo, por si algún detalle faltaba, el mundo hispano (no España) está todavía haciendo su Edad Media y nadie puede predecir qué sucederá con esta parte del mundo, que no es precisamente pequeña, cuando salga de la adolescencia.

Aunque Paul Hollander considera que el antiamericanismo ha sido desdeñado por los intelectuales y estudiosos, y esto es en gran medida verdad, la conmoción que produjo la destrucción de las Torres Gemelas en 2001 ha motivado un interés creciente, aunque sin exceso, por comprender qué clase de odio puede provocar un acto semejante, lo que inevitablemente ha llevado a tropezar con la leyenda negra norteamericana. Por primera vez han aparecido libros dedicados en su totalidad a estudiar y explicar el antiamericanismo.

Uno de los primeros intelectuales en tomarse en serio este fenómeno mundial fue el filósofo francés François Revel. Defensor sin fisuras ni romanticismo de la democracia liberal, ya en *Sin Marx ni Jesucristo* había expuesto algunas reflexiones interesantes sobre la intelectualidad europea y el antiamericanismo, pero en 2002 le dedica un libro completo[76]. Para Revel el ataque a las Torres Gemelas y la caída de los regímenes soviéticos, en contra de lo que pudiera esperarse en un principio, han provocado una intensificación del impulso totalitario. El filósofo francés reconoce que hoy como ayer un libro que trata de Estados Unidos tiene inevitablemente que bregar con la desinformación sobre Estados Unidos, una tarea inacabable y abocada al fracaso porque esta desinformación no es el resultado de errores perdonables y corregibles, sino la consecuencia de una profunda necesidad. El mecanismo de la «Gran Mentira» que cerca Estados Unidos por todos los frentes y el rechazo de todo lo que pueda refutarla es un reflejo de la mentira equivalente que rodeó la Unión Soviética desde 1917[77]. Revel llama la atención sobre la costumbre siempre de moda de atacar a Estados Unidos como la plaga y la fuente de todos los males del mundo. Su propósito en este libro, como

[76] Jean-François Revel, *L'obsession anti-américaine*, París: Plon, 2002. [Traducción española: *La obsesión antiamericana*, Barcelona: Urano, 2003].

[77] La referencia a la Gran Mentira debe entenderse como una alusión al libro del croata Ante Ciliga sobre la Unión Soviética, *Dix ans au pays du grand mensonge déconcertant*, París: Champ Libre, 1971. La primera edición en francés es de 1938.

en otros, es exponer la contradicción flagrante que existe entre el hecho de que la mayoría de los ciudadanos en los países democráticos son bastante felices con su situación y disfrutan de un razonable bienestar, y los ataques constantes que los Estados libres reciben desde cierta izquierda.

Para Revel, el antiamericanismo es una de las facetas inevitables y más conspicuas del odio a la democracia liberal. Esto es en gran medida cierto, pero cubre solo una parte del problema. La leyenda negra norteamericana, los prejuicios y el odio hacia Estados Unidos nacen de su condición de imperio, no de su condición de democracia. Si Estados Unidos no fuese una democracia pero fuese un imperio, tendría igualmente una leyenda negra que lo perseguiría. Cambiaría el matiz, pero no la sustancia de los hechos, como demuestra claramente la comparación entre distintas leyendas negras y el caso de Rusia, como luego veremos.

La Europa alejandrina y Estados Unidos

La relación de los intelectuales con el imperio suele estar presidida por una curiosa ambigüedad. Las críticas rituales y obligatorias no pueden faltar. Ahora bien, eso no les impedirá en la mayoría de los casos aprovechar las nuevas oportunidades que el imperio ofrece. Las críticas, más acerbas o menos, no suelen alcanzar el punto de ebullición, es decir, aquel en que traerían verdaderos problemas a quien las ha expresado o escrito. No abundan los intelectuales dispuestos, no ya a sacrificar vida o libertad, sino la mera comodidad personal a un ideal de independencia. El ritual de «oposición al poder» será el necesario para mantener la coartada de la integridad y el orgullo frente a uno mismo y ante los demás. Pero ni un paso más. El intelectual procurará, por la cuenta que le tiene, cuenta que suele llevar muy al día porque en general son poco dados al sacrificio personal (comer mal, vestir pobremente, incomodidades), no convertirse en un individuo realmente problemático, hasta el punto de ser apartado de la visibilidad. Evitará ciertas actitudes y afirmaciones que le veden el acceso a los grandes salones, porque suelen sentir predilección por la vida cortesana, ya pertenezcan aquellos a un don Pedro de Toledo, virrey de Nápoles y gran mecenas, o a los departamentos de alguna de las grandes universidades estadounidenses. El aprendiz a escritor progresista y antiimperialista europeo que hace el pino para que lo inviten a Berkeley o Stanford es el mismo humanista italiano que buscaba el amparo de Fernando el Católico o Felipe II, mientras se quejaba y hasta hacía versos satíricos sobre la presencia de los españoles en Italia. No se diferencia mucho del cultísimo y sofisticado corintio que, despreciando a los romanos, alcanza la cumbre de su carrera cuando logra ser *grammaticus* o *rhetor* en Roma al amparo de unos Escipiones o unos Cornelios.

El antiamericanismo profundo de la izquierda europea viene de su condición de iglesia resistente. Como tal iglesia, administra la moral. Uno de los tópicos más constantes de la propaganda antiimperial es la maldad intrínseca del imperio: la acusación de impiedad. El imperio no respeta los principios morales, ciertos códigos que deben ser respetados, lo cual de modo automático les hace indignos y malvados, y sobre todo merecedores de castigo. Lo vimos en el caso de Roma y lo veremos en el de España. Los profetas bajo la forma de intelectuales europeos —y no europeos— que han predicado incesantemente contra Estados Unidos son, en su mayoría, de credo autodenominado progresista, aunque hay de más clases. Han proclamado la miseria moral estadounidense y han profetizado su destrucción durante décadas. La vertiente profética del marxismo ha sido magníficamente bien estudiada por Raymond Aron, como ya indicamos. Al decir que el marxismo en sus distintas confesiones comporta todos los ingredientes de la religión, y más específicamente de la religión judeocristiana, no descubro nada nuevo: textos sagrados y apócrifos, salvación final, profetas, tierra prometida, mártires, herejes[78]... Por eso, porque es una fe, pervive más allá de cualquier desmentido de la realidad. El credo marxista y sus secuelas con respecto al antiamericanismo es lo que la religión protestante ha sido y es para la leyenda negra española: una fuente inagotable de prejuicios contra los que se estrella y se estrellará todo intento de explicación racional.

La relación de Estados Unidos con Europa se parece tanto a la de Roma con Grecia que produce perplejidad. Como los estadounidenses con respecto a los intelectuales europeos, los romanos recibieron de la *intelligentsia* griega menosprecio y poca comprensión a pesar de que debieron, y no pocas veces, la mera supervivencia a Roma. Los romanos no respondieron con la misma moneda. Mostraron, con pocas excepciones, una admiración sin límites hacia Grecia. El austero Catón, que pasa por ser el mayor enemigo de la helenización de Roma, se puso a estudiar griego al final de su vida. Y en líneas generales esta es la actitud de los estadounidenses hacia Europa.

Hay un contraste enorme entre el uso negativo o peyorativo que la palabra «americano» tiene en Europa y la connotación invariablemente positiva que el término «europeo» tiene entre los estadounidenses, tanto élites como pueblo. «Europeo» evoca calidad, clase, buen gusto, elegancia, tanto en la comida como en coches, erotismo, comodidades, ropa... El Ford Focus se ha vendido en Estados Unidos con un mensaje que resalta su «European-inspired transmision». Y es fácil encontrar en las tiendas «European look», «European decoration», «European mas-

[78] George Steiner, *La nostalgia de lo Absoluto,* Madrid: Siruela, 2001. La traducción española es tardía. El texto de Steiner se remonta a unas conferencias dadas en los años cincuenta por radio en Canadá.

sage», etcétera. El término «europeo» es usado en los anuncios porque conjura sentimientos favorables. Altamente favorables. Evoca principalmente la clase, el pedigrí, de los que los estadounidenses supuestamente carecen. El mundo intelectual en Estados Unidos sigue siendo europeo, incluso en su intento de negar dicho eurocentrismo. Solo hay que echar un vistazo a los departamentos de humanidades de las universidades estadounidenses para percibir con total claridad el prestigio de la cultura europea en Estados Unidos.

La colisión con el islam

Es inevitable acabar esta nota necesariamente incompleta e insuficiente sobre la leyenda negra norteamericana hablando del choque con el islam que se manifestó de manera brutal en septiembre de 2001 en un ataque terrorista que dejó estupefacto al mundo entero.

Señala James W. Ceasar que algunos estudios sobre los orígenes de los movimientos islamistas radicales han demostrado que la perspectiva que estos muestran sobre Estados Unidos y Occidente en su conjunto no procede únicamente de fuentes indígenas sino que también deriva, en gran medida, de diversas corrientes del pensamiento occidental[79]. Puede que el panarabismo y el movimiento de países no alineados influyeran en el nacimiento del islamismo radical, pero no provocaron ese nacimiento. Este problema estaba dentro del islam y más pronto o más tarde tenía que manifestarse. Era una colisión inevitable. El conflicto se ha ido haciendo evidente conforme han crecido la globalización y la americanización a nivel mundial. En el contexto de la Guerra Fría permaneció oculto a los ojos occidentales, que en general son muy torpes para ver lo que sucede dentro del islam, pero ya estaba ahí. Estas oleadas de fanatismo suceden en el mundo musulmán desde sus principios cada cierto tiempo. Uno de los primeros síntomas del integrismo islámico contemporáneo es la publicación en 1951 del libro *The American I have seen* del egipcio Sayyid Qutb, líder filosófico de los Hermanos Musulmanes. Qutb estudió en Greeley (Colorado) entre 1948-1950. Hay más de 8 millones de musulmanes en Estados Unidos. El 67 por ciento de ellos cree que la sociedad estadounidense es inmoral y corrupta (encuesta citada por webislam.com, 21-septiembre-2012). Este dato significa que hay más musulmanes que mormones o presbiterianos. Es la religión con mayor crecimiento, hasta convertirse en la segunda con mayor número de practicantes, desplazando a la judía. Aquí no nos interesa el integris-

[79] James W. Ceasar, «A genealogy of anti-americanism». El artículo está traducido al español por Gladys Portuondo y publicado en el número 25 de la revista *Dikaiosyne* (2010). Lo recomiendo porque es breve y muy preciso en sus conclusiones.

mo islámico en sí mismo, sino en su vertiente antiamericana, que constituye uno de los núcleos esenciales de su actividad. Si despojáramos al integrismo de este componente imperiofóbico quedaría muy mermado.

El antiamericanismo triunfa porque es una coartada perfecta para eludir la responsabilidad. Justifica el fracaso de muchas sociedades y evita asumir responsabilidades personales y colectivas en ese fracaso. El negocio de la irresponsabilidad es fundamental para entender el éxito siempre arrollador de las propagandas antiimperiales. Vender irresponsabilidad ha sido siempre muy lucrativo. Que la culpa sea de otro es descansado. Alivia el alma y nos evita muchos quebraderos de cabeza y mucho esfuerzo. Interesa dejar claro al acabar esta exposición que el antiamericanismo es un fenómeno que no tiene nada de nuevo ni de especial. A los estadounidenses no les pasa esto por motivos que tengan que ver con lo que hacen, sino con lo que son. Y deben aceptar que van a cargar con ello por los siglos de los siglos y que nada de lo que hagan puede evitarlo.

5

La rusofobia antes y ahora

> «Rusia es una adivinanza,
> envuelta en un misterio,
> dentro de un enigma».
>
> W. Churchill

La frase de Churchill resume bien la perplejidad que la Europa Occidental ha sentido y siente con respecto a Rusia. En líneas generales la opinión común es que los rusos son como unos europeos a medio cocer o simplemente unos bárbaros que a simple vista no lo parecen, porque se han dado un barniz de civilización, lo que nos lleva a otra frase famosa que pone de manifiesto lo que bulle en el subconsciente del Occidente *comme il faut*: «Escarba en un español y encontrarás un sarraceno; dentro de un ruso, y encontrarás un tártaro». Lo dijo Gertrude Stein (1874-1946), escritora estadounidense y adelantada del movimiento gay.

El periodista ruso afincado en París Pyotr Romanov, reconoce que con la desaparición de la URSS nada ha cambiado en la rusofobia tradicional. Considera que el problema está «ancré dans le cerveau des Occidentaux» [anclado en el cerebro de los occidentales] tan profundamente que poco puede hacerse para erradicarlo[80]. Pero, como sucede con la leyenda negra, este prejuicio racista no ha llegado a la mente occidental por casualidad ni se ha generado espontáneamente. Romanov escribe en francés y para un público francés. Cuando dice «los occidentales», piensa en Francia principalmente, y quizá también en Gran Bretaña y Alemania. Seguramente desconoce que hay países europeos donde la rusofobia es muy débil, como España. Cuarenta años predicando contra la URSS no han servido de mucho. En realidad, la propaganda franquista no iba contra Rusia y los rusos, sino contra el comunismo. Antes de la Guerra Civil no había ni juicios ni prejuicios contra Rusia en España, y los que había, no sobrepasaban el nivel de los habituales clichés nacionales. Los contactos habían sido muy escasos y no habían generado apenas textos. En consecuencia, para estudiar la rusofobia desde el punto de vista de las propagandas antiimperiales hay que situarse en un país occidental donde esta propaganda haya tenido pleno vigor, antes de la Revolución

[80] «De la russophobie avec sang-froid», en *fr.sputniknews.com/opinion/20060417/46500533.html*. Consultado el 12 de junio de 2013.

soviética y después. La etapa comunista es la que menos nos interesa en la evolución de la rusofobia, porque comunismo y anticomunismo vivían enzarzados en una guerra constante de propaganda que tiende a desenfocar el fenómeno que aquí queremos estudiar. Para analizar la rusofobia aisladamente hay que ir al periodo anterior y posterior a la URSS, y se verá que existe una continuidad que rebasa por completo las ideologías al uso. La imperiofobia es un fenómeno supraideológico cuyo anclaje es mucho más profundo que cualquier credo liberal, socialdemócrata o comunista.

España y Rusia

Hasta la Revolución de 1917 hay poco sobre Rusia en España. Es destacable que en las relaciones bilaterales los rusos habían sido mucho más activos y habían llevado la iniciativa casi siempre. Así, en tiempos de la regencia de Mariana de Austria, Fedor II envió a Madrid al diplomático más influyente de su tiempo, Pedro Ivanowitz Potemkin, con un séquito de unas veinte personas entre traductores, secretarios y expertos en distintas áreas. Esto sucedía en 1681. De aquella espectacular embajada, que dejó a la corte española estupefacta, se conserva en el Museo del Prado un retrato de Potemkin, obra de Carreño, el pintor de cámara [1]. Mucho después, en tiempos de Carlos III, cuando los españoles se tropezaron con los rusos en Alaska, la monarquía comprendió que Rusia podía ser un amigo —o un enemigo— formidable y se pensó que esta era una relación que convenía cultivar. Nada menos que Jovellanos fue designado para ir a Moscú en calidad de embajador plenipotenciario a fin de establecer un acuerdo de largo alcance con los rusos. Este proyecto se frustró por la muerte del rey[81].

Las primeras publicaciones sobre Rusia que se hicieron populares fueron las *Cartas desde Rusia* escritas por Juan Valera en 1857. Hubo sin embargo en estas décadas muchos otros textos de militares y diplomáticos, y sobre todo de autores que escriben sobre Rusia en clave regeneracionista. En el último cuarto de siglo Emilia Pardo Bazán empieza a escribir sobre Rusia y a difundir las obras de Tolstói y Dostoievski, que ella conoció a partir de traducciones francesas[82]. El primer texto largo dedicado a la Rusia contemporánea que se edita en España fue la obra de Julián Juderías, de la que ya tratamos en un capítulo anterior[83]. Hay

[81] Olga Volusiuk, «Jovellanos y Rusia», *Hispania. Revista española de historia* 168 (1988), págs. 317-336.

[82] Juan Valera, *Cartas desde Rusia*, Madrid: Miraguano, 2005. Emilia Pardo Bazán, *La revolución y la novela en Rusia*, Madrid: Tello, 1887 (3 vols.).

[83] Julián Juderías, *Rusia contemporánea. Estudios acerca de su situación actual*, Madrid: Imprenta Fortanet, 1904.

que mencionar también a Sofía Casanova (1862-1958), periodista y escritora gallega que vivió gran parte de su vida en Polonia. La imagen que transmiten estos autores no se sale de los clichés del exotismo y el atraso asiático que eran comunes en la opinión pública europea: «Se trataba del tópico de la Rusia misteriosa y extraña, un pueblo seudoasiático y un fanatismo doblado de una capacidad de sufrimiento inimaginables para el observador occidental. En parte, era una suerte de espejo invertido de los tópicos que esa misma esfera pública europea también abrigaba acerca de la Península Ibérica. Y constituía asimismo una variante de la visión neorromántica, doblada de prejuicio y fascinación por lo exótico que se convirtió en ingrediente fundamental de la visión de Europa del Este a partir de varios clichés forjados por los ilustrados franceses del siglo XVIII»[84]. Solo Julián Juderías, a sus veinticinco años, se deja asombrar por lo que ve durante su etapa como traductor diplomático en Odesa e intenta abrirse camino a través de sus propios prejuicios para comprender.

Todas las ideas sobre Rusia cambian con la Revolución de 1917. En los años veinte, viajeros y visitantes transmiten una imagen completamente opuesta a la tradicional. Rusia ya no es un pueblo atrasado y bárbaro: es la tierra prometida, la tierra del porvenir. Se ha convertido en la patria del proletariado, una aurora de resurrección frente a la explotación y la pobreza. En líneas generales, la izquierda europea contempla acríticamente el duro proceso de construcción de esta idealizada sociedad sin clases. Desde George B. Shaw a García Márquez, intelectuales y pueblo tuvieron fe en el mito soviético y confiaron en su capacidad para redimir el género humano. No nos detendremos aquí. Durante setenta años, al menos, ha sido imposible mirar a Rusia sin las gafas de alguna ideología.

Hubo traducciones ocasionales al español de autores rusos como Pushkin, Andréiev, Tolstói, Dostoievski y Gorki en revistas españolas desde mediados del siglo XIX, pero la mayor parte de la literatura rusa se tradujo al español en los años veinte a partir de versiones francesas. Las únicas traducciones directas al español las hicieron Julián Juderías y el ruso exiliado George Portnoff[85]. La escasez de traducciones se explica porque en España apenas si hay presencia de exiliados rusos, una figura habitual en el París o el Berlín de la Belle Époque.

Al estallar la Guerra Civil, la visión sobre Rusia se polariza. Para unos, Rusia es el enemigo nacional y el Anticristo, y para otros, el paraíso de

[84] Xosé M. Núñez Seixas, «Del ruso virtual al ruso real: el extranjero imaginado del nacionalismo franquista», en *Los enemigos de España*, págs. 233-235 (pág. 235). Es también muy útil P. Sanz Guitián, *Viajeros españoles en Rusia*, Madrid: Compañía Literaria, 1995.

[85] Las traducciones de Juderías se publicaron con el título de *Páginas eslavas. Cuentos y narraciones*, Madrid: Imp. Gráficas, 1912. G. E. Megwinoff Andreu, *Recepción de la literatura rusa en España: 1889-1920*, Madrid, s. ed. s. f. ¿1977?

la libertad y la justicia social[86]. Y así ha sido hasta la desaparición del estado comunista. Desde entonces hasta ahora los rusos se han convertido en una imagen habitual en España, al menos en las grandes capitales y sobre todo en el sur. Hay tantos que los autobuses de la Costa del Sol anuncian sus productos en inglés y ruso, y en 2012 se abrió una televisión rusa en Marbella.

El nacimiento de la rusofobia: la Francia ilustrada

La literatura crítica al uso considera que la rusofobia nació en Gran Bretaña durante la guerra de Crimea, o en varios países occidentales a la vez durante este tiempo y a causa de este conflicto, pero en realidad surgió al menos un siglo antes, durante una etapa que ha producido prejuicios y fobias como pocas en la historia de Occidente: la Ilustración, y en concreto la Ilustración francesa. Es en este momento cuando se acuñan los tópicos de la leyenda negra rusa, que luego se repetirán *ad nauseam* durante la guerra de Crimea y hasta ahora, sin desfallecer. La propaganda de guerra no inventa nada nuevo sino que se apoya en lo ya creado por los ilustrados. Estudiemos un poco este proceso y sus causas. ¿Por qué surge la rusofobia en la Francia ilustrada?

La Europa Occidental se entera de que Rusia existe cuando Pedro I, llamado el Grande (1672-1725), realiza su viaje extraordinario en 1697. El zar recorre varios países, pero no Francia, porque, aparte de aprender los inventos de Occidente, que es lo que a todos nos han enseñado, lo que el zar busca primordialmente son aliados cristianos para luchar contra los turcos, y Francia es en este momento el mejor aliado del Imperio otomano. Políticamente el viaje de Pedro, rodeado de mitos y fantásticas historias, será infructuoso. Las naciones europeas se están preparando para enzarzarse en una de esas trifulcas colectivas que necesitan un par de veces por siglo aproximadamente. La que en este momento se va a ventilar afecta a España de modo especial, puesto que se trata de la guerra de Sucesión, tras la muerte de Carlos II. El bocado era sumamente apetecible y todas las partes estaban convencidas de que algo sustancioso iban a conseguir, de manera que la alianza que Pedro venía a proponer no resultó atractiva para nadie. Sin embargo, Francia se interesó por Rusia de manera muy especial casi de inmediato.

Resumiremos con brevedad la situación histórica en Francia que hace comprensible la reacción ilustrada francesa con respecto a Rusia, pero también con respecto a España y Estados Unidos. A lo largo del

[86] P. Scoppola, «Aspetti e momenti dell' anticomunismo», en A. Vendrone (ed.), *L'ossesione del nemico. Memorie divise nella storia della Repubblica*, Roma: Donzelli, 2006, págs. 71-78.

siglo XVIII surgieron una serie de conflictos coloniales entre Gran Bretaña y Francia que acabaron con la destrucción de casi todo el imperio colonial francés en una serie de guerras sucesivas. La pérdida más dolorosa se produce con la guerra de los Siete Años (1756-1763). Esta guerra, con dos frentes abiertos, uno en Europa y otro en América, fue muy dura para Francia. Era además el cuarto enfrentamiento colonial entre los dos países, con un balance muy adverso. Francia se ve obligada a retirarse de la que había sido la perla de la aventura colonial americana, la Vice-royauté de Nouvelle-France, con nombre y diseño que copiaba, al menos en apariencia, los virreinatos españoles. Con el Tratado de París en 1763, Francia perdió todas sus posesiones coloniales continentales. La historia del virreinato de la Nueva Francia fue breve.

Antes del Tratado de Utrecht en 1713, en el momento de su mayor extensión, la Nueva Francia se extendía, al menos en el mapa, desde Terranova al lago Superior y desde la bahía de Hudson hasta el golfo de México. El progreso era lento y la población, escasa. El censo de 1666 da una población total de 3.215 habitantes[87]. Resulta evidente que había más habitantes en estas tierras, pero los franceses solo consideran población a los nacidos en Francia o hijos de padres franceses, y se desentienden por completo de la población indígena, lo que les impide progresar en aquellas tierras. Su actitud, como la anglosajona, contrasta poderosamente con la de los españoles, que desde el principio incluyen en sus censos a los indígenas.

La pérdida de Nueva Francia provocó una frustración muy honda, que precisamente por serlo, rara vez se manifiesta de manera abierta, pero que está en el origen de muchas actitudes de las élites ilustradas francesas. Es posible leer libros y periódicos de los años sesenta y setenta en Francia sin tropezar con una sola mención a la humillante pérdida de Nueva Francia. Se diría que para la Ilustración francesa esto no ha sucedido. Pero está ahí e influye, y mucho. En realidad es una sombra que se proyecta por doquier. Recordemos que fue en Francia donde alcanzó su mayor apogeo la teoría de la degeneración americana de la que ya hemos hablado. ¿Quién quiere un imperio en América si cuanto allí está es fruto de la degeneración o está inevitablemente destinado a degenerar? Igualmente se buscará como ejemplo de todo aquello que se considera anticuado y despreciable al gran imperio americano de entonces: España. Esta actitud es semejante a la de la zorra con las uvas inalcanzables y demuestra una inteligencia práctica extraordinaria y admirable en las élites francesas. El menosprecio para con los imperios coetáneos o nacientes, que son bárbaros, atrasados, degenerados y casi dignos de compasión, no afecta solo a España y a Estados Unidos. El amor-odio por Rusia forma parte de ello.

[87] *Jean Talon's 1666 census of New France.* Disponible en *www.statcan.gc.ca/pub/98-187-x/4064814-eng.htm.* Consultado el 15 de junio de 2013.

Antes del Tratado de París, Rusia es para la Ilustración francesa un ejemplo digno de imitación; después, una realidad histórica condenada al fracaso. Hay autores que hablan de un auténtico «mito ruso» en el siglo XVIII francés. Es un fenómeno exclusivamente francés que no se da en otros países. Hacia 1700 el zar Pedro había sido visto como un ser grotesco y bárbaro salido de los confines de Asia, pero a mediados de siglo la opinión va cambiando y se le considera el genial creador de un gran imperio, el cual no habría sido posible, se piensa en Francia, sin la ayuda de Francia y de la Ilustración francesa. La paradoja es irritante: ¿cómo es posible que las artes francesas, el talento francés, la cultura francesa en manos de unos semibárbaros hayan alumbrado un imperio de proporciones épicas y no hayan podido engendrar nada semejante para Francia? Realmente la opinión pública francesa está convencida de que todo cuanto sucede en Rusia y en Estados Unidos es obra de sus ilustrados. Alexis de Tocqueville, inusualmente dotado de sentido de la autocrítica, nos cuenta que el francés medio cree de verdad que los estadounidenses no hacen más que seguir las indicaciones de los ilustrados franceses para regir su país. Tocqueville explica que los franceses llevaban décadas «viviendo en la ciudad ideal construida por sus escritores, hasta el extremo de creer que los americanos se limitaban a ejecutar lo concebido por ellos»[88].

La desproporción gigantesca entre la verdadera situación económica y social de Francia y la imagen que los ilustrados franceses consiguen crear y proyectar de su país, interna y externamente, es un fenómeno colectivo fascinante y poco estudiado. Si, como Arnolsson escribió, la leyenda negra de España es la mayor alucinación colectiva de Occidente, la leyenda ilustrada de Francia es la segunda. Viene a ser como la leyenda negra, pero al revés. Es evidente que se parte del supuesto de que la Ilustración es un producto genuinamente francés que ha sido exportado e imitado por doquier. Como mínimo se entiende que la Ilustración ha encontrado en Francia su más perfecta manifestación. Esta es una idea popularmente asumida en Francia de manera rotunda, pero también en los otros países europeos. Cuando se piensa en la Ilustración, *se proyecta* una imagen francesa. Esta construcción mental que se considera una realidad incuestionable es un producto cultural creado y vendido por los propios ilustrados franceses en una operación de *marketing* intelectual que debería hacer palidecer de envidia a las más modernas compañías publicitarias. Quizá está de más señalarlo, pero conviene apuntar que la Ilustración en modo alguno fue un movimiento francés, ni siquiera en su origen, sino paneuropeo, y que revistió en cada lugar formas peculiares y muy variadas.

[88] Alexis de Tocqueville, *El Antiguo Régimen y la Revolución*, Madrid: Alianza Editorial, 1982, II, pág. 161.

Lortholary estudia este «parti russe» cuyo principal propósito es proponer a los franceses un modelo de reformas (laicismo, impulso técnico, reorganización escolar, reformas administrativas y judiciales...) sobre el modelo de los cambios que se habían llevado a cabo en Rusia (tal y como los ilustrados franceses entienden estos cambios), los cuales habían convertido aquellas tierras bárbaras en un formidable imperio[89]. Pedro se transforma en la literatura francesa del momento en un nuevo Alejandro, a la vez conquistador y civilizador. Antes de él, solo hay tinieblas; después, brillan las luces de la Ilustración en Rusia, por benéfico efecto de los ilustrados franceses. Esta es la imagen que ofrece Fontenelle en su *Éloge de Pierre le Grand* y también en su *Histoire de Charles XII*, donde ofrece un retrato de Pedro que agrandará y mejorará en *Histoire de Russie*. Igualmente Catalina la Grande es presentada como el prototipo de déspota ilustrada y como la creadora de un gran imperio-modelo. No hace falta ir muy lejos para saber de dónde viene este interés francés por el mundo ruso: «Si la bárbara Rusia había podido recorrer semejante camino, ¿qué no haría la civilizada Francia, una vez gobernada según la razón, por un déspota bienhechor?»[90]. Los ilustrados franceses, buscando un camino hacia la primera división de la historia, encuentran por todas partes maravillas para imitar: *le mirage russe, le mirage anglais, le mirage prusien...*, sin darse cuenta plenamente de que ellos están «fabricando» el espejismo francés.

En este sinvivir con Rusia que proyecta el deseo de un imperio que Francia nunca ha podido materializar, participa Voltaire a manos llenas[91]. Cuando Catalina lo invitó en 1765, Voltaire respondió con mucha gracia que él era más viejo que la ciudad en que ella reinaba (se refiere a San

[89] Albert Lortholary, *Le mirage russe en France au XVIIIème siècle*, París: Éditions Contemporaines, 1951.

[90] «Si la Russie barbare avait pu parcourir un tel chemin, que ne ferait pas la France civilisée, une fois gouvernée selon la raison par un despote bienfaisant?»: Gianluigi Goggi y Georges Dulac, «Diderot et l'abbé Baudeau: les colonies de Saratov et la civilisation de la Russie», *Recherches sur Diderot et sur l'Encyclopédie* 14 (1993), págs. 23-83 (pág. 6). La traducción es mía.

[91] Con una parcialidad y una falta de criterio asombrosas, Voltaire considera la batalla de Poltava (1709) un suceso «utile au genre humain», y ve en la partición de Polonia una victoria frente a la anarquía y la intolerancia. Están presentes casi todas las palabras mágicas: género humano, anarquía, intolerancia, civilización... Es un milagro que falten la *Nature* o la Ley Natural. La batalla de Poltava fue una de las más importantes de la llamada Gran Guerra del Norte, que terminó con la victoria de Rusia y marcó el fin de Suecia como superpotencia europea. No se ve la razón por la que todo esto sea un éxito de la «tolerancia» (o de la intolerancia). Véase Peter Englund, *La batalla que conmocionó Europa. Poltava y el nacimiento del Imperio Ruso*, Barcelona: Roca Editorial, 2012. La primera edición inglesa es de 1988.

Petersburgo), y que si fuera más joven se haría ruso. Le fascina, como a otros ilustrados, el misterio grandioso que entraña la construcción de un imperio. El misterio y, naturalmente, el poder. Siempre el poder. Desde los años treinta va y viene a este asunto[92]. Sin embargo, no comprende que el tipo de hombre que él es no sirve para ese menester. Hay que estar dispuesto a salir de los salones, de los encajes y las pelucas para afrontar una empresa de esa envergadura. Francia tuvo muchos y notables ilustrados, pero no tuvo imperio, porque puso su admiración en un modelo de hombre que es poco partidario de dormir al raso. Ni con un esfuerzo desatado de la fantasía es posible imaginar a Voltaire o a Diderot llevando las vidas de un Jiménez de Quesada o un Vladímir Arséniev[93].

El mito de la «metamorphose russe» fascina a los profetas del despotismo ilustrado. Es famosa la polémica que enfrentó a Diderot, Rousseau, Voltaire y otros ilustrados a propósito de Rusia y del concepto de civilización. Sin el trastorno de la guerra de los Siete Años y la pérdida de Nueva Francia no se entiende esta preocupación por el imperio nuevo de Rusia, por cómo se hace un imperio a partir de la nada, de la barbarie, de los bosques salvajes. Señala Núñez Seixas que «la zona oriental del continente servía de contrapunto al concepto de civilización al que aspiraban los ilustrados y que consideraban propio de la Europa Occidental, pero también se construyeron entonces una serie de tópicos acerca del atraso y de las características étnicas de los pueblos del imperio zarista»[94]. Ciertamente este es el momento en que una élite fuertemente vinculada a un poder local sin posibilidad de expansión acuña los tópicos antirrusos en Francia, porque esto no sucede en toda la Ilustración, es decir, en todos los países de Europa. No lo vemos en España, ni en Portugal, ni en Holanda ni en Gran Bretaña, que generará propaganda antirrusa unas décadas después, pero no en este momento todavía. Naturalmente hay ilustrados no franceses que se interesan por Rusia, como el italiano Francesco Algarotti (autor también de unas *Cartas desde Rusia*), que viajó allí, y el portugués António Nunes Ribeiro Sanches, pero Rusia no constituye tema central en la Ilustración de ningún país, excepto Francia.

[92] Escribió primero una *Historia de Carlos XII*, que tiene como telón de fondo el auge y la caída de los imperios en la persona del rey sueco Carlos XII, el que perdió la batalla de Poltava. Luego publicó *Historia del Imperio Ruso bajo Pedro el Grande*. Disponible en *www.edu.mec.gub.uy/biblioteca-digital/libros/V/Voltaire-Historia del Imperio Ruso bajo Pedro el Grande.pdf*.

[93] El capitán Vladímir Arséniev, cartógrafo y explorador, es el autor de *Dersu Uzala*, maravilloso clásico de la literatura rusa de aventuras, a partir del cual Akira Kurosawa rodó una obra maestra. Arséniev acabó su vida en Vladivostok, como comisario de minorías étnicas, y su casa es ahora un bonito museo. Hay en español varias ediciones de la obra de Arséniev: Madrid: De Bolsillo, 2006.

[94] Núñez Seixas, «Del ruso virtual...», pág. 234.

Y ahora, para orientarnos un poco mejor en el mecanismo de los prejuicios y en su capacidad para crear un mundo a partir del lenguaje, debemos detenernos, como ya hicimos en el caso del término «leyenda», en una palabra aparentemente inocente: *civilisation.* Se trata de un neologismo que usa por primera vez Victor Riqueti, marqués de Mirabeau y padre del famoso político, en su obra *L'ami des hommes ou Traité de la population.* Lo emplea tres veces. En primer lugar para referirse a la religión que es «indiscutiblemente el primer y más útil freno de la humanidad; es la primera instancia de la civilización»[95]. En las otras dos ocasiones, el neologismo es usado en contraposición a «barbarie» en la parte que Mirabeau dedica a la política colonial europea en América. En este momento, anterior a la gran pérdida colonial de Nueva Francia, Mirabeau piensa lo que otros muchos ilustrados franceses, a saber, que hay que civilizar a los salvajes de las colonias. América no está destinada todavía a la degeneración.

El término «civilización» se populariza en Europa en la década de los setenta del siglo XVIII vinculado a Rusia. El primer diccionario que lo recoge es el de Trévoux en 1771. Responsable en gran medida del éxito del neologismo fue Diderot, que lo usó para titular una obra suya, sobre Rusia naturalmente.

En 1772, cuando se concluye la *Encyclopédie,* Diderot se encuentra sin trabajo y acepta la oferta de Catalina II de Rusia. Tiene casi sesenta años y pocos recursos. No podía dudar de la buena fe de la emperatriz, que ya antes le había ayudado sin conocerlo, cuando el filósofo tuvo que poner a la venta su biblioteca para dar una buena dote a su hija. Catalina se enteró de este apuro a través de madame Geoffrin y mandó comprar la biblioteca del escritor, y así Diderot pudo conservar sus libros. Diderot mostró siempre gran consideración hacia su benefactora, con la que dicen que tuvo una estrecha relación, pero este afecto no se extendió a Rusia. Unos meses antes de marchar a Rusia, Diderot había escrito en *Suplemento del viaje de Bougainville* a propósito de la actitud que debe adoptar el hombre ilustrado ante una cultura distinta de la suya: «Imitemos al buen capellán, monje en Francia, salvaje en Tahití. Hay que tomar los hábitos del lugar que se visita y conservar los propios»[96], pero puesto en la misma tesitura no fue capaz, no ya de simpatizar con

[95] Mirabeau, *L'ami des hommes ou Traité de la population,* part. 1, cap. 8; part. 2, cap. 8, y part. 3, cap. 5. Hay una edición *on-line* de la Bibliothèque Nationale de France: *http://catalogue.bnf.fr/ark:/12148/cb351540367/description.* Consultado el 20 de diciembre de 2012.

[96] Diderot, *Supplément au voyage de Bougainville,* cap. V, pág. 577. Disponible en *www.lyc.lurcat-perpignan.ac-montpellier.fr/intra/fra/lumieres/did-boug.htm.* Consultado el 1 de mayo de 2013. La traducción es mía.

los salvajes, sino con los rusos, tan cristianos como él. Sobre este imperio escribió páginas muy severas en *Sur la civilisation de la Russie.* Aquí se opone al punto de vista defendido por Voltaire, que piensa que es posible hacer florecer las artes y las ciencias en Rusia. Civilización y Rusia le parecen a Diderot dos conceptos difícilmente compatibles. Aunque considera acertado el proyecto de Catalina de arrancar a su pueblo de las garras de la barbarie para llevarlo a la civilización, a través de una serie escalonada de reformas, entiende que finalmente la civilización es el resultado de una evolución lenta, que tiene que pasar por una serie de etapas necesariamente. Este proceso se ha verificado solo en la Europa Occidental y halla su más perfecta manifestación en Francia. Cualquier intento de acelerarlo o provocarlo de manera artificial está condenado al fracaso.

La modestia brilla por su ausencia. Sobre este particular los ilustrados no mostraron ningún pudor. Este inmoderado orgullo intelectual no es una característica exclusiva de esta etapa, pero sí puede afirmarse que esta es una de las épocas de mayor autocomplacencia intelectual de nuestra civilización y fuente de los mayores ridículos. Voltaire no se recata. En su *Ensayo sobre las costumbres,* presenta la riqueza y la sabiduría de Europa como un todo «desde San Petersburgo a Madrid», pero declara que hay una genialidad especial en el carácter de «nuestra parte de Europa». Baudeau afirma sin pudor: «Toute l'Europe sait que la Czarine a voulu confier *le depôt les plus précieux* (la cursiva es mía) pour elle: l'éducation de son Fils à notre célèbre Dalembert & qu'elle a comblé de bienfaits quelques-uns de nos Écrivains les plus renommés»[97].

¿Es posible o no civilizar a Rusia? Naturalmente, se parte del supuesto de que estos cristianos no son civilizados. Sobre este particular hay perfecta coincidencia, es decir, ni Voltaire ni Diderot tienen la menor duda de que los rusos están sin civilizar. Lo que se discute es si es posible civilizarlos o no. O mejor dicho: si nosotros, que somos la quintaesencia de la civilización, podemos civilizarlos. Insistimos en que esta obsesión con Rusia es exclusivamente francesa. No se da en otros países. Eso no quita para que Rusia interese ahora a todos los que han participado en la guerra de los Siete Años, pero no de este modo. Esta idea fija con los imperios forma parte solo de la Ilustración francesa y afecta a todos los imperios. Si son nuevos (Rusia), están sin civilizar. Si son viejos (España), están corrompidos, degradados y atrasados. Si están germinando (Estados Unidos), van a degenerar rápidamente. El caso de Estados Unidos ya lo hemos tratado y de España nos ocuparemos en la Parte II.

Gianluigi Goggi habla de un auténtico «débat sur la civilisation de la Russie tel qu'il se développe en France vers le milieu des années 60».

[97] *Éphémerides du citoyen ou Chronique de l'esprit national* VII, 77, citado por Goggi y Dulac, «Diderot et l'abbé Baudeau...», pág. 25.

Recuérdese que el Tratado de París es de 1763. El neologismo *civilisation* es con frecuencia usado por Baudeau en un artículo titulado «Du monde politique», el cual trata naturalmente de Rusia, y este será uno de los principales motivos de su difusión. El empleo del término que hacen Diderot y Baudeau, a propósito de Rusia en ambos casos, convertirá esta palabra en uno de los conceptos fundamentales de la Ilustración y pronto será importada a otras lenguas. El artículo de Baudeau fue leído por Voltaire e influyó de manera sustancial en el fragmento que se conoce como *Sur la Russie* (1772), después desarrollado en *Mémoires pour Catherine II.* Por lo tanto, la palabra *civilisation* se populariza en Francia vinculada a la barbarie rusa y por oposición a ella. La «civilización» es lo que le falta a Rusia. Cuando las obras que se valen de este neologismo de tanto éxito se expandan por Europa, bien directamente, bien por medio de traducciones, llevarán consigo la imagen de su contrapunto: la Rusia bárbara y salvaje. Y Rusia será para siempre un lugar en el que la civilización no acaba de asentarse.

El miedo y la profecía

En una conversación habida en 1768 entre el barón de Zanthier y Diderot, el barón expresó su convencimiento de que los rusos, una vez organizados y con mayor población, se lanzarían a conquistar territorios más cálidos. A esto respondió Diderot: «Ne craignez rien, la population russe en peut jamais gagner une telle importance. Le climat y est trop rude. Il faut toujours y avoir des forêts immenses, le bois en pousse qu'avec une lenteur extrême»[98]. Este argumento lo repetirá Diderot en su *Histoire des deux Indes,* en *Sur la civilisation de la Russie* y en una adición a la tercera edición de la obra de Raynal. El argumento de Diderot es sencillo. Hay una relación directa entre la inmensidad de los bosques y el subdesarrollo demográfico. Ahora bien, es para los rusos imposible abatir bosques para dar espacio a las personas, puesto que necesitan la madera para sobrevivir en un clima tan frío. Sin bosques, no hay madera, y sin madera no hay fuego ni calor en invierno: «En coupant les forêts, on exposerait les hommes au froid. Telle est donc la situation bloquée oú se trouve la Russie».

Este mismo argumento para explicar la imposibilidad de Rusia para alcanzar un gran desarrollo demográfico y convertirse en una potencia peligrosa, lo había empleado ya el abate Baudeau en un texto titulado *Du monde politique* y publicado en *Éphémérides du citoyen* (6-2-1766). *Du monde politique* se publicó en cinco partes, todas ellas dedicadas a Rusia,

[98] Goggi y Dulac, «Diderot et l'abbé Baudeau...», *Recherches sur Diderot et l'Encyclopédie* 14 (1993), págs. 23-83 (pág. 24).

que vieron la luz entre febrero y septiembre de 1766. El propósito del abate Baudeau, director de este periódico ilustrado, es claro. Se trata de dar a conocer a sus lectores una visión general de las grandes potencias del momento, pero en realidad no habla más que de Rusia. De ella afirma que su intención es dar a conocer a sus lectores qué es el Imperio ruso «par rapport au vrais & solides interêts de la France, ce qu'elle en peut espérer, ce qu'elle n'en doit pas prétendre, ce qu'elle en pourroit appréhender en certes circonstances, relativement á sa gloire & à son bonheur». Baudeau está convencido de que no hay nada que temer: «C'est un vaine terreur qui en doit point trouver place dans l'esprit d'un Citoyen Français»[99]. Hay que mirar a Rusia para imitar sus logros, no para temerla: «Tout concourt à nous faire envisager la Nation Russe, comme un objet d'émulation pour notre commerce & pour l'industrie nationale, non comme un objet de crainte pour la puissance du Roi & pour la sureté de la Patrie». Son «les lois immuables de la Nature» las que hacen imposible a esas regiones hiperbóreas alcanzar un desarrollo demográfico tal que resulten temibles de verdad. La prisión del hielo y la nieve es un «obstacle invincible». La *Nature* entre los ilustrados franceses viene siempre a demostrar aquello que se desea, en este caso, que ningún imperio en ciernes llegará a nada. Recordemos que también las leyes de la *Nature* hacían imposible el desarrollo de los cuadrúpedos en el Nuevo Mundo, y determinaban la degeneración inevitable de la vida en América, argumento que desesperó a Jefferson y al coronel Azara.

Al miedo más o menos difuso que se tiene a Rusia contribuirá grandemente Rousseau en un pasaje muy conocido de *Du Contrat social* que aumentará, si cabe, la confusión ya existente en el imaginario europeo: «L'Empire de Russie voudra subjuguer l'Europe et sera subjugué lui-même. Les Tartares, ses sujets ou ses voisins deviendront ses maitres et les notres: Cette révolution me paroit infaillible». El suizo se opone violentamente a las ideas de Voltaire sobre Rusia y sobre Pedro I, el cual, según Rousseau, se equivocó completamente al proponer cambios que su pueblo no estaba ni estará preparado para asumir. Lo que el zar tendría que haber hecho era, más que civilizarlos, «les aguerrir contre le menace des invasions tartares»[100].

Rusia aparece por doquier en los textos ilustrados, no solo en los específicamente dedicados a ella sino en muchos otros de diversa temática. Muchas entradas de la *Encyclopédie* remiten a la obsesión francesa por Rusia como «tartare», «vicissitudes», «empire», etcétera. El estado de ánimo con respecto a Rusia —miedo y un poquito de envidia simplemente— de la Ilustración lo muestra bien a las claras el artículo que

[99] Goggi y Dulac, «Diderot et l'abbé Baudeau...», pág. 31.

[100] *Contrat social*, libro II, cap. 8. Disponible en *www.classiques.uqac.ca/classiques/Rousseau_jj/contrat_social/Contrat_social.pdf.*

le dedica la *Encyclopédie*. Así, en «De la félicité publique», el caballero Chastellux se opone a las profecías que auguran una invasión de las hordas del norte: «Soyons tranquilles sur les Russes... faibles et pauvres dans leur grandeur, ils songeront a se policer et lorsqu'ils y auront réussi, ils se diviseront et leur empire se partagera». La idea de que el Imperio ruso está destinado a desmembrarse de manera más o menos inmediata era de Diderot[101]. La repite la última parte del artículo de la *Encyclopédie*: «Los ingresos del soberano de Rusia se obtienen de la capitación, de ciertos monopolios, de las aduanas, actividades deportivas, peajes y dominios de la Corona. Sin embargo, no superan los 13 millones de rublos [...]. Con estos ingresos, Rusia puede hacer la guerra a los turcos, pero no podría sin préstamos hacerla en Europa. Sus fondos son insuficientes». El autor es Jaucourt y acude aquí a otro argumento para calmar los miedos generales, el cual será también muy usado: Rusia no se expandirá hacia Occidente porque no puede costear una guerra en Europa[102]. La actividad profética de los ilustrados franceses frente al imperio temido, envidiado y odiado no se aparta en general del patrón de las leyendas negras: el imperio molesto no prosperará, es más, está destinado a sucumbir de manera más o menos inmediata.

Como señala Madariaga, la polémica de Rousseau y Voltaire tuvo una resonancia enorme en Europa y polarizó el debate sobre Rusia en los años sesenta y después[103]. Estas discusiones de los ilustrados franceses sobre la civilización/barbarie de Rusia influyeron en todos los ambientes intelectuales de Europa[104] y crearon los prejuicios antirrusos que ya nunca abandonarían la Europa Occidental.

Rusia como Imperio Inconsciente

Baudeau y Voltaire consideran a Pedro un auténtico Alejandro civilizador, frente a Rousseau y Diderot. Para los primeros, civilizar a Rusia era bueno, puesto que servirá de gran muralla frente a los tártaros y otros pueblos salvajes de Asia. La palabra «tártaro» la usan los ilustrados franceses sin tener muy claro lo que nombra. Es una noción confusa de

[101] Está en *Histoire des Deux Indes* y luego la repetirá en *Sur la civilisation de la Russie*: D. Diderot, *Mélanges et morceaux divers. Contribution à l'Histoire de deux Indes*, ed. G. Goggi, Siena: Università di Siena, 1977, t. II, pág. 378.

[102] Sobre el miedo a Rusia en este tiempo, véase Lortholary, *Le mirage russe...*, págs. 156-157.

[103] Isabel de Madariaga, *Russia in the Age of Catherine*, Londres: Weidenfeld and Nicholson, 1981, págs. 31-33.

[104] L. Wolff, *Inventing Eastern Europe: the Map of Civilization on the Mind of the Enlightenment*, Stanford: Stanford UP, 1994.

barbarie nómada y asiática que evoca las invasiones de los hunos y otras sufridas muchos siglos atrás por Europa. Naturalmente los ilustrados franceses, la mayor parte de los cuales ni visitó nunca Rusia ni hablaba ruso, no solo se permiten opinar con total libertad y fantasía sobre esa realidad enorme que era y es Rusia, la cual se les escapaba por completo, sino que además, en un tono condescendiente e irritantemente superior, se permiten dar consejos sobre cómo hay que gobernar el Imperio ruso, después de haber perdido el suyo. Esto lo harán también con España y con Estados Unidos. Todos participan de esta sabiduría para el gobierno de los imperios: Montesquieu, Voltaire, Diderot, Jaucourt, Baudeau..., menos Rousseau, que prefiere adoptar el tono de vate profético y se dedica a anunciar que la hora de las invasiones tártaras ha llegado. En el capítulo «Roma y su leyenda negra» ya señalamos que uno de los rasgos más característicos de las leyendas negras es la profusión de la actividad profética sobre el devenir del imperio que en cada momento suscite la inquietud de los poderes locales y sus élites adscritas. La actividad profética de la Ilustración es abundantísima y casi toda errónea.

En 1764 se publica por primera vez *Considerations sur le gouvernement ancien et présent de la France* de Argenson. En la línea de los arbitristas españoles, Argenson analiza los males de Francia y ofrece remedios. He dicho en la línea de los arbitristas y corrijo. El tono es mucho menos dramático y más amable. A fin de cuentas, ¿qué problema grave tiene Francia? Solo ha perdido un imperio y está en bancarrota. Pelillos a la mar. Digamos que los arbitristas españoles ofrecen remedios para un enfermo gravísimo y casi en fase terminal que agoniza en medio de convulsiones, mientras que Argenson y sus colegas los ofrecen para un catarro que conviene que no empeore, pero nada serio en el fondo. A fin de cuentas, el punto de vista que se adopta frente a los problemas *hace* el problema. Las élites francesas no se rasgan las vestiduras en la plaza pública por grave que sea la situación, actitud que les honra. Lo sorprendente es que Argenson no solo se permite aconsejar cómo hay que gobernar Francia, sino que también explica cómo hay que gobernar Rusia. Los rusos son un imperio tan inconsciente como lo fue Roma o España. Opinar sobre Rusia —y España— es, en la segunda mitad del siglo XVIII, casi un deporte intelectual en Francia. Y así, Argenson afirma que «la politique Russe se trompe si elle continue à entreprendre des Guerres d'ambition». Es fundamental «inspirer des manières polies et le bon goût»[105]. En lo tocante a etiqueta, el francés dieciochesco es inflexible: todo lo que se aparta de nuestros usos es, no ya una ordinariez, sino una barbaridad.

A la tentación invencible de decir a los rusos cómo deben vivir y gobernarse sucumbieron casi todos los ilustrados franceses. En *Histoire des*

[105] Citado por Goggi y Dulac, «Diderot et l'abbé Baudeau...», pág. 43.

deux Indes, Diderot se explaya sobre la política interior y exterior rusa. No solo *les philosophes* socorrerán a los rusos con sus consejos. Cualquier francés sirve igualmente para sacar al ruso de su indigencia mental.

Jean-Baptiste Chappe d'Auteroche era astrónomo del Real Observatorio y miembro de la Real Academia de Ciencias cuando fue elegido para viajar a Siberia. A mediados del siglo XVIII se tiene ya una idea bastante exacta de cómo funciona el sistema solar, pero solo aproximadamente se intuye su tamaño. Si se podía calcular con precisión la distancia entre dos planetas, entonces, aplicando las leyes de Kepler sobre el movimiento planetario, se podrían saber todas las demás distancias. El tránsito de Venus, esto es, el paso de Venus entre la Tierra y el Sol, parecía una ocasión muy propicia. Venus se muestra como una pequeña mancha negra moviéndose por la superficie del Sol. Como los tránsitos de Venus no son demasiado frecuentes, el de 1761 se presentaba como una ocasión científica que no se podía dejar escapar (el anterior había sido en 1639). Europa estaba en este momento en una de sus guerras tribales cíclicas, la guerra de los Siete Años, pero las naciones decidieron que había que respetar el trabajo de los astrónomos y darles salvoconductos y protección para que pudieran viajar sin riesgo y hacer su trabajo. Se trataba de obtener tantas mediciones como fuera posible y en los lugares más distantes del planeta. El esfuerzo internacional para coordinar todas las mediciones fue enorme. Las guerras europeas siempre han tenido este aire de patio de vecinos, que lo mismo se pelean por las cuerdas de tender que se prestan la escoba. Ahora toca matarse. Muy bien, pero que esto no impida conocer las distancias del sistema solar. Es cómico y genial al mismo tiempo.

A Auteroche le tocó ir a Tobolsk, en Siberia. Un cordón de cosacos se ocupó de que no fuera molestado mientras hacía sus mediciones, porque los campesinos no acababan de entender cuáles eran los propósitos de aquel extranjero armado con extraños instrumentos. Auteroche no hablaba una palabra de ruso. La devoción de los cosacos y la ayuda de las autoridades rusas, sin embargo, no despertó en *monsieur* Chappe d'Auteroche ni simpatía ni agradecimiento. El astrónomo permaneció en Rusia hasta 1763 y el resultado de esta aventura fue —¿cómo no?— un libro de viajes: *Voyage en Sibérie fait en 1761*. El texto no agradó precisamente a los rusos, y pronto circuló un breve anónimo titulado *Antidote ou Examen du mauvais livre superbement imprimé intitulé Voyage en Sibérie*. La autoría fue atribuida a Catalina la Grande, pero parece más probable que fuese el conde Andrei Petrovich Shuvalov quien lo escribió[106]. El

[106] El conde Shuvalov fue un hombre de gran cultura, amigo de Voltaire, autor de versos libertinos y gran viajero. Fundó una universidad. El texto original, en su primera edición de Ámsterdam, está en la red: *https:/books.google.es*. Consultado el 2 de mayo de 2013.

opúsculo apareció anónimamente en Ámsterdan en 1770 y Shuvalov demuestra en él un sentido del humor admirable, una versión rusa de ese «menosprecio alegre» de que hizo gala Jiménez de Quesada en *El Antijovio* y que los imperiales muestran en la época álgida de su labor. Shuvalov viene a decir que quizá convenía dejar a los rusos gobernar su imperio a su manera, especialmente si las recomendaciones vienen de quienes no saben cómo hay que enfrentarse bajo cero a miles de kilómetros y administrarlos. Como buen Imperio Inconsciente, el ruso no sabe muy bien lo que está haciendo.

El conde manifiesta su asombro ante todo lo que *monsieur* Auteroche manifiesta conocer, y no acierta a entender cómo ha podido ver tanto viajando «par la Poste», o sea, sin salir de las líneas de diligencia regular. Uno de los mayores asombros del conde, expresado con gran ironía, es la gran cantidad de enmiendas sobre determinación de alturas en los mapas de Rusia que hace Auteroche, tanto en lugares por los que ha pasado como en otros por los que no ha pasado: «Il a donc donné la position de celles qu'il a vû: plus haut il a dit qu'il les a donné touttes, suffit-il d'être Academicien pour s'en faire croire?». Efectivamente. La carta del conde es una sabrosa lectura, a ratos hilarante y muy recomendable para quien esté dispuesto a superar sus prejuicios.

La idea de que Rusia no prosperará porque no es más que el resultado de una falsa civilización la encontramos por doquier en la Ilustración. Muchas veces la repite Auteroche, y otros ilustrados de más fuste, como Diderot. Los rusos no tienen más que un barniz, una apariencia de seres civilizados, por debajo de la cual sigue latiendo el asiático salvaje. Es la idea central de otro inevitable libro de viajes, *Russie en 1839* de Astolphe de Custine, a quien Heinrich Heine llamó «medio hombre de letras», por su condición homosexual y por lo mediocre de su arte. Su primer libro de viajes trató sobre España, como era de esperar. A Balzac le gustó y lo animó a seguir progresando por el camino de las tierras salvajes. Las 1.800 páginas de Custine constituyeron un éxito inmenso. Se hicieron un sinnúmero de ediciones pirata y reducidas del texto. En 1848 se habían vendido 200.000 ejemplares. Custine halaga constantemente el sentimiento de superioridad de sus lectores europeos con frases como «tienen solo el barniz de civilización europea suficiente para ser salvajes astutos, pero no hombres ilustrados». Finalmente, al prepararse para regresar, concluye que se respira mejor fuera de Rusia.

De Napoleón a Gran Bretaña y la guerra de Crimea

En octubre de 1797, el general polaco Michal Sokoinicki hizo llegar al Directorio francés un documento con el título *Aperçu sur la Russie*. Después fue popularmente conocido como «Testamento de Pedro el

Grande». En octubre de 1812, Charles-Louis Lesur, fundador de la revista *L'annuaire historique*, publicó este texto, uno de los más influyentes en la historia de la leyenda negra rusa, con el título «Des progrès de la puissance russe». El «Testamento de Pedro el Grande» ha gozado de una popularidad ininterrumpida y ha sido citado miles de veces y usado en distintas ocasiones históricas, aunque es poco o nada conocido por la opinión pública española. Napoleón procuró que fuera ampliamente difundido para probar que «Europa está inevitablemente destinada a ser el botín de Rusia»[107]. Absolutamente engañado sobre lo que era Rusia en realidad, Napoleón emprendió una desastrosa campaña militar que destrozó su ejército y su país. Es un camino que, cada cierto tiempo, recorren una o varias naciones de Occidente, llevadas por esa capacidad infinita para el autoengaño propia de los europeos. Acaba siempre de la misma forma. La presente crisis en Crimea-Ucrania nos va a dar ocasión para asistir en vivo y en directo a una de estas «excursiones».

El Testamento volvió a circular a bombo y platillo durante la guerra de Crimea. Los ingleses hicieron de él amplio uso. Napoléon III ordenó que fuese expuesto en todos los edificios públicos de París y de toda Francia, y para ello se imprimieron miles y miles de ejemplares. Se trata, resulta evidente, de la falsificación de un testamento atribuido a Pedro el Grande[108], según el cual el fallecido zar traza el destino manifiesto de Rusia para las sucesivas generaciones. Este no es otro que apoderarse de Europa. Es este plan taumatúrgico lo que mueve ocultamente a Rusia, como los *Monita Secreta* de los jesuitas, los planes secretos de la Inquisición española en el siglo XVII o los protocolos de Sión. Tras las guerras napoleónicas, la propaganda antirrusa continuó. Se destacó en ella el que había sido antiguo confesor de Napoleón, Dominique-Georges-Fréderic Dufour de Pradt, para quien Rusia es despótica, asiática y está hambrienta de conquistar Europa[109].

A la hoguera de la propaganda antirrusa acudieron a calentarse muchos nombres del estamento cultural, algunos inesperados. El estilo romántico y elevado de Gustave Doré se transforma en pura chabacanería en su *Historia de la Sagrada Rusia*, colección de imágenes que llevó a la imprenta en 1854, tan ordinarias y vulgares como los panfletos luteranos

[107] Iver B. Neumann, «Europe's post-Cold War memory of Russia: cui bono?», en *Memory and power in post-war Europe: studies in the presence of the past*, ed. Jan-Werner Müller, Cambridge (MA): Cambridge University Press, 2002, pág. 132. Raymond T. McNally, «The origins of Russophobia in France», *American Slavic and East European Review* 17 (1958), págs. 173-189.

[108] Dimitri Lenovich, «The testament of Peter the Great», *The American Slavic and East European Review* 7 (1948), págs. 111-124.

[109] Neumann, «Europe's post-Cold War...», pág. 133.

o los orangistas. Soldados luchando sin cabeza, borrachos barbudos, viejas de aspecto brujeril y otras caricaturas de este jaez componen el álbum de Doré[110] [2]. No es el único. Se imprimieron otros muchos como *Les cosaques pour rire* o *Chargeons les Russes.* Es urgente ridiculizar a los rusos, con una urgencia directamente proporcional al miedo que inspira la posibilidad de que ganen la guerra.

Frente a toda esta enormidad que venimos relatando, se levanta el reverencial respeto que Rusia ha mostrado siempre por la Europa Occidental, y más específicamente por la cultura francesa.

En la tercera década del siglo XIX, Gran Bretaña y Rusia comenzaron a tener roces alrededor del cada vez más desintegrado Imperio otomano. Los rusos consideraron que era mejor apuntalar aquel imperio en descomposición que afrontar una guerra con las potencias occidentales, especialmente el Imperio austrohúngaro y Gran Bretaña. Sabían que ninguna de las dos potencias aceptaría que ellos tomaran Constantinopla y se hicieran con el control de los estrechos. Así las cosas, era mejor dejarlo todo como estaba. Pero los intentos de los rusos por evitar un enfrentamiento armado fueron inútiles. Gleason reconoce que el estudio de la correspondencia diplomática demuestra que los rusos fueron sinceros en todo momento al explicar hasta dónde llegaban sus ambiciones: «Todo esto lo demuestra la evidencia de los archivos rusos. Parece claro que los propósitos de Rusia fueron frecuente y honestamente expresados a los hombres de Estado y a la prensa británicos»[111].

Hay que hacer un inciso aquí para explicar lo que suponía para Rusia renunciar a avanzar hacia Constantinopla y qué es la Tercera Roma para los rusos. Si la conquista de esta ciudad por los turcos fue traumática para Occidente, lo fue muchísimo más para el cristianismo oriental. Los rusos habían recibido su fe de Bizancio y tenían un vínculo espiritual y afectivo grandísimo con la ciudad. La idea de la Tercera Roma la sembró Constantino el Grande, que fue quien trasladó la capital del imperio a Constantinopla, a la que denominó Nueva Roma. Hay, por lo tanto, una Primera Roma y una Segunda Roma. Tras la caída de Constantinopla en 1454, pronto arraigó entre los rusos la idea de que Moscú era la Tercera Roma. Hay una legitimidad dinástica en esta idea: el gran duque de Moscú, Iván III, estaba casado con Sofía Paleóloga,

[110] David Kunzle, «Gustave Doré's History of Holy Russia: Anti-Russian Propaganda from the Crimean War to the Cold War», *Russian Review* 42 (1983), págs. 271-299.

[111] «All this is demostrated by the evidence of Russian archives. It is also apparent that Russia's purposes were frequently and honestly imparted to British statesman and made known to the British press»: John Howard Gleason, *The Genesis of Russophobia in Great Britain. A study of Interaction of Policy and Opinion,* Cambridge (MA): Harvard University Press, 1950, pág. 2. La traducción es mía.

sobrina del último emperador. Iván podía, en consecuencia, reclamarse heredero de aquella dinastía, y así lo hicieron los sucesivos grandes duques y luego zares de Rusia. La recuperación de Constantinopla ha sido una idea siempre presente en la política exterior rusa, y renunciar a ello en el momento en que era posible demuestra gran capacidad de cesión y buena voluntad. Pero no fue suficiente: «Este problema se vio agudizado por el hecho de que durante la mayor parte de este periodo, la política de Gran Bretaña fue, en lo principal, más provocativa que la rusa. Los británicos se afanaban en los Balcanes, en el Cáucaso, en Afganistán y Persia, y también en Constantinopla, Siria y Egipto, de manera mucho más eficaz que sus colegas rusos, y fue la esfera de influencia británica, no la rusa, la que se extendió. Los hombres de estado británicos insistieron en que sus propósitos eran defensivos, pero si los rusos hubieran apelado al criterio de los hechos, y no al de las palabras, que sus contemporáneos británicos usaron contra ellos, un juez imparcial hubiera fallado a su favor»[112].

Ante la posible amenaza de un imperio rival, Gran Bretaña prefirió poner en marcha la poderosa maquinaria de la leyenda negra, una acción combinada de élites políticas e intelectuales, con la imprescindible colaboración de la prensa, con el propósito de envilecer la imagen del enemigo. Ya lo había hecho tres siglos antes contra España en circunstancias históricas muy parecidas. La propaganda antiespañola creada por Gran Bretaña, no en solitario, tuvo un éxito arrollador durante siglos, a tal punto que ha llegado a convertirse en verdad histórica. Ahora la prensa inglesa, como antes el recién nacido clero protestante, sirvió como medio preferente para crear opinión. De hecho, el trabajo de Gleason sale en gran parte del estudio de las hemerotecas, especialmente la de *The Times*, que es el que lleva la iniciativa y lanza los estereotipos negativos, mezclando miedo y autocomplacencia, verdad y mentira, y luego es imitado por los otros periódicos hasta la saciedad. Los rusos no respondieron poniendo en marcha una maquinaria propagandística semejante.

La clase dirigente británica insiste en que su política es defensiva y para ello hay que demostrar que el enemigo es agresivo y nos odia. El 18

[112] «This problem is sharpened by the fact that during much of the period in question Great Britain's policy was, in the main, more provocative than Russia's. British nationals labored in the Balkans, in the Caucasus, in Afghanistan and Persia, as well as in Constantinople, Syria, and Egypt, far more efficaciously than did their Russian counterparts, and it was the British, not the Russian, sphere of influence which advanced. British statesmen insisted that their aims were defensive, but had the Russians appealed to the criterion of *deeds* rather than words, which their British contemporaries applied against them, an impartial judge must probably have rendered a verdict in their favor»: Gleason, *The Genesis of Russophobia...*, pág. 3. La traducción es mía.

de octubre de 1838 el *Morning Herald*, repitiendo la consigna de *The Times*, abría su artículo de portada con esta frase: «The policy of Russia has long been impregnated with the spirit of deadly hostility to England». Margaret Lamb explica: «So intense was this feelings that it was much more than the usual dislike of all that was strange and foreign»[113]. Europa se llenó de panfletos vulgares sobre Rusia. Uno de los grandes hacedores de opinión pública fue David Urquhart. Su panfleto titulado *England, France, Russia and Turkey* tuvo un gran éxito. Urquhart dirigió varios periódicos. Uno de ellos, *Portfolio*, popularizó algunas imágenes sobre Rusia que tuvieron gran impacto y que todavía siguen usándose. La más conocida quizá sea la de un oso feroz alargando sus zarpas terribles sobre distintos lugares del mapa europeo, que se hizo frecuente en los periódicos ingleses **[3]**. John Le Carré se vale de ella muchas veces en sus novelas. El estereotipo del ruso borracho, ignorante, bárbaro y ferozmente agresivo se expandió por toda la prensa europea y se hizo omnipresente en los países que contendieron en esta guerra e incluso en los que no lo hicieron, como España. Los rusos no solo daban miedo, estaban en el nivel infraeuropeo de la existencia. Su inferioridad moral les vetaba pertenecer al conjunto de las naciones civilizadas. La depravación de los imperios es un lugar común de las propagandas antiimperiales que persiguió a los romanos y persigue todavía a los españoles, a los estadounidenses y a los rusos. En el caso de los rusos no necesita ni siquiera maquillaje. Keynes llegó a escribir que la violencia bolchevique era «the fruit of some beastliness in the Russian nature», mezclada con «cruelty and stupidity»[114].

Habitualmente se considera, como ya señalamos, que la rusofobia nace oficialmente en Gran Bretaña en el siglo XIX. Nosotros insistimos en que su origen es muy anterior y se remonta a la Ilustración francesa. Es cierto, sin embargo, que muchos tópicos sobre Rusia antes de 1917 se popularizaron, aunque no se originaron, por efecto de la propaganda antirrusa fabricada en Gran Bretaña, la cual precisamente se halla en su periodo más expansionista. En la fabricación del ruso inferior y bestial se emplearon todos los medios habituales con los que nos vamos a ir familiarizando en este trabajo, sin que falten el relato de viajes y la falsificación de documentos.

En 1877 el capitán Fred Burnaby hizo un largo viaje por el Imperio otomano y Asia Central y escribió páginas que reflejan a la perfección los pre-

[113] Margaret Lamb, «The Making of Russophobe: David Urquhart. The formative years, 1825-1835», *The International History Review* 3 (1981), págs. 330-357. E. Klug, «Das “asiatische” Russland. Über dic Entstehung eines europäischen Stereotyps», *Historische Zeitschrift* 245 (1987), págs. 265-289.

[114] John Maynard Keynes, «A Short View of Russia», en *Essays in Persuasion*, Londres: Macmillan, 1931, págs. 297-312.

juicios contra los rusos de los británicos[115]. Ya nos hemos referido varias veces a la literatura de viajes y a su importancia en las leyendas negras. Es un proceso de autoalimentación. Estos relatos proyectan los prejuicios que ya se tienen y a su vez sirven para confirmarlos, pues se ve selectivamente aquello que coincide con los anteojos. Digamos que el viajero-turista ve lo que está preparado para ver y le sirve para afirmarse en lo que ya sabía. Es muy confortable porque consolida el sentimiento de superioridad previo (racismo) y convence de que se pertenece a una esfera de civilización superior. El capitán Burnaby murió durante una expedición británica en Sudán durante un tiroteo. Como comenta con humor Anatol Lieven, sin duda estaba intentando llevar la civilización cristiana a los sudaneses con la ayuda del rifle Martini-Henry, pero no se le ocurrió pensar que quizá los rusos estaban haciendo lo mismo en Asia Central con un rifle muy parecido. Burnaby tuvo once ediciones el primer año[116].

En 1854 se publicó en inglés *Home life in Russia,* una manipulación-falsificación de la novela de Nikolái Gógol *Almas muertas.* No se edita como una obra de ficción, sino que se suprime su autor y se engaña al público haciéndole creer que es un relato verdadero. La obra se presenta con el marchamo de «testigo presencial»: no inventamos nada, puesto que es un ruso el que lo dice. Es la misma razón por la que el éxito de fray Bartolomé de Las Casas ha sido inextinguible. Esta falsificación es un hito en la historia de la rusofobia y tuvo un éxito arrollador. En el prólogo, el editor declara que no se trata de una traducción sino que el texto «le fue entregado» directamente en inglés y que está tan plagado de errores que «evidentemente» es el resultado de la redacción de un ruso que escribe en inglés. Además de esta mentira, el texto del gran novelista ruso es sometido a otras manipulaciones: se eliminan los párrafos que no eran adecuados al propósito buscado y se introducen otros. Aparece, por ejemplo, un narrador que no está en el texto de Gógol que no desaprovecha ocasión de recordar a sus lectores ingleses su superioridad moral con respecto a los rusos[117].

[115] Fred Burnaby, *A Ride to Khiva,* Londres: Centry Hutchinson, 1983.

[116] Anatol Lieven, «Against Russophobia», *World Policy Journal* 17 (2000-2001), págs. 25-38.

[117] He aquí una de las intervenciones del narrador que suplanta al original: «In itself the nefarious scheme devised by our hero, affords an extraordinary instance of *the cunning inherent in the Russian character* (la cursiva es mía), for its whole success was based on the knowledge he possessed of the utter baseness of the national character. None of the actors in this strange drama will appear to exhibit the slightest compunction about defrauding the government as long as they can gain any slight advantage to themselves, and even the certainty of condign punishment in the very possible event of detection, cannot cause them to refrain from their *innate propensity* (la cursiva es mía). The fact is an humiliating one, but in our character as the historian of an actual event, we have not dared to omit a single trait which may seem to elucidate our story. We only wish it was in our power to

Los tópicos de la propaganda antirrusa se expandieron por el mundo entero. El australiano *Sydney Morning Herald* publicó una serie de viñetas de rusos barbados y grotescos con comentarios como este: «Esos horribles rusos vienen a echar abajo nuestras casas, a llevarse a nuestras mujeres y a hacernos esclavos, con sus asquerosos bigotes y barbas quieren condenarnos a vivir bajo la grasa y la pringue de sus barbas». En los periódicos australianos se discutía seriamente qué ciudad atacarían los rusos primero: Sídney o Melbourne. El miedo alcanzó tintes paranoicos y grotescos, como el 8 de septiembre de 1854, cuando se produjo una explosión de gas completamente fortuita y la gente se echó a la calle aterrorizada al grito de «¡Que vienen los rusos!». Los rusos nunca tuvieron intención de invadir Australia, cosa que era perfectamente conocida por las autoridades británicas. Este pánico a los rusos era el resultado de promover consciente y deliberadamente un estado de histeria colectiva por parte de las élites anglosajonas, un particular en el que tenían una larga experiencia. En una carta personal, el político australiano Robert Murchison escribió a un amigo suyo: «Te ríes y con razón del pánico que lleva a la gente de estas colonias a fortificarse contra los rusos [...], pero me he extendido en el asunto de la defensa de Sídney con el propósito de mantener lejos a vecinos más molestos que los rusos: en concreto a los franceses y a nuestros parientes, los americanos»[118].

Marx y Bakunin: la eslavofobia y el racismo

Bakunin escribió: «Hay pocos rusos [...] que ignoran hasta qué punto los alemanes odian a Rusia», y añadió: «Este odio es una de las más fuertes pasiones nacionales de Alemania»[119]. Marx se refiere con frecuencia, por ejemplo, al «knut ruso». En tiempos de la guerra de Crimea se populariza en alemán, inglés, francés, holandés y otras lenguas europeas

draw a pleasanter portrait of our countrymen, and we fervently trust that the time may yet arrive when such stories as the present one may be numbered among the things that were»: Rachel Way, *The translator in the text. On Reading Russian Literature in English*, Northwestern University Press, 1994, pág. 105.

[118] «You laugh and with reason, at the panic which led people in these colonies to insist upon fortifying themselves against the Russians [...] but I have gone into the question of the defense of Sydney for the purpose of keeping off more unpleasant neighbours than the Russians; namely ours friends the French and our relatives the Americans»: Elena Govor, «Australia and the Crimean War», en *australiarussia.com/AusCrimeaENFIN.htm*. Consultado el 20 de febrero de 2013. La traducción es mía.

[119] Frank Mintz (ed.), *Bakunin. Crítica y acción*, Buenos Aires: Libros de Anarres, 2006, pág. 16.

el término «knut» para referirse a Rusia. El knut es un látigo típico de Rusia. Denominaba también al castigo que con él se aplicaba por determinados delitos. Durante el siglo XIX en varias lenguas de Europa (no el español) este término se usó como sinónimo de Rusia.

Hegel y una parte del Idealismo alemán negaban a los rusos cualquier contribución a la civilización europea y hasta el derecho a una vida independiente sin la tutela de los «pueblos superiores». Era una forma ridícula de plantear la situación, en una Alemania dividida y mayoritariamente pobre, donde sobrevivían los últimos restos de esclavitud y servidumbre de la Europa Occidental. Como Francia, la Alemania pre-unificada proyecta sobre Rusia sus enormes frustraciones históricas. Todas las leyendas negras arraigan y se alimentan de las partes menos nobles del ser humano, aunque su elaboración requiera de mecanismos de manipulación que son muy conscientemente manejados por los agentes que le dan forma en cada caso. Si se expanden y cunden con tanta facilidad es porque halagan el racismo consustancial a la especie en su versión más básica: para ser yo superior tiene que haber un inferior. Como esto es difícil de mostrar frente a pueblos que no son precisamente insignificantes en la carrera de la historia, la imperiofobia es una forma de racismo que requiere de una orquestación adicional, una andamiaje intelectual que alimente y reconforte a los pueblos con el ego dolorido.

No debe por tanto extrañar que Karl Marx se aprestara a colaborar con David Urquhart en la campaña antirrusa del *Free Press*, uno de los periódicos de Urquhart, durante el bienio 1856-1857. A fin de cuentas, había heredado del Idealismo alemán, y de Hegel, para más precisión, una rusofobia visceral. Esta siguió siendo una fuente constante de fricciones entre los revolucionarios en el periodo posterior a la guerra de Crimea. Los choques entre Bakunin y Marx fueron especialmente intensos. Al alemán le preocupaba mucho el crecimiento del poder ruso. A mediados de abril de 1871, Bakunin publica en Ginebra la parte primera de *El imperio knuto-germánico y la revolución social*. Explica aquí que «ese excelente patriota alemán» que es Karl Marx yerra completamente cuando acusa a la influencia rusa de ser la causa de los males de Alemania, y que Marx debería haber «empleado su inmensa erudición» en comprender que Alemania «ha producido, llevado y desarrollado históricamente en ella misma, todos los elementos de su actual esclavitud», pero sabe que Marx «evitará decir toda la verdad sobre este punto»[120].

Cuando Hitler proclame que hay que esclavizar a las razas eslavas, a los *Untermensch* del Este, no está creando *ex nihilo* ni inventando nada.

[120] *El imperio knuto-germánico y la revolución social*, pág. 126. Disponible en *https://salirdelguetto.files.wordpress.com/la-revoluc3b3n-social-en-francia-ii.pdf*. Consultado el 24 de mayo de 2013.

Es confortable aislar al monstruo para negar todo vestigio de contaminación, pero estas ideas tienen una historia y un contexto, en ocasiones muy respetable. Houston Stewart Chamberlain, nacido británico y nacionalizado alemán, había asimilado las ideas de Gobineau sobre la desigualdad de las razas y había proclamado que, a fin de cuentas, el destino natural de los eslavos era ser esclavos. Con ello bromeaba sobre el origen de esta palabra en muchas lenguas de la Europa Occidental. La palabra «esclavo» procede efectivamente de «eslavo», y fue a lo largo de la Edad Media suplantando el término latino *servus* por la afluencia de prisioneros esclavizados de este origen que se vendían en Europa, fundamentalmente a partir de razzias de germanos y sarracenos. Como los pueblos del sur de Europa, los eslavos eran el resultado de la degeneración de la raza aria por mezcla con otros pueblos inferiores. Hitler como Gobineau o Chamberlain están apartados en el círculo de los nombres malditos, pero muchos otros que compartieron sus ideas son adorados y venerados en nuestra Europa sin asomo de sombra o crítica. Su prestigio y su extraordinaria posición sociointelectual contribuyeron a legitimar ideas perversas, a hacerlas populares y creíbles. Nombres que todavía hoy despiertan nuestra más profunda admiración como Voltaire, Rousseau, Goethe, Fichte o Hegel compartieron ideas antisemitas, sobre la significación de los cráneos o sobre la natural inferioridad de los pueblos mediterráneos o eslavos[121].

Rusia hoy

Todos los imperios practican la autocrítica de manera más o menos inmisericorde. Los pueblos con el ego frágil no pueden permitirse exponerse de este modo. La autocrítica es una de las razones de que se mantenga abierta la meritocracia y razonablemente limpio un estado en proceso de crecimiento exponencial. Una parte sustantiva de la crítica de que se alimenta la imperiofobia la producen los imperiales mismos. Lo hicieron los romanos y los españoles y lo hacen los rusos y los estadounidenses. Quiere decirse que la autocrítica imperial es usada como herramienta propagandística por los pueblos enemigos o amigos/enemigos donde se produce la leyenda negra, no que esa autocrítica la produzca. La imperiofobia nace de la frustración y el orgullo herido, y estos son previos a los argumentos concretos —un repertorio muy limitado de tópicos, por cierto— que se usan para dotar de razones al prejuicio imperiófobo.

[121] Sobre el racismo en Voltaire, Rousseau, Fichte y Hegel, véase Gudrun Hentges, *Schattenseiten der Aufklärung. Die Darstollung von Juden und Wilden in philosophischen Schriften des 18. und 19 Jahrhunders*, Schwalbach: Wochenschau, 1999.

Al menos desde el siglo XVIII los rusos se esfuerzan en un análisis minucioso y neurótico que pretende determinar cuál es el verdadero carácter de su nación y cuál debe ser su futuro acorde con ese carácter que no se deja definir. Naturalmente, el ruso cree que este sinvivir solo le pasa a él, y pone siempre ejemplos de cordura y equilibro en otros países occidentales que le parecen menos convulsos y más serenos. Qué es Rusia y cuál es su destino ha sido un tema recurrente en filósofos y escritores rusos. Cuál es la razón de ser de Rusia en la historia es una de las cuestiones favoritas del filósofo Vladímir Soloviev, metafísica pregunta que también se hicieron Dostoievski o Solzhenitsyn[122]. Para Nikolái Berdiáyev, la dualidad entre el Este y el Oeste es el nudo gordiano de las tribulaciones rusas, las cuales tienen una naturaleza excepcional, por la propia «inconsistencia del espíritu ruso». Rusia no descubrirá cuál es su verdadero lugar en el mundo hasta que no resuelva este conflicto entre Oriente y Occidente[123]. El asunto es fascinante y da para una enciclopedia, pero lo que aquí nos interesa es resaltar los paralelismos: Galdós afirma en *Zaragoza* que el destino de España es «poder vivir, como la salamandra, en el fuego». El ruso, como el español, cree las palabras del inglés o del francés, y no mira los hechos, porque piensa que las palabras remiten a los hechos automáticamente. Zinovy Zinik, periodista y novelista moscovita y autor del informe *Censorship and Self-Alienation in Russia* (2005), dice que los rusos ya no saben quiénes son ni qué son, y por lo tanto les ofende cualquier intento por definirlos. El título del libro ya es lo suficiente significativo. Para este autor, «los rusos se encuentran en un estado permanente de crisis de identidad»[124].

Algunos autores, como García Cárcel, consideran que la leyenda negra en realidad no existe sino que es el resultado de la tendencia de los españoles a perderse en los laberínticos senderos sobre su identidad. También los rusos mantienen con ellos mismos una relación conflictiva y no por ese motivo se han inventado la rusofobia. Los rusos como imperio se cuestionan a sí mismos desde el principio. En tiempos de Catalina II las ideas hostiles a la guerra y a la expansión territorial

[122] Vladímir Soloviev, «La Idea Rusa», en *La Idea Rusa. Entre el Anticristo y la Iglesia* (eds. Marcelo López Cambronero y Artur Mrowczynski-Van Allen), Granada: Nuevo Inicio, 2009.

[123] Nikolái Berdiáyev, *L'Idée russe. Problèmes essentiels de la pensée russe au XIXème et au au début du XXème siècle*, París: Mame, 1968. Mijail Malishev y Manola Sepúlveda Garza, «Filosofía de la historia rusa de Nicolai Berdiaev», *Contribuciones desde Coatepec* 3 (2002), págs. 26-45. Disponible en *www.redalyc.org/org/pdf/281/28100302.pdf*. Consultado el 9 de marzo de 2013.

[124] Véase el artículo «La crisis de identidad de Rusia» de Donald Winchester en *www.visionjournal.es*. Consultado el 2 de julio de 2013.

circulaban libremente y en abundancia[125]. El hábito de la autoexposición y la manera torrencial en que los rusos tienden a mostrarse a sí mismos, lo mejor y lo peor de ellos, causa, principalmente entre los protestantes europeos, gran desasosiego. Es lógico: estos son educados en la idea de la contención y en el principio de que la buena educación exige velar cuidadosamente el interior de cada cual.

Para Anatol Lieven resulta evidente que la rusofobia no procede solo de la hostilidad hacia la Unión Soviética en los tiempos de la Guerra Fría y considera que «it is also the legacy of Soviet and Russian studies within Western academy»[126]. Hay, por tanto, en el caso de los rusos ese componente de respetabilidad intelectual característico de los prejuicios antiimperiales en oposición a otras clases de prejuicios. Va ligado a la rusofobia desde la Ilustración. Este factor quedó diluido cuando en 1917 triunfó la revolución y Rusia pasó a ser la tierra prometida sin necesidad de llegar al más allá. Diluido pero no muerto.

Vladímir Volkoff llama rusofobia posmoderna a la que se manifiesta en Occidente desde 1991[127]. Volkoff, no sin humor, se refiere a una auténtica «orgie de russophobie» que puede verse cada día en los medios occidentales, y explica esta eclosión de una nueva rusofobia como el resultado de los sentimientos mayoritarios de la clase mediática e intelectual que ha visto en la caída de la URSS y del comunismo un fracaso imperdonable de los ideales que reverenciaron durante decenios, de tal manera que no pueden aceptar más que una Rusia corrompida y decadente tras haber dejado de ser la tierra prometida de una nueva fe. Contra toda lógica, resulta que la imagen de Rusia ha empeorado, según las encuestas internacionales, desde el final del régimen soviético. Rusia es el miembro del G-8 que tiene peor reputación, según datos de la prestigiosa International Gallup Organization[128].

Señala Vladímir Vorsoben que «Rusia aún se está recuperando de los agotadores años noventa». Asombrosa recuperación. Que un imperio que controla una quinta parte de la superficie terrestre cambie de religión y de sistema de gobierno sin estallar por los cuatro costados, y se retire de varios millones de kilómetros cuadrados conquistados sin

[125] R. E. Jones, «Opposition to War and Expansion in Late Eighteen Century Russia», *Jahrbücher für Geschichte Osteuropas* 32 (1984), págs. 34-51.

[126] Lieven, «Against Russophobia», pág. 27.

[127] Vladímir Volkoff, *La désinformation vue de l'Est*, París: Rocher, 2007. Volkoff fue un sobrino-nieto de Chaikovski que nació en Francia, adonde habían huido sus padres tras la revolución. Medio tártaro de origen, ha publicado novelas y estudios fundamentalmente en francés, pero también en inglés y ruso. En Francia se le considera el autor de novelas de espías sobre la Guerra Fría más destacado. Hay poco de su obra traducido al español. Merecería ser más conocido.

[128] Véase *http://www.gallup.com/poll/1642/russia.*

provocar ninguna guerra, es una proeza que tiene pocos paralelos en la historia del mundo. Los rusos están acostumbrados a cifras y hechos colectivos que escapan por completo a la capacidad de comprensión del europeo medio. En 1991 Gueorgui Arbátov, consejero diplomático de Gorbachov, dijo una frase que se hizo célebre: «Vamos a haceros el peor de los servicios: os vamos a privar del enemigo». En respuesta a esto, el general Maisonneuve escribió: «El enemigo soviético tenía todas las cualidades del buen enemigo: sólido, constante, coherente. Militarmente se parece a nosotros y está construido sobre el más puro modelo *clausewitzien*[129]. Inquietantes, sí, pero conocidos y previsibles. Su desaparición debilita nuestra cohesión y convierte en inútil nuestro poder»[130]. Grandes verdades y un notable error: Rusia no ha desaparecido. Este hecho, que ha sido reiteradamente anunciado, vaticinio común al devenir de todos los imperios, está muy lejos de producirse. La muerte de Rusia ha sido profetizada, con disimulado alborozo, varias veces en los últimos siglos. Durante el reinado del zar Alejo I (1645-1676), Europa Occidental definió, a fin de evitar guerras innecesarias, cuáles serían las zonas de expansión en el enorme cuerpo, supuestamente próximo a morir, de Rusia. La mayor parte correspondía, en justicia, a los suecos. Leibniz, que fue el que diseñó el plan estratégico, no tuvo en cuenta el nacimiento de Pedro I. Rusia no solo no murió, sino que al final del reinado de Pedro, Suecia había dejado de ser una gran potencia y Rusia podía considerarse uno de los grandes imperios de la historia. Tras el fin de la guerra de Crimea[131], de nuevo se anunció la muerte de Rusia, o cuando no, una postración que la alejaría *sine die* de la primera división de la historia. Lo mismo se repitió tras la Revolución de 1917 y la guerra civil, y tras la caída del comunismo. La crisis en Ucrania y Crimea de 2014 demuestra que Occidente ha vuelto a hacerse ilusiones y a creerse que Rusia ha muerto. Sin embargo, Rusia sigue estando ahí, viva y bien viva.

[129] El término procede de Carl Philipp von Clausewitz (1780-1831), militar prusiano y teórico de la guerra que investigó su vertiente filosófica y psíquica. Es autor de la famosa frase: «La guerra es la continuación de la política por otros medios».

[130] Lieven, «Against Russophobia», págs. 30-31.

[131] Para la historia occidental, Rusia fue oficialmente derrotada en esta guerra y reconoció su derrota sin problema. Midámosla acercándonos a los hechos. Se tomó Sebastopol, pero no se pudo retener. Gran Bretaña tuvo que firmar un acuerdo sobre control de tráfico marítimo que claramente la perjudicaba. Rusia aceptaba desmilitarizar el mar Negro. Esta desmilitarización fue la gran victoria de las potencias occidentales y acabó oficialmente en 1871, cinco años después de firmarse la paz.

[1] *Pedro Potemkin, embajador ruso en la corte de Mariana de Austria durante la minoría de edad de Carlos II.*
Pintura de Carreño, Museo del Prado.

[2] «Baile en el Palacio de Invierno». Gustavo Doré, *Histoire pittoresque, dramatique et caricaturale de la Sainte Russie*, Estrasburgo, 2004, pág. 12. Es reproducción de la edición de París de 1854.

[3] *Minneapolis Star Tribune*, febrero de 2014. Este oso que representa a Rusia es creación británica. Fue inventado en la guerra de Crimea de 1853 y ha vuelto a ser usado en la actual crisis de Crimea-Ucrania.

6

La imperiofobia: modelo universal

Hemos paseado por las leyendas negras de Roma, Estados Unidos y Rusia para intentar establecer un modelo medianamente sólido de lo que venimos llamando imperiofobia. Esta es una clase particular de prejuicio de etiología racista que puede definirse como la aversión indiscriminada hacia el pueblo que se convierte en columna vertebral de un imperio. Hemos escrito «se convierte en columna vertebral» y no «levantado o creado» con toda intención, porque ningún pueblo crea un imperio él solo. El imperio es por definición multinacional. Cuando el argumento del Imperio Inconsciente busca su justificación, la encuentra efectivamente en el hecho de que el pueblo imperial nunca trabaja aisladamente. Es muy cierto porque el imperio cuenta —tiene que contar— con los pueblos con los que tropieza en su expansión. Los integra y se mezcla con ellos y es imperio en la medida en que consigue hacer estas dos cosas. Hay otras formas de expansión territorial, sin integración y sin mezcla de sangres, a las que se llama imperio espuriamente y sería muy conveniente encontrar un nombre distinto, porque son en esencia un fenómeno histórico distinto del imperio.

La imperiofobia es una forma de racismo que no se basa en la diferencia de color o en la religión, pero se apoya en ambas. El racismo tradicionalmente afirma que la etnia que tiene tal o cual color o religión es inferior a otra. Lo peculiar del prejuicio racista es ir al *genus*, a la estirpe. Un individuo que ha nacido en el seno de un grupo determinado es calificado *a priori* de una manera negativa. No importa lo que haga o diga, pues todo vendrá a abundar en la idea previa que de él se tenía. Antes de su nacimiento ya está condenado. Las atroces consecuencias que el racismo llamado «científico» trajo al mundo, llevaron a que fuera denunciado insistentemente después de la Segunda Guerra Mundial. El Imperio Nuevo, el estadounidense, ha hecho de la lucha contra toda forma de discriminación racial, también en su interior, una de sus banderas. El rechazo al negro o al judío, por el hecho de serlo, fue tan reiteradamente criticado y condenado que hoy nadie en su sano juicio puede decir en voz alta una frase racista, y si lo hace, caerá sobre él la mayor condena moral y social, e incluso incurrirá en un delito penado por la ley. Otra cosa es que el antisemitismo o los prejuicios contra la gente de piel oscura hayan desaparecido. Existen y seguirán existiendo. El prejuicio es funcional en una sociedad y esto garantiza su capacidad para perdurar.

No hay, en esencia, diferencia apreciable entre la imperiofobia y el antisemitismo o cualquier otra forma de racismo. El romano, el ruso, el estadounidense, el español son necesariamente malos porque han nacido en el seno de un grupo humano que es perverso por sí mismo y todo cuanto de ellos emane será malvado. No obstante, dos notas particularizan el racismo contra los pueblos imperiales. Habitualmente el racismo en Occidente va contra grupos étnicos minoritarios, pobres o marcados por alguna diferencia que los convierte en periféricos, pero un pueblo imperial en modo alguno ocupa una posición excéntrica en un continente y el racismo contra ellos no nace de su debilidad ni para justificar el abuso que se hace de ese pueblo considerado inferior, sino justamente de lo contrario: de su eminencia. En realidad, son dos caras de la misma moneda: el rechazo de la diferencia, por arriba o por abajo. Por un lado está el grupo que se siente superior frente a otro más débil. Esto es muy fácil. ¿Qué dificultad hay en verse superior cuando se pertenece al grupo más poderoso? La forma en que este racismo se manifiesta ya sabemos cómo es. La otra cara de la moneda es el racismo que desarrollan los pueblos que ocupan una posición subalterna con respecto al pueblo que desencadena un proceso imperial y lo sostiene. Molesta sobremanera saberse en la segunda división de la historia y, en cierto modo, subsidiarios y dependientes. Este complejo de inferioridad es el que busca su alivio en la imperiofobia. Hay que disminuir la talla del pueblo imperial, y como no es posible agarrarse a las condiciones materiales de su existencia, es necesario demostrar que son espiritualmente inferiores. El racismo tiene siempre una connotación de inferioridad moral e intelectual. Los griegos ya encontraban a los romanos poco dotados intelectualmente, y la misma opinión tuvieron los italianos de los españoles, y los polacos y los checos de los rusos. Ahora mismo, una parte grande de la humanidad, sobre todo europea, está convencida de que los estadounidenses, además de medio tontos, son unos ignorantes.

El desarrollo de este complejo de inferioridad que se proyecta en la imperiofobia no se produce en cualesquiera circunstancias. El imperio en auge tiene que colisionar en su expansión física o cultural con un grupo que posea al menos dos características: una oligarquía poderosa y una clase intelectual de cierta solidez. Ni los calmucos ni los dakota ni los yanomami estaban en condiciones de desarrollar una leyenda negra contra los mongoles, los estadounidenses o los españoles, respectivamente. Dicho en otros términos: la imperiofobia la crea una élite intelectual, que es la que le da forma y prestigio.

La primera nota distintiva del prejuicio racial imperiofóbico es, como dijimos, que no va de un pueblo poderoso contra otro más débil, sino al revés. Este particular está hondamente relacionado con el segundo rasgo distintivo que particulariza la imperiofobia dentro de la familia de los prejuicios racistas: su inmunidad intelectual. Era y es un prejuicio de buen tono, es decir, no es considerado un prejuicio sino una opinión completamente justificada y razonable. Maltby, con toda razón, afirma que la hispanofobia forma parte del bagaje cultural del hombre occidental. Ahora mismo, el antiamericanismo y la rusofobia forman parte también de ese bagaje. La imperiofobia es un prejuicio feliz porque goza de prestigio intelectual. No es una creencia popularmente extendida y errónea que cualquier persona con un mínimo de cultura rechazaría por falsa y arbitraria. Halla su acomodo más perfecto entre las clases letradas, y esto es lógico puesto que a ellas debe si no el haber nacido, sí el haberse desarrollado y extendido hasta convertirse en opinión pública. Solo las élites letradas están en condiciones de solidificar un prejuicio difuso en forma de propaganda, textos y literatura, y, llegado el caso, de Historia con mayúscula. No hay leyenda negra donde no haya una clase letrada con capacidad para convertir el malestar de un pueblo que orbita alrededor de un imperio o se opone a él, en un conjunto de motivos bien organizados que justifiquen la opinión común de que el pueblo imperial es bárbaro, cruel, inmoral y poco dotado intelectualmente. Habría prejuicio de todos modos, porque el racismo es universal, pero no habría historia ni literatura ni prestigio que trasformaran ese prejuicio en una realidad aceptada e indiscutible.

A la *intelligentsia* corresponde buscar y organizar los argumentos que, debidamente cocinados, servirán de causa razonable a estos tópicos. En esto han errado, a mi juicio, casi todos los estudiosos de la leyenda negra y el antiamericanismo, que son la mayoría de los que se han acercado, si bien de manera tangencial, a la imperiofobia universal. Powell, Arnolsson, Maltby, Revel... creen que hay una serie de causas que, aunque desquiciadas y sacadas de contexto, provocaron la hispanofobia o el antiamericanismo. No es así. El prejuicio precede a sus justificaciones, las busca y las crea. La prueba está en que, con más o menos arte, la imperiofobia se manifiesta a lo largo de la historia organizada en una serie de motivos poco variados cuyas causas van cambiando según época y lugar, pero no difiere su estructura fundamental:

- Imperio Inconsciente
- «Cupido profunda imperii et divitiarum»
- Barbarie, crueldad e incultura
- Malas costumbres: depravación sexual
- Impiedad
- Sangre mala y baja

En la Parte II vamos a estudiar el desenvolvimiento de la imperiofobia desatada contra el Imperio español en su periodo áureo. Veremos que es un modelo que no se diferencia en lo esencial de otros ya expuestos. El lector tendrá que hacer un esfuerzo para superar una visión de la historia de Occidente que ha estudiado en los libros y es considerada intocable, no como una verdad revelada, sino como una verdad histórica y científica.

PARTE II

LA HISPANOFOBIA EN LA ÉPOCA IMPERIAL: ORÍGENES Y FISONOMÍA

«Buena parte de los escritos propagandistas son simple falsificación. Los hechos materiales son suprimidos, las fechas alteradas y las citas, sacadas de contexto y manipuladas para cambiar su significado».

George Orwell

1
Italia

«Hispania neminem sibi amiciorem habet quam Italiam».

TOMASO CAMPANELLA,
De Monarchia Hispanica, cap. XXI

La historiografía que se ha ocupado de la leyenda negra desde el estudio seminal de Juderías ha venido dividiendo este fenómeno en periodos sucesivos o etapas que coinciden con la expansión imperial de España. El primer episodio de hispanofobia digno de mención se produce en Italia. Vienen luego tres focos muy importantes que tienen en común el factor religioso en los territorios de lo que hoy llamamos Alemania, Holanda y Gran Bretaña. Al final de esta etapa, tras el Tratado de Utrecht (1713), España ha perdido una parte importante de su imperio europeo y, según la opinión comúnmente aceptada, se dispone a iniciar su andadura como potencia de segunda fila. Podría esperarse entonces un descanso en la propaganda antiimperial. No hay tal. El siglo XVIII escribe una de las páginas más fascinantes de la leyenda negra, que será remozada y completada a la moda ilustrada. De esto deducimos que, o bien el poder de España no había menguado tanto, o bien esta mengua no se percibe entre las naciones europeas como tal, y queda en Occidente, como una viva reverberación, la memoria de un enorme poder que hay que temer y que sigue vivo, aunque debilitado.

Entre los estudiosos de la leyenda negra hay discusión sobre si esta nació en Italia y fue luego exportada a las regiones protestantes, o si surgió en estas últimas. Fue el profesor de la Universidad de Gotemburgo, Sverker Arnoldsson, quien situó el origen de la leyenda negra en Italia. Hasta la publicación del libro de Arnoldsson en 1960 se consideraba que la leyenda negra había surgido en los Países Bajos y Alemania en el contexto de las guerras de religión. Es el punto de vista de Juderías, por ejemplo. Arnoldsson divide la etapa italiana en dos periodos bien diferenciados: la época antiaragonesa y la antiespañola propiamente dicha. Unos años más tarde el estadounidense William S. Maltby rechaza la idea de que «el antihispanismo casi universal» tuviera un solo origen. Critica que se dé prioridad a «un grupo de fuentes a expensas de otros fundamentando su selección en el seductor principio de la cronología»[132]. Para el estudioso

[132] Maltby, *La leyenda negra...*, pág. 14.

estadounidense, la leyenda negra en Inglaterra es un «fruto de la tierra» y no una importación. Tiene razón Arnoldsson cuando ve en Italia la primera manifestación de los prejuicios antiespañoles, pero tampoco yerra Maltby al defender que estos prejuicios surgieron en distinto tiempo y lugar sin que sea necesario suponer una cadena de acontecimientos. Ni los holandeses ni los ingleses copiaron el repertorio de tópicos de la leyenda negra de los italianos. Todas las leyendas negras se parecen, no solo las distintas versiones de la española. Para comprenderlas es necesario observar no solo aquello en que se asemejan sino también lo que las distingue, e intentar explicar el porqué de los parecidos y las diferencias. La leyenda negra comienza en Italia simplemente porque la primera expansión imperial española se hizo hacia el Mediterráneo. Es un error de perspectiva creer que los prejuicios antiespañoles nacen en Italia, adquieren allí una configuración determinada, y luego son copiados más tarde en las guerras de religión. La leyenda antiespañola no es una creación italiana más o menos imitada o repetida en otros contextos, sino una reedición de una clase de prejuicios que surge una y otra vez cuando se repiten las circunstancias.

¿De qué se trata en definitiva? En realidad son un conjunto de tópicos poco variados: inferioridad racial (sangre mala y baja), incultura y barbarie, orgullo y deseo de riqueza desmedidos, incontinencia sexual y costumbres licenciosas, Imperio Inconsciente y poco más. Los argumentos de los prejuicios antiimperiales, como creemos haber demostrado en las páginas anteriores, ofrecen una fisonomía similar hoy, hace quinientos años o hace dos mil. Su semejanza resulta de las circunstancias análogas que provocan su nacimiento: orgullo herido y necesidad de no sentirse inferior (o agradecido), y oligarquías regionales asentadas desde antiguo que se ven en peligro. Si los helenísticos acusaban a Roma de aquella «cupido profunda imperii et divitiarum», de que nos informa Salustio, en *De bello Neapolitana* (libro I) Giovanni Pontano escribe «Hispaniae gentis impotentis animos, insatiabilem auaritiam».

Sangre mala y baja: marranos y godos

Los antropólogos se niegan a aplicar el calificativo «racista» con anterioridad a lo que se conoce como racismo científico, puesto que no va acompañado de ninguna teoría política o científica. Al racismo universal se le ahorra este apelativo poco grato, que obligaría a considerar racistas culturas indígenas que están dentro del edén primordial y que no pueden ser así calificadas. Se denomina «etnocentrismo» al rechazo sistemático de un pueblo con respecto a otro (tal es el término que emplea Levi-Strauss), y se considera un caso de xenofobia primario. Todas estas cautelas sirven para evitar llamar racistas a los yanomami o a los bosquimanos. La corrección política existe desde mucho antes de tener un nombre propio.

En todos los prejuicios antiimperiales hay un componente racista claro, porque afecta a la sangre heredada, a los antepasados. Se es intrínsecamente malo porque ya se ha nacido dentro de un grupo humano que tiene mala sangre. En el caso de los romanos vimos cómo se insistía en la baja ralea de que procedían (ladrones y bandidos) frente a gentes que podían remontar sus orígenes hasta los mismísimos dioses. Los estadounidenses tampoco tienen pedigrí. En el caso de España, el prejuicio antiimperial busca su argumento y lo encuentra en la mezcla con sangre semita (judía y mora), y también, en el caso de Italia, se destaca su goticismo. Los españoles no son descendientes de los romanos, como lo son los italianos, porque se han mezclado con judíos y moros, y además son medio godos, de manera que poco les queda de la noble estirpe romana de la que descienden sin mezcla alguna los italianos.

Como veremos, el prejuicio racista antisemita es muy útil porque permite ser usado en varios frentes y de modos diversos. Por ejemplo, puede usarse para argumentar que los españoles son malos cristianos, necesariamente, por su contaminación semita: el *peccadiglio* de España, decían los italianos. En esta versión del prejuicio se critica a los españoles por su excesiva tolerancia con moros y judíos, y por no haberse recatado de mezclarse con ellos. En una versión más tardía, que nace vinculada al liberalismo, el prejuicio gira sobre sí mismo, y la relación de los españoles con el mundo semita sirve ahora para acusar a estos de intolerancia con moros y judíos. No hay salvación: los españoles o son demasiado semitas o son perseguidores de semitas. Hagan lo que hagan será usado en su contra. Los pueblos imperiales generan una leyenda negra, no por lo que hacen sino por lo que son, y de ahí la gran semejanza entre unos modelos de imperiofobia y otros: Roma, España, Rusia, Estados Unidos... El racismo necesita de alguna sangre innoble y la sangre semita de los españoles viene muy oportunamente a servir de proyectil a la hispanofobia en Italia. El calificativo «marrano» llegará a ser usado como sinónimo de «español» en Italia en el siglo XVI. Arturo Farinelli le dedicó un estudio estupendo a esta palabra[133], que se acomodó entonces en varias lenguas y sigue existiendo, además de en castellano, en catalán, portugués, inglés, francés y alemán. Luego la sangre judía y mora se con-

[133] Arturo Farinelli, *Marrano: storia di un vituperio*, Ginebra: Leo S. Olschki, 1925. «A los españoles, así en Francia como en Alemania e Italia, les llaman *marranos*, por vituperio, comunmente a todos, sin que sean marranos, y sin entender los que se lo dizen que cosa es marrano, solamente queriendolos motejar de judios»: Gonzálo Fernández de Oviedo, *Las Quinquagenas de la nobleza de España*, Madrid: Real Academia de la Historia, 1880, t. I, pág. 279. Disponible en *https://archive.org/details/lasquinquagenasd00fern*. Consultado el 7 de septiembre de 2013.

vertirá en uno de los temas favoritos de la hispanofobia protestante[134]. Las alusiones a la sangre contaminada e innoble de los españoles aparecen en Italia hasta en los momentos más inoportunos e incomprensibles. Leonardo Donato, nonagésimo dux de Venecia, frente a la evidencia innegable de que son tropas españolas las que están defendiendo Italia de turcos y berberiscos, afirma que no se puede confiar en los españoles en la lucha contra los infieles por su mezcla de judíos y moros[135].

El racismo contra los españoles en Italia presenta algunos rasgos que lo separan de la versión protestante, y son tan interesantes las diferencias como las semejanzas. La sangre marrana no fue la única ofensa referida a la estirpe. Los italianos también atacaron el poder imperial poniendo de manifiesto su irredento goticismo. Este particular se usó menos entre el pueblo, pero fue muy empleado por las clases altas y cultas. El calificativo de «marrano», que iba directamente a lo básico, esto es, a excitar el prejuicio antisemita, era usado por chicos y grandes porque era entendido por todos, pero lo godo era un poco más complejo. Detengámonos un momento en este pretendido insulto al que se ha prestado poca o ninguna atención, pero que es sumamente ilustrativo por las numerosas implicaciones que conlleva. ¿Por qué la *intelligentsia* italiana se empeña en ofender a los españoles llamándolos godos y por qué los españoles no se sienten insultados cuando así se los califica? Para comprender esto hay que escarbar un poco.

La soberbia intelectual del Humanismo fue un fenómeno sin precedentes en la Europa cristiana y no tendrá parangón hasta la Ilustración. Es curioso que no se haya hecho nunca un estudio en firme comparando ambos: ideales, estética, origen social de los humanistas/ilustrados, vocación áulica, autopropaganda, evolución simbólica, expresión de la frustración colectiva de pueblos que no encuentran el camino del poder. El Humanismo comienza creando la Edad Media para rechazar todo cuanto había existido anteriormente, en lo social y en lo cultural. Edad Media significa que entre el esplendor del mundo grecolatino y nosotros, los humanistas, lo que hay es un intermedio, una interrupción lamentable. Estos extremos de soberbia son propensos al ridículo. Lorenzo Valla afirmaba que él solo había enseñado a los hombres más de dos mil cosas. Se desprecia todo lo que no somos nosotros, en el tiempo y el espacio. El adjetivo «medieval» se transforma en un insulto y equivale a anticuado, tenebroso, propio de una edad bárbara y salvaje. Los humanistas se lo espetan a todo lo que está fuera del círculo sagrado de su sabiduría. También lo usan a veces para insultarse entre sí en las muchas reyertas

[134] Julio Caro Baroja, *Los judíos en la España Moderna y Contemporánea*, Madrid: Istmo, 2000, t. I, págs. 315-316.

[135] Sverker Arnoldsson, *La leyenda negra, estudios sobre sus orígenes*, Göteborg: Universitas, 1960, pág. 56.

corraleras que tuvieron. Algunas muy poco ejemplares. Poggio Bracciolini y Lorenzo Valla escribieron versos feroces uno contra otro. Ambos se habían beneficiado del generoso mecenazgo del aragonés Alfonso V el Magnífico y habían competido por los favores de la corte napolitana. De este tiempo venía la inquina que se tuvieron y que no cuidaron de disimular. Ya entonces Valla había esparcido malvados rumores contra Poggio. Cuando en 1453 Valla y Francesco Filelfo fueron nombrados secretarios en la curia papal, la indignación de Poggio no tuvo límites, a pesar de que también a él le había ido muy bien tras su estancia en la corte aragonesa-napolitana, y había sido nombrado canciller en Florencia. Valla acusó a Poggio de usar un latín medieval y Poggio, en carta a su amigo Matías Trevinense, afirma que le ha enviado cinco «oratiunculas meas quas edidi in spurcissimum monstruum Laurentium Vallam». Unas semanas después Poggio intentó matar a Valla, que insistía en que el *latine loqui* del primero era medieval. Hoy puede resultar ridículo matar a alguien por un *latine loqui* más o menos clasicista, pero el denuesto de Valla iba directamente a la yugular y afectaba a la reputación como humanista de Poggio y, por tanto, a su capacidad para ganarse el sustento[136]. No fue tampoco mucho más elegante la reacción de Lucio Marineo Sículo cuando Nebrija se le adelantó en el cargo de cronista real.

España era, por definición, medieval y goda. Esta concepción del Humanismo volverá a aparecer con ropaje diferente más adelante, durante el Romanticismo, que la hereda de la Ilustración. Sobre esta idea tejieron los ilustrados su puesta al día de la hispanofobia y sobre ella levantaron los románticos sus castillos en España. Las consecuencias son difícilmente exagerables, porque han construido las bases del imaginario de la Europa Occidental. Dicho en otros términos: el Renacimiento se produjo a pesar de que España estaba al mando en la Europa Occidental, y no porque España mandaba. Esta aberrante idea ha vivido y vive con holgura en la historiografía y el ensayo, como si una revolución en las costumbres, en la cultura, en la manera de ver el mundo de tal envergadura como el Renacimiento, pudiera producirse no ya contra el grupo dirigente, sino al margen de este.

[136] Virginia Bonmati Sánchez, «La sátira humanista en la Cuarta Invectiva de Poggio Bracciolini (ca. 1452) contra Lorenzo Valla», *Cuadernos de Filología Clásica. Estudios latinos* 25 (2005), págs. 88-100. Rudolf Pfeiffer, en *Historia de la Filología Clásica*, Madrid: Gredos, 1981, t. II, pág. 64 (la primera edición alemana es de 1970), comenta con ironía: «Dramática refutación si lo hubiese conseguido [matar a Valla] del dicho de Schopenhauer: "La historia de la cultura y del arte, en contraste con la historia universal de la humanidad, continúa siempre su marcha sin crimen y sin derramamiento de sangre"». Se pregunta una hacia dónde estaría mirando Schopenhauer cuando escribió esto. Pocos gremios hay más contaminados de rencillas, miserias y venalidades, grandes y pequeñas, que el de los hombres de letras.

El Humanismo provocó una exaltación sin medida de todo lo grecorromano. Uno de sus motivos favoritos es equiparar la Italia del momento con la antigua Roma y su imperio, a veces por procedimientos que ahora pueden parecer ridículos, pero que no lo fueron en su tiempo. Los humanistas dieron nombres romanos a cargos e instituciones de su época sin criterio alguno. A los magistrados los llamaron «Patres Conscripti», apelativo de los antiguos miembros del Senado romano. Hubo quien denominó a las monjas «Virgines Vestales» y al carnaval, «Lupercalia». Los niños eran bautizados como Agamenón o Aquiles y se latinizaban los apellidos. Las regiones y las ciudades recobraron su nombre romano y las grandes familias italianas intentaban encontrar antepasados romanos con genealogías inventadas y a veces divertidísimas. Hay en todo esto un «agresivo nacionalismo cultural», en palabras de Arnoldsson, que coloca a todos los demás pueblos, pero sobre todo a los españoles, en el nivel de los bárbaros, es decir, de los godos.

El papa español Calixto III fue insultado como «barbarus papa»[137]. A la barbarie española como tema esencial del Humanismo le dedica Croce todo un capítulo de su imprescindible trabajo, bajo el título «La oposición cultural italiana frente a la bárbara invasión española» (cap. VI). El gran hispanista italiano Eugenio Mele publicó un libro titulado *La poesia barbara in Ispagna* (Bari, 1910). La idea de la barbarie española, unida a su inferioridad moral, fue también muy usada por la hispanofobia protestante, pero con un cambio sustancial. Los españoles ya no eran inferiores por su sangre goda. Los pueblos germánicos (Países Bajos, Imperio germánico y Gran Bretaña) no podían referirse a ella. Hubiera resultado que los demonios del Mediodía eran primos. Absolutamente intolerable. La sangre visigoda, que tanto juego había dado a la hispanofobia humanista en Italia, desaparece del escenario y no vuelve a ser mencionada. Para los protestantes, la mala sangre de los españoles, su depravación moral irremediable y su barbarie vienen de otra sangre: la semita. Era esencial en ese contexto mantener la oposición entre germanos y *Welsche*, término intraducible con que se alude a los pueblos mediterráneos.

Ser godo es ser un antirromano, un medieval, un bárbaro garantizado. El inefable Antonio de Ferraris, llamado «el Galateo», en *De educatione* se lamenta de que los españoles hayan olvidado ingratamente a los romanos que los civilizaron y prefieran exaltar a sus antepasados visigodos. El Galateo tiene su propia versión del prejuicio antisemita: los españoles

[137] Benedetto Croce, *España en la vida italiana durante el Renacimiento*, trad. José Sánchez Rojas, Madrid: Mundo Latino, 1945, pág. 96. El traductor, José Sánchez Rojas, es un caso agudo de leyenda negra asumida, muy típico de su generación. La primera edición italiana es de 1917. Se puede leer *on-line* en *http://archive.org/details/espaaenlavidai00croc*, y hay una edición remozada en Madrid: Renacimiento, 2007.

descienden de los púnicos, o sea, de los cartagineses. De manera que el odio de los italianos no era más que una continuidad del enfrentamiento secular entre romanos y cartagineses. Los españoles proceden de Dido y de la corrupta y derrotada Cartago[138]. Guicciardini en su *Relazione di Spagna* insiste en que los españoles parecen africanos, porque su sangre lo es: «Neri di colore e di statura piccola; sono ingegni punici»[139].

El humanista Paolo Jovio se sorprende de que en España solo la procedencia gótica sea causa de nobleza y considera que esto es una «gran vergüenza»[140]. Los ejemplos podrían multiplicarse y saltar de siglo. Leonardo Bruni, Lorenzo Valla y otros humanistas de los siglos XIV y XV ya habían insistido en el irredento goticismo de los españoles. Se tardará, por ejemplo, mucho tiempo en conseguir que los españoles adquieran el gusto por las genealogías fantásticas al itálico modo, y esto no será sino muy de pasada y sin tomárselo en serio. Desde Roma, el canónigo y secretario del cardenal Orsini, Diego Guillén de Ávila, envía a la reina Isabel un Panegírico dedicado a su real persona. Con decepción, descubrirá que la reina no muestra el menor interés y ni siquiera lo lee, a pesar de que se había esforzado por remontar sus orígenes hasta Túbal[141]. El español sigue aferrado y orgulloso de su pasado medieval y no hay quien lo mueva de ahí. No desprecia a los clásicos, como afirman los italianos, muy al contrario[142]. Adora a los héroes romanos y se propone ser como ellos, pero no rechaza el tiempo inmediatamente anterior a su época imperial, lo que los humanistas llaman Edad Media con desprecio. ¿Por qué? Porque el periodo de la Reconquista es su edad heroica, como las guerras púnicas para los romanos o la conquista del Oeste para

138 Croce, *España en la vida...*, pág. 136.

139 Está en la red: *http://digilander.libero.it/il_guicciardini/guicciardini_relazione_di_spagna.html.*

140 Arnoldsson ofrece docenas de citas.

141 María Elvira Roca Barea, «Diego Guillén, autor y traductor del siglo XV», *Revista de Filología Española* 86 (2006), págs. 373-394. El Panegírico carece de edición moderna, aunque tiene bastante interés. Con motivo del cuarto centenario de la reina, la Real Academia mandó hacer una edición facsímil.

142 El fenómeno de la traducción, fundamentalmente de los clásicos de la España del siglo XV, sin parangón en ninguna nación europea, lo puso de manifiesto Ottavio di Camillo como evidencia de que es falsa la idea de una España medieval y ajena al Humanismo. Véase Ottavio di Camillo, *El humanismo castellano del siglo XV*, Valencia: F. Torres, 1976. Sin embargo, a pesar de que se van abriendo camino planteamientos nuevos que buscan desterrar viejos prejuicios, como es el caso del gran hispanista Jeremy Lawrance, todavía no se ha conseguido calibrar adecuadamente el hecho fundamental que aquí se ventila: la aportación del Imperio español al Renacimiento. Véase María Elvira Roca Barea, *Tratado militar de Frontino. Humanismo y caballería en el Cuatrocientos castellano. Traducción del siglo XV*, Madrid: CSIC, 2010, págs. 15 y 116-124.

los estadounidenses. Cualquier linaje español que tenga aspiraciones, quiere remontarse a un hecho heroico en la lucha contra el infiel. Ningún mito grecolatino podrá borrar la frontera hispanomusulmana como generadora de aristocracias. Los españoles se enfrentaban al mito humanista de las estirpes grecorromanas convencidos de que las causas de su nobleza eran mejores, porque eran verdad, y no una moda palaciega que, por muy elegante que resultara, no dejaba de ser un juego de salón.

Esta incapacidad del Humanismo para comprender la realidad de España (o cualquier otra que estuviera fuera de su propio ritual) ha despistado a muchas generaciones de eruditos hasta hoy mismo, desde Burckhardt a Francisco Rico, pasando por Curtius, y se encuentra en el origen de la idea comúnmente admitida entre la *intelligentsia* occidental de que España no tuvo nada que ver con el Renacimiento, sino que fue más bien un lastre o un convidado de piedra, porque es una nación irremediablemente anclada en la Edad Media. Ni que decir tiene que la opinión contraria, esto es, que España fue motor del Renacimiento europeo, o al menos puso gran parte de la gasolina, es casi una blasfemia.

Roma y el Imperio español

Para Thomas J. Dandelet, profesor de la Universidad de Berkeley, acercarse a la historia de Roma desde la perspectiva del Imperio español es apartarse de los temas históricos habituales y de las perspectivas tradicionales que han preferido ofrecer «una imagen en cierto modo fragmentaria de Roma» en su empeño de negar u oscurecer «la realidad política fundamental del periodo: la dominación imperial española». A pesar de que la Roma española resulta crucial para comprender la Italia de los papas y el mundo mediterráneo. Y no solo eso: «Es fundamental para entender los temas generales del imperialismo europeo, el absolutismo, el desarrollo de la identidad nacional y religiosa, y la Reforma católica. ¿Por qué, entonces, ha permanecido durante tanto tiempo sin ser estudiada? La explicación principal es la aversión histórica a la presencia española en Italia, un resentimiento que, en ocasiones, está acompañado de intentos literales de destrucción de la memoria de esa presencia»[143].

Uno de los motivos más famosos de la leyenda negra es el saco de Roma, y también, aunque en menor medida, el de Prato. Fue usado no solo en el contexto de la hispanofobia italiana, sino también luego por el protestantismo, y en general ha ido apareciendo una y otra vez como argumento inapelable que demuestra la barbarie infinita de los

[143] Dandelet, *La Roma española...*, págs. 28 y 30.

españoles. El saco de Roma ha terminado siendo un motivo literario[144], como ha sucedido con otras imágenes negras ligadas a España, fuente inagotable de inspiración para artistas durante siglos. Sobre el saco de Roma hizo Martin van Heemskerck unos grabados maravillosos en 1555. Se transformaron en una herramienta propagandística magnífica y, en última instancia, son grandemente responsables del lugar que ocupa el saco de Roma ligado a España en el imaginario occidental.

El saqueo que sufrió la ciudad de Roma en 1527 es un hecho que ha sido bien estudiado y del que existen varias síntesis históricas muy sólidas[145]. Tuvo una repercusión extraordinaria en la sociedad contemporánea europea y fue objeto de minuciosas descripciones de los humanistas contemporáneos[146]. Pronto se convirtió en materia favorita de la leyenda negra y el uso que hizo la hispanofobia del suceso aseguró una popularidad inextinguible. El prestigio intelectual del Humanismo eliminó pronto cualquier intento de dilucidar las medias verdades o de contextualizar los hechos. La imperiofobia, a diferencia de otras clases de prejuicios, disfruta de gran predicamento entre las clases letradas y tiene un marchamo intelectual del que carecen otros. Muchas ciudades italianas habían sufrido pillajes que han sido perfectamente olvidados por la historia y por la gente, porque no se convirtieron en materia nutritiva de ningún prejuicio. Sin ir más lejos, los ejércitos que enviaron a Italia Enrique VIII y Francisco I de Francia con la excusa de liberar al papa, como Jiménez de Quesada explica con gran pormenor, provocaron más muerte y destrucción que los ejércitos de Carlos I.

Si tiene el lector curiosidad, proceda a teclear en Google la secuencia «saco de Roma por los españoles». Encontrará 2.420 resultados (19-marzo-2013). Pero si teclea «saco de Roma por los imperiales» solo hallará ocho. La Wikipedia señala que «tuvo lugar el 6 de mayo de 1527 por las tropas españolas e imperiales de Carlos I». En las versiones inglesa, francesa, italiana, alemana, holandesa... se señalan como beligerantes

[144] F. Fernández Murga, «El saco de Roma entre los escritores italianos y españoles en la época», *Actas del Coloquio Interdisciplinar «Doce consideraciones sobre el mundo hispano-italiano en tiempos de Alfonso y Juan Valdés»*, Roma: Instituto Español de Lengua y Literatura, 1979, págs. 39-72, y Margarita Morreale, «Para una lectura de la diatriba entre Castiglione y Alfonso de Valdés sobre el saco de Roma», en Víctor García de la Concha (ed.), *Nebrija y la introducción del Renacimiento en España. Actas de la III Academia Literatura Renacentista,* Salamanca: Universidad de Salamanca, 1981, págs. 65-104.

[145] E. R. Chamberlain, *The Sack of Rome,* Londres: Batsford, 1979.

[146] Sobre las descripciones humanistas: Kenneth Gouwens, *Remembering the Renaissance: Humanist Narratives of the Sack of Rome,* Leiden: Brill, 1998, y sobre su presencia en el mundo del arte, André Chastel, *El saco de Roma, 1527,* trad. de Consuelo Vázquez de Parga, Madrid: Espasa-Calpe, 1997.

por un lado a España y al Sacro Imperio, y por otro, a los Estados Pontificios. ¿Por qué solo se menciona a los soldados españoles? Había muchos más alemanes, por ejemplo. Para enterarse de esto hay que leer la letra pequeña y ahí nunca se llega. El ejército que saqueó Roma lo mandaba un renegado francés, el duque de Borbón, y constaba de unos 34.000 hombres. Había 6.000 españoles que obedecían directamente al duque. Al mando de Georg von Frundsberg estaban 14.000 lansquenetes, en su mayoría alemanes. Había también infantería italiana mandada por Fabrizio Maramaldo, Sciarra Colonna y Luis Gonzaga, y tropas de caballería bajo las órdenes de Fernando Gonzaga y Filiberto, príncipe de Orange. Hubo también muchos italianos, soldados y nobles, que participaron en el saqueo, pero la historia los ha olvidado[147].

Hay que decir en honor a la verdad que hubo italianos que defendieron a los españoles de ser los protagonistas de aquella tragedia, algunos incluso claramente antiespañoles, pero los prejuicios tienen la capacidad de reescribir la historia. Sucede como en el caso de las meretrices españolas en Roma. ¿Hubo españoles en aquel saqueo? Sí. ¿Tuvo el Imperio español alguna responsabilidad en que se produjera? Sí. Pero también hubo hombres, y muchos, de otras naciones responsables de aquel hecho lamentable, y sin embargo el saco de Roma no ha servido para menoscabar su reputación. No podemos estar de acuerdo con Thomas J. Dandelet cuando afirma que «el Saco, más que ningún otro suceso histórico, dio origen a la leyenda negra italiana de los españoles»[148]. El saco de Roma fue usado como munición por los prejuicios antiespañoles; no engendró esos prejuicios. Si tal fuera el caso habría provocado opiniones desfavorables contra los propios italianos o contra los alemanes, que participaron en mayor número que los españoles en el pillaje. O, desde otro punto de vista, podía haber servido para ensuciar la reputación protestante, puesto que hubo en el saqueo por lo menos tantos protestantes alemanes como católicos, pero no fue así.

Nada permite afirmar que el saqueo fuera ordenado por el emperador. Probablemente el duque de Borbón no quería más que darle un susto al papa y no imaginó que él mismo iba a morir casi inmediatamente y que, una vez desencadenado el caos, ya no habría manera de dominar la situación. Ahora bien, los contemporáneos no pensaron en Carlos I sin motivo. Era bien sabido que el emperador estaba furioso con el papa y todos sabían que tenía sus motivos. Clemente VII, nacido Giulio de Médici, debía agradecimiento al emperador porque había restaurado el poder de su familia en Florencia y había gastado enormes cantidades de oro para promoverlo a la silla de San Pedro. En lugar de

[147] Vicente de Cadenas y Vicent, *El saco de Roma*, Madrid: Instituto Salazar y Castro (CSIC), 1974.

[148] Dandelet, *La Roma española...*, pág. 57.

eso, se negó a renovar la Santa Liga en 1523, y en 1526 firmó una alianza con Francia que se formalizaría en la Liga de Cognac.

Roma y el Imperio español mantuvieron, a pesar de algunos desencuentros, como el anterior, una relación de alianza que duró más de dos siglos y de la que ambos salieron beneficiados. Desde los tiempos de Fernando el Católico hasta el Tratado de Utrecht la mayoría de los papas fueron aliados firmes de España y esta política benefició a la Ciudad Eterna tanto que llegó a convertirse en una de las más hermosas del mundo, símbolo de los esplendores del Renacimiento. Los papas que rompieron esta política de amistad acabaron lamentándolo porque la Corona francesa no tuvo inconveniente en firmar alianzas contrarias al papado cuando le convino: «Esto fue lo que ocurrió ciertamente en los casos de Paulo IV, Sixto V y Urbano VIII, que murieron bajo la sombra del malestar urbano y las amenazas locales de violencia a su memoria, monumentos y familia [...]. Esto se debió a que Felipe II había conseguido establecer en Roma una hegemonía española enormemente generosa»[149]. La colaboración llegó a ser tan estrecha que los censos demuestran que en torno a 1600 un tercio de la población de Roma era española.

Durante ese largo periodo no todos los papas fueron proespañoles, y es famosa la inquina que Paulo IV tenía a España. Fue uno de los italianos más apasionadamente antiespañoles y no pudo resignarse nunca al dominio de una nación tan inferior. El veneciano Andrea Navagero nos ha dejado relato de las feroces invectivas del pontífice:

> [...] no hablaba de Su Majestad y de la nación española que no los llamase herejes, cismáticos y malditos de Dios, semilla de judíos y marranos, hez del mundo; deplorando la desdicha de Italia por verse obligada a servir a gente tan abyecta y vil[150].

Esta cita es famosísima y ha sido docenas de veces aducida y por esto la traemos aquí. Para situar en su verdadero contexto el saco de Roma y el odio desesperado de Paulo IV, debemos mentar también a Pío V, Gregorio XIII o Sixto V, que se esforzaron en general por mantener la alianza firme con España. A la muerte de Sixto V, una sucesión de cónclaves puso en peligro la posibilidad de un papa proespañol, y ante tal perspectiva, numerosas familias de cardenales italianos, como los Sforza, colgaron el escudo de armas español a la entrada de sus

[149] Dandelet, *La Roma española...*, pág. 266.

[150] «[...] mai parlava di Sua Maestà e delle nazione spagnuola che non li chiamais eretici, scismatici e maledetti da Dio, seme di giudei e di marrani, feccia dei mondo; deplorando la miseria d'Italia, che fosse astretta a servire gente così abietta e così vile»: Arnoldsson, *La leyenda negra...*, pág. 59. La traducción es mía.

palacios en Roma, junto al suyo propio, para manifestar bien a las claras que su apoyo iba a los candidatos apoyados por España, no por Francia.

Ahora bien, tanto como se los quería, se los odiaba. Joseph Pérez insiste en que «los prejuicios contra los españoles eran cada vez más intensos. Después de la victoria de Pavía (1525) se comentaban amargamente sus éxitos militares. Todo les salía bien». «Dio s'era fatto Spagnuolo», decían los italianos con pesar[151]. Naturalmente, nada hay en los españoles que justifique su poder. El pasado de España era para Guicciardini un compendio de «servitù ed infamia». ¿Cómo era posible que esta gente viniera a ser la cabeza del mundo? No se lo merecen. Vemos aquí reeditado el argumento del Imperio Inconsciente que fue mil veces desarrollado por los humanistas. En España no hubo ni hay cosa de mérito. Su imperio es fruto de casualidades afortunadas o de la protección divina, pero no de su esfuerzo. Un humanista decía con desagrado que los españoles parecían los primogénitos de Dios. Por una parte su poder es casualidad, pero por otra es también el resultado de su propia barbarie, lo que los italianos llamaban la «furia española», que todavía aparece de vez en cuando en los encuentros de fútbol.

Pero junto a esta realidad es necesario poner, para equilibrar el panorama, los muchos italianos que formaron parte de aquel imperio y creyeron que era suyo también. Miles de italianos se integraron en la maquinaria imperial sin problema ninguno, en todo el espectro social. No solo los italianos de los reinos hispanoitalianos sino los nacidos en regiones que no pertenecían a ellos. Hijos segundones de ilustres familias como los Colonna, los Sforza, los Aragona, los Chiesa, los Gesualdo, los Alciato, los Farnese, los Médici, los Montalto y muchos más ocuparon cargos importantes en la Administración y el Ejército, o trabajaron para España en el seno de la Iglesia[152]. Marcantonio Colonna, héroe de Lepanto, fue virrey de Sicilia. Todavía existe el tercio Alejandro Farnesio en el ejército español, y qué se puede añadir a la biografía de Andrea Doria. Fue un toma y daca de mucho provecho para las dos penínsulas y difícilmente habría habido una Italia del Renacimiento sin el paraguas de aquel imperio. Desde Croce a Dandelet, los estudiosos de la Italia de esta época destacan que, si esta hubiera tenido que atender a su defensa y a sus problemas internos, no hubiera podido dedicar su talento y su dinero a crear tantas bellezas.

[151] Pérez, *La leyenda negra...*, pág. 21.

[152] Claudio Donati, «The Professi of Arms and the Nobility in Spanish Italy: Some Considerations», en Thomas J. Dandelet y John A. Marino (eds.), *Spain in Italy. Politics, Society and Religion*, Leiden: Brill, 2007, págs. 299-323.

En 1937 Karl Julius Belloch publicó una impresionante colección de materiales inéditos para una historia de la población en Italia[153]. La magna obra no tiene nada que ver con España ni con su historia. Es pura demografía y el desapego absoluto con respecto a nuestro asunto es una garantía de imparcialidad. Es sobremanera interesante el estudio comparativo del material demográfico procedente de los reinos hispano-italianos y de otros territorios italianos.

Por lo que se refiere al reino de Sicilia, las cifras, tanto en conjunto como parciales, es decir, por capitales, demuestran un aumento muy considerable de población. Es cierto que todo estudio demográfico de épocas antiguas debe ser manejado con cautela. Ahora bien, el no poder llegar a cifras exactas no priva al estudioso de conocer *grosso modo* las tendencias generales, si tiene documentación suficiente y adecuada. La población en Sicilia creció un 65 por ciento en el periodo que va desde 1501 a 1607, excepto en los casos de Palermo y Mesina, donde también hubo un gran crecimiento pero no se llegó al porcentaje arriba señalado. En Nápoles el número de *fuochi* (fuegos[154]) censados con vistas a la imposición de tributos se duplicó y pasó de 255.000 en 1505 a 540.000 en 1595. Giuseppe Coniglio[155] admite que es problemático determinar hasta qué punto este aumento de población se debe a mayor éxito reproductivo o a un crecimiento del empadronamiento debido a la inmigración. A esto hay que añadir otro factor externo que no influye en la población: la eficacia administrativa. Por lo tanto, puede que no llegase a aumentar la población un 65 por ciento (o puede que sí), pero indiscutiblemente hubo un crecimiento demográfico grande y eso indica una notable prosperidad.

Un panorama bastante diferente ofrecen los territorios no sometidos al imperio. En la región de la Toscana, que no estaba, salvo algunas fortalezas insignificantes para nuestro asunto, bajo dominio español, los registros no son tan favorables. En primer lugar, solo hay datos aprovechables para la segunda mitad del siglo XVI y, en algunos casos, los regis-

[153] Karl Julius Belloch, *Bevölkerungsgeschichte Italiens* I, Berlín-Leipzig, 1937, págs. 106-222. Tomo los datos de Arnoldsson. Hay una traducción italiana: *Storia della popolazione d'Italia*, Florencia: Le Letttere, 1994. La obra ha sido ininterrumpidamente reeditada desde su primera edición.

[154] Se llaman «fuegos», es decir, hogares, al censo por familias, sin especificar el número de sus miembros. El procedimiento habitual es multiplicar por cuatro el número de fuegos para determinar el de personas. Esto, naturalmente, solo puede dar un cálculo aproximado.

[155] Giuseppe Coniglio, *Regno di Napoli al tempo di Carlo V*, Nápoles: Ed. Scientifiche, 1951, págs. 150-157.

tros son inservibles. Concentrémonos, por tanto, en aquello que ofrece fiabilidad. Florencia (sin tener en cuenta la capital) aumentó de 527.000 habitantes en 1551 hasta 570.000 en 1622. En la República de Siena la población era de 114.000 en 1569 y subió a 117.000 en 1612. Los libros de bautismo de Florencia informan de que esta tenía aproximadamente la misma población a principios y a finales del siglo, con un pequeño descenso a mediados de la centuria. El estudio de Belloch señala que la población en Venecia fue subiendo desde 1509 hasta 1575, fecha en que se produjo una epidemia que diezmó notablemente la población. El censo conservado del año 1563 da una cifra de 168.000 habitantes, mientras que en 1581 tenemos 135.000. En las décadas siguientes, la población no se recuperó, y se mantuvo estancada o en leve descenso, lo que supone retroceso económico o poca prosperidad.

Volvamos ahora a los territorios del imperio. En Nápoles se ensancharon las murallas y el perímetro de la ciudad creció de forma notable entre 1530 y 1540, posiblemente como consecuencia del aumento de población. Se acometieron grandes obras públicas: caminos y puentes, nuevos edificios públicos en Nápoles y en Sicilia, ampliación de las murallas en Nápoles, Milán y Mesina, colonización del sur de Italia y Sicilia que aumentó grandemente las áreas cultivadas, florecimiento de la industria de la seda[156]. Giovanni Botero describe en 1590 las impresionantes obras de construcción emprendidas en Palermo, sin parangón con ninguna ciudad de Italia[157]. En 1547 hubo una distribución de cereales para hacer frente a una crisis de carestía y para tal fin se contaron 212.000 personas. Unos años más tarde, en 1606, el censo municipal arroja una cifra de 267.000. Varios escritores italianos, como Agostino Pucci en una carta escrita al duque de Urbino en 1571 o Francesco Marcaldo en una *Relazione al Granduca di Toscana* en 1594, mencionan y comentan una gran inmigración a Nápoles. Esta gran inmigración llegó a alarmar no solo a las autoridades de los territorios que perdían población, sino también a los propios virreyes españoles, que temían verse desbordados[158]. La misma tendencia se observa en Palermo, Mesina o Cerdeña.

Arnoldsson, que en varias ocasiones se lamenta de que los historiadores, en el caso de España, hayan prestado más atención a las fuentes literarias que a los archivos y a los datos objetivos, insiste en que «el do-

[156] Aurelio Musi, «The Kingdom of Naples in the Spanish Imperial System», en Thomas J. Dandelet y John A. Marino (eds.), *Spain in Italy. Politics, Society and Religion*, Leiden: Brill, 2007, págs. 73-98.

[157] Arnoldsson, *La leyenda negra...*, pág. 37, tomado de Giovanni Benese Botero, *Delle cause della grandezza e magnifiscenza delle Città*, Ferrara, 1590, libro II, pág. 324.

[158] Benedetto Croce, *Storia del Regno di Napole*, Bari: Laterza, 1944, págs. 121 y 135 (4.ª ed.). La primera edición es de 1925. Hay una reedición reciente: Milán: Adelphi, 1992.

minio español no tuvo en lo material consecuencias desgraciadas para el sur de Italia y Sicilia»[159].

Este crecimiento demográfico no es un hecho aislado. Los imperios no consolidan su posición si no son capaces de ofrecer en el medio plazo mejoras evidentes a la mayoría de la población, especialmente a los cuadros medios y el pueblo llano. De otro modo no conseguirá romper el vínculo tradicional, en ocasiones tribal y semisagrado, que une la población de una región con sus oligarquías locales. Imperios y aumentos de población van ligados en la historia mucho más a menudo de lo que parece, en muchos lugares del planeta y en muchas épocas. Esta realidad choca de plano con los prejuicios antiimperiales antiguos y modernos, y nos enfrenta a una verdad molestísima para los pueblos que viven como satélites de un imperio, a saber, que el imperio existe porque mejora las condiciones de vida en amplios territorios mucho más que las empeora en determinados momentos y lugares. En los tiempos de César la población del Imperio romano era de unos 60 millones de personas. A la muerte de Marco Aurelio (180 d. C.) era, al menos, el doble[160]. Bajo la entrada «Población en la Edad Media» (1-mayo-2013) la Wikipedia declara que en el lapso que va de 1250 a 1300 «la población de Europa se mantuvo relativamente estable. En cambio, la asiática sufrió una fuerte caída en ese periodo producto de las conquistas mongolas». A continuación no puede por menos que reconocer que con «la posterior paz interna del Imperio mongol esta se recuperó». La imprecisión es manifiesta. En 1250 la mayor parte de la conquista mongola ya se había verificado. Gengis Kan murió en 1227. Entre 1210 y 1350 se desarrolla el periodo que se conoce como *Pax mongolorum*, un tiempo de gran prosperidad y crecimiento demográfico[161].

Muchos italianos vieron en la Administración y los ejércitos de España una posibilidad evidente de promoción social. Ya Gonzalo Fernández de Córdoba explica en carta al Rey Católico esta circunstancia y señala que es un buen medio de atraerse la voluntad de los italianos: «En lo

[159] Arnoldsson, *La leyenda negra...*, pág. 40.

[160] Rondo Cameron, *Historia económica mundial*, cap. III, Madrid: Alianza Editorial, 2000 (3.ª ed.).

[161] Jack Weatherford, *Genghis Kan y el inicio del mundo moderno*, Barcelona: Crítica, 2006. Hubiera quizá resultado conveniente dedicar a los mongoles un capítulo en la primera parte, porque si hay un imperio con una leyenda negra atroz, ese es el que levantó Gengis Kan. En el siglo XX, la acción combinada de los gobiernos comunistas de Rusia y China procuró borrar de la faz de la tierra el mero recuerdo del mayor imperio que ha existido sobre ella. Solo en las últimas décadas ha renacido el interés por estudiar este imperio, el más extenso y longevo de la historia. Pero estamos lejos de comprender el mundo sofisticado, culto y próspero que Marco Polo nos describe, el cual no se construyó a pesar de los mongoles, sino precisamente por ellos.

que a la gente ytaliana que V. AA. dicen ciertamente más la quería yo espanyola si ser pudiese mas... por cumplir con el número como por la reputación e porque en el reyno tengan amor a V. AA. viendo que les quieren beneficiar y sostentar, se ha fecho»[162]. Los nobles napolitanos, como explica Croce con gran detalle, se sintieron altamente satisfechos ante la perspectiva de ganar honores y dineros en el Ejército y la Administración españolas[163]. Según Carlo M. Cipolla, los ejércitos españoles dieron durante el siglo XVI y XVII a «italianos de todas las clases sociales» ocasión para ganarse la vida de manera conforme a su situación social o para prosperar, un sustento que, según se decía comúnmente, era mejor de lo que podía ofrecer la industria italiana para mucha gente pobre[164].

En general, la Administración imperial respetó las viejas leyes, los fueros y autonomías locales. Los estados de Nápoles, Sicilia y Cerdeña se reunían como siempre habían hecho y conservaron su capacidad legislativa y, lo que es más de destacar, la competencia sobre los impuestos.

Hay muchos testimonios de que la Administración de justicia española era bastante equitativa e imparcial. En algunos casos son italianos que habitan en territorios que están fuera de los reinos hispanoitalianos los que muestran su admiración o su desconcierto ante la rectitud de la justicia imperial frente a los abusos y marrullerías que ven en sus propias ciudades. En otros casos hay quejas de esa justicia, precisamente por su equidad. Se desaprueba una imparcialidad que no atiende al quién sino al qué.

Gonzalo Fernández de Córdoba pide instrucciones a los Reyes Católicos sobre lo que debe hacer con el conde Aliano, uno de los partidarios más fieles y poderosos de España en el sur de Italia, porque su conducta con sus vasallos era tiránica: «Hase tan mal con sus vasallos que me vienen dél quexas mirables, así de fuerças de mujeres como de muertes e prisiones de honbres e otros agravios que haze a sus vasallos [...] conviene a vuestro servicio que se remedie esto»[165]. En una carta escrita a Carlos V por el virrey Pedro de Toledo se pone de manifiesto que las autoridades españolas tienen bastante claro que una justicia imparcial es fundamental para mantener de su parte al pueblo llano y a las clases medias, y que ambos son plenamente conscientes de que necesitan del apoyo de estas clases sociales. Esto es a propósito del escándalo que causó en toda Italia que la justicia española mandara ejecutar al marqués de Castellovetere, por el trato brutal que había dado a sus vasallos. Escribe

[162] L. de Torre y R. Rodríguez Pascual, «Cartas y documentos relativos al Gran Capitán», *Revista de Archivos, Bibliotecas y Museos* 35 (1916), págs. 422-438 (pág. 428).

[163] Croce, *España en la vida...*, págs. 105-111.

[164] Carlo M. Cipolla, «The Decline of Italy. The case of a fully mature economy», *Economic Historic Review* 2 (1952), pág. 184.

[165] De Torre y Rodríguez Pascual, «Cartas y documentos...», pág. 438.

don Pedro: «Ha sido cosa ejemplar y a dado mucho terror a los Varones que a sus Vasallos hagan aquel tratamiento que se debe y que non lo haziendo, tienen superior que les dará el castigo que la justicia y la razón requiere». El noble y poeta napolitano Galeazzo di Tarsia se quejaba de haber sido condenado al destierro por el virrey por cosa tan mínima como conducta tiránica con sus colonos.

Una carta de Francesco Barbi al duca di Firenze en 1550 expone largamente el descontento que causó en la alta nobleza de Nápoles y Sicilia la justicia imparcial del régimen español. Señala Arnoldsson que «las quejas sobre dominio extranjero como tal procedían más de los privilegiados que de la parte del pueblo, cosa que han subrayado tanto los observadores del siglo XVI como los historiadores modernos». A principios del siglo XVII, el diplomático Alessandro Turamini escribe al granduca di Toscana desde Nápoles que se espera allí la llegada de un condestable español como presidente del Consejo de Italia y que la nobleza no se alegra de ello, pero que «le persone quiete e il popolo, in universale, riputandolo uomo di sapere e di valore e senza interesse, l'aspettano con desiderio». El embajador veneciano Suriano se queja de que los españoles apliquen las leyes sin prestar atención a la naturaleza noble o plebeya del acusado, y esto le parece escandaloso: «Non havendo consideratione alla diversità che ha messo fra questi e quelli (nobili et ignobili) la natura et la fortuna, che non può mutare»[166]. Pero se equivoca el buen Suriano. Sí *può mutare*, y ese impulso fundamental de cambio es el que sostiene a los imperios.

Esta rectitud es un reproche o un elogio, según quien escriba, que se hace a la Administración de justicia del imperio, y parece una característica que nadie pone en duda. A ella se refieren Paolo Tiépolo, Antonio Tiépolo, Leonardo Donato, Lorenzo Priuli, Girolamo Lippomano, Giona Francesco Morosini, Damiano Bernardini, Campanella, Antonio Mazza..., nombres ilustres de la diplomacia y el Humanismo que fueron en muchas ocasiones enemigos de España.

El poder de España en Italia se basó en gran parte en el apoyo de la clase media. El imperio procuró evitar la confrontación con las aristocracias, pero buscó ampliar su base de sustentación en la mesocracia fundamentalmente. Alessandro Turamini en 1600, en una carta al granduca di Toscana, se refiere a este hecho como una de las bases fundamentales del poder de España[167].

[166] Arnoldsson, *La leyenda negra...*, págs. 55 y ss.

[167] Virgilio Titone, *La Sicilia spagnola*, Palermo: Novecento, 1948, pág. 21. La primera edición es de 1948. Croce, *España en la vida...*, pág. 118; Romolo Quazza, «Spagna e Italia dal 1559 al 1631», en VV. AA., *Italia e Spagna. Saggi sui rapporti storici, filosofici et artistici tra le due civiltà*, Florencia: Felipe Le Monnier, 1941, págs. 165-192 (págs. 187-189).

La defensa de Italia

Los italianos no tuvieron conciencia del peligro turco hasta la toma de Otranto en 1480[168]. Pero fue en torno a 1520 cuando la situación se volvió verdaderamente angustiosa. Barbarroja, el famoso pirata, se hace con el control absoluto de Argelia y la somete a la soberanía del sultán turco. A esto hay que añadir la pérdida de Rodas, que llevaba siglos siendo gobernada y defendida por los caballeros de San Juan. La acción conjunta de turcos y berberiscos pone en peligro las naciones cristianas del Mediterráneo, pero muy especialmente a Italia por su proximidad con las costas argelinas. Muy comprometida es la situación de Sicilia. El tráfico marítimo se vuelve en extremo peligroso y las incursiones en la costa se convierten en una pesadilla que arrastra a la esclavitud a miles de personas. Antonio de Ferraris, el Galateo, conoce bien el problema porque ha visto caer su ciudad, Otranto, en manos de los turcos y expone la situación con gran claridad. Ferraris no siente ninguna simpatía por España, pero ve la realidad. Italia es rica y está demasiado cerca de los turcos. No hay muchas opciones: o se deja a Italia caer bajo poder turco, lo que significa esclavitud y degradación, o se permite que la defiendan los que están dispuestos a hacerlo. La península está dividida políticamente y los italianos además no son amantes de la guerra: «Nos Hercules et Achilles non sumus, sed imbelles et minime ad bella nati»[169].

Desde finales del reinado de los Reyes Católicos, España conquista una serie de posiciones defensivas en la costa africana que van desde el peñón de Vélez de la Gomera hasta Trípoli. Mantenerlas cuesta aproximadamente lo que la Corona gasta en la protección de las Baleares y la defensa de la frontera francesa. Hasta autores marcadamente antiespañoles, como el embajador Antonio Tiépolo, reconocen la importancia de estas fortalezas para Italia. El sostenimiento de estas posiciones africanas fue una fuente continua de sinsabores. Entre 1535 y 1573, bajo Carlos I y Felipe II, se intentó más de una vez pasar a la ofensiva en el norte de África. Repetidas veces Túnez fue tomada y perdida. Como basar la defensa de las costas italianas exclusivamente en estas plazas era arriesgado, Carlos I y luego su hijo Felipe II mandaron construir o mejorar una serie de fortalezas a lo largo de la costa siciliana y del reino de Nápoles. Se las dotó de guarniciones y del más moderno armamento,

[168] María Teresa Cacho, «El mar Mediterráneo en las relaciones manuscritas españolas del Siglo de Oro conservadas en bibliotecas italianas», en Pierre Civil, Françoise Crémoux y Jacobo Sanz (eds.), *España y el mundo mediterráneo a través de las relaciones de sucesos (1500-1750)*, Salamanca: Universidad de Salamanca, 2008, págs. 41-54.

[169] *Antonio de Ferrariis ad illustrem comitem Potentiae de Turcarum apparatu*, editada en *Spicilegium Romanum VIII, Romae*, 1842, págs. 336-537 y 541, citado por Arnoldsson, *La leyenda negra...*, pág. 42.

y si la guerra ofensiva en la costa africana no dio frutos perdurables, esta otra estrategia defensiva para Italia demostró gran eficacia. Esto es lo que dice un navegante veneciano en 1583:

> No hace mucho tiempo que toda la costa de la Puglia desde cabo Santa María hasta Tronto tenía muy pocas torres de vigilancia. Así las fustas turcas costeaban sin cesar el litoral haciendo grandes daños. Ahora a causa de estas torres, parece que las gentes de tierras están defendidas... y los barcos pequeños navegan con mucha seguridad durante el día. Si un barco enemigo aparece, pueden protegerse al amparo de estas torres donde están seguros, audazmente defendidos por la artillería de la que están bien provistas[170].

Hay algunos casos, realmente extraordinarios, en los que la mala fe y el prejuicio sobrepasan todas las barreras del sentido común. En 1563 el embajador veneciano Paolo Tiépolo comenta a propósito de las tropas españolas situadas en Milán: «Si numerano per 3.000 fanti, no tanto per sospetto di nemici forestieri, quanto per conservar l'obbedienza e fede di quei popili». Lo que Tiépolo pasa por alto es que se da la circunstancia difícilmente explicable de que los milaneses llevaban varios años negándose en redondo a contribuir con soldados a su propia defensa. Visconti intenta explicar el hecho de varias maneras, por más que resulta de difícil justificación dejarle al imperio la responsabilidad de la defensa propia y luego quejarse de tener soldados en la ciudad[171]. Al explicar las críticas de los venecianos que difamaban a los españoles antes y después de la batalla de Lepanto con el argumento incomprensible de que todo aquel aparato militar tenía como único objetivo perjudicar a Venecia, Braudel en su monumental estudio sobre esta época no puede evitar preguntarse: «Pouvait-on être plus injuste?»[172].

[170] «Il n'y a pas longtemps que la côte de la Pouille du Cap Santa María jusqu'au Tronto, possédait fort peu de tours de garde. Aussi les fustes turques côtoyaient-elles sans cesse ces rivières, faisant de grands dommages... Maintenant à cause de ces tours, il apparaît que les gens de terre son défendus... et les petits bateaux naviguent avec beaucoup de sécurité pendant le jour. Si un bateau ennemi apparaît, ils peuvent se cacher sous les tours oú ils sont en sureté gaillardement défendus par l'artillerie dont elles sont bien fournies». La traducción es mía. Fernand Braudel, *La Méditerranée et le Monde Méditerréen à l'époque de Philippe II,* París: Le libre de poche, 1990, pág. 680. La primera edición de este clásico de la historia es de 1949. [Traducción española: *El Mediterráneo y el mundo mediterráneo en la época de Felipe II,* Madrid: FCE, 2001].

[171] Alessandro Visconti, *Storia di Milano,* Milán: Ceschina Ed., 1952 (2.ª ed.), págs. 487 y ss. Luis A. Ribot García, «Milán. Plaza de armas de la Monarquía», *Investigaciones históricas* 10 (1990), págs. 203-238.

[172] Braudel, *La Méditerranée...*, pág. 850.

Il Capitano Spavento y Lope de Vega

Evidentemente los estereotipos de la hispanofobia no aparecen solo en los textos de autores cultos. El teatro ofrece ocasión para conocer cuán populares eran. Hay en la *commedia dell'arte* italiana un personaje tradicional que debe su existencia a los estereotipos antiespañoles. El *miles gloriosus* español en la *commedia dell'arte* italiana suele conocerse como Il Capitano o Il Capitano Spavento, pero recibía otros nombres que aludían cómicamente a sus bravatas: Sangre y Fuego, Matamoros, Crocodilos, Rajabroqueles, etcétera. Este estereotipo tuvo un gran éxito una vez impreso. Por ejemplo, bajo la forma de una colección de bravatas o *rodomontadas* se imprimió un florilegio trilingüe (español, italiano y francés) con el nombre de *Rodomontadas españolas* (1627), obra de Lorenzo Franciosini que conoció bastantes ediciones. La palabra «rodomontada» procede de uno de los personajes principales de dos novelas de caballería que fueron famosísimas en su tiempo, el *Orlando enamorado* de Matteo Boiardo (1486) y el *Orlando furioso* de Ludovico Ariosto (1532). Rodomonte es rey de Sarza y Argel, y uno de los principales caudillos del ejército sarraceno que cerca a Carlomagno en París. De la fama extraordinaria de que gozaron los Orlandos y de la estrecha relación de la vida cultural entre España e Italia da idea que el *Orlando furioso* fue publicado en español el mismo año que lo había sido en italiano. Jerónimo de Urrea, capitán del ejército, lo tradujo respetando el metro que había usado su autor, la octava real. Cervantes, que adoraba el verso de Ariosto, criticó muy severamente la traducción de Urrea[173]. La palabra «rodomontada» no tenía en principio connotación negativa y equivalía más bien a valentía o heroísmo, pero se fue cargando de valor peyorativo conforme se fue asociando a España, a través del vínculo sarraceno, ya que Rodomonte era moro, lo que permitía que se le relacionara con los españoles fácilmente[174].

[173] A pesar de las críticas cervantinas, la traducción de Urrea es una proeza notable. Si al lector le gustan las emociones intelectuales intensas, atrévase con ella. La lectura de la épica hiperculta en verso es toda una experiencia. Encontrará el texto en internet sin dificultad en una bella edición del siglo XVI. También hay una edición en papel: Barcelona: Planeta, 1988.

[174] Sobre el vasto mundo de la valentía y las fanfarronadas de los españoles véase Pierre de Bourdeille, *Bravuconadas de los españoles*, edición y estudio de Pío Moa, Madrid: Áltera, 2002. Bourdeille fue un caballero francés, hombre de mundo y aventurero, que participó en muchos hechos de armas, siempre contra los tercios. Esto, sin embargo, no le hizo cultivar el prejuicio sino todo lo contrario. Digamos que la conclusión de Bourdeille es bastante sencilla y llena de sentido común: el español es fanfarrón porque puede permitírselo, ya que como soldado no tiene rival. Otros lo intentan y no pueden. Todo lo demás es envidia.

El teatro italiano ofrece además ocasión para percibir la interrelación profundísima entre la vida italiana y española a través del lenguaje. En el teatro del Cinquecento muchas frases y escenas enteras están en español o en una mezcla de italiano y español. También nos informa de las costumbres que los italianos adquirieron por influencia española. Así, por ejemplo, se puso de moda hacer la corte «a la española», esto es, rondando la calle, como testimonia Bentivoglio en *Il geloso*. Al estilo de conquista español, los italianos lo llamaban y lo siguen llamando «hacer el don Diego», que es un rendido amador, atractivo por su galantería irresistible, pero no digno de confianza.

Esta interrelación entre Italia y España se manifiesta en muchos detalles de la vida cotidiana. El idioma es un testigo implacable: términos españoles entran a raudales en la lengua italiana y hablar español se convierte en rasgo de buen tono y elegancia. A esta influencia lingüística se ha de sumar otra no menos significativa: la moda. Dice un testigo de la época: «Ya no se usan vestes ni escarpes franceses, que todo se usa a la española»[175]. Ni que decir tiene que la influencia que Italia tiene en la vida española es enorme y trascendental, pero no nos referiremos a ella porque está en todos los libros de texto (a la inversa no).

No solo es interesante el teatro italiano como muestra de la popularidad de los prejuicios antiespañoles. También el teatro español nos ayuda bastante a comprender cuál era la actitud común de los españoles ante ellos. Los estereotipos de la hispanofobia italiana aparecen en bastantes obras de Lope, como *El peregrino en su patria* (1609), *Las cuentas del Gran Capitán* (1614-1619) y *El blasón de los Chaves de Villalba* (1599). Menéndez Pelayo consideró que estas dos últimas, junto con la que aquí nos interesa, formaban «una trilogía sobre las empresas españolas en Italia»[176]. Para nuestro tema debemos fijarnos especialmente en *La contienda de García de Paredes y el capitán Juan de Urbina* (1600), que es la que con mayor precisión y énfasis refleja los estereotipos antiespañoles, y la única que, de alguna manera, puede considerarse una respuesta a la hispanofobia italiana, si bien esta afirmación no puede hacerse sino con mucha cautela. Las respuestas a la rusofobia, a la hispanofobia o al antiamericanismo por rusos, españoles y estadounidenses constituyen materia delicada de calibrar, porque todos ellos en general han asumido los clichés de sus leyendas negras como cosa propia. Esto es debido en parte a que han colaborado a la creación de estos estereotipos negativos

[175] Croce, *España en la vida...*, pág. 130, y Arnoldsson, *La leyenda negra...*, págs. 127-128. Un caso concreto de esta interrelación está estudiado con pormenor en David García Cueto, *Seicento boloñés y Siglo de Oro Español*, Madrid: Fernando Villaverde, 2006.

[176] Marcelino Menéndez Pelayo, *Obras de Lope de Vega publicadas por la Real Academia Española. Tomo XV. Crónicas y leyendas dramáticas de España. Quinta sección*, Madrid: Sucesores de Rivadeneyra, 1900, pág. cxxiv.

con una autocrítica feroz, que muchas veces ha llegado más lejos que el enemigo extranjero o el amigo/enemigo, ese pariente envidioso siempre dispuesto a dar rienda suelta a su frustración alentando toda crítica negativa, fundada o infundada. Al menos estos tres imperios cristianos (hay que dejar fuera al inglés) han asumido la culpa de su poder como una realidad inapelable que tiene algo de trágica. De todos los misterios que rodean el desenvolvimiento histórico de los imperios este no es el menos interesante.

La contienda es una obra histórica, es decir, sus protagonistas lo son. Nos referimos al trujillano Diego García de Paredes y al alavés Juan de Urbina, soldados que fueron bajo Fernando el Católico y Carlos V. García de Paredes aparece frecuentemente en la literatura del Siglo de Oro, a medio camino entre lo real y lo mitológico[177]. El otro, Juan de Urbina, fue menos popular que su compañero a pesar de su impresionante hoja de servicios en los tercios españoles. Los dos pertenecen a ese estrato medio-bajo de la sociedad al que el imperio le ofrece ocasión de prosperar. La obra de Lope se articula en torno a la disputa y contienda final de los dos personajes por las armas del marqués de Pescara. Los prejuicios antiespañoles se manifiestan en primer lugar en los insultos que a los soldados españoles dirigen los italianos, los cuales tienen como temas principales la soberbia, la barbarie y la impureza racial[178]. La soberbia aparece pronto, cuando García de Paredes y sus camaradas quieren jugar a la barra con unos caballeros romanos:

TANSILO. Los españoles bizarros
están echando desgarros.
HORACIO. Es la canalla habladora.
TANSILO. ¡Oíd con el arrogancia
que quiere tirar aquel!
TOSCAN. ¡Quién le viera en un cordel
danzar la morta de Francia!
TANSILO. Estarán los fanfarrones
pensando que solos pueden
tirar el mundo.
DURINO. Exceden
en soberbia a mil naciones.

[177] Sobre la vida de García de Paredes, que estuvo realmente llena de episodios sorprendentes, véase Miguel Muñoz de San Pedro, *Diego García de Paredes, Hércules y Sansón de España*, Madrid: Espasa-Calpe, 1946.

[178] Antonio Sánchez Jiménez, «Fanfarronería española en *La contienda de García de Paredes y el capitán Juan de Urbina*: Lope de Vega ante la Leyenda Negra», *Europa (historia y mito) en la comedia española. XXXIII Jornadas de Teatro Clásico de Almagro*, Ciudad Real: Universidad de Castilla-La Mancha, 2012, pág. 93-98 (pág. 90).

Queda bien clara la opinión de los caballeros romanos: no hay soberbia como la española. Toscanelo expresa sin tapujos cuáles son sus deseos para esta canalla insufrible: verlos morir a manos de sus rivales franceses. Un poco más adelante el capitán italiano César llama a García de Paredes «bárbaro españolejo» (vv. 843-844). Pero, con mucho, el insulto más usado es el de «marrano». La obra de Lope demuestra que la sociedad de su tiempo era plenamente consciente de esto y de otros estereotipos antiespañoles, hasta en sus detalles, ya que de otro modo no resultaría comprensible para los espectadores, y Lope tendría que haber añadido explicaciones que en modo alguno se dan. No son necesarias. El público que asiste al corral de comedias sabe lo que los italianos dicen y cómo estos miran a los españoles, no ya en Madrid y entre las gentes bien informadas de la corte, sino en todo el país, pues *La contienda* se estrenó en Jaén. Ahora bien, lo llamativo aquí no es que los españoles de 1600, la opinión pública española del momento, supiera que existía hispanofobia en Italia y conociera hasta el detalle de sus tópicos favoritos, lo realmente notable es la actitud que frente a esto adoptan Lope y sus personajes, una actitud que (no es aventurado suponerlo) es la que el público espera, desea y comparte. Para empezar los personajes de Lope no se ofenden, más bien se lo toman a guasa. Entre el desafío y la burla, asumen el estereotipo de su arrogancia y barbarie. De hecho hay un interesante juego de espejos entre el teatro italiano y el teatro de Lope, porque García de Paredes y Urbina vienen voluntariamente a encarnar el personaje llamado Il Capitano Spavento, el *miles gloriosus* español de la *commedia dell'arte* italiana, y ambos se comportan en muchas ocasiones con bravuconería insufrible con el claro objetivo de exasperar y provocar a los italianos. Así, por ejemplo, Urbina causa una trifulca a todas luces innecesaria al responder a las preguntas de un alguacil con rodomontadas:

ALGUACIL. ¿Qué gente?
ZAMUDIO. Dos hombres solos.
ALGUACIL. ¿Españoles?
URBINA. ¿Pues hay hombres
sino españoles? Temiolos
el mundo. (vv. 181-183)

Los personajes lopescos no justifican ni desmienten, ni siquiera la impureza de su sangre medio mora, medio judía o medio goda. No hay ningún parlamento de personaje italiano o español encaminado a atenuar estas ofensas o a declararlas injustificadas. ¿Qué nos muestra Lope con esta comedia? Primeramente que la mayoría de los españoles de su tiempo conocía muy bien los estereotipos negativos que circulaban sobre ellos por el mundo y que esto no les importaba grandemente. De la misma manera que hoy día resultaría difícil encontrar a un estadounidense, con independencia de su nivel cultural o social, que no sea consciente de los prejuicios y los denuestos que la opinión pública mundial repite sobre ellos hasta la saciedad. Lope no se enreda en las palabras ni sus personajes tampoco, y precisamente esa es su estrategia. Son los hechos los que demuestran quiénes y cómo son los españoles. ¿García de Paredes y Urbina son bravucones? Sí lo son, pero en cuantas ocasiones tienen de demostrarlo, hacen honor a su fanfarronería, no se arrugan jamás y llevan la palabra dada y el valor hasta extremos de coraje que los italianos nunca son capaces de sostener. Frente a las palabras italianas, Lope pone los hechos de los dos españoles.

Y finalmente, y esto es ya muy lopesco, las damas italianas, entre burlas y veras, se rinden ante estos bravucones que las fascinan. El asunto de las mujeres debía escocer y no creo que Lope se refiera a él inocentemente. Aparece muchas veces en el teatro italiano. En 1520, Ruzzante estrenó la comedia *La moscheta*. Un hombre quiere probar la fidelidad de su mujer, que parece un dechado de virtudes, y para ello la tienta del modo que le parece más irresistible: se disfraza de soldado español, pasea la calle y la requiebra medio en español, medio en italiano[179]. En *La contienda*, Clarinda abandona a su galán romano, más fino, por García de Paredes:

FULVIO. ¿Haste casado, Clarinda?
CLARINDA. Yo no.
FULVIO. ¿Pues qué?
CLARINDA. Españolado,
que es como haberme casado
pues no hay fuerza que me rinda. (vv. 724-727)

Con «españolado» Clarinda viene a referirse a su atracción por las cualidades de García de Paredes, muy especialmente el valor y la altanería, que son la soberbia y la fanfarronería de que lo acusan los italianos. El procedimiento habitual de Lope es poner sobre las tablas a italianos que acusan a los españoles de algo, habitualmente de ser marranos o bárbaros, y no son contestados por ello, aunque sí denigrados por su modo de actuar, ya sea perdiendo un duelo o huyendo tras proferir insultos. De las acusaciones de impureza racial, Lope no se ocupa: no son rebatidas ni admitidas, por supuesto. Se les hace el vacío. Para Sánchez Jiménez, Lope acepta desafiante las acusaciones de soberbia y fanfarronería al escoger «como representantes del carácter patrio a dos

[179] Esta pieza de Angelo Beolco, llamado Ruzzante, está disponible en edición Kindle. Se puede leer en francés: Ruzante, *La moscheta*, París: L'Arche, 1995. Fue representada por la compañía Cothurne en 1969 bajo la dirección de Marcel Maréchal.

insufribles, pero valientes y atractivos bravucones». En este sentido, *La contienda* muestra cómo la leyenda negra influyó en lo que los españoles pensaban de sí mismos y en «el modo en que construían su identidad nacional, que adoptó en obras como la de Lope elementos de la Leyenda Negra»[180].

La imperiofobia afecta a todos los pueblos que la sufren, ya que de alguna manera asumen sus tópicos. En unos casos como castigo merecido y en otros, con ademán desafiante, y en la mayoría de las ocasiones, de los dos modos. El cine estadounidense ofrece un nutrido elenco de casos. John Wayne o Clint Eastwood han encarnado con enorme éxito a estos hombres más inclinados a la acción directa que al rapé, más prontos a resolver el asunto a su modo que con retóricas. Soldados americanos buscando camorra sin cuento en el sudeste asiático es el panorama que ofrece *Siete pecadores* o *La taberna del irlandés*, pero esos mismos marinos de puño fácil resultan ser los más valientes cuando llega la ocasión y los únicos en los que verdaderamente se puede confiar. Con qué convicción han encarnado estos actores a los García de Paredes y Urbina estadounidenses. La magnífica *A Foreign Affair* (en español, *Berlín Occidente*) ofrece en clave de humor, y bajo la batuta magistral de Billy Wilder, una muestra impecable de la capacidad de los estadounidenses para reírse de sus estereotipos. Y variando de asunto, pero sin salirnos del cine, ¿a cuántos estadounidenses (en películas norteamericanas) habremos visto viajando por Europa sin enterarse de nada y comprando manufactura indígena o arte sin criterio alguno, y finalmente felicísimos de volver a su ciudad del Medio Oeste? En cambio, no suelen aparecer en las películas (ni norteamericanas ni europeas) catetos europeos, muchos con doctorado, que viajan por Estados Unidos sin entender nada, a pesar de lo frecuentísimo de la situación.

Amor y odio

En su magnífico estudio —el mejor que existe sobre los prejuicios antiespañoles en Italia—, Arnoldsson considera que las ideas desfavorables con respecto a España proceden de varios factores que él reduce a cuatro. El primero tiene que ver con la presencia de soldados españoles, de cuyo comportamiento deducirían los italianos la imagen del hidalgo como tipo humano rústico, inculto, bárbaro y ridículamente ceremonioso. Otro factor sería la competencia comercial de aragoneses y catalanes. El tercero se relaciona con la emigración de meretrices españolas a Italia y el ambiente que rodeaba al papa valenciano Alejandro VI. Por último, el cuarto factor provendría de la mezcla secular de los españoles con sangre semita

[180] Sánchez Jiménez, «Fanfarronería española...», pág. 95.

y africana. Ciertamente la hispanofobia en Italia se teje alrededor de estos tópicos bien establecidos en su conjunto por Arnoldsson, aunque se pueda discrepar en el matiz. Ahora bien, en modo alguno son las causas o los factores que desencadenaron los prejuicios antiespañoles en Italia. La barbarie, la ignorancia, la sangre mala y baja, la inmoralidad... son lugares comunes que forman parte de la imperiofobia desde al menos los tiempos de Roma, que es donde por primera vez los hemos descrito. No es aventurado suponer que si dispusiéramos de material histórico suficiente podríamos encontrar el mismo cuadro de prejuicios referido al Imperio sumerio (5500 a. C.) o al Imperio Maurya (*ca.* 320-180 a. C.). Es importante, cuando se trata de opiniones y prejuicios, deslindar con el mayor cuidado causas y consecuencias. El prejuicio precede a las causas, las busca y las fabrica. No al revés. De otro modo dejaría de ser un prejuicio. No quiere decirse que invente sus justificaciones. Procede desenfocando los contextos, y mezclando verdad y mentira. Evidentemente había muchas meretrices valencianas y españolas en Roma. Muchas. Pero no hay un solo dato que permita suponer que había más que italianas. No fue su presencia la que provocó ideas desfavorables hacia España. Fue el prejuicio antihispano el que las buscó y las convirtió en arma arrojadiza. Lo mismo puede decirse del papa Alejandro Borgia. Hubo más papas que tenían hijos, que practicaron un nepotismo descarado y que fueron más príncipes que papas. En realidad, este es el modelo de papa renacentista. León X, Clemente VII, Julio II y Julio III fueron acusados de acrecentar su fortuna personal y beneficiar a sus familiares a costa de toda Italia[181]. Fuera del libelismo, no hay una sola prueba de que las acusaciones de incesto fueran ciertas. Alejandro VI no fue distinto de otros papas que lo precedieron o lo sucedieron. ¿Qué es lo diferente en él? Que es español, y no italiano.

Había entre los intelectuales italianos desde hacía dos siglos, al menos desde Petrarca, un sentimiento nacionalista intenso que no encontró manera de manifestarse políticamente. Arnoldsson reconoce la existencia de un complejo entre los italianos, pero no lo relaciona con la hispanofobia: «A pesar de sus complejos nacionales de inferioridad, originados por circunstancias políticas, los italianos del siglo XVI no se sintieron de ningún modo inferiores a los españoles en otros aspectos que el militar y el político»[182]. Sin embargo, es este complejo el que genera el prejuicio y el que se proyecta en todos los particulares que hemos tratado.

La hispanofobia en Italia ofrece varios puntos de interés que destacan de manera poderosa sobre su manifestación en otros territorios, notablemente protestantes. En 1567, el gran conquistador del Nuevo Reino de Granada, don Gonzalo Jiménez de Quesada, afirmaba: «Sobre

[181] Leopold von Ranke, *Historia de los papas*, México: FCE, 1988, págs. 134 y ss.

[182] Arnoldsson, *La leyenda negra...*, pág. 59.

todas las naçiones contadas y sobre todas las demás que ay derramadas por el mundo tienen este odio particular que emos dicho contra España los ytalianos»[183]. La cita ha sido docenas de veces repetida y necesita de una contextualización adecuada. ¿Quién era don Gonzalo?[184] Un abogado e hijo de abogados que decidió abandonar la mesocracia a la que pertenecía por nacimiento y marcharse a América, y así pasó de letrado con una excelente educación (sabía latín, francés, italiano y árabe) a explorador y colonizador. Fue el fundador de Bogotá y murió completamente arruinado tras una expedición temeraria en busca de El Dorado. El incesante trajín que fue su vida no le impidió saber qué era lo que pasaba por Europa. Este texto de que tratamos, *El Antijovio* (es autor de otras obras), lo escribió para rebatir lo que el humanista Paulo Jovio había ido publicando entre 1553 y 1560 en los sucesivos volúmenes de su *Historiarum sui temporis*[185], que es como una especie de libro de memorias que combina los recuerdos personales con los acontecimientos históricos vividos por su autor[186]. Jiménez de Quesada conoce la obra en su original latino, pero solo se decide a intervenir cuando aparecen dos traducciones seguidas al castellano (y también al italiano), de lo que deduce que la obra de Jovio tiene éxito. Así que en medio de las idas y venidas por las selvas de Colombia, mientras procura un abastecimiento adecuado de agua potable a la ciudad que había fundado y planea arriesgadas empresas de exploración con su propio dinero, halla tiempo para refutar a Jovio. Lo que le preocupa al granadino no es que la obra exista, sino que ha sido traducida al español y el

[183] Gonzalo Jiménez de Quesada, *El Antijovio*, ed. Rafael Torres Quintero, Bogotá: Instituto Caro y Cuervo, 1952, pág. 27. Está en la red: *http://www.banrepcultural.org/blaavirtual/historia/elantijovo/indice.htm.*

[184] Juan Friede Alter, *El adelantado don Gonzalo Jiménez de Quesada* (2 tomos), Bogotá: Carlos Valencia Editores, 1979. Es la biografía más completa disponible. Juan Friede es un historiador colombiano nacido en Ucrania, autor de una monumental edición de documentos para la historia de Colombia en 20 tomos.

[185] *Historiarum sui temporis ab. a. 1494 ad a. 1547 libri XLV.* Traducida al español como *Historia general de todas las cosas sucedidas en el mundo en estos cincuenta años de nuestro tiempo, en la cual se escriben particularmente todas las victorias y succesos que el invictissimo emperador don Carlos hubo, desde que començo a reynar en España hasta que prendio al duque de Saxonia. Escrita en lengua latina pro el doctissimo Paulo Jovio, obispo de Nochera, traduzida de latin en castellano por el licenciado Gaspar de Baeça. Dirigida al muy Illustre señor Francisco de Eraso del Consejo de estado y secretario de su magestad.* Se editó en Salamanca, 1562-1563, en casa de Andrea de Portonariis Impresor. La traducción de Villafranca se editó en Valencia en 1562, en casa de Ioan Mey.

[186] Bernal Díaz del Castillo también pone a caer de un burro a Jovio: *Historia verdadera de la conquista de Nueva España. Manuscrito de Guatemala*, ed. José Antonio Barbón Rodríguez, Madrid: Agencia Española de Cooperación Internacional, 2005, pág. 33.

efecto que puede causar en España, no fuera. Porque entiende que este texto traducido al romance es ahora accesible a muchos españoles, y que estos, quizá los no muy cultos, pueden creer lo que Jovio dice. No le inquieta el menoscabo de la reputación española que Jovio pueda causar en el extranjero, sino la mella que puede hacer en la autoestima de los españoles. Inteligente y lúcido don Gonzalo, que supo prever desde tan lejos los fantasmas que vivirían para siempre entre sus compatriotas y quiso evitarlos.

Lo chocante de *El Antijovio* es que no fue editado. Ahí se ve la preocupación que el imperio tenía por contrarrestar de algún modo la hispanofobia. Aunque Jiménez de Quesada se encargó de enviarlo a la Península y procuró su publicación, aquí no encontró editor y debió esperar hasta 1952 en que el Instituto Caro y Cuervo se encargó de que viera la luz. Su intento es absolutamente personal, como otros que vendrán después, y que mostrarán que el Imperio español no engendró nunca un taller de propaganda en su defensa. La influencia de la obra fue muy escasa, por tanto, e indica hasta qué punto los españoles del momento, fuera de algunos individuos concretos, vivían despreocupados de la hispanofobia. El tono general de don Gonzalo tampoco es especialmente irritado y ha sido calificado por algún estudioso como «menosprecio alegre»[187]. Lope de Vega nos proporciona ejemplos de la actitud entre burlona y comprensiva con que los españoles de la época se enfrentaban a los estereotipos negativos sobre ellos mismos. Pero seguramente lo más interesante de *El Antijovio* es la manera sutil y profundísima en que Jiménez de Quesada muestra haber comprendido el mecanismo de los prejuicios antiimperiales. No es que Jovio mienta, es que no dice toda la verdad. Por eso él escribe una «historia que no es sino adiçión y enmienda de otra». Su propósito primero es explicar a sus lectores cómo es el procedimiento usado por Jovio para arrojar deméritos sobre España y los españoles, porque sabe que Jovio es lo suficientemente inteligente y culto como para resultar convincente con el viejo procedimiento de desenfocar los contextos, y ocultar o destacar determinados hechos:

> Esta ynteçion (deçir mal d'españoles) encúbrela y descúbrela... y es menester grande advertencia para entendérsela, y yo que le conoçí quiça más qu'el doctor Villafranca... ni que el liçençiado Vaeça[188], bide su obra oscura en la luz del molde, y entendí su fin y a qué tiraba el deçir a rra-

[187] Catalina Quesada-Gómez, «Discurso contra el desencanto: *El Antijovio* de Jiménez de Quesada», *Actas del Colloque «Le désenchantement. El desencanto»* (16/17 de marzo de 2006), Le Mans: Centre de Recherche Universités Angers-Le Mans-Orleans (ALMOREAL), 2008, págs. 101-115.

[188] Se refiere a los traductores.

tos bien de nuestro prinçipe (y avn de nosotros otras beçes) para poder luego, como buen maestro, derramar la ponçoña[189].

Busca Jovio parecer amistoso y objetivo, y esta suerte de manipulación de la verdad es la que inquieta más a Jiménez de Quesada porque sabe que suele lograr sus objetivos, y no solo entre los ingenuos. Uno de los argumentos favoritos de los negadores de la leyenda negra es precisamente que en muchos de los textos más notablemente antiespañoles hay también reconocimientos a España, de donde se concluye inevitablemente que son los complejos de los españoles los que les llevan a ver leyendas negras donde lo que hay es perfecta objetividad. Es el caso de los comentarios que acompañan a los grabados de De Bry, por ejemplo. García Cárcel entiende que la edición de estos grabados no se hace con el propósito de menoscabar la reputación de España, puesto que los textos que los acompañan reconocen muchos méritos a los españoles. Jiménez de Quesada, hace cinco siglos desde Bogotá, ya vio el ardid con toda claridad.

El método de trabajo de Jiménez de Quesada consiste en pegarse al texto de Jovio e irlo comentando casi párrafo a párrafo. Pondremos un ejemplo del capítulo XIII a propósito del saco de Roma. Jovio señala que el emperador se dedicaba a festejar el nacimiento de su hijo con banquetes inacabables y fuegos artificiales mientras que en Roma se lloraban «las muertes ynfinitas de ynfinitos hombres y los altares chorreaban sangre». A esto Jiménez de Quesada contesta que, efectivamente, estaba el emperador en Valladolid ocupado en una de las ocasiones más gozosas de su vida, como era el bautizo de su hijo y heredero del trono, niño además nacido de una reina muy amada, pero al conocer la noticia, mandó suspender inmediatamente todos los festejos y declaró luto obligatorio en la corte. Pero esto Jovio no lo dice. Lo omite cuidadosamente. Sigue Jovio narrando que los horrores habidos en Roma movieron a compasión a otros príncipes cristianos, Francisco I y Enrique VIII concretamente, que decidieron enviar ejércitos a Italia para liberar al papa. Puntualiza Jiménez de Quesada que el papa ya había sido liberado por orden del emperador cuando se prepararon estos ejércitos y que todos los príncipes cristianos conocían este pormenor, porque Carlos I les envió cartas con su sello y firma para hacerles saber que había dado órdenes concretas de que acabase el cautiverio del papa junto con otras disposiciones encaminadas a garantizar su seguridad y bienestar. Se pregunta don Gonzalo: si el papa ya había sido liberado, ¿a qué vinieron a Italia los ejércitos ingleses y franceses? ¿Por qué «se fueron a entretener» a Milán, Alejandría, Pavía y a otras ciudades, y finalmente se dirigieron a Nápoles? Evidentemente ayudar al papa «hera el apellido que tra-

[189] Jiménez de Quesada, *El Antijovio*, pág. 17.

yan», pero sus intenciones eran otras como sus actos se encargaron de demostrar, a saber, apoderarse de lo que podían y causar el mayor daño posible a España. Jiménez de Quesada considera que es imposible que Jovio ignore estos hechos. ¿Por qué los calla entonces? Jovio evita referirse a la destrucción que provocaron estos ejércitos, mayor que la habida en Roma en 1527, y también calla que muchas de estas ciudades fueron defendidas del saqueo con tropas españolas.

¿Era tan grande el odio de Italia como dice Jiménez de Quesada? Sí y no. A este gran odio, para que el cuadro fuese completo, habría que añadir también una dosis considerable de afecto. No me refiero a la expresión de admiración y cariño con que muchos italianos agradecen la defensa de su Península y las islas frente a turcos y berberiscos por parte de España en tiempos del imperio. Hay bastantes testimonios de españoles que manifiestan sentirse cómodos y a gusto entre los italianos, y viceversa, y que destacan la semejanza de carácter y de lenguas (y también de religión a partir del comienzo del problema protestante). Cristóbal Suárez de Figueroa escribió en su *Pasajero* que los italianos, «con todo, de las naciones es la que con más conformidad y amor milita entre españoles»[190]. A mediados del siglo XVI, Cristóbal de Villalón escribió que en Milán la gente era «más amiga de los españoles que de los otros». Se refiere a los franceses y alemanes[191]. Andrea Navagero, diplomático veneciano que acompañó los ejércitos del emperador en los Países Bajos entre 1543 y 1546, demuestra su más profundo desprecio por los soldados alemanes: «disobbedienti, arroganti, imbriachi e finalmente non atti a far cosa alcuna buona» y, en definitiva «in somma è la peggior gente che possa darsi». Para Navagero, italianos y españoles están a un lado de una frontera psicológica infranqueable que los separa de los alemanes: «Di tutte tre queste nazioni tengono insieme più sempre l'Italiano e lo Spagnuolo che il Tedesco, il qual è nemico dell'uno e dell'altro»[192]. Esto convive, sin solución de continuidad, con un desprecio y unos aires de superioridad que se manifiestan incluso entre italianos muy vinculados a España como Pedro Mártir de Anglería, que pasó una parte grande de su vida al servicio de los Reyes Católicos: «Si se la compara con Italia, España es el último rincón de un inmenso palacio, mientras que nadie podrá negar que Italia es su salón principal y el emporio del universo entero»[193]. Lucio Marineo Sículo, vinculado

[190] Arturo Farinelli, *Italia e Spagna*, Turín: Fratelli Bocca Editori, 1929, pág. 180.

[191] Alfredo Giannini, «Impresioni italiane di viaggiatori spagnoli nei secolo XVI e XVII (apunti)», *Revue Hispanique* 55 (1922), págs. 50-160.

[192] Arnoldsson, *La leyenda negra...*, pág. 49.

[193] «Carta de Pedro Mártir de Anglería a Ascanio Sforza Visconti», en *Epistolario de Pedro Mártir de Anglería*, edición y trad. José López de Toro, col. Documentos inéditos para la historia de España IX, Madrid: Góngora, 1953, pág. 64.

también a España por estrechos lazos, insiste en recordar que son los españoles los que tienen que dar las gracias a los italianos, y no al revés, puesto que todo lo recibieron de los romanos, esto es, de los italianos, según la concepción histórica del Humanismo: «Attulerunt in eam Romani leges, bonos mores, disciplinas, et linguam latinam» (*De rebus Hispaniae memorabilibus*, cap. IV). Los mismos italianos que escriben versos y encendidos elogios a los ejércitos de España, a sus reyes o a sus hombres, los llaman marranos y bárbaros.

Hay un hecho aún más llamativo que este y es que, en la etapa contemporánea, los intelectuales italianos han sido los únicos, dentro de los territorios del antiguo Imperio español en Europa, que han intentado poner en claro las relaciones de España con su nación en estos siglos y han escrito páginas notablemente objetivas. El mejor trabajo sobre la hispanofobia en su versión italiana es de Arnoldsson, pero este reconoce que su libro depende grandemente de Benedetto Croce y Arturo Farinelli, que en 1917 y 1929, respectivamente, publicaron obras señeras que todavía hoy son obligada referencia[194]. Son dos ejemplos egregios, pero en modo alguno los únicos[195].

Hubo y hay en Italia una ambivalencia de sentimientos comprensible en el contexto de la leyenda negra, la cual es el producto de haber militado juntos en la defensa del catolicismo y de una convivencia estrecha y larguísima[196], lamentablemente hoy muy disminuida. Durante siglos los enemigos de España fueron los enemigos de Italia y los enemigos de Italia lo fueron de España. La leyenda negra en Italia, que produjo invectivas terribles y ejemplos de odio y rabia muy profundos, nunca puso a los españoles en el nivel de lo infrahumano. Los españoles eran bárbaros, incultos, ridículamente ceremoniosos, sexualmente inmorales y racialmente impuros, pero no descendieron a la categoría de demonios, de engendros del Averno frente a los que solo vale la aniquilación, como sucedió entre los protestantes. Arnoldsson se asombra de que la crueldad y la cobardía, tan presentes en el antihispanismo protestante,

[194] Benedetto Croce, *España en la vida italiana durante el Renacimiento*, trad. José Sánchez Rojas, Madrid: Mundo Latino, 1945. La primera edición italiana es de 1917. Se puede leer *on-line*: *http://archive.org/details/espaaenlavidai00croc*. Hay una edición remozada en Madrid: Renacimiento, 2007. Arturo Farinelli, *Italia e Spagna*, Turín: Fratelli Bocca, 1929. Habría añadir Virgilio Titone, *La Sicilia spagnuola*, Palermo: Società Editrice Siciliana, 1948.

[195] Mario Penna, Ottavio Di Camillo, Margherita Morreale, Federico Curato y muchos otros. Véase Fernando García Sanz (comp.), *Españoles e italianos en el mundo contemporáneo*, Madrid: CSIC, 1990.

[196] Thomas J. Dandelet y John A. Marino (eds.), *Spain in Italy. Politics, Society and Religion*, Leiden: Brill, 2007. Dandelet destaca cómo ha crecido el interés por la Italia española en los últimos veinte años.

no tenga apenas repercusión entre los italianos. Los españoles son soberbios pero no crueles, y desde luego la cobardía es una acusación que apenas existe en los textos. Incluso los humanistas más acerbamente antiespañoles reconocen su capacidad para la guerra. La versión italiana de la leyenda antiespañola es muy semejante al estilo de los prejuicios antirromanos de los helenísticos o de los europeos contra los estadounidenses. La versión protestante se parece mucho más al odio que hoy demuestran los países islámicos contra los estadounidenses, también rebajados (o alzados, según se mire) al nivel de los demonios.

¿Los italianos tuvieron alguna vez un taller de propaganda antiespañola al estilo de Guillermo de Orange o Martín Lutero? No. Y esta es la diferencia más importante entre la hispanofobia italiana y la protestante. Los prejuicios italianos contra España proceden del malestar que surge en un pueblo culto, rico y que se considera heredero del Imperio romano, cuando tiene que vivir en la órbita de un poder nuevo, el español. Esto además sucede cuando las clases pudientes italianas disfrutan de un bienestar económico y un lujo en su estilo de vida que no tiene parangón en Europa. A esto hay que sumar unas élites intelectuales que están revolucionando el continente y que son hiperconscientes de su importancia. El Humanismo comienza aquí. Por si algún detalle faltaba, la sede espiritual del mundo cristiano estaba en suelo italiano y hacía siglos que los papas eran italianos. No es que los italianos miraran por encima del hombro a los españoles, es que lo hacían con todo el mundo[197]. Disculpable soberbia, porque Italia es un regalo que los dioses le hicieron a Europa para que no perdiera de vista que la belleza ayuda a soportar las miserias de la vida. Las expresiones de desagrado de los cultos italianos con respecto a franceses o alemanes son semejantes a las manifestadas contra los españoles, con el agravante de que España dominó mucho más territorio y durante mucho más tiempo.

Pero volvamos a las diferencias que existen entre la leyenda negra en Italia y la versión protestante. Decíamos que no hubo en Italia un taller que manufacturase la propaganda antiespañola al modo de los creados en Holanda, Alemania e Inglaterra. Los panfletos que se imprimieron en estos territorios alcanzan extremos de grosería no solo en las palabras, sino también en las imágenes que no se hallan en Italia. De cintura para abajo no hay detalle escatológico o sexual que no esté representado. En la imperiofobia se pueden distinguir dos niveles claros de intensidad que vienen marcados por la existencia o no de una maquinaria propagandística organizada, la cual suele crearse en el caso de guerra, para provocarla o como consecuencia de ella. Es el caso de la rusofobia en la Europa Occidental en el momento inmediatamente anterior a la

[197] Muestras de menosprecio con respecto a los neerlandeses, a los ingleses, a los franceses, ofrece Arnoldsson en *La leyenda negra...*, págs. 44-49.

guerra de Crimea, o de España con los protestantes. Cuando no existe un conflicto tan acendrado, la imperiofobia puede considerarse como la manifestación de unos complejos de inferioridad no asumidos que se expresan en el rebajamiento de los imperiales. La clase letrada sirve de bocina a estos complejos que se traducen en desprecio racial y cultural, y al mismo tiempo, contribuye a prestarle respetabilidad intelectual a dichos prejuicios. El Humanismo puso a la hispanofobia ese sello de respetabilidad que todavía perdura.

Hay muchos ejemplos también de admiración y afecto hacia España en Italia. No son extraños los casos en que una misma persona, según la ocasión, expresa su más profunda adhesión y reconocimiento o los más furiosos sentimientos antiespañoles. Giovanni Laini[198] considera que los italianos tenían bastantes motivos para estar agradecidos a España y demuestra que las opiniones de los humanistas fueron en extremo venales en muchas ocasiones. Aretino y Jovio cambiaron de opinión varias veces según los vaivenes de la guerra y la cuantía de lo embolsado. Jovio, cuya mala fe hacia el imperio puso de manifiesto tan claramente Jiménez de Quesada, no tuvo empacho en escribir encendidos panegíricos al Gran Capitán y a Fernando de Ávalos. Son ejemplos perfectos del amor y del odio, de la admiración y del desprecio que subyacen en el fondo de las leyendas negras. El romano Marcelo Alberini había sido profrancés «ìo ami più Francia che Spagna», hasta que la alianza de Francia con Barbarroja en 1534 lo persuadió de que Francisco I, en lo que a la guerra con el infiel se trataba, no era de fiar. En 1535 escribió en su *Diario* los más encendidos elogios dirigidos al emperador Carlos V, único príncipe cristiano digno de tal nombre:

> Dio... che ha inspirato nel core di Carlo V et escitatolo et destolo a punire et a deprimere l'orgoglio et la crudeltate sua barbara... hora mi par più che giusto canonizzarlo per imperatore, per caesare et per augusto. Questa è una impresa nella quale Idio gli ha riposto il colmo et la palma de tutte l'altre vittorie, et con questa acquistando il nome di pio et di clemente et di vero príncipe, levarà la impressione delle menti delli homini che dubitano non converta la sua bella monarchia in tyrannide et acquistarassi il nome di patre et liberatore dei Christiani.

¿Qué ha ocurrido para que Carlos I sea ahora padre de todos los cristianos, pío, clemente, príncipe cristianísimo como no ha habido otro y merecedor de la Monarquía Universal? Que en 1535 las tropas del emperador y el emperador mismo habían librado duros combates en las costas africanas y habían conseguido expulsar a Barbarroja

198 Giovanni Laini, *Polemiche Letterarie dei Cinquecento*, Mandrisio: Stucchi, 1949, págs. 320-329.

y tomar Túnez. Quien ahora se expresa en estos términos ha tenido palabras durísimas para España, los españoles y su rey. Marrano fue lo mínimo que se le pudo ocurrir. Los había acusado de destructores de la civilización, de avaricia infinita, de lascivia e inmoralidad, etcétera. Estos cambios de opinión fueron más bien frecuentes. Dependen de los peligros que amenacen las costas de Italia primero y luego de los vaivenes del frente luterano. Porque a pesar del evidente resquemor con que los italianos miran lo que unas veces les parece dominio intolerable y otras, generosa protección, la lucha contra el protestantismo fue para ellos cosa propia y ahí hubo pocas fisuras, aunque también las hubo.

El caso de Antonio de Ferraris, el Galateo, es un paradigma. En tiempos del rey Fernando el Católico, a propósito de las conquistas de los españoles en el norte de África, afirmaba que, tras macedonios, cartagineses, romanos, francos... debía venir España a ser la cabeza del mundo, y exclamaba entusiasmado: «Ne perdite Hispani, occasionem! Venere vestra tempora»[199]. Esto fue a propósito de la toma de Trípoli en 1510, que fue recibida en Italia con el alivio que puede imaginarse. Otros muchos humanistas, como Fedra Inghirami o Flavio Biondo, expresan en sus escritos que los españoles son el amparo de Italia frente a los infieles. Croce reúne abundantes ejemplos de cómo el Imperio español fue considerado por muchos italianos como una «Universitas Christiana», de una dignidad superior a la de los pequeños estados. Croce insiste en el hecho evidente y a menudo olvidado de que no hubo oposición seria de los italianos a la presencia española.

[199] Arnoldsson, *La leyenda negra...*, pág. 47.

2

El Sacro Imperio, Países Bajos e Inglaterra: ¿guerras de religión o guerras antiimperiales?

> «Aliorum iudicio permulta nobis et facienda et non facienda, et mutanda et corrigenda sunt».
>
> CICERÓN, *De officiis*

El auge de los nacionalismos contra la Universitas Christiana

La idea de un imperio europeo concebido como una *Universitas Christiana* es fundamentalmente erasmista. Defiende una Europa unida sobre la base de su religión bajo la suprema autoridad del emperador Carlos V, una Europa capaz de hacer frente a sus enemigos e incluso de difundir el cristianismo más allá de sus fronteras. Fue teóricamente desarrollada por intelectuales españoles como Pedro Ruiz de la Mota, Hugo de Moncada o Alfonso de Valdés, pero a ello contribuyeron humanistas y filósofos de otras naciones, como el italiano Campanella y, naturalmente, el propio Erasmo.

La idea imperial de Carlos V fue este proyecto paneuropeo que arranca del Humanismo. El de Róterdam confía en Carlos V y lo cree capaz de llevar adelante esta magna aspiración de renovación espiritual y política de Europa. En distintas ocasiones manifiesta su admiración por el emperador, y pone en él sus esperanzas de que un líder temporal con gran preocupación espiritual lleve a cabo las reformas que Europa necesita. Erasmo dedicó a Carlos V su *Institutio principis christiani* (Basilea, 1516). Aquí desarrolla su proyecto político: una doctrina opuesta a la de Maquiavelo en la que lo compartido, esto es, los principios del cristianismo, es capaz de unir la diversidad y ligar políticamente a las naciones de Europa. Erasmo expresa su convencimiento de que el príncipe cristiano deber regir su política por la *philosophia Christi* y cree que el nieto de Maximiliano es el hombre adecuado para tamaña empresa.

La *Universitas Christiana* de Erasmo se opone igualmente a la idea de la Monarquía Universal y a la idea clásica del emperador como un *dominus mundi.* Erasmo rechaza la todopoderosa razón de Estado como fundamento de la política de los reyes y defiende la unidad de los cristianos como miembros de un cuerpo místico cuya cabeza es Cristo. La doctrina del cuerpo místico es viejísima, pero Erasmo la remoza y le da un sentido nuevo. En la idea erasmista, el emperador es un líder tan espiritual como político, y no una potencia agresiva. Francia e Inglaterra vivirán en la órbita de este gran poder que Carlos V está en condiciones de construir valiéndose solo de su herencia dinástica. Los teóricos erasmistas y el propio emperador rechazaron siempre la idea de la anexión violenta.

La influencia de Erasmo en España fue enorme, quizá mayor de la que ejerció en ningún otro país. Los estudios clásicos de Bataillon y Abellán están dedicados a poner de manifiesto esta circunstancia. Abellán escribió: «Erasmo es holandés pero el erasmismo es español»[200]. Que Erasmo aceptara y compartiera los muchos prejuicios raciales que pululaban por Europa en aquel momento no fue obstáculo para que fuera venerado por los intelectuales españoles coetáneos. Por eso, cuando fue invitado por el cardenal Cisneros a ocupar una cátedra en Alcalá de Henares, Erasmo no quiso venir a España. En carta escrita a su amigo Tomás Moro el 10 de junio de 1510 explica su negativa con la famosa frase «Hispania non placet». Erasmo ha asumido el prejuicio humanista, tan abundantemente esparcido por los italianos, de que los españoles son un pueblo cuya sangre y cultura están mezcladas de lo moro y lo judío y, profundamente antisemita como era, rechaza España sin tomarse la molestia de conocerla. Del poder de los prejuicios raciales desdichadamente no se libran ni las mentes más preclaras. Dicen que en la madurez de su vida, después de haber conocido a muchos españoles por los caminos de Europa, porque fue un viajero incesante, se arrepintió de no haber aceptado la propuesta de Cisneros[201].

Carlos V mantuvo con Erasmo una larga y estrecha relación personal y nunca ocultó su veneración por el humanista holandés. Hay discusión entre los historiadores sobre cómo llegaron hasta el joven emperador estas ideas, si fue directamente a través de Erasmo o bien por medio del ministro Gattinara[202] o de otros. Da lo mismo porque el hecho es

[200] Marcel Bataillon, *Erasmo y España*, México: FCE, 1956. Ha sido reeditado en 2006. José Luis Abellán García-González, *El erasmismo español*, Madrid: Gráficas El Espejo, 1976.

[201] Aunque fue toda su vida un crítico implacable de cualquier forma de borreguismo social, tampoco él escapó al influjo de las modas y prejuicios de su tiempo especialmente en clave humanista, y así, por ejemplo, además de asimilar acríticamente la hispanofobia, se cambió su verdadero nombre, Geert Geertsen, por otro más sonoro con el que ha pasado a la historia.

[202] Interesantísimo personaje este humanista piamontés nacido en el seno de una familia de la pequeña nobleza. Entró primero al servicio de la casa de Saboya, pero pronto pasó a trabajar para los Habsburgo. Jugó un papel decisivo en el nombramiento de Carlos V como emperador. Él se encargó de conseguir los subsidios necesarios en las Cortes de Castilla. Fue luego miembro del Consejo de Castilla, que reformó para adaptarlo al nuevo contexto imperial. A él se debe también la creación del Consejo de Hacienda y del Consejo de Indias, al que perteneció muchos años. Fue uno de los hombres más poderosos de su tiempo. Es uno de los muchos ejemplos de promoción social

que hizo suya la idea humanista de un imperio nuevo bajo la forma de *Universitas Christiana* y, por otra parte, resulta difícil determinar un origen preciso porque Carlos V vivió desde su adolescencia rodeado por erasmistas borgoñones, flamencos, alemanes, italianos y españoles[203].

La idea de una Europa unida era demasiado nueva y demasiado vieja. Triunfaron la razón de Estado, la monarquía absoluta y las naciones. En definitiva, la fragmentación y no la unidad. El protestantismo fue la carga principal de dinamita con que se voló este proyecto prematuro de unidad europea. Entiéndanse bien las causas y los efectos. No es que este fracasara porque apareció el problema del protestantismo, sino que el protestantismo surgió para que este proyecto no triunfara. Los bueyes no deben ir detrás del carro.

Curiosamente solo los españoles, que acababan de levantar el primer esbozo de Estado, parecen dispuestos a seguir a un emperador extranjero en una aventura sin precedentes. Después del rechazo de los comuneros, los pueblos peninsulares y Castilla en especial ponen todo de su parte para que triunfe esta *Universitas Christiana* del flamenco Carlos V. Se olvida demasiado a menudo que el emperador[204] era más extranjero en Castilla y Aragón que en Flandes y Alemania[205]. No era un imperio teórico, sino que se manifestó en medidas muy concretas como la decisión de abrir América al comercio y a la emigración de alemanes y holandeses. De 1530 a 1550 los conquistadores alemanes desarrollaron una intensa actividad en la Tierra Firme en competencia con Jiménez de Quesada y Sebastián Belálcazar. En las mismas décadas, comerciantes alemanes se establecieron en La Española y en el Yucatán. En la expedición de don Pedro de Mendoza al Río de la Plata (1535-1536) había

que el Imperio español, como otros imperios, puede ofrecer. Manuel Rivero Rodríguez, *Gattinara: Carlos V y el sueño del imperio*, Madrid: Sílex, 2005.

203 M. Fernández Álvarez, *Carlos V, un hombre para Europa*, Madrid: Cultura Hispánica, 1999, págs. 85-105. La primera edición es de 1976. José Luis de las Heras, «El proyecto europeísta de Carlos V», Biblioteca Virtual Cervantes, 2001, y también en *http://web.usal.es/~heras/Publicaciones/idea%20europa.html*.

204 Sobre Carlos V sigue siendo útil la biografía del alemán Karl Brandi, *The Emperor Charles V: the Growth and Destiny of a Man of a World-Empire*, Londres: Jonathan Cape, 1963. Cito por la traducción inglesa. Insuperable hasta ahora como visión de conjunto y sobre la economía del periodo es la obra de Ramón Carande, *Carlos V y sus banqueros*, Barcelona: Crítica, 1987. Originalmente se publicó en tres volúmenes aparecidos en 1943, 1949 y 1967.

205 El término «Alemania» está aquí impropiamente usado. Habría que decir Sacro Imperio o territorios alemanes, por ejemplo, pero es una denominación cómoda y fácilmente reconocible, de manera que la emplearé en lo sucesivo. El lector tendrá en cuenta que de Alemania no puede hablarse con propiedad hasta la unificación de la segunda mitad del siglo XIX.

150 alemanes y holandeses. Uno de los primeros cronistas de Argentina y Paraguay fue Ulrich Schmidl de Straubing. En 1556 Felipe II dio por concluida la aventura americana para los no españoles a la vista de cómo iban las cosas del imperio en Europa[206].

En su magnífico estudio sobre la génesis y el desarrollo de la hispanofobia en Inglaterra, Maltby se sorprende de que ni las publicaciones de historiadores serios ni los miles de turistas británicos y estadounidenses —eran miles cuando Maltby escribe en 1968, ahora son millones— que han visitado España hayan servido para modificar la opinión general. Cree que hay «un mayor respeto a España y su pueblo», pero «este respeto no se refleja en las películas, los libros de texto o en la literatura popular»[207]. A esta enumeración habría que añadir la literatura culta y muchos textos históricos piadosamente omitidos por Maltby. Medio siglo después la situación es aproximadamente la misma y nos atrevemos a decir que lo será por mucho tiempo. La explicación de esta perseverancia no es difícil. La identidad colectiva de los pueblos protestantes está levantada sobre la denigración de los católicos y, entre estos, España ocupa un lugar de honor. Cada nación protestante construyó su ser, su necesidad de ser, por oposición y contraste con los demonios del Mediodía. Si este apoyo faltara, ¿dónde buscar el soporte que sostenga la diferencia? A los pueblos católicos les cuesta entender esto porque no hay nada parecido en los mimbres de su identidad. El católico no necesita pensar en el protestante para existir, ni busca considerarlo un ser inferior y moralmente degradado para creer que su catolicismo es lo correcto. Piensa que están equivocados y nada más. No requiere del otro para justificar su existencia en el mundo. Su ser católico no crece ni mengua porque el protestante exista. En cambio, las iglesias protestantes se levantaron contra algo y ese algo tenía y tiene que ser necesariamente muy malo. Por lo tanto no hay esperanza alguna de que decaigan los prejuicios protestantes contra España porque están escritos en el ADN de su identidad colectiva. Cuanto peor es el enemigo, mejores somos nosotros y más razones tenemos para habernos separado de ellos. Maltby no se equivoca cuando habla de ese «odio imperecedero de los protestantes en todo rincón de Europa, hasta un grado tal que acaso no lo hayan notado ni aun los propios hispanistas». Cuando un niño protestante se cristianiza y aprende los fundamentos de su religión, aprende también cómo nació esta y contra qué monstruosa nación tuvieron que batirse para que existiera.

[206] Ulrico Schmidl, *Derrotero y viaje a España y las Indias*, traducido del alemán según el manuscrito original de Stuttgart por Edmundo Wernicke, Buenos Aires: Espasa-Calpe, 1944. Está disponible en la red: *www.losdependientes.com.ar/uploads/q1o30yph4a.pdf.* Germán Arciniegas, *Los alemanes en la conquista de América*, Buenos Aires: Losada, 1941. Juan Friede Alter, *Los Welser en la conquista de Venezuela*, Caracas: Edime, 1961.

[207] Maltby, *La leyenda negra...*, pág. 13.

Las prensas protestantes produjeron libelos que eran, no ya a todas luces falsos, sino tan burdos y de tan bajo nivel intelectual, de tan mal gusto, que cualquiera pensaría que su misma zafiedad los haría inútiles para defender una causa. Pero esto es tener en mucho la inteligencia humana y, sobre todo, tener en poco la fuerza meteorológica de las grandes corrientes de la historia. España no respondió con nada parecido. La impresión que se tiene es que España no se defendió, y esto lo reconocen todos desde Maltby a García Cárcel. Hubo algunas protestas individuales de Quevedo o Saavedra Fajardo y algún otro. Y esto que parece un misterio, un comportamiento incomprensible y suicida, no lo es tanto. En general, los imperios no suelen ocuparse de defender su reputación. Tienen asuntos más graves entre manos. Los imperios reaccionan con un ataque propagandístico en regla cuando este procede de un poder lo suficientemente sólido como para ser una amenaza. Ni Inglaterra ni los Países Bajos fueron nunca una amenaza seria para el Imperio español. Es comprensible que la guerra antiimperial contra España fuese importantísima y omnipresente para Flandes, pero no lo era para España. Era un territorio más, entre muchos. Tampoco ahora los estadounidenses se ocupan de contrarrestar el antiamericanismo que se respira por doquier en el planeta. No tendrían tiempo para otra cosa. Solo en vida de la Unión Soviética mantuvieron los estadounidenses un aparato propagandístico sólido para contrarrestar la propaganda antiamericana que salía del bloque comunista. Y resulta asombroso comprobar que sus resultados fueron muy mediocres. Ahora mismo Estados Unidos se enfrenta a un peligro que jamás imaginó: el integrismo islámico. Y sin embargo, difícilmente vamos a encontrar propaganda antiislámica de factura norteamericana que pueda compararse con la propaganda antiamericana que se hace en los países musulmanes. Esto es así porque la amenaza que viene del islam, aunque aterradora, es difusa, y el estadounidense no siente que su país y su imperio peligren realmente por su causa.

El antihispanismo en el mundo protestante fue causa y efecto de una actividad propagandística inabarcable que produjo desde los panfletos más vulgares a textos cultos y aparentemente objetivos, pasando por impresos con ilustraciones alusivas al demonio español. Es de todo punto imposible hacer aquí relato de esta producción torrencial. En cada caso iremos remitiendo a los varios estudios parciales que se han hecho y hago notar que estamos todavía muy lejos de haber, no ya estudiado, sino inventariado la totalidad de esta producción. Nos limitaremos ahora a dejar constancia de los nuevos lugares comunes de la hispanofobia que fueron creados por el protestantismo y a poner de manifiesto la distancia que media entre el prejuicio y la realidad.

3

Alemania: protestantismo y regresión feudal

«Tolerabilius esse vivere sub Turca
quam Hispanis, nam Turcam confirmatio
regno servare iustitiam,
sed Hispanos plane esse bestias».
(Más tolerable es vivir bajo poder turco
que español, puesto que los turcos sostienen
su reino con la justicia,
mientras que los españoles evidentemente
son bestias).

MARTÍN LUTERO[208]

Martín Lutero y su contexto

Según la leyenda, la mañana del día de Todos los Santos de 1517, Martín Lutero, monje agustino, indignado por el espectáculo bochornoso que ofrece la Iglesia y escandalizado por la venta de indulgencias, clavó en la puerta de la iglesia de Wittenberg las 95 tesis que desafiaban los pilares de Roma[209]. Comienza ahí el mayor cisma que ha conocido la cristiandad occidental, una división *per specie aeternitatis*, según parece[210].

Las explicaciones que se dan a este cisma son ciertas pero insatisfactorias. La Iglesia llevaba siglos ofreciendo un espectáculo poco edificante. Las crisis se habían sucedido una tras otra. En territorio alemán sin ir más lejos, el emperador Enrique IV, en el siglo XI, decidió seguir nombrando obispos en las ciudades imperiales pese al interdicto eclesiástico. El papa Gregorio VII lo amenazó con la excomunión. Finalmente cumplió su amenaza y, en respuesta, el emperador declaró depuesto al papa en el Sínodo de Worms en 1073. No obstante, después de más de una década

[208] Heinz Schilling, «Del imperio común a la leyenda negra: la imagen de España en la Alemania del siglo XVI y comienzos del siglo XVII», en *España y Alemania: percepciones mutuas de cinco siglos de historia*, eds. Miguel Ángel Vega y otros, Madrid: Editorial Complutense, 2002, pág. 44. La traducción es mía.

[209] Hay varias biografías de Lutero disponibles. Alfonso María Moreno, *Martín Lutero: historia de una rebeldía*, Bilbao: Mensajero, 1985, y también Judich O'Neill, *Martín Lutero*, Madrid: Akal, 1991.

[210] Para una exposición general del periodo en lo referente a la leyenda negra, véase Carlos Gómez-Centurión Jiménez, «Bajo el signo de sagitario. La visión europea del poder español (siglos XVI-XVII)», *Cuadernos de Historia Moderna* 16 (1995), págs. 201-231.

de conflicto abierto, la situación pudo arreglarse. A comienzos del siglo XIII, en otra crisis, habían nacido los franciscanos con el deseo de volver a la pobreza y pureza evangélicas. Fue una época de grandes convulsiones. En las lindes del movimiento franciscano hubo otros que fueron considerados heréticos y perseguidos. Tampoco Francisco soportaba que la riqueza y las ambiciones del siglo dominaran la Iglesia. En 1409 había tres papas. Hacía ya varias décadas que había dos. Fue un momento especialmente delicado, pero el Gran Cisma de Occidente pudo superarse. Así, construyéndose y destruyéndose, siempre en medio de terribles tensiones entre su enorme poder temporal y su misión espiritual, estaba la Iglesia desde los tiempos de Constantino, y aún antes. Había habido fracturas, guerras y crímenes, pero siempre se pudo salvaguardar o reconstruir la unidad de los cristianos. ¿Por qué ahora no? Para comprender la versión protestante de la hispanofobia es necesario responder también a esta pregunta tan delicada, porque el rechazo a la *Universitas Christiana* del emperador Carlos pasa necesariamente por el cisma religioso.

En territorio alemán, solo en el siglo XV nos encontramos con el levantamiento de Hans Böhm (1476) en la Baja Franconia. Y antes, el de Jan Hus (*ca.* 1370-1415). Las guerras husitas, que empezaron en 1419, duraron varios años[211]. Otros hombres (Böhm, Hus, Wycliff, Milia de Kromeriz...) habían hecho aproximadamente lo mismo que Lutero, incluso fuera de los territorios alemanes, como Savonarola en Florencia. Pero ahora se ha producido un cambio sustancial: hay un imperio dispuesto a tomarse en serio a sí mismo. La rebelión de Lutero es diferente por esta razón: Carlos V y todo lo que él representa.

En todas las rebeliones habidas en los territorios alemanes que demandaban una reforma de la Iglesia había un componente social muy claro: gentes muy pobres que ya no soportaban más su penosa situación y pedían, exigían cambios. La crisis del régimen feudal en los territorios donde surgió la Reforma había dejado en la miseria a miles de campesinos que ya no tenían colocación ni en el campo ni en las ciudades. También había llevado a la ruina a la pequeña nobleza, la clase hidalga o de los caballeros. El ejército de tipo feudal está desapareciendo y estas familias hidalgas no tienen a quien servir. La rebelión de los Caballeros Palatinos encabezada por Franz von Sickingen en 1523 es la demostración de las grandes tensiones sociales que conviven y se mezclan con deseos de renovar espiritualmente la Iglesia, de tal manera que no es fácil distinguir una cosa de la otra. Sin embargo, ahora encontramos un matiz diferencial altamente significativo. Los cabecillas de estas revueltas insisten una y otra vez en la idea de que el catolicismo representa un

211 Howard Kaminsky, *A History of the Hussite Revolution*, Berkeley y Los Ángeles: University of California Press, 1967. Thomas A. Fudge, *Jan Hus, Religious Reform and Social Revolution in Bohemia*, Londres: I. B. Tauris, 2010.

poder extranjero y, por tanto, ilegítimo. Ulrich von Hutten en su *Queja y admonición contra el poder de Roma* (1520) anima a los alemanes a recuperar su independencia de la tutela de Roma[212]. Cabe preguntarse a qué independencia se refiere Hutten.

La predicación de Lutero, como otras que hemos mentado, vino acompañada de desórdenes públicos que fueron en aumento, hasta tal punto que en 1524 estalló la que se conoce como la guerra de los Campesinos, que fue, hasta la Revolución francesa, la revuelta popular más importante que ha habido en Europa[213]. Duró unos dos años. Lutero, que se asustó por la magnitud que llegó a tener el conflicto, comprendió pronto que era suicida mezclar la renovación del espíritu con las rebeliones de hambrientos y, tras la muerte de Hutten y Sickingen, se puso sin titubeo del lado de los príncipes. El levantamiento fue aplastado a sangre y fuego por los príncipes alemanes, con Martín Lutero de su lado predicando la condenación eterna para todos los rebeldes.

Las indulgencias son un escándalo intolerable, pero la propiedad es sagrada. ¿Toda? Quizá no. Este es un momento crucial. Pensemos que hasta ahora, por ejemplo, Hutten y Franz von Sickingen, cabecilla de la rebelión de los caballeros palatinos, y por lo tanto, dos hombres que se han situado a sí mismos fuera del sistema, han sido aliados de Lutero. Pero Sickingen muere el 2 de mayo de 1523 cuando su castillo de Nanstein es asaltado por una coalición de príncipes encabezada por Luis V del Palatinado y Felipe I de Hesse, y Hutten fallece unos meses después. Sin ellos, la posición de Lutero se torna muy débil[214]. Pocos meses después de morir Hutten y Sickingen, Lutero escribe *Contra las hordas asesinas y ladronas de campesinos,* texto con el que da su apoyo incondicional a los señores alemanes y condena toda forma de rebelión venida de los de abajo contra esos príncipes. Liga así su destino a unas oligarquías locales que tienen problemas por arriba (Carlos V) y por abajo (campesinado empobrecido y rebelde). Quizá Lutero sea la llave maestra que consiga resolver unos y otros uniendo ambos: «Contra las hordas asesinas y ladronas, mojo mi pluma en sangre: sus integrantes deben ser aniquilados, estrangulados, apuñalados, en secreto

[212] Enrique Martínez Ruiz y otros, *Introducción a la Historia Moderna,* Madrid: Istmo, 1994, págs. 124-126.

[213] Georges Bischoff, *La guerre des paysans. L'Alsace et la revolution du Bundschuh, 1493-1525,* Estrasburgo: La Nuée Bleue, 2010. Annick Sibué, «Dérives religieuses et Guerre des paysans», en *Luther et la Réforme protestante,* París: Eyrolles, 2011. Sibué repite el lugar común según el cual la Reforma fue condición *sine qua non* para llegar a la modernidad. Es útil en ese sentido para que el lector se haga una idea de la cosmovisión de Europa aceptada acríticamente en el mundo académico.

[214] Hajo Holborn, *Ulrich von Hutten and the German Reformation,* Nueva York: Harper Torchbooks, 1965. Es traducción de un texto alemán de 1937.

o públicamente, por quien pueda hacerlo como se mata a los perros rabiosos»[215].

No es fácil explicar en pocas palabras quiénes fueron Hutten y Sickingen y qué relación tuvieron con Lutero. Hutten fue el niño listo y enfermizo de una familia pobre que lo entregó a la Iglesia pensando que nunca podría ganarse la vida en el campo. Recibió una educación excelente, pero el sacerdocio no era para él, así que vivió más o menos como un goliardo en los límites de la marginación social. Como otros alemanes cultos de su tiempo, concibió un odio profundo hacia el mundo latino, en gran parte originado por la actitud despreciativa que los humanistas italianos tenían hacia los demás pueblos. Sickingen, por su parte, fue un noble alemán que llegó a ser canciller del emperador, pero su estrella se fue apagando y aprovechó la rebelión de los campesinos para iniciar una guerra particular a favor de la pequeña nobleza con el argumento de que a esta correspondía el señorío de muchos territorios que estaban en manos de la Iglesia. Era la ocasión para enfrentarse a otros señores con los que tenía cuentas pendientes desde antiguo. La asociación con Hutten dio a Sickingen un aval intelectual del que carecía, en la línea del nacionalismo humanista más agresivo, y ambos fueron un apoyo crucial para Lutero en los primeros tiempos. Y este no se desgajó del bando rebelde hasta que se vio solo y comprendió que la victoria estaba del lado de los príncipes. Por ello, fue duramente criticado por otros líderes protestantes como oportunista.

Desde el primer momento aparecen en los panfletos luteranos dos ideas que se repetirán hasta la saciedad y terminarán por ser asimiladas por una parte de la población. Primera: el catolicismo representa a un poder extranjero y, por lo tanto, apoyar a Lutero y a los suyos es defender a Alemania de un invasor que la humilla. Segunda: los bienes de la Iglesia son el resultado del robo perpetrado por extranjeros (españoles, italianos...) a los alemanes, así que es lícito confiscarlos. Ya en sus tres primeros panfletos aparecen estas dos ideas. Se pide al emperador que destruya a Roma y al papa (Lutero, como Orange, al principio no se atreve a levantarse contra su señor natural), y la expropiación («secularización») de los bienes de la Iglesia. En *Cautividad de Babilonia* (segundo panfleto) la combinación de estas dos ideas busca alentar el sentimiento nacional contra el papado. Pronto, en 1520 en su *A la nobleza cristiana de la nación alemana*, Lutero identifica al papa con el Anticristo[216]. En consecuencia hay un poder extranjero, no germánico, de naturaleza

[215] Disponible en la red: *www.escriturayverdad.cl/.../Contra%20las%20Hordas%20Ladronas%20*. Consultado el 12 de agosto de 2015.

[216] Disponible en *www.ladoctrina.org/La-cautividad-babilonica-de-la-iglesia-Martin-Lutero.pdf* y en *www.iglesiareformada.com/Lutero_Nobleza_Alemana_1.html*. Consultado el 21 de abril de 2014.

demoniaca que atenaza a Alemania. Lutero se presenta ante la opinión pública como el campeón germánico que se levanta contra la opresión latina, el Hércules germánico.

El recurso al Anticristo es una constante en Lutero. En el coloquio de Marburgo (1529), que reunió a Lutero y Zuinglio en un intento fracasado de poner paz entre ellos y sus facciones, Lutero denunció a Zuinglio y lo llamó a él y a sus seguidores «fanáticos y demonios». Es un ejemplo entre cientos. Jamás toleró la menor sombra de disidencia religiosa y persiguió con encono a aquellos colaboradores que no mostraron la necesaria sumisión[217]. A los veinte años había escrito que estaba dispuesto a convertirse en «un brutal asesino» y «a matar a todos los que negaban sumisión al papa»[218]. Sus cambios de opinión fueron siempre radicales.

Los príncipes alemanes comprenden que el malestar de esas rebeliones es posible usarlo contra un emperador que tiene más poder que ningún otro en siglos. Hay que detenerse un poco en la singular posición que ocupa Carlos V entre los emperadores alemanes. Recordemos que el Sacro Imperio fue así denominado por Federico Barbarroja en el siglo XII con la pretensión de continuar el ya fallecido Imperio carolingio como heredero de Roma. Y recordemos también que el añadido *Nationis Germanicae* no apareció hasta el siglo XV y que es fruto de la inspiración del Humanismo nacionalista alemán. Hasta entonces era *Sacrum Imperium* o *Sacrum Romanum Imperium*. Lo germánico era irrelevante, pero ahora ya no lo es. Desde los tiempos de Barbarroja ningún emperador ha sido tan poderoso. El poder inusitado de Carlos V se debe a la enorme herencia recibida de su madre Juana. De hecho son las rentas de Castilla (y no las de Borgoña o Austria) las que comprarán la elección de emperador para el nieto de Fernando y Maximiliano. Para imponer su poder, el joven Carlos V no necesita ni de príncipes electores ni de la Dieta. Castilla y Aragón le ofrecen el mejor ejército que existe en aquel momento y enormes riquezas, pero sobre todo una manera nueva de organización político-social mucho más eficaz y moderna que la que él conocía en los territorios de su padre. Carlos comprende que está en condiciones de modificar las estructuras políticas de la mayor parte de Europa y concibe un proyecto colosal de unidad europea. Es una auténtica recreación del Imperio romano. No sueña. Realmente tiene en sus manos la posibilidad de hacerlo, pero no cuenta con la férrea oposición de los pueblos germánicos a integrarse en una unidad superior en la que, a su juicio, predominen los latinos.

[217] G. R. Potter, *Zwingli*, Cambridge: Cambridge University Press, 1976, págs. 160 y ss.

[218] Martín Lutero, *Sämmtliche Werke*, ed. Ernst Ludwig Enders, Franckfurt y Erlagen: Heyder&Zimmer, 1882-1885 (20 vols.), vol. II, pág. 284, citado por la Enciclopedia Católica.

Este proyecto paneuropeo es real y a sus intelectuales más audaces encargó el nieto de Fernando el Católico su armazón teórica, intelectual y espiritual.

La ruptura religiosa de la Reforma no es solo la quiebra de un vínculo espiritual. Los príncipes alemanes eran plenamente conscientes de que nada podía hacer más daño a aquella *Universitas Christiana* que buscaba el emperador que un cisma religioso. Era una jugada maestra. Por una parte, encontraba un enemigo fuera, lo que fortalecía el espíritu de unidad hacia el interior en un movimiento típicamente nacionalista y afianzaba la posición de los señores locales, y de camino, resolvía los problemas económicos de las oligarquías con la apropiación de los bienes de la Iglesia. La explicación habitual es que el emperador pasa de una postura inicial de tolerancia religiosa, en gran medida obligado por las circunstancias (guerra contra los turcos y con Francia), en la Dieta de Worms a una actitud de intransigencia en la Protesta de Spira, cuando condena definitivamente la Reforma. El hecho de que la mayoría de los historiadores plantee este asunto en términos de intransigencia o tolerancia religiosa es la mayor muestra de que los prejuicios han creado las coordenadas para explicar los hechos[219]. Resulta difícil imaginar nada más intolerante que el principio conocido como *cuius regio, eius religio,* según el cual el señor tiene derecho a imponer sus

[219] En la Wikipedia leemos: «Esa misma Dieta [la de Espira en 1526] consagraba la tolerancia religiosa bajo el lema *cuius regio, eius religio...* Nuevamente en la Dieta de Espira de 1529, y ante la intención de los católicos de anular la tolerancia adoptada en 1526, los reformistas emitieron una airada queja de protesta» (Entrada: Martín Lutero. Consultado el 8 de octubre de 2013). ¿Acaso hubo alguna propuesta luterana en el sentido de tolerar a los católicos o a otros? Sin embargo, el punto de vista que relaciona protestantismo y tolerancia está esparcido por doquier y lo encontramos hasta en los textos más sesudos: «Mediante la Paz de Augsburgo (1555) acordada entre los Estados del Imperio y el Emperador, los protestantes fueron equiparados jurídicamente a los católicos; calvinistas, sectas, baptistas, etc., quedaban excluidos. La libertad de elegir la fe no estaba reconocida a cada individuo, sino exclusivamente al gobernante de cada Estado; cuyo *ius reformandi* significa el derecho a fijar la religión de sus súbditos de modo obligatorio: *cuius regio eius religio.* La paz de Augsburgo supuso el primer paso hacia la libertad religiosa»: Christian Starck, «Raíces históricas de la libertad religiosa moderna», *Revista Española de Derecho Constitucional* 47 (1996), pág. 11. En origen es un texto alemán publicado en 1995 y traducido al español por María J. Roca. Aunque resulte difícil de encajar, el autor afirma que el derecho del gobernante a imponer su religión al gobernado es el primer paso hacia la libertad religiosa, que es como decir que el primer paso hacia la paz universal se dio cuando Caín mató a Abel. Ante semejante avance da pánico pensar cuál será el paso segundo. Son miles los textos académicos de distintas especialidades donde aparecen juntos protestantismo, Paz de Augsburgo y tolerancia religiosa.

creencias a toda la población[220]. Esta explicación olvida (el mecanismo de la leyenda negra procede siempre olvidando una parte de la verdad o desenfocando los contextos de tal forma que solo una parte de ella queda a la vista) que en el ínterin ha venido discutiéndose, cada vez con mayor encono, el muy delicado problema de las propiedades de la Iglesia. Si el clero de una iglesia cualquiera en, pongamos por caso, la Baja Sajonia, se hace luterano, ¿puede seguir rezando y usando esa misma iglesia que a la sazón es católica, apostólica y romana y propiedad de la Iglesia de Roma? ¿Quién ha de recibir sus rentas? ¿Acaso debe este clero reformado que niega obediencia al papa, abandonar la iglesia susodicha, dejarla en manos del clero católico y habilitar con sus propios recursos lugares de culto y medios de subsistencia? Si la Reforma hubiera demandado de sus fieles semejante esfuerzo material, ¿hubiera triunfado? El propio Lutero convirtió su antiguo convento agustino en su casa particular, y allí vivió y crio a sus hijos. Fue un regalo del elector de Sajonia que pudo mostrarse generoso con el reformador dando lo que no era suyo.

Cuando Carlos V condena la Reforma, está condenando el derecho de los príncipes prorreformistas a imponer su criterio a quienes quieren seguir siendo católicos y está también prohibiendo el derecho a apropiarse de los bienes eclesiásticos, y es en este punto donde se produce la ruptura definitiva. Las ventajas económicas que la Reforma ofrece a las oligarquías locales son evidentes y los señores territoriales se disponen rápidamente a disfrutar de ellas. Ahora bien, ni entonces ni ahora ha podido el expolio presentarse a los ojos de la opinión pública con su verdadero ropaje. Requería y requiere de una cobertura ideológica o espiritual que lo justifique. Cuando Felipe IV de Francia, llamado el Hermoso (1268-1314), decidió apropiarse de los bienes de la rica y poderosa Orden del Temple, tuvo que fabricar una leyenda de herejías e infamias, que todavía perdura, para justificar el robo. De la misma manera, siglos después el régimen nazi pudo apropiarse de las propiedades de los judíos con el argumento de que estos eran un cáncer para Alemania. Mientras tanto, se discuten constantemente muchísimas cuestiones espirituales y artículos de fe. Por docenas y cada día. Pero ni siquiera lo que pasa por ser el núcleo duro del protestantismo, a saber, la salvación por la fe, viene de fuera de la Iglesia de Roma: está ya en san Agustín, uno de los grandes santos del catolicismo, y Lutero es, no lo olvidemos, agustino. Toda la maquinaria de la Reforma se sostiene sobre la negación de una evidencia, a saber, que ni el luterano ni el anglicano

[220] «The Reformation, then, was not, by and large, a popular movement [...]. Public opinion alone did not determine the issue in any state. The will of the ruler or the ruling circle was the most important factor»: Paul Johnson, *History of Christianity*, Nueva York: Atheneum, 1987, pág. 196.

ni ningún otro cristiano protestante (el católico tampoco) es libre para entenderse directamente con Dios a través de los textos sagrados. La «libertad religiosa» de la Reforma nunca fue nada más que un sintagma afortunado. El uso de la palabra «libertad», término totémico, siempre lo es en cualquier clase de contexto conflictivo. En este caso concreto sirvió para justificar que el clero y la Iglesia de Roma eran innecesarios y gravosos, además de inmorales y corruptos. Pero la realidad es que cada confesión protestante creó una nueva iglesia y un nuevo clero para sustituir al que había, y un nuevo catecismo con sus dogmas y sus liturgias. No hubo jamás libertad para interpretar las escrituras entre los cristianos protestantes. En cada caso, Lutero, Zuinglio, Menno, Carlostadio, Knox, Calvino, etcétera, decidieron lo que su gente tenía que creer y prohibieron tan severamente como la Iglesia católica, o más, cualquier otro punto de vista. Las persecuciones entre las facciones protestantes y las guerras que entre ellos se desataron provocaron más muertos que las luchas contra los católicos.

Cuando se firma la Paz de Augsburgo el 25 de septiembre de 1555, uno de los principales caballos de batalla en la negociación es, naturalmente, el de las propiedades de la Iglesia. El imperio de Carlos V queda dividido en dos partes, una luterana y otra católica. Se acepta que cada príncipe pueda, en el ámbito de su territorio, decidir cuál de estas confesiones se ha de practicar (*cuius regio, eius religio*). Ahora bien, esto afecta solo al luteranismo o al catolicismo. Todas las demás versiones del protestantismo, como calvinistas, remonstrantes o anabaptistas, por ejemplo, quedaron proscritas. En esto los luteranos no están dispuestos a ceder un ápice. Solo la profundidad de los prejuicios inveterados ha podido hacer que la Paz de Augsburgo haya pasado a la historia como una victoria de la tolerancia religiosa. Aquel que no acatara la decisión del señor, debía abandonar el territorio. El lado católico, tras enconadísimas discusiones, consiguió que el tratado recogiera el llamado *reservatum ecclesiasticum* en un intento de salvar lo que se pudiera de los bienes de la Iglesia católica. Según el *reservatum*, si un príncipe que ocupaba un cargo eclesiástico católico se pasaba al protestantismo, no podía apropiarse de los bienes del obispado o de la abadía y dejarlos en herencia a sus descendientes. En el tratado se dan por buenas las confiscaciones de las propiedades eclesiásticas anteriores a 1552, pero se especifica que deben restituirse las llevadas a cabo con posterioridad a esa fecha. Nunca se usa la palabra «confiscación» ni término semejante. Los protestantes llamaban «secularización» a apoderarse de los bienes eclesiásticos y rechazaron que pudiera usarse cualquier término más acorde con la realidad. El *reservatum* fue rechazado por muchos señores territoriales y no pudo lograr la aprobación de la Dieta. Finalmente terminó convirtiéndose, a los pocos años, en una de las causas principales de la guerra de los Treinta Años. Naturalmente, las propiedades *secularizadas* con posterioridad a 1552 nunca fueron devueltas[221].

La Paz de Augsburgo determinó el futuro desarrollo del imperio, que se dividió entre territorios católicos y protestantes, y los príncipes territoriales se convirtieron prácticamente en los árbitros políticos. La Cámara Imperial *(Reichskammergericht)* quedó *de facto* sometida a los señores territoriales. En el recientemente instituido sistema de administración por «círculos»[222] tampoco se permitía ya el control del emperador. Más aún, el Consejo Permanente de la Administración *(Reichsdeputationstag)*, órgano de centralización desarrollado desde el sistema de «círculos», fue reclamado y presidido por el elector de Maguncia en 1588 como canciller del imperio y no por el emperador. La legislación económica y judicial se realizaba en los estados separados. En la Dieta de Espira de 1570, los príncipes anularon incluso la autoridad del emperador en materias militares. Señala Schilling que «sería un error entender la España de comienzos del siglo XVI como una nación atrasada y cerrada al cambio que se opuso a la dinámica de modernización propia de Imperio en esa época. Tal es el mito antiespañol de la propaganda protestante. Un análisis histórico revela de inmediato que la realidad fue justamente la contraria. Los conflictos con España y el estereotipo nacional que surgió de estos fueron más bien el resultado de sus progresos modernizadores a los que los alemanes, inferiores en este punto, tuvieron que adaptarse»[223]. Lo cierto es que nunca se adaptaron.

Las consecuencias de la voladura del proyecto imperial de Carlos V no fueron precisamente buenas para los territorios alemanes, y en bastantes ocasiones ni siquiera para los príncipes que la procuraron. En 1618 estalló la que sería la guerra de los Treinta Años[224]. El *casus belli* que la comenzó fue el nombramiento de un católico, Fernando II, como

[221] Jaime Contreras Contreras, «El significado de la Paz de Augsburgo», en Friedrich Edelmayer y Alfredo Alvar Ezquerra (coords.), *Fernando I: socialización, vida privada y actividad pública de un emperador del Renacimiento*, Madrid: Sociedad Estatal de Conmemoraciones Culturales, 2004, págs. 409-419.

[222] La organización por círculos fue un sistema implantado por el emperador Wenceslao alrededor de 1387 para evitar las ligas de príncipes que hacían imposible al emperador ejercer su autoridad. Los distintos estados quedaron organizados en cuatro círculos con un consejo y otras instituciones. No se podía cambiar de círculo. Maximiliano intentó mejorarlo. Los círculos pasaron de cuatro a seis y se reformaron las instituciones creadas para dar mayor consistencia interna al imperio. Carlos V se apoyó en este sistema para estructurar la organización imperial.

[223] Schilling, «Del imperio común...», pág. 58.

[224] Geoffrey Parker, *La guerra de los Treinta Años*, Madrid: Antonio Machado, 2004. Peter H. Wilson, *The Thirty Years War: Europe's Tragedy*, Cambridge: Harvard University Press, 2009.

emperador del Sacro Imperio y rey de Bohemia. Este nombramiento no fue aceptado por protestantes y calvinistas, que buscaron apoyo en países extranjeros desatando así un conflicto internacional que dejó a Alemania postrada para varios siglos. Los motivos religiosos pronto se desdibujaron y quedó a la vista que todos iban a ver qué podían sacar de un Sacro Imperio bastante debilitado: la católica Francia combatió con las protestantes Holanda y Suecia, y la Alemania luterana, pero con un emperador católico, se alió con las católicas España y Austria. La guerra produjo en Alemania una devastación sin precedentes, a la que se sumaron hambrunas y epidemias que diezmaron la población germana y neerlandesa y llevaron a la bancarrota a casi todos los países contendientes. La población del Sacro Imperio se redujo un 30 por ciento y en algunos territorios como Brandeburgo incluso hasta un 50 por ciento. La población masculina de toda Alemania descendió a la mitad e hizo falta más de un siglo para recuperar los niveles demográficos anteriores a 1648. La destrucción provocada por la penetración fortísima de los ejércitos suecos, que recuperaron todo el territorio de Dinamarca y se apoderaron de una parte del norte de Alemania, fue espectacular: redujeron a cenizas 2.000 castillos y fortalezas, 18.000 villas y 1.500 pueblos.

La Paz de Westfalia en 1648 vino a poner fin a una guerra que selló el destino de los territorios alemanes y marcó el declive de la hegemonía española en Europa. Suiza y los Países Bajos se declararon independientes y naciones soberanas fuera del ámbito imperial; partes de Alsacia y Lorena fueron para Francia; Suecia logró territorios en el norte del imperio (menos de los que esperaba) y el calvinismo consiguió reconocimiento oficial. Además de esto, para debilitar aún más al ya débil Sacro Imperio, suecos y franceses «facilitaron» la vida de los estados alemanes determinando en el pacto que cada uno de ellos podía tener su propia política exterior. Hasta la instauración de la Confederación del Rin en 1806, las reglas establecidas en Westfalia pasaron a formar parte de las leyes constitucionales del Sacro Imperio. Las garantías del tratado fueron asumidas por los países fronterizos del imperio y ganadores *de facto* de esta contienda: Suecia y Francia. Sin su autorización no podía cambiarse ninguna disposición, de manera que los alemanes que vivían en los más de trescientos estados germanos no podían unirse ni firmar tratados con su vecino alemán sin la aprobación conjunta de Francia y Suecia[225]. A esto siguió un largo periodo de estancamiento económico y retroceso del que Alemania no pudo salir hasta la segunda mitad del siglo XIX.

[225] John E. Elliot, «Europa después de la Paz de Westfalia», *Pedralbes. Revista d'historia moderna* 19 (1999), págs. 131-146.

El Humanismo alemán antes, durante y después de Lutero fue fuertemente nacionalista. Profundizar en los sótanos de esta realidad escapa al propósito de este libro y nos llevaría demasiado lejos. Nos limitaremos a señalar aquí aquello que más directamente afecta a nuestro asunto[226]. Es la influencia de esta élite intelectual la que añade el genitivo *Nationis Germanicae* a la vieja denominación *Sacrum Imperium* en el siglo XV. Una de las razones, y no la menor, que impulsó el agresivo nacionalismo de la clase ilustrada alemana fue el desprecio con que los humanistas italianos trataban todo lo germánico. Para ellos, los alemanes habían sido siempre unos bárbaros analfabetos, y si ahora lo eran un poco menos se debía a que los italianos, esto es, los descendientes directos de los romanos, según el credo del Humanismo italiano, les habían enseñado algunas nociones útiles. En el primer capítulo de esta Parte II explicamos que la actitud que los humanistas italianos tienen hacia España y los españoles no es una excepción sino más bien la norma de una xenofobia generalizada.

El humanista, como el hombre medieval, tiene una noción ahistórica del paso del tiempo, a pesar de que habitualmente se estudia lo contrario. El hombre medieval entendía que su mundo era una continuidad de Roma, y no pensaba que vivía en una época diferente. Así, Alfonso X el Sabio o Egidio Romano hablan del caballero de su tiempo y del *eques* de las legiones romanas como si las dos palabras remitieran a una misma realidad, y se representa a Alejandro Magno y a Escipión el Africano vestidos a la usanza medieval. Esto demuestra, en primer lugar, que nuestro mundo no tuvo nunca la noción de que había habido ninguna clase de catástrofe a finales del siglo V, cuando se supone que cae el Imperio romano. Esta idea del paso del tiempo puede parecernos hoy equivocada, pero es perfectamente comprensible. A un año sigue otro, y salvo que se haya producido una mudanza radical en el gobierno y los modos de vida (invasión exitosa, una nueva religión, etcétera), el ser humano se ve a sí mismo viviendo más o menos de la misma manera que el año anterior. En cambio, el humanista italiano, cuyo punto de vista es supuestamente histórico, inventa la bárbara Edad Media, la cual viene a ser un agujero negro, una especie de despiste de diez siglos. Esta noción de la etapa más larga de la historia de Europa no existe antes de los humanistas italianos, que la crean precisamente para esparcir una idea distinta de la historia de nuestra civilización, la cual les convierte a ellos en la cumbre

[226] Jean-Claude Margolin y J. Lefèvre (eds.), *L'humanisme allemand (1480-1540). Actes du XIIIème Colloque International de Tours*, París: Éditions Vrim, 1979. Interesa como visión de conjunto de las particularidades del Humanismo alemán la conferencia inaugural del profesor Doyen Georges Livet.

de la evolución histórica y en los protagonistas máximos del devenir de Occidente. El humanista italiano cree que él es el continuador de Roma, de sus linajes y de su realidad, y vive en un Imperio romano imaginario en el que ellos y los italianos en general son los romanos redivivos, y los demás pueblos unos bárbaros ignorantes y además desagradecidos. Esto demuestra que pudieron saber bastante de Roma, pero no entendieron lo fundamental. Que muchos humanistas supieran reproducir la perfecta *concinnitas* ciceroniana y adornar sus largos periodos latinos según *sonus et numerus*[227], como el gran orador, no significa que hayan sido capaces de atravesar la mera superficie y comprender siquiera mínimamente a Cicerón, capaz de admirar abiertamente al asiático Metródoro, que no solo no era romano sino que detestaba Roma sin disimulo, a pesar de que esta nunca hizo nada contra él.

No todos los pueblos reaccionaron igual al desprecio del Humanismo italiano. La actitud de los españoles fue muy distinta a la de los alemanes. Los españoles van de la abierta admiración al «menosprecio alegre» y hay muy pocos ejemplos de auténtica irritación. En cambio, los alemanes respondieron con ira, con más desprecio y una rabia que finalmente no hubo modo de contener. Interesante disparidad sobre la que animo a reflexionar al sufrido lector. El «tono agresivo» del Humanismo alemán, según lo califica Arnoldsson, se debe a la actitud autodefensiva de su pasado y su presente con que los alemanes se enfrentaron a la xenofobia del Humanismo italiano.

La hondura del malestar alemán se muestra en la evolución del adjetivo *welsch* (sustantivo *Wahle*). En su origen la palabra significó «celta» o «céltico». Como era una noción en gran parte geográfica y bastante vaga, ya en los primeros siglos del cristianismo fue adquiriendo el sentido de «latino» o «románico», por referencia al sur. Como los italianos eran la gente del sur con que los alemanes tenían más trato, la palabra empezó a emplearse para referirse a ellos y también, aunque menos, a los franceses. A lo largo del siglo XV el término va cargándose de tintes peyorativos y ya a comienzos del siglo XVI es claramente un insulto. Además de «románico», «latino» o «italiano», significa también «falso», «mentiroso», «inmoral» y, en general, «extranjero» por oposición a lo germánico. Ulrich von Hutten y Lutero lo emplean indistintamente para significar «italiano» y «malvado». En las primeras décadas de este siglo, *welsch* empieza también a aplicarse a los españoles. Al menos desde Münster, autor de un tratado geográfico de gran importancia en su tiempo, el adjetivo geográfico-peyorativo remite más al grupo formado por españoles e italianos, y menos a los franceses. En una canción propagandística de 1546 se declara que el emperador Carlos se ha puesto

[227] *Concinnitas* se refiere a un modo equilibrado y elegante de organizar las cláusulas en la oración latina y *sonus et numerus* pueden traducirse como «eufonía» y «ritmo».

al servicio del clero *welsch* y que, en consecuencia, los alemanes no le deben obediencia. Esto ya lo proclamaban Lutero y la predicación protestante:

Así como el emperador de todos nosotros
ha renegado a cambio del papa *welsch*,
así también os encontráis completamente libres de él,
de manera que nadie le está ya sometido.

Lutero, Celtis, Hutten y otros expresan su rechazo a los italianos en muchas ocasiones en los términos más duros: «Los italianos son las personas más astutas y falsas... Son taimados, insidiosos, asesinos que pueden matar secretamente los sentidos de cualquiera con veneno... Los italianos desprecian y condenan a las otras naciones, aunque ellos son abominables a los ojos de Dios, impíos y orgullosos... Su castidad es como la de Sodoma; lo prueba y lo certifica la experiencia»[228].

El descubrimiento de la *Germania* de Tácito en 1470 (por humanistas italianos) fue una revolución en el dolorido nacionalismo de los humanistas alemanes que se dedicaron a reconstruir con empeño un glorioso pasado para el pueblo alemán. Tácito fue inmediatamente traducido, comentado y profusamente editado[229]. Se cantaron las glorias y las virtudes de los antiguos germanos, y Arminio, que había vencido a las legiones de Augusto en el bosque de Teutoburgo, se convirtió en el héroe del nacionalismo alemán. Conrad Celtis explicó en sus escritos que fueron los antiguos druidas, en la época anterior a Augusto, los que habían introducido en Alemania el monoteísmo, el derecho y la propiedad privada, la agricultura y la ganadería. Germania no le debía nada a Roma.

Cuando los españoles aparecieron en el horizonte alemán fueron inmediatamente incorporados al mundo *welsch*, de manera que poco tuvieron que hacer para que cayera sobre ellos la condenación y la xenofobia más profundas.

La propaganda protestante, en parte gracias a la imprenta, se dispersó por toda Europa y abrió caminos a la nueva religión y a sus prejuicios en modos que nunca antes del siglo XVI se habían visto. Había unas 200 imprentas en torno a 1517. No todas en manos protestantes. Veinte años después hay unas 50 imprentas más. Casi todo el crecimiento se ha producido en el lado protestante. No es que el mayor número de imprentas hiciera triunfar la propaganda protestante, es que la propaganda protestante hizo triunfar a las imprentas y provocó un crecimiento grande

[228] Arnoldsson, *La leyenda negra...*, págs. 124 y 118.

[229] El texto latino lo ofrece el Proyecto Perseus en *www.tufs.edu*, según la edición de Oxford Clarendon Press (1900). En español está disponible en *www.imperivm.org*.

en este sector novedoso que encontró un mercado inesperado que en el lado católico no existía[230].

Los procedimientos propagandísticos son inéditos y enteramente creación de la Reforma. R. W. Scribner reconoce que constituyen una novedad sin antecedentes. Alcanzaron una virulencia ofensiva sin parangón hasta el momento entre los cristianos. La imprenta pone de manifiesto el poder taumatúrgico de las imágenes y Lutero es el primero en comprender que un uso eficaz de este medio es esencial para triunfar. En esto fue un visionario. El uso de las imágenes será decisivo en todos los frentes de propaganda y servirá para levantar el mito de la Inquisición, vincular intolerancia, crueldad y barbarie al nombre de España y, en definitiva, para «crear la imagen» (la expresión lo dice todo) que del mundo hispanocatólico se tiene dentro y fuera del protestantismo.

En 1545 se imprime el libelo titulado *Hic oscula pedibus Papae figuntur* (Aquí besan los pies al papa) con varios grabados. El trabajo se lo había encargado Lutero a Lucas Cranach el Viejo, que puso todo su talento, y era mucho, en unos dibujos extraordinarios. El panfleto está formado por un conjunto de nueve imágenes de fuerte contenido escatológico acompañadas de breves comentarios de Martín Lutero. Este formato se utilizó hasta la saciedad, por cientos. Los mismos dibujos sirvieron también para acompañar un panfleto más extenso de Lutero llamado *Imagen del papado*[231]. Pondremos un par de ejemplos. Uno de estos grabados se llama *El belvedere papal*[232] **[1]**. «Belvedere» se refiere a un edificio del Vaticano cuyo nombre quiere decir «bello de ver». Traducimos el texto que acompaña a la imagen. No es latín propiamente dicho, sino una mezcla de latín e italiano.

> *Papa loquitur. Sententiae nostrae etiam iniustae metuendae sunt. Responsio: Maledetta Aspice nudatans gens furiosa nates. Ecco qui Papa el mio belvedere.*

[230] Louise W. Holborn, «Printing and the Growth of a Protestant Movement in Germany from 1517 to 1524», *Church History* 11 (1942), pág. 123. Mark U. Edwards, *Printing Propaganda and Martin Luther*, Minneapolis: Fortress Press, 2005. Edwards ofrece una amplia muestra de imágenes y textos, y eso que su investigación se concentra en la ciudad de Estrasburgo.

[231] Hay versión española desde hace poco. El traductor advierte de que se trata de un texto «polémico». La calidad polémica del texto ya puede el lector averiguarla por sí mismo. Martín Lutero, *Contra el papado de Roma fundado por el diablo. Imagen del papado*, trad. y edic. Gabriel Tomás, Sevilla: Publidisa, 2012.

[232] R. W. Scribner, *Popular Culture and Popular Movements in Reformation Germany*, Londres: Hambledon Press, 1987, pág. 281. Scribner ofrece unos veinte grabados.

Traducción:

El papa dice: nuestras decisiones, aunque sean injustas, deben ser temidas. Respuesta: Malditos, mirad, gente rabiosa, nuestros culos desnudos. Aquí tienes, papa, mi belvedere.

De la misma hornada es *Adoratur papa deus terrenus* [2] y otras siete imágenes más, también obra de Lucas Cranach. Circularon acompañando al texto *Imagen del papado* y también en hojas sueltas. De uno y otro modo se reimprimieron muchísimas veces y durante años. La imagen que aquí reproducimos data de 1617 y se encuentra actualmente en el Museo Británico, que adquirió el ejemplar en 1880[233]. Junto a esto, los panfletos ofrecen una imagen constante de Lutero como héroe del germanismo, en la línea de supermacho germánico frente a los flojos latinos. El grabado *Hercules germanicus* [3] se imprimió en fecha tan temprana como 1523. Ya desde el principio Lutero es el campeón del nacionalismo alemán y así lo presentan las imágenes. El autor fue Hans Holbein el Joven y representa a Lutero con los atributos de Hércules aplastando y golpeando con su maza a sacerdotes y monjes católicos. Lo hemos tomado de un artículo de Danielle Mead Skjelver[234]. Ofrece una docena de imágenes interesantes, tanto las de autopropaganda como las anticatólicas. Reconoce la autora la novedad de los procedimientos propagandísticos luteranos y la indignación que produjeron en humanistas como Tomás Moro o Erasmo de Róterdam. Pero lo más interesante es la justificación: Lutero solo buscaba hacer comprender su santa causa al hombre corriente que de otro modo no la hubiera entendido, y en última instancia, el uso de palabrotas es una cuestión de género, un símbolo de virilidad (?).

Para que el lector se haga una idea de la cantidad de textos implicados, en la mayoría de las ocasiones acompañados de imágenes, señalaremos que John M. Todd calcula que solo Lutero hasta 1530 produjo alrededor de 3.183 panfletos, de los cuales 2.645 fueron escritos en alemán y 538 en latín. Todd insiste en que su inventario puede no ser exhaustivo y que además solo abarca hasta 1530. Lutero siguió escribiendo hasta su muerte en 1546. A esto hay que sumar los escritos por otros grandes pro-

[233] Véase *http://www.britishmuseum.org/research/collection_online/collection_object_details.aspxobjectId=1433422&partId=1.* Sobre la torrencial producción de imágenes puede verse Alois Payer (coord.), *Antiklerikale Karikaturen und Satiren XVII: Reformation und Gegenreformation* en *www.payer.de/religionskritik/karikaturen17.htm.* Consultado el 10 de abril de 2015.

[234] Véase *http://academia.edu/1016951/German_Hercules_The_Impact_of_Scatology_on_the_Image_of_Martin_Luther_as_a_Man_1483-1546.* Consultado el 10 de febrero de 2015.

pagandistas como Andreas Bodenstein von Karlstadt, Urbanus Rhegius, Philipp Melanchthon y otros[235].

La totalidad de escritos propagandísticos católicos, según Edwards[236], alcanza la ridícula cifra de 247 panfletos, con el agravante de que eran en su mayoría sesudas respuestas teológicas salidas de la pluma de Johannes Cochlaeus, Hieronymus Emser, Georg Witzel y Johann Eck. El empleo de las imágenes es tan discreto y modesto que llama la atención. Los más virulentos reproducen a un Lutero obeso arrastrando en una carretilla los bienes de la Iglesia. Los mentados arriba son todos teólogos alemanes. A un lado y otro de la trinchera que separa a luteranos y católicos hay alemanes, ya que el enfrentamiento tuvo siempre el carácter de guerra civil. Unos buscan a toda costa construir un hecho diferencial que los distinga y los otros quieren evitar la escisión. Por eso el uso de la propaganda católica es tan comedido. Los católicos, alemanes y no alemanes, no querían ofender más y ahondar la brecha.

El Humanismo alemán había aprendido del italiano que los españoles eran racialmente impuros por su contaminación semita, y esta es la primera acusación que se les hace cuando en los años veinte del siglo XVI comienza a aparecer propaganda antiespañola mezclada con la anticatólica.

En el mundo de la alta cultura, el racismo contra los españoles se esparció sin dificultad. En la versión alemana de la *Cosmographia Universalis* de Sebastian Münster (1544) se dice que los españoles mezclan el latín con su propia lengua y con la de los marranos («Sie vermischen sie mit jrer vnd der Marranen sprachen»)[237], peregrina idea cuyo origen se encuentra en el Humanismo italiano. Münster es un típico intelectual alemán de su tiempo: humanista y buen conocedor de los clásicos, nacionalista germano y partidario de la Reforma. Por cierto, que la palabra «marrano» entra en la lengua alemana para quedarse en este momento, no ligada a los judíos sino a los españoles. El préstamo viene de Italia, obviamente.

Lutero era profundamente antisemita y encontró en este punto uno de sus temas favoritos: «¿Qué debemos hacer nosotros, los cristianos, con los judíos, esa gente rechazada y condenada? Dado que viven con nosotros, no debemos soportar su comportamiento, ya que conocemos sus mentiras, sus calumnias y sus blasfemias... Debemos primeramente prender fuego a sus sinagogas y escuelas, sepultar y cubrir con basura todo aquello a lo que no prendamos fuego para que ningún hombre

[235] John M. Todd, *Martin Luther: A Biographical Study*, Londres: Burns&Oates, 1964, pág. 27. R. García Villoslada, *Martín Lutero. En lucha contra Roma*, Madrid: Editorial Católica, 1973. El volumen II interesa especialmente en cuanto a la producción de folletos.

[236] Edwards, *Printing Propaganda...*, pág. 36.

[237] Arnoldsson, *La leyenda negra...*, pág. 116.

vuelva a ver de ellos piedra o ceniza» (*Sobre los judíos y sus mentiras*, 1543). Algunos historiadores del nazismo no han querido ocultar que los textos de Lutero sirvieron a los nazis para justificar el holocausto. El historiador británico Paul Johnson, Robert Michael y otros consideran que el origen del antisemitismo alemán que llevó a aquella tragedia está en Lutero[238]. El filósofo alemán Karl Jaspers escribió que en Lutero se encuentra ya el programa nazi reunido[239]. Otros autores como Roland Bainton discrepan de este punto de vista, pero resulta innegable que los teóricos del nazismo se apoyaron en las ideas luteranas[240]. La recomendación de Lutero de una «áspera misericordia» *(scharfe Barmherzigkeit)*, eufemismo de intolerancia absoluta para con el judío, allanó el camino de los nazis. En los Juicios de Núremberg, el general de las SA y editor de un periódico furiosamente antisemita, Julius Streicher, se defendió a sí mismo con el argumento de que publicaciones antisemitas habían existido en Alemania desde siempre, y que si el reformador estuviera vivo también estaría en el banquillo de los acusados.

Sobre los españoles cae, antes de que les diera tiempo a hacer nada, todo el antisemitismo que había en el ambiente popular y culto, y todo el odio *welsh*. Ya en 1520 Ulrich von Hutten habla de la «Spanier Dieberey» (rapacería de los españoles). Del insulto racista Lutero pasó pronto a disparatar y a acusar a los españoles de ser aliados de los turcos. A finales de 1537 comenzó a usar la expresión «türkischen Spanier» (español turco), que pronto se convirtió en uno de los tópicos predilectos de la propaganda hispanófoba. Finalmente los turcos acabaron pareciéndole mejores que los españoles. En otros panfletos los españoles son «Sodomiter und Frauenschänder» (sodomitas y violadores). La equiparación de turcos y españoles es una constante en Lutero. No es solo una comparación cultural y racial, es que está convencido de que son aliados y están disimulando. En 1537 escribió que los españoles «sunt plerunque Marani, Mamelucken» (la mayoría son marra-

[238] Robert Michael, *Sainte Haine: chrétienté, antisémitisme et l'Holocauste*, Nueva York: Palgrave Macmillan, 2000. Véase especialmente el capítulo 4 titulado «Les Allemands de Luther à Hitler», págs. 105-151. Evidentemente el título del capítulo parafrasea la versión de la historia alemana conocida como «De Lutero a Bismarck». Todo este asunto es feo en extremo. Pero en fecha tan temprana como 1937, la historiadora austriaca de origen judío Lucie Varga advirtió de la relación que existía entre ciertas ideas de Lutero, el mundo nazi y el adoctrinamiento de la juventud que en uno y otro caso se había hecho, y de los peligros que todo esto entrañaba: L. Varga, «Luther, la jeunesse y le nazisme», *Annales d'Histoire economique et sociale* 48 (1937), págs. 600-604.

[239] Citado por Franklin Sherman, *Foi transformée: les rencontres avec Juifs et le judaïsme*, ed. John C. Merkie, Collegeville, Minnesota: Liturgical Press, 2003, págs. 63-64.

[240] Roland Bainton, *Here I Stand: A Life of Martin Luther*, Nashville: Abingdon Press, 1978, pág. 299.

nos, mamelucos). Los años pasan y, aunque la alianza hispanoturca no se manifiesta, Lutero no se desanima. Los imperativos de la realidad nunca hicieron mella en su proteica capacidad para crear enemigos imaginarios[241].

En la última etapa de su vida, Lutero gustaba de profetizar como los padres del Antiguo Testamento. Con el tiempo se convenció a sí mismo de que todo cuanto había existido antes que él preparaba y anunciaba su llegada[242]. Así, por ejemplo, hizo asociar su imagen a la del cisne porque eran famosas las palabras de Jan Hus junto a la hoguera a la que el rey de Hungría, Segismundo, lo condenó por traición: «Vas a asar un ganso, pero dentro de un siglo te encontrarás con un cisne que no podrás asar». Hus en checo significa «ganso». Lutero estaba seguro de que él era el cisne de la profecía [4]. El modo habitual de proceder del vaticinio consiste en reordenar los acontecimientos de forma que todo encaje en el molde profético. Aquí hubo que omitir la circunstancia de que los husitas tuvieron también un componente nacionalista muy fuerte y profundamente antigermánico.

El Imperio español fue el blanco de muchas de estas profecías: «Ideo prophetatum est Hispanos velle subigere Germanium aut per se aut per alios, scilicet Turcam [...]. Et ita Germania vexabitur et viribus et bonis suis exhausta Hispanico regno subiugabitur. Eo tendit Sathan quod Germaniam liberam perturbare tentat» (Así, profetizado está que los españoles quieren subyugar a Alemania, por sí mismos o por medio de otros, como por ejemplo, los turcos [...]. Y así Alemania será humillada y despojada de sus hombres y sus bienes, será sometida al reino de España. Esto lo procura Satanás porque intenta impedir que haya una Alemania libre)[243].

Para la oligarquía de la Frisia Oriental los españoles eran «Erzfeinde und Verhöner der löblichen Teutschen» (archienemigos y vilipendiadores de la ilustre nación alemana). Otro panfleto dice imprimirse como «un recordatorio muy necesario en el que se ponen de manifiesto la tiranía, el carácter taimado, los usos y las prácticas de los españoles con el objeto de preservar el bien común, la libertad y la prosperidad de toda la cristiandad». Durante las décadas de los treinta y los cuarenta del siglo XVI la virulencia propagandística va en aumento y, para cuando

[241] Schilling, «Del imperio común...», pág. 44. La traducción es mía.

[242] El engrandecimiento de la figura de Lutero puede verificarse, por ejemplo, en lo que a la lengua alemana se refiere. Se aprende como un dogma de fe la importancia de la traducción luterana de la Biblia y su insustituible papel en la configuración del alemán moderno. Por no hablar del hecho en sí de la traducción misma como gesto de desafío democrático nunca visto. Pero es que antes de Lutero ya había quince traducciones de la Biblia al alemán.

[243] Arnoldsson, *La leyenda negra...*, pág. 122, nota 93. La traducción es mía.

muere el emperador, los españoles son ya la personificación de Satanás: «Se denunciaba el advenimiento del Anticristo y su séquito español en panfletos, libelos ilustrados, cantos de iglesia y sermones dominicales y se instaba a que los feligreses tomaran partido sin ambages en contra de los españoles»[244].

Pero no todos los alemanes eran protestantes. A propósito de la intervención de tropas españolas en la toma del puente de Mühlberg, la gente cantaba «Kyrie, die Spanier sind im Land!» (Alegría, los españoles llegaron al país). Esta canción data de 1546. Al final el autor dice su nombre, Jörg Land von Simelbrumen, y explica cuál es su situación entre los protestantes: «Ich bin gut kaiserlisch / darunb so haBt mich die welt» (Soy un buen imperial y por ello me odia todo el mundo)[245]. También se cantaban canciones en las que se exaltaba la unión de ambos pueblos:

España nos ha dado
cuatro píos emperadores
Carlos, que aún vive
no tiene parangón[246].

En 1595 una hoja volante ofrece la imagen de varios príncipes alemanes adornados con el atuendo de la Orden del Toisón de Oro, como auténticos defensores de la verdadera fe cristiana[247].

Conforme avanza el siglo XVI y se llega a mediados del siglo XVII la imagen de España en los territorios alemanes se va polarizando. Para los católicos alemanes los españoles son aliados y los defensores de la fe, y para los protestantes son la encarnación del demonio. Pero no hay tampoco una defensa de los españoles verdaderamente significativa por parte de los católicos, y en cualquier caso no hubo nada que pueda compararse a la propaganda hispanófoba que se producía en el otro lado. Esto no es exclusivo de los territorios alemanes, sino que sucedió en todas las regiones por donde se expandió el protestantismo, que en pocas ocasiones alcanzó al cien por cien de la población. De manera que quedó un grupo católico, que a veces fue mayoritario, cuya voz quedó aplastada por la propaganda protestante y que finalmente terminaron por ser invisibles para la historia. En parte por voluntad propia, puesto que ser católico y traidor a la patria vino a ser lo mismo: «La visión del

[244] Schilling, «Del imperio común...», pág. 53, notas 47 y 54.

[245] La canción está en la colección Liliendron, *Volkslieder*, pág. 369, nota 4, citado por Arnoldsson, pág. 125.

[246] Schilling, «Del imperio común...», pág. 44.

[247] Sobre la Orden del Toisón de Oro y su significado, véase José Luis Sampedro Escolar, «El Toisón de Oro en el siglo XXI», en *www. Hispagen.es/encuentro1/toison.pdf.* Consultado el 8 de octubre de 2013.

bando protestante-antiespañol se impuso, también en Alemania», señala Schilling[248].

Desde 1580 a 1650 se publicaron en Alemania, según Tiemann, 50 panfletos antiespañoles[249]. El trabajo de Tiemann, que data de 1936, fue ampliamente superado por Todd en 1964. Es cierto que la cifra de Tiemann se refiere a los folletos exclusivamente antiespañoles y Todd se refiere a los anticatólicos en general. A los folletos de Tiemann «deben unirse los cientos de panfletos anticatólicos que afectaban especialmente a España como defensora de la unidad cristiana». De hecho, la demonización de España empieza en Alemania con Martín Lutero y alcanza con Orange cotas insuperables.

No podemos estar de acuerdo con Schilling en sus conclusiones. Su trabajo, muy notable en conjunto, pasa de largo por algunos aspectos cruciales de la realidad que estudia. Para este autor, la visión del bando protestante se impuso en Alemania por «la fuerza con que caló la leyenda negra, obra de holandeses e ingleses, que ofrecía una visión populista y cerrada». No se puede dejar fuera a Alemania y al protestantismo alemán como productores de leyenda negra. De hecho es en Alemania donde se produce un salto cualitativo importantísimo: al luteranismo alemán se debe la demonización de los españoles que fue llevada al paroxismo por la propaganda orangista. El núcleo duro de la leyenda negra, esto es, el vínculo religioso entre España y el Anticristo, se genera en el protestantismo alemán y constituye el punto de unión de los nacionalismos germánico, neerlandés e inglés, y una de las razones de la perduración de la leyenda negra. Los «olvidos» de Schilling son sintomáticos del panorama general de la historiografía oficial. Al referirse a la Liga de Esmalcalda y la victoria de 1546-1547 sobre los príncipes alemanes en las que cayeron prisioneros el príncipe elector Juan Federico de Sajonia y el landgrave Felipe de Hesse, Schilling señala que las huestes del emperador contaban con 10.000 italianos y «solo 8.000 españoles», aunque la propaganda se fijó solo en ellos. ¿Por qué no menciona los 16.000 lansquenetes alemanes que acompañaban al emperador? También estaban allí y también eran alemanes. En nota a pie de página cita sus fuentes[250], que también olvidaron a estos hombres, una presencia incomodísima la de los alemanes que lucharon a favor del imperio y de su unidad. El destino de estos alemanes y holandeses ha sido el de ser barridos de la historia, porque uno de los mayores empeños de la histo-

[248] Schilling, «Del imperio común...», pág. 50.

[249] H. Tiemann, *Das spanische Schrifttum in Deutschand von der Renaissance bis zur Romantik*, Hamburgo: Ibero-Amerikanische Institut, 1936. Hay una reedición de 1971.

[250] Estas fuentes son: Leopold von Ranke, *Deutsche imm Zeitalter der Reformation*, reimpresión a cargo de Paul Joachimsem, Merseburg y Leipzig, 1933, vol. III, pág. 53; Brandi, *Karl V*, pág. 475.

ria oficial reconstruida por los nacionalismos en el siglo XIX ha sido el de soslayar que las guerras antiimperiales fueron guerras civiles.

La guerra civil en el Sacro Imperio

Como en todos los territorios por donde se expandió, la Reforma comenzó provocando una terrible guerra civil. Solo en la guerra de los Campesinos se calcula que se levantaron unos 300.000 y murieron entre 110.000 y 130.000.

Como sucederá en Flandes, los príncipes protestantes evitan al principio declarar la guerra al emperador de manera directa. Sin embargo, el apoyo decidido al luteranismo se manifiesta en las confiscaciones de las propiedades de la Iglesia. La reforma luterana creaba una escisión no solo religiosa, sino también política en el seno del imperio. Pero el enfrentamiento entre el imperio y los príncipes alemanes que apoyaban la Reforma está muy lejos de ser un conflicto entre españoles y alemanes, entre germanos y latinos. En realidad, ni siquiera fue un conflicto entre protestantes y católicos. Esta es la versión del nacionalismo alemán. Como todo nacionalismo, este opera apoderándose del nombre y de la voz de un pueblo. No hablo en mi nombre, dicen los luteranos desde el principio, hablo en nombre de los germanos. Quien está contra mí, está contra Alemania, es un traidor, un antipatriota. Sin embargo, los hechos dicen otra cosa.

El primer ciclo de las guerras de religión (1546-1552) hasta la Paz de Augsburgo era llamado por los protestantes «las guerras españolas». La derrota de Mühlberg se transformó en crucial en el imaginario protestante y fue toda ella atribuida a las tropas españolas, a pesar de que estas eran una minoría. Para la propaganda protestante era una lucha de fuerzas hispano-católicas, esto es, extranjeras, contra lo germánico-protestante, que era lo nacional. En la batalla de Mühlberg (1547) combaten del lado del imperio unos 44.000 soldados de infantería. Está el Tercio de Hungría al mando de Álvaro de Sande, que aporta 2.800 hombres. Siguen el Tercio de Lombardía mandado por Rodrigo de Arce con 3.000 soldados y el Tercio de Nápoles, compuesto por 2.000 combatientes, que dirige Alonso Vivas bajo las órdenes del duque de Alba. En total no llega a los 8.000 infantes. Pero el grueso de la infantería no son los tercios, sino los 16.000 lansquenetes alemanes. Hay además 10.000 italianos mandados por Ottavio Farnesio y 5.000 belgas y flamencos mandados por Maximiliano de Egmont, conde de Buren. También combate del lado del emperador el duque protestante Mauricio de Sajonia[251].

[251] Julio Albi de la Cuesta, *De Pavía a Rocroi: los Tercios de infantería española en los siglos XVI y XVII*, Madrid: Balkan Editores, 1999.

La guerra santa contra el mundo *welsch* estaba escrita en las banderas de las ciudades alemanas protestantes que proclamaban con orgullo su lema: «Mit Gott fürs Vaterland» (Con Dios por la patria). Las tropas protestantes se llamaban a sí mismas «soldados del Imperio» porque estaba claro que el otro bando ni era alemán ni era del imperio. El lado nacionalista, como suele suceder, se apropió de la palabra «patria» y definió su contenido. Desde los tiempos de Carlos V se está repitiendo que los príncipes protestantes «no tuvieron más remedio» que levantar su espada contra el emperador, puesto que él introdujo tropas extranjeras en el Sacro Imperio. Lo repite Schilling y otros muchos historiadores modernos, como si esto fuese algo nunca visto en territorio alemán y no un hecho absolutamente habitual en las muchas guerras que en esos territorios tuvieron lugar antes y después de Carlos V. Precisamente por miles pagaron soldadas a extranjeros los príncipes protestantes durante la guerra de los Treinta Años. Pero en la historia reconstruida según la versión nacionalista-protestante, lo normal se transforma en anormal y solamente queda a la vista una parte de los hechos.

Los alemanes partidarios de Carlos V eran presentados en la propaganda que contra ellos hacían otros alemanes como traidores a la patria, como «perros que muerden la tierra de sus antepasados y comen la vida de su madre». Apropiándose del nombre de Alemania, los panfletos protestantes proclaman que «Alemania no se someterá a los españoles ni a las sotanas negras» y se cantan con entusiasmo canciones como esta:

Hemos llegado a conocer
la falsedad de los españoles
desde no pocos años atrás.
La maldad welsch *no es cosa nueva.*
Violan mujeres y niños,
nos roban propiedades y bienes.
Son cortesanos del diablo
y nos hacen mucho mal[252].

La falsificación mayor no consiste en presentar a los españoles como hijos del Demonio. A fin de cuentas, toda propaganda de guerra es exagerada. Lo más grave, a mi entender, es el empeño en explicar estas guerras como un enfrentamiento entre alemanes y extranjeros, cuando la realidad es que la mayor parte de los contendientes fueron alemanes, en los dos bandos.

En 1892 Gottlob Egelhaaf sigue llamando «la guerra española» *(der Spanierkrieg)* a este conflicto en su monumental historia de Alemania. Incluso Arnoldsson, en un texto que declara abiertamente que la leyenda

[252] Arnoldsson, *La leyenda negra...*, pág. 125.

negra es la «alucinación colectiva» más grande que se ha producido en Europa Occidental, escribe lo siguiente: «La guerra española de Carlos V en Alemania y la ocupación de este país por las tropas de la Península influyeron de manera considerable en la opinión que del pueblo español se formaron los protestantes alemanes»[253]. ¿Qué ocupación? Salvo que los españoles estuvieran dotados de poderes taumatúrgicos, resulta imposible que pudieran ocupar la enorme Alemania siendo tan pocos[254]. Sin embargo, la historia de esta guerra se ha contado así durante siglos y así se sigue contando. El propio Arnoldsson, a renglón seguido, reconoce que en el Sacro Imperio no había ni presidios ni funcionarios españoles de ningún tipo. Los presidios españoles eran fortalezas con guarnición militar y venían a resultar el equivalente a las bases americanas de ahora. Hubo españoles en aquel conflicto, pero hubo sobre todo y principalmente alemanes que apoyaban la unidad política y religiosa del Imperio y que perdieron la guerra. La reconstrucción nacionalista de los hechos se empeña en presentar una versión distinta, según la cual los alemanes, como un solo hombre, estaban todos del mismo lado, y los pocos que estaban en el otro bando eran un residuo de traidores en los que no merece la pena fijarse. Hubo en muchísimas ocasiones más alemanes que españoles en las tropas del emperador Carlos V y también en las de su hijo Felipe. Destacado fue su papel en la batalla de Pavía en 1525, en las guerras de Italia y en la invasión de Túnez de 1535, y podrían multiplicarse los ejemplos. La participación de los alemanes en los asuntos del imperio, antes y después de Carlos V, fue bastante más importante de lo que habitualmente se dice, porque, como todo imperio, el español era un conglomerado multinacional. En la Armada que Felipe II envió contra Inglaterra en 1596 había 19 galeones de Castilla, 9 de Portugal y 53 navíos flamencos y alemanes, entre otros buques.

Persecución de los católicos y otros

El 22 de julio de 2010 el Concilio (también se llama concilio, como los católicos) de la Federación Luterana Mundial votó unánimemente pedir perdón por la persecución de los anabaptistas. Las luchas religiosas entre protestantes y católicos provocaron sin duda muchos muertos, pero muchos más ocasionaron los enfrentamientos entre las distintas facciones protestantes. Los anabaptistas fueron ciertamente perseguidos, pero

[253] Arnoldsson, *La leyenda negra...*, pág. 105.

[254] Luis de Ávila y Zúñiga, *Comentarios de la guerra de Alemania (1548)*, Madrid: Atlas, 1943 (Biblioteca de Autores Españoles, vol. 21), págs. 409-449. Zúñiga omite las trifulcas entre soldados de unas u otras naciones por considerarlas poco edificantes, pero a cambio ofrece información de primera mano.

tampoco ellos se caracterizaron por su pacifismo, excepto en alguna rama menor como los menonitas. El problema vino con el comunismo. Muchos grupos anabaptistas decidieron que la propiedad privada era pecado y, naturalmente, tomaron esta decisión para sí y para sus vecinos.

En 1534 los anabaptistas, inspirados por Melchior Hoffman, se apoderaron de la ciudad de Müntzer. Sus líderes, Bert Knipperdolling, Jan Mathijs y Jan Beuckels, más conocido como Juan de Leiden, expulsaron a todos los protestantes y católicos y establecieron el reino de Dios en la tierra. Se decretó el comunismo de bienes y la poligamia, que pronto pasó también a comunismo de las mujeres. Leyden llegó a tener dieciséis esposas[255]. Orgías inverosímiles y crímenes atroces se sucedieron mientras Leyden se proclamaba rey de la Nueva Sión y anunciaba la conquista del mundo. Tras dieciséis meses de asedio, el obispo de Müntzer pudo tomar la ciudad. Cuando se vieron acorralados, los cabecillas decidieron incendiarla, pero no pudieron culminar su empeño[256].

Calvino llegó a Ginebra invitado por la rebelión protestante contra el obispo en 1536. Estuvo dos años y elaboró un código moral y litúrgico tan férreo e intransigente que el consejo de la ciudad terminó por expulsarlo. Pocos años después, dada la situación de caos, el consejo lo volvió a llamar. El modelo de organización que creó es básicamente el de todas las confesiones de lo que se conoce como el protestantismo reformado, o sea, la reforma de la reforma. También se les llama presbiterianos. En Ginebra, Calvino empezó por eliminar cualquier atisbo de oposición a su doctrina. El procedimiento habitual fue la ejecución de los opositores hasta terminar siendo el dueño absoluto de la vida política, económica y religiosa de Ginebra. Las Ordenanzas de Calvino proscriben toda forma de disidencia... y de disfrute. Se prohíben los días de fiesta, la música y el órgano en la misa, y hasta las campanas. Los destierros y la hoguera se convirtieron en un paisaje semanal. En cuatro años mandó quemar a 54 personas, entre ellas a Miguel Servet[257]. Víctima también de la persecución calvinista fue Sebastián Castalio o Castellion, el cual, en un mundo donde se predicaba la *sola fide*, la libertad religiosa de los cristianos y el

[255] Los coqueteos del protestantismo con la poligamia no son un episodio marginal. En 1539 Lutero celebró el matrimonio del landgrave Felipe de Hesse con su segunda esposa en presencia de la primera, y declaró que no encontraba nada en las Escrituras que se opusiera a ello.

[256] Anthony Arthur, *The Tailor-King: the Rise and Fall of the Anabaptist Kingdom of Münster,* Nueva York: St. Martin Press, 1999. En *Opus nigrum,* Marguerite Yourcenar le dedica un capítulo a Leiden. Está disponible en la red en *www.puntodelectura.com* en la edición de Gallimard de 1974.

[257] Biografía de Calvino: Sally Stepanek, *John Calvin,* Chelsea: House Publishers, 1987. Los sermones de Calvino fueron recogidos usando una especie de taquigrafía por Denis Raquenier, por lo que se conocen bastante bien.

rechazo a la intermediación clerical, decidió hacer su propia traducción de la Biblia, una intolerable libertad en la Ginebra de aquel tiempo. Cuando Calvino mandó a la hoguera a Miguel Servet, Castalio y los suyos redactaron un manifiesto a favor de la verdadera libertad religiosa y contra la pena de muerte para el delito de herejía que se llamó *De haereticis an sint persequendi*, donde escribió frases tan sensatas como esta: «Matar a un hombre no es defender una doctrina, es matar a un hombre». Más tarde volvió a polemizar, después de haber escapado de Ginebra, contra Calvino en *Contra libellum Calvini*[258]. El número total de víctimas de la intolerancia calvinista alcanza las 500 personas en un periodo de unos diez años en una ciudad con menos de 10.000 habitantes. Manteniendo la proporción, la Inquisición española hubiera debido matar a un millón de personas por siglo, más o menos, para igualarse en el *ranking* de la intolerancia. Las peripecias de las distintas sectas protestantes (seguidores de Zuinglio o Müntzer, huterianos, remonstrantes, baptistas, anabaptistas, etcétera) no pueden ser narradas aquí, pero no muestran un paisaje esencialmente diferente[259]. En el Parque de los Bastiones en Ginebra se levantó en 1909, con motivo del cuatrocientos aniversario del nacimiento de Calvino, un monumento que tiene varios cientos de metros y que representa las imponentes figuras de Guillaume Farel, Calvino, Teodoro de Beza y John Knox. Habría que preguntarse qué pasaría si a alguien se le ocurriera hacerle un monumento a Torquemada, que, comparado con Calvino, parece una mascota.

En 1531 los príncipes protestantes forman la Liga de Esmalcalda. Pronto se les une Francia, lo que demuestra que el enemigo verdadero es el imperio y que las razones religiosas son en realidad una pantalla para encubrir una rebelión antiimperial. La Liga siguió creciendo durante años. Bajo su protección, muchos príncipes obligaron a la población de sus regiones a hacerse protestantes y continuaron la supresión de obispados y las confiscaciones de bienes eclesiásticos. Los príncipes de la Liga negaban obediencia al emperador (el poder legítimo), y así, por ejemplo, rehusaron cooperar en la guerra contra los turcos y acatar las decisiones de la Corte de Justicia imperial. En 1538 se formó la Liga Católica en respuesta.

Martín Lutero es la bandera en que se envuelve el nacionalismo alemán cuando le sube la temperatura. En el periodo anterior y posterior a la unificación, acompañando a la Kulturkampf de Bismarck, las celebraciones luteranas fueron espectaculares. El 10 de noviembre de 1883 el

[258] Recomiendo el libro de Stefan Zweig, *Castellio contra Calvino,* Barcelona: El Acantilado, 2012. Es una excelente reflexión histórica que va más allá de su anécdota concreta para plantear asuntos de gran calado en la autorrepresentación europea.

[259] Hans J. Hillerbrand (ed.), *The Reformation. A Narrative History Related by Contemporary Observers and Participans,* Nueva York: Harper & Row, 1964.

emperador Guillermo I encabezó el desfile con que se festejó el cuarto centenario del nacimiento de Lutero en Eisleben. Hubo muchas otras celebraciones por todo el territorio germano. Había bastantes fechas que podían tomarse como excusa: el nacimiento en 1483, la muerte en 1546, la clavada más bien imaginaria de las 95 tesis en 1517... y podían además dar pie a ello no sólo los centenarios sino los aniversarios. En 1933 se celebró con furor el 450 aniversario del nacimiento de Lutero. La imagen de Lutero y su justificación teológica del antisemitismo acompañaron el ascenso del partido nazi [5]. Así, por ejemplo, la tristemente famosa "noche de los cristales rotos" en la madrugada del 9 al 10 de noviembre de 1938 fue justificada como una operación piadosa en honor del aniversario de Martín Lutero. Por si no se ha reparado en ello, conviene señalar que el Mein Kampf de Hitler evoca en su título la Kulturkampf de Bismarck. Desde el fin de la Segunda Guerra Mundial no había habido ninguna celebración luterana digna de mención. Pero desde la unificación de las dos Alemanias en 1989 han ido menudeando más y más.

Estamos en 2017 y Alemania está celebrando sin pudor a Martín Lutero, presentado sin respeto ninguno a la verdad como el padre de la libertad religiosa y de pensamiento, el gran hombre que trajo la modernidad no sólo a Alemania sino a toda Europa. Ya puestos adisparatar, ¿qué más da? Antisemita furioso y grosero hasta el paroxismo, los textos y las imágenes creadas por Lutero ponen los pelos de punta. Incitaron a la violencia sin freno que arrasó Alemania durante la guerra de los Campesinos y a las atroces persecuciones de brujas venidas luego. Justificaron después los horrores nazis. Las cifras de muertos alcanzan los millones de seres humanos. Si Alemania puede celebrar con orgullo a Martín Lutero, deberíamos declararfiesta nacional el día en que se creó la Inquisición. Pero no hay muchas posibilidades de que esto suceda porque las naciones de cultura católica (insisto: esto no tiene nada que ver con la fe) hace mucho que se perdieron el respeto a sí mismas y están dispuestas a creer todo lo malo que de ellas sediga y todo bueno que el norte protestante diga de sí mismo.

El vínculo entre protestantismo y nacionalismo ha existido desde sus mismos principios. De manera que ser católico en Inglaterra, en Alemania o en Holanda ha sido, por decirlo suavemente, muy problemático. Y esto no sucedía en los siglos XVI o XVII, sino que es una situación que se ha prolongado a lo largo del tiempo y ha llegado perfectamente viva hasta el siglo XX. En la década de 1870 los católicos eran el 36 por ciento de la población del Imperio alemán. La intolerancia religiosa respecto a estos culminó con la llamada *Kulturkampf*, palabra que podríamos traducir como «batalla cultural». Designa la política aplicada por Otto von Bismarck contra los católicos, que se manifestó en leyes discriminatorias y la expulsión de sacerdotes, jesuitas, franciscanos y dominicos. Michael B. Gross habla de «twenty years of anti-Jesuit and antimonastic hysteria»[260]. Sacerdotes y obispos católicos sufrieron persecución y exilio. Con la cobertura de las leyes anticatólicas, la mitad de los obispos prusianos acabaron en prisión o tuvieron que irse, y en semejante proporción sacerdotes, monjes y monjas se vieron forzados a abandonar Prusia. Un tercio de los monasterios y conventos se vieron obligados a cerrar sus puertas. En torno a 1.800 párrocos fueron a prisión o expulsados y miles de personas acabaron en la cárcel por ayudar a los sacerdotes[261].

La población católica vivía segregada normalmente en distritos rurales o en barrios periféricos de ciudades grandes y su nivel económico eran más bajo que el de los protestantes. La mayor parte eran campesinos y obreros no cualificados o semicualificados. En 1870 formaron el partido Zentrum, y aunque apoyaban la unificación y la mayor parte de las políticas de Bismarck, este estaba convencido de que los católicos constituían un obstáculo para la unificación y el engrandecimiento de Alemania. Durante el siglo XIX el catolicismo se había revitalizado en los territorios alemanes gracias al trabajo de los jesuitas y otras órdenes religiosas, aunque estaba expresamente prohibida cualquier forma de proselitismo. Muchos protestantes frecuentaban las iglesias católicas, y hasta el heredero del trono, Federico III, con el beneplácito de su padre, gustaba de ir al templo católico y asistir a la misa, aunque sin cambiar oficialmente de religión[262]. La respuesta protestante a este reavivarse del catolicismo fue contundente.

Para Leopold von Ranke y otros historiadores del siglo XIX y XX, la Reforma ocupó un papel fundacional y se presentó como el hecho crucial que había marcado una época y que definía la naturaleza de la comunidad nacional. La Reforma sellaba el comienzo de la verdadera historia de Alemania, que solo podía ser protestante. Solo muy recientemente esta versión de la historia alemana que se conoce como «de Lutero a Bismarck» ha sido cuestionada[263]. En su momento explicaremos la creación de las historias oficiales de varios países europeos y de Europa en su conjunto en el momento de gran auge nacionalista que se vivió en la segunda mitad del siglo XIX, caso de Alemania, Italia, Gran Bretaña y otras naciones. La leyenda negra está vinculada por su base al subsuelo de muchos nacionalismos europeos, ya que la España católica ocupó en ellos el lugar del malvado enemigo que todo nacionalismo necesita para

[260] Michael B. Gross, *The war against Catholicism: liberalism and the anti-Catholic imagination in Nineteenth-Century Germany*, Ann Arbor: University of Michigan Press, 2004, pág. 1.

[261] Ronald J. Ross, «The Kulturkampf: Restriction and Controls on the Practice of Religion in Bismarck's Germany», en Richard J. Helmstadter (ed.), *Freedom and Religion in the Nineteenth-Century*, Redwood: Stanford University, 1997, pág. 29.

[262] Gross, *The war against Catholicism...*, pág. 19.

[263] Thomas A. Brady Jr., «The Protestant Reformation in German History», *Occasional Paper* 22 (1998), Washington: German Historial Institute, 1998, págs. 9-35.

existir. Pero la realidad es que el católico Imperio español representó la defensa de una Europa unida y plurinacional que los protestantes nacionalistas procuraron destruir, aunque esto no se estudia así. La noción de la historia de Europa que el lector tiene probablemente en su cabeza y que se encuentra en los libros de texto se construye en este momento y es totalmente distinta. No es que sea falsa, pero solo tiene en cuenta una parte de la verdad.

Sin embargo, a pesar de lo escrito, nunca pudo acabarse del todo con los católicos en Alemania. En 2009, por primera vez el número de católicos sobrepasó al de protestantes. El dato es irrefutable puesto que sale de la declaración de la renta. En 1950 había en Alemania 42,2 millones de protestantes frente a 23,2 millones de católicos. En 2009 hay 24,2 millones de protestantes frente a 24,9 millones de católicos. Es evidente que la historia de Alemania no ha sido solo protestante.

[1] *El belvedere papal* (Martín Lutero y Lucas Cranach el Viejo, 1545). R. W. Scribner, *Popular Culture and Culture Movements in Reformation Germany*, Londres: Hambledon Presss, 1987.

[2] *Adoratur papa deus terrenus* (Martín Lutero y Lucas Cranach el Viejo, 1545). La imagen que ofrecemos es una reimpresión de 1609 con márgenes adornados. Museo Británico.

[3] Lutero-Hércules (1523).
(Hans Holbein el Joven, 1519). Zentralbibliothek, Zúrich.

[4] Lutero y el cisne. *Martinus Lutherus Islebius Theologus Vixit An. LXII. Obiit Iselbii Anno 1560 Feb. 18*. Es un grabado de François Stuerhelt que fue impreso por Nicholas Visscher (1640-1652) en Ámsterdam. Rijksmuseum, Ámsterdam.

[5] Cartel de propaganda electoral del partido nazi en 1933.
Cortesía de D. Antonio Llop de Villalonga.

4

Inglaterra: de las *Invencibles* a Tony Blair

> «En verdad, nuestro verdadero enemigo es el español. Es él. Es un enemigo natural. Lo es hasta la médula, por razón de esa enemistad que hay en él contra todo lo que es Dios».
>
> OLIVER CROMWELL,
> Discurso ante el Parlamento (1654)[264]

El frente anglicano de propaganda

El estudio de Maltby divide el desarrollo del antihispanismo en Inglaterra en varios núcleos de propaganda: el tenebroso antro papista, las lágrimas de los indios, la Armada Invencible... Cada uno de ellos se dedica a uno de los tópicos en torno a los que ha girado la propaganda antiespañola en ese país[265]. Estamos aquí, como en el caso alemán y el holandés, ante propaganda *stricto sensu*, no ante un prejuicio que se manifiesta de mil modos inconcretos y desorganizados, al estilo de Italia. La propaganda inglesa, como la alemana y la holandesa, es propaganda de guerra apoyada en una nueva religión. Por lo tanto, solo es parcialmente el resultado de la importación de algunos lugares comunes de la hispanofobia italiana. La versión anglicana de la leyenda negra tiene una relación mucho más evidente con el esquema de propaganda germánico-luterano y neerlandés-calvinista. El caso inglés comparte con ambos el haber convertido la hispanofobia en parte de su religión. La hispanofobia italiana es un caso particular de la imperiofobia universal no beligerante. Su rasgo diferencial más destacado es que no tiene taller de propaganda organizado ni guerra santa.

La propaganda antiespañola comienza a partir de 1534, fecha en que Enrique VIII se proclama cabeza de la Iglesia anglicana y tiene en la impiedad uno de sus argumentos favoritos. Lo fue en todas las guerras de religión contra el imperio, como era de esperar. La acusación de impiedad había comenzado en clave luciferina en los años veinte del siglo XVI con Martín Lutero y sus predicadores nacionalistas. Ya dijimos

[264] Thomas Carlyle, *Oliver Cromwell's Letters and Speeches with elucidations,* Nueva York: Wilcy & Putnam, 1845, vol. II, pág. 522. Disponible en *https://archive.org/stream/2olivercrommewells01cromuoft#page/n9/mode/2uo.* Consultado el 26 de junio de 2014.

[265] Sobre la actividad propagandística y la hispanofobia en Inglaterra pueden verse la monografía de Maltby ya citada y el capítulo que Powell les dedica (págs. 103-114).

que los italianos fueron los primeros en recurrir a este clásico de la imperiofobia, pero hay una gran diferencia entre el uso que hacen los italianos del tópico y el que hace el protestantismo. Los italianos buscan rebajar la eminencia, oscurecer el brillo del imperio para poner de manifiesto su superioridad (o al menos su no inferioridad) frente a los imperiales: todos somos cristianos, pero nosotros los italianos somos mejores cristianos porque los españoles, contaminados como están de semitismo, necesariamente han corrompido su religión. Martín Lutero y el protestantismo llevan la impiedad al extremo: colocan a los españoles al nivel del Demonio y el Anticristo. Son los hijos de Satanás. Esto, como ya dijimos, no sucede en Italia. Con el protestantismo, la impiedad evoluciona a demonización y este es un paso de gigante, cuya importancia difícilmente se puede exagerar. El *peccadiglio de Spagna* solo afeaba la nación española, que quedaba así rebajada para alivio del ego italiano, pero no la convertía en un engendro de Lucifer. Ahora sí estamos frente a una España directamente creada por el Anticristo. Los ingleses, o mejor dicho, una parte de ellos, inmersos en la construcción de su Iglesia-nación, aprovecharon las creaciones del luteranismo alemán y luego del calvinismo neerlandés e hicieron algunas incorporaciones de gran fortuna, como el tópico de la incompetencia y la cobardía. La igualación de España y el Anticristo no es un detalle menor, sino un componente esencial para comprender el desarrollo de la leyenda negra y su enorme arraigo en Europa. Como señala Mark G. Sánchez, «to understand the full implications... it is necessary to digress briefly and turn to the binary structure of Protestant thought at the beginning of Mary's reign. For mid-century reformers such as Ridley, after all, history was a constant battle between "light and darkness, good and evil, righteousness and unrighteousness, Christ and Belial" that would only end on the day the Whore of Babylon was destroyed and Christ would return to the world to command the last judgement». El texto que Sánchez cita pertenece a Nicholas Ridley, capellán del rey y obispo anglicano. Evidentemente «the Whore of Babylon» (la ramera de Babilonia) es la Iglesia y su nación defensora, España[266].

El drama isabelino constituye un buen termómetro de la hispanofobia en la Inglaterra de la época. Si en el teatro italiano el antihispanismo había engendrado al Capitano Spavento, pomposo y camorrista, en el teatro inglés vemos aparecer al español como villano traicionero e hipócrita. En el drama satírico *Juego de ajedrez* (1624), Thomas Middleton

[266] Mark G. Sánchez, *Anti-Spanish sentiment in English literary and political writing, 1553-1603*. Tesis presentada en la Universidad de Leeds en 2004. Disponible en *www.etheses.whirerose.ac.uk/392/1/uk_bl_ethos_414874.pdf*. Consultado el 7 de abril de 2014. Véase también Leticia Álvarez Recio, *Rameras de Babilonia: historia cultural del anticatolicismo en la Inglaterra Tudor*, Salamanca: Universidad de Salamanca, 2006.

satiriza la posibilidad del «matrimonio español» del príncipe de Gales, al embajador Gondomar, al conde-duque de Olivares y a los jesuitas. Los españoles son todos malvados, sin fisuras, cuyas maquinaciones se ven siempre descubiertas y desbaratadas por los héroes anglosajones, honrados y leales. En *El alguacil mayor Blurt*, Middleton se vale del popular Lazarillo para identificarlo como prototipo de la villanía española. Los «don Diegos» venidos de Italia, además de pomposos y ridículos, son ahora tiránicos, lascivos y sanguinarios. El malvado español se convierte en un personaje corriente en los escenarios de Inglaterra y lo encontramos en *El alquimista* de Jonson, el *Philaster* de Fletcher y en bastantes obras de Thomas Heywood. Los «don Diegos» vienen coleando desde mediados del siglo XV en Italia, donde apareció la expresión «hacer el don Diego» que luego se exportó a España. En esta época en Inglaterra «el odio a España había alcanzado el grado de histerismo» y esto se proyecta en los escenarios[267]. Sería muy bien venida una monografía sobre la hispanofobia en el teatro europeo.

Las sombras que envuelven la vida de Shakespeare se tornan comprensibles cuando se sabe que hay fundadas sospechas de que el genial dramaturgo era católico. Eran católicos su padre y su hija Susanne, ambos recusantes[268] declarados. Tuvo estrecha amistad con jesuitas que fueron mártires, vivió protegido por un noble católico y nombró albaceas católicos en su testamento. Estas circunstancias, de las que se hizo eco la *Enciclopedia Católica* hace mucho, eran completamente ignoradas por la mayor parte del público culto inglés hasta hace poco. En vano buscará el visitante de ese parque temático que constituye hoy día su pueblo natal, Stratford-upon-Avon, alguna mención de este hecho. La obra de Shakespeare constituye una anomalía en el drama de su tiempo porque no hay en ella rastro alguno de anticatolicismo o hispanofobia[269]. Una conspiración de silencio

[267] Richard V. Lindabury, *A Study of Patriotism in the Elizabethan Drama*, Princeton: Princeton University Press, 2010, pág. 59. Es reimpresión de un texto de 1931 que está disponible en *www.questia.com/library/2021403/a-study-of-patriotism-in-the-elizabethan-dram.htm*. Consultado el 16 de abril de 2014.

[268] El terminó «recusante» traduce el inglés *recusant*, del verbo latino *recusare*. Se refiere a aquellos que se negaban a asistir a los oficios anglicanos y eran condenados a alguna pena. Se usaba unido al término «papista»: *recusant papist*.

[269] «Es curioso —no creo que esto haya sido observado hasta ahora— que los países hayan elegido individuos que no se parecen demasiado a ellos. Uno piensa, por ejemplo, que Inglaterra hubiera elegido al doctor Johnson como representante; pero no, Inglaterra ha elegido a Shakespeare, y Shakespeare es —digámoslo así— el menos inglés de los escritores ingleses. Lo típico de Inglaterra es el *understatement*, es el decir un poco menos de las cosas. En cambio, Shakespeare tendía a la hipérbole en la metáfora, y no nos sorprendería nada que Shakespeare hubiera sido italiano o judío, por ejemplo»: Jorge Luis Borges, «El Libro», en *Borges oral*, Barcelona: Bruguera, 1985, págs. 20-21.

ha impedido hasta ahora hablar abiertamente de que la mayor gloria de las letras inglesas pudiera no haber pertenecido a la Iglesia nacional. Sin embargo, en las últimas décadas el asunto ha salido a la luz pública y hasta el primado de la Iglesia anglicana, Rowan Williams, ha admitido oficialmente que Shakespeare era católico[270].

Predicador, geógrafo, historiador y panfletista, Richard Hakluyt fue un «apasionado protestante» que hizo de la hispanofobia uno de los ingredientes principales de sus escritos tanto a nivel culto como popular, pues cultivó las dos claves con idéntica fertilidad. Su famoso *Discurso sobre la Plantación Occidental* (1584), sobre el proyecto de colonizar Virginia, transpira hispanofobia mezclada con exhortaciones a imitar las proezas españolas. Las obras de Hakluyt constituyen, según Powell, uno de los esfuerzos de propaganda nacionalista más significativos de la historia de Inglaterra. Hakluyt no escribió solamente folletos. Es autor además de textos largos y sesudos y uno de los polígrafos más notables de su época. Su influencia ha sido, entonces y después, extraordinaria[271].

Más importante incluso que Hakluyt como propagandista fue John Foxe, que debe ocupar un lugar de honor en el sistema propagandístico anglicano. Ya hablamos en el capítulo 1 de la parte I de *El libro de los mártires*, que fue la herramienta principal de creación de opinión pública de la nueva iglesia durante décadas. Se editó, como era esperable, acompañado de 50 grabados truculentos. La Convención de la Iglesia de Inglaterra determinó en 1571 que el libro debía exhibirse, junto con la Biblia, en catedrales, iglesias y en las casas del nuevo clero para que su contenido fuera conocido por todo el pueblo. Narra una versión exaltada de las persecuciones de la reina María I que dio origen al apelativo con que ha pasado a la historia, aliñada con narraciones grotescas y vergonzosas protagonizadas por los papas y los curas católicos. Maltby considera que el número de ediciones, totales o parciales, de Foxe es incalculable. Foxe es autor de otras obras de propaganda anglicana como piezas de teatro, panfletos, cartas... Algunas de ellas sirvieron para engrosar el mundo de

[270] Joseph Pearce, *Shakespeare. Una investigación*, Madrid: Palabra, 2008. El libro se editó en inglés y español el mismo año. Ha sido importante la aportación de la biógrafa alemana Hildegard Hammerschmidt-Hummel, *The Life and Times of William Shakespeare*, 1564-1616, Londres: Chaucer Press, 2007. Otros varios libros se han escrito con gran éxito recogiendo esta nueva perspectiva de la vida de Shakespeare: Peter Ackroyd, *Shakespeare: una biografía*, Barcelona: Edhasa, 2008, y Elisabetta Sala, *L'enigma di Shakespeare. Cortigiano o dissidente?*, Milán: Ares, 2011.

[271] R. Hakluyt, *Principales viajes, expediciones, tráfico comercial y descubrimientos de la nación inglesa*, Madrid: Atlas, 1988-1992 (2 vols.). David A. Boruchoff, «Piety, Patriotism and Empire: Lessons for England, Spain and the New World in the Works of Richard Hakluyt», *Renaissance Quartely* 62 (2009), págs. 809-859.

apocalipsis y terror profético, que se alentaba desde las nuevas iglesias[272]. Textos como «Another Letter of Mr. A. C. to his Dis-jesuited Kinseman» (1602) de sir Thomas Copley denuncian la conspiración hispano-católico-jesuítica para acabar con Inglaterra en un tono que Sánchez califica como «anti-Spanish fanatism».

La propaganda antiespañola existía desde Enrique VIII y era alentada por los sermones semanales en las iglesias anglicanas, pero fue subiendo de tono e intensidad conforme avanzaba el siglo, especialmente cuando se produjo el levantamiento en los Países Bajos. Inglaterra tenía interés en que aquella rebelión triunfara o al menos durara el mayor tiempo posible, y el apoyo que le prestó en su momento fue una de las razones, entre otras, que decidieron a Felipe II a enviar la Armada en 1588. Los Países Bajos están muy cerca de Inglaterra, al otro lado del canal, y esto ponía razonablemente nerviosos a muchos ingleses. De manera que interesaba particularmente una victoria del orangismo secesionista, y que este lograra la fragmentación política de los Países Bajos. La pequeña Holanda por sí misma nunca sería enemigo para el inglés. La historia demostró luego que esta composición de lugar era acertada. Todos los intentos de expansión neerlandeses fueron sistemática y continuamente frustrados por los ingleses desde Nueva York a África del Sur. Integrados en el Imperio español o simplemente unidos, los Países Bajos eran un enemigo formidable para Inglaterra, por su estratégica situación al otro lado del canal de la Mancha.

Existió un triángulo propagandístico bastante fértil entre los Países Bajos, Inglaterra y los hugonotes franceses apoyados por Orange. Las octavillas antiespañolas solían producirse en los primeros, en francés y holandés, y luego se traducían rápidamente al inglés. Hubo, por ejemplo, una estrecha relación entre Hakluyt y el flamenco Théodore de Bry, grabador e impresor de Fráncfort y creador de los famosos y terribles dibujos que acompañan desde entonces a la *Brevíssima relación* de fray Bartolomé de Las Casas. Fráncfort fue uno de los grandes centros de propaganda antiespañola. En 1587 De Bry fue a Inglaterra y estableció contacto con Hakluyt. Esto fue el principio de una colaboración que duró años.

De origen neerlandés son dos panfletos, entre docenas, publicados en inglés en 1589 y 1590. Señala Powell que, como suele suceder con frecuencia en los escritos holandeses, el lenguaje es intemperantemente vulgar. Lo cierto es que esta fue una característica de casi toda la propaganda anticatólica y antiespañola de los protestantes. Ya hemos visto que el estilo

[272] Richard Bauckham, *Tudor Apocalypse: Sixteenth century apocalypticism, millennarianism and the English Reformation*, Oxford: Sutton Courtenay Press, 1978. Tom Betterodge, «From Prophetic to Apocalyptic: John Foxe and the Writing of History», en D. Loades (ed.), *John Foxe and the English Reformation*, Aldershot: Scholars' Press, 1997, págs. 201-233.

luterano de propaganda no es más fino. Solo los italianos se tomaron la molestia de ponerle un poco de elegancia a sus prejuicios, y no siempre:

> [Debemos] aprender a despreciar a aquellos magníficos «don Diegos» y «caballeros españoles» cuyas heroicas proezas son baladronadas y alardes, y ellos mismos, en su mayor parte sombras sin consistencia... ¿Qué humanidad, qué fe, qué cortesía, qué modestia y civilización podremos encontrar entre esta escoria de bárbaros? [Mis afirmaciones] pueden ser confirmadas por la comparación de su conducta con la nuestra, es decir, de sus vicios con nuestras virtudes, de su despreciable bellaquería con nuestra generosidad... comparando nuestra conducta con la de esta gente degenerada. [La nación española] es desleal, voraz e insaciable por encima de las demás naciones... La naturaleza y la índole de los españoles, en los que puede verse conjuntamente incorporados una taimada zorra, un voraz lobo y un rabioso tigre... [El español] es también un inmundo y sucio puerco, una lechuza ladrona y un soberbio pavo real... una legión de diablos... Colón nunca hubiera planeado este viaje si se hubiese parado a pensar en los hombres a quienes llevó... se convertirían al punto en leones, panteras, tigres y otras bestias salvajes... ¡Oh Turcos, oh Escitas, oh Tártaros! [Regocijaos, pues cuanto mayor sea la crueldad de España, menos lo parecerá la vuestra!] [El autor de este libelo atribuye en parte al famoso veneciano Guicciardini esta caracterización de los españoles].
>
> [España] es y por siempre ha sido el sumidero, el charco y el montón más grande, enfangado y asqueroso de la gente más abominable, infecta y abyecta que jamás viviera sobre la tierra... La perversa raza de esos medio visigodos... estos semimoros, semijudíos y semisarracenos... ¿Reinarán esos marranos; sí, estos impíos ateos sobre nosotros, que somos reyes y príncipes?... [Estos españoles con] su insaciable avaricia, su crueldad superior a la de un tigre, su suciedad monstruosa y abominable lujuria... su lascivia y animal violación de matronas, esposas e hijas, su sin par y sodomítico estupro de muchachos jóvenes, que estos semibárbaros españoles han cometido[273].

En una de sus cartas, Raleigh escribió: «En materia de religión se necesitaría todo un volumen si yo me pusiera a decir cuán irreligiosamente cubren sus sórdidas y ambiciosas pretensiones con ese velo de impiedad». James Wadsworth, el espía inglés, insiste en que «los españoles eran y son poco menos que ateos». El capellán de Drake desliza el rosario de tópicos hacia la depravación sexual, porque allí donde hay españoles «hay no solo prostitución sino la inmundicia de Sodoma, que no debe ni nombrarse entre cristianos». En 1971, Maltby confiesa que «acusaciones semejantes

[273] Powell, *El árbol del odio*, pág. 108.

dirigidas a la Iglesia católica en conjunto eran habituales en los sermones de la época y aún hoy se las puede oír en las zonas rurales»[274]. No se insistirá nunca lo bastante en la importancia que tuvieron los predicadores protestantes en la lucha contra el imperio, en la creación de una opinión pública profundamente hispanófoba y en su perpetuación más allá de la vida de ese imperio.

La hispanofobia se alimentó de varios textos que salieron de plumas españolas, en unos casos voluntariamente y en otros no. De Antonio Pérez puede decirse que nació ya secretario del rey, puesto que era hijo de quien había sido secretario de Estado de Carlos I y Felipe II. Era, por lo tanto, *stricto sensu*, criado del rey, es decir, se había criado en su casa[275]. Esto hace más comprensible la confianza que el monarca depositó en el hijo de quien había servido a la monarquía con lealtad tantos años. Cuando se descubrió su traición y tuvo que huir de España, se dedicó a vivir de vender información privilegiada y secretos de estado. Tras pasar por Aragón, Enrique IV lo contrató y lo apoyó para intentar una invasión francesa que fracasó.

Antonio Pérez llegó a Londres como enviado del rey de Francia. Allí procuró alimentar la propaganda antiespañola pensando que sería un buen modo de hacer carrera y publicó, en 1594, sus famosas *Relaciones* bajo el pseudónimo de Rafael y Azarías Peregrino. En realidad había habido dos ediciones en el Bearn de la obra, bajo un riguroso anonimato. En Londres, Pérez se muestra bajo un seudónimo que no engaña a nadie y finalmente en las ediciones francesas firma con su propio nombre[276]. El éxito fue arrollador. En el libelismo el testigo presencial es una garantía segura de triunfo. Lo vemos ahora con Chomsky y Michael Moore que, desde dentro, denuncian las iniquidades de Estados Unidos. Los textos más rotundamente exitosos de la leyenda negra proceden de españoles o son atribuidos a españoles. Las *Relaciones* se tradujeron rápidamente al francés y tuvieron varias ediciones seguidas (1598, 1615, 1624...). Curiosamente, Pérez no logró sus objetivos en la corte de Isabel I, a pesar de haberse ido a vivir al ambiente más propicio que pueda imaginarse para un vendedor de hispanofobia. No pudo hacer carrera allí. Las *Relaciones* son ante todo un ataque personal a Felipe II. Están bastante inspiradas por la *Apología* de Orange. Recoge y confirma la acusación de que el rey

[274] Maltby, *La leyenda negra...*, pág. 42.

[275] La mejor biografía que existe de Antonio Pérez sigue siendo la que publicó en 1947 Gregorio Marañón: *Antonio Pérez*, Madrid: Espasa-Calpe, 2006. Alfredo Alvar Ezquerra (ed.), *Antonio Pérez. Relaciones y cartas*, Madrid: Turner, 1986, 2 vols.

[276] Sobre las variaciones que Pérez va introduciendo según las circunstancias, véase Paloma Bravo, «Las *Relaciones* de Antonio Pérez, un texto en movimiento», en José Martínez Millán (coord.), *Actas del Congreso Internacional «Felipe II (1527-1598): Europa y la Monarquía Católica»* (Universidad Autónoma de Madrid, 20-23 de abril de 1998), Madrid: Parteluz, 1998, vol. 4, págs. 11-24.

había matado a su hijo Carlos, uno de los asuntos favoritos de la propaganda orangista. Pero en la Inglaterra isabelina el ataque personal al rey de España no era una prioridad y solo tangencialmente se valieron de este tópico, que fue clave en el independentismo calvinista neerlandés. Es comprensible. Las circunstancias de la lucha contra el Imperio español en Inglaterra y los Países Bajos son distintas. Orange hubiera recompensado a Pérez mucho mejor porque ofrecía exactamente el producto que él necesitaba. A los ingleses no les importaba mucho que el rey de España fuese un engendro de Lucifer porque no se estaban rebelando contra su rey ni necesitaban legitimar su posición. La denigración personal de Felipe II es una necesidad orangista, pero no inglesa, porque Orange se está rebelando contra su rey y señor natural, y necesita desesperadamente legitimidad, pero Isabel I no; los Países Bajos forman parte de la Monarquía Católica, Inglaterra no. Por contra, en Inglaterra había una reina que había logrado afianzarse en el trono con grandes dificultades después de veinte años de revueltas incesantes y conspiraciones, y que perseguía la traición por tierra, mar y aire. Pérez tenía que resultarle necesariamente antipático y este no debió de ser muy inteligente cuando no percibió estos matices. ¿Cómo iba la reina a confiar en un individuo que primero había traicionado a su rey y lo había indispuesto con su propio hermano, y luego se había ido a venderle lo que sabía a Enrique IV de Francia? Pérez se equivocó de mercado.

Dos años y medio pasó el exsecretario en la corte inglesa alojado por el conde de Essex y allí tuvo ocasión de hablar (en español) con la reina, pero no logró interesarla. William Shakespeare hace una auténtica caricatura del secretario en el personaje descrito como «el fantasioso español don Adriano de Armado» en la comedia *Trabajos de amor perdidos*. Se le presenta como pomposo, amante del lujo, afectado en sus maneras y vestir, indigno de confianza y un largo etcétera de defectos. Está documentalmente probado que Shakespeare conoció a Antonio Pérez. Tuvo ocasión de verlo en 1595 cuando coincidieron en la boda de William Stanley, hijo del conde de Derby, a la que asistió la propia reina. Con ocasión de este brillante acontecimiento social, se estrenó *El sueño de una noche de verano*. Shakespeare estaba allí y Pérez también. Dos meses antes habían coincidido también en el Gray's Inn Hall de Greenwich, que era uno de los más selectos colegios de Londres. Se impartía allí formación jurídica y humanística que incluía la enseñanza del español a los hijos de las clases altas. El estreno de *La comedia de los errores* formaba parte de los festejos que acababan el curso, los cuales incluían también una mascarada sobre las clases de español que impartía John Milshew, en la que por cierto tomó parte Francis Bacon[277].

[277] Gustav Ungerer, *Anglo-Spanish relations in Tudor Literature*, Nueva York: MS Press, 1972. La primera edición es de 1956, y Pedro J. Duque, *España en Shakespeare*, Departa-

Las invectivas de Pérez van directamente contra Felipe II y secundariamente contra los castellanos, como núcleo del imperio. Del rey dice, por ejemplo, que «la tiranía es tan natural a Felipe como la risa al hombre» y que «no hace distinción de personas; las envenena a todas sin temor de Dios ni vergüenza de los hombres». Las obras de Pérez no carecen de interés literario y fueron incluidas en el Diccionario de Autoridades. Se le atribuyó otro texto hispanófobo titulado *A treatise Paraenatical*, aunque hoy se pone en duda su autoría.

Pérez murió en Francia, olvidado y pobre. La propaganda lo convirtió pronto en una víctima de la tiranía y su figura adquirió un nuevo matiz en el siglo XVIII, cuando además se transformó en un mártir de la intolerancia. En la obra colectiva *Retratos de Españoles Ilustres con un epítome de sus vidas*, que comenzó a publicarse por folletos en 1791 con dedicatoria a Floridablanca, Antonio Pérez ha dejado de ser en España un espía traidor que acabó despreciado en las cortes europeas y ha pasado a convertirse en una víctima inocente del tétrico Felipe II.

La propaganda antiespañola se recrudeció cada vez que aflojaba la tensión entre los dos países y el bando nacionalista-anglicano veía que había demasiada amistad con los católicos y, en consecuencia, que podía peligrar su posición de privilegio. En tiempos de la reina María, la agitación nacionalista no cejó en su empeño de levantar muros tras los que proteger sus intereses. Hombres del emergente bando anglicano, como John Bradford, advertían una y otra vez sobre las perniciosas influencias extranjeras, es decir, españolas y católicas, en la política inglesa con textos como *The Copye of a Letter, sent by John Bradford to the right honorable lordes the Erles of Arundel, Darbie, Shrewsbyrne and Pembroke, declaring the nature fo the Spaniardes, and discovering the most detestable treasons which thei have pretended moste falselye agaynste our moste noble kingdome of Englande*[278]. El episodio conocido en la historia de Inglaterra como «el matrimonio español» en los años de 1620 fue otra de estas ocasiones. En tiempos de Jacobo I de Inglaterra se planteó la posibilidad de que el príncipe de Gales se casara con la infanta María Ana. La amistad del rey inglés con el embajador español Gondomar causó grandes angustias al bando nacionalista-anglicano, que no quería verse privado de un enemigo que tanto trabajo había costado crear[279]. Los distintos avatares por

mento de Publicaciones de la Universidad de Deusto y Universidad de León, 1991. La comedia *Trabajos de amor perdidos* se encuentra fácilmente en inglés y español en internet.

[278] Maltby, *La leyenda negra...*, pág. 40.

[279] Gondomar fue uno de los hombres más notables de su tiempo. Hijo de la pequeña nobleza de provincias, solo su excelente educación y sus grandes dotes lo llevaron a la alta política europea. Se dice que el rey Jacobo quedó impresionado al conocerlo por su magnífico latín y su gran cultura. Erudito y bibliófilo, llegó a reunir una de las bibliotecas más importantes de Europa. El periódico *The Spectator* publicó el 24 de julio de 1910

los que pasó la guerra de los Treinta Años dieron nuevas ocasiones a los panfletistas y predicadores, y hubo otro paroxismo cuando la llamada Revolución Gloriosa de 1688 colocó en el trono de Inglaterra a un descendiente directo de Guillermo de Orange.

Persecuciones religiosas en Inglaterra

En 1534 con el Acta de Supremacía, Enrique VIII se proclamó jefe absoluto y único de la Iglesia de Inglaterra, y naturalmente, de camino, dueño de sus propiedades y rentas. Es un pequeño detalle que conviene no olvidar. A partir de este momento, legalmente, cualquier acto de alianza o amistad con el papa se considera traición. Los intentos de rebelión u oposición se condenaron con pena de muerte. Esto explica que la mayoría de las órdenes religiosas se sometieran sin apenas protesta. Pero hubo algunas que no aceptaron. El Acta de Supremacía fue rechazada radicalmente por siete conventos de franciscanos y por los cartujos de Londres. Hubo también, claro está, resistencias individuales. Son famosos los casos de Tomás Moro y Juan Fisher, obispo de Rochester, que fueron ejecutados en 1535[280]. También fue decapitada Margaret Pole, la madre del cardenal Reginald Pole. Enrique VIII aprovechó la ocasión para librarse de la última descendiente de la familia real Plantagenet. Este mismo año fueron descuartizados los monjes de la Cartuja de Londres con su prior, John Houghton, a la cabeza. Se conserva en

un artículo sobre él titulado «The Conde de Gondomar» en el que puede leerse: «Yet the mastery which the Ambassador obtained over James I was a triumph of management. He threatened and cajoled, stood firm and gave way, just at the right moment, and the result was a complete success. He certainly understood the temper of the King to a nicety; what he did not understand was the temper of the English people. That was a natural, perhaps we might say an inevitable defect. Where should he have learnt to appreciate this unfamiliar force of a national will? Certainly not in Spain». El rey y el embajador español simplemente no podían ser amigos. Esto automáticamente significaba que el rey era débil y Gondomar, un artero manipulador; aparte, claro está, del desconocimiento genético de la «voluntad nacional», supremo don espiritual que solo Inglaterra posee. Sobre Gondomar, veánse Carmen Manso Soto, *Don Diego Sarmiento de Acuña, Conde de Gondomar (1567-1626): erudito, mecenas y bibliófilo*, Santiago de Compostela: Junta de Galicia, 1996, y José García Oro, *Don Diego Sarmiento de Acuña, Conde de Gondomar y embajador de España (1567-1626). Estudio biográfico*, Santiago de Compostela: Junta de Galicia, 1997.

[280] Hay muchas biografías de Tomás Moro: Peter Berglar, *La hora de Tomás Moro. Solo frente al poder*, Madrid: Palabra, 2005. La de Richard Marius está extraordinariamente bien documentada. Hay también una película magnífica de 1966, *Un hombre para la eternidad* (Fred Zinnemann). Ganó seis Óscar, entre ellos a la mejor película. Curiosamente Moro ha gozado de una popularidad ininterrumpida dentro y fuera de Inglaterra.

la Biblioteca Nacional de Madrid una colección de grabados que lleva por título «Seis escenas del martirio de dieciocho cartujos bajo Enrique VIII» de Nicolas Béatrizet (*ca.* 1520-*ca.* 1570), según composiciones atribuidas a N. Circignani. Tienen también gran interés las *Descriptiones quaedam illius inhumanae et multiplicis persecutionis quam in Anglia propter fidem sustinent Catholice christiani* de Giovanni Battista de'Cavalieri, hechas en Roma en torno a 1555. Son cinco aguafuertes acompañados de texto latino. Mucho más conocido como documento gráfico, pero en modo alguno popular, es el *Theatrum crudelitatum haereticorum nostri temporis* de Richard Verstegan sobre las persecuciones sufridas por los católicos en los territorios protestantes[281].

Con el nombre de Peregrinación o Peregrinaciones de la Gracia se conocen una serie de rebeliones católicas que comenzaron en York y se extendieron por el norte de Inglaterra. Empezaron en 1536 y continuaron en 1537 bajo el liderazgo del abogado Robert Aske, que llegó a levantar 30.000 hombres. En los pueblos y ciudades donde triunfaban, expulsaban a los nuevos dueños y devolvían las propiedades al clero católico. Tras la derrota, fueron condenados a muerte 216 personas, 6 abades, 38 monjes y 16 sacerdotes parroquiales. Aske fue colgado con cadenas en los muros del castillo de York y su cadáver permaneció allí durante meses para general escarmiento. Con él murieron muchos otros notables: sir Thomas Percy, sir Henry Percy, sir John Bulmer, sir Stephan Hamilton, sir Nicholas Tempast, sir William Lumbey, sir Edward Neville, sir Robert Constable... De acabar con esta rebelión se encargaron Thomas Howard, duque de Norfolk, y George Talbot, conde de Shrewsbury, que formaban parte de la nobleza que sustituyó a aquella que desapareció, emigró o se vio obligada a hacerse invisible por negarse a abandonar su religión. Ambos habían recibido jugosas donaciones de bienes eclesiásticos por parte de la Corona[282].

Cuando Enrique VIII murió, heredó el trono María I, hija de Catalina de Aragón, y por tanto nieta de los Reyes Católicos, la cual fue reina entre 1553 y 1558. Bajo el reinado de María los partidarios del cisma comienzan a llamarse a sí mismos «anglicanos», esto es, ingleses, porque consideran que ella, católica y de madre española, no es inglesa. De hecho, María, castigada por la historia con un sobrenombre que su medio hermana Isabel mereció mucho más, siempre ha sido considerada una reina intrusa, poco menos que extranjera, aunque nació en Inglaterra. Obsérvese que la palabra «anglicano» alude directamente a Inglaterra

[281] *Apud Adrianum Huberti* (1592). Disponible en *www.books.google.es*. Consultado el 12 de mayo de 2014. Los textos e imágenes citados de la Biblioteca Nacional de Madrid están sin editar.

[282] M. L. Bush, «The Tudor Polity and the Pilgrimage of Grace», *Historical Research* 80 (2007), págs. 47-72.

(es el gentilicio latino) y no tiene nada que ver con la fe. La nueva iglesia es la propiamente inglesa, lo cual quiere decir que la otra, la católica, es extranjera. Se busca una reacción nacionalista que vincule el cisma con el patriotismo. María I, llamada Bloody Mary, esto es María la Sangrienta, restableció el catolicismo y persiguió a los partidarios de la nueva religión del estado. Según el *Libro de los Mártires* de John Foxe, la represión en tiempos de María llevó a la muerte a 284 personas.

Al morir María I, hereda su medio hermana Isabel I, hija de Enrique VIII y Ana Bolena, que restableció inmediatamente la separación de Roma y decretó persecución definitiva contra todo el que se negara a aceptar la nueva iglesia. La posición de Isabel en el trono era extremadamente débil. Su legitimidad dependía absolutamente del anglicanismo, porque si la boda de sus padres no era legítima, ella era bastarda y no tenía derecho a heredar. De manera que necesitaba tanto a la nueva iglesia como la nueva iglesia la necesitaba a ella. Detallaremos algunas de sus disposiciones. La asistencia a los servicios religiosos del nuevo culto era obligatoria. La ausencia conllevaba penas que iban desde latigazos a prisión y muerte. También estaba penado muy severamente (cárcel, confiscación de bienes...) no denunciar al vecino que no asistía a los oficios. Era obligatorio el Juramento de Supremacía para todo aquel que ocupara un puesto de trabajo en el Estado y en la Iglesia. Violar este juramento se consideraba alta traición y se castigaba con la muerte.

La persecución se dirigió no solamente contra los católicos, sino también contra los partidarios de otras confesiones. Las primeras migraciones hacia América no las protagonizaron marinos audaces pagados por sus reyes, sino fugitivos. Una de las fiestas más importantes de Estados Unidos, el día de Acción de Gracias, celebra la llegada del *Mayflowers* a las costas de Boston. Marca esta fecha el comienzo de la conquista de América del Norte por los anglosajones. Las gentes del *Mayflowers* eran puritanos, es decir, calvinistas que huían de la persecución. Baptistas, congregacionistas, cuáqueros, menonitas, luteranos... y toda la grey de raíz calvinista que se conoce con el apelativo genérico de «puritanos» fueron perseguidos sin tregua. Solo en tiempos de Carlos II más de 13.000 cuáqueros fueron encarcelados. Todos perdieron sus bienes. Muchos debieron exiliarse para escapar, 338 murieron de hambre o tortura en las cárceles y 198 fueron vendidos como esclavos[283]. Las leyes dictadas en 1604 en la Conferencia de Hampton Court por Jacobo I llevaron a muchos a exiliarse, caso de John Smyth, uno de los fundadores del movimiento baptista inglés, que tuvo que huir de Inglaterra con los suyos y marchar a Holanda. Reproducimos un grabado sobre la muerte de Thomas Venner, líder anabaptista [1]. Venner había huido a Nueva In-

283 Son datos de la Enciclopedia Católica confirmados por los propios cuáqueros. Véase *www.quakerinfo.org* y *www.racc.edu/Student/Life/Clubs/Quakers.html.*

glaterra en 1637 y había estado allí veintidós años. A su regreso participó con otros disidentes religiosos en una conspiración que intentó derrocar a Oliver Cromwell en 1657. No tuvieron éxito y fueron condenados a muerte.

En 1585 el Parlamento de Londres dio cuarenta días de plazo para que los últimos sacerdotes católicos abandonaran el país. Se prohíbe la misa católica pública y privadamente. A partir de esta fecha ser sacerdote católico se considera delito de traición y se condena con la pena de muerte. También se considera traición acoger, proteger o alimentar a los sacerdotes. Existe en las casas inglesas antiguas una especie de zulo que se denomina genéricamente *priesthole*, que las familias criptocatólicas construían para ocultar a los sacerdotes[284] **[2]**. Se sigue llamando así en la actualidad. Leemos en una novela de Agatha Christie:

> Poirot reflexionó unos instantes y dijo:
>
> —[...] Un camino o algo que conduzca a un sitio del que ningún extraño pueda tener idea. ¿Supongo que no habrá ningún escondite de los que utilizaban los sacerdotes cuando las persecuciones religiosas?
>
> —No, no lo creo.
>
> Eso es lo que dice mister Weyman. Dice que la casa fue construida alrededor de 1790. No había ya razón para que los sacerdotes se ocultaran en esa época[285].

Del texto policiaco deducimos dos cosas. Primera: que es opinión corriente en Inglaterra que hubo un tiempo de persecuciones religiosas. Segunda: que esta época fue breve y había acabado en el siglo XVIII. Pero las leyes inglesas y los hechos contradicen de manera categórica esta idea común.

Tras el fracaso de la Gran Armada de Felipe II, la persecución se recrudeció y llegó al punto de auténtica paranoia con la Real Proclamación contra los Católicos de 18 de octubre de 1591. Aquí se ordena entre otras cosas un estricto control individual y que se han de consignar en los libros de vigilancia todos los movimientos de vecinos, conocidos y parientes, de viajeros y cualquier persona. Es un sistema vecinal de espionaje y delación universales con el que nunca llegó a soñar la Inquisición:

> Mandamos y severísimamente ordenamos a todos y a cada una persona, de cualquier género, estado, sexo, condición y dignidad que sea, y aun a

[284] Véase *http://encyclopedia.thefreedictionary.com/Priesthole.* Recomiendo buscar en el mismo sitio web información sobre el código Clarendon («Clarendon Code») y la entrada «Penal Laws». Ahí encontrará noticia de otras muchas disposiciones legales contra la libertad religiosa en Inglaterra.

[285] Agatha Christie, *El templete de Nasse-house*, Barcelona: Molino, 1984, pág. 87.

> todos los oficiales de nuestro palacio, y a nuestros ministros y magistrados, y a todos los señores de cualquiera familia, rectores de alguna comunidad, que luego tomen cuenta exactísima de todas aquellas personas que a lo menos en estos catorce meses pasados han frecuentado sus casas o habitado en ellas, o tratado, o dormido, o comido o al presente hacen algo de esto o para adelante lo han de hacer; y sepan particularmente el nombre, la condición y calidad de estas personas, en qué parte de Inglaterra han nacido, adónde han tratado o conversado por lo menos un año antes que viniesen a su casa, cómo y de qué se sustentan, qué hacen o adónde suelen ir, con quién conversan, y si a sus tiempos ordenados por nuestras leyes van a la iglesia a oír debidamente los divinos oficios. Todos estos exámenes, con sus respuestas, mandamos que particularmente se escriban en los libros, y que estos libros los guarden diligentemente, como unos registros o calendarios, en su casa cada padre de familia para que nuestros comisarios, cuando les pareciere, puedan por ellos entender las condiciones de las personas de que tuvieren sospecha y conocer la diligencia y fidelidad de los mismos padres de familias[286].

La Real Proclamación contra los católicos de 1591 fue probablemente redactada por lord Burghley en tiempos de la reina Isabel. Desde el exilio fue respondida en clave satírica por el jesuita inglés Robert Persons, que ofrece un análisis muy agudo de la situación. La *Responsio ad Edictum* de Persons es de una altura intelectual que va mucho más allá de cualquier soflama panfletaria[287].

De esta manera, calle por calle y casa por casa, los católicos fueron barridos de la faz de Inglaterra. En diez años, los que van desde 1559 a 1569, la represión isabelina mandó matar a unos 800 católicos. A ellos hay que unir unos 160 sacerdotes «de seminario». Se denominaron así a los sacerdotes ingleses que se formaron fuera de Inglaterra en seminarios, también ingleses, que se fundaron fuera de la isla, en Roma, Valladolid, Sevilla, Douai (Países Bajos), y que luego regresaban a su país de origen con el objetivo de sostener y apoyar a las familias católicas. Estos seminarios acogían a hijos de familias criptocatólicas inglesas que eran mandados al extranjero con distintos pretextos. William Cobbet, autor protestante, afirma en su *History of the Protestant Reformation in England and Ireland*[288] que la reina Isabel provocó ella sola más muertes que la

[286] La Real Proclamación fue traducida por Ribadeneyra en su *Historia eclesiástica de la cisma de Inglaterra*. Véase *www.jardindelosclasicos.blogspot.com.es/2011/10/el-p-ribadeneira-la-cisma-de-inglaterra.html*. Consultado el 2 de mayo de 2015.

[287] Victor Houliston, «The Lord Treasurer and the Jesuit: Robert Persons' Satirical Responsio to the 1591 Proclamation», *Sixteenth Century Journal* 32 (2001), págs. 383-401.

[288] Londres: Charles Clemet, 1824. La obra se encuentra disponible en *http://www.exclassic.com*. Consultado el 16 de mayo de 2015.

Inquisición en toda su historia. Cobbet no investigó exhaustivamente en los archivos de la Suprema, órgano rector de la Inquisición, pero es que no hacía falta hacerlo para llegar a tal conclusión. Solo era preciso sobreponerse a los prejuicios, escarbar en el fango de la propaganda y aplicar la lógica.

En el siglo XVI se liga el vínculo que une indisolublemente ser inglés con ser anglicano. Religión y Estado pasan a ser sinónimos de tal manera que ser católico e inglés es ser un mal inglés, un sospechoso de traición: «Los católicos ingleses acaso no compartieron estas opiniones, pero rara vez estuvieron en condiciones de oponerse. Para ellos publicar era tan difícil como peligroso. Ya estaban bastante ocupados defendiéndose a sí mismos»[289].

En 1579 el cardenal William Allen creó la Misión de Inglaterra, que fue confiada a los jesuitas. Entraban clandestinamente en el país con el objetivo de ayudar y, en su caso, proteger la huida de los católicos ingleses. Los primeros que lograron burlar la vigilancia y penetrar en territorio anglicano fueron Robert Persons (o Parsons) y Edmundo Campion, pero el sistema de delación vecinal era sumamente eficaz y pronto fueron descubiertos. El primero logró escapar de la prisión y ya no pudo regresar nunca más a su tierra natal, y el segundo fue descuartizado. Las ejecuciones tenían lugar en Tyburn, pueblo cercano a Londres y actualmente ya integrado en el área metropolitana de la capital. Según el procedimiento habitual practicado en Inglaterra, se condenaba a ser «hanged, drawn and quartered», esto es, ahorcado, arrastrado y desmembrado. En el caso de los varones además, antes de proceder a la ejecución, se les amputaban en vivo los órganos genitales. Estas ejecuciones constituían un espectáculo público y la gente pagaba entrada para verlas **[3]**.

A la maquinaria represiva puesta en marcha por Isabel I, se unió otra no menos eficaz y de consecuencias mucho más perdurables: un aparato propagandístico que convenció al mundo occidental (y sigue convencido) de que los anglicanos eran grandes defensores de la libertad de conciencia y la tolerancia religiosa, mientras que los católicos, con su atroz Inquisición al frente, eran la encarnación misma de la falta de libertad, la intolerancia, el atraso y la barbarie. El aparato propagandístico anglicano, muy relacionado con el sistema de Guillermo de Orange, cayó sobre la reputación de España y los católicos como una losa. Empezó modificando para siempre el sentido de la palabra «leyenda» en las principales lenguas de Europa y terminó imponiendo como historia una verdad a medias, desenfocada y manipulada. Pero sobre todo impuso silencios, porque estos son importantísimos en el mecanismo de la leyenda negra. No se habla, no se mienta, no se recuerda aquello que

[289] Maltby, *La leyenda negra...*, pág. 41.

se desea ocultar o que estropea el decorado de los pueblos que deciden nombrarse a sí mismos campeones de la civilización.

Durante el siglo XVII la situación no mejoró. A comienzos de la nueva centuria, en 1605, se acusó a los católicos de conspirar con el propósito de volar el Parlamento inglés. Este hecho, conocido como la Conspiración de la Pólvora, dio lugar a nuevas persecuciones y llevó a la muerte a Guy Fawkes y otros católicos. Sirvió además de excusa para leyes aún más represivas, si cabe[290]. El número de muertos siguió creciendo. Jesuitas como Thomas Garnet, Edmund Arrowsmith, etcétera; benedictinos como John Roberts, Edward Barlow, Bartholomew Roe y otros muchos fueron colgados y descuartizados. Todavía hoy, muñecos que representan a Guy Fawkes se queman en las hogueras de Lewes como los muñecos de las hogueras de San Juan en España. Cada 5 de noviembre se rememora este hecho en la Guy Fawkes Night o Bonfire Night con fuegos artificiales. Hasta 1859 era obligatorio por decreto celebrar «la salvación de Inglaterra» con fuegos artificiales y quema de muñecos de Guy Fawkes. Las máscaras que representan a este personaje las conocerá probablemente el lector, pues son las que portan el protagonista y otros personajes en la película *Vendetta* y que usan los activistas del grupo cibernético Anonymous.

En la segunda mitad del siglo XVII se consolida el cuerpo de leyes que se conoce como Clarendon Code, que toma su nombre de quien fue primer ministro durante el reinado de Carlos II, Thomas Clarendon. No es el autor de estas disposiciones pero su codificación se produjo bajo su gobierno. Es un conjunto de leyes encaminado a evitar toda forma de disidencia religiosa tanto católica como protestante, e incluye graves restricciones a la libertad de expresión, al derecho de reunión, participación en la vida social y vecinal, etcétera.

El gran incendio de Londres de 1666 fue achacado a los católicos[291]. Este procedimiento, ya empleado por Nerón, dio ocasión a nuevas persecuciones. Entre 1678 y 1681 otra supuesta conjura católica encabezada por un tal Titus Oates, esta vez con el propósito de llevar soldados franceses a Inglaterra, sirvió para otra oleada de feroces persecuciones. El procedimiento de culpar a los católicos de cualquier calamidad sobrevenida o de conspiraciones sirvió no solamente de excusa para desatar sobre ellos persecución tras persecución, sino que convenció a la opinión pública de que todos los católicos, incluso los ingleses, eran enemigos de Inglaterra.

De nuevo en 1780 se desató otra oleada de anticatolicismo en lo que se conoce como los Disturbios de Gordon. Alude a lord George Gordon, que fue parlamentario y uno de los dirigentes de la Asociación

[290] Antonia Fraser, *La conspiración de la pólvora. Catolicismo y terror en la Europa del siglo XVII*, Madrid: Turner, 2005.

[291] Jacques Roubaud, *Le Grand Incendie de Londres*, París: Seuil, 1989.

Protestante[292]. Se opuso férreamente a una propuesta de ley que algunos anglicanos más tolerantes con la libertad de culto habían llevado al Parlamento en 1778, la cual pretendía mitigar, que no eliminar, algunas de las penas vigentes contra los católicos. A esta propuesta de ley se la llamó popularmente «Ley Papista de 1778». Gordon, junto con otros fanáticos anticatólicos, lograron excitar a la opinión pública hasta tal extremo que se produjeron graves disturbios y fue necesario movilizar a 10.000 soldados para restablecer el orden. Los tumultos llevaron a la muerte a unas 700 personas, muchas de ellos católicas, sospechosas de catolicismo o de tolerancia hacia el catolicismo.

Al cuerpo legal de disposiciones contra los católicos se le da en el derecho inglés el nombre colectivo y eufemístico de *Penal Laws* (Leyes Penales). Estuvieron en vigor hasta bien entrado el siglo XIX y fueron poco a poco desapareciendo a lo largo de este siglo a partir del Acta de Ayuda Católica de 1829, primer texto legal inglés que deroga algunas de las normas represivas contra el catolicismo en Inglaterra.

Las Leyes Penales, que existieron para toda Gran Bretaña, conocieron versiones muy duras en el caso de Irlanda. La anexión de Irlanda comenzó en 1169 cuando los reinos de Wexford y Dublín fueron derrotados por los ingleses, y puede decirse que se hizo definitiva tras la caída de Waterford en 1171. No obstante, algunos feudos menores consiguieron mantenerse independientes y ofrecieron una resistencia tenaz que duró siglos. Enrique VIII fue el primer monarca inglés que se atrevió a proclamarse rey de Irlanda. A esto siguieron las rebeliones de 1569 y 1573. La población irlandesa se aferró al catolicismo como una forma de resistencia a la ocupación y a la conversión forzosa. En esta época empieza el envío de colonos anglicanos, previa confiscación de tierras, a las zonas más problemáticas. En 1594 se produce un nuevo levantamiento y España envía tropas y ayuda a los irlandeses, pero los católicos son derrotados en la batalla de Kinsale (1602)[293]. Otra oleada de rebeliones se produce en torno a 1636, cuando la guerra entre monárquicos y republicanos ingleses. No hubo piedad cuando fueron derrotados por Cromwell: confiscaciones masivas de tierras, masacres que acabaron con pueblos enteros y hambre. Se calcula que murió un tercio de la población irlandesa. No durante las rebeliones sino después. Muchos terminaron deportados por deudas a Australia y Nueva Zelanda. En 1689 unos irlandeses participan en la guerra apoyando al católico Jacobo II y otros a Guillermo de Orange. Ya en este tiempo

[292] George Rudé, «The Gordon Riots: A Study of the Rioters and their victims», *Transactions of the Royal Historical Society* 6 (1956), págs. 93-114.

[293] Sobre las relaciones entre España e Irlanda, consúltese la base de datos del Grupo de Investigación «Misión de Irlanda», dirigido por el profesor Enrique García Hernán desde 2009 con el apoyo del Ministerio de Economía, CSIC y diversas instituciones irlandesas.

hay irlandeses católicos y protestantes. Jacobo había prometido devolver las tierras que Cromwell había confiscado, pero perdió la guerra. Desde 1695 estuvo vigente la Ley Popery, que prohibía a los irlandeses católicos ejercer cargos públicos y formar parte de la Administración, ingresar en el Ejército, poseer tierras y educar a sus hijos en la fe católica.

En 1800 se firma el Acta de Unión que crea el Reino Unido de la Gran Bretaña, con este nombre. Hubo algunas devoluciones de tierras, se concedieron algunos títulos nobiliarios a familias irlandesas católicas y se prometió que se autorizaría la entrada de delegados irlandeses al Parlamento. Esto fue vetado por el rey, que consideró que sería peligroso para la Iglesia anglicana. La restricción estuvo vigente hasta 1829. Y con esto llegamos a uno de los episodios más oscuros de la historia de la Europa contemporánea: la gran hambruna de 1846 en Irlanda.

Acusar a un pueblo de genocidio es una cosa muy seria y no puede hacerse a la ligera. Cualquier pequeña desviación en la consideración de los hechos lleva a la difamación, que desautoriza inmediatamente al que la produce. Este asunto engendra muy agrias polémicas entre los irlandeses mismos porque hay hechos muy dolorosos en el subsuelo, como el silencio cómplice de una parte de la jerarquía católica y de sectores católicos bien posicionados en el Imperio británico. Existen varias asociaciones y Famine Museums en Irlanda y en Estados Unidos que defienden un reconocimiento internacional de lo que ellos consideran un genocidio, es decir, el intento sistemático y deliberado de acabar con un pueblo. De hecho han conseguido que como genocidio se estudie en las escuelas de algunos estados estadounidenses. Un nuevo frente se ha abierto con la intervención de Tim Pat Coogan, uno de los historiadores irlandeses más prestigiosos, que publicó (en Nueva York, no en Irlanda) en 2012 una desasosegante investigación que defiende la teoría del complot organizado para diezmar la población irlandesa[294]. Nosotros nos limitaremos a dejar constancia de algunos hechos probados y el lector juzgará por sí mismo.

La gran hambruna de Irlanda no se produjo, como habitualmente se considera, por culpa del tizón tardío, también llamado rancha, roya o mildiú de la patata, sino por falta de alimentos. La patata no es lo único que se puede comer. Una situación semejante por la misma plaga se dio en Escocia y Finlandia, y hubo hambre, pero ni de lejos una catástrofe humana como la que sucedió en Irlanda[295]. Desde el puerto de Cork se sacaban diariamente 247 sacos de trigo y las exportaciones de alimentos crecieron entre un 30 y un 40 por ciento, según los puertos. El ejército británico desplegó unos 200.000 hombres para garantizar el flujo de las exportaciones de alimentos y evitar estallidos de violencia. La población protestante no sufrió hambruna ni se vio mermada. En Escocia, que tam-

[294] Tim Pat Coogan, *The Famine Plot*, Nueva York: Macmillan, 2012.

[295] Peter Gray, *The Irish Famine*, Nueva York: Harry N. Abrams Inc., 1995.

bién padeció la plaga del escarabajo, se prohibieron las exportaciones de alimentos. La reina envió 2.000 libras a Irlanda para paliar la catástrofe y cuando el sultán otomano Abdülmecid anunció su intención de mandar 10.000 libras, las rechazó. También se rechazó la ayuda enviada desde Estados Unidos. El 2 de septiembre de 1846 el editorial de *The Times* publicó un artículo titulado «Total Annihilation» (Aniquilación total) en el que podía leerse: «A Celt will soon be as rare on the banks of the Shannon as the red man on the banks of Manhattan» (Pronto un celta será tan raro en las riberas del Shannon como el piel roja en las riberas de Manhattan). Es famosa la frase de Thomas Carlyle: «Irlanda es como una rata medio muerta de hambre que se cruza en el camino de un elefante. ¿Qué debe hacer el elefante? Suprimirla, por Dios, suprimirla». Nassau Senior, economista de Su Majestad, expresó su miedo de que la política que se seguía en Irlanda «will not kill more than one million Irish in 1848 and that will scarcely be enough to do much good» (no matará más que un millón de irlandeses en 1848 y esto difícilmente será suficiente)[296].

Hubo pocos que se atrevieron a denunciar lo que estaba sucediendo en Irlanda. Solo los cuáqueros ofrecieron abierta y públicamente alimentos a los católicos irlandeses. También la madre de Oscar Wilde, Jane Wilde, bajo el pseudónimo de Speranza, se atrevió a publicar textos en donde se denunciaban aquellos horrores. Un millón de irlandeses murió de hambre y aproximadamente otro millón tuvo que emigrar[297]. Este fue el principio del fin de la ocupación de Irlanda. Los emigrantes irlandeses, cuando consiguieron establecerse y mejorar su situación, se convirtieron en una fuente inagotable de ayuda e Irlanda proclamó su independencia en 1922. Quedaron bajo soberanía británica los seis condados en el norte de Irlanda, todavía en proceso de pacificación.

Hasta 1850 fue perseguida por ley la presencia de cualquier miembro de la jerarquía católica en Inglaterra, y cuando esta prohibición se levantó, se desató de nuevo una oleada de protestas que dio lugar a enconados debates en la prensa inglesa. Hasta estas fechas no existieron cementerios católicos en Inglaterra. Recordemos que la Inquisición en España fue abolida oficialmente en 1834 y que *de facto* hacía ya años que la institución estaba muerta y ni siquiera se nombraba a un gran inquisidor que la dirigiera. En 1831 el gobernador de Málaga cedió unos terrenos al cónsul británico para que construyese un cementerio y unos años después le cedió la propiedad de dichos terrenos. Dieciséis años antes de que la ley inglesa permitiera que un obispo católico pudiera poner el pie

[296] «Ireland is like a half-starved rat that crosses the path of an elephant. What must the elephant do? Squelch it —by heavens— squelch it»: Cecil Woodham-Smith, *The Great Hunger: Ireland, 1845-1849,* Londres: Harper & Row y Penguin Books, 1962, pág. 373.

[297] Robert J. Scally, *The End of the Hidden Ireland. Rebellion, Famine and Emigration,* Oxford: Oxford University Press, 1996.

en las islas, había dejado de existir en la oscura y atrasada España la institución encargada de velar por la pureza católica. La tolerancia religiosa ha conseguido al fin abrirse camino en Occidente y no por esfuerzo del mundo protestante ni contra la intransigencia católica, sino simplemente traída por la evolución interna de la sociedad occidental. El triunfo de la burguesía y de la democracia liberal implica que un nuevo sistema de valores se ha impuesto, y en él la religión ya no es lo más importante, ya no mueve los espíritus. Por lo tanto, se puede ser tolerante con ella.

Todavía hoy sigue vigente el Acta de Establecimiento de 1701 que obliga a los miembros de la familia real británica a renunciar a cualquier derecho al trono si se hacen católicos o se casan con un católico. Esto dificulta mucho la sucesión al príncipe Carlos de Inglaterra, casado civilmente con la católica Camilla Parker, la cual, hasta ahora, no ha renunciado a su catolicismo. Sigue arraigadísimo en la opinión pública el vínculo entre anglicanismo y patria. Tony Blair esperó a dejar de ser primer ministro para hacerse católico, convencido de que su conversión acabaría con su carrera política[298]. Por fin, en 2007 se decidió a «salir del armario» y se convirtió abiertamente al catolicismo. El periódico *The Guardian* (22-junio-2007) comentó el hecho con un artículo que llevó este título: «After 30 years as a closet Catholic, Blair finally puts faith before politics». A lo largo del siglo XX la población católica del Reino Unido se ha ido recuperando. En 2007 *The Sunday Telegraph* (23-12-2007) afirmaba que hay en Inglaterra y Gales 4,2 millones de católicos frente a 24 millones de anglicanos. Sin embargo, hay más católicos practicantes que anglicanos: 861.000 católicos frente a 852.000 anglicanos.

Esta intolerancia no es exclusiva de los ingleses. Era el clima que se respiraba en todo el territorio protestante y en general en toda Europa. El panorama no es mejor entre los hoy civilizadísimos escandinavos. En 1536 el rey de Dinamarca, Christian III, decretó la conversión obligatoria de todos sus súbditos. En 1624 entró en vigor la ley que condenaba a muerte a todo sacerdote católico sorprendido en territorio danés. Al año siguiente, nuevas leyes vinieron a reprimir aún más la ya inexistente libertad religiosa en Dinamarca. Quien se convirtiera al catolicismo sufriría confiscación de bienes y se negó a los católicos el derecho a hacer testamento, de manera que al morir todas sus posesiones pasaban automáticamente a la Corona. Estas disposiciones estuvieron vigentes en Dinamarca hasta 1849. Hasta 1860 cualquier sueco, danés o noruego que abjuraba de la religión oficial incurría en pena de exilio y confiscación de bienes[299].

[298] Recomiendo Philip Jenkins, *The New Anti-Catholicism: The Last Acceptable Prejudice*, Oxford: Oxford University Press, 2004.

[299] Andrew Beck, «Catholicism in Denmark. An Historical Survey», *The Tablet*, 1940. Disponible en *www.archivethetablet.co.uk/article/20th-april-1940/7/catholicism-in-Denmark*. Consultado el 14 de abril de 2015.

La Invencible española y la Invencible inglesa

Puck en la colina de Pook es una obra que Rudyard Kipling concibió como introducción a la historia de Inglaterra para niños. En ella, Puck, el duendecillo de *El sueño de una noche de verano*, sirve de mágico conductor a través del tiempo a dos chiquillos. Es un relato delicioso y altamente recomendable. El libro comienza con la canción de Puck que arranca con esta estrofa:

> *¿Ves esa irregular senda que corre*
> *paralela a los surcos de los trigos?*
> *Ahí fue donde emplazaron los cañones*
> *que al rey Felipe hundieron los navíos.*

Que Kipling comience un libro para niños basado en la historia de Inglaterra con el fracaso de la Gran Armada de Felipe II es bastante razonable. Kipling, ahora desterrado de las escuelas, no quiere hacer Historia sino enseñar a los niños ingleses a amar su patria. Que su balada no se ajuste a la verdad histórica es perfectamente comprensible. Lo que interesa aquí no es Kipling, sino la nota 1 a pie de página, que reza: «Se refiere al rey Felipe II de España y a la Armada Invencible que el monarca español envió contra la reina Isabel I de Inglaterra en 1588. La Armada, al mando del inexperto duque de Medina-Sidonia, constituida por grandes galeones y pesados navíos de carga, no pudo competir con la flota inglesa, más ligera y de gran capacidad de maniobra. La Armada, tras ser derrotada, emprendió una trágica singladura de regreso a España por el norte de la Gran Bretaña y el oeste de Irlanda, donde los temporales la destruyeron casi en su totalidad»[300]. La nota no es obra de Kipling, evidentemente, sino del traductor español. Vayan estas líneas a engrosar la cuenta de quienes niegan la leyenda negra y su efecto sobre las tergiversaciones históricas, o a quienes la dan por muerta, dentro y fuera de España. A nosotros aquí esta nota nos va servir de introducción a un episodio conocidísimo de eruditos y semianalfabetos en España e Inglaterra y, sin exageración, en el mundo entero.

¿Cuántos españoles con estudios superiores saben que Inglaterra ha intentado invadir España y las posesiones españolas de ultramar al menos en cinco ocasiones y que en todas ellas fue derrotada? Poquísimos.

- Veracruz (México) en 1568.
- La Contra-Armada de Drake y Norreys en 1589.
- Cartagena de Indias en 1740.

[300] Rudyard Kipling, *Puck en la colina de Pook*, trad. y notas de Jorge Ferrer-Vidal, Madrid: Anaya, 1987, pág. 8.

- Río de la Plata en 1763.
- Islas Maldivas en 1770[301].
- Argentina en 1804 y 1806.

En cambio, ¿cuántos españoles y europeos saben de la Invencible de Felipe II? Casi todos. ¿Qué significa esto? Que la propaganda antiespañola ha triunfado, como indiscutiblemente así ha sido, pero sobre todo que los españoles han querido olvidar su propia historia y este hecho mayúsculo debe querer decir algo. El olvido de la historia, que es ahora un fenómeno generalizado en Occidente, no tiene nada que ver con el deseo de los españoles de olvidar la historia de España. Este es un hecho complejísimo cuyas honduras no pretendo en absoluto agotar aquí. Con mucho tacto y precaución, diremos que quizá era necesario. No se puede avanzar con tan pesada carga. Las nuevas generaciones cuando no pueden, no ya ampliar sino meramente sostener, la herencia recibida tienen que desentenderse del pasado para seguir adelante, porque hace más daño que beneficio recordar qué glorias alcanzaron los antepasados y cuán lejos estamos ahora de ellas. El pensamiento de que la gloria es siempre efímera no consuela mucho. Este olvido es deseado y probablemente necesario porque hay que vivir con lo que se tiene cada día y levantarse mañana. No es una peculiaridad de los españoles posimperiales, además. Se quejaba amargamente Casiodoro del olvido en que los romanos tenían las gloriosas hazañas de sus antepasados. Hace ya décadas que Kipling desapareció de las escuelas en Gran Bretaña y nos encontramos con la paradójica situación de que *El libro de la selva* o *Kim* son lectura obligatoria en algunos institutos en España, pero no en el Reino Unido. En cambio, los rusos han decidido, tras la caída del comunismo, no olvidar en absoluto su pasado glorioso, y esto significa que el imperio de los rusos está mutando pero no ha llegado a su fin.

De todos los intentos de invasión arriba enumerados hay dos que merecen destacarse: la Contra-Armada de Drake y Norreys y la expedición de Vernon en Cartagena de Indias. Que la mayoría de los españoles y los ingleses con estudios superiores desconozca ambas sugiere interesantes reflexiones sobre la ley del silencio en el mecanismo de la imperiofobia y en la construcción de la historia oficial de Europa.

Después del fracaso de la invasión española de Inglaterra en 1588, la reina Isabel decidió al año siguiente atacar a Felipe II en su propia Península[302]. Dice mucho del coraje de los ingleses el haberse atrevido a semejante aventura. El proyecto era enviar una flota con el objetivo de acabar con los barcos que habían sobrevivido de la Invencible, que se estaban

301 Enrique Mussel, «Una desconocida invasión inglesa», *Campus* (1995), págs. 23-42.

302 Luis Gorrochategui Santos, *Contra Armada. La mayor catástrofe naval en la historia de Inglaterra*, Madrid: Ministerio de Defensa, 2011.

reparando en los puertos del Cantábrico; levantar Lisboa contra España con la ayuda de los portugueses y apoderarse de una de las islas Azores. Si la cosa iba bien, pensaban llegar hasta Sevilla e infligir serios daños en el corazón mismo del comercio de Indias. Los ingleses llaman a este intento de invasión The Counter Armada, y también The Drake-Norreys Armada. Supusieron los ingleses que los españoles estarían bajos de moral después de lo ocurrido y además pensaron que los portugueses, recientemente incorporados al Imperio, se levantarían contra España. Para esto contaron con la complicidad de un aspirante al trono portugués, Antonio, prior de Crato, que los convenció de que, llegados a Lisboa, el levantamiento se produciría. Fueron unos 180 barcos, muchos más de los que envió Felipe II. A los ingleses los engañó el hecho de que un par de años antes Drake había saqueado Cádiz bastante tranquilamente y que, por un fallo incomprensible de coordinación, tardaron dos semanas en llegar las tropas que habían de expulsar a los saqueadores. Los españoles, siempre felices de criticarse a sí mismos, hicieron coplillas y chistes. Cervantes escribió un soneto muy gracioso, el que empieza «Vimos en julio otra Semana Santa».

La flota la mandaba Drake y la infantería de marina, Norreys. Drake era un buen pirata, no un almirante. Y ahí empezaron los problemas. Un buen militar se reconoce porque nunca se deja sorprender por el hambre, como dejó bien explicado Julio César. Hay que preguntarse cómo no perecieron de inanición los de la Invencible, con aquel periplo inverosímil que hicieron por el mar del Norte, que no estaba previsto. Drake, para acelerar lo más posible los preparativos y no perder el factor sorpresa, no avitualló sus barcos como debía. Se convenció a sí mismo de que esto ya lo haría en La Coruña o en cualquier puerto del Cantábrico, porque estaba seguro de que no tendría problemas para desembarcar, pero los tuvo. Pronto empezó a escasear el alimento y aparecieron las enfermedades. Cuando llegaron a Lisboa ya iban muertos de hambre y sed. Había en Lisboa tropas españolas y portuguesas. A decir verdad, los españoles no se fiaban mucho de los portugueses, pero estos decidieron que, puestos a tener tropas extranjeras en sus tierras, los españoles eran lo malo conocido, así que ni las tropas ni la gente se amotinó, y no solo no se amotinó sino que se aprestaron a la defensa con bastante empeño. Los avatares de esta batalla son magníficos, pero sería demasiado largo de contar. Mandaban los barcos españoles don Alonso de Bazán, hermano de don Álvaro (unos 20 barcos) y Martín de Padilla (unos 10 barcos).

Cuando los ingleses huyeron de Lisboa, salió en su persecución Martín de Padilla. Drake pensó que en mar abierto sus tácticas de pirata darían al traste con la flotilla de don Martín[303], pero Padilla no dejó que los ingleses se acercaran a las Azores (más hambre todavía) y se produjo

[303] Sobre Drake: Agustín Ramón Rodríguez, *Drake y la «Invencible». Mitos desvelados*, Madrid: Sekotia, 2011.

una desbandada general, con motines incluidos. Varios hombres fueron colgados en Londres después por ese motivo. Hubo 15.000 muertos y miles de desertores. Entre 40 y 50 barcos se perdieron o fueron capturados.

La comparación entre la repercusión que tuvieron en su tiempo y después los fracasados intentos de Felipe II e Isabel I es ya de por sí ilustrativa de lo que es un uso eficaz de la propaganda: de lo uno se enteró y se sigue enterando todo el mundo y de lo otro ni se enteró ni se entera nadie. Pero no es menos interesante lo que vino después. La derrota de la Armada de Felipe II fue seguida en Inglaterra de muchos disturbios y graves enfrentamientos políticos. Los combatientes ingleses pasaron grandes penalidades y muchos murieron en una situación de total abandono. Los sueldos tardaron mucho tiempo en cobrarse porque los gastos llevaron al país al borde de la quiebra. La actitud de la reina Isabel y del rey Felipe ante lo sucedido no pudo ser más diferente:

> Felipe II no permaneció inconsciente a las calamidades de los bravos soldados y marinos que tanto habían arriesgado y soportado en el transcurso de aquella desastrosa cruzada. Hizo cuanto estuvo en su mano para aliviar sus sufrimientos y en vez de recriminar la derrota de Medina-Sidonia, le ordenó que regresara a Cádiz y reanudara allí su gobierno. Muy diferente fue la conducta de la reina Isabel, cuya preocupación constante era la de reducir gastos. Al contrario de Felipe, no había nada de caballeroso ni de generoso en su carácter, y aunque el profesor Laughton exagera mucho al intentar disimular su tacañería, no existe duda alguna de que, de haber sido mujer de corazón como lo era de cerebro, hubiera resultado imposible que dejara morir de hambre y de enfermedad a tan alto número de valerosos marinos luego de conseguir aquella victoria para ella [...]. Tres días después de haber regresado de la persecución, escribe Burghley: «Las enfermedades y la muerte están causando estragos entre nosotros; resulta doloroso ver cómo aquí en Margate no hay lugar para estos hombres y muchos de ellos fallecen en las calles». Una vez más, el 30 de agosto insistió: «Es lastimoso presenciar cómo los hombres padecen después de haber prestado tal servicio... Valdría más que Su Majestad la reina hiciera algo en su favor, aun a riesgo de gastar unas monedas, y no los dejara llegar a semejante extremo, porque en adelante quizá tengamos que volver a necesitar de sus servicios; y si no se cuida más de esos hombres, y se les deja morir de hambre y de miseria será muy difícil volver a conseguir su ayuda»[304].

La propaganda antiespañola existió antes y después de la Felicísima Armada de Felipe II, pero esta fue la ocasión propicia en que se concentró una ofensiva que marca el punto álgido de la hispanofobia inglesa. La Invencible confirmaba lo que la propaganda de media Europa venía pre-

[304] J. F. C. Fuller, *Batallas decisivas del mundo occidental*, Madrid: RBA, 2009, págs. 381-382.

gonando: que los españoles se proponían dominar el mundo y someterlo a su capricho y tiranía. Nadie iba a entrar en detalles menores, como que el propósito no fue nunca la anexión de Inglaterra sino deponer a Isabel I, cuya posición en el trono fue por décadas muy precaria: rebeliones de 1569 y 1571, guerra de los Nueve Años... Los españoles no fueron a Inglaterra por su cuenta y riesgo, sino con el apoyo de una parte notable de la población inglesa, que veía peligrar su vida y sus bienes bajo el régimen anglicano-isabelino. La propaganda, con mucho tino, aprovechó el fracaso español para paliar distintos problemas internos del momento. La reina y la clase dirigente eran plenamente conscientes de que aquello no acababa la guerra, pero sirvió para convencer a la población no solo de que podía ganarse, sino de que lo sucedido era una prueba irrefutable de la decadencia del poder español. Por otra parte, hizo llegar a la población católica que todavía resistía el mensaje de que no debía esperar ayuda exterior. Con estos propósitos se falsificó un documento que se dio a conocer como «Copia de una carta enviada desde Inglaterra a don Bernardín Mendoza». El autor decía ser un católico inglés y dirigirse al embajador español. Ridiculizaba la invasión y venía a decir algo así como: «Por favor, no vengáis a ayudar que es peor». Fue obra de sir William Cecil, barón de Burghley[305]. Inmediatamente comenzó el proceso de engrandecimiento de los barcos y la flota. En esto autores ingleses y neerlandeses anduvieron a la par: Meteren, Cecil, Hakluyt, Raleigh, Camden... Era David contra Goliat. Por un lado «enormes naves y poderosas monarquías» y, por otro, «pequeñas pinazas de una isla minúscula». Señala Maltby que «el mito no se ha disipado todavía, pese a que en su forma extrema se acerca al ridículo». Según William Camden, los barcos eran tan grandes que las olas se fatigaban de moverlos y los mares gemían bajo su peso. Verheidem afirmó que en comparación la flota de Jerjes no había sido nada. Hubo quien se preguntó con total seriedad cómo barcos tan grandes pudieron caber por el canal. De esta desproporción de fuerzas se colegía una conclusión inmediata: la victoria inglesa había sido obra de Dios, que había apoyado a los ingleses frente a los representantes del Anticristo, con lo que la propaganda de guerra venía muy oportunamente a enlazar con la impiedad. La intervención divina fue uno de los temas favoritos:

> Sus armadas (que como un alto bosque proyectaban sombra sobre los arbustos de nuestros pequeños barcos) huyeron del aliento de nuestros cañones, como la niebla ante el sol, como el elefante que huye ante el

[305] Lord Burglhey fue ministro de Isabel I. Pertenece de pleno derecho a la nueva nobleza emergente del anglicanismo. En 1559 fue la coronación de Isabel I y se produjo el restablecimiento oficial de la Iglesia anglicana. En 1571 William Cecil fue nombrado par del reino. Hasta entonces había pertenecido a la Cámara de los Comunes. Tuvo, por cierto, una excelente biblioteca de libros en español.

ataque del carnero o la ballena ante el ruido de los huesos secos. Los vientos, resentidos de que el día estuviera tan nublado con tal caos de nubes de madera, levantaron baluartes de olas agitadas, desde donde la muerte disparó contra sus desordenadas naves; y las rocas con sus fauces protuberantes devoraron todos los fragmentos de roble que dejaron. Así perecieron nuestros enemigos, así combatieron los cielos por nosotros. *Praeterea Hippomenes, resonant spectacula plausa*[306].

En la propaganda ligada a la Felicísima Armada se producen dos incorporaciones que hasta ahora no habían aparecido bajo la forma precisa que adoptan en este momento: la cobardía y la incompetencia. Nadie pareció fijarse mucho en que el valor sin límite de los pequeños barquitos ingleses quedaba muy disminuido con la intervención divina y más todavía frente a enemigos tan cobardes e ineptos. Según la «Carta a Mendoza», el pobre Medina-Sidonia se pasó la mitad del tiempo oculto en una especie de refugio que se había hecho construir bajo cubierta. Una y otra vez se insiste en que los ingleses perseguían a los españoles buscando el combate y que estos obstinadamente huían, y esta afirmación se repitió durante siglos: «Los españoles, por falta de valor, hacían todo lo que podían por evitar el combate»[307]. A finales del siglo XIX, J. A. Williamson fue pionero al refutar estas afirmaciones. Tanto él como Mattingly, bastante después, demostraron que eran difíciles de sostener las acusaciones de cobardía e ineptitud de los libelistas ingleses. Documentos y cuadernos de bitácora ofrecían un panorama bastante diferente: «Después de cuatro combates —cualquiera de ellos, en navíos y disparos, con mucho, los más grandes que hubieran peleado en el mar— no se había relajado la disciplina de los españoles, no había rupturas en su formidable orden y estaban tan ansiosos de reducir la distancia y luchar cuerpo a cuerpo como lo habían estado en la primera mañana ante Eddystone»[308].

A través del estudio de la contabilidad de la Armada, Casado Soto demostró que se perdieron unos 30 barcos y regresaron 100, y que casi todos ellos eran barcos de transporte, por demás, alquilados[309]. Perdidos en combate en manos inglesas solo hubo dos: el *San Salvador* y el *Nuestra Señora del Rosario*. Pero lo que se ha repetido generación tras generación

306 Maltby, *La leyenda negra...*, págs. 100-101.

307 Samuel Clark, *England's Remembrance*, Londres, 1657, págs. 17-18, citado por Maltby. Más información sobre la propaganda y la falsificación de la historia y su perpetuación a través de los siglos en las págs. 99 y 110 del mismo estudio.

308 Garrett Mattingly, *La Armada Invencible*, Barcelona: Grijalbo, 1961, pág. 310, y también J. A. Williamson, *The Age of Drake*, Londres: Adam & Charles Black, 1938, págs. 177-190. La primera edición es de 1899.

309 José Luis Casado Soto, *Los barcos españoles en el siglo XVI y la Gran Armada de 1588*, Madrid: San Martín, 1988.

es muy diferente: que pesados barcos españoles fueron derrotados por ligeros navíos ingleses que los persiguieron sin descanso; que fue una batalla decisiva que cambió el rumbo de la historia y decidió el liderazgo de los mares en adelante, etcétera. Sin embargo, autores como Casado, Agustín Ramón Rodríguez González o David Goodman han demostrado que lo sucedido no fue decisivo ni siquiera en el curso de aquella guerra y que en realidad fue causa de gran mejora en la Armada española. Felipe II mandó construir nuevos y mejores barcos. De hecho, después se envían dos armadas seguidas contra Inglaterra, en 1596 y 1597, que también tropezaron con las tempestades. Ambas fueron mandadas por el soriano Martín de Padilla y la guerra finalmente acabó en 1604 con un tratado que claramente beneficiaba a España. Pero hay una reescritura victoriana de esta guerra y de otros muchos episodios de estos siglos, como veremos en la Parte III. Ni Inglaterra se convirtió en una potencia naval a partir de aquel momento ni hubo el estado de alegría y euforia colectiva que los historiadores ingleses del siglo XIX describen:

> La guerra continuó todavía durante catorce años más, es decir, de hecho continuó mientras vivió la reina Isabel, para terminar en algo así como una retirada. Según algunos historiadores, la derrota de la Armada Invencible «marca el ocaso del imperio colonial español y el comienzo del británico». Resulta difícil comprender el porqué del razonamiento. En 1603 España no había abandonado a Inglaterra ni uno solo de sus dominios de ultramar, mientras que la colonización inglesa en Virginia tuvo que ser aplazada de momento. La campaña de la Invencible tampoco «transfirió el dominio de los mares de España a Inglaterra»... La derrota de la Invencible no significó el fin de la Marina española, sino su comienzo. Los ingleses podían invadir la costa española, pero no bloquearla. Drake y Hawkins soñaban con someter a Felipe impidiendo la llegada de las riquezas del Nuevo Mundo, pero el caso es que llegaron más tesoros de América a España desde el 1588 al 1603 que en ningún otro periodo de quince años de la historia española[310].

Como no hubo ocasión para perpetrar atrocidades, fue necesario imaginar qué hubiera sucedido si los españoles llegan a desembarcar. Cuando se publicó el informe de Medina-Sidonia y este fue inmediatamente vertido al inglés, el traductor añadió una conveniente y falsificada lista de instrumentos de tortura a cual más terrible con que los diabólicos españoles pretendían atormentar a la población inglesa[311]. Esto

[310] Mattingly, *La Armada Invencible,* pág. 465.

[311] En un intento de amedrentar a sus enemigos, Medina-Sidonia hizo público un informe-descripción de la flota, bastante ajustado a la verdad, que corrió por toda Europa antes de que esta se hiciera a la mar.

inmediatamente generó libelos, baladas y comentarios por docenas en la narrativa popular. Thomas Deloney compara a los españoles con los romanos que violaron y mataron a Boadicea y describe las terribles crueldades que los españoles pensaban cometer, con todo lujo de detalles, en «A New Ballett of the strange and most cruel whips, which the Spaniards had prepared to whip and torment English men and women» (1588):

Traían largos látigos
para dar a los hombres vil castigo
y el infame tormento
no lo pudo pensar ni el Enemigo;
con los nudos de alambre
arrancaban las carnes
y llevaban consigo
las partes de sus víctimas.
De aquellos pobres huesos
no quedaban sanos ni los huesos;
tal era la crueldad del verdugo,
y los hombres morían
desfigurados, rojos y contusos.
Y para las mujeres indefensas,
de pánico temor enloquecidas,
traían tales látigos que nunca
usarlos en las bestias pensarían:
llevaban metal duro en los extremos
y rudas cuerdas de grosor diverso;
con cada latigazo
mucha sangre brotaba de sus cuerpos[312].

La ley del silencio

Durante décadas el único texto que trató de la Invencible inglesa es un anónimo: «A true discourse written (as is thought) by Colonel Antonie Winkfield emploied in the voiage to Spain and Portugal, 1589, sent to his particular friend & by him published for the better satisfaction of all such as having been seduced by a particular report, have entred into conceits tending to the discredite of the enterprise and Actors of the same». No se sabe a qué *report* sirve de contestación este texto. Evidentemente alguien en Inglaterra escribió algo que recogía con alguna

[312] Maltby, *La leyenda negra...*, pág. 105. Felipe Fernández Armesto, «Armada Myths: the Formative Phase», en P. Gallagher y D. W. Cruickshank (eds.), *God's Obvious Design*, Londres: Tamesis Book, 1990, pág. 35. El artículo de Fernández Armesto es magnífico.

veracidad lo que había sucedido con la flota que Isabel I envió contra España, pero este documento se ha perdido. El supuesto autor, ese «Colonel Winkfield», no parece tampoco que existiera. Sigue el viejo truco libelista de fingirse un testigo presencial. Es un relato indigesto lleno de justificaciones, de acusaciones contra España, cuya debilidad e incapacidad se destacan una y otra vez, y finalmente parece como si la Invencible inglesa se desvaneciera en el aire sin intervención ni de tempestades ni de cañones ni de Dios ni, por supuesto, de los españoles. Además, como destaca Maltby, durante todo el resto del reinado de Isabel, barcos ingleses fueron capturados y ataques ingleses fueron rechazados, pero ni Hakluyt ni los libelistas ingleses mencionan esto. Como Richard Hawkins escribió en un arrebato de sinceridad en una carta (privada, por supuesto) en 1598: «That the war with Spain hath been profitable no man with reason can gainsay... How many millions we have taken from the Spaniards is a thing notorious»[313].

Entre los romanos era un gran castigo, uno de los peores, ser condenado a la *damnatio memoriae.* Consistía en borrar de los documentos, de las inscripciones y, en definitiva, de la historia a alguien a quien no se consideraba digno de ser inmortal a través de ella. Esta ley del silencio es una de las vertientes más desconocidas de la leyenda negra y afecta a tantos aspectos de lo sucedido en Europa durante más de dos siglos que sería necesario escribir un libro nuevo para explicar mínimamente la inmensidad de su extensión. Funciona en dos frentes. Por un lado se calla todo aquello que los países autoproclamados pilares de la civilización no quieren recordar y, por otro, se silencian los logros de aquellos cuya reputación se desea perjudicar. Este silencio inducido es realmente un fenómeno digno de estudio. Ortega decía que Grecia, que nos educó, nos soltó la lengua *a nativitate*, de manera que a los pueblos mediterráneos, y especialmente al nuestro, nos cuesta estar callados, para bien y para mal. El silencio que rodeó el fracaso de la Invencible inglesa es un buen ejemplo, pero hay muchos más. Pondremos solo otro caso del mismo estilo.

En 1741 lord Vernon marchó a Cartagena de Indias con la intención de invadir aquella parte del mundo. No fue un ataque cualquiera. Supuso uno de los mayores esfuerzos que haya afrontado la armada inglesa y fue, hasta el desembarco en Normandía, el más grande que registra la historia: 8 navíos de 3 puentes y 90 cañones, 21 de 2 puentes y 50 cañones, 12 fragatas de 40 cañones, varias lombardas y 130 buques de transporte con 12.600 marineros y 10.000 soldados de infantería. Como era una victoria cantada, Jorge II mandó acuñar monedas [4] para celebrarla. En ellas se ve a lord Vernon de pie y a Blas de Lezo de rodillas (con dos piernas) bajo el lema «The pride of Spain humbled by Ad. Vernon»

[313] Sánchez, «Anti-Spanish sentiment...», pág. 274.

(El orgullo de España humillado por el almirante Vernon). No podemos contar aquí cómo el almirante Blas de Lezo, con 3.000 hombres, consiguió derrotar a los ingleses con una mezcla de tenacidad y astucia pocas veces igualadas en una batalla. En aquel momento ya le faltaban a Blas de Lezo un ojo, un brazo y una pierna[314]. Lo llamaban «el medio hombre», pero no lo era. Cuando llegó la noticia de la derrota de Inglaterra, hubo que retirar las monedas, que debían ser destruidas. Pero algunas sobrevivieron y alcanzan hoy un precio fabuloso en el mercado de la numismática. Jorge II y sus ministros consideraron que no hacía ningún bien a la población conocer aquel fracaso y se decidió que no se hablara ni se escribiera nunca más de él. Naturalmente fueron obedecidos porque el control de las publicaciones era férreo en la Inglaterra de este tiempo, y lo ha sido hasta bien entrado el siglo XIX. La mayor parte de la población inglesa no se enteró de lo que había pasado en Cartagena[315]. Y los libros de texto hoy no lo mencionan, ni los españoles ni los ingleses[316].

Al saber del fracaso de su armada, Felipe II escribió al duque de Parma: «En lo que Dios hace, no hay que perder ni ganar reputación, sino no hablar de ello»[317]. Nadie le hizo caso. En España, de los palacios a las tabernas, la Invencible fue objeto de toda clase de comentarios, críticas y general rechifla. El poderoso Felipe II soportó cancioncillas y memoriales tan virulentos contra su labor que hoy día nos cuesta creer que hubiera semejante libertad de expresión, porque no parece que a los autores de aquellas críticas acerbas les pasara nada. Ibáñez de Santa Cruz escribió un *Discurso crítico contra Felipe II*, donde directamente lo acusa de ser un pusilánime y un mal gobernante. Toda la generación de arbitristas con el contador Luis Ortiz a la cabeza generó cientos de páginas de crítica política. Las sátiras contra Felipe II han dado lugar a varios estudios[318]. Los hombres de la Iglesia no recataron su lengua precisa-

[314] Fernando Savater dedicó un artículo a este vasco extraordinario con el título «Un hombre entero» (*El País,* 11-2-2013). En Madrid se ha erigido en 2014 una estatua suya por cuestación popular.

[315] Francisco Javier Membrillo Becerra, *La batalla de Cartagena de Indias,* Algeciras: Membrillo Becerra, 2004. J. Pérez-Foncea, *El héroe del Caribe,* Madrid: Libros-Libres, 2012, y también Pablo Victoria Vilches, *El día que España derrotó a Inglaterra,* Madrid: Áltera, 2009. Muy recomendable la investigación del coronel Membrillo Becerra.

[316] El lunes, 4 de abril de 2016, *El País* informó de que las autoridades británicas habían borrado el nombre de Blas de Lezo de la consulta popular por internet para elegir la denominación de un buque de investigación de la Armada. Cuando el nombre de Blas de Lezo apareció en primer lugar se le hizo desaparecer. Simplemente.

[317] Carlos Gómez-Centurión, *La Armada Invencible,* Madrid: Anaya, 1987, y *La Invencible y la empresa de Inglaterra,* Madrid: Nerea, 1988.

[318] Teófanes Egido, *Sátiras políticas de la España Moderna,* Madrid: Alianza Editorial,

mente. El jesuita Ribadeneyra en su *Tratado de la tribulación* y en *Memorial al rey* culpa a las tormentas pero también al propio rey y sus equivocadas políticas. En la misma línea va el padre José de Sigüenza. Diputados de las Cortes de Castilla en los años 1588-1589, como Francisco Monzón o Gonzalo de Valcárcel, se mostrarán muy críticos con las decisiones del rey. Este ambiente de libertad de expresión contrasta poderosamente con el que se vivía en otras naciones de Europa: «La crítica interna por muy constructiva que fuese rara vez fue tolerada en la Inglaterra isabelina o de los Tudor... Aparte de cuestiones de fe, la libertad de palabra fue cara prerrogativa de los españoles durante el Siglo de Oro y no permitieron que cayera en desuso. Violentas acusaciones de toda una vasta gama de males fue el resultado y algunas de ellas como la *Brevísima relación* pudieron servir más adelante a la propaganda antiespañola»[319]. En estos siglos, la Iglesia no fue una mordaza para la libertad de expresión, sino todo lo contrario. Los hombres que a ella pertenecían se sentían protegidos y libres para decir lo que les diera la gana porque pertenecían a una institución que ningún monarca absoluto pudo controlar.

La hispanofobia se convirtió en parte constitutiva de la nación inglesa en la segunda mitad del siglo XVI, como de otras naciones europeas, según vamos viendo. La construcción nacionalista exigía que para ser un buen inglés había que ser anticatólico y antiespañol. El factor «anti» es una de las diferencias principales que existen entre el patriotismo y el nacionalismo. El primero puede existir por sí mismo y el segundo necesita de un enemigo, y si no lo tiene, lo fabrica. Se confunden habitualmente el uno y el otro, pero no pueden ser más distintos. El primero es un amor generoso y sin posesión, mientras que el segundo le dice al objeto de su amor «eres mía o de nadie; de ahora en adelante, yo decidiré cómo tienes que ser y lo que te conviene». El nacionalismo es enemigo siempre de la diversidad y confunde intencionadamente diferencias de opinión con la traición. Hay un último rasgo que los distingue. El nacionalismo suele servir de trampolín a un grupo que por medio de él consigue riqueza y engrandecimiento social, mientras que el patriotismo no reporta beneficios, sino más bien disgustos y esfuerzo. El uno es victimista por naturaleza y fabrica enemigos; el otro se muestra en sus sacrificios. Aunque suele ir el lobo disfrazado de cordero, estos tres rasgos suelen ser suficientes para diferenciarlos: el enemigo creado, la posesión y el provecho. El nacionalismo es una enfermedad que, como las tercianas, reaparece una y otra vez en Europa. A ella le debe la mayor parte de sus desgracias. La hispanofobia forma parte indisoluble de una buena parte de los nacionalismos europeos.

1973, y Mercedes Etreros, *La sátira política del siglo XVII,* Madrid: Fundación Universitaria Española, 1983.

[319] Maltby, *La leyenda negra...*, pág. 20.

Como en los Países Bajos, el triunfo de la religión de estado mandó a las catacumbas a una parte de la población inglesa que ha vivido siglos bajo la sospecha de la traición. Esto provocó un rosario de enfrentamientos civiles, porque el enemigo estaba fuera pero también estaba dentro. La guerra de propaganda que se generó la ganó de manera rotunda el bando protestante. La opinión pública occidental aprendió y aceptó con raras excepciones una versión de los hechos que fue creada para sostener las distintas manifestaciones de la Reforma. El mundo católico es oscuro, medieval y atrasado. No hay en él ni la libertad ni el respeto ni la tolerancia religiosa que hay entre los protestantes. Lo cierto es que no hubo ni libertad ni tolerancia religiosa ni en un lado ni en el otro hasta hace poco más de un siglo. Los católicos persiguieron a los protestantes y los protestantes a los católicos, y las distintas sectas reformadas se persiguieron entre sí con idéntica saña o más.

Durante la época victoriana se produjo una reescritura completa del periodo isabelino, etapa que pasó a considerarse como el momento cumbre del nacimiento de la Iglesia nacional y, por tanto, de la nación inglesa[320]. Aquí se afianzaron los tópicos de la leyenda negra creados durante las guerras de religión y más tarde en la forma remozada que les dio la Ilustración. Pasaron así a formar parte indisoluble e indiscutible de la historiografía oficial de Europa, tal y como ha pasado al siglo XX y XXI. Como en el caso alemán, lo estudiaremos en la parte dedicada al auge de los nacionalismos europeos en el siglo XIX.

[320] Elisabetta Sala, *Elisabetta la Sanguinaria*, Milán: Ares, 2010. Trata de Shakespeare y sus relaciones con los católicos perseguidos por la reina Isabel, al tiempo que desenmascara con rigor toda la propaganda que ha rodeado y recreado la época isabelina. Helen Hackett, *Virgin Mother, Maiden Queen: Elizabeth I and the Cult of the Virgin Mary*, Nueva York: Saint Martin's Press, 1995.

[1] Ejecución de Thomas Venner y otros anabaptistas en 1657. Warren Johnson, *Revelation Restored: The Apocalypse in Later Seventeenth-century England*, Woodbridge: Boydell Press, 2011, pág. 138.

[2] *Priesthole* (el agujero del cura).
Disponible en *www.harvintonhall.com/the-priest-hides/*.

[3] Ejecución y tormento de católicos durante el reinado
de Isabel I de Inglaterra. Richard Verstegan, *Theatrum crudelitatum haereticorum nostri temporis,* Antverpiae: Apud Adrianum Huberti, 1587.
Biblioteca Nacional de España, Madrid.

[4] Moneda conmemorativa de la supuesta victoria
de lord Vernon en Cartagena de Indias.
Museo Naval de Madrid.

5

Los Países Bajos: el triunfo definitivo de la propaganda

«Juro ante Dios y su gran poder
que nunca he repudiado a mi rey
pero hube de obedecer a Dios, Su Alta Majestad,
y acatar sumiso su justa voluntad.
[...]
Mi alma se atormenta, pueblo noble y fiel,
viendo cómo te afrenta el español cruel».
Himno de Holanda

Los hechos y los mitos

Así comienza el himno de Holanda que los niños aprenden en las escuelas. Es un texto en el que Guillermo de Orange, el héroe nacional cuasi santificado, jura ante Dios exactamente lo que necesita jurar para dar legitimidad a su causa. Sin embargo, parece que sí se rebeló contra su rey y no resulta verosímil que Dios en persona viniera a exigírselo.

Los territorios que más o menos denominamos Países Bajos fueron unificados por los duques de Borgoña en un largo proceso que Carlos V, que los recibió como herencia de su abuela paterna, María de Borgoña, intentó concluir. Nunca constituyeron una región unida, sino más bien un conglomerado desigual y sin estructura precisa. Desde 1517 a 1531, Carlos V, nacido en Gante, y por lo tanto soberano de las tierras flamencas, intentó estructurarlas al modo de un estado federal, con instituciones de gobierno unitarias, aunque respetando otras propias de los distintos *länder*. Flandes, Brabante, Holanda y Zelandia eran el centro de gravedad del territorio, y Utrecht, Frisia, Groninga, Overijssel, Güeldres, Limburgo-Overmaas, Luxemburgo, Namur, Henao, Tournaisis, Artesia y Flandes Valón (Lila-Douai-Orchies) constituían la periferia. Hasta 1548 no existió ninguna organización político-territorial reconocible bajo el nombre de Países Bajos. El 26 de junio de ese año, Carlos V hizo aprobar en la Dieta reunida en Augsburgo la creación de una unidad administrativa con órganos de gobierno propios y administración separada que llevaría ese nombre. Dos años antes, don Fernando Gonzaga había aconsejado al emperador que se desprendiese de los Países Bajos entregándoselos al duque de Saboya a cambio del Piamonte. Gonzaga estaba convencido de que lo que el emperador pretendía, por más que fuese bueno para el territorio globalmente, provocaría conflicto tras conflicto, y traería más perjuicio que beneficio al conjunto del imperio.

La historia de los Países Bajos era la de los enfrentamientos de unos territorios con otros durante siglos. Como señala Parker, «la monarquía española dotó a los Países Bajos de unidad política permanente. En circunstancias normales esto hubiera dado lugar a una nación independiente y unida andando el tiempo»[321]. La precipitación de la oligarquía neerlandesa provocó una grave amputación del territorio que aún perdura y una situación de discriminación de unos neerlandeses con respecto a otros (los católicos), que se mantuvo durante siglos[322].

La opinión general es que los Países Bajos eran un territorio muy rico que de alguna manera «perdía» en su relación con los españoles. Es cierto que había en la región comarcas muy prósperas y algunas de las ciudades más ricas y pujantes de Europa, como Amberes o Ámsterdam. Esta prosperidad convivía con zonas muy pobres y con un reparto bastante desigual de la riqueza. Parker destaca que en los Países Bajos la población de indigentes y excluidos era superior a la de otros territorios europeos: «En todas las ciudades de Europa existía un núcleo de gentes permanentemente incapaces de asegurarse ingresos regulares [...] Con todo, se dispone de elementos de juicio que indican que en los Países Bajos el porcentaje de indigentes era superior a la media [...]. El problema de la pobreza revestía mayor gravedad en las ciudades de Flandes meridional que en ninguna otra región de Europa»[323]. La extremada fragmentación del poder y la inexistencia de instituciones supraprovinciales hacían imposible emprender reformas que eran muy necesarias para mejorar la vida de la gente y sacar a algunos territorios de una situación de gran pobreza y terrible aislamiento. Los problemas de comunicación, por ejemplo, eran gravísimos. Luxemburgo, Limburgo, Güeldras, Overijssel, Drenthe y Groninga estaban escasamente pobladas y además aisladas por dunas, baldíos y ciénagas. La integración de unas provincias con otras hacía imprescindible mejorar las vías de comunicación entre unos *länder* y otros. Pero estas infraestructuras no se podían crear mientras no hubiera un gobierno con capacidad de decisión superior, porque pensar que varias ciudades o comarcas se iban a poner de acuerdo por sí mismas para emprender estas reformas era una fantasía. Nunca lo habían hecho. La profusión de particularismos legales hacía casi imposible avanzar en este sentido. El galimatías legal era casi inverosímil: antes de Carlos V existían 700 códigos legales diferentes. De ahí la necesidad de las instituciones que Carlos V creó con tanto esfuerzo y la oposición de la nobleza y las oligarquías urbanas.

[321] Geoffrey Parker, *España y la rebelión de Flandes*, Madrid: Nerea, 1989, pág. 12.

[322] Las diecisiete provincias llamadas por Carlos V Países Bajos incluían lo que hoy es Holanda, Bélgica, Luxemburgo y partes del norte de Francia.

[323] Parker, *España y la rebelión...*, pág. 25.

Hemos insistido ya varias veces en que las leyendas negras son un fenómeno de propaganda encaminado a generar opinión pública que una oligarquía local pone en marcha con la ayuda de sus intelectuales orgánicos cuando un imperio en expansión la pone en peligro. Repasamos en la Parte I los casos de Roma, Estados Unidos y Rusia y llegamos a la conclusión de que esta situación, repetida una y otra vez a lo largo de la historia, produce los mismos efectos: una manifestación nueva de la universal imperiofobia, una clase especial de prejuicio que vive aún en el Olimpo de las verdades unánimemente aceptadas. El caso de los Países Bajos es paradigmático[324]. Hay un imperio en expansión que pretende construir una unidad europea sobre la base de la común religión compartida. Los poderes regionales se enfrentarán a este proyecto de unidad rompiendo en primer lugar lo que unía: la religión. En tres frentes distintos: Alemania, Inglaterra y los Países Bajos. El caso de los Países Bajos era especialmente complicado porque estos territorios tenían como rey y señor natural (poder legítimo) al que mandaba en aquel imperio. Felipe II era tan rey de Castilla como lo era de los Países Bajos, de manera que era difícil convencer a la opinión pública. Una rebelión contra el rey legítimo en la Europa del siglo XVI no se digería fácilmente. Habrá que esperar hasta la Revolución francesa para romper ese tabú. Y sin embargo, algunos flamencos lo hicieron mucho antes. Sin la ayuda de la propaganda y del calvinismo, sin la genial idea de unir nacionalismo y religión, hubiera sido imposible.

Según la versión universalmente aceptada, la rebelión de los Países Bajos comenzó en 1566 y duró hasta el Tratado de Münster en 1648[325]. El *casus belli* del primer levantamiento fue la decisión de la monarquía de cambiar los tres obispados existentes por diecisiete. Señala Maltby que el rey «no estaba planeando más que un sistema de gobierno que simplificara la Administración y contuviera el poder perturbador de los nobles ambiciosos»[326]. Sin embargo, lo que el europeo medio aprende

[324] K. W. Swart, «The Black Legend during the Eighty Years War», en J. S. Browley y E. H. Kossman (eds.), *Britain and the Netherlands. Some political mythologies*, La Haya: Martius Nijhoff, 1975, págs. 36-57.

[325] Para una visión general, véase Geoffrey Parker, *España y los Países Bajos 1555-1659*, Madrid: Rialp, 1986. Las investigaciones de Parker son probablemente lo mejor que hay en el mercado sobre este conflicto. García Cárcel (págs. 65-80) hace un apretado resumen de la actividad propagandística antiespañola, con especial énfasis en la producida por la comunidad sefardita de Ámsterdam, y Maltby dedica el capítulo 4 de su estudio a la propaganda inglesa y también flamenca a propósito de la rebelión de los Países Bajos. Más recientes es Alain Barsacq y Bernardo J. García García (eds.), *Hazañas bélicas y leyenda negra. Argumentos escénicos entre España y los Países Bajos*, Madrid: Fundación Carlos de Amberes, 2004.

[326] Parker, *España y la rebelión...*, págs. 61-62.

no es esto. La versión oficial de lo sucedido en los Países Bajos puede leerse en cualquier libro de texto español y, en general, europeo. La Wikipedia ofrece docenas de ejemplos. Quienes piensan que la leyenda negra no existe o no existe ya, y que los prejuicios no son capaces de reescribir la historia, pueden buscar la entrada «Apología de Guillermo de Orange» (consultado el 2 de agosto de 2013) y ahí leerá: «Hacia 1566-1568, en algunas provincias de los actuales Países Bajos, en aquella época pertenecientes al Imperio español, surgieron entre la población revueltas provocadas por las imposiciones católicas y por las cargas fiscales que las autoridades españolas imponían a los neerlandeses».

En primer lugar hay que desterrar la idea de que se produjo un levantamiento de la población de los Países Bajos contra un gobierno extranjero y opresivo, una especie de insurrección nacional y popular contra el imperialismo opresor. Carlos I de España y V de Alemania era también Carlos II de Borgoña y Flandes y Carlos III de Luxemburgo. Él y su hijo, Felipe II, eran los soberanos legítimos de esos territorios, y no hubo nunca una invasión o una anexión.

En segundo lugar, no hubo una sino muchas rebeliones a lo largo del tiempo, con distintas características y por distintas razones, a pesar de que la historiografía holandesa nacionalista ha impuesto la visión general, que se encuentra en los libros de texto (en los nuestros también), de que hubo «una» rebelión en los Países Bajos. La opinión común, por tanto, es que hubo una rebelión que provocó una guerra, y que esta guerra, que duró ochenta años, fue una guerra de independencia, desigual, entre holandeses que luchaban por su libertad y españoles que los oprimían, y que los españoles fueron finalmente derrotados y que todo acabó con la Paz de Münster en 1648, con la independencia de los Países Bajos, y que después de esto los territorios neerlandeses gozaron de gran paz y prosperidad.

En tercer lugar, no se trató de rebeliones populares: «Desde un principio la oposición a la política del rey estuvo protagonizada esencialmente por la alta nobleza»[327]. La insurrección de parte de la oligarquía neerlandesa no comenzó en 1568 a causa de los cambios en la organización de los arzobispados ni de la presencia de soldados españoles en la frontera sur ni de los impuestos. La propaganda había empezado al menos doce años antes. Ya en tiempos de Carlos V la nobleza de aquellos territorios, que veía una amenaza en el poder multinacional del emperador y en las nuevas instituciones de tipo supraprovincial creadas por él, había expresado su malestar de distintas maneras y había habido rebeliones. En el siglo XV hubo varias insurrecciones en Flandes, Bra-

[327] Gustaaf Janssens, «La guerra en los Países Bajos. Guerra civil, conflicto religioso y consecuencias políticas, 1564-1648», en *Hazañas bélicas y leyenda negra...*, pág. 12. Janssens es uno de los pocos historiadores que habla abiertamente de guerra civil.

bante, Holanda y Zelandia contra la casa de Borgoña. En los tiempos de Carlos V hubo revueltas en Bruselas y Den Bosch (1523-1525); más tarde en Gante (1539-1540) y luego en Amberes (1554). Cuando Luis de Requesens fue enviado a gobernar los Países Bajos hizo lo que cualquier hombre responsable haría: ponerse a estudiar. Así descubrió, con desánimo que no oculta, que «leyendo en las historias ha havido treinta y cinco rebeliones contra sus príncipes naturales»[328].

En el fondo, como destacan Parker y Janssens en varias obras, estos cambios afectaban a la relación de poder entre las ciudades y las élites nobiliarias. Esta élite venía a ser el 0,1 por ciento de la población de los Países Bajos, unos 4.000 nobles. Estaban ligados entre sí por vínculos de parentesco como las casas de Croy, Lalaing y Ligne, y constituían una oligarquía con intereses comunes, políticos y económicos muy estrechos que desde la llegada de los Habsburgo se enfrenta a grandes incertidumbres. Estas familias habían sido dueñas de muchos territorios y habían gozado de grandes prerrogativas porque las regiones que Carlos V unificó con el nombre de Países Bajos carecían de estructura política o institucional de ninguna clase. A este grupo pertenecen Guillermo de Orange, el conde de Egmont y el conde de Horn, por citar algunos de los rebeldes más conocidos.

Egmont y Horn fueron ejecutados por traición al comienzo de las rebeliones, no de manera arbitraria sino conforme a las leyes vigentes. Luego fueron transformados en héroes por los orangistas, a pesar de que ninguno era partidario de Orange, cuya ambición ambos temían. Las intrigas del Taciturno, a quien Horn llamaba «el rey sin corona», los llevaron a la muerte[329]. Es muy posible que uno u otro hubiera abandonado el bando secesionista conforme las intenciones de Orange fueron quedando claras[330]. La exaltación de ambos como héroes de la libertad y la independencia, aunque los hechos son un poco más turbios, llegó hasta Goethe, que compuso una tragedia sobre Egmont en clave libertad frente a tiranía y fanatismo. Luego Beethoven le puso música. La pieza musical acaba con un himno a la libertad, naturalmente.

Estos aristócratas ven cuestionado su estatus por un imperio que, como todos los imperios, es una fuente de novedades: organización territorial, sistema tributario, administración de justicia... Los españoles parecen dispuestos a cambiarlo todo y a ir arrinconando particularismos

[328] Parker, *España y la rebelión...*, pág. 34.

[329] Juan L. Sánchez Martín, «La infantería valona y alemana del ejército de Flandes», *Researchind and dragona* 5 (1998), pág. 5.

[330] Gustaaf Janssens, «El oficio de rey y la oposición leal en Flandes contra Felipe II», en José Martínez Millán (dir.) y Manuel Rivero Rodríguez (coord.), *Actas del Congreso Internacional Felipe II (1527-1598). Europa y la Monarquía Católica*, Madrid: Universidad Autónoma de Madrid, 1998, t. II, págs. 401-411.

feudales en pro de una Administración de tipo estatal, más eficaz y más profesional. La Administración imperial se apoya en las mesocracias, en los buenos profesionales de la nobleza baja y media, y la burguesía, y esto deja a la casta a la que Orange pertenecía por nacimiento si no arrinconada, sí disminuida. De hecho, los cambios introducidos en estos territorios por los españoles pusieron las bases del Estado holandés. El grupo dirigente de la insurrección, después de haber rechazado estos cambios como si de auténticas infamias se tratara y de haberlos convertido en argumentos para el levantamiento, terminó por adoptarlos tras la independencia. No podía ser de otro modo. La situación previa a los cambios introducidos por Carlos V era absolutamente ingobernable.

Fueron necesarios muchos años de intensa propaganda y el concurso de los predicadores calvinistas para convencer a una parte de la población neerlandesa (insistimos, solo una parte) de que eran explotados y oprimidos, y de que, por lo tanto, debían rebelarse contra el rey. Al principio, la propaganda orangista no tuvo mucho éxito, pero Orange y otros nobles estaban convencidos de que finalmente daría fruto y conseguirían el apoyo de al menos una parte del pueblo. Es admirable la tenacidad con la que perseveraron en lo que los historiadores que han estudiado a fondo este periodo llaman la «guerra de papel». Orange se había criado en Alemania, donde había aprendido del luteranismo el valor impagable de la propaganda con imágenes, y que no importaba nada cuán vulgar y poco escrupulosa pudiera ser, porque una mentira mil veces repetida termina siendo una verdad.

Según la historia oficial europea, la rebelión comienza en 1557 por culpa de una reorganización de los obispados del territorio que eran tres y pasaban a diecisiete. Era una anomalía que los Países Bajos, con una población de más de tres millones de habitantes, tuvieran solo tres obispados. La nueva organización descongestionaba los tres megaobispados y reorganizaba las rentas eclesiásticas de manera mucho más efectiva y menos gravosa. Hubo primero un malestar considerable de unas ciudades con respecto a otras. Amberes se opuso en redondo a que Malinas fuera la sede primada. Otros territorios pensaban que Brabante, que ya era una de las provincias más ricas y poderosas, salía demasiado beneficiada. En fin, un mundo de suspicacias, facciones y territorios en lucha constante en el que Orange y sus compañeros supieron maniobrar con gran inteligencia para conseguir la rebelión que llevaban lustros buscando[331]. La propaganda logró convencer, por fin, después de más

[331] Sobre Guillermo de Orange, véase VV. AA., *Historia Today* 24 (julio-agosto 1984). Es un monográfico editado con ocasión del centenario de la muerte de Orange. Una biografía más completa: Bernard Quilliet, *Guillaume le Taciturne*, París: Fayards, 1994. Con la participación de historiadores holandeses, españoles y belgas se editó *Guillermo de Orange. De rebelde a Pater Patriae*, Madrid: Fundación Carlos de Amberes, 1998.

de una década, a un grupo suficiente de que la reorganización de los obispados era perjudicial y una ofensa de los españoles que humillaba a los neerlandeses, simplemente porque querían cambiar algo. En los folletos de propaganda nunca se explica por qué el cambio era malo. Simplemente se habla de «imposición», de «humillación» y se excita la suspicacia de unos territorios contra otros.

Otra de las causas aducidas para justificar la insurrección fueron los impuestos. Universalmente, la gente paga impuestos y esto la indigna. Siempre se paga demasiado y se recibe poco. En los Países Bajos se pagaban impuestos, claro está. Cincuenta o cien años antes de la llegada de Carlos V y sus cambios también se pagaban. La propaganda orangista convenció a muchos de que ahora los impuestos se pagaban para los españoles y de que estos estaban financiando el imperio con los impuestos de los holandeses: «Estas deudas (las del Imperio) se financiaban mediante impuestos.... y esto causaba evidente descontento. En realidad, era España la que costeaba estos gastos. Por ejemplo, entre 1551 y 1556 envió 22 millones de florines, una cifra para entonces enorme. Pero los súbditos de los Países Bajos pensaban que estaban financiando a España»[332]. Es evidente que esta idea no surgió espontáneamente en las cabezas de los neerlandeses.

Orange y los rebeldes, acosados por el problema de la legitimidad de su alzamiento, buscaron hasta cuatro posibles reyes para los Países Bajos. No fueron búsquedas teóricas. Realmente ofrecieron la corona a varios príncipes y estos se personaron en el teatro de operaciones dispuestos a tomar posesión de la corona de los Países Bajos. El primero fue el archiduque Matías, hermano de Rodolfo, que era emperador del Sacro Imperio en aquel momento. Matías vino a los Países Bajos. Como lo que se buscaba era una testa coronable y no un rey que mandara, terminó vagando por el territorio sin que nadie le hiciera mucho caso. Matías no estaba en condiciones, a pesar de ser hermano del emperador, de arrebatarle una corona a Felipe II. El segundo candidato fue el duque de Anjou, hermano del rey de Francia. El de Anjou se lo tomó en serio y se presentó en la zona con 15.000 soldados franceses en julio de 1578. Para tan gloriosa ocasión se hizo escribir un himno que se titulaba «Defensor de las libertades de los neerlandeses». A estas alturas hay tantos defensores de la libertad de los neerlandeses que el producto amenaza con devaluarse rápidamente y los neerlandeses mismos no saben quién es el bueno y quién es el malo. El juego entre Orange y el duque salió mal. Orange quería soldados que lo ayudaran a ganar y un rey que sirviera de títere, pero el duque no estaba dispuesto a ganar una guerra para Orange y los rebeldes, y verse luego ninguneado: «The truth is that he and Anjou were really playing at cross-purposes. Orange wishes

[332] Parker, *España y la Rebelión...*, pág. 38.

Anjou to be the roi-fainéant of a United Netherland state of which he himself should be real ruler but Anjou had no intention of being treated as a second Matthias»[333]. Después de ser coronado, Anjou, cansado de la presencia asfixiante de Orange, se rebeló contra él y abrió su propio frente de guerra. Sus soldados fueron protagonistas de bastantes devastaciones olvidadas por la historia. Finalmente, en 1578 un ejército alemán bajo las órdenes de Juan Casimiro, hermano del elector palatino, cruzó la frontera. En 1579 había visitado Inglaterra para negociar la ayuda económica a los rebeldes. A cambio había prometido entregar algunas comarcas pegadas al mar. A fin de cuentas, no costaba nada pagar con lo que no era suyo. A la reina Isabel de Inglaterra, Orange le ofreció directamente el trono al menos dos veces: en 1575 y en 1584. Graciosamente declinó el ofrecimiento. Su propósito era perjudicar al Imperio cuanto pudiera, no hacerse cargo de aquel avispero.

De todo lo dicho, el lector habrá deducido que la versión canónica de la rebelión del pueblo holandés contra la tiranía española es una narración nacionalista inspirada en la propaganda más que en los hechos.

La guerra civil en los Países Bajos

La guerra de los Países Bajos es uno de los hechos más historiados de Europa. Ha producido una bibliografía ingente que cada década se colecciona por volúmenes. Ha despertado y despierta un interés que está muy lejos de haberse extinguido. Dependiendo de las ideas, la nacionalidad y la religión del historiador, este largo conflicto ha tenido muchas interpretaciones y se ha explicado desde el prisma de las luchas religiosas; de la historia política como conflicto entre las naciones emergentes de la Europa Moderna; de la colisión entre sistemas económicos incompatibles, etcétera. La historiografía de la llamada guerra de los Ochenta Años comienza ya en el siglo XVII, fundamentalmente en el lado holandés que intenta justificar la rebelión y la guerra. Después, en el siglo XIX, el factor religioso cobra una importancia creciente «as the catholic Dutch found themselves to be second class citizens within the United Provinces»[334]. En paralelo fue creciendo y duró hasta los años sesenta la corriente principal, una historiografía de tono nacionalista que creó la mitología habitual del conflicto. Su punto de vista fundamental es la creencia, popular en extremo, de que existió un pueblo holandés unido y protestante que luchó —y ganó— contra un Imperio español poderoso, católico y

[333] George Edmunson, *History of Holland*, Cambridge: Cambridge University Press, 1922, pág. 72. Disponible en Gutenberg Ebook #14971, 2005.

[334] Ivan S. Sordo, «The Dutch Revolt: A Bibliography»: *http://www.academia.edu/2390080/The_Dutch_Revolt_-_A_Bibliography*.

tiránico. Esta fue la representación de los hechos dominante hasta los años sesenta en que el modo de hacer historia sufrió algunos cambios importantes, virando desde la gran narrativa histórica hasta otra que da prioridad a la deconstrucción o la crítica de las fuentes. Esto produjo, en opinión de Ivan Sordo, una evolución «from the nationalist view of the Dutch Revolt to if not a more balanced view a view that recognizes its different facets».

En este escalón estamos todavía, haciendo visible lo invisible. Parker, que es uno de los mejores conocedores del conflicto en los Países Bajos, intenta ofrecer una exposición equilibrada de este y no dejarse arrastrar por las filias y fobias que despierta. Por ello ha sido acusado de ofrecer una versión proespañola de los hechos. Es muy encomiable su esfuerzo a favor de la objetividad. Su explicación se basa en que «los particularismos eran más poderosos que el patriotismo», al tiempo que demuestra que «las lealtades locales fueron tenazmente defendidas porque los privilegios y libertades de cada ciudad y provincia depredaban al Estado». Parker se esfuerza por hacer entender que no hubo nunca una unidad neerlandesa contra España y que no solo no era un conflicto entre católicos y protestantes, sino que había un desacuerdo generalizado entre las ciudades y las provincias con respecto a la rebelión. Cada cual mantenía su propio punto de vista y había un estado de enfrentamiento generalizado, a la yugoslava, en el que ahora cuesta mucho orientarse si uno quiere hacerlo honestamente y sin maniqueísmos. Y sin embargo, Parker no acierta a plantear el conflicto como la guerra civil que fue. Ya bien avanzado su estudio, lo deja caer como de pasada: «En el fondo era una guerra civil»[335]. Pero este no es un detalle menor que pueda señalarse y luego dejarse pasar, porque las interpretaciones que puedan hacerse de las rebeliones en los Países Bajos se ven radicalmente modificadas bajo la perspectiva de una guerra civil. En todos los imperios coexisten tendencias centrífugas y centrípetas, partidarios de la unidad y partidarios de la ruptura. En el contexto del Imperio español, la Reforma fue el soporte ideológico de quienes rechazaban la unidad. Es un problema que va más allá de la oposición entre ortodoxia y herejía. Si el Imperio luchó con todas sus fuerzas contra el protestantismo no lo hizo por convicción religiosa únicamente, sino porque rompía la unidad superior que se pretendía alcanzar. Esto sucedió también en los Países Bajos. Ahora bien, la contienda entre unidad y secesión es previa al cisma religioso y se manifiesta a través de él. No fue un enfrentamiento entre territorios. Sucedió en el seno de cada ciudad, de cada comunidad y podría decirse que de cada familia (incluidos los Orange-Nassau), y no pudo nunca trazarse con un tiralíneas en el mapa. En algunas regiones triunfó el bando protestante-secesionista, pero en modo alguno ese triunfo hizo

[335] Parker, *España y la Rebelión...*, págs. 13 y 208.

desaparecer a los otros. Hubo católicos que participaron activamente en las rebeliones, pero llegados al punto de máxima tensión se vieron obligados a elegir entre catolicismo-unión o protestantismo-secesión. Que no había posibilidad de compromiso lo prueba el hecho de que todos los católicos que quedaron en los lugares en que triunfó la rebelión se vieron automáticamente señalados como malos patriotas y sufrieron leyes discriminatorias en las que su credo religioso se igualaba a la traición.

La realidad de esta guerra civil no era desconocida para los contemporáneos. En 1576 leales y rebeldes firmaron un acuerdo conocido como la Pacificación de Gante, que fue ratificada al año siguiente en el Edicto Perpetuo. Una serie de grabados realizados por Johan Wierix, según composición de Willem van Haecht, celebran un poco prematuramente este Triunfo de la Paz. La imagen principal de la serie representa a la Paz entronizada bajo el escudo laureado de Felipe II y el Espíritu Santo. El Carro Triunfal avanza sobre los instrumentos de la Guerra Civil *(Bellum Intestinum)* a pesar de que la Envidia y los Intereses Personales *(Proprium Commodum)* intentan frenarlo con palancas [1]. Varios historiadores no españoles de la época, como sir Roger William (*The Actions of the Low Countries*, 1618), mencionan que la mayor parte de los que luchaban contra los rebeldes flamencos eran también flamencos. En el lado español hubo algunos como Antonio Carnero (*Historia de las guerras civiles que ha habido en los estados de Flandes desde el año de 1559 hasta el de 1609*, Bruselas, 1625) que se esforzaron por contar el conflicto de los Países Bajos como una guerra civil, pero su verdad quedó en general sepultada.

Automáticamente las tendencias centrífugas generan una mitología tipo David contra Goliat[336]. David es siempre joven, hermoso, valiente, pequeño e inteligente, mientras que Goliat es gigantesco, feo, brutal y torpe. Esta representación mítica es maniquea (bueno-malo) y suspicaz (no admite contradicción sin ofenderse). Ofrece un marco explicativo tan simple y eficaz, tan accesible para todo tipo de inteligencias, tan sumamente confortable, tan próximo al mundo de los cuentos tradicionales[337] que tiene garantizado el éxito. Pero la realidad es siempre más complicada y precisamente los imperios son uno de los fenómenos colectivos más complejos del devenir humano. Y lo son, entre otras muchas razones, por su naturaleza de intentos cíclicos de superar las tendencias tribales y disgregadoras de las comunidades. Las rebeliones en los Países Bajos nos enfrentan a algunas perplejidades paneuropeas que es mucho más cómodo no mirar de frente, y si se estudian como guerra civil no hay forma de eludir la incomodidad.

[336] De hecho, Orange se compara a sí mismo con David en el Himno de Holanda.

[337] Sobre los cuentos y sus esquemas arquetípicos, véase Vladímir Propp, *Morfología del cuento*, Madrid: Fundamentos, 1992. El texto ruso original data de 1928 y fue uno de los fundadores del estructuralismo.

El asunto de este libro es la imperiofobia, en general, y específicamente la leyenda negra. No es, por tanto, nuestro objetivo historiar las muchas décadas de guerras civiles en los Países Bajos, pero estas constituyen uno de los pilares de dicha leyenda negra y su interpretación histórica, ya fuera de la mera propaganda, pero no lejos, ha contribuido a la perpetuación *sine fine* de la hispanofobia.

Que las guerras protestantes tuvieron el carácter de guerras civiles es uno más de los aspectos ocultos de la historia de Europa, según esa ley del silencio que tapa aquello que no conviene a la versión triunfadora. Para orientarse un poco entre las luces y las sombras de la historia invisible es imprescindible pegarse a los hechos y desentenderse de las palabras, porque no en vano estamos ante un conflicto que ha sido llamado, y no sin razón, «guerra de papel». Las batallas, por ejemplo, son realidades muy concretas que ofrecen en general anclajes firmes. Lo que sigue es un esbozo mínimo de cómo podría hacerse una historia de la guerra civil en los Países Bajos, que quizá algún día se escriba. Los historiadores están bastante de acuerdo en que hubo unos cincuenta hechos militares mayores. Evidentemente se produjeron muchísimas trifulcas y escaramuzas, pero como aproximación a los hechos, las acciones militares mayores pueden servir muy bien de hilo conductor. Pues bien, cuesta trabajo encontrar una acción militar en la que no hubiera holandeses en el bando realista. Y no una minoría precisamente.

En 1573 hay en Flandes 54.300 soldados al mando del duque de Alba. De ellos solo 7.900 son españoles. Del resto, con mucho, el número mayor, unos 30.000, eran flamencos[338]. El ejército de Alejandro Farnesio en 1581 se componía de unos 60.000 hombres. De ellos solo 6.300 eran españoles. Los italianos eran 5.000. El resto, esto es, la mayoría, eran holandeses: unos 48.000[339].

No solo eran mayoritariamente flamencos los soldados, sino también los capitanes. La presencia de neerlandeses en los mandos demuestra que estos colaboraron de forma activa y destacada en la lucha contra las rebeliones. En la batalla de Heiligerlee (1568), el bando realista lo dirigió el duque de Aremberg, uno de los neerlandeses más capaces que pelearon con Alba. El conde de Bossu, Jehan Lenin-Liéthard, mandó las tropas de Felipe II en la toma de Brielle (1572) y al año siguiente

[338] L. van der Essen, «Croisade contre les hérétiques ou guerre contre les rebelles. La psychologie des soldats et des officers espagnol de l'armée de Flandres au XVIème siècle», *Revue d'histoire ecclesiastique* 51 (1956), pág. 43. Citado por Maltby, pág. 67, y por Leticia Álvarez Recio, *Rameras de Babilonia: historia cultural del anticatolicismo en la Inglaterra Tudor*, Salamanca: Universidad de Salamanca, 2006, pág. 216.

[339] Geoffrey Parker, *El ejército de Flandes y el camino español, 1567-1659*, Madrid: Alianza, 1985. La obra, magnífica como suelen serlo las de Parker, ha sido reeditada y actualizada por el autor en 2003.

hizo lo mismo en la batalla naval de Haarlemmermeer (1573). Breda fue ocupada por los rebeldes en 1577 y recuperada por el gobierno legítimo en 1581 con tercios hispano-holandeses al mando de Claudius van Barlaymont (*ca.* 1550-1587), señor de Haultpencer. Toda su familia permaneció leal a la Corona. Su hermano Gilles fue estatúder de Friesland, Guelders y Groningen, y murió en el asedio de Maastricht en 1579. A Claudius van Barlaymont se debe la denominación «mendigos del mar». De ellos trataremos más abajo. La defensa de Bolduque (1629) del asedio de Federico Enrique de Orange-Nassau la mandó Anton Schetz, conde de Grobbendonck. En ayuda de los sitiados vino un ejército, compuesto en su mayoría por holandeses, mandado por Enrique van der Bergh, que por cierto era primo de Federico Enrique. En la rendición el obispo Michael Ophovius, también holandés, suplicó a Federico Enrique tolerancia para con los católicos, pero no la hubo. En 1637 los rebeldes al mando de Federico Enrique de Orange-Nassau pusieron sitio y rindieron Breda. Omer Fourdin, un extraordinario militar neerlandés, era el gobernador de la ciudad y mandaba la guarnición de 3.000 hombres que era completamente holandesa[340].

Para los rebeldes y su propaganda resultaba intolerable la presencia de tropas españolas (3.000 soldados) en la frontera francesa. Tras la Paz de Cateau-Cambresis fueron enviados allí en prevención de posibles tentaciones en el lado francés. Este fue uno de los primeros pretextos en la sucesión de rebeliones. Sin embargo, la presencia de extranjeros fue constante en el bando rebelde. En el primer enfrentamiento, las tropas de Alba lucharon contra un ejército orangista que estaba formado por mercenarios alemanes y hugonotes franceses (1568). La toma de Breda en 1590 se hizo con 600 soldados ingleses y 800 holandeses. En el sitio de Breda, en 1625, había en el lado orangista 6.000 ingleses y 2.000 daneses. En enero de 1584 había 8.000 ingleses bajo el mando del duque de Leicester en el bando orangista. En el mismo año, la guarnición de Aalst, enteramente inglesa, se rindió a Alejandro Farnesio. En la ofensiva que se lanzó en 1635, con los Países Bajos ya partidos en dos, para conquistar la zona sur que permaneció leal al rey, los rebeldes y los franceses fueron de la mano. En 1638 Richelieu envió 18.000 infantes y 6.000 de caballería. Esas fueron las tropas con que lucharon Federico Enrique de Orange y el conde Guillermo de Nassau-Siegen, mientras que tres ejércitos franceses penetraban por el sur en su apoyo. Hubo miles de extranjeros en las tropas orangistas. Y estaría bien cuantificar si hubo, como sospecho, más extranjeros en las tropas orangistas que españoles en las tropas realistas a lo largo de los años. Dicho en otros términos, hay razones de peso para

[340] *The Modern Part of an Universal History from the Earliest Account of Time compiled from Original Writers*, Londres: S. Richarson & Cia., 1756, vol. XXXI, págs. 321 y ss. Disponible *on-line* en University of Michigan Library.

creer que hubo más holandeses luchando en el lado realista que en el orangista.

En fecha tan temprana como 1566, Orange solicita el apoyo de los turcos. En esta época la propaganda insiste en que las quejas van contra los ministros del rey y no contra el rey. Todavía en este tiempo Orange se proclama con insistencia súbdito leal de Felipe II. En carta a los rebeldes, Suleimán II afirma sentirse muy cerca de ellos porque tienen mucho en común: no adoran ídolos, creen en un solo Dios, y luchan contra el papa y el emperador de los cristianos[341]. Hay razones para pensar que el ataque a Túnez de 1574 se hizo en connivencia con Orange[342].

A partir de 1550 era raro que un tercio tuviera más de un 50 por ciento de españoles. En la guerra de Flandes la proporción era de un 10-15 por ciento[343]. Señala Juan L. Sánchez Martín que «la composición de las tropas alemanas y valonas que lucharon por los derechos de la monarquía... no están historiadas ni tienen historiales». Donde se dice «alemanas» debe incluirse a los neerlandeses, que eran llamados en este tiempo bajoalemanes. Sánchez Martín, en un trabajo de archivo, intenta en dos artículos sucesivos censar estas unidades de combatientes, es decir, determinar sus nombres, fechas de creación y cese, capitanes y número de regimientos..., y se queja del «desierto bibliográfico» en que está la investigación de estas tropas, víctimas de la ley del silencio más severa. Todo lo que existe es la enumeración incompleta de Henri-Louis-Gustave, barón de Guillaume, de 1878 y algunas referencias del conde de Clonard en su *Historia orgánica* (tomo III)[344]. Hasta qué punto ha sido

[341] Halil Inalcik, «The Turkish Impact on the Development of Modern Europe», en Kemal H. Karpat (ed.), *The Ottoman state and its place in world history*, Leiden: Brill, pág. 53.

[342] Benjamin Schmidt, *Innocence abroad. The Dutch imagination and the New World, 1570-1670*, Cambridge: Cambridge University Press, 2001, pág. 103.

[343] René Quatrefages, *La revolución militar moderna: el crisol español*, Madrid: Ministerio de Defensa, 1996. Sobre el fascinante mundo de los tercios imperiales, véanse: Juan Giménez Martín, *Tercios de Flandes*, Madrid: Falcata Ibérica, 1999, muy patriótico e inexacto en sus detalles bibliográficos, pero bien escrito y útil como obra de divulgación; Miguel Ángel Echevarría, *Flandes y la Monarquía hispánica*, Madrid: Sílex, 2000; Enrique García Hernán y Dávide Maffi (eds.), *Guerra y sociedad en la Monarquía Hispánica. Política, estrategia y cultura en la Europa Moderna (1500-1700)*, Madrid: Laberinto, 2006, 2 vols.; Fernández Martínez Laínez y José María de Toca, *Tercios de España. La infantería legendaria*, Madrid: EDAF, 2006.

[344] Juan L. Sánchez Martín, «La infantería valona y alemana del ejército de Flandes (1566-1609) I», *Researching and dragona* 5 (1998), pág. 7. Sánchez Martín se refiere al historiador y ministro belga Henri-Louis-Gustave de Guillaume (1820-1877), autor de *Histoire de l'infanterie wallone dans la Maison d'Espagne* y de *Histoire de gardes wallones au service d'Espagne* (1858), y la obra del catalán Serafín María de Sotto y Abach (1793-1862) titulada *Historia orgánica de las armas de infantería y caballería españolas desde la creación del ejército permanente hasta el día* (1851-186?).

eficaz la condena a la invisibilidad lo demuestran las bibliografías publicadas por *Histoire militaire belge des origines au 1ère Aout, 1914* (Bruselas, 1993), donde no se mencionan siquiera.

Una historia que quiera reflejar lo que realmente pasó en los Países Bajos no debe olvidarse del dinero. ¿Quién pagaba a los soldados? En el bando realista viene casi todo de España. En la otra parte sale de Francia, Inglaterra, de varios príncipes alemanes protestantes y de algunas casas nobles holandesas, pero en mucha menor medida. Resulta difícil explicar cómo las rebeliones hubieran podido sucederse una tras otra sin dinero y tropas extranjeras. Entre 1568 y 1573 el dinero procedente de Inglaterra ascendió a unos 600.000 florines. Más sustanciosa fue la financiación de Carlos IX de Francia. A lo largo de 1573 y en los primeros meses de 1574 se sabe que envió unos 200.000 florines mensuales. Tras la secesión de Zelandia y Holanda, los Estados decretaron una serie de medidas fiscales que gravaron con fuertes tasas productos de primera necesidad como la sal, los arenques, la mantequilla, el queso y la cerveza y se impusieron además cargas extraordinarias a las exportaciones. Muchas ciudades, como Delf, hubieron de endeudarse vendiendo rentas vitalicias para hacer frente a los impuestos. Los recién independizados territorios terminaron pagando muchos más impuestos que bajo la Monarquía Católica.

Con los hechos más concentrados (hombres y dinero) y en perspectiva, hay que cambiar de punto de vista y ofrecer en paralelo la evolución de la «guerra de papel», porque las distintas revueltas solo adquieren sentido iluminadas por la propaganda que las provocó. El divorcio entre la historiografía del conflicto y el estudio de la propaganda deja la llamada guerra de los Ochenta Años privada de uno de sus componentes esenciales. Hay que ir de los brotes de rebelión a la propaganda y viceversa, porque se iluminan mutuamente. Si se quiere historiar adecuadamente este conflicto, en el caso improbable de que la Historia deba servir para acercarse algo a la verdad y no para confortar oligarquías triunfantes, hay que atender conjuntamente todos estos frentes de investigación. Ello podría ofrecernos una perspectiva distinta del conflicto en los Países Bajos y ayudarnos a superar la mitología que lo rodea, aunque no solucionaría el problema histórico que estas largas luchas plantean. Porque las guerras en los Países Bajos tuvieron causas, aunque no las que la propaganda ofrece a modo de excusa o disculpa, y esas causas profundas nos obligan a reflexionar sobre demonios familiares que la gran historiografía de Europa Occidental ha preferido ignorar para levantar el templo de las historias míticas nacionales desde las perspectivas de los nacionalismos, emergentes en el siglo XVI, y finalmente triunfantes, en la segunda mitad del siglo XIX.

La guerra fue brutal por ambas partes y se llegó a extremos terribles. En el asedio de Haarlem (1572) las tropas realistas arrojaron una cabeza a los sitiados. A lo que estos respondieron arrojando las cabezas de once prisioneros holandeses leales al rey, acompañadas de un papel en que se leía: «Los de Haarlem pagan al de Alba para que no prosiga con la guerra por no haber pagado la décima, diez cabezas, y por usura de la dilación, añaden la undécima». La décima se refiere a la alcábala, un impuesto mucho más igualitario que los pagados hasta entonces en los Países Bajos. La propaganda convenció a una parte de la población de que este impuesto se recaudaba para sufragar los gastos del imperio, pero nunca fue así.

Si las tropas imperiales eran temibles, no lo fueron menos las rebeldes. Con el nombre de Mendigos del Mar se conoce a un grupo de corsarios calvinistas financiados por Orange que asolaron las costas matando por igual a españoles, neerlandeses y daneses[345]. Las atrocidades cometidas u ordenadas por Lumey de La Marck, el caudillo de la Liga de los Mendigos del Mar, son terribles. Él mismo torturó y asesinó a muchos sacerdotes y las tropelías de sus seguidores sobre población civil hicieron que numerosas ciudades flamencas se negaran a abrirles sus puertas. Una de sus divisas era «Liever Turks dan Paaps» (Antes turcos que papistas). Con este lema se hicieron medallas que portaban los rebeldes calvinistas **[2]**.

Las actividades de los Mendigos del Mar pasaron factura a la vida comercial. En 1571 pocos barcos holandeses pudieron hacerse a la mar debido a la situación caótica y peligrosa que reinaba en el canal. Quedó interrumpido el comercio de Holanda y Amberes, y hubo una crisis gravísima de abastecimiento de trigo que provocó hambre y más revueltas. Evidentemente los Mendigos no atacaban solo a las naves españolas. En marzo los barcos de Lumey de La Marck se habían visto obligados a abandonar Dover, donde la reina Isabel venía ofreciéndoles refugio seguro. En aquel momento eran unas 24 embarcaciones y aproximadamente unos 200 hombres. La decisión de Isabel se debió a que las actividades de los Mendigos habían puesto el canal en una situación insostenible. La inseguridad había llegado a tales extremos que el propio comercio inglés se veía seriamente perjudicado. Los Mendigos, agotados y faltos de víveres por no tener puerto al que acogerse, ya que Orange no estaba en condiciones de poder proporcionarles uno, remontaron el Mosa y se apoderaron de Brielle, que estaba sin guarnición, en abril de 1572. En julio, Lumey y sus Mendigos torturaron y finalmente colgaron a 19 clérigos católicos en la ciudad cercana de Gorkum. Fue un espectáculo público, que duró semanas, por el que

[345] Jean-Jacques Altmeyer, *Les Gueux de la Mer et la prise de la Brille (1568-1572)*, Bruselas: A. Lacroix, Verboeckhoven et Cie., 1863. Disponible en *http://archive.org/details//lesgueuxdemerethooaltm*. Consultado el 3 de noviembre de 2014.

el pirata y sus hombres cobraron entradas[346]. Todos estos personajes fueron convertidos en héroes en las novelas del siglo XIX. En 1827 se publica *Les gueux de la mer* de Henri Moke. Así comenta Marc Quaghebeur la obra con motivo de su reedición por la Académie Royale en 2001: «Tous les éléments imaginaires croisé de Espagne noire et du Gueux... se trouvent déjà réunis dans ce livre écrit à une époque où, qui plus est, l'exhalation du Taciturne est celle de la dynastie régnante invite à ses souvenir de ses vertus»[347].

El mundo entero conoce el saqueo de Amberes y los excesos del duque de Alba, pero casi nadie sabe de De Ryhove y De Hembyze, dos fanáticos calvinistas que perpetraron las mayores atrocidades en Gante. A tales extremos de barbarie llegaron ellos y sus partidarios que Orange decidió intervenir convencido de que esto, a la postre, traería más perjuicio que beneficio a su causa, como de hecho sucedió, pues contribuyó a profundizar la brecha que dividió en dos los Países Bajos. Los muertos provocados por las tropas del rey, llamadas «españolas» en un 95 por ciento de los casos, a pesar de no serlo en su mayoría, están bastante bien cuantificados y se conocen con razonable aproximación. En cualquier historia al uso se hallan sin dificultad. En cambio ya no resulta tan fácil saber cuántos muertos provocaron los partidarios de la rebelión entre quienes defendían el poder legítimo[348].

[346] Leemos en la Wikipedia (Entrada: Toma de Brielle, 10 de octubre de 2013): «En esta fase inicial de la guerra de los Ochenta Años los rebeldes holandeses no buscaban la independencia de la Corona española, como ocurriría años después: los alzamientos estaban provocados por las imposiciones religiosas católicas y por las cargas fiscales que las autoridades españolas imponían a la población local». ¿Imposiciones religiosas católicas? Ni luteranos ni calvinistas tuvieron nunca intención de tolerar a los católicos. No se puede olvidar que obligaban a la conversión en los territorios que dominaban. ¿Cargas fiscales? La situación tributaria en los Países Bajos era catastrófica. El imperio invirtió allí mucho más que recaudó, y tras la independencia padeció la mayor carga fiscal de Europa en aquel momento. ¿Población local? La población local también participó en el gobierno de la Monarquía Católica y, llegado el caso, en su defensa.

[347] Véase *www.textyles.revues.org/961*. Consultado el 7 de mayo de 2015.

[348] Sobre la aplicación de términos como «masacre» o «matanza» en función de quiénes sean los muertos y quiénes los que los mataron, véase David El Kenz (coord.), *Massacre, objet d'histoire*, París: Gallimard, 2005.

La «guerra de papel»: la creación del Demonio del Mediodía

En 1566 Manuel Filiberto de Saboya, gobernador general, advirtió a Felipe II de que se extendía la idea de que los Países Bajos soportaban la mayor parte de la carga fiscal del imperio y, aunque el rey se apresuró a presentar cuentas detalladas para demostrar que esto no era cierto, no sirvió de nada. El propio conde de Lalaig, a la sazón gobernador al año siguiente, se queja de ello. Con encantadora ingenuidad, Parker escribe: «Si estas falsas ideas estaban tan profundamente arraigadas entre los ministros más importantes, no es de extrañar que los peor informados contribuyentes... estuvieran convencidos de que cualesquiera sumas que aprobaban se enviarían inmediatamente a España e Italia»[349]. El conde de Lalaig no estaba en absoluto mal informado. Y si esta falsa creencia se hizo más o menos general fue porque se convenció a la opinión pública, a base de folletos y predicación, de que esto era así. Ya había empezado la «guerra de papel»[350].

En la primera etapa, hasta 1580 aproximadamente, la propaganda presenta a los rebeldes como leales servidores del rey que se oponen a la maldad de sus ministros. La Furia Iconoclasta de 1566 (Beeldenstorm), que destrozó cientos de conventos e iglesias y provocó que Alba fuese enviado a los Países Bajos, se explicaba como consecuencia del papel represor de la propia Inquisición española, a pesar de que no hubo nunca Inquisición española en los Países Bajos. Esta estrategia propagandística tenía como finalidad ofrecer una cara más amable de la revuelta y obtener el máximo de apoyo general. Orange y los suyos eran conscientes de que una oposición frontal al rey tendría pocos partidarios. En estos años, los folletos que salían por docenas de prensas normalmente ilegales iban contra Granvela[351], las tropas, los impuestos, los nuevos obispados y, naturalmente, la Inquisición.

La mitología sobre el Santo Oficio, tópico heredado del luteranismo, fue uno de los grandes asuntos de la propaganda orangista y llegó a constituir ella sola un universo de significados. Los rebeldes la eligieron como protagonista de un episodio de falsificación que tuvo bastante importancia. En 1570 la nobleza insurrecta y el clero calvinista difundieron

[349] Parker, *España y la Rebelión...*, pág. 38.

[350] Esta expresión fue creada en 1956 por un investigador holandés: P. A. M. Geurts, *De Nederlands Opstand in de Pamfletten, 1566-1584*, Nimega-Utrecht, 1956. Es tesis doctoral citada por Powell, pág. 86.

[351] ¿Quién era Granvela, el odiado ministro de Felipe II en los Países Bajos? Por lo pronto un producto típicamente imperial. Había nacido en el Franco Condado, y se había educado en París, Padua y Lovaina. Solía decir: «Yo soy de todas partes». Culto, políglota y viajero, el nacionalismo era un fenómeno incomprensible para él. De Longe y otros, *Les Granvelle et les anciens Pays-Bas*, Leuven: Universitaire Pers, 2000.

un supuesto documento secreto de la Inquisición (*De Artijckelen ende besluyten van Spaegnien om die vande Nederlanden te overvallen ende verhinderen*) que declaraba «a todo el pueblo holandés» culpable de lesa majestad y amenazaba con una confiscación general de bienes. Obsérvese el empeño de los propagandistas en colocar a «todo el pueblo holandés» en un único bloque y en hablar en su nombre, cuando la realidad es que solo una parte de los neerlandeses siguió a los insurrectos. Semejante documento fue considerado auténtico por muchos historiadores holandeses de los siglos XVI al XIX: Emanuel van Meteren, Pieter C. Bor, Everard van Reyd, P. C. Hooft, Jan Wagenaar y Willem Bilderdijk[352].

Dos son las incorporaciones principales de la propaganda orangista al universo de la hispanofobia: Felipe II como el Anticristo y América[353]. Naturalmente se aprovecharon otros tópicos venidos de Alemania y de Italia, pero estos dos alcanzan el nivel de auténticas creaciones. Felipe II no había sido un objetivo preferente de la propaganda luterana. En el mundo *welsch* de las tinieblas, el papa tenía obviamente preferencia. Pero la propaganda orangista tiene un pie puesto siempre en la necesidad de legitimidad y solo un rey-demonio puede proporcionársela. Por lo tanto, el Anticristo pasa a estar encarnado por Felipe II. Buscando más argumentos para la propaganda, los orangistas tropiezan con un texto que hacía ya veinticinco años que había sido publicado, sin que tuviera notoriedad fuera de España: la *Brevísima relación* de fray Bartolomé de Las Casas, que es inmediatamente traducida al holandés y al francés, y convertida en uno de los pilares de la leyenda negra. Fue elegida para ser la protagonista de la campaña que siguió a la firma del Edicto Perpetuo (Pacificación de Gante) en 1577, cuando verdaderamente no queda ya en pie causa posible para la rebelión y se hacía difícil inflamar el espíritu secesionista. La primera edición en español se había hecho en 1551; la edición de Amberes en francés verá la luz en 1578, justamente al año siguiente de que se firmara la Pacificación de Gante, un acuerdo poco menos que ideal para los rebeldes: amnistía general y tolerancia religiosa, con obligación de los protestantes de respetar a los católicos en las zonas rebeldes y calvinistas. Todo ello con Orange como garante de los acuerdos. Naturalmente la oligarquía neerlandesa, que estaba dispuesta a defender sus privilegios y gozar de las ventajas de las confiscaciones de propiedades católicas, no tenía la menor intención de respetar el acuer-

[352] Bernardo J. García García, «La leyenda negra española y las identidades nacionales de los Países Bajos», en *Hazañas bélicas...*, pág. 34. Para una aproximación de la visión que estos historiadores ofrecen, véase L. H. M. Wessels, «Tirano o soberano. La imagen cambiante de Felipe II en la historiografía holandesa desde Bor hasta Fruin (siglos XVI-XIX)», *Cuadernos de Historia Moderna* 22 (1999), págs. 157-181.

[353] H. Schepper, «Flandes y su Leyenda Negra», *Diálogos Hispánicos* 11 (1993), págs. 115-125.

do. Antes de entrar en Gante encabezando el desfile con don Juan de Austria, Orange ya estaba conspirando de nuevo.

Ahora nos ocuparemos de Felipe II y su transformación en el Anticristo. A América y la Inquisición dedicamos capítulos separados. Pero conviene detenerse un momento en otro puntal de la propaganda que suele ser poco tratado: la autopromoción de Orange y los mártires rebeldes, que es fundamental para entender cómo, desde un principio, se crea un mundo dual en que se enfrentan la luz y las tinieblas, según defiende el credo calvinista. El de Nassau no tiene ningún pudor en presentarse a sí mismo como el salvador de los Países Bajos a modo de Perseo rescatando a Andrómeda del Monstruo Español[354] [3]. Son muchísimos los folletos y emblemas en que Orange se promociona a sí mismo. No costó poco trabajo convertir al príncipe en un héroe. Para empezar no era hombre cuyas prendas atrajesen al primer golpe de vista. No fue un soldado competente ni un gran orador. Su cultura era mediocre y ni siquiera fue capaz de escribir su propia Apología. Fue muchas veces cuestionado y tuvo que maniobrar con gran habilidad para hacerse con el liderazgo de la facción rebelde. Así, en 1577 tuvo que apartar a su rival más directo, Felipe de Croy, duque de Aerschot, e imponerse al archiduque Matías para recuperar su ascendencia sobre Bruselas. Las intrigas de Orange habían llevado antes al patíbulo a Felipe de Montmorency, conde de Hornes, convertido luego por obra y gracia de la propia propaganda orangista en gran héroe de la independencia. Como ya dijimos más arriba, Hornes llamaba al de Nassau «el rey sin corona» y no se recataba de criticar su ilimitada ambición. Orange lleva actualmente los títulos de héroe de Dios y padre de la patria holandesa y es una figura histórica intocable. El linaje de los Orange-Nassau fue el gran vencedor de la guerra en los Países Bajos, si bien no consiguió todo lo que se proponía, ya que más de dos tercios del territorio se le escaparon. Pero sin duda lograron la consolidación y perpetuación del linaje como máximos dignatarios de las Provincias Unidas y su posterior entronización como reyes de Inglaterra. Jacob Lydius escribió sobre esta familia: «Sería preferible guardar silencio sobre ellos antes que no decir lo bastante o desmejorar el elogio debido por falta de conocimiento; quienes muestren ser ingratos con estos príncipes también lo serán ante Dios»[355].

La autopromoción fue desde el comienzo tan importante como la denigración del enemigo[356]. Brederode, uno de los cabecillas de los

[354] Ingrid Schulze Scheneider, *La leyenda negra de España. Propaganda en la guerra de Flandes (1566-1584)*, Madrid: Editorial Complutense, 2008, pág. 56. Ofrece una de las mejores colecciones de folletos e imágenes y es accesible para el público español.

[355] Sánchez Martín, «La infantería valona...», pág. 19.

[356] Peter J. Arnade, *Beggars, Iconoclast and Civic Patriots. The Political Culture of the Dutch Revolt*, Ithaca: Cornell University Press, 2008.

Mendigos, estableció en su castillo de Vianen una imprenta clandestina que le proporcionó Cristóbal Plantino. Don Francés de Alba en carta escrita al rey en febrero de 1567 comenta que «han andado... vendiendo retratos de Brederode como si fuera Escipión»[357]. Mucha más importancia tuvo Dillenburg, en Alemania, lugar de refugio de Orange. El patrimonio alemán de los Nassau ocupó en el siglo XVI una extensión de 1.600 kilómetros cuadrados aproximadamente. «En ellos vivían unas 37.000 personas en 15 ciudades y 550 pueblos. Los campesinos de Dillenburg no eran libres, sino que estaban sujetos a la servidumbre típica de los regímenes feudales. Los mercenarios para la guerra eran captados por medio del engaño y las promesas de suculentos botines»[358]. En Dillenburg se redactaban las cartas que se dirigían a todas las cortes europeas, se traducían textos y se preparaban las publicaciones. El abanico de producciones propagandísticas era muy amplio e incluía desde hojas volanderas y folletos hasta «justificaciones» y «manifiestos» más extensos que eran confeccionados allí y luego repartidos por Alemania y otros lugares, principalmente por los Países Bajos.

Uno de los más eficaces colaboradores de Orange fue Marnix de San Aldegonde (1538-1598). Poeta y militar, se vinculó fuertemente al calvinismo en su juventud. Había participado en la furia iconoclasta y fue condenado por rebeldía. Entonces huyó a Alemania. En 1571 regresó a los Países Bajos y se puso al servicio de Orange, para el que realizó misiones diplomáticas, propagandísticas y confidenciales de índole diversa, sobre todo en Alemania e Inglaterra. Tenía talento literario y era un orador brillante, de manera que se encargó de pregonar por las cortes de Europa las iniquidades de las tropas españolas tanto en Alemania como en los Países Bajos. Para Marnix, en la guerra de Esmalcalda y en la batalla de Mühlberg, no hubo más que españoles. Su biógrafo, Edgar Quinet, a propósito del saqueo de Amberes, todo él por supuesto obra de españoles, se siente en la obligación de precisar: «Sería más exacto decir "las tropas del rey de España"». A lo que Joseph Pérez apostilla: «Esta observación es válida para todo el periodo: los ejércitos en presencia estaban compuestos de mercenarios de todas las nacionalidades»[359]. Marnix trajo de Alemania el tema luterano de los españoles turcos y lo esparció por

[357] H. de la Fontaine Verwey, «Le siège de Valenciennes et l'imprimerie clandestine de Plantin à Vianen en 1566-1567», *Revue française d'histoire du livre* 1 (1971), págs. 9-25.

[358] Ingrid Schulze, *La leyenda negra...*, pág. 98.

[359] Edgar Quinet, *Marnix de Sainte-Aldegonde*, París: Adolphe Delahays Librarie, 1854, citado por Joseph Pérez, *La leyenda negra*, págs. 73 y 258. El sentido moderno de la palabra «mercenario» desdibuja completamente el cuadro de los ejércitos imperiales, desde Roma a Estados Unidos pasando por España, por Alejandro Magno o por los ejércitos de Gengis Kan. Los hombres de los tercios, de cualquier nacionalidad que fuesen, eran tan mercenarios como los legionarios romanos.

el territorio neerlandés. En la Dieta de Worms de 1578, Marnix compara por enésima vez a los españoles con los turcos y advierte a su audiencia del peligro inminente de una alianza entre ambos. Esto también es invención luterana, como vimos más arriba. Esta hipótesis era particularmente pérfida, pues una alianza entre ambos pueblos alcanzaría un refinamiento en la crueldad nunca visto. Uno puede pensar que realmente Lutero, en lucha constante con el Apocalipsis, llegara a creerse semejante disparate, pero ni con la mejor voluntad se puede obviar que Marnix y Orange eran plenamente conscientes de esta falsedad y sabedores de que eran ellos mismos quienes buscaban una alianza con los turcos. Que la idea fuese completamente absurda no le restó eficacia, ni en Alemania ni en los Países Bajos. En realidad, como acabamos de señalar, era Orange el que buscaba una alianza con los turcos y de hecho les pagó con un establecimiento comercial en Amberes. Nunca tuvo mucha importancia la verosimilitud o inverosimilitud de los tópicos de la propaganda. Su función era levantar pretextos, promover el descontento y crear discordia. Se diría que, por una perversión del sentido común, esa misión era tanto más eficaz cuanto más alejado de la realidad y más inverosímil es el pretexto propagandístico. De manera que Marnix de San Aldegonde no tuvo problemas para declarar lo siguiente en la Dieta: «Mucho cuidado, pues, ya que nos consta que los españoles han pensado desde hace algún tiempo en aliarse con los turcos con la promesa de ser sus tributarios y así disponer de mayores fuerzas para aplastar los Países Bajos... Esto os dará fácilmente a conocer lo que podéis esperar de ellos»[360].

En la campaña propagandística tuvieron gran notoriedad los trabajos de algunos renegados como el burgalés Francisco de Enzinas o Franciscus Dryander y González Montano. No es desdeñable su actividad. Pero los renegados, como estos y Antonio Pérez, no son cosa tan extraña. Su peculiaridad es que cayeron en un contexto de propaganda organizada que los hizo extremadamente útiles, como a fray Bartolomé de Las Casas. Hubo también ingleses y holandeses que escribieron a favor del bando católico. Si no los conocemos es porque en el lado hispanocatólico no se puso en marcha una campaña propagandística de naturaleza semejante que se valiera de ellos.

La propaganda convirtió al duque de Alba (1569-1573) en un monstruo y elevó el número de muertos de 1.073 ejecuciones a 200.000. Alba propuso en 1570 leyes nuevas que humanizaban el derecho criminal, que fueron rechazadas por ser demasiado igualitarias y blandas, y un sistema progresivo de impuestos que resultó intolerable para la oligarquía[361]. Los

[360] Joseph Pérez, *La leyenda negra*, pág. 73.

[361] Lieve Behiels, «El Duque de Alba en la conciencia colectiva de los flamencos», *Foro Hispánico. Revista Hispánica de los Países Bajos* 3 (1992), págs. 31-45. Una buena biografía, pero no capta el personaje, es la de William S. Maltby, *El Gran Duque de Alba*, Vilaür:

métodos del duque fueron mucho más suaves que los practicados por los Tudor en Irlanda o por los Habsburgo en Transilvania, sistemáticamente devastada por los soldados austriacos veinte años después. La ley de Alba era dura, pero era ley, no aplicación arbitraria de castigos. Sus Ordenanzas Criminales supusieron la introducción de un código unificado de aplicación universal que consolidó la centralización del orden jurídico y eliminó muchas prácticas abusivas y corruptas de las administraciones de justicia local. Gustaaf Janssens explica que «el hecho de que las leyes penales del duque hayan constituido la base práctica del procedimiento penal y del Derecho Penal en los Países Bajos durante dos siglos y medio aproximadamente demuestra que fueron ejemplares en su tiempo»[362]. Visto lo que sucedió en Francia durante la Matanza de San Bartolomé o en Irlanda o en la guerra de los Campesinos en el Sacro Imperio, resulta increíble que Alba haya pasado a la historia como un arquetipo de crueldad. El duque ya había sufrido ataques difamatorios en Italia, pero fue la propaganda secesionista la que lo convirtió en un coco que asusta a los niños[363]. Y no solo los asusta. Si has sido un niño malo en Holanda, puede que no solo no recibas juguetes en Navidad, sino que te lleven a España, que es la sucursal del infierno más próxima.

El duque ha sido considerado un engendro sanguinario hasta hace pocas décadas. En España también. Hoy día su figura va poco a poco adquiriendo otros tonos. Maltby lo estima el militar más competente de

Atalanta, 2007. Insiste demasiado en presentar al duque como un gobernante aislado en el mundo hostil de los Países Bajos. La mayor parte de los hombres a los que Alba mandaba directamente eran holandeses. El duque busca la soledad, no porque esté aislado, sino precisamente porque no lo está. Tenía una vida interior que le gustaba cultivar. Prefería comer solo, porque le gustaba estar solo y este era un lujo que podía permitirse pocas veces. Están también las biografías de Kamen y Manuel Fernández Álvarez. Partiendo de la base de que Alba es un militar y no una monja limosnera, y que pelea para ganar, resulta difícil acercarse a este personaje sin sentir fascinación. Amigo de Garcilaso y gran aficionado a leer a Tácito en latín, fue uno de los hombres más cultos de su tiempo. Fue duro para el trabajo y valiente hasta lo inverosímil y no parece haber estado afectado por debilidades muy comunes a los hombres, entre otras, la preocupación por su propia reputación en la posteridad.

[362] Gustaaf Janssens, *Fernando Álvarez de Toledo derde hertog van Alba ende Nederlanden*, Bruselas: Ministerio para la Comunidad Flamenca, 1993, citado por Juan L. Sánchez Martín, «La infantería valona...», págs. 13-15.

[363] Ay, los niños. El uso y abuso de la infancia en la propaganda política en este contexto da para una buena monografía. Es territorio virgen para el investigador. En las plazas de muchas ciudades de los Países Bajos se usó a los niños para representar obrillas teatrales infamantes hacia el gobierno legítimo o para cantar canciones del mismo tenor. Ya Lucie Varga, con sobrecogedora previsión, advirtió de estos peligrosos precedentes en los años previos al nazismo.

su tiempo. Los panfletos sobre Alba son espectaculares. En uno aparece comiéndose un bebé. En otro, su figura representada como Capitán de la Locura está rodeada de imágenes soeces y burlescas para dar a entender que su gobierno es disparatado, y frente a él aparece Guillermo de Orange como Campeón de la Prudencia, a modo de un nuevo rey Salomón escoltado por Templanza y Sabiduría. Con estos dibujos se hicieron hasta platos con aguamaniles a juego[364].

Una de las obras más conocidas en la historia de la hispanofobia es la *Apologie ou Defense du très ilustre Prince Guillaume.* Fue leída en Cortes Generales de Gante el 14 de diciembre de 1580[365]. No fue el único texto salido del taller de Orange, desde luego, pero sí el más trascendente, no en vano su destino no era únicamente ser repartido por templos calvinistas y mesones. Se redactó para una solemne ocasión parlamentaria y Orange, consciente de su importancia y de su incapacidad, encargó su redacción a Pierre Loyseleur de Villiers, un hugonote francés que se había refugiado en Holanda tras la matanza de San Bartolomé. El trabajo de Loyseleur, bajo la inspiración de Orange, es extraordinario.

En general la propaganda orangista fue poco concreta en sus acusaciones. Busca escandalizar y levantar pasiones, no oponerse con razones a medidas concretas de gobierno. La *Apología,* que cumple estas características, tiene además algunos rasgos sumamente interesantes que merecen ser destacados porque no es un texto propagandístico cualquiera. Se escribe naturalmente *ad movendos animos,* pero sobre todo es el texto con que Orange busca darse legitimidad a sí mismo y a su causa. La mayor parte gira en torno a la figura de Felipe II, no de los obispados, ni de los malvados papistas, ni de los impuestos. Felipe II es el objetivo principal y, secundariamente, los españoles como pueblo-raza. No podía ser de otro modo porque, o el rey legítimo de los Países Bajos era un monstruo inconcebible y un engendro de Lucifer, o Guillermo de Orange era un traidor. *Tertium non datur.* Toda la legitimidad que Orange puede alcanzar depende de denigrar hasta lo inverosímil la figura del monarca. Por eso su himno comienza declarando que no se levantó contra el rey. El problema de la legitimidad, que Orange comprendió muy bien y que lo

[364] *Le capitaine des Follie. Le capitaine prudent,* grabados de Théodore de Bry. Biblioteca Nacional de España.

[365] La *Apología* necesita de una buena edición en español. A estas alturas no van a resquebrajarse los muros de El Escorial. Se encuentra sin dificultad en inglés o francés en edición *on-line.* La edición de Bruselas de 1858 la ofrece Google Books por cortesía de Widener Library, Universidad de Harvard. En la pág. ix puede leerse que la *Apología* es un «monument littéraire et historique à la fois, plein de dignité, de fierté et d'audace; oú l'accusé se fait l'accusateur du tyran espagnol, l'ecrase par sa réponse victorieuse à d'odieuses calomnies et par le simple récit de sa propie vie, nous donne una leçon de patriotique dévouement, de désintéressement, de loyauté».

acosó toda su vida, subyace en todo el texto que el de Nassau lee ante las Cortes de Gante. Sabe que es su momento histórico, aquel que decidirá si va a pasar a la historia como un héroe o un villano, y no tiene otro modo de defenderse que presentar al enemigo que él ha creado como un ser cuya monstruosidad justifica la rebelión.

El poder es una institución social como el lenguaje: existe en todas las sociedades y no depende de la voluntad del individuo la forma que adopte. Para que cumpla su función es necesario que la tribu, grande o pequeña, acepte tácita o explícitamente sus condiciones. A esto lo llamamos legitimidad. Las fuentes de legitimidad en la historia humana son muchas, aunque no infinitas: manda quien lanza la flecha más lejos; manda quien logra vencer en un combate o prueba y se casa con la mujer que representa ese poder; manda el que pertenece a una familia determinada; manda el que gana en el ritual de unas elecciones... En Europa, en este tiempo, la figura del rey tiene mucho de sagrado. Incluso ahora, allí donde sobrevive la institución, lo tiene todavía. El poder legítimo estaba cosido al rey en el siglo XVI dentro de todas las cabezas europeas. Por eso una rebelión contra el rey era tocar la sintaxis del poder, y Orange no quiere tener problemas con los adverbios. Es imprescindible si quiere tener alguna legitimidad ante su pueblo hacerle creer que ese rey ofende a Dios de mil maneras. Solo Dios está por encima y solo Él puede legitimar a Orange. Un rey que es un engendro luciferino merece la rebelión, y quien la acomete, no atenta contra el vínculo sagrado de lealtad al rey sino que obedece un mandato más alto, un mandato divino. Por eso el himno de Holanda en boca de Nassau empieza repitiendo los dos requisitos imprescindibles para lograr la legitimidad: negando la traición y afirmando la obediencia a Dios. No es un detalle de adorno. Este problema de la legitimidad que subyace en la propaganda orangista reaparece una y otra vez en los libros de historia y es políticamente muy incorrecto escribir algo sobre el conflicto de los Países Bajos sin comenzar declarando que la rebelión era legítima. Schepper señala que la leyenda negra nace como manifestación de «una *legítima* oposición legal» contra el régimen que quería implantar Felipe II. En la misma línea Bernardo J. García García señala que «la oposición *legal* de la Rebelión se presenta hasta 1580 como una actuación contra los malos consejeros». Marc Quaghebeur considera que las instituciones que Carlos V otorgó a los Países Bajos «fueron una de las causas de rebelión contra Felipe II, rebelión *legítima*»[366] (las cursivas son mías). Los ejemplos podrían multi-

[366] Hugo de Schepper, «Felipe II visto por la historiografía holandesa hacia 1600», *Actas del Congreso Internacional sobre Las sociedades ibéricas y el mar a fines del siglo XVI*, Madrid: Sociedad Estatal Lisboa'98, vol. 5, págs. 211-232; Bernardo J. García García, «La leyenda negra española...», pág. 33; Marc Quaghebeur, «La leyenda negra de España y el mito nacional belga en la literatura belga en lengua francesa», en *Hazañas bélicas y leyenda negra...*, pág. 49.

plicarse. Pero salvo que el principio de no contradicción haya dejado de tener vigencia, es difícil conciliar legalidad y legitimidad con rebelión. Y podría reescribirse una historia de la propaganda y de la historiografía holandesa desde este punto de vista. Algún malpensado podría creer que un asunto que escuece tanto y durante tanto tiempo, oculta alguna clase de malestar o alguna duda.

Fue Guillermo de Orange el primero que lanzó contra Felipe II la terrible acusación de haber matado a su hijo Carlos. Esta acusación absolutamente infundada se convirtió rápidamente en uno de los tópicos favoritos de la hispanofobia y tuvo una fortuna literaria extraordinaria. La convirtió en novela Saint-Réal en su *Don Carlos, una novela histórica*, que fue publicada en Ámsterdam en 1673. Vino después el inglés Otway, que obtuvo un gran éxito en Londres en 1676. Don Carlos llegó a ser un personaje favorito del teatro europeo especialmente por influencia del *Don Carlos* de Schiller, que se representó por primera vez en 1787. Pero el primer tratamiento literario que tuvo la tragedia del príncipe heredero no se produjo fuera de España. Fue Diego Jiménez del Enciso (1585-1634) el pionero con la obra *El príncipe Don Carlos o Los celos en el caballo*, que fue representada en palacio en octubre de 1622. La acción gira en torno a la locura del príncipe y la decisión del rey de recluirlo. Por las mismas fechas, Luis Vélez de Guevara escribió *El águila del agua*, con línea argumental semejante. Jiménez del Enciso se inspira en la *Historia de Felipe II* (1619) de Luis Cabrera de Córdoba. Como dijimos, la obra se representó en palacio. En la España de los Austrias nunca se negó el drama vivido por Felipe II con su heredero.

En la época de Schiller los mitos de la Inquisición y de Felipe II como asesino de su propio hijo y engendro del demonio están ya completamente consolidados, así que el *Don Carlos* solo contribuirá a su perpetuación. Miles de veces representado en Alemania y fuera de ella, el talento indiscutible del autor renovará las imágenes del fanatismo y la intolerancia ligadas a España. Por si alguna popularidad le faltara, la versión operística de Verdi en 1867 multiplicó el efecto de esta difamación, ya completamente aceptada como una verdad indiscutible dentro y fuera de España. Fue escrita para la Exposición Universal de París y es la más larga y la que más versiones tiene de las obras de Verdi.

La propaganda que iguala «español» y «demonio» es un producto elaborado con plena conciencia por la facción orangista que luego será esparcido por la furia de los predicadores calvinistas. Lo prueba una carta escrita en torno a 1568 por Guillermo de Orange a Guillermo de Hesse-Kassel en la que reflexiona sobre la conveniencia de dirigir su ataque propagandístico contra el duque de Alba o directamente contra Felipe II[367]. La misma misiva es testimonio de que los juramentos de lealtad

[367] Schilling, «Del imperio común...», pág. 56, nota 62.

al rey, incluido con el que empieza el himno holandés, son parte de la propaganda misma. Si alguna duda había sobre el carácter de auténtica guerra santa que el calvinismo orangista, siguiendo la inspiración luterana, dio a las luchas contra el imperio, puede verse la correspondencia del diplomático orangista Pieter van Brederode en torno a 1603. Su misión en tierras del luteranismo germano ha servido «para conseguir una mayor unidad de los cristianos en contra del Anticristo, así como para protegerlos de ulteriores traiciones y otros actos de dicho Anticristo y sus acólitos»[368]. A estas alturas ya no hay ni que decir quién es el Anticristo.

La producción panfletaria no desdeñó el lado musical. Es otro de los puntales de la campaña orangista y no precisamente el de menor éxito. La cantidad resulta abrumadora. Valerius recopiló estas canciones en sus *Gensenliedboock* y *Gedenk-clack*, que han tenido muchas reediciones a lo largo de los años. El tema favorito es el ejército español, su crueldad, su rapiña insaciable, su inmoralidad. Naturalmente todos los soldados realistas son españoles. En 1982 P. A. M. Geurts ofreció una recopilación sustanciosa y en 1989 W. P. Knuttel editó otra más amplia: son nueve volúmenes[369].

Orange ha debido pasar a la historia como uno de los padres fundadores de la propaganda, lo cual no es pequeña cosa. Sin exageración ni ironía, es uno de los creadores del mundo moderno. Es cierto que había aprendido en los talleres luteranos, pero introduce innovaciones interesantes. La fraseología, los tópicos principales, el uso de imágenes impactantes de tipo escatológico o lo que podríamos llamar «gore» son creación luterana. Pero la campaña propagandística como tal, organizada y sistemática, al modo de una campaña electoral, no aparece hasta que Orange y su gente la crean. Un detalle bastará: el de Nassau es consciente de que su lengua materna no tiene mucha difusión exterior y de que el poder de España tiene muchos enemigos, de manera que se ocupó de que sus folletos fueran plurilingües o se tradujeran a las principales lenguas de Europa y de que llegasen a los lugares más distantes. Con esto potenció la capacidad de sus proyectiles. De hecho, el trabajo de Orange será bien aprovechado por los franceses y los ingleses. La perpetuación de estos estereotipos negativos está garantizada. Como señala Gómez-Centurión, «las Provincias Unidas absorbieron como parte integrante de su nacionalidad esa profunda hispanofobia propagada por la publicística rebelde. La lucha contra el poder español pasó así a formar parte de la tradición histórica popular del pueblo holandés». «Donde quiera que no esté (España), allá estará nuestra patria», escribía en 1602 el poeta Daniel Hensius»[370].

[368] Schilling, «Del imperio común», pág. 53.

[369] P. A. M. Geurts, *De Nederlandse Opstand in de pamfletten, 1566-1584,* Utrecht, 1982. W. P. Knuttel, *Catalugus van de Pamfletten,* La Haya, 1989, 9 vols.

[370] Gómez-Centurión, «Bajo el signo de sagitario...», pág. 215.

Persecuciones religiosas en Holanda

La rebelión holandesa fue fundamentalmente calvinista. Guillermo de Orange, que había sido bautizado como católico, fue educado por su padre como luterano en Alemania. Cuando fue nombrado en 1544 príncipe de Orange y heredó parte de los Países Bajos, el emperador Carlos V decidió que debía recibir también una educación católica y lo mandó a la corte con su hijo Felipe II, con quien llegó a tener una cierta amistad. Entonces Orange juró lealtad al catolicismo y recibió el Toisón de Oro.

Cuando en 1567 Orange se sublevó contra el rey, los grupos calvinistas lo apoyaron con mucho empeño. Era una coincidencia de intereses casi natural. De hecho, Orange pudo sublevarse porque logró el apoyo de los calvinistas. Sin ellos no hubiera tenido gente suficiente para la propaganda. Los calvinistas eran periféricos con respecto a los luteranos, que habían conseguido arrinconarlos en muchos territorios. Los luteranos eran predominantemente alemanes y esto hacía que los no alemanes rechazaran esta confesión religiosa hondamente marcada con un sello nacionalista. Con el fin de ganarse el apoyo incondicional de este grupo y también el de los hugonotes (calvinistas franceses), Orange se hizo calvinista con toda su familia. Como se ve, eran asuntos de gran calado moral los que llevaban a las conciencias a cambiar de religión. Ya lo dijo con admirable sinceridad Enrique IV cuando se hizo católico para poder ser rey de Francia: «París bien vale una misa».

En 1573, Guillermo el Taciturno, que en modo alguno era un fanático religioso y simplemente usaba la religión para sus fines, prohibió el culto católico en los dos primeros territorios que logró arrebatar a Felipe II. Unos años más tarde, en 1581, se independizaron las siete provincias del norte y formaron los Estados Generales que gobernarán las Provincias Unidas en la República Federal. Se siguió la misma política de intolerancia religiosa.

Como en las regiones alemanas, la propaganda buscó la identificación del catolicismo con el imperio, con el poder extranjero. Los líderes insurrectos y el clero calvinista desde sus púlpitos insistían en que lo católico era pro-España y, por lo tanto, sospechoso de traición. De nuevo las oligarquías locales buscan excitar la pulsión nacionalista ligando catolicismo-demonio-Imperio español. Y de nuevo, oligarquías y nueva religión comprenden que la unión de ambas traerá grandes beneficios, primero económicos, y luego de toda índole. El proceso ya lo hemos explicado en el caso alemán y aquí es muy semejante. Es dudoso que el calvinismo hubiera triunfado en las provincias holandesas de no haberse convertido en la religión que esgrime la bandera del orgullo nacionalista, la que marca la necesaria diferencia con el Imperio español, y en este caso también con el Sacro Imperio cuyo nacionalismo es luterano. Una religión hace un servicio inestimable a la imperiofobia pues administra y reparte las cédulas identificativas de demonios y anticristos, y convierte la rebelión antiimperial en guerra santa.

A pesar del excitado ambiente nacionalista, los católicos siguieron siendo mayoría hasta bien entrado el siglo XVII, incluso en las provincias donde mayor influencia tenían los calvinistas radicales: «Los que se mantuvieron católicos pasaron a ser ciudadanos de segunda clase. Aunque en general no se les forzaba a pasar al calvinismo, no les estaba permitido ejercer ninguna función pública, ni celebrar su culto públicamente ni tener jerarquía eclesiástica ni contacto con sacerdotes»[371]. A todos los efectos, los Países Bajos pasaron a ser tierras de misión atendidas por clérigos o religiosos más o menos clandestinos que dependían del nuncio papal en Colonia o Bruselas. Tras décadas sin apenas contacto con sacerdotes y sin poder celebrar el culto católico, el número de estos fue de modo paulatino disminuyendo en las provincias del norte.

En las provincias del sur, que fueron más tardíamente anexionadas y que formaban la frontera con las regiones que quedaban bajo gobierno español, en la actual Bélgica, la discriminación fue la misma cuando se incorporaron a Holanda. Estas dos provincias meridionales, Limburgo y Brabante (las capitales son Maastricht y s'-Hertogenbosch) tuvieron siempre mayoría de población católica y la siguen teniendo[372].

En el primer *placaat* anticatólico aprobado por los Estados Generales en 1581 se ilegaliza el culto católico público y privado, se prohíbe el uso de ropas talares a los religiosos, se mandan cerrar las escuelas católicas y se prohíbe la impresión de obras católicas. Las infracciones se castigaron con multas hasta 1584 y después con confiscación de bienes. Se siguió aprobando legislación anticatólica hasta bien entrado el siglo XVIII. Las autoridades provinciales y locales publicaban regularmente *placaaten* anticatólicos y se llegó a prohibir que los hijos de familias católicas fuesen a estudiar al extranjero a fin de que no pudiesen mejorar su formación. No se exterminó a los católicos, pero se buscó de manera consciente y deliberada empobrecerlos cultural y económicamente. En las provincias de Zelandia, Drende, Groninga y en las llamadas Tierras de la Generalidad, las tierras del sur que fueron arrebatadas a los Países Bajos Reales, esto es a los Países Bajos de la Monarquía Católica, a comienzos del siglo XVIII, la represión fue mucho más dura. Se obligaba a los católicos a contraer matrimonio ante sacerdotes calvinistas y a permitir que estos bautizaran a sus hijos. Igualmente se los obligaba a asistir a los sermones y al culto calvinista.

En las provincias centrales de la nueva república, las autoridades —siempre protestantes— tomaron por costumbre hacer la vista gorda

[371] Enrique Alonso de Velasco Esteban, «La crisis de la Iglesia católica en los Países Bajos en la segunda mitad del siglo XX», *Anuario de Historia de la Iglesia* 20 (2011), pág. 264.

[372] R. Po-Chia Hsia, *El mundo de la renovación católica 1540-1770*, Madrid: Akal, 2010, pág. 112. La primera edición inglesa es de 2005.

a las infracciones de las leyes anticatólicas a cambio de dinero. Muchos predicadores calvinistas se quejaban de esta práctica que consideraban inmoral. Los católicos que, con el paso del tiempo, se habían ido transformando en el sector más pobre de la sociedad, pasaban en ocasiones grandes apuros para reunir el dinero con que pagar el soborno que les permitía, por ejemplo, que sus hijos hicieron la primera comunión o fueran bautizados por un sacerdote católico. Estas tasas ilegales pero toleradas se llamaban *recognities* y se abonaban también para permitir que los misioneros católicos pudieran hacer su labor o para consentir la construcción de un lugar de culto. Con el tiempo se instauraron las *composities*, que permitían mayores niveles de tolerancia, siempre a cambio de dinero. En definitiva, la comunidad católica, muy numerosa e incluso mayoritaria en algunas provincias, compraba con sobornos su libertad de culto. Estas tasas nunca tuvieron reconocimiento legal por parte del estado que las toleraba, y fueron un factor de corrupción no desdeñable en el empobrecimiento de la comunidad católica[373].

En 1643, los Estados Generales de Holanda encargaron a lord Van Wimmenum, bailío de Renania, que investigara la eficacia de las leyes anticatólicas, sin saber que él mismo se había enriquecido cobrando miles de florines a cambio de no aplicar dichas leyes. Las autoridades calvinistas pidieron oficialmente en 1651 a los Estados Generales que se hicieran cumplir los *placaaten*, y en 1656 y 1666 se pusieron multas a los funcionarios que a cambio de dinero permitían las prácticas católicas. Este *placaat* se renovó en 1730, 1735, 1755 y 1760 con éxito variable, ya que la práctica de esta *mordida* estaba demasiado arraigada.

A partir de la Paz de Utrecht (1713), las Provincias Unidas sufrieron una profunda crisis que se vio empeorada por una seria epidemia del ganado vacuno y por las graves inundaciones de 1728. En el invierno de 1731 una parte de los diques se hundió a causa de la «broma», un molusco semejante a un gusano que hasta entonces no se conocía. Estas calamidades fueron interpretadas como un castigo divino debido a la abundancia de sodomitas en el país. La sodomía era vista como un pecado católico del que los protestantes estaban libres, de manera que constituía una especie de quinta columna papal que se había infiltrado en Holanda. El país se llenó de panfletos, sermones y tratados que, en medio de una histeria generalizada, acusaba a estos católicos-sodomitas

[373] Leo con asombro en el mismo libro del que tomo estos datos, *El mundo de la renovación católica*: «A la clase gobernante holandesa le desagradaba la represión, ya que su república había nacido a partir de la resistencia a la intolerancia religiosa» (pág. 113). Está claro que la represión dc los católicos y la intolerancia religiosa no tienen nada que ver. Los prejuicios son capaces de sobreponerse a toda forma de realidad. Si esto mismo hubiera sido hecho por gobernantes católicos a no católicos, ¿qué se habría dicho de ellos?

de todos los males. En Faan, un pueblo pequeño, el clérigo local, Henricus Carel van Buyler, escribió un panfleto titulado «Maldad infernal del terrible pecado de la sodomía» en el que acusaba al papa y a los jesuitas de haber pactado con el demonio para exterminar la raza humana. Van Buyler proponía un escarmiento ejemplar, que se llevó a cabo, y afirmaba que quienes no compartían su punto de vista eran «abogados del reino de Satán». Hubo casi treinta ejecuciones y los acusados sufrieron torturas espantosas. Las persecuciones se extendieron por Ámsterdam [4], La Haya, Róterdam, Haarlem, Leiden y otras muchas ciudades menores y provocaron cientos de muertos[374].

Entre 1799 y 1813 los Países Bajos dejaron de existir bajo la ocupación francesa. Ahora sí se trata verdaderamente de una ocupación[375]. El gobierno francés devolvió, al menos desde el punto de vista legal, algunos derechos civiles y religiosos a los católicos, y también algunas iglesias que habían sido confiscadas tras la reforma. Ante la ley, los católicos holandeses dejaron de ser ciudadanos de segunda categoría e incluso hubo algún intento de restaurar la jerarquía. Tras la derrota de Napoleón, la monarquía que se instauró en el país en la persona de Guillermo I (1813-1840) reconoció en su Constitución igualdad de derechos a todos los ciudadanos. No obstante, en la práctica, estos derechos se fueron reconociendo paulatinamente y no sin oposición de los grupos calvinistas.

En 1853 pudieron regresar los obispos y la incorporación de los católicos como ciudadanos de pleno derecho recibió un nuevo impulso, aunque no se verificaría completamente hasta bien entrado el siglo XX. Charles J. M. Ruijs de Beerenbrouck fue el primer católico que llegó a la presidencia de gobierno entre 1918-1925 y 1929-1933.

La mayoría de los católicos habían sido relegados durante casi trescientos años al trabajo en el campo y al pequeño comercio, sin apenas posibilidades de educación. Eran, pues, incapaces de hacer valer sus derechos o de influir de manera visible en la sociedad. Para recuperar el atraso económico y cultural con respecto a sus conciudadanos protestantes, los católicos establecieron un eficaz sistema de ayuda mutua. Sintiéndose poco seguros en un ambiente que era hostil al catolicismo, se fortificaron en numerosas instituciones de tipo confesional. En 1849 los católicos eran el 38 por ciento de la población holandesa. Construyeron, bajo dirección de sus nuevos obispos, cientos de iglesias, colegios y hospitales, y fundaron periódicos y universidades. Esta tendencia a la confesionalización se dio también y en paralelo entre los protestantes. Se buscaba un ambiente adecuado que facilitase el desarrollo y la eman-

[374] Louis Crompton, *Homosexuality & Civilization*, Cambridge-Londres: Belknap, 2006, págs. 463-470.

[375] Jonathan Israel, *The Dutch Republic, Its Rise, Greatness and Fall, 1477-1806*, Oxford: Oxford University Press, 1998.

cipación de los católicos, pero estos siguieron encerrados en su mundo y viendo a los no católicos como extraños, porque llevaban siglos en una situación de marginación, de *apartheid* en definitiva[376]. Estas instituciones confesionales abarcaban todos los terrenos de la vida social, además de la educación y la cultura: prensa, radio, televisión, sindicatos, gremios, política e incluso actividades deportivas y de ocio, tanto en el lado católico como en el protestante. Esto dio lugar a un modo de organización social que se denominó las «columnas». Un pueblo con un mínimo de habitantes de varias confesiones tenía no solo tres colegios (católico, protestante y público), sino también dos clubes de fútbol, uno católico y otro protestante.

La columnización o pilarización (en holandés *verzuiling*) es un concepto clave para entender la sociedad holandesa en el siglo XX: «Se entiende por columnización el proceso por el cual la sociedad holandesa se fue segregando de modo más o menos espontáneo en diversos grupos». Los dos grupos más numerosos eran los calvinistas y los católicos: «Las llamadas *columnas*, independientes unas de otras... hicieron posible que diversos grupos de población no tuvieran contacto mutuo a pesar de vivir en el mismo país, en la misma ciudad e incluso en el mismo barrio»[377]. El sistema de columnas empezó a resquebrajarse después de la Segunda Guerra Mundial, pero sigue vivo y normalmente invisible[378]. En holandés se denomina a este proceso *doorbraak*, la ruptura. La ocupación alemana hizo que protestantes y católicos tuvieran que acudir a la defensa nacional. La realidad demostró que los católicos no eran malos patriotas. La actitud de los obispos católicos, que se enfrentaron al poder nazi y prefirieron cerrar institución tras institución a permitir la infiltración de los nazis en ellas, derribaron muchos prejuicios entre los protestantes. En 1947 el porcentaje de católicos era del 38,5 por ciento, mientras que las dos principales comunidades calvinistas juntas apenas llegaban al 38 por ciento. En 1960 los católicos eran el 40 por ciento de la población, mientras que los calvinistas habían descendido al 35 por ciento.

Una pequeña reflexión para acabar. No había solución al problema de los Países Bajos por una razón muy simple, porque una de las partes

[376] Este término designa en lengua africáans, una variante del holandés, el régimen de segregación racial que existió en Sudáfrica hasta 1992. Fue impuesto legalmente tras la independencia, cuando los africaners de origen holandés se hicieron con el control del territorio.

[377] De Velasco Esteban, «La crisis de la Iglesia...», pág. 266.

[378] Maarten P. Vink, «Dutch Multiculturalism Beyond the Pillarisation Myth», *Political Studies Review* 5 (2007), págs. 337-350, y también Michael Wintle, «Pillarisation, Consocialition and Vertical Pluralism in the Netherlands Revisited: A European View», *West European Politics* 23 (2000), págs. 139-152.

quería lo que la otra tenía: el poder. Y no hay en tal caso más remedio que arrebatarlo. Todas las coberturas ideológicas y las discusiones metafísicas que se puedan tener, giran en torno a este punto esencial. Es muy entretenido el aparato mitológico e ideológico que segrega este tipo de situaciones, por ambas partes, pero en líneas generales no contribuye más que a enturbiar el paisaje. Primero se pidió que los 3.000 soldados españoles de la frontera francesa se marcharan y se marcharon. Y no hubo paz. Luego se pidió que Granvela se fuera y Granvela se fue en 1564, pero no hubo paz. Después se pidió la retirada de la alcábala[379], lo cual dejaba al gobierno central, que acarreaba con los gastos de la rebelión, sin capacidad de tributación, y el duque de Alba, no sin resistencia, la retiró. Tampoco hubo paz. Después se pidió que Alba mismo se marchara y Alba se marchó. Pero tampoco hubo paz. ¿Entonces? Como Granvela escribió en una carta redactada tras la marcha de los soldados de la frontera: «Antes o después habrá problemas aquí con otro pretexto»[380]. El problema es que los pretextos han sido confundidos con la verdad histórica. La dinámica del nacionalismo es perversa: o gana, e impone su criterio, eliminando la disidencia, o pierde, y entonces convierte la pérdida en ganancia, es decir, en agravio y excusa para la confrontación: perder para ganar[381].

El nacionalismo necesita siempre un enemigo, ya que no sabe construir en positivo, hacia arriba y hacia delante, sino hacia atrás y hacia abajo. Busca la fragmentación, ya que el control de lo pequeño es siempre más fácil que el de lo grande. En el caso de Holanda, el nacionalismo se construyó segregando un enemigo que se llamaba España y está, por lo tanto, en las señas de identidad que ese nacionalismo dibujó e impuso a esas naciones con el razonamiento simple pero eficaz de «estás conmigo o eres un traidor». Las realidades nacionales de estos países son, por supuesto, muchísimo más complejas de lo que el mito nacionalista-identitario ha permitido expresar, pero esta variedad ha tenido poca visibilidad en la historia, en unos casos por puro aplastamiento de la disidencia y en otros por síndrome de Estocolmo.

Nada de lo que aquí se ha contado forma parte del pasado: el duque de Alba sigue siendo el coco y España la sucursal alternativa del infierno en Navidad. Es posible que la mayoría de las personas ya no se tomen en serio estos asertos, que a pesar de todo siguen conformando su visión del mundo. Lieve Behiels, profesora de la Universidad de Gante, examinó

[379] F. H. M. Grapperhaus, «Utrecht», en *Taxes, Liberty and Property. The role of taxation in democratization and national unity 1511-1787*, Ámsterdam: De Walburg Pers-Klumer, 1989, págs. 129-215. Es resumen de un texto más largo en holandés.

[380] Parker, *España y la Rebelión...*, pág. 46.

[381] Lo explica magníficamente bien Jon Juaristi en *El bucle melancólico*, Madrid: Espasa, 1997.

en la década de los ochenta unos ochenta manuales utilizados en la enseñanza belga desde 1843 a 1986. Alba es descrito en la mayoría de ellos con adjetivos negativos o muy negativos. Diecinueve veces se le llama «cruel». El único apelativo positivo que se le aplica (cinco veces) es «valiente». Los cómics de Willy Vandersteen se reeditaron en los ochenta con gran éxito. El más famoso se comenzó a publicar en 1948 y se llamaba *Fantasma español.* Su protagonista era el duque de Alba. Más moderno es otro cómic del mismo autor llamado *Los mendigos: los siete cazadores.* Aquí Alba es de nuevo el malo malísimo junto a J. R. de *Dallas* y Alexis de la serie *Dinastía,* los malvados por antonomasia de la televisión de los ochenta. Cabe preguntarse qué hubiera pasado si a Ibáñez le hubiera dado por hacer un tebeo donde Angela Channing y Guillermo de Orange compartiesen papel. En 1983 Guido van Meir y Jan Bosschaert crearon otro cómic titulado *Peste en palacio* donde el duque vuelve a aparecer en su papel de encarnación del mal. Hay otro cómic más titulado la *Furia española* de venta en los quioscos, y podría alargar esta lista para llenar varias páginas. Ello demuestra que el proceso de educación nacionalista e hispanófobo no se ha detenido.

[1] *El Triunfo de la Paz.*
Grabado de Johan Wierix (1577). Yolanda Rodríguez Pérez, «Leales y traidores, ingeniosos y bárbaros. El enemigo de Flandes en el teatro español del Siglo de Oro», en Alain Barsacq y Bernardo J. García García (eds.), *Hazañas bélicas y leyenda negra. Argumentos escénicos entre España y los Países Bajos,* Madrid: Ed. Fundación Carlos de Amberes, 2004, pág. 99.

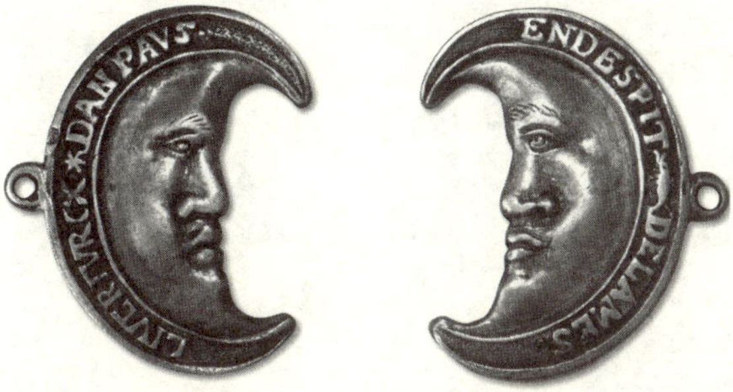

[2] *Liver Turcx dan Paus* (Antes turcos que papistas),
divisa de los Mendigos del Mar.
Disponible en *www.lieverturksdanpaaps.nl/achtergrond*

[3] Orange, representado como Perseo, derrota al montruo marino (España) y libera a Andrómeda (Holanda). Atribuido a Hieronymus Wierix (1576). Ingrid Schulze Scheider, *La leyenda negra de España. Propaganda en la guerra de Flandes (1566-1584)*, Madrid: Ed. Complutense, 2008, pág. 54.

[4] Persecución de homosexuales en Holanda.
Ámsterdam, autor desconocido.
Descripción: *Incisione che illustra il masacro dei sodomito olandesi nel 1730/31, tratta da un opusculo intitolato «La raida punizione descrita como moniti ai peccatori senzadio e dannabili»*. Robert Aldrich (ed.), *Gleich und Anders. Eine globale Geschichte der Homosexualität*, Hamburgo: Murmann Verlag, 2007.

(1) Alegoría «pecado». Dos hombres abandonan una reunión tras oír sobre las persecuciones.

(2) Alegoría «desespero». Los dos hombres huyen de sus casas.

(3) Alegoría «terror». Los sospechosos son detenidos en la calle.

(4) Alegoría «castigo». Los convictos esperan su condena.

(5) Alegoría «muerte». Plaza de Amsterdam en la que los sodomitas son ajusticiados de forma pública por diversos métodos.

(6) Alegoría «justicia divina».

6

La Inquisición y *la Inquisición*

> «Con el cebo de la mentira se pesca una carpa de la verdad».
>
> WILLIAM SHAKESPEARE

En 2008 se publicó el libro *La Inquisición española como tema literario. Política, historia y ficción en el Antiguo Régimen*[382], que hace un recorrido por la literatura española desde 1789 a 1848 con la Inquisición como tema central. Desde la literatura afrancesada hasta el teatro de Martínez de la Rosa, pasando por numerosos autores liberales y románticos, se ha producido lo que podríamos llamar una normalización completa del mito de la Inquisición en la propia España dentro del mundo político-literario del siglo XIX. Pero hasta llegar a convertirse en la encarnación misma de todos los demonios de Occidente en el pensamiento liberal, la Inquisición ha recorrido un largo camino en el seno de la hispanofobia. Su uso en este contexto sirve para argumentar los tópicos habituales de crueldad y barbarie y, sobre todo, de impiedad en la versión demoniaca del protestantismo, porque evidentemente nada puede ser más perverso que valerse de la religión misma para cometer crímenes y prostituir el propio cristianismo.

La Inquisición aparece ya en la hispanofobia italiana, si bien de manera poco destacada. Se trata de una más de las semillas italianas que prosperaron de manera extraordinaria en las guerras de religión. A lo largo de este recorrido iremos señalando las variantes entre el modelo italiano y el protestante, que son grandemente significativas. La incorporación de la Inquisición al cuadro central de la hispanofobia es una innovación de la propaganda luterana y uno de los mayores éxitos de la hispanofobia en su conjunto. En este tiempo no sirve todavía como argumento de la intolerancia de los españoles, y los católicos en general, giro que no se producirá hasta el siglo XVIII en el gran momento de renovación de la leyenda negra.

[382] Daniel Muñoz Sempere, *La Inquisición española como tema literario. Política, historia y ficción en el Antiguo Régimen*, Londres: Tamesis Book, 2008. La bibliografía sobre la Inquisición española (no así las otras) llena tomos. Aquí nos ceñimos estrictamente a lo imprescindible.

En comparación con otros tópicos de la hispanofobia, la Inquisición ha sido bastante afortunada. La investigación histórica ha conseguido desmontar el mito casi por completo. Otra cosa es que esto haya calado en el imaginario popular[383]. Era bastante fácil en realidad. De la acusación de ser el Anticristo difícilmente puede haber una refutación. La Inquisición, en cambio, era una institución muy concreta y burocratizada, en el seno de la cual resultaba casi imposible dar un paso sin levantar un acta. Había, en consecuencia, documentación por quintales, y la Iglesia, en los últimos tiempos, ha abierto los últimos archivos inquisitoriales que quedaban cerrados, consciente de que la verdad no podía sino beneficiarla. Pero ya llegaremos ahí. Comencemos por la creación del mito.

El mito de la Inquisición

El mito de la Inquisición en su versión fuerte o demoniaca surge en el contexto de las guerras de religión. Es fruto del trabajo propagandístico de muchos, a dos niveles, el popular y el culto. La identificación de la Inquisición con el Anticristo se encuentra ya en algunos textos de la

[383] Programa *Saber y ganar* de Televisión Española (12 de septiembre de 2013). Pregunta el presentador, Jordi Hurtado: «¿Qué planta era considerada diabólica por la Inquisición española?». El concursante no acierta. Continúa el presentador: «El tabaco. En España, la Inquisición consideraba que echar humo por la boca era cosa del demonio». Lastimosas risitas de todos los presentes que se avergüenzan de que hayamos podido ser tan bárbaros. El tabaco estuvo prohibido y su uso fue perseguido en Europa desde Lisboa a Moscú durante dos siglos. En los territorios del Imperio español también, pero fue considerado diabólico exactamente siete años, muchos menos que en otras naciones. Después siguió estando prohibido mucho tiempo, por salud y buena educación. Esto es lo que dice la Bula de Urbano VIII sobre el tabaco (1624): «No hace mucho que se nos ha informado de que la mala costumbre de tomar por la boca y las narices la yerba, vulgarmente denominada tabaco, se halla totalmente extendida en muchas diócesis, al extremo que las personas de ambos sexos, y aun hasta los sacerdotes... sin avergonzarse, durante la celebración del muy santo sacrificio de la misa, ensuciándose las vestiduras sagradas con los repugnantes humores que el tabaco provoca, infestando los templos con un olor repelente... Por medio de la presente, pongamos en entredicho y prohibamos, en consecuencia, a todos en general y a cada uno en particular, a las personas de uno y otro sexo, a los seculares, a los eclesiásticos... el tomar tabaco bajo los pórticos y en el interior de las iglesias, ya sea mascándolo, fumándolo en pipa o aspirándolo en polvo por la nariz; en fin, usarlo en cualesquiera formas que sean». ¿Sería exagerado considerar a Urbano VIII un precursor? Pues sí, porque se le habían adelantado. Precisamente el rey Jacobo I de Inglaterra, ilustre ejemplo de tolerancia inglesa, escribió en 1604 una obra furiosamente antitabaquista titulada *A counterblaste to Tobacco.* Para el rey inglés el tabaco era un pecado y una ofensa contra Dios.

década de 1530, esto es, en fecha sorprendentemente temprana, y no solo en Alemania:

> The third assault of Anticrist is the Inquisition, as the prophet says, that Antichrist inquires, searches, and harkens he may find any man or women who writes, learns, reads or studies God's law in their mother tongue...[384].

La victoria de Mülhberg fue presentada por el nacionalismo protestante como una victoria de extranjeros, esto es, de españoles, contra alemanes. Estos extranjeros además eran defensores de Roma, la Iglesia pervertida. Su Inquisición era el más poderoso aliado del Anticristo. Hubo una campaña intensa para convencer a la gente (como en los Países Bajos) de que los españoles pretendían imponer la terrible y sanguinaria Inquisición en Alemania. Que esto fuese siempre falso, no importa en absoluto. Como agua de mayo, aparecieron a mediados de siglo varios textos de renegados españoles. A partir de entonces son los suministradores del material con que la propaganda levantó la idea común que ahora mismo protestantes y católicos tienen de lo que la Inquisición fue. Hay algo que debe quedar bien claro: la Inquisición no es una de las causas de la leyenda negra, sino que el prejuicio la eligió como uno de sus argumentos y, por lo tanto, creó una realidad ficticia en la que sostenerse sobre una mínima verdad. El proceso es siempre el mismo: una pequeña parte de verdad sirve para levantar una gran mentira que justifica un prejuicio de etiología racista que hasta ahora se niega a reconocer que lo es. Insistimos en que el prejuicio precede a su justificación y la fabrica.

El más importante de estos textos nutricios es *Sanctae Inquisitionis Hispaniae Artes* (Exposición de algunas mañas de la Santa Inquisición Española, 1567)[385]. Lo escribió un tal Reginaldo González Montano, de quien se sospecha que pudo ser un español apóstata. La obra se editó en Heidelberg en latín y se convirtió en un *best seller* en los territorios protestantes rápidamente. Entre 1568 y 1570 se hicieron dos ediciones en inglés, una en francés, tres en holandés, cuatro en alemán y una en húngaro. En España no se publicó hasta 1851, en que Usoz la incluyó en la colección Reformistas Españoles. Y siguió editándose regularmen-

[384] Edwar Peters, *Inquisition*, Oakland (CA): University of California Press, 1989, pág. 135. Es la primera edición.

[385] Reinaldo González Montano, *Artes de la Inquisición española*, Córdoba: Almuzara, 2010. Sigue en lo esencial la edición de Usoz. Hay una edición moderna: Nicolás Castrillo Benito, *Estudio histórico-literario y edición crítica latina de las «Sanctae Inquisitionis hispanicae artes aliquot detectae ac palam traductae» de Reginaldo González Montes*, Valladolid, 1984. Es tesis doctoral.

te como texto digno de toda credibilidad hasta bien entrado el siglo XIX, cuando fue sustituida en el favor del público amante de la truculencia inquisitorial por el libro de Llorente (véase Parte III).

Con gran lujo descriptivo, el misterioso González Montano se detiene en morbosas descripciones de tormentos. Las torturas son exquisitas y refinadas, de una crueldad sublime. García Cárcel, siempre dispuesto a destacar la parte de verdad que toda propaganda bien urdida tiene, lo considera «un cuento de terror». Menéndez Pelayo señala que el texto engendró «compendios, extractos y redacciones populares; dio materia a estampas, grabados y libros de imaginación; sirvió de base a innumerables cuentos y novelas; constituyó el principal fondo de todas las historias de la Inquisición anteriores de la de Llorente»[386].

Montano, que no carece de talento literario, adopta la apariencia de una víctima a la cual el lector acompaña a través de las distintas etapas de su calvario y consigue que este se identifique con esa víctima desde el momento de su detención inesperada por causas desconocidas. A lo largo de todo el proceso inquisitorial, Montano va desarrollando sus argumentos: torturas atroces, aislamientos indefinidos, cárceles pavorosas, inquisidores dispuestos a arrancarle confesiones a cualquiera para apoderarse de sus bienes... Es el catálogo completo de la maldad más refinada. La Inquisición lo puede todo y lo domina todo. De camino, Montano aprovecha la ocasión para atacar de lleno a los dominicos. Estos y los jesuitas fueron las bestias negras del catolicismo. Inicialmente creada para perseguir falsos conversos (esto a Montano le parece muy bien), la Inquisición española ha sido pervertida por los malvados dominicos y convertida en una cámara de los horrores en beneficio propio. El libro acaba con el relato de los casos de doce víctimas de la Inquisición, todas luteranas. Esta es la gran contribución de Montano al martirologio protestante y la razón fundamental de su importancia en el mundo reformado. Este martirologio circuló separadamente con extraordinario éxito. Aparece ampliamente copiado en la *Hispanicae Inquisitionis et carnificinae Secretiora* (1611) y en *Spanish Protestant Martyrology* (1714), y también en la *Historia* de J. L. Mosheim (1726), que es probablemente la más conocida y difundida historia de la Iglesia luterana en los siglos XVIII y XIX [387].

Evidentemente el libro de Montano fue escrito en un contexto que lo demandaba. Obsérvese la fecha estratégica en que se publica. Nadie podía proporcionar mejor información sobre los horrores inquisitoria-

[386] Marcelino Menéndez Pelayo, *Historia de los heterodoxos españoles*, vol. V, pág. 151, Biblioteca Virtual Cervantes, edición digital basada en la de Madrid: Editorial Católica, 1978.

[387] *Hispanicae Inquisitionis et carnificinae Secretiora* está disponible en la red en una edición de 1611.

les que alguien que decía ser español y que además se presentaba como víctima de un proceso inquisitorial. El recurso al testigo presencial es básico en toda la hispanofobia. La información se ofrecía por lo tanto a los lectores como de primera mano, lo cual proporcionaba a aquel público ávido de argumentos antiimperiales gran alivio y gozo. Pero la propaganda había comenzado mucho antes, lo que demuestra que no fueron estos textos tránsfugas los que provocaron el interés por la Inquisición, sino que vinieron oportunamente a servir de munición a un armamento que estaba preparado previamente. La propaganda ya existía y se valió de ellos. En fecha tan temprana como 1548 se imprime en los Países Bajos el panfleto titulado *On the Unchristian tyrannical Inquisition that Persecutes Belief written from the Netherlands* (De la no cristiana, tiránica Inquisición que persigue la fe, escrito en los Países Bajos) y otro más titulado *The Form of the Spanish Inquisition Introduced in Lower Germany in the year 1550* (La forma de la Inquisición Española introducida en la Baja Alemania en el año 1550)[388].

Vino después otro texto salido de un apóstata. El autor fue Francisco de Enzinas, de origen burgalés. Con la colaboración de sus hermanos, Jaime y Juan, escribió *Historia de Statu Belgico deque Religione Hispanica* bajo el nombre de Franciscus Dryander. Había estado en la cárcel por haber impreso sin autorización una traducción castellana de la Biblia en Bruselas en 1543. Escapó de la prisión y buscó refugio en Wittemberg, la ciudad de Lutero. Allí Melanchton le encargó esta obra, que se editó en 1545 y que se traducirá casi inmediatamente al francés y se imprimirá en Estrasburgo en 1558. Constituyó otro gran éxito editorial. Se le atribuye un segundo libro publicado con el nombre de Dryander y editado en Basilea o Ginebra entre 1560 y 1565.

Hay una acción combinada de texto y palabra que es necesario comprender para explicar cómo llegó a existir la leyenda inquisitorial: «The Inquisition was a image assambled from a body of legends and myths which between the sixteenth and the twentieth centuries, established the perceived character of inquisitorial tribunals and influenced all ensuing efforts to recover their historical reality»[389]. Para entender cómo se crea este cuerpo de mitos es imprescindible atender a la palabra hablada y a la interacción que existió entre obras de autores cultos, panfletos y predicación. Hasta ahora se ha desatendido inexplicablemente el papel jugado por la oralidad en la creación del mito inquisitorial y de la leyenda negra en general. A finales del siglo XVII la producción panfletaria va decayendo, porque ya es innecesaria, pero el mito permanece e incluso

[388] Alastair Duke, «A Legend in the Making: News of the Spanish Inquisition in the Low Countries in German Evangelical Pamphlets, 1546-1550», *Nederlands Archief voor Kerkgeschiedenis* 77 (1997), págs. 125-144.

[389] Peters, *Inquisition*, pág. 122.

crece a nivel popular. Solo la actividad de los predicadores puede explicar una popularidad tan rotunda.

El archifamoso Foxe tiene un capítulo dedicado a la Inquisición titulado *The execrable Inquisition of Spayne.* El libro de Foxe rivalizaba en popularidad con la misma Biblia y esto fue así durante dos siglos[390]. Evidentemente no todo el mundo lo leía, pero sí lo escuchaba porque se usó a modo de sermonario, esto es, como inspiración y guía para hacer sermones. Miles de predicadores elaboraron los suyos con el libro de Foxe delante de sus ojos. En 1554 Jean Crespin, hugonote francés, publica en Ginebra una *Histoire des Martyrs,* también llamada *Livre des Martyrs,* que comienza con los antiguos mártires cristianos, sigue con herejes como Jan Hus y acaba con otros condenados por herejía en su propio siglo. La exaltación de los mártires de cada iglesia se amplió pronto a todo aquel que había sido condenado por la Iglesia en el pasado, con independencia de época, doctrina o circunstancias, incluyendo cátaros o espirituales franciscanos, y pasando por alto, naturalmente, el hecho de que cada confesión protestante produjo muchos mártires para las demás. Como el libro de Foxe, Crespin ofrecía también materia para los sermones de cada día.

En la misma línea, Matthias Flacius Illyricus (1520-1575) escribió una historia completa de la Iglesia protestante y sus mártires. Su *Catalogue of Witnesses to the Truth* (1556) proporcionó al luteranismo y al calvinismo de la primera hora (hasta que ambas tendencias se declararon la guerra) testimonios precisos de las infamias de la Inquisición en las personas de sus mártires, como Foxe y como Crespin.

La obra de Crespin fue continuada por Simon Goulart, que publicó una ampliación en 1582[391]. Escribió además una *Historia de las iglesias reformadas del reino de Francia* (1580), que durante mucho tiempo fue atribuida a Teodoro de Beza, el sucesor de Calvino en Ginebra[392]. El punto de vista de Goulart, como el de Crespin, Flacius o Foxe es el mismo. Se trata de contar la historia de la verdadera iglesia de Dios, «la iglesia bajo la cruz», oculta y perseguida durante siglos por la ramera de Babilonia: Roma. Sus relatos, por lo tanto, no se refieren a los años en que sucedían estos conflictos. Hay una reescritura completa de la historia del cristianismo desde sus orígenes. Una de las grandes preocupaciones del pro-

[390] Peters, *Inquisition,* pág. 28.

[391] Jean-François Gilmont, «Un commentateur de Du Bartas: Simon Goulart l'épigone», en James Dauphiné (ed.), *Du Bartas 1590-1990,* Mont-de-Marsan: Editions Interunivesitaires, 1992, págs. 243-262.

[392] De Beza defendió a Calvino apasionadamente de las críticas que recibió por haber condenado a Miguel Servet a la hoguera en *De haereticis a civili magistratu puniendis* (1554). Véase Ana Gómez Rabal, «*Hominem occidere non est doctrinam tueri, sed est hominem occidere*: en torno a Servet, Calvino y Castellio», *Artes ad Humanitatem* 2 (2010), págs. 69-75.

testantismo desde el momento mismo en que Lutero se convierte en el creador de una nueva iglesia para los príncipes alemanes es la venerable antigüedad de la Iglesia católica. Era difícil de obviar. Había, por tanto, que construir una doctrina, un catecismo y una liturgia, pero sobre todo había que aprontar una historia nueva de la cristiandad, según la cual la Iglesia verdadera (cada confesión protestante considera que ella es la verdadera) ha vivido oculta y aplastada por la persecución de una falsa Iglesia, corrupta e infame, que creó a la diabólica Inquisición para acabar con la auténtica Iglesia de Dios. El último asalto del Anticristo para aplastar a la Iglesia verdadera ha sido España, sus ejércitos y su perfeccionada Inquisición, pero su victoria será breve porque ya se acerca su fin. Este es, en apretado resumen, el propósito de los libros mentados. Como se ve, la condena moral de España y la Inquisición estaban ligadas en el seno del protestantismo desde los comienzos por razones muy profundas de autojustificación.

El libro de Foxe y otros semejantes, como los de Jewel, Humphrey, Bridges, Bilson y otros propagandistas, procura demostrar al público que el poder demoniaco del papa es infinito y puede hallarse oculto en las más diversas manifestaciones: «Todos los esfuerzos en las polémicas se volcaron en demostrar que él [el papa] era el primer motor en la oposición a la iglesia de Cristo, el comandante en jefe de Satanás. Lo que al papa podía faltarle en poder físico, lo suplía su capacidad para exudar alucinógenos espirituales como un modo de arrastrar a los demás hacia su voluntad»[393]. De ahí vienen la histeria persecutoria y el convencimiento de que el poder demoniaco de las brujas tenía una relación con el mundo tenebroso del papado. Cuántos miles de muertos produjo este estado de cosas, todavía no se ha terminado de cuantificar y probablemente no se hará nunca. Nadie hasta ahora se ha atrevido a tocar el muy delicado punto de la conexión entre las persecuciones de brujas y el anticatolicismo en el mundo protestante.

Las profecías, que son una constante en la vida de todo imperio, florecen por doquier. No solo en historias, martirologios y sermonarios. También en el teatro. La pieza titulada *Les tragiques* de Agrippa d'Aubigné (1552-1630) es una exaltación del martirio protestante en la que menudean los vaticinios sobre el fin del catolicismo y el imperio de España en un tono de gran aliento épico[394]. Vendrá luego una nueva

[393] «All the polemical efforts lavished on demostrations that he was prime mover in opposition to Christ's church, Satan's commander-in-chief. What the pope might lack in physical power was made up by his capacity to exude spiritual hallucinogens as a means of bending others to his will»: Julian Lock, «*How many Tercios has the Pope?*: The Spanish War and the Sublimation of Elizabethan Anti-Popery», *History* 81 (1996), págs. 197-214 (pág. 198).

[394] Agrippa d'Aubigné, *Les tragiques*, ed. Jean-Raymond Fanlo, París: Champion, 2000.

edad de oro donde, por fin, tras vencer al Anticristo (España), reinarán las virtudes cristianas. La obra fue escrita en 1577 y publicada en 1616. Es un ejemplo entre docenas.

En las últimas décadas se han estudiado las imágenes mentales asociadas al Santo Oficio que se han proyectado a través de la literatura, el arte y la historiografía. Edwar Peters ha esbozado interesantes explicaciones sobre las representaciones de dicha institución en la literatura y el arte en ese terreno fronterizo entre la ficción y la propaganda en el que la Inquisición ha vivido, lo que últimamente se viene llamando «la invención de la Inquisición». El estadounidense plantea su estudio en el doble ámbito de una historia de la Inquisición escrita en paralelo con la historia de su mito, como realidades inseparables[395]. Francisco Bethencourt habla de un auténtico *topos* inquisitorial en la literatura occidental y explica que durante los siglos XVI y XVII menudean tanto en la literatura como en la historia descripciones inquisitoriales que se generaron en los escritos de propaganda. Estos textos que más arriba hemos mencionado eran «muy apreciados por un público letrado que trataba de ilustrar con casos concretos y humanos las razones de su opción religiosa». Son muy interesantes las conclusiones del estudioso portugués en relación con los distintos usos que el mito de la Inquisición ha tenido: «La utilización de la Inquisición como objeto de propaganda no debe considerarse de una forma lineal; es necesario entender el lugar que ocupa en el sistema de representaciones protestante y sobre todo, explicar cómo este *topos* fue más tarde recuperado por la filosofía ilustrada con el objeto de expresar una sensibilidad y una nueva manera de pensar»[396].

La palabra «inquisición» existe en todas las lenguas europeas, incluidas las escandinavas y eslavas, como término común. Dostoievski se valió de la Inquisición para escribir uno de los capítulos más desasosegantes de *Los hermanos Karamazov*, el que se titula precisamente «El gran inquisidor». En 1982, Stanley I. Kutler publicó un magnífico ensayo, que obtuvo un gran éxito además, sobre la época de la caza de brujas en Estados Unidos y lo tituló *The American Inquisition. Justice and Injustice in the Cold War*. El uso del término en la lengua vulgar da idea de la capacidad de penetración de la propaganda anticatólica y antiespañola. La palabra existe también en albanés y turco como cultismo. En árabe su empleo es más restringido y puede considerarse un hipercultismo que necesita explicación. En el habla popular andaluza se usaba y se usa el

[395] Remitimos al varias veces citado Peters y a Doris Moreno, *La invención de la Inquisición*, Madrid: Marcial Pons, 2004. Recuerdo al lector que la bibliografía sobre la Inquisición es inabarcable. También puede verse Alfredo Alvar Ezquerra, *La Inquisición española, 1478-1834*, Madrid: Akal, 1997.

[396] Francisco Bethencourt, *La Inquisición en la época moderna. España, Portugal, Italia, siglos XV-XIX*, Madrid: Akal, 1997, págs. 439-440.

término «inquisición» como sinónimo de abuso intolerable o maldad indescriptible. Así la expresión, por ejemplo, «¡Pero qué inquisición!», empleada por personas que no sabrían explicar que existió una institución que tuvo ese nombre, venía a significar que a alguien le había tocado padecer lo que no merecía de una manera maligna y abusiva. Evoca el ensañamiento y el abuso de poder.

El mito de la Inquisición pasó sin arrugarse a la Ilustración, y después al Romanticismo y al liberalismo, y de ahí hasta hoy. Lo veremos en su lugar. Medio siglo de investigación tenaz ha conseguido que la verdad se abra camino para quien tenga interés en buscar verdades. La aceptación general en el mundo académico de que hay una Inquisición inventada ha dado lugar incluso a una corriente histórica que tiene nombre propio en inglés: Historical Revision of Inquisition, y su entrada en Wikipedia, pero nada de esto ha logrado cambiar el prejuicio ni dentro ni fuera de España. Para determinar hasta qué punto la verdad histórica ha conseguido abrirse camino en el complejo de prejuicios asumidos que venimos denominando leyenda negra, puede el lector entretenerse viendo el reportaje emitido por La 2 de Televisión Española titulado «La Inquisición: una tragedia española» (22-mayo-2013, 22:30 horas). Si teclea en Google «torturas de la Inquisición» (29-septiembre-2013) encontrará 171.000 resultados, esto solo en español. Descubrirá además cientos de textos y vídeos que repiten hasta la saciedad los tópicos habituales[397]. Una encuesta del Consejo de Europa llevada a cabo en 2009 con motivo del cuarto centenario de la construcción del telescopio, entre estudiantes de ciencias de toda la Unión Europea, nos puede ilustrar sobre la vigencia de los mitos creados en torno a la Inquisición y sobre cómo estos han llegado a suplantar la realidad. Un 30 por ciento de los estudiantes piensa que Galileo fue quemado en la hoguera por la Inquisición. El 97 por ciento está convencido de que antes de eso fue torturado y casi el cien por cien cree que la frase «Eppur si muove» fue realmente pronunciada por el italiano. Esto no tiene nada que ver ya con la leyenda negra, pero ilustra muy bien sobre el poder de los mitos. El afortunado invento de esta frase se debió a Giuseppe Baretti en Londres en 1757. Galileo jamás fue torturado. Ni siquiera estuvo en prisión. Su condena consistió en rezar sesenta veces los salmos penitenciales bajo arresto domiciliario, pena que pasó en Villa Médici, uno de los más bellos palacios de Roma, con fuentes y jardines, propiedad del gran duque de Toscana, su protector[398]. Abandonó Villa Médici para irse a Siena al palacio del arzobispo

[397] Véase *http://historiasdelahistoria.com/2009/10/19/las-torturas-de-la-inquisicion.*

[398] Siguen escribiéndose biografías de Galileo que giran alrededor de este único punto, como si en la vida de Galileo no hubiera habido otra cosa: Michael White, *Galileo Anticristo: una biografía*, Barcelona: Bookspocket, 2010. White además adoba el asunto con la inevitable teoría conspirativa en los fondos oscuros del catolicismo.

Ascanio Piccolomini a descansar. Frente a este éxito rotundo de la propaganda frente a la historia, puede ponerse como contrapunto de la ley del silencio el caso de Antoine Lavoisier, uno de los padres fundadores de la Química. Casi nadie sabe que fue guillotinado en 1794 con una excusa cualquiera. «La revolución no necesita científicos ni químicos», dijo el presidente del tribunal que lo condenó. Ese mismo año se había suprimido la Academia de Ciencias. Lavoisier consiguió que se perdonara la vida a Joseph Louis Lagrange, después de ser linchado y despojado de todos sus bienes. Otros veintisiete intelectuales y científicos fueron también condenados por cargos ridículos y sufrieron suerte semejante.

El Santo Oficio: algunos datos

La Inquisición nació en 1184 en el Languedoc para luchar contra la herejía de los cátaros en tiempos de grandes turbulencias espirituales y sociales. Montados como tenemos en el cerebro los resortes de prejuicios inveterados, la primera idea que surge inmediatamente es que la Inquisición nació para «reprimir» —palabra maldita— a los herejes. Y es cierto. Pero también nació para evitar linchamientos y atropellos indiscriminados, y que cuatro vecinos de un villorrio decidieran quemarle la casa o colgar de un árbol a un compadre al que detestaban, con la excusa de que era un hereje. Su propósito, por tanto, eran también evitar desórdenes públicos y someter el delito de herejía a un procedimiento reglamentado de forma que nadie pudiera tomarse la justicia por su mano. Esta primera Inquisición, la llamada Inquisición papal, no tuvo jurisdicción en todos los territorios católicos y quedaron excluidas la Europa Oriental, Inglaterra y Castilla. Porque no había en el reino, Enrique IV solicitó al papa su creación. En Aragón existía desde 1249. En Castilla la implantó una bula de Sixto IV en 1476.

La Inquisición, que existía en muchos reinos europeos, empezó a adherirse a la hispanofobia en Italia por el sencillo motivo de que fue vista como una institución española. Ciertamente no fue la única inquisición que existió con estructura propia e independiente de la Inquisición papal, pero las otras evidentemente no interesan. Como primera manifestación de rechazo a la Inquisición suelen citarse las revueltas de Sicilia y Nápoles. Son dos situaciones, como Arnoldsson explica muy bien, totalmente diferentes. En Sicilia y Cerdeña la Inquisición había sido introducida antes de 1500 por Fernando el Católico sin ningún problema. Pero con los años la institución había crecido de manera completamente injustificada, ya que no había problemas heréticos en estas regiones. El número de «familiares» del Santo Oficio se había multiplicado con los privilegios inherentes al cargo, fundamentalmente exención de impuestos y fuero propio, lo que les salvaba de las brutalidades de la justicia secular. Esto benefició a muchas personas (en su mayoría italianos) que lograron un puesto en la Inquisición, e indispuso contra ella a los muchos que veían el gasto que les causaba y que no les beneficiaba en nada. La importancia de la Inquisición en los motines de 1511 y 1516 en Sicilia se limitó a esto. El caso de las rebeliones de 1547 y 1564 en Nápoles es diferente. En Nápoles existía una Inquisición episcopal que, ligada a la oligarquía local, no quería la introducción de una Inquisición nueva, que estaba además mucho mejor organizada. Fernando el Católico lo intentó, y ante la oposición frontal que encontró, desistió de ello. Las rebeliones de 1547 y 1564 parece que no responden a ningún hecho cierto que tenga relación verdadera con la Inquisición, y fueron rumores bien orquestados los que las motivaron[399].

En Italia se escribe la primera versión de la leyenda inquisitorial, que tiene que ver con el español marrano: los italianos consideraron que la existencia de la Inquisición española era la prueba irrefutable del carácter contaminado de semitismo del español. Era evidente que un pueblo en donde abundaban los malos cristianos más que en ningún otro lugar necesitaba un correctivo sólido, como la Inquisición, para evitar males mayores. Por lo tanto, la Inquisición comienza apareciendo en los escritos de los humanistas italianos como argumento de la impiedad española. Pero pronto absorberá un papel nuevo, el creado por Lutero y otros predicadores protestantes. Esto sucede con bastante rapidez. En 1525 Contarini, embajador de Venecia, afirma que todos tiemblan cuando se habla de la Inquisición, y Tiépolo, en 1563, comienza ya a fantasear sobre el poder absoluto de la Inquisición sobre vidas y haciendas. Incluso insiste en que el rey la favorece como un medio de controlar sus estados. En 1565 el embajador Soranzo afirma que el poder de la Inquisición sobrepasa al del rey. En estas fechas estamos ya ante una renovación del argumento inquisitorial con aportaciones nuevas venidas de territorios protestantes[400]. De ser la prueba irrefutable del *peccadiglio de Spagna*, esto es, de su catolicismo impuro por contaminación semita, la Inquisición pasó a ser el instrumento maligno de su poder. Esta versión tendrá en Italia mucha menos presencia que la primera.

El estudio serio de la Inquisición lo comenzó el estadounidense Lea, todavía fuertemente contaminado de prejuicios, el cual fue el primero que se metió a fondo en los archivos de la Suprema en Simancas[401]. La Suprema era el órgano rector del Santo Oficio y el

[399] Arnoldsson, *La leyenda negra...*, págs. 54 y ss.

[400] B. Anatra, «Lo antiespañol en Italia: Boccalini y Tassoni», *Historia 16*, 193 (1992), págs. 30-37.

[401] Henry Charles Lea, *A History of the Inquisition of Spain* (4 tomos), Nueva York: Macmillan, 1907. [Traducción castellana: *Historia de la Inquisición Española*, Madrid: Fundación Universitaria Española, 1983].

que desde mediados del siglo XVI centralizó y clasificó la documentación de todo el país. Su trabajo monumental probaba que la realidad había sido muy distinta de la propaganda. Es el primer intento, bastante tímido pero meritorio, de sacar la Inquisición del mundo de las pasiones y los mitos. Las dos guerras mundiales y la Guerra Civil detuvieron el progreso de esta investigación a gran escala, que recibió un nuevo impulso en los años sesenta. Precedidos por el trabajo innovador de Julio Caro Baroja, que rompía con los tópicos habitualmente aceptados para presentar al inquisidor como un funcionario bastante burocratizado y poco peligroso, el danés Gustav Henningsen y Jaime Contreras comenzaron en 1972 una revisión de las más de 44.000 causas archivadas por la Suprema con el objeto, en un primer momento, de estudiar el desarrollo de la brujería en España[402]. Por aquel entonces los archivos de la Inquisición, que se habían custodiado en Simancas, habían sido trasladados al Archivo Histórico Nacional de Madrid, mudanza que se verificó en 1914. Sus conclusiones fueron sorprendentes.

Los estudios de Henningsen y Contreras sobre las 44.674 causas abiertas por la Inquisición entre 1550 y 1700 dan una cifra de 1.346 personas condenadas a muerte por el Santo Oficio[403]. Henry Kamen eleva la cifra a unas 3.000 víctimas en toda su historia y territorios en que existió. Para contextualizar adecuadamente estas cifras se debe tener en cuenta que la Inquisición entendía de crímenes que son así considerados hoy día: bigamia, prostitución, proxenetismo, perjurio, violaciones, abusos a menores, falsificación de documentos y de moneda, contrabando de

[402] Jaime Contreras, «Las causas de fe en la Inquisición española, 1540-1700. Análisis de una estadística», *Simposium Interdisciplinar de la Inquisición Medieval y Moderna*, Copenhague, septiembre de 1978. Hay un informe sobre el congreso de Dinamarca presentado por Jaime Contreras y M.ª Luisa Rey Henningsen, en J. Pérez Villanueva (coord.), *La Inquisición española. Nueva visión, nuevos horizontes*, Madrid: Siglo XXI, 1980, págs. 989-996.

[403] Jaime Contreras y Gustav Henningsen, *El banco de datos del Santo Oficio. Las relaciones de causas de la Inquisición española*, Madrid, 1977. Muy importante ha sido también Julio Caro Baroja, *El señor inquisidor y otras vidas por oficio*, Madrid: Alianza, 1968. Tanto Henningsen como Contreras son autores de muchos trabajos en que se dan a conocer aspectos parciales de su investigación. Citaremos algunos: Gustav Henningsen, «¿Por qué estudiar la Inquisición? Reflexiones sobre la historiografía reciente y el futuro de una disciplina», *Manuscrits: Revista d'història moderna* 7 (1988), págs. 35-50. Del mismo autor, «Alonso de Salazar Frías: ese famoso inquisidor desconocido», en Manuel Gutiérrez Esteve, Jesús Antonio Cid Álvarez y Antonio Carreira (eds.), *Homenaje a Julio Caro Baroja*, Madrid: Centro de Investigaciones Sociológicas, 1978, págs. 581-586. Jaime Contreras, *Historia de la Inquisición española (1478-1834): herejes, delitos y representación*, Madrid: Arco Libros, 1997.

armas y caballos y piratería de libros, esto es, lo que hoy llamamos delitos contra los derechos de autor[404].

Sir James Stephen calculó que el número de condenados a muerte en Inglaterra en tres siglos alcanzó la escalofriante cifra de 264.000 personas[405]. Algunas condenadas fueron por delitos tan graves como robar una oveja. Según el investigador protestante E. Schafer, autor de un monumental trabajo de investigación sobre el protestantismo en España, el número de protestantes condenados por la Inquisición española entre 1520 y 1820 fue de 220. De ellos solo doce fueron quemados[406].

La práctica de la tortura estaba rigurosamente reglada en el Santo Oficio[407]. Los estudios de Lea y Kamen confirman que su uso fue siempre excepcional, y que apenas se utilizó en el 1 o 2 por ciento de los casos que se investigaban. La tortura no podía poner en peligro la vida del reo ni provocar mutilaciones y se hacía siempre en presencia del médico. Estas precauciones no existían en los tribunales civiles ni de España ni de ningún país de Europa, donde la tortura fue una práctica común hasta hace bien poco. La pena de muerte se aplicaba solo al hereje contumaz no arrepentido. El arrepentimiento transformaba automáticamente la condena a muerte en cárcel, multas y otras penas que no comprometían la vida. En la Sajonia protestante el delito de blasfemia se condenaba con pena de muerte. La Inquisición fue el primer tribunal del mundo que prohibió la tortura, cien años antes de que esta prohibición se generalizara. En contra de la opinión común, nunca se aceptaron las denuncias anónimas.

En 1994 la BBC produjo un documental de 50 minutos titulado «The Myth of the Spanish Inquisition». Participan en él Stephen Haliczer,

404 Carlos Puyol Buil, *Inquisición y política en el reinado de Felipe IV*, Madrid: CSIC, 1993, pág. 286. Powell, *El árbol del odio...*, pág. 37. Maltby, *La leyenda negra...*, pág. 47.

405 James Stephen, «Criminal procedures from the Thirteenth to the Eighteenth Century». Es un resumen del primer volumen del enciclopédico trabajo *A History of the Criminal Law on England* (Londres: Macmillan, 1883) y está disponible en la red: *http://archive.org/stream/cu31924018777858#page/n455/mode/2up*. Stephen fue uno de los primeros que negó que la Inquisición hubiera podido producir el número de muertes que se le atribuían. Nunca investigó en sus archivos, pero no hacía falta realmente ir muy lejos para llegar a tales conclusiones. Bastaba con quitarse las telarañas de los ojos. El gran jurisconsulto inglés se limitó a estudiar el procedimiento penal de la Inquisición. Era tan garantista y tan sumamente protocolizado que resultaba materialmente imposible que un proceso judicial de tales características hubiera podido producir miles de muertos.

406 E. Schafer, *Beiträge zur Geschichte des Spanichen Protestantismus*, Güterslon, 1902, t. I, págs. 345-367, principalmente.

407 Gaspar Isidro de Argüello, *Instrucciones del Santo Oficio de la Inquisición sumariamente, antiguas y nuevas, puestas por abecedario*. Don Gaspar era oficial de la Inquisición. El libro se encuentra sin dificultad en la red.

Álvárez-Junco, Henry Kamen y Jaime Contreras. Se emitió en el espacio de máxima audiencia *Whatch time* en el primer canal de la BBC. Lo produjo el historiador e hispanista Nigel Towson. Es uno de los mejores documentales sobre la Inquisición que se han hecho. Hasta donde alcanzan mis conocimientos, nunca ha sido emitido en España por una cadena abierta de alcance nacional. Comienza con una parodia de los Monty Python (uno de ellos caracterizado de Guy Fawkes) bastante graciosa y, aunque la frase inicial no anima al optimismo[408], la intervención de algunos de los mejores especialistas sobre el tema consigue ofrecer al público lo que las investigaciones históricas a base de archivos y documentos, no de panfletos y truculentas imágenes, ha podido poner en claro. En conjunto, la exposición del contexto y los datos es impecable. El profesor Haliczer, de la Universidad de Illinois, basándose en su trabajo sobre la Inquisición en Valencia hecho sobre el análisis de 7.000 casos, pone de manifiesto que solo se empleó la tortura en menos del 2 por ciento de los casos, y que las sesiones no pasaban de 15 minutos[409]. De ese 2 por ciento, menos de un 1 por ciento recibió una segunda sesión y nadie soportó una tercera. Además los inquisidores tenían su propio manual de procedimiento en el que se especificaba qué se podía hacer y qué no. Quien se excedía, era destituido. Haliczer insiste en que las cárceles de la Inquisición eran muy benignas. En los casos por él revisados aparecen reos que blasfeman con el propósito de ser trasladados a las cárceles inquisitoriales. Un truco que los inquisidores conocían, pero no podían evitar.

Con gran ardor, Kamen insiste en que, en comparación con otros tribunales de España, la Inquisición es la que menos se vale de la tortura y, si se amplía la perspectiva al resto de Europa, resulta que el comportamiento de la Inquisición española «es impecable». En Inglaterra una

[408] «La España que alumbró la Inquisición en el siglo XV estaba apartada, aislada de Europa y extremadamente despoblada. La mitad de sus tierras eran improductivas y la otra mitad apenas sostenía a sus pobladores en una sofocante llanura. Sin raíces definidas, sin centro natural y sin líder, los españoles solo podían soñar con *España*, el territorio que reunió varias comunidades durante la conquista romana». Estas afirmaciones son sorprendentes. Por lo que se refiere a «la sofocante llanura», hay que decir que desde la escuela elemental se sabía —quizá ya no— que España es el segundo país más montañoso de Europa, después de Suiza. En cuanto al aislamiento, no conviene olvidar por ejemplo que Alfonso X estuvo a punto de ser emperador. Su corte y Escuela de Traductores fueron sin duda también ejemplos de absoluto aislamiento. En cuanto a la pobreza, Castilla es en el siglo XV uno de los reinos más ricos y más poblados de Europa. De hecho fue capaz de sostener ella sola el imperio muchas veces.

[409] Stephen Haliczer, *Inquisición y sociedad en el reino de Valencia*, Valencia: A. el Magnànim, 1993. La primera edición en inglés es de 1990. Otro trabajo notable es *Inquisition and society in early Modern Europe*, Totowa (N. J.): Barnes & Noble, 1987.

persona podía ser torturada o ejecutada —descuartizada, para ser más precisos— por dañar unos jardines públicos, y en Alemania las torturas podían llevar a perder los ojos. En la vecina Francia era admisible desollar viva a la gente. La Inquisición española jamás empleó estos métodos tan frecuentes en los tribunales de toda Europa. Nunca hubo emparedamientos ni se usó el fuego ni se golpeó a nadie en las articulaciones ni se usó la rueda ni la dama de hierro. Tampoco acosaban ni vejaban a las mujeres, que raramente eran torturadas. Estaba prohibido el empleo de la tortura en mujeres embarazadas o criando, y en niños con menos de once años.

Naturalmente en un documental de esta naturaleza era inevitable el referirse una y otra vez a la leyenda negra. Así, por ejemplo, se analiza la demonización sufrida por Felipe II. Se puede discrepar sobre algunos aspectos puntuales, porque los datos ofrecidos son inapelables. No comparto, por ejemplo, el punto de vista de Álvarez-Junco sobre las razones por las cuales ni España ni el catolicismo se defendieron de tan terribles acusaciones: «La monarquía española fue incapaz de contraatacar. Ellos peleaban desde el dominio militar, no propagandístico. Sentían que era una forma injusta de encarar una guerra. Eso no era de caballeros. Los caballeros emplean armas, no folletos, no opiniones». En la justificación de este silencio otros estudiosos como Arnoldsson o Maltby han estado mucho más acertados. La Iglesia de Roma no perdió nunca la esperanza de una reconciliación con sus ovejas descarriadas. Esperaba el regreso del hijo pródigo y difícilmente podía buscar esa reconciliación lanzando un ataque propagandístico que ofendiera aún más a aquellos cuya lealtad se quiere recobrar. Por lo que respecta a la monarquía española, su situación era muy parecida. Los rebeldes eran en su gran mayoría súbditos de Carlos V y de Felipe II después. Uno y otro se negaron a enconar más la situación.

La desproporción en el número de muertos entre la Inquisición española y las inquisiciones protestantes es brutal. Contreras destaca que en toda Europa solo un tribunal reaccionó de manera diferente ante la brujería y este fue la Inquisición, que simplemente consideró la brujería un engaño y no procesó a casi nadie solo por ese motivo. Los inquisidores eran abogados y apoyaban sus conclusiones en pruebas y evidencias, no en rumores ni acusaciones anónimas. En España mueren por herejía muchas menos personas que en cualquier otro país de Occidente. En el siglo XVI se ejecutaron (son cifras de Kamen) entre 40 y 50 personas en todos los territorios españoles, incluida América. Solo las persecuciones de herejes católicos en la Inglaterra isabelina provocaron casi 1.000 muertos, entre religiosos y seglares. Por no mencionar a los irlandeses. En Francia, según las propias autoridades católicas, se ejecutaron en el espacio de unos cinco años en ese siglo a más de 300 personas, y esta desproporción se repite en cada país que consideremos: «Encontramos que las personas que murieron por herejía en España o por persecución religiosa de cualquier tipo, incluyendo a los falsos conversos, es mínimo comparado con otros países».

Un documental tan inesperado, tan plagado de datos irrefutables, puede llevar al optimismo. Este se acaba de inmediato cuando se descubre que en el año 2000 la misma BBC produjo otro documental titulado *Spanish Inquisition: the brutal truth.* Comienza de este modo: «Entre 1478 y 1833 miles de personas fueron detenidas, torturadas y ejecutadas porque sus creencias religiosas no estaban bien vistas en su país. Fueron víctimas de la Inquisición española. La Inquisición fue una organización siniestra tan oculta por la leyenda que hasta ahora ha sido difícil contar la verdadera historia de esos días lúgubres de la Iglesia católica». Y sigue: «La Inquisición española se recuerda como el primer y más terrorífico ejemplo de policía del pensamiento». Mientras tanto, en pantalla, la bandera española (la actual, la constitucional) ondea entre hogueras y desfiles nazis. No hubo aparato de tormento y represión comparable hasta la Gestapo y el KGB. Guillermo de Orange hubiera palidecido de envidia ante un reportaje semejante. A quien no esperaríamos encontrar en medio de este aquelarre de hogueras y banderas nazis es al señor Henry Kamen. Sin comentarios.

La Inquisición no fue nunca un poder en la sombra ni tuvo capacidad para controlar la sociedad. Los inquisidores, en general, trabajaban en condiciones difíciles y su trabajo era bastante rutinario y burocrático. En España había veinte provincias inquisitoriales, y en cada una de ellas había dos inquisidores o tres como máximo. Por lo tanto su capacidad de intervención era bastante reducida. En las zonas rurales, la presencia de la Inquisición es mínima.

De ser la encarnación del tenebroso antro papista, la Inquisición pasó en manos de la Ilustración francesa a ser usada en otra clave. Los males de España fueron achacados a la Inquisición, la cual era la causa de que el espíritu de la intolerancia se hubiera adueñado del país. El buen Voltaire clama contra los crímenes de la Inquisición en el siglo XVIII, pero resulta que en este siglo la Inquisición tiene ya poca actividad y apenas produjo condenas. Y Goya, abducido por la propaganda ilustrada, dibuja escenas inquisitoriales que él ya no tuvo ocasión de presenciar. La virulencia con que en otros países se persiguió la herejía es una historia oculta y sobreentendida. Son conjeturas de mal gusto a pesar de los miles de muertos.

La Inquisición es un icono y su representación mental pertenece más al mundo de las realidades simbólicas que al de la verdad histórica. Es un significante con dos significados. La palabra evoca un conjunto de prejuicios tan complejo y tan profusamente usado por corrientes culturales diversas que resulta imposible dar aquí cuenta de él. El occidental lo digiere con la leche de la alfabetización, y es muy difícil que sea capaz de saltar por encima para preguntarse por las razones que han provocado una alucinación colectiva (la expresión es de Arnoldsson) de tal envergadura. Porque lo interesante aquí no es la Inquisición en sí, fenómeno común y hasta vulgar en la Europa de su tiempo, sino los caminos por los que ha llegado a ocupar esta posición única en el imaginario occidental y lo que esto significa. El solo hecho de que la palabra haya pasado al uso común ya indica que hace tiempo que la Inquisición pasó de ser una institución histórica a evocar un complejo mundo de representaciones inventadas. Tan arraigada está la creencia y tan querida es a la cultura europea que en el mundo académico encontramos casos sumamente curiosos: hay quien no se resigna a perder un mito tan querido. Así, Joseph Pérez advierte «contra» las investigaciones modernas que tienden a atenuar los horrores inquisitoriales con datos que demuestran que la institución católica fue mucho más benévola que otras inquisiciones europeas. Obsérvese que no las desmiente ni ofrece argumentos, ni documentales ni de ninguna clase. Simplemente advierte, contra toda evidencia, de que, se diga lo que se diga, la Inquisición «nunca fue ni será una institución como cualquier otra»[410]. Llegados a este punto, no es exagerado decir que hace ya mucho tiempo que la Inquisición abandonó el terreno tangible de la historia para alcanzar el Olimpo de los mitos, y desde ese punto debería ser estudiada[411].

[410] Los tics que surgen de cuando en cuando entre los mismos estudiosos de la leyenda negra son muy curiosos. Pérez, premio Príncipe de Asturias 2014, tiene algunos bastante interesantes. Solo uno más mencionaré, por lo disparatado. Al tratar de Felipe II y de cómo se gestó la leyenda negra en torno a él, el estudioso francés pasa a demostrar que la acusación de haber matado a su propio hijo, el príncipe don Carlos, era completamente infundada. Ahora bien, si Felipe II no mató a su hijo, era sin duda hombre capaz de hacerlo. Esto lo dice Pérez con toda seriedad y su argumento es que Felipe II mató u ordenó matar a otros hombres. ¿Conoce Pérez algún rey que no sea responsable de una o de muchas muertes, incluido San Luis de Francia? Pero matar a un hombre y matar a un hijo son dos hechos cualitativamente incomparables. El mundo está lleno de hombres que han matado a otros hombres, pero pocos, muy pocos, han matado a un hijo. Es más, la mayoría de esos homicidas habría dado la vida por sus hijos si hubiera llegado el caso. Orange, que es consciente de la enorme diferencia que media entre asesinar y asesinar a un hijo, acusa de esto a Felipe II, porque este crimen pertenece a un género de atrocidad contra la que se rebelan todos nuestros instintos. Que Pérez concluya que el rey, llegado el caso, no hubiera vacilado en matar a su propio hijo, demuestra un desconocimiento profundo del corazón humano y una penosa incapacidad para lidiar con prejuicios heredados. Estamos aquí como en el caso de las atrocidades imaginarias perpetradas en Inglaterra por los españoles de la Invencible: no hicieron nada, pero hubieran podido hacerlo, que viene a ser lo mismo.

[411] El lector interesado puede encontrar más bibliografía en Beatriz Comella, *La Inquisición española*, Madrid: Rialp, 2004 (4.ª ed.), págs. 197 y ss.

Henningsen calcula que en la Edad Moderna fueron quemadas unas 50.000 brujas: la mitad en los territorios alemanes; 4.000 en Suiza; 1.500 en Inglaterra; 4.000 en Francia... El estudioso danés insiste en que sus datos son extrapolaciones y que el número total de víctimas es imposible de determinar con precisión. No titubea en cuanto al número de víctimas del Santo Oficio. Son 27. Los archivos de la Inquisición, de una minuciosidad casi inverosímil, permiten pocas dudas. Apenas hay condenas por brujería en sí. Este delito, considerado un disparate sin importancia, debía venir acompañado de otros más sustantivos. Henningsen busca una explicación a esta actitud inusual en la Europa de aquel momento y considera que, como señala Raphael de la Torre, la clave es que, aunque los teólogos tendían a creer que la brujería era un hecho real, los canonistas, especialistas en leyes, pensaban que era el producto de la ignorancia o de mentes calenturientas y alucinadas. Canonistas eran la mayor parte de los inquisidores españoles. Henningsen habla de un auténtico «escepticismo inquisitorial».

En 1526 la flor y nata de la teología española se reunió en Granada para decidir qué actitud tomar ante el creciente problema de la brujería, que alcanzaba en Europa cotas de paranoia colectiva. La actitud habitualmente protopositivista y pragmática del Santo Oficio se impuso y las disposiciones que se tomaron para el futuro hicieron que el problema de la brujería en España apenas si haya tenido importancia. Henningsen se pregunta en qué lugar de Europa es posible hallar disposiciones como las tomadas en Granada:

- Cualquier bruja que voluntariamente confiese, y muestre señales de arrepentimiento, será reconciliada (se entiende con la Iglesia).
- En tales casos, si no median otros delitos, no habrá multa ni confiscación de bienes y solo habrá penas salutarias para su alma.
- Nadie será arrestado basándose en las confesiones de otras brujas[412].

Influida por Francia, la Inquisición española en Navarra volvió en 1610 a introducir el delito de brujería y la pena de hoguera para este. En medio de una oleada de histeria colectiva 7.000 personas fueron acusadas de brujería. Desconcertados por la virulencia que iba tomando el problema, la Suprema envió al inquisidor Alonso de Salazar con el encargo de hacer una investigación exhaustiva de los hechos. Las conclusiones de

[412] «Todos los juristas de este Reyno an dubdado e por mexor decir an tenido por cierto que no ay bruxas»: Henry Kamen, «Inquisició i bruixeria», *L'Avenç* 61 (1983), pág. 58. Sobre lo mismo, véase también Joseph Pérez, *Breve historia de la Inquisición en España*, Barcelona: Crítica, 2012, pág. 76.

Salazar son determinantes: «No hubo brujos ni embrujados hasta que se empezó a hablar de ellos». Salazar sostenía que el aspecto demoniaco de los hechos era irrelevante y que lo que había que juzgar eran los mismos hechos. Si alguien le tira un tiesto a un prójimo y le abre la cabeza, es este el hecho positivo que hay que considerar. Si el autor o la víctima creen que esto ha sucedido por alguna intervención del demonio, el inquisidor no puede entrar a juzgar lo que uno u otro *crea*, sino el hecho en sí. «Búsquese siempre en los hechos cuerpo manifiesto de delito conforme a derecho y no se vaya a probar casso, muerte ni daño que no ha acontecido», escribe el inquisidor general Pedro de Valencia en sus instrucciones[413]. Este criterio de Salazar y Valencia, que no todos compartían, prevaleció. Nunca más se juzgó a nadie por el solo delito de brujería.

La caza de brujas es un fenómeno complejísimo que alcanzó su punto álgido a finales del siglo XVI y comienzos del siglo XVII, pero siguió hasta bien entrado el XVIII. La última condenada a muerte por brujería fue una niña ejecutada en el cantón protestante de Glarus en 1783.

La Iglesia mantuvo en general una actitud bastante escéptica en lo que a la brujería se refiere desde muy antiguo. En el siglo IX, san Agobardo, arzobispo de Lyon, escribió *Contra insulsam vulgi opinionem de grandine et tonitruis* (Contra las estúpidas opiniones del vulgo sobre el granizo y el rayo). Es famosa la carta que el papa Gregorio VII escribió al rey Harold de Dinamarca conminándolo a prohibir que se matara a mujeres acusadas de brujería e instándole para que hiciera comprender a su pueblo que rayos y tormentas eran fenómenos naturales y que la naturaleza era obra de Dios. Mucho más tarde, en el Sínodo Provincial de Salzburgo de 1569, con la reforma ya en marcha, se insiste en que las brujerías no son más que ilusiones diabólicas y se observa un rechazo general a imponer condenas a muerte por esta causa[414]. Evidentemente hubo persecuciones de brujas en el mundo católico, en especial a finales del siglo XV, y obras como el *Malleus maleficarum* (1486) no contribuyeron a apaciguar los ánimos. Pero las grandes persecuciones vinieron después, en los territorios de la Reforma.

La caza de brujas en Alemania fue mucho más intensa en los territorios protestantes que en los católicos. Lutero defendió el exterminio de las brujas con el argumento de que esto era cumplir con el precepto bíblico «No permitirás la vida de los hechiceros» (Éxodo 22, 18). Él, Calvino y otros reformadores alimentaron las creencias populares en las actividades demoniacas y en la práctica de la brujería. La caza de brujas fue usada por las distintas confesiones protestantes como una he-

[413] Henry Kamen, *La Inquisición española: una revisión histórica*, Barcelona: Crítica, 2011, pág. 264.

[414] Florianus Dalham, *Concilia Salisburgensia A Provincialia et Dioecesana*, 1788, pág. 372. Disponible en *https:/books.google.es*. Consultado el 14 de mayo de 2015.

rramienta para acrecentar el poder de las nuevas autoridades religiosas que adquirían así una mayor capacidad para controlar a la población. Janssen argumenta con muchas pruebas que los reformadores tuvieron gran responsabilidad en la caza de brujas[415]. En el distrito de Osnabrück en 1583 fueron quemadas 121 personas en tres meses. En Wolfenbutten hasta 10 personas llegaron a ser quemadas en un solo día en 1593. La situación de persecución indiscriminada en las islas británicas era también terrible. En sus *Familiar Letters,* James Howell escribió en 1646: «Within the compass of two years (1645-1647) near upon three hundred witches were arraigned and the major part of them executed in Essex and Suffolk only. Scotland swarms with them more and more, and persons of good quality are executed daily»[416].

La investigación de este fenómeno ha producido cientos de trabajos para todos los gustos. Entre los más importantes están los de Caro Baroja y Brian Levack[417]. Este último pasa revista a todas las explicaciones que se han dado a este fenómeno —algunas muy pintorescas—, pero deja en el aire la pregunta crucial de por qué en los territorios protestantes alcanzó proporciones épicas y no sucedió lo mismo en el mundo católico. Es un asunto en el que no interesa mucho profundizar[418].

Los ojos del señor inquisidor

La aparición del gran inquisidor en la penúltima escena de *Don Carlos* de Schiller es espectacular. Cinco años tardó el alemán en completar este drama, y se nota que pensó muy bien cómo equilibrar los golpes de efecto. Tenemos en escena muchas veces a otro dominico, rastrero, chismoso y espía, que ya ha puesto de manifiesto docenas de veces la depravación de estos hombres. Así, por ejemplo, sugiere a la princesa de Éboli que use sus encantos para obtener información sobre cuáles son

[415] Johannes Janssen, *Geschichte des deutschen Volkes seit dem Ausgang des Mittelalters,* Friburgo, 1876-1894 (8 tomos). Disponible en *www.ia601490.us.archive.org/3/items/geschichtedesde04jansgoog.*

[416] James Howell, *Familiar Letters,* Boston: Houghton, Mifflin and Co., 1907, pág. 301. Disponible en *https://archive.org/details/episthoelianf01reppoog.* Consultado el 28 de julio de 2015.

[417] Julio Caro Baroja, *Las brujas y su mundo,* Madrid: Alianza Editorial, 2006. La primera edición es de 1961. Brian Levack, *La caza de brujas en la Europa Moderna,* Madrid: Alianza Editorial, 1995. La primera edición en inglés es de 1985.

[418] Empiezan a aperecer investigaciones (en Estados Unidos) que demuestran que las zonas católicas fueron mucho más tolerantes que las protestantes, como, por ejemplo, Stuart B. Schwartz, *All can be saved. Religious Tolerance and Salvation in the Iberian Atlantic World,* Nueva York: Yale University Press, 2008. Es un libro premiadísimo en Estados Unidos.

las verdaderas intenciones del príncipe. A lo que la princesa contesta que ya sabe que la Inquisición usa a sus feligresas para esos fines, pero que ella lo hará a su manera. Hasta ahí se ha ido creando cuidadosamente todo un ambiente de corrupción moral en la corte y en el país entero.

El marqués de Poza es el héroe de este drama. Ha viajado por Europa, ha comprendido de parte de quién están la verdad y la libertad. Lucha contra las fanáticas tinieblas que dominan su país y acaba muriendo en el intento. Así es como se presenta el estupendo marqués de Poza ante el príncipe:

POZA: ... un pueblo oprimido, pero heroico me envía, pues ahora no estoy aquí como Rodrigo, como el camarada de Carlos cuando niño; es un diputado de la humanidad entera quien os estrecha ahora en su seno; las provincias flamencas son las que lloran a vuestros pies, y solemnemente os piden que las salvéis. Cierta es la perdición de ese pueblo querido, si Alba, representante del fanatismo, marcha a Bruselas para gobernar con leyes españolas...

El retrato de Felipe II como padre es también de mucho interés:

DON CARLOS: Oh, no, no, no. No lo aborrezco, pero el terror, la ansiedad de un criminal se apoderan de mí al oír ese nombre. ¿Es culpa mía si una educación servil ahogó en mi joven corazón el germen del amor? Contaba ya seis años cuando vi por primera vez a ese hombre tan temido que llaman mi padre. Aquel día había firmado de una sola plumada cuatro sentencias de muerte. Desde entonces nunca lo he visto, sino cuando por mis faltas me anunciaban algún castigo...

A continuación, es el ambiente de Madrid y la corte el que se manifiesta con un frívolo comentario de la duquesa de Mondéjar:

MONDÉJAR: Y qué animado estará Madrid dentro de poco. Ya están arreglando la Plaza Mayor para las corridas de toros y también nos han prometido un auto de fe.
REINA: ¿Nos han prometido? ¿Es la dulce Mondéjar quien así me habla?
MONDÉJAR: ¿Y por qué no? Si no queman más que herejes.
...
REINA: Ah, olvido dónde estoy.

Schiller escribió el *Don Carlos* casi al mismo tiempo que *El visionario*, en una época en que halló inspiración preferente y rentable en las tinieblas católicas. Sus problemas económicos acabaron cuando, tras oír un esbozo del *Don Carlos*, el duque Carlos Augusto le concedió el título de consejero de Weimar. El servicio a los prejuicios antiespañoles que reconforta a los poderes locales y justifica su papel en la historia era y sigue siendo rentable. Hemos visto ya bastantes casos y veremos más. No se engañe el lector pensando que *Don Carlos* es un panfleto. También lo es, pero envuelto en un drama teatral magnífico. Por eso su mentira es mucho más creíble y perdurable, y ha contribuido a la creación de un personaje universal de larga vida literaria: el fanático monje español, generalmente encarnado en la persona de un inquisidor de la orden de Santo Domingo. Schiller amuebla el personaje psíquica y físicamente con tanto acierto que lo hará inmortal. De su obra pasará a la de otros muchos. Nosotros nos ocuparemos aquí solamente de algunas de sus manifestaciones, las que van de Schiller a Dostoievski, Umberto Eco y Pérez Reverte. Nos interesan por su absoluta actualidad y su dispersión.

La creación del fanático inquisidor español es una obra maestra del tempo dramático en Schiller. Va transcurriendo la pieza y nunca se le ve, pero se le intuye poderosamente. Alguien maneja toda la trama desde la sombra, ¿cómo será? ¿quién será? Más que saber, intuimos que fray Domingo, el dominico, el espía infame y rastrero, que entra y sale constantemente de la escena, obedece a alguien, pero ese alguien no se manifiesta hasta el final:

> El cardenal inquisidor, anciano de noventa años y ciego, entra apoyado sobre un báculo y guiado por dos frailes. Al pasar se arrodillan los Grandes y tocan el borde de su vestido. Él echa la bendición y todos se alejan.

Todo el drama ha ido preparando este momento y la conversación estremecedora, demoniaca, demente, que mantienen el viejo inquisidor y el rey. En el diálogo que sigue se pone de manifiesto que no ha habido un solo movimiento, una palabra, ni siquiera un pensamiento de los personajes que no sea conocido por el terrible anciano. Hasta los viajes de Poza, sus entrevistas fuera de España, sus cartas... todo, absolutamente todo, ha estado sometido al escrutinio del monje aterrador, cuyo poder en la sombra deja fuera de combate al mismo rey.

> REY: ... Yo, cardenal, he cometido un asesinato y no descanso.
> INQUIS.: ¿Por qué motivo lo habéis cometido?
> REY: Un engaño sin igual...
> INQUIS.: Lo sé todo.
> REY: ¿Lo sabéis? ¿Por qué, desde cuándo?
> INQUIS.: Sé hace muchos años lo que solo sabéis vos desde la puesta de sol de este día.
> REY: (*Admirado*) ¿Teníais vos ya noticia de este hombre?
> INQUIS.: Su vida está anotada, desde su principio hasta su fin repentino en los santos registros de nuestro tribunal.
> REY: Sin embargo, él tenía plena libertad.

INQUIS.: La cadena que le sujetaba, aunque larga y ligera para dejarle revolotear libremente, era indestructible.

REY: Ha estado fuera de mis reinos.

INQUIS.: En ninguna parte le hemos perdido de vista.

REY: Si se sabía en manos de quién me hallaba, ¿cómo no se me ha avisado?

INQUIS.: ... Eso mismo podría deciros yo... Si meras palabras [se refiere a las de Poza] bastan a fundir el edificio de vuestra convicción, ¿cómo tenéis conciencia, pregunto yo, para firmar las sentencias de muerte de millares de criaturas que solo por esto han ido a la hoguera?[419].

Lo que sigue es un diálogo espantoso en que Felipe II le entrega a su propio hijo como víctima propiciatoria para acallar el poder diabólico del fanatismo y las tinieblas.

De entre todas las apariciones literarias del fanático monje español, hay una que descuella a gran altura: la de *Los hermanos Karamazov* de Fiódor Dostoievski. Freud consideraba que el capítulo conocido como «El gran inquisidor» era una de las cumbres de la literatura universal y verdaderamente lo es. Este pequeño relato aparece en el texto como obra de Iván, uno de los hermanos, y es casi una narración independiente, al modo de las novelas interpoladas del *Quijote*. Por esa razón ha conocido ediciones separadas[420] y ha generado su propio caudal de literatura crítica. Este es el resumen de su asunto: Jesucristo decide, compadecido por los sufrimientos de la humanidad, manifestarse brevemente. No es su gran aparición triunfal en el momento final de la historia, sino una pequeña visita, para consolar, para llevar esperanza. Y decide hacerse presente en Sevilla, tras un auto de fe: «Aparece entre las cenizas de las hogueras, donde la víspera, el cardenal gran inquisidor, en presencia del rey, los magnates, los caballeros, los altos dignatarios de la Iglesia, las más encantadoras damas de la corte, el pueblo en masa, quemó a cien herejes». La gente reconoce enseguida al Hijo de Dios, y se agolpa a su paso con emoción y esperanza:

> En el mismo momento en que se detiene el cortejo, aparece en la plaza el cardenal gran inquisidor. Es un viejo de noventa años, erguido, de una ascética delgadez. En sus ojos fulgura una llama que los años no han apagado.

419 La primera traducción del *Don Carlos* de Schiller se hizo con motivo del centenario del nacimiento de su autor y vio la luz en Málaga. El rechazo a su contenido hizo que, no solo no se estrenara, sino que no se tradujera. Esta primera versión está disponible en internet: *www.ttle.satd.umu.es/files_obras/Don Carlos, infante de Espana.pdf.* Consultado el 2 de julio de 2015.

420 Si el lector no ha leído estas aproximadamente diez páginas, apresúrese a hacerlo. Teclee en Google «El gran inquisidor» y hallará varias versiones en español.

Viene a continuación un monólogo en el que Cristo escucha y habla el inquisidor. Es una de las más profundas y estremecedoras reflexiones sobre las tinieblas que anidan en lo hondo del alma humana. Decir que es magistral es poco. Su valor literario y su hondo sentido filosófico escapan a nuestro propósito. Lo que nos interesa aquí es el soporte que el ruso elige para mostrar el fondo terrible de la humanidad. Ese soporte viene de Schiller claramente en este caso concreto, pero había llegado a Rusia antes, en los tiempos de la Ilustración. En el Imperio ruso, la Inquisición literaria fue asumida como verdad histórica por las élites y el pueblo. Por eso la palabra se usa como término de la lengua común. En esta parte del mundo, la Inquisición además asume significados nuevos y amplía su valor simbólico. El ejemplo de Dostoievski es clarificador. El genial novelista no rechaza toda forma organizada de culto y administración de la moral. El clero ortodoxo le parece ejemplar y digno de admiración. La Inquisición, en su cosmovisión, representa la perversión de la fe que ha sucedido en Occidente en general, no en el mundo hispanocatólico en particular, por obra y gracia del triunfo del materialismo. De manera que en este contexto la Inquisición carga con las culpas de Roma y las del protestantismo, y, en definitiva, con la condena moral del triunfo de los ideales de la burguesía y de la economía como única brújula de la vida humana. Ya hemos hablado de la capacidad proteica del demonio español para transformar su representación en función de las distintas circunstancias históricas. El demonio ya existe y es fácil cambiarle de ropaje según se van necesitando chivos expiatorios. La evolución sufrida en el mundo ruso por la Inquisición es un proceso fascinante. Parte de la Ilustración, pero luego adquiere vida propia y escribirá su particular historia como encarnación del mal en un contexto completamente diferente. No hay apenas investigaciones sobre el mito de la Inquisición en la literatura rusa, pero el asunto la merece.

La publicación en 1980 de *El nombre de la rosa* de Umberto Eco constituyó un éxito internacional sin precedentes que convirtió a su autor en una celebridad en los cinco continentes. La novela se sostiene sobre una trama de misterio en la que se oponen la luz a las tinieblas a través de una pareja arquetípica: un civilizado y tolerante franciscano inglés llamado Guillermo de Baskerville contra un asesino implacable, fanático y aterrador que es, naturalmente, un dominico español, Jorge de Burgos. Su aparición en el relato es la esperada:

> El que acababa de hablar era un monje encorvado por el peso de los años, blanco como la nieve; no me refiero al pelo, sino también al rostro, y a las pupilas. Comprendí que era ciego. Aunque el cuerpo se encogía ya por el peso de la edad, la voz seguía siendo majestuosa, y los brazos y manos poderosos. Clavaba sus ojos en nosotros como si nos estuviera

viendo, y siempre, también en los días que siguieron, lo vi moverse y hablar como si aún poseyese el don de la vista. Pero el tono de la voz, en cambio, era el de alguien que estuviese dotado del don de la profecía[421].

Naturalmente Eco no ignora, no puede ignorar, que «es precisamente el carácter de emblema el que, incluso sin que sus lectores lo adviertan, ha convertido esta obra en ese inusitado fenómeno de venta millonaria de un libro»[422]. Eco reescribe sobre un palimpsesto ya muy manido pero eficaz, el de la España negra. Su capacidad para renovarse incesantemente procede de la confusión de historia y literatura que caracteriza la hispanofobia. El teatro de operaciones (la supuesta verdad histórica) es una creación literario-propagandística que ha suplantado a la historia verdadera, y que se utiliza como sustituto de esta, en unos casos consciente y en otros inconscientemente.

No se descubre nada al afirmar que Arturo Pérez Reverte es uno de los autores españoles de más éxito dentro y fuera de España. He visto los escaparates de las librerías del Reino Unido literalmente empapelados con sus novelas de arriba abajo. Su éxito en el mundo anglosajón es espectacular. Ha sido traducido a muchísimos idiomas y ha vendido millones de libros. El autor exterioriza un patriotismo de rompe y rasga que se aviene muy mal con su obediente repetición de los más manidos tópicos de la leyenda negra. Para alguien que proclama con orgullo que «tiene sus lecturas», no resulta fácil justificar el haberse unido tan oportunamente a la procesión, ya vieja y demasiado concurrida, de los cultivadores de la historia-literatura de España como guarida del demonio. O bien fallan las lecturas o bien interesa participar en el auto de fe perpetuo y siempre exitoso que es la leyenda negra. No es descabellado suponer que una parte del éxito de Reverte, dentro y fuera, se debe a que recrea con vigor y convicción los tópicos hispanófobos del protestantismo, de la Ilustración y, luego, del liberalismo. Ese país podrido, corrupto y fanático que Reverte describe en sus novelas es una vieja melodía cuya reiteración suena bien a muchos oídos por razones distintas; razones viejas pero no muertas. El inquisidor de Reverte se parece al de Schiller, al de Dostoievski, y al pavoroso Jorge de Burgos de Umberto Eco, como una gota de agua a otra:

La respuesta llegó al cabo de un momento, cuando un tapiz disimulado en la penumbra del cuarto, entre los estantes de libros, se movió para

[421] Umberto Eco, *El nombre de la rosa*, Madrid: Lumen, 1984, págs. 100-101.

[422] Miguel Ángel Garrido Gallardo, «Significado y función de un personaje: el monje Jorge de Burgos en la novela *El nombre de la rosa*», en Blanca Alcina Lope (ed.), *Silos. Un milenio. Actas del Congreso Internacional sobre la Abadía de Santo Domingo de Silos*, t. III, Universidad de Burgos-Abadía de Silos, 2003, págs. 482-497 (pág. 483).

descubrir una puerta escondida en la pared, y en ella vino a destacarse una silueta oscura y siniestra, que alguien menos templado que Diego Alatriste habría tomado por una aparición. El recién llegado dio unos pasos, y la luz del farol sobre la mesa le iluminó el rostro marcando oquedades en sus mejillas afeitadas y hundidas, sobre las que un par de ojos coronados por espesas cejas brillaban, febriles. Vestía el hábito religioso negro y blando de los dominicos, y no iba enmascarado sino a rostro descubierto: un rostro flaco, ascético, al que los ojos relucientes daban expresión de fanática firmeza. Debía andar por los cincuenta y tantos años. El cabello lo llevaba corto, en forma de casquete alrededor de las sienes, con una gran tonsura en la parte superior. Las manos, que sacó de las mangas del hábito al entrar en la habitación, eran secas y descarnadas, igual que las de un cadáver. Tenían aspecto de ser heladas como la muerte. [...]

—Vuestra merced quiere decir... —empezó Alatriste, que prefería las cosas claras.

El dominico, que había escuchado en silencio y parecía impacientarse, lo atajó alzando una de sus huesudas manos.

—Quiere decir que los dos herejes deben morir.

—¿Los dos?

—Los dos. [...]

En ese momento, el fraile se encaró con Alatriste. Su rostro de asceta fanático se había endurecido y los ojos hundidos en las cuencas asaeteaban a su interlocutor, arrogantes.

—Soy —dijo con voz desagradable— el padre Emilio Bocanegra, presidente del Santo Tribunal de la Inquisición.

Al decir aquello pareció que un viento helado cruzaba de parte a parte la habitación[423].

Los personajes de Reverte se mueven por un Madrid corrupto y decadente, podrido hasta los cimientos: «Soltero, mujeriego, cortesano, culto, algo poeta, galante y seductor, Guadalmedina había comprado al rey el cargo de correo mayor tras la escandalosa y reciente muerte del anterior beneficiario, el conde de Villamediana: un punto de cuidado, asesinado por asunto de faldas, o de celos. En aquella España corrupta donde todo estaba en venta, desde la dignidad eclesiástica a los empleos más lucrativos del Estado, el título y los beneficios de correo mayor acrecentaban la fortuna e influencia de Guadalmedina en la Corte»[424]. La compra y venta de los servicios del Estado era y es una práctica común. Ahora se llama privatización, o más eufemísticamente, externalización.

[423] Arturo Pérez Reverte, *El capitán Alatriste*, Madrid: Alfaguara, 2001, págs. 56-59. La primera edición es de 1996.

[424] Pérez Reverte, *El capitán Alatriste*, pág. 110.

En ese tiempo, como ahora, estaba generalizada en toda Europa, y en España lo que destaca son los amplios sectores de servicio público que funcionaban como tales, es decir, que se cubren por oposición. Sobresale por encima de todo la justicia, muy profesionalizada, independiente y jerarquizada desde el reinado de los Reyes Católicos. Los cargos judiciales se vendían al mejor postor en toda Europa, pero no en España[425]. Insistimos: esta era una práctica corriente y que no se consideraba ni corrupta ni perjudicial. Cuando se produjo la gran crisis hacendística que condujo a la Revolución francesa en tiempos de Luis XVI, ya no quedaba apenas puesto ni cargo alguno que enajenar en la Administración del país vecino. En tiempos de Luis XII se habían vendido todos los oficios de la Hacienda Real y Francisco I continuó poniendo a la venta todos los cargos de la justicia. A partir de 1522, con la creación de la oficina de partidas eventuales, todo puesto en la Administración real podía comprarse o venderse. Con el tiempo no quedaron a salvo más que los mandos del ejército. Durante todo el siglo XVII y XVIII se alzaron en Francia muchas voces para advertir de los abusos que esta situación producía y de los peligros de degeneración del Estado que estaba provocando. Al barón de Montesquieu, sin embargo, esta práctica le parece muy bien, y produce estupefacción que quien razonó con tanto tino sobre el estado democrático, no comprendiera la necesidad de salvaguardar la Administración pública de los intereses particulares de unos y otros, especialmente de los más pudientes. A esta ceguera contribuyó sin duda que su tío compró y le dejó en herencia un cargo de presidente de una provincia, cargo al que Montesquieu debía un más que buen pasar[426]. Esta venalidad fue una de las razones que provocó la quiebra del Estado francés y la Revolución francesa. Nunca se llegó en España a una situación semejante. Volveremos sobre esto en la Parte III.

El episodio histórico que da pie al desarrollo de la trama de Reverte es la visita de incógnito a Madrid del príncipe de Gales y del duque de Buckingham a fin de acabar de una vez con aquella negociación interminable sobre el matrimonio del príncipe inglés con una infanta de

[425] Sobre la compraventa de cargos: José Luis de las Heras Santos, *La justicia penal de los Austrias en la Corona de Castilla*, Universidad de Salamanca, 1991, págs. 55 y ss; A. Domínguez Ortiz, «La venta de cargos y oficios en Castilla y sus consecuencias económicas y sociales», en A. Domínguez Ortiz, *Instituciones y sociedad en la España de los Austrias*, Barcelona: Ariel, 1985, págs. 137-184, y finalmente Francisco Tomás y Valiente, «Venta de oficios públicos en Castilla durante los siglos XVII y XVIII», en Francisco Tomás y Valiente, *Gobierno e instituciones en la España del Antiguo Régimen*, Madrid: Alianza Editorial, 1980, págs. 151-177.

[426] Joaquín Escriche, *Diccionario razonado de legislación y jurisprudencia*, 1893. Disponible en *www.bibllio.juridicas.unam.mx/libros/libro.htm?1=364*. Consultado el 17 de mayo de 2015. Búsquese la entrada «venalidad».

España[427]. Esto sucedió en 1623, y en este momento había naturalmente un presidente del Santo Oficio. Hay que buscarlo debajo de las piedras para encontrarlo, pero no es imposible dar con él. Su presencia hubiera destrozado por completo cualquier complot fanático o tenebroso. Don Andrés Pacheco de Cárdenas era extremeño y franciscano, no dominico. Doctor en Teología por la Universidad de Salamanca, dedicó su vida al estudio y la caridad. Su gran cultura y conocimiento de lenguas hicieron que Felipe II lo nombrara preceptor de su sobrino Alberto de Austria, quien más tarde sería soberano de los Países Bajos desde 1598. Después fue obispo de Cuenca, donde se destacó por su empeño en mejorar las condiciones de vida de los más humildes: «Singular prelado por su rara virtud y santidad y por la eminencia de letras... En tiempo que governava aquella sede no supieron los pobres que avia falta de frutos en la tierra»[428]. Murió con fama de santo y no consta que firmara una sola sentencia de muerte.

Por supuesto se puede decir que todo esto es creación literaria y que el arte es libre. ¿Libre? La Inquisición como tema literario universal se distingue radicalmente de otros en que se supone que lo que de ella se refiere es verdad. Cuando en el siglo XIX aparecen los vampiros en la literatura, a nadie, ni entonces ni ahora, se le ocurrió pensar que tal cosa pudiera ser cierta, de manera que los transilvanos no han sido puestos en cuarentena en las fronteras para ver si padecen el fatal contagio. En cambio, estos personajes inquisitoriales que forman parte de la historia de la literatura viven en la mente de los occidentales como si lo fuesen de la historia verdadera, alimentando *sine fine* el mundo de los mitos denigrantes que la propaganda creó en torno a esta institución, y por extensión, perpetuando la hispanofobia.

[427] Buckingham es un miembro destacado de lo que hemos llamado nobleza emergente del anglicanismo. Fue el primer *common* a quien se nombró duque. En la época de Buckingham el proceso que había ido arrinconando o simplemente hecho desaparecer por procedimientos diversos a la nobleza que permaneció fiel al catolicismo está ya casi completado, pero aún no del todo. Los Crommwell, los Burtley y los Buckingham... son los nombres de algunas de estas familias cuya ascensión social dependió del triunfo del bando nacionalista anglicano. Como se ve, no son precisamente personajes secundarios.

[428] Alonso López de Haro, *Segunda Parte del Nobiliario Genealógico de los reyes y títulos de España* (1632), pág. 180. Está en la red.

7
América

«La razón de que no hayamos hecho justicia a los exploradores españoles es sencillamente que hemos sido mal informados. Su historia no tiene paralelo... Amamos la valentía, y la exploración de las Américas por los españoles fue la más grande, la más larga, la más maravillosa serie de valientes proezas que registra la historia».

Charles F. Lummis[429],
Los Ángeles, 1916

La Inquisición y las iniquidades americanas son los dos pilares más longevos en la larga historia de la hispanofobia. No importa lo que la Inquisición y la conquista de América fueran en sí, sino cómo han llegado a significar lo que una y otra representan en la cultura occidental. Pregunta que no hallará respuesta en la historia si no nos referimos al papel que ambos tópicos han jugado en el argumentario de autojustificaciones que distintas religiones, ideologías y naciones han construido para explicar su éxito o su fracaso. Inquisición y leyenda negra americana han servido de repertorio ideológico, con versiones distintas y actualizadas *ad hoc*, al protestantismo, a la Ilustración dieciochesca, al liberalismo decimonónico, al expansionismo estadounidense, al criollismo independentista, a la izquierda revolucionaria o de salón y, últimamente, al multiculturalismo indigenista. Esta capacidad proteica del malo para mudar la piel y servir de antagonista en toda circunstancia es un fenómeno fascinante. Daría para un estudio de gran interés una investigación que se centrara en uno solo de los motivos de la hispanofobia a través del tiempo. Permitiría ir viendo la evolución por épocas y modas, como un prisma que proyecta en etapas sucesivas lo negativo para realzar el yo positivo de cada religión, ideología o moda cultural triunfante en Occidente. Esto pondría de manifiesto que en el gran teatro del mundo, una vez creado el personaje-demonio, este puede asumir cualquier rol, con pequeños toques de atrezo para irse adaptando a los gustos del público y a las mudanzas del tiempo. Es exactamente lo mismo que sucedió con el antisemitismo durante siglos, y todavía sucede, si bien el antisemitismo ha perdido su lustre intelectual.

A estas alturas no se puede ya dudar de que la historia del Imperio español es una cosa y otra la historia propagandística e ideológica que de él se ha hecho. En el caso de América, las deformaciones llegaron a

[429] Charles F. Lummis, *Los descubridores españoles del siglo XVI*, Madrid: Grech, 1987, pág. 42.

tal punto que ha resultado imposible intentar hacer historia sin adoptar una actitud defensiva beligerante. Incluso aquellos historiadores que comienzan declarando su despego y objetividad, terminan usando un tono irritado ante tan enormes injusticias valorativas, y no me refiero a los españoles, sino preferentemente a algunos estadounidenses como Lummis, Hanke, Powell o Maltby. Y no parece, ni siquiera hoy, que pueda alcanzarse mayor sosiego.

El estilo español de imperio: ciudad, camino y hospital

El estatuto jurídico del Nuevo Mundo es el de la unión real con la Corona de Castilla. Los nuevos territorios no pertenecen a Castilla sino que están unidos a ella a través de la persona del rey y de los órganos gubernamentales que comparten. Por ejemplo, el Consejo de Estado, órgano creado por Carlos I (por el italiano Gattinara, para ser más exactos) en 1520 y diseñado para dirigir la política general y exterior. También comparten el Consejo de Hacienda y el Consejo de Guerra. Quiere decirse que, jurídicamente hablando, el Nuevo Mundo nunca fue colonia de España y que sus habitantes indígenas fueron tan súbditos de la Corona como lo eran los españoles peninsulares. De hecho, hasta el siglo XVIII no aparece en nuestros textos, por influencia francesa, la palabra «colonia». Simplemente porque América nunca fue una colonia y el término jamás se empleó en las leyes ni en la Administración imperial. Es un vocablo extranjero y un concepto extranjero que se crearon para aplicarse a una realidad completamente distinta de la América española. Ni en la época de los Reyes Católicos ni en el tiempo de los Habsburgo se habló de las Indias como colonias: «El concepto básico del Imperio español no fue lo que nosotros llamamos hoy día *colonial*. Más bien puede calificársele como el de varios reinos de ultramar oficialmente equiparados en su categoría y dependencia de la Corona con los similares de la Madre Patria [...]. En general, la Corona no intentó imponer en América algo extraño o inferior a lo que regía en la Península»[430].

Los términos y expresiones que se usaban eran «los reinos de ultramar», «reinos de Indias», «aquellos y estos reinos», «los reinos de acá y los

[430] Powell, *El árbol del odio*, pág. 34. Madariaga, *El auge y el ocaso del Imperio español*, Madrid: Espasa-Calpe, 1977, págs. 30-31. Con título muy semejante publicó hace poco William S. Maltby, *Auge y caída del Imperio Español*, Madrid: Marcial Pons, 2011. Aquí expone, pero no desarrolla, la idea de que sería más conveniente usar el término «imperio» que el de «monarquía». No distingue, sin embargo, colonialismo de imperio ni acierta a profundizar en la complejidad social del proceso de creación del Imperio español de América. En lo que afecta a las guerras de religión, Maltby no sale del tópico de tolerancia frente a intolerancia.

de allá», etcétera. Hemos ido fijándonos con especial interés a lo largo de este trabajo en el lenguaje, en el uso de determinadas palabras y expresiones, y en los cambios por ellas sufridos, porque el lenguaje proyecta y transmite lo que bulle invisible en el subconsciente social. Las expresiones usadas para referirse al Nuevo Mundo demuestran que a las Indias se les daba idéntico rango que al reino de Castilla. Hasta tal punto esto es así que los reyes crearon un órgano de la misma importancia que el Gran Consejo de Castilla para América: el Real y Supremo Consejo de Indias. El uso de la palabra «colonia» que los franceses empleaban para referirse a los territorios de ultramar implica estatutos jurídicos diferenciados con respecto a la Francia europea y la conciencia política de que Francia y sus regiones ultramarinas eran dos realidades completamente distintas. Este expansionismo se basa en la diferencia entre colonia y metrópoli, y es totalmente diferente del español, que es imperial, no colonial. El imperio se distingue del colonialismo y otras formas de expansión territorial porque avanza replicándose a sí mismo e integrando territorios y poblaciones. El colonialismo en cambio no. El mantenimiento de la diferencia entre colonia y metrópoli es su esencia. Eso se manifiesta en multitud de aspectos. Por ejemplo: la libre circulación de personas. La historia de España y las Indias tiene que ser absolutamente violentada desde sus cimientos para encajar en ese molde, que es un modelo del expansionismo decimonónico cuyo diseño había empezado en el siglo XVIII. Aplicado con retroactividad, no produce más que distorsión. Es incomprensible que los profesionales de la historia usen la palabra «colonia» en contextos que en modo alguno pueden admitirla.

El estilo imperial español siempre fue bastante diferente al del resto de los países europeos, incluso durante su breve etapa colonial al estilo de los siglos XIX y XX. Entre abril y mayo de 1934, Manuel Chaves Nogales publicó una serie de artículos que, una vez reunidos, fueron editados en 2012 con el título *Ifni, la última aventura colonial española*. Como el intrépido reportero que fue, Chaves Nogales acompañó a la avanzadilla del ejército español en aquella aventura, y describe con gran humor la escena del coronel Capaz explicando a los saharauis que a partir de aquel instante eran españoles de pleno derecho, tan españoles como si hubieran nacido en Vizcaya. La operación fue absolutamente pacífica y Chaves acaba preguntándose: «¿Es esto imperialismo?». El periodista, con un humor extraño, que va del realismo mágico al análisis implacable, consigue transmitir al lector sus propias perplejidades ante el desafío de una realidad que no se deja aprehender a partir de los viejos y queridos prejuicios del liberal español que Chaves confiesa ser[431].

[431] Manuel Chaves Nogales, *Ifni, la última aventura colonial española*, Córdoba: Almuzara, 2012. Recomiendo sin reservas los artículos que Chaves Nogales escribió sobre el Sáhara. El periodista sevillano es uno de los hombres de juicio más despejado de su tiempo.

Está en armonía con el espíritu imperial que la primera definición conocida de nación española no se haya hecho en España sino en Roma. Aparece en la Carta de organización de la Cofradía de la Santísima Resurrección que, junto a la iglesia de Santiago de los Españoles, fueron los dos puntos de reunión, patronazgo y difusión cultural más importantes en los tiempos de la Roma española. El texto es de 1580: «Siendo esta cofradía propria de la Nación española es necesario que el que huviere de ser admitido a ella sea español y no de otra nación; la qual qualidad de ser español se entienda tener para el dicho effetto tanto el que fuere de la Corona de Castilla como de la de Aragon y del Reyno de Portugal y de las Islas de Mallorca Menorca Cerdena e islas y tierra firme de entrambas indias sin ninguna distinction de edad ni de sexo ni de estado» (Archivo de la Obra Pía, Roma, leg. 71, fol. 771)[432].

Las ciudades y los caminos

El mejor antídoto contra el tópico del Imperio Inconsciente en América quizá sea su poblamiento y urbanización, que distó mucho de ser un proceso azaroso o casual. En 1502 nace la «Organización urbana ovandina» que trae su nombre de fray Nicolás de Ovando, gobernador de La Española[433]. El modelo ovandino se basa en el poblamiento de nuevos territorios, promoción del desarrollo urbano, estimulación del mestizaje, elección local de alcaldes y corregidores y mejoramiento de la vida por méritos. Cortés siguió el modelo ovandino en Tenochtitlán. Empezó organizando el repartimiento de tierras entre indígenas y españoles, según el viejo modelo de los repartimientos de la Reconquista. Después Alonso de Ojeda trazó a cordel el plano de la nueva ciudad, conservando el Templo Mayor, según el trazado clásico del *castrum* romano denominado cuadrícula, que se basa en calles en línea recta y manzanas cuadradas o rectangulares y una plaza mayor o de armas (el viejo foro) destinada a ser el centro de la vida urbana. A un lado de esta plaza debía estar la iglesia mayor o catedral en su caso y, al otro lado, el cabildo, de la misma manera que en la ciudad romana se levantaban el templo de Júpiter asociado a alguna divinidad local y, frente a él, las dependencias del gobierno municipal, la basílica. Siguiendo este plan de urbanización se hicieron Santo Domingo, La Habana, Veracruz, Campeche, Panamá, Cartagena de Indias, Santa Marta, San Juan y otras muchas ciudades.

[432] Dandelet, *La Roma española*, pág. 147.

[433] Esteban Mira Caballos, *Fray Nicolás de Ovando y los orígenes del sistema colonial español*, Santo Domingo: Patronato de la Ciudad Colonial, 2000. Obsérvese el uso generalizado e inadecuado de la palabra «colonia» para referirse a los reinos de ultramar. No insistiré.

El modelo ovandino fue sustituido como plan de poblamiento y urbanización por el modelo Mendoza a partir de 1535, el cual debe su nombre a Antonio de Mendoza, virrey de México. Las innovaciones de Mendoza fueron encaminadas a crear ciudades ventiladas y soleadas con calles anchas que permitieran circular carros y carruajes, y edificaciones de altura no excesiva, de forma que las casas a un lado y otro de la calle recibieran sol y no se vieran oscurecidas por el edificio de enfrente. Mendoza sigue las ideas de Alberti, que recomienda buena iluminación, ventilación y espacios abiertos. Con idea de mejorar el trazado original, Mendoza emprende una auténtica reforma urbanística en México basada en el concepto renacentista de ciudad ideal. Muchas ciudades mexicanas como Puebla de los Ángeles, Valladolid, Oaxaca de Juárez y otras fueron levantadas o mejoradas según el plan Mendoza[434]. El famoso Códice Mendocino con dibujos del pintor Gualpuyogualcatl proporciona, junto a informaciones diversas de la vida en Nueva España, detalles relacionados con el desarrollo urbanístico y arquitectónico[435].

En 1573 se decretó el «Plan de Ordenamiento Urbano de las Indias», que el Consejo de Indias aprobó e impulsó. Se insiste aquí en la importancia de seleccionar el lugar adecuado para las nuevas fundaciones y queda prohibido ocupar asentamientos de indios para fundar ciudades. Hay que levantar un plan previo de trazado en cada caso, con definición de calles, solares, cuadras y determinación específica de las vías públicas distinguiendo caminos, calles y carreras principales. De la plaza mayor deben salir cuatro calles principales destinadas al comercio y a convertirse en los ejes de expansión de la ciudad. En los lugares cálidos, las calles serán más estrechas y las casas más altas para permitir el sombreado, y en los lugares fríos, las calles serán anchas y las viviendas de menor altura para que entre el sol. Antes de fundar la ciudad es preceptivo un informe

[434] Jorge E. Hardoy y Carmen Aranovich, «Escalas y funciones urbanas en América Hispánica hacia 1600. Primeras conclusiones», en Jorge E. Hardoy y Richard P. Schaedel (dirs.), *El proceso de urbanización en América desde sus orígenes hasta nuestros días*, Buenos Aires: Instituto Torcuato Di Tella, 1969, págs. 171-172. Véase también el trabajo colectivo Fernando de Terán (dir.), *La ciudad hispanoamericana. El sueño de un orden.* Madrid: Centro de Estudios Históricos de Obras Públicas y Urbanismo, 1989.

[435] El códice se hizo en torno a 1550, en tiempos del primer virrey que tuvo la Nueva España, Antonio de Mendoza. Era nieto del marqués de Santillana, un vástago digno de tan extraordinaria familia. Una copia fue enviada a España, pero el barco en que viajaba fue atacado por piratas ingleses y el ejemplar acabó en Londres, donde fue comprado por Richard Hakluyt. Hoy está en la Biblioteca Bodleiana de la Universidad de Oxford. K. Ross, *El Códice Mendoza: un inestimable manuscrito azteca*, Barcelona: Ediciones del Serbal, 1985, y también Serguei Kuprienko y V. Talak, *Códice Mendoza*, Kiev: Kipriendo C. A., 2013 (en ruso). Sus bellas imágenes pueden verse en *https://polemologia.wordpress.com* (en pdf). Consultado el 27 de mayo de 2015.

de los vientos dominantes (oidor de vientos) para determinar la orientación que debe tener. Bautista Antonelli en 1590 creó por encargo de Felipe II un plan urbanístico completo para la Nueva Veracruz y el mismo modelo se siguió en Santiago de Cuba, San Luis de Potosí, Puebla, etcétera. El último plan urbanístico para las Indias fue obra de los arquitectos italianos y españoles de Carlos III. El cambio más importante de este rey no se refiere tanto a la ciudad en sí como al sistema de repartimiento de tierras de alrededor, que no era llevado a cabo por las autoridades americanas sino por comisionados reales nombrados por el visitador.

Para que la vida de las ciudades pudiera desarrollarse con plenitud era necesario dotarlas de vías de comunicación estables. Los caminos reales fueron desde muy temprano una prioridad de la política de la Corona[436]. En 1573 las «Ordenanzas de descubrimiento, nueva población y pacificación de las Indias» establecen en su artículo 37 que las nuevas poblaciones «tengan buena salida por mar y por tierra, buenos caminos y navegación para que se pueda entrar fácilmente y salir, comerciar, governar, socorrer y defender». La atención a los caminos vertebrales de América es temprana y como ejemplo puede citarse el camino de Veracruz. Ramón Serrera señala que «ya en 1540 unos cien trenes de mulas recorrían simultáneamente el camino entre la capital virreinal y el puerto veracruzano [...]. En el camino México-Veracruz llegaron a intervenir técnicos de nombradía, entre ellos nada menos que el consagrado ingeniero militar Juan Bautista Antonelli, autor de un interesantísimo examen pericial sobre esta importante arteria vial mexicana. El informe o parecer del italiano, fechado en México el 10 de marzo de 1590, aporta valiosas noticias sobre distintos tramos de la ruta»[437]. El camino real México-Veracruz se completó con otra arteria fundamental de México a Acapulco. Humboldt admiró su buena disposición y trazado y, consciente de su importancia, los llamó «camino de Europa» y «camino de Asia»[438].

La red de caminos reales, de entre 8 y 10 varas de anchura como media, era transitable para cuadrúpedos y carros normalmente, y engloba-

[436] Francisco Muñoz Espejo, «Estudio sobre el urbanismo colonial y las fortificaciones hispanoamericanas con relación de los principales itinerarios culturales de comunicación (caminería real y rutas comerciales)», Seminario Internacional Ciudades Históricas Iberoamericanas organizado en Toledo en 2001 por el comité español de ICOMOS (Consejo Internacional de Monumentos y Sitios): *www.esicomos.org/Nueva_carpeta/libroTOLEDO/13_francismuespejo.htm.* Consultado en 12 de agosto de 2014.

[437] Ramón María Serrera Contreras, *Tráfico terrenal y red vial en las Indias españolas*, Madrid: Lunwerg y Dirección General de Tráfico, 1992, pág. 27. Se hizo una reedición en 1993.

[438] María Luisa Pérez González, «Los caminos reales de América en la legislación y la historia», *Anuario de Estudios Americanos* 58 (2001), págs. 33-60 (pág. 14).

ba dos tipos de vías principales. Unas eran de muchísima longitud como el Camino Real de Tierra Adentro [1], que iba desde México hasta Santa Fe de Nuevo México; el Camino Real de Chiapas, desde México a Guatemala, o el Camino Real de Lima a Venezuela. Hay muchos más que aquí no mencionaremos. A propósito de este último camino destaca Ramón Serrera que «la red vial del nuevo reino de Granada formaba una compleja malla cuyo principal y más importante eje constituía una parte del antiguo y gran camino real que recorría el país de Sur a Norte conectando Lima con Venezuela después de atravesar los Andes ecuatorianos»[439]. Los ramales principales se conectaban con otros más cortos, como los que iban, por ejemplo, a San Luis de Potosí y Monterrey, que Humboldt tuvo ocasión de conocer y describir.

El Camino Real del Alto Perú unía primeramente Córdoba (Argentina) con Lima, y después Buenos Aires con Lima, pasando por Córdoba. Partía de donde hoy está la avenida Rivadavia en la capital argentina y tenía unos 3.000 kilómetros. Viajando de sur a norte, el viajero encontraba Cruz Alta, Cabeza de Tigre, Esquina de Lobatón, Saladillo de Ruiz Días, Barrancas, Zanjón, Fraile Muerto, Tres Cruces, Capilla de Dolores, Esquina de Herradura, Río Tercero, Tío Pujío, Ojo de Agua, Cañada del Gobernador..., que son los nombres de algunas de las postas que discurrían por la provincia de Córdoba con una regularidad media de 4-6 leguas, que podía ampliarse hasta 8 leguas en algunas partes del trazado, pero raramente más.

En octubre de 1996 se celebró en Santa Fe (Nuevo México, Estados Unidos) la *Second International Conference on El Camino Real de Tierra Adentro*. Es una ruta comercial de 2.560 kilómetros de longitud que se mantuvo abierta desde 1598 hasta 1882. Interesa de manera especial aquí porque este larguísimo camino discurría durante cientos de kilómetros por territorios poco o nada integrados en el imperio. Con el nombre de Tierra Adentro se calificaban aquellas regiones del norte que eran poco conocidas y estaban escasamente pobladas. En el año 2000 la sección de camino que está en tierras estadounidenses, unos 650 kilómetros, fue declarada National Historic Trail, y en 2001 fue inscrito en la Lista Indicativa Mexicana bajo los criterios culturales 1 y 2, que son respectivamente «Representar una obra maestra del genio creativo del hombre» y «Ser la manifestación de un intercambio de influencias considerable durante un determinado periodo o en un área cultural específica, en el desarrollo de la arquitectura o de la tecnología, las artes monumentales, la planificación urbana o el diseño de paisajes». El 1 de agosto de 2010 la UNESCO declaró el Camino Real de Tierra Adentro patrimonio de la humanidad. En un hermoso artículo, Yolanda Nava, responsable de New Mexico State Monuments, afirma que el Camino

[439] Serrera Contreras, *Tráfico terrenal...*, pág. 104.

Real de Tierra Adentro ha cambiado la historia de Estados Unidos dos veces: la primera haciendo posible su victoria sobre la joven república mexicana, la cual permitió la incorporación al gigante del Norte del 55 por ciento de lo que había sido territorio mexicano, y la segunda, durante la guerra de Secesión, pues los confederados fracasaron en su intento de apoderarse del Oeste a causa del Camino Real[440].

Bienestar público: hospitales

Una parte importante del esfuerzo público, privado y eclesiástico fue encaminado a garantizar eso que ahora llamamos bienestar social. En 1957, el catedrático de farmacología Francisco Guerra produjo general estupor en la Universidad de California cuando puso de manifiesto que «Lima, Perú, en los días coloniales tenía más hospitales que iglesias, y por término medio, había una cama por cada 101 habitantes, índice considerablemente superior al que tiene hoy en día una ciudad como Los Ángeles»[441].

Fueron los Reyes Católicos quienes separaron netamente el ejercicio de la profesión médica de la caridad religiosa y negaron validez a los grados médicos dados por la Iglesia (primer lugar de Europa donde esto sucede) con el fin de orientar la salud y la gestión de los hospitales hacia la competencia del Estado. Modificaron y modernizaron completamente el Tribunal Real Protomedicato y lo convirtieron en un tribunal universitario que debía examinar a físicos, cirujanos, boticarios y herbolarios para conseguir la licencia que les permitía ejercer: «España tiene el mérito de haber organizado, antes que ninguna otra nación europea estos tribunales [...]. En estos tribunales, los candidatos a médicos eran sometidos a exámenes [...]. La medicina es la primera profesión en España que es sometida a riguroso control jurídico»[442].

440 Yolanda Nava, «A Road Over Time», en *http://www.nmmonuments.org/assets/files/elpal_camino.pdf.* Consultado el 22 de enero de 2015.

441 Francisco Guerra, University of California, *Bulletin* 5, n.º 28 (25 de febrero de 1957), citado por Powell, *El árbol del odio,* pág. 35.

442 Francisco Guerra Pérez-Carral, *El hospital en Hispanoamérica y Filipinas,* Madrid: Ministerio de Sanidad y Consumo, 1996, pág. 31. La mayor parte de las noticias sobre el ejercicio de la medicina que aquí se consignan proceden de las investigaciones de Francisco Guerra. Republicano de pura cepa, Guerra vivió exiliado durante muchos años y regresó en el tardofranquismo. Fue profesor en la Universidad de Yale y en otras universidades norteamericanas, doctor *honoris causa* por universidades de varios continentes y presidente de la International Society for the History of Medicine. Publicó 77 libros y más de 300 trabajos en cuatro idiomas. A su regreso fue nombrado profesor emérito de la Universidad de Alcalá, y a ella legó al morir una colección única de más de 4.000 libros y muchísimos más folletos y textos menores sobre medicina en latín, griego, árabe, japonés y muchas otras

La gestión hospitalaria sufrió una modificación profundísima en las décadas que precedieron y siguieron a 1500, y los nuevos hospitales creados por los reyes como el de Santiago de Compostela, el de la Santa Cruz de Toledo y otros muchos responden a un modelo de organización y atención sanitaria muy mejorado con respecto al estándar europeo del momento[443]. El primer hospital en América lo abre Nicolás de Ovando siguiendo instrucciones de los Reyes Católicos: «Haga en las poblaciones donde vea que fuere necesario casa para hospitales en que se acojan y curen así de los cristianos como de los indios»[444]. Desde su creación cuenta con dos profesionales titulados. Es una construcción muy superior a cualquier otra levantada en este tiempo en América, ya sea iglesia, cabildo o casa del gobernador. Todavía hoy pueden contemplarse las nervaduras góticas de sus impresionantes bóvedas. Prestó servicio durante casi tres siglos. Después Ovando mandó construir el Hospital de Buena Ventura y el Hospital de la Concepción, y finalmente el Hospital de San Andrés, también en Santo Domingo. Esto sucedió en el espacio de quince años.

Desde el primer momento, el ejercicio de la profesión médica estuvo sometido a los mismos controles en América. En 1563 Felipe II exigió título universitario y dos años de prácticas para poder ejercer legalmente la medicina. Siguiendo esta misma política, en 1570 el rey extendió el Protomedicato a las Indias, de forma que los profesionales formados en América no tenían que venir a España a examinarse. Ya en 1551 el mismo rey había dispuesto y dotado una cátedra de Medicina en la Universidad de México. En 1603, en tiempos de Felipe III, se exigía a los cirujanos cinco años de prácticas, tres de ellos en hospitales. En 1635 se abrió la cátedra de Lima y en 1636, la de Bogotá. La primera cátedra de Medicina en los territorios ingleses de Norteamérica data de 1765.

lenguas desde el siglo XV al siglo XIX. Falleció en 2011 a la edad de noventa y cinco años. Aunque no era este su propósito inicial, los trabajos de Guerra han puesto de manifiesto cuánto debe la medicina moderna en Occidente al trabajo de los médicos españoles, desde el control de epidemias a la gestión de hospitales. No es casualidad que España tenga uno de los mejores sistemas de Seguridad Social del mundo, sino el resultado de una preocupación por la salud pública que ha atravesado sin desfallecer por cambios históricos muy profundos y que se ha mantenido firme incluso en los momentos de mayor crisis económica. Forma parte de ese entramado vital de prioridades que los españoles de toda clase e ideología comparten sin saberlo siquiera.

[443] Francisco Guerra, *Historia de la Medicina*, Madrid: Capitel, 2007 (3.ª ed.). Francisco Guerra es autor también de una obra no traducida al español que fue un *best seller* en su momento y se agotó en la primera semana: *Pre-Columbian Mind: A Study into Aberrant Nature of Sexual Drives, Drugs Affecting Behaviour and the Attitude Towards Life and Death, with a Survey of Psychotherapy in Pre-Colombian America*, Waltham (MA): Academic Press Inc, 1971.

[444] Juan Jacobo Muñoz, *El primer hospital de América y otros relatos médicos*, Bogotá: Instituto Caro y Cuervo, 1995, pág. 218.

Ya en Real Cédula de 1511 se instruye a las autoridades locales para que se levanten hospitales en las nuevas ciudades fundadas y se señala claramente que deben prestar servicio a toda la población tanto española como indígena. En 1574, Felipe II establece disposiciones para garantizar que los edificios destinados a hospital reúnan las necesarias condiciones y se libera de tributo a los indios que en ellas presten servicios. En 1587, el mismo rey ordena (Libro I, Título IV, Ley III de las Leyes de Indias): «Mandamos a los virreyes del Perú y la Nueva España que cuiden de visitar algunas veces los hospitales de Lima y México, y procuren que los Oidores por su turno hagan lo mismo, cuando ellos no pudieren por sus personas, y vean las curas, servicio y hospitalidad que se hace a los enfermos, estado del edificio, dotación, limosnas y formas de distribución [...]. Y asimismo mandamos a los presidentes y gobernadores que, en las ciudades donde residieran, tengan este orden y cuidado»[445].

Entre 1500 y 1550 se levantan en las Indias unos veinticinco hospitales grandes, al estilo de San Nicolás de Bari, y un número mucho mayor de hospitales pequeños con menos camas. La mayor parte de las instituciones arriba mentadas y otras más son magníficas edificaciones que siguen en pie y constituyen hoy patrimonio protegido[446]. Hay toda una literatura arquitectónica sobre hospitales con sus correspondientes polémicas: planta de cruz griega con cuatro patios, planta en L, planta en T, cuadrangular con patio central, etcétera. Por su parte, Cortés ordenó levantar dos hospitales: uno en 1521 y otro, el Hospital de la Purísima Concepción, en 1524. En 1528 ordena, también en México, la construcción del Hospital de Jesús. En 1531 se crea para atender a los indios enfermos de sarampión el Hospital Real de San José de los Naturales y en 1534 nace el Hospital de San Cosme y Damián[447]. Esta situación se repite ciudad por ciudad y es raro encontrar una población con más de 500 habitantes que no tenga su propio establecimiento. No puedo consignar aquí la lista interminable de hospitales e instituciones de caridad que nacieron en América, cada una con su propia historia. Remito al lector interesado a la bibliografía[448].

[445] Guerra, *El hospital en Hispanoamérica...*, pág. 45.

[446] Josefina Muriel, *Hospitales de la Nueva España*, México: Univ. Autónoma de México y Cruz Roja Mexicana, 1991, 2 vols. La primera edición es de 1960.

[447] Francisco Guerra fue el primero en identificar con precisión las distintas enfermedades que diezmaron a las poblaciones indígenas, como el sarampión arriba mentado o la epidemia de 1493 en las Antillas, que fue provocada por el virus tipo B de la gripe que fue llevado a América por caballos y cerdos en un barco que Guerra pudo localizar.

[448] «En la mayoría de los casos podemos establecer el costo de la construcción y equipamiento de los hospitales coloniales, y los informes anuales de sus mayordomos permiten conocer, además, en detalle, los presupuestos de ingresos y gastos que tuvieron. Por la evolución de los precios de los alimentos se observa que los costos de las estancias

El caso asombroso de Lima (una cama por cada 101 habitantes) es probablemente la cúspide de la pirámide y no podemos pensar que esta situación se repitiera en cada ciudad, pero esta pirámide tiene una amplia base de sustentación, como se demuestra en que pocas de estas instituciones fracasaron. Es interesante constatar que la mayor parte de los hospitales fueron exitosos, es decir, que se registran pocos casos de hospitales que desaparecieran o terminaran sirviendo a otros fines distintos a los que inicialmente tuvieron. La mayoría prestó servicio durante siglos. Este éxito se debió fundamentalmente a dos causas: buen nivel médico profesional y eficaces sistemas de financiación. Cada hospital tenía un reglamento orgánico que incluía su propia manera de financiarse, porque la parte que los hospitales recibían del diezmo eclesiástico no era suficiente para atender todos los gastos, de forma que los dineros que pagaban el hospital eran en su mayor parte de origen privado: donaciones testamentarias, inter vivos o de casas comerciales, acuerdos con vínculos gremiales y un largo etcétera de imaginativos modos de conseguir dinero. Así, por ejemplo, el Hospital de San Pedro en Puebla de los Ángeles tenía una lotería que era muy popular; el Hospital de los Naturales de México construyó un teatro y se financiaba con las representaciones, y el Hospital de San Andrés de Lima recibía una parte de las entradas del Coliseo de peleas de gallos. Hubo hospitales para niños, maternidades, hospitales para enfermos mentales, para contagiosos, y hasta hospitales-pueblo al modo utópico, como los fundados por Vasco de Quiroga, obispo de Michoacán[449].

Ediciones

Francisco Guerra insiste en sus obras en que las ediciones médicas constituyen un testimonio válido para medir el nivel de la medicina de un país. Y, en ese caso, es significativo que «los libros de medicina hispanoamericana precedieran a veces en siglos a los de otras naciones». Las investigaciones del doctor Guerra en los antiguos territorios británicos en Norteamérica dan un total de 719 impresos médicos en total, de los

durante los tres siglos de vida colonial se fueron incrementando desde un real diario por enfermo a dos reales, luego a tres reales, y finalmente a dos pesos. Otro tanto sucede con los salarios del personal: el médico que en San Nicolás de Bari, de Santo Domingo, recibía anualmente 100 pesos por sus servicios en el siglo XVI, llega a 500 pesos en Lima en el siglo XVIII. Son menores los sueldos del cirujano, el boticario y el enfermero»: Guerra, *El hospital en Hispanoamérica...*, pág. 46.

449 Ricardo León Alanis, «Vasco de Quiroga y la Utopía de Tomás Moro», en *www.cie.umich.mx/vasco-de-quiroga-y-la-utopia-de-tomas-moro.htm.* Consultado el 28 de mayo de 2015.

cuales la mayor parte son folletos y textos menores de pocas páginas. Además de la precedencia en el tiempo de las publicaciones hispanoamericanas, Guerra señala otra diferencia notable: «Mientras las muestras tipográficas de Canadá, New England o Brasil son hojas y pequeños folletos, México y, en menor grado, Perú ofrecen ya en el siglo XVI libros extensos que discuten con autoridad cuestiones aristotélicas, hipocráticas, galénicas o de tratadistas islámicos y más tarde examinan con originalidad temas locales, como la materia médica». La primera obra médica editada en México es *Phisica speculatio* de Alonso de la Veracruz en 1557. La primera impresión médica en Canadá es de 1785 con un folleto titulado *Guerison du mal de la baie St.Paul.* Brasil edita su primer libro médico en 1809, en Río de Janeiro, con el título *Regimento dos preços dos Medicamentos simplices.* En las colonias inglesas de Norteamérica, la primera imprenta se instala en 1663 y el primer libro médico consiste en un corto relato de una peste en 1668. Entre 1539 y 1821 se imprimieron solo en México 708 textos médicos. La mayoría son libros de gran volumen, muchos en latín: textos para uso de universitarios, con investigaciones o que tratan en profundidad alguna rama de la medicina. En Guatemala, el doctor Guerra cataloga un total de 161 impresos médicos; en Nueva Granada, 547 textos, y en Lima, 268. Hay muchos más en otras ciudades y regiones[450].

Educación

Se fundaron en América más de veinte centros de educación superior. Hasta la independencia salieron de ellos aproximadamente 150.000 licenciados de todos los colores, castas y mezclas. Ni portugueses ni holandeses abrieron una sola universidad en sus imperios[451]. Hay que sumar la totalidad de las universidades creadas por Bélgica, Inglaterra, Alemania, Francia e Italia en la expansión colonial de los siglos XIX y XX para acercarse a la cifra de las universidades hispanoamericanas durante la época imperial[452].

El estudio científico de lenguas distintas de las europeas o las bíblicas

[450] Francisco Guerra Pérez-Carral, «Impresos médicos en Hispanoamérica y Filipinas durante el dominio español», *Revista Complutense de Historia de América* 13 (1987), págs. 98-127.

[451] A finales de los años treinta del siglo XX fundó Holanda la primera universidad en una colonia suya. Los centros de enseñanza media fueron también muy escasos: Georges H. Bousquet, *A French View of the Netherlands Indies,* Londres: Oxford University Press, 1940, pág. 35.

[452] Clementino Pastor Miguelañez, *Cultura y humanismo en la América colonial española,* Librosenlared, 2010, 2 tomos (libro Kindle).

comenzó en América. Ya el primer libro que se imprimió en México, *Breve y compendiosa Doctrina Christiana en lengua mexicana y castellana* (1539), era un catecismo bilingüe. En cuanto aparecieron las universidades, surgieron cátedras de lenguas indígenas, lo que no ha sucedido en Estados Unidos hasta el siglo XX. En Real Cédula de 1580, Felipe II ordenó la creación de cátedras de lenguas indígenas para fomentar su estudio y conocimiento. Los jesuitas, en América, tenían prohibido hacer profesión solemne si no sabían alguna lengua de indios[453]. John Tate Lanning insiste en que el intercambio de ideas y el comercio de libros era constante entre Europa y la América hispana y que la vida universitaria no era allí diferente de la que existía en el Viejo Continente[454]. Llegaban y se estudiaban las más audaces teorías de la Ilustración. Lanning se esfuerza por poner de manifiesto los muchos errores que ha padecido el mundo académico al enjuiciar la vida universitaria del Imperio español en América.

Trescientos años de Administración ultramarina sin que hubiera en ellos grandes tropiezos deben de significar algo, porque no hubo ni conflictos importantes ni grandes convulsiones sociales, ni nada que pudiera compararse a la rebelión de los cipayos en el Imperio británico. La convivencia de las razas distintas fue en general bastante pacífica y hubo prosperidad. Powell insiste en que los gobiernos virreinales fueron en general más benignos y soportables que los que vinieron después de la independencia. Controlar la corrupción, garantizar una Administración de justicia eficaz y evitar los abusos de los funcionarios imperiales fueron prioridades para las que se crearon distintas instituciones y procedimientos.

Juicios de residencia

La administración de los reinos de ultramar estuvo sometida desde el principio a sistemas cruzados de control y a contrapesos de poder que dificultaban la corrupción y la ineficacia. Uno de estos procedimientos era el juicio de residencia, un proceso judicial característico del derecho castellano e indiano. Cuando un funcionario público de cualquier categoría, desde virrey a alguacil, terminaba su tiempo de servicio era automáticamente sometido a un juicio durante el cual se escuchaban

[453] Graciela Chamorro, *Decir el cuerpo: historia y etnografía del cuerpo en los pueblos guaraní*, Asunción (Paraguay): Fondo Nacional de Cultura, 2009, pág. 83.

[454] Giuseppe Bellini, «Italia, España, Hispanoamérica: una comunidad literaria renacentista». Disponible en *www.cervantesvirtual.com* (2008). Consultado el 25 de mayo de 2015. John Tate Lanning, «A reconsideration of Spanish Colonial Culture», *The Americas* 1 (1944), págs. 166-178. Del mismo autor: *Academic Culture in the Spanish Colonies*, Nueva York: Oxford University Press, 1940, y *The Eighteenth Century Enlightenment in the University of San Carlos de Guatemala*, Ithaca: Cornell University Press, 1956.

todas las acusaciones que cualquiera pudiera presentar contra él por haber desempeñado de manera deshonesta o ineficaz su cometido. Se analizaban tanto la honradez en el trabajo como la consecución de objetivos, esto es, que el representante de la Administración había hecho aquello para lo que se le nombró. El juicio de residencia podía durar varios meses y el responsable público no podía abandonar la ciudad en que había estado ejerciendo sus funciones hasta haber sido absuelto. De ahí el nombre, juicio de residencia. Una parte de su salario se le retenía para garantizar que pagaría la multa en caso de condena. El juicio era sumario y público, aunque una parte de la instrucción era secreta al objeto de proteger a los testigos o acusadores de hombres que tenían mucho poder. No se olvide que virreyes, oidores, corregidores, alcaides y jueces debían pasar estos juicios. Una vez absuelto, el funcionario o cargo podía seguir progresando en el *cursus honorum* de la Administración imperial, pero si era condenado por errores o ilegalidades se le sancionaba con una multa, un destino inferior, e incluso cárcel o la prohibición de tener un cargo público de por vida.

El juicio de residencia era un acontecimiento público que se pregonaba a los cuatro vientos por los alguaciles para que toda la comunidad participase[455]. Algunos fueron verdaderos acontecimientos sociales. No eran una farsa, aunque es evidente que hubo miles y es imposible que todos fuesen impecables. En general esta institución funcionó con total seriedad durante varios siglos, con un rigor que hoy nos parecería excesivo. Don Pedro de Heredia, fundador de Cartagena de Indias y gobernador de la Nueva Andalucía, en el segundo juicio de residencia de los cuatro que tuvo que pasar, fue condenado y sufrió confiscación de bienes y prisión, junto a su hermano Alonso. De ella salieron gravemente enfermos y arruinados. Apelaron al Consejo de Indias, que era la instancia competente en este tipo de juicios, el cual finalmente atenuó la condena y, entendiendo que había sido excesiva, permitió a los hermanos Heredia continuar en la Administración y volver al *cursus honorum*. Cuenta Solórzano Pereira (1575-1655) en su *De Indiarum Iure* que un oidor del Perú que abandonó su puesto un día antes de que se cumpliera la residencia, por no perder el barco, y a pesar de que había sido declarado inocente, fue obligado por el Consejo de Indias a regresar a Lima, pagando el viaje a sus expensas, para rendir el día de servicio que le faltaba[456]. En su tiempo se dijo que el famoso virrey Solís decidió entrar en religión

[455] M.ª José Collantes de Terán de la Hera, «El juicio de residencia en Castilla a través de la Doctrina Jurídica de la Edad Moderna», *Historia, instituciones, documentos* 25 (1998), págs. 151-184.

[456] E. García Hernán, *Consejero de Ambos Mundos. Vida y obra de Juan Solórzano Pereira*, Madrid: Fundación Mapfre, 2007. Está disponible en la red *De Indiarum Iure* en la edición de 1572, y también la *Política Indiana dividida en seis libros* en la edición de Madrid de 1776.

antes de que acabara su mandato, no por haber recibido una llamada repentina del Altísimo ni por arrepentimiento de sus muchos pecados y disipaciones, sino del miedo que sintió cuando se enteró de que Fernando VI, su amigo y protector, había muerto, y él, por tanto, tenía que enfrentarse al juicio de residencia sin la confortable protección real. Fue uno de los juicios más largos y voluminosos de la Administración imperial: seis meses de investigaciones e interrogatorios en más de cuarenta ciudades y pueblos, y 20.000 folios de instrucción. La sentencia del 5 de agosto de 1762 condenó a Solís por veintidós cargos, todos relacionados con defraudación y disipación del erario real[457].

Estos juicios no son una novedad jurídica de la Administración isabelina sino una réplica de los juicios de concusión o peculado del Derecho Romano. El delito de peculado aparece en el antiguo Derecho Romano como robo de ganado *(pecus)* perteneciente al Estado. Los romanos primitivos, como otros pueblos indoeuropeos, medían la riqueza en cabezas de ganado. En 123 a. C. la *Lex Acilia Repetundarum* creó tribunales permanentes *(questiones perpetuae)* para sancionar el delito de concusión de los magistrados provinciales *(repentundae)*[458]. El más famoso de estos juicios fue sin duda el de Verres, que dio fama y prestigio a un joven y ambicioso Cicerón. Cayo Verres había sido un mal gobernador en Sicilia y su comportamiento corrupto había llegado a ser escandaloso. A los habitantes de la isla no les fue fácil encontrar un abogado que defendiera su causa porque Verres tenía amigos poderosos, y eso, entonces como ahora, es una gran ventaja. En el año 70 a. C., seis discursos magistrales, con pruebas definitivas y una argumentación jurídica imbatible, hicieron que Verres se exiliara sin esperar sentencia. A partir de aquel momento, Cicerón, que era un *homo novus*, es decir, fue el primero de su familia que alcanzó el rango senatorial, estuvo seguro de que su progreso en el *cursus honorum* ya no se detendría y de que llegaría a lo más alto, como efectivamente sucedió cuando fue nombrado cónsul. El juicio de residencia tiene la ventaja sobre el de peculado que se celebra *in situ*, es decir, que no hay que viajar a la polis, lo cual es bastante más cómodo para testigos y afectados. Esto fue así hasta que Carlos III, en su afán de centralizarlo todo, trasladó una parte de los juicios de residencia, los de más enjundia, a la corte, restando a los americanos capacidad de control de la Administración. Esta fue una de las muchas medidas impulsadas por Carlos III en su empeño por transformar los reinos de ultramar en colonias. En la úl-

457 Véase *http://www.banrepcultural.org/blaavirtual/revistas/credencial/agosto3.htm*. Consultado el 9 de abril de 2015. Margarita Restrepo Olano, *Nueva Granada en tiempos del virrey Solís*, Bogotá: Universidad del Rosario, 2009.

458 E. Badian, «Lex Acilia Repetundarum», *The American Journal of Philology* 75 (1954), págs. 374-384. Carlos Varela Gil, *El estatuto jurídico del empleado público en derecho romano*, Madrid: Dykinson, 2007, pág. 365.

tima parte del siglo II d. C. los juicios de peculado cayeron en desuso, en un Imperio romano que pronto no conservaría de sí mismo más que el nombre. Y es curioso comprobar cómo, a finales del siglo XVIII y comienzos del siglo XIX, los juicios de residencia fueron perdiendo pujanza hasta desaparecer. Los mecanismos de autocontrol del poder y de promoción del mérito se vienen abajo antes que el poder mismo. Los juicios de residencia existieron hasta que fueron derogados por las Cortes de Cádiz en 1812, y es muy significativo que fueran los liberales los que promovieran la eliminación de la que había sido herramienta poderosa y eficaz contra la corrupción y los abusos durante siglos.

La Administración borbónica, que jamás entendió el sistema imperial habsburguiano, tan generoso y flexible, hizo cuanto estuvo en su mano por convertir América en una colonia al modo francés o inglés, en un proceso que reyes como Carlos III entendieron que era «modernizar», pero que no eran más que «des-imperializar» un territorio inmenso que no podía administrarse de aquella manera. De hecho, el sistema expansionista según el modelo metrópoli-colonia se demostró incapaz de generar estabilidad y no pudo durar más que unas décadas, tras provocar catástrofes continentales en cadena.

Propaganda: de fray Bartolomé a la izquierda indigenista

Para comprender qué es la *Brevísima relación* de fray Bartolomé de Las Casas hay que remontarse a la Edad Media y llegar hasta la tradición secular de *disputationes in utramque partem*, un sistema de formación a base de polémicas en que se educaron los hombres de la Iglesia durante siglos. Era una pedagogía omnipresente en la universidad medieval, que venía de los orígenes del cristianismo, de las disputas sinagogales que era y son tradición bien arraigada en la religión judía, y en las que no resultaba raro que los rabinos llegaran a las manos por la interpretación de un versículo. La *Brevísima* pertenece, por lo tanto, a un género literario cuya poética incluía las exageraciones por definición, y por eso no provocó escándalos en España, y sí lo que pretendía: polémicas y discusiones al más puro estilo mediterráneo. Aclarada la naturaleza del texto se debe precisar que, en su género, no es un producto de buena calidad porque sobrepasa los límites que el género polémico se impone a sí mismo. La hipérbole alcanza el disparate y sobrepasa con creces los límites de la difamación. Esto fue criticado por otros clérigos de la misma orden y de otras.

Tengo para mí que muy pocas personas han leído la *Brevísima*. Su mera lectura es suficiente para desacreditarla como documento fidedigno y no hace falta desarrollar ningún tipo de razonamiento. Produce estupor y lástima a partes iguales. Nadie con un poco de serenidad intelectual o sentido común defiende una causa, por noble que sea, como lo hizo el dominico. Solo el haber caído en manos de la propaganda ha podido hacer de fray Bartolomé un apóstol de los derechos humanos. Sus barbaridades no tienen límite: desde la justificación de los sacrificios humanos con el argumento de que es lo mismo que la misa, solo que los indios no son capaces de comulgar metafóricamente con su dios, hasta la apología del tráfico negrero: para que los mansos indios no tengan que trabajar lo mejor es traer negros que, como no tienen alma, pueden servir para cualquier cosa.

Fray Bartolomé fue muy criticado, pero en modo alguno se vio perjudicado. Al contrario. Se le promocionó. El mundo católico, incluidos el poder político y la monarquía, estaba acostumbrado a los discursos, a veces muy mordaces, de los clérigos. Que la *Brevísima* fuese sacada de su contexto y usada por la propaganda hispanófoba no es culpa de fray Bartolomé. Su texto debe comprenderse a la luz de una tradición de libertad de expresión en que criticar al poder establecido era permitido a los clérigos, y con ellos, por ósmosis, a amplios sectores sociales, como por ejemplo a los poetas. Esta libertad de palabra, que se verifica por la vía de los hechos, era a veces hiperbólica y hasta dramática en su puesta en escena y, desde luego, un misterio completo para el mundo protestante. Los pueblos mediterráneos no educan a sus hijos para el silencio y la reserva, con todo lo bueno y lo malo que esto acarrea. Este poner las tripas al sol continuamente puede siempre ser aprovechado por los enemigos, pero ni siquiera esa posibilidad ha cambiado la costumbre milenaria.

La *Brevísima relación* de fray Bartolomé de Las Casas vio la luz en 1551. Pronto fue editada en francés (1578, 1579, 1582, 1594), inglés (1583), holandés (1596), alemán (1579 y 1597) y latín (1598). Obsérvese que pasaron más de veinticinco años entre la edición de la *Brevísima* en Sevilla y la primera traducción francesa editada en Amberes de 1578 con el expresivo título de *Tyrannies et cruautés des Espagnol, perpetrées e's Indes Occidentales qu'on dit le Nouveau Monde, Brievement déscrites, par l'Evesque Dom Frere Dominique, traduites par Jacques de Miggrode. Pour servir d'exemple et advertissement au XVII Provinces du Pais Bas.* La siguieron inmediatamente la traducción al holandés y dos más al francés, las de 1579 y 1582, y al año, la traducción inglesa de 1583. Evidentemente estas ediciones y traducciones no son producto de la casualidad. Se trata de una ofensiva propagandística en toda regla que corresponde a un momento histórico muy concreto: un lamentable desfallecimiento en la rebelión en los Países Bajos. En febrero de 1577 se ha firmado un acuerdo con los Estados Generales: el Edicto Perpetuo[459]. Don Juan de Austria se com-

[459] P. Sanz Camañes, «España ante las paces del Norte a comienzos del siglo XVII: del Tratado de Londres a la Tregua de Amberes», *Cuaderno de Historia de España* 81 (2007), págs. 113-134.

promete a retirar los tercios, a reconocer los privilegios feudales de las distintas ciudades y señoríos y a detener el proceso de modernización de la Administración, a cambio del reconocimiento indiscutible de la soberanía del rey y la restauración del catolicismo principalmente. Se habla algo de devolución de propiedades, pero no mucho. Don Juan no quiere insistir. Ante todo hay que procurar la paz. Guillermo de Orange es nombrado estatúder y entra en Bruselas en el séquito de don Juan de Austria. A este momento corresponde un recrudecimiento panfletario del que forman parte las traducciones de la *Brevísima*. Si realmente don Juan de Austria se dejó engañar o no sobre las verdaderas intenciones de Orange, no he podido determinarlo con seguridad, pero me inclino a pensar que realmente creyó que había llegado a un acuerdo que daba satisfacción a todas las partes, sin comprender que la hidropesia nacionalista necesita provocar una sed que ella misma debe satisfacer. De manera que, mientras entra triunfalmente con don Juan de Austria en Bruselas, Orange y los suyos preparan una nueva campaña contra la unidad política a fin de avivar el alicaído secesionismo. Y la *Brevísima* será el plato principal de este festín. El texto lascasiano no es el primer fruto exitoso del triángulo propagandístico hugonote-orangista-anglicano, pero sí fue uno de sus productos estrella.

La traducción inglesa de 1583 lleva por título *The Spanish Colonie or Brief Chronicle of the Actes and Gestes of the Spaniards in the West Indies calles the New World for the Space of XL yeares*. Se hizo también en un momento estratégico: cinco años antes de la Armada de Felipe II en 1588. El apoyo inglés a los rebeldes neerlandeses había llevado la tensión a un punto insostenible. Las relaciones entre ambos reinos habían ido agriándose conforme el poder de España crecía. En 1534 Enrique VIII se había proclamado cabeza de su propia Iglesia, decidido a aprovechar el cisma para dinamitar el imperio y no tener que vivir en la órbita de este. Había habido una pequeña etapa de apaciguamiento en la época de María y Felipe II, pero al subir al trono Isabel I su apoyo decidido a la facción nacionalista-anglicana resultó definitivo. Habría que decir que el apoyo fue mutuo, ya que sin la ayuda de esta facción Isabel no se hubiera afianzado en el trono de Inglaterra. Esta traducción inglesa aparece ya ilustrada con los grabados de Théodor de Bry, puesto que procedía de la edición de Amberes de 1579, que ya los tenía. Obsérvese que 1583 es el año de la fundación de la colonia inglesa de Virginia, primer intento serio de la Corona de emular los logros españoles en América. La que se hará en 1656 conocida como *The tears of the indians* (Londres: JC de Nath. Brooke, 1656) estaba destinada a justificar la conquista militar británica de la Jamaica española durante la guerra anglo-española de 1655-1660.

Los grabados son un conjunto de diecisiete imágenes atroces: indios descuartizados ante la mirada indiferente de los españoles, niños asados, torturas espantosas, perros devorando humanos... García Cárcel considera, sin embargo, que no tienen mala intención. Los grabados de De Bry son la razón del éxito sin parangón de la *Brevísima*, entre otras razones porque nunca la leyó mucha gente y son los grabados los que, como en las portadas de las iglesias medievales, informan de aquello que el parroquiano debe conocer. Es la opinión comúnmente aceptada que la Monarquía Católica no se defendió, fuera de algún intento personal, pero no es así realmente. Lo que sucede es que se defendió mal. Por ejemplo, los grabados de De Bry y su éxito arrollador provocaron una reacción. Inadecuada, pero reacción. Y por inadecuada, más interesante que todo lo demás. La propaganda es un invento protestante y el mundo católico no ha sabido usarlo adecuadamente hasta hace muy poco, si es que lo ha logrado. El imperio respondió intentando demostrar que todo aquello era mentira, como si la verdad o la falsedad de los panfletos tuvieran realmente alguna importancia en aquel contexto. No hay duda de que en el mundo católico había muy buenas cabezas en aquel momento. Entonces, ¿cómo es posible que nadie, absolutamente nadie, comprendiera que se estaban usando espadas contra armas químicas y que los medios eran del todo inadecuados para los fines? El libro de Solórzano Pereira, *De Indiarum Iure*, ese monumento latino sin precedentes sobre Derecho Indiano, fue lo que se escribió para desmentir a De Bry. Esta ceguera, esta incapacidad cultural absoluta para entender el mecanismo de la propaganda protestante, es lo más interesante de todo este proceso y lo que debería mover a más honda reflexión entre los intelectuales del mundo católico, sean creyentes o no. Una sola imagen de De Bry era, no mil, sino un millón de veces más efectiva que todas las sesudas páginas de Solórzano Pereira y otros como él, que los hubo. Pensaron que la mentira se contrarrestaba enseñando honradamente la verdad, incluso cuando esta no era del todo favorable, como hace Pereira. La sinceridad, el «aquí no hay nada que ocultar», tendría la virtud inmediata de acabar con las mentiras. Craso error. Y fascinante en grado sumo. A nadie se le ocurrió que para defenderse de esta propaganda había que atacar con las mismas armas con que se ofendía y que un procedimiento efectivo hubiera sido inundar los Países Bajos con panfletos en los que se viera a Orange copulando con el Gran Turco; o azotando y robando a Ana de Sajonia[460], su segunda mujer, o descuartizando niños; o a los anglicanos masacrando a los irlandeses o asando en espetones a los indios de Virginia. Todo esto, acompañado de cariñosas palabras en que se reconoce la

[460] Hija única y heredera del enormemente rico Mauricio de Sajonia, los Orange-Nassau la eligieron como esposa de Guillermo como única solución a la inminente quiebra que se cernía sobre ellos. Era poco atractiva y tenía un carácter bastante difícil. En 1571 Orange, no sin una conveniente historia de amores ilícitos, la abandonó y la hizo encerrar en un castillo acusándola de locura. Nunca devolvió la inmensa dote. Sobre las relaciones de Orange con los turcos, véase Inalcik, «The Turkish Impact...», pág. 53.

valía y el honor de los anglicanos y los rebeldes neerlandeses, y su indiscutible amor a la patria, que algunos sin embargo han llevado más lejos de lo que debieran. No había que inventar nada, solo copiar.

El uso de la *Brevísima relación* como herramienta de propaganda es importado del sistema propagandístico de los rebeldes neerlandeses a Inglaterra y no está en el sistema italiano. Ya hemos señalado varios tópicos de la leyenda negra que no tienen cabida en la hispanofobia italiana. En este caso la ausencia se debe a varios motivos. El principal es que América nunca resultó una realidad atractiva para el Humanismo, que tardó muchísimo tiempo en fijarse en ella. Si América interesaba poco a los intelectuales, los indios y sus desdichas interesaban menos. Además había intereses italianos muy sólidos en América. No se olvide que el nombre del continente lo puso un italiano. Fue la propaganda orangista, insistimos, la que creó este lugar común de la hispanofobia. No son pocas las creaciones orangistas que llevamos ya registradas. Fueron las prensas calvinistas neerlandesas las que incorporaron el tema americano a través de fray Bartolomé e hicieron de él uno de los pilares de la leyenda negra.

De hecho, el prólogo que precede a la primera traducción inglesa no deja lugar a dudas sobre cuál es el propósito de la traducción misma y qué vínculo tiene con la insurrección en los Países Bajos. También informa, de rebote y sin proponérselo, de uno de los grandes silencios de la leyenda negra: la guerra civil en los Países Bajos. Al ofrecer una pintura que el traductor presenta como fidedigna de cómo tratan los españoles a los pueblos sometidos, su propósito, según sus propias palabras, es inflamar el espíritu secesionista de los que se han rebelado y ayudar a que los flamencos olviden sus enfrentamientos internos y todos se unan en una vigorosa ofensiva contra «la tiranía de Parma» y contra «esa nación excepcionalmente cruel y bárbara»[461]. Ya Tácito nos había informado de que la crueldad de los imperios son siempre un «caso único», y sin parangón.

El texto de Las Casas fue conocido en Inglaterra a través de esta traducción, pero la popularización de sus motivos vino a través de las obras de Richard Hakluyt y Samuel Purchas. Hakluyt es autor de un *Discourse concerning Western Planing* (Discurso acerca de la plantación occidental)[462], obra muy popular en su tiempo cuyo propósito era convencer a la reina para que patrocinase empresas de expansión en Amé-

[461] Esta primera traducción inglesa está editada en *Tratados de Fray Bartolomé de Las Casas* (2 vols.), México: FCE, 1965, vol. I, pág. 194.

[462] Es curioso que en esta época la conversión de los indios se considerara una prioridad entre los anglosajones. El *Discurso*, que se enfrenta valientemente al problema de la necesidad de población, entiende que la conversión, como habían hecho los españoles, era la única manera de lograr un poblamiento adecuado.

rica del Norte al modo español. La literatura histórica y panfletaria de los siglos XVI y XVII está llena de referencias que solo pueden proceder de esta fuente fácilmente accesible. El interés que la obra despertaba, llevó a Samuel Purchas a condensarla en un texto llamado *Purchas, his Pilgrimes.* La obra de Hakluyt inspiró a Raleigh, Thomas Gage, Daniel Neal y muchos otros. Pero la obra de Purchas se escribe no solo para facilitar el conocimiento de Hakluyt. La edición de este tipo de textos, además del propósito antiespañol general, suele perseguir un fin concreto. En la propaganda antiespañola impresa rara vez hay puntada sin hilo. En este caso no es difícil averiguar cuál es la ocasión concreta que llevó el resumen de Purchas al taller: crear ambiente para justificar la expedición de Cádiz en 1625[463]. Unas décadas más tarde, en 1659, cuando Cromwell preparaba las tropas de lo que se conoció como el Designio Occidental en Jamaica, otro fracaso trasatlántico piadosamente olvidado, volvió a aparecer una traducción de Las Casas, esta vez con el significativo título *The Tears of the Indians.* Señala Maltby que Las Casas ha tenido el don de reaparecer cada vez que hay un conflicto con España y que todavía en 1898 se reimprimió en Nueva York una traducción bastante caprichosa para servir de munición emocional en la guerra hispanoamericana[464].

Cuando en el siglo XIX, con el auge de los nacionalismos, se reescribe la historia de Europa y de América tal y como estamos hoy acostumbrados a estudiarla, la ley del silencio es una de las herramientas principales: «En tanto que digamos toda persona de habla inglesa está *perfectamente enterada* (la cursiva es mía) de digamos la victoria de Cortés y la consiguiente matanza de indios, cosa natural en tiempos de guerra, ni uno entre diez mil se enteró jamás de los sinceros intentos de los conquistadores y oficiales reales de evitar y prevenir tal disminución indígena, durante y después de la conquista»[465]. Es evidente que la población indígena disminuyó tras la llegada de los españoles. Cuánto, es algo que nunca llegará a saberse puesto que el número de habitantes que América tenía antes de 1492 es imposible conocerlo y da lugar a las más fantásticas conjeturas. El historiador mexicano, nada simpatizante

[463] En 1624 Carlos I de Inglaterra y su valido, el duque de Buckingham, con el apoyo de las Provincias Unidas de los Países Bajos, declararon la guerra a España. Al año siguiente se preparó una gran flota angloholandesa cuyo propósito era atacar alguna ciudad costera importante en España y apoderarse (¿cómo no?) de la flota de Indias. En los primeros días de noviembre una flota de unos 10.000 hombres al mando de Edward Cecil atacó Cádiz. Mala organización y errores estratégicos provocaron un fracaso completo. El duque de Medina-Sidonia y Fernando Girón mandaron las tropas españolas. Treinta naves angloholandesas se perdieron y el número de bajas obligó al atacante a retirarse. Fue la batalla más importante de la guerra anglo-española de 1624-1630.

[464] Maltby, *La leyenda negra...*, pág. 20.

[465] Powell, *El árbol del odio...*, pág. 23.

de los españoles, José Vasconcelos considera que no debía sobrepasar los 6 millones, y Ángel Rosemblat que debían ser unos 13,5. Los hay que han bajado a 2 millones y los que han subido a 20 y hasta a 200. Si sabemos que las poblaciones indígenas disminuían es porque las autoridades y los clérigos informaban de ello. Hubo varias epidemias demoledoras. Hoy conocemos las medidas que se tomaron para luchar contra ellas[466]. Hay otras razones, un poco perogrullescas de contar, que explican también este descenso. Había un intenso mestizaje: «Matemática y obviamente, dado que las mujeres indias producían niños mestizos, el número relativo de indios declinaba, puesto que el mestizo ya no es indio de pura sangre. Esta es una circunstancia significativa que muchos escritores olvidan de tomar en cuenta, con una indiferencia lascasiana en sus conjeturas sobre la disminución indígena»[467].

Una de las consecuencias perdurables de la obra de fray Bartolomé es haber contribuido notablemente al nacimiento del mito del Edén indígena aplastado por el malvado hombre blanco, el cual conocerá en nuestra cultura mil y una versiones. El buen salvaje de Rousseau es genéticamente lascasiano. No importa si el nativo es antropófago o reductor de cabezas. Su estado de *naturaleza* le hace ser intrínsecamente bueno. Inga Clendinnen[468], historiadora australiana, comenta con humor que lamentar la desaparición del Imperio azteca es más o menos como sentir pesar por la derrota de los nazis en la Segunda Guerra Mundial. Solo en el sofisticado sistema de exterminio del nazismo encuentra Clendinnen un referente accesible para explicar la organización de miles de sacrificios humanos periódicos en los rituales de Tenochtitlán. Las matanzas sobre población azteca fueron llevadas a cabo por tribus sometidas a ellos que no hallaron reposo hasta convencerse de que los aztecas no volverían. Esto sucedió contra la voluntad expresa de Hernán Cortés que, una vez acabadas las venganzas, incorporó a una buena parte de los aztecas supervivientes a la nueva estructura de poder. Fray Bartolomé, señala Clendinnen, transformó la venganza de las víctimas de los aztecas en un acto de opresión colonial que no resiste el cotejo con documentos y testimonios. La cultura azteca era un totalitarismo sangriento fundado en los

[466] Francisco Guerra Pérez-Carral, *Epidemiología americana y filipina, 1492-1898,* Madrid: Ministerio de Sanidad y Consumo, 1999, págs. 19 y ss.

[467] Powell, *El árbol del odio...* pág. 230. José Vasconcelos, *Breve historia de México,* México: Compañía Editorial Continental, 1978, págs. 47-50. La primera edición es de 1956. Está en la red: *https:archive.org/details/brevehistoriadem000660mbp.*

[468] Inga Clendinnen, *Aztecs: an interpretation,* Cambridge: Cambridge University Press, 1991. La famosa antropóloga es también autora de un libro que fue en su momento considerado el mejor del año por el *New York Time*: *Reading the Holocaust,* Nueva York: Cambridge University Press, 1999. Es una reflexión que no deja a nadie indiferente sobre lo sucedido durante la Segunda Guerra Mundial.

sacrificios humanos. Los aztecas pasaban buena parte del año cazando gentes en las tribus vecinas para sacrificarlos en festivales que duraban tres meses y en los que se mataban entre 20.000 y 30.000 personas cada año. Las tribus sometidas de la región vivían aterrorizadas esperando el día que acabara aquella monstruosidad. Y acabó, con la llegada de los españoles, pero no sin la colaboración imprescindible de muchas tribus. Cortés desembarcó con unos 500 hombres. Los investigadores no se ponen de acuerdo sobre cuántos habitantes tenía Tenochtitlán y las cifras van desde 80.000 a 250.000. En cualquier caso, en un barrio cualquiera de la gran ciudad azteca había gente suficiente para acabar con aquellos extranjeros. Cortés jamás hubiera podido rendir a los aztecas sin el apoyo imprescindible de otros pueblos indios como los tlaxcaltecas **[2 y 3]** y los totonacas. Powell insiste en que la mayor parte de la conquista fue un trabajo de alta diplomacia más que de guerra y que solo fue posible estableciendo alianzas con los indios.

Ni Las Casas ni Rousseau sintieron nunca, no ya respeto, sino mera curiosidad por los indios. Para ambos todos los indios son el mismo indio, lo cual viene a ser la expresión quintaesenciada de la convicción europea de que solo a nosotros nos ha sido concedido el don de la individualidad. Esta es una de las razones por las que fray Toribio de Motolinía critica ásperamente a fray Bartolomé. El obispo de Chiapas, que renunció a su diócesis y prefirió vivir alrededor de la corte toda su vida, es incapaz de distinguir un indio de otro, no ha sentido curiosidad ni interés por sus cosas y no se ha molestado en aprender una palabra de una lengua indígena[469].

No es la *Brevísima* el único texto que con la etiqueta de «testigo presencial» vino a servir a la propaganda antiimperial. Parece que Girolamo Benzoni fue un milanés que se hizo protestante. Viajó a América en torno a 1540 y regresó unos años después. En 1565 publicó en Venecia una *Historia del Nuevo Mundo*, que volvió a editarse en 1572. En la misma fecha (1579) en que se publica en francés la *Brevísima*, se edita en esta lengua el texto de Benzoni, el cual pasa a convertirse rápidamente en un *best-seller* como parte de la misma oleada propagandística que hizo de la *Brevísima* un texto universalmente conocido. Hasta los títulos de las dos traducciones se parecen. La difusión espectacular de ambos textos se debió a la colaboración del triple eje orangista-hugonote-anglicano que comienza a funcionar en esta década a pleno rendimiento. Ese mismo año se editó en holandés, y luego en 1582; en latín, en 1581, 1586, 1588 y 1590; en alemán, en 1589, 1590, 1595 y 1597. El interés en Italia decayó rápidamente y no se hizo una tercera edición hasta 1967. En el mundo de habla española

[469] Sobre las acusaciones de fray Toribio de Motolinía, véase Luciano Pereña, *Proceso a la Leyenda Negra. Testigos de excepción*, Salamanca: Universidad Pontificia de Salamanca, 1989, págs. 29-36.

la obra de Benzoni fue poco conocida. Realmente no era necesaria. Ya se generaba aquí autocrítica suficiente[470].

En el siglo XVIII, la teoría de la degeneración será el núcleo central del pensamiento ilustrado sobre América, pero no sin haber incorporado como propia la propaganda protestante sobre la barbarie española en aquellas tierras. En su Carta 121, Montesquieu (*Cartas persas*, 1721) ya explica con detalle los efectos nocivos de la conquista española y volverá sobre ello en sus *Consideraciones sobre la riqueza de España* y en su obra cumbre *Del espíritu de las leyes* (libro XXI). No se entretiene en cambio en explicar cuáles son los efectos que produjo Francia en los territorios americanos que intentó convertir en virreinato.

En 1736 publica Voltaire su *Alzira o las Américas*, donde insiste en la naturaleza bárbara y depredadora de los conquistadores que son el más amplio ejemplo de intolerancia y falta de espíritu cristiano. En la misma línea va Antonio de Touron, autor de una *Histoire generale de l'Amerique* (1768-1770). Pero fueron el clérigo holandés Cornelius de Pauw y el exjesuita Guillaume-Thomas Raynal los autores de la visión clásica de la Ilustración sobre América. Ni uno ni otro pusieron jamás el pie allí. El éxito de la obra de Raynal fue enorme y sus descripciones de la catastrófica situación del Imperio español tuvieron una gran repercusión: «El Imperio que habían fundado se hundió por todas partes. Los progresos del desorden y el crimen fueron rápidos. El comercio no fue más que el arte de engañar... La ignorancia marchaba del brazo de la injusticia»[471]. Se diría que es otro continente el que visitan Humboldt y el viajero francés François Depons entre 1801 y 1804. Depons critica abiertamente al abate Raynal y afirma explícitamente que sus afirmaciones no son aplicables a ninguna colonia española[472]. «El criollo francés que se siente inclinado hacia el foro, la Iglesia, o la soledad del claustro; hacia las armas o la medicina, no puede satisfacerla más que en la metrópoli; porque en las colonias no existen ni universidades ni facultades de derecho o de medicina ni seminarios ni tampoco conventos ni escuelas militares». Y añade que las leyes francesas «van hasta no permitir que los hijos de los criollos reciban en las colonias otra instrucción que la que dan maestros locales, es decir, leer, escribir y contar. No hay colegios para sus estudios, no hay escuelas de matemáticas, de dibujo, de pintura o de equitación; fue el deseo del Gobierno obligar a los padres a enviar a sus hijos a Francia para que allí

[470] Resulta imposible resumir aquí quinientos años de propaganda y polémica. Para una visión resumida del conjunto, véanse los trabajos de Powell y Rómulo Carbia y, con documentación más actualizada, García Cárcel, *La leyenda negra*, págs. 221-298.

[471] Rómulo Carbia, *Historia de la leyenda negra hispano-americana*, Madrid: Marcial Pons, 2004, pág. 142. La primera edición es de 1943.

[472] François Depons, *Viaje a la parte oriental de la Tierra Firme* (1806). Disponible en *https://angelalmarza.wordpress.com/2013/05/01/*. Consultado el 7 de febrero de 2015.

absorbieran impresiones favorables al Estado metropolitano; sistema tan bien establecido que no hay un solo habitante blanco de las colonias francesas que no desee abandonarlas». Esta situación contrasta con la de las tierras bajo dominio español: «El criollo español, sin cambiar de residencia, puede dar a su ambición la dirección que crea más ventajosa o que más se adapte a sus gustos». Depons tiene su propia explicación para esta diferencia, que nosotros hoy podemos interpretar de manera mucho más amplia: «Francia ha adoptado como base de su sistema que tanto el criollo como el europeo habrán de considerar las colonias meramente como lugares de residencia temporal, hacia los cuales hay que atraer a los individuos con facilidades para adquirir fortuna, y de los que conviene regresen en cuanto hayan llenado sus propósitos. España, por el contrario, permite que todos sus súbditos, americanos o europeos, consideren como su patria cualquier parte del Imperio donde hayan visto la luz o que para ellos presente especiales atractivos»[473].

Cuando suena la hora de la independencia, la leyenda negra americana que había servido para alimentar al bando secesionista neerlandés con el argumento de «así es como tratan los españoles a los pueblos de su imperio», viene muy oportunamente a servir a los propósitos de los criollos independentistas. Saltando por encima de cualquier lógica, los descendientes de los conquistadores se trasforman a sí mismos en oprimidos y colonizados: «Frente al colonizador español, el criollo es convertido en el colonizado deformando la verdadera relación colonial primigenia. Esta transmutación de la autorrepresentación llevará a los criollos a recuperar la leyenda negra europea exógena»[474]. Inconscientes de la gran tarea que debían afrontar, la tónica general de la nueva élite gobernante puede resumirse en estas palabras de Simón Bolívar: «Las bellas y ricas producciones de este continente, sus minas, sus tesoros, ¿serían más tiempo la exclusiva posesión de una potencia mezquina, que con sus leyes bárbaras ha hecho la infelicidad durante tres centurias de tantos millones de habitantes? No es posible ni así conviene a las miras de las potencias comerciales que hallarán en los pueblos de la América el cambio de sus manufacturas, la afección de sus habitantes y riquezas inmensas que sin restricciones dictadas por la más estúpida avaricia harán la felicidad de entrambos continentes» (*Gaceta de Caracas*, 28-abril-1814).

Es comprensible que en el calor de una contienda se usen cualesquiera argumentos como propaganda de guerra, pero ya no resulta entendible

[473] Madariaga, *Auge y ocaso...*, pág. 41. La edición primera de este trabajo monumental es de 1945. Aunque están superados ya algunos contenidos parciales, esta obra sigue siendo una lectura muy recomendable. Madariaga, liberal y librepensador, comienza su libro reconociendo cuántos prejuicios contra España siguen vivos a mediados del siglo XX, porque forman parte del liberalismo y del librepensamiento europeos.

[474] García Cárcel, *La leyenda negra...*, pág. 272.

que los viejos tópicos se sigan repitiendo década a década. Solo razones muy profundas de autojustificación pueden explicar esta anomalía. Casi dos siglos después de la independencia, el hábito de achacar a la «colonización» española el fracaso económico de las naciones de Sudamérica sigue intacto. Habría que emprender un proceso de autocrítica muy sereno, que pocos están dispuestos a hacer, para bucear en las causas de los problemas de Hispanoamérica. Es mucho más sencillo y más cómodo culpar al Imperio español, que después de haber encarnado al Anticristo, tenía ya una larga experiencia asumiendo culpas propias y ajenas. Luego el Imperio estadounidense vino a servir a los mismos propósitos.

El Quinto Centenario fue ocasión propicia para el recrudecimiento de los viejos y queridos temas de las masacres y la destrucción de las culturas indígenas, hecho que al parecer solo sucedió en la América del Sur y no en la del Norte, a pesar de la evidencia, que salta a la vista, de que América del Sur está llena de indígenas, mientras que en el Norte hay que buscar mucho para encontrar uno, o más simplemente irse a los antiguos territorios hispanos que hoy forman parte del Imperio Nuevo, porque allí sí hay[475]. Esta manipulación no era de extrañar en determinados grupos políticos e ideológicos que han hecho del uso eficaz de la propaganda su razón de ser[476]. Pero sí merecen destacarse algunas incorporaciones notables, como por ejemplo la de la Iglesia católica en su versión indigenista-teología de la liberación, la cual participó animadamente en esta reedición de la hispanofobia, y así el Segundo Encuentro de la Comisión de Estudios de Historia de la Iglesia en América Latina, celebrado en 1984, manifestó a propósito del centenario que se avecinaba que el descubrimiento de América fue el comienzo de «una invasión, una opresión, una dominación de la que todavía no nos hemos liberado»[477]. No había nada que celebrar, por tanto. Hubo simposios, jornadas, reuniones internacionales y de prensa, en los que numerosos grupos e intelectuales manifestaron su protesta y su rechazo (siempre en relación con Hispanoamérica, nunca con el Norte). Finalmente, el 23 de septiembre de 1986 la XLI Asamblea General de Naciones Unidas decidió eliminar de la agenda el punto 44 que era la Celebración del V Centenario del Descubrimiento

[475] Miguel Molina Martínez, *La leyenda negra*, Madrid: Nerea, 1991. Al calor del V Centenario se publicó esta atinada actualización del tema de la leyenda negra americana. Incluye un interesante apéndice que recoge textos muy variados sobre las polémicas americanas, desde bulas papales a opiniones de Octavio Paz pasando por declaraciones del Consejo Indio de Sudamérica. Todo ello permite hacerse una idea bastante cabal de la magnitud, la variedad y el encono de las discusiones, pero sobre todo de su enorme actualidad entre los movimientos indigenistas.

[476] Remito a los capítulos que Antonio Muñoz Molina dedica a este asunto en *Sepharad*.

[477] García Cárcel, *La leyenda negra...*, pág. 288.

de América. Ya se ve que la desaparición de la hispanofobia anunciada por algunos está muy lejos de haberse producido y no es aventurado suponer que si hubiese sido otra nación europea la que hubiese descubierto América, los fuegos artificiales en la ONU se hubieran visto desde Honolulu.

De las Leyes de Indias al Derecho Internacional

Fray Bartolomé no fue ni mucho menos el primero en defender los derechos de los indígenas. Ni el primero ni el mejor, aunque sí el más sensacionalista. Su papel real está completamente desenfocado por su importancia propagandística. Esta aventura fascinante que llevó al reconocimiento de la igualdad de todos los seres humanos ante la ley y al nacimiento del Derecho Internacional la emprendieron hombres mucho más valientes y más capaces que Las Casas. Y es bueno que les hagamos justicia.

Desde que llegaron al Nuevo Mundo, en 1510, los dominicos tomaron sobre sí la defensa de los indígenas y la denuncia de las injusticias que con ellos se cometían. Inicia este movimiento a favor de los derechos humanos fray Antonio de Montesinos y puede darse la fecha de 1511 como punto de partida. En la Navidad de este año fray Antonio pronuncia el bellísimo «Sermón de Adviento» ante un puñado de españoles idos a América para conquistar y poblar:

> Para os lo dar a cognoscer me he sobido aquí, yo que soy la voz de Cristo en el desierto desta isla y, por tanto, conviene que con atención, no cualquiera sino con todo vuestro corazón y con todos vuestros sentidos la oigáis; la cual será la más nueva que nunca oísteis, la más áspera y dura y más espantable y peligrosa que jamás pensasteis oír [...]. Esta voz os dice que todos estáis en pecado mortal, y en él vivís y morís, por la crueldad y tiranía que usáis con estas gentes inocentes. Decid: ¿con qué derecho y con qué justicia tenéis en tan cruel y horrible servidumbre a aquestos indios? ¿Con qué autoridad habéis hecho tan detestables guerras...? Estos, ¿no son hombres? ¿No tienen ánimas racionales? ¿No sois obligados a amallos como a vosotros mismos? ¿Esto no entendéis? ¿Esto no sentís?[478].

El sermón de Adviento produjo un gran revuelo en la recién fundada ciudad. Las autoridades de La Española exigieron del clérigo una retractación y le aconsejaron que moderase sus críticas. Unos días después, el

[478] Juan Manuel Pérez, *Estos, ¿no son hombres?*, Santo Domingo: R. D., 1984. Lo que se conserva del Sermón de Adviento se encuentra en internet sin dificultad.

28 de diciembre de 1511, la pequeña iglesia estaba abarrotada y había tanta gente que no todos pudieron entrar en el templo. En medio de una enorme expectación, fray Antonio se subió al púlpito, y no solo no se retractó, sino que desafió abiertamente a las autoridades y pronunció un sermón aún más duro que el primero. Fue así como comenzó esta historia. Unos meses después, con la ayuda de sus hermanos y los donativos de personas notables que consideraban buenas y cristianas sus ideas, fray Antonio se embarcó con una misión: viajar a España para defender ante Fernando el Católico la causa de los indígenas y denunciar las injusticias que con ellos se cometían. Todos sus hermanos lo apoyan como un solo hombre. El viaje fue pagado con una colecta hecha entre los habitantes de Santo Domingo, frailes y ¡conquistadores! No era fácil venir a Castilla y entrevistarse con el rey para un humilde dominico, y fray Antonio tropezó con toda clase de dificultades. Finalmente, aprovechando un descuido del camarero real, fray Antonio se coló en los aposentos del rey, y este hizo lo único que en tales circunstancias cabía hacer: se sentó y escuchó. Porque ni siquiera un rey podía echar a la calle con cajas destempladas a un clérigo. El monarca entonces «ordena a su consejo examinar detenidamente las cosas de Indias» y convoca a una junta de teólogos y juristas. Comienza aquí una de las más apasionantes aventuras de la historia del Derecho y la Filosofía en Occidente, una historia que terminará con el reconocimiento del otro, del indio, del diferente a nuestras divinas personas europeas, no como un buen salvaje, edénico e indiferenciado, sino como un sujeto de derecho semejante a nosotros, al hombre blanco cristiano[479].

El intelectual y revolucionario cubano Roberto Fernández Retamar escribió en 1976 que todas las conquistas han tenido sus horrores, lo que no han tenido las otras son hombres como estos, refiriéndose a Montesinos [4], Las Casas y sus compañeros[480]. Podría añadirse: y una nación que los escuchara. Puede el lector fatigar las leyes británicas y las actas parlamentarias. En vano. No encontrará leyes sobre el trato debido a los indígenas en los territorios que se iban conquistando en Norteamérica o planes para su integración. Simplemente no existen. Nadie se plantea (los clérigos tampoco) que tengan alma, o que necesiten atención hospitalaria o que se pueda pactar con ellos.

Primero vinieron las Leyes de Burgos de 1512. Luego las de Valladolid de 1513. En 1551 se reúnen de nuevo en Valladolid la flor y nata de los teólogos y legisladores del Imperio para discutir problemas morales de gran

[479] Lewis Hanke, *La lucha por la justicia en la conquista de América*, Madrid: Istmo, 1988. La primera edición inglesa es de 1949. Hanke fue mejorando y corrigiendo su texto con los años. Sigue siendo una obra imprescindible.

[480] Roberto Fernández Retamar, *Calibán. Contra la Leyenda Negra*, Lérida: Universidad de Lérida, 1995. La primera edición es de 1976.

calado. Dejaremos de lado la anomalía histórica que supone que un imperio en plena expansión detenga su maquinaria para discutir la legitimidad moral y legal de sus conquistas. No conozco otro caso en la historia, pero puede haberlos, aunque no entre los occidentales. Principalmente son dos las posturas enfrentadas. Por una parte, fray Bartolomé niega legitimidad a la Corona para conquistar América y someter a los indios. A este punto de vista se opone Ginés de Sepúlveda que, con argumentación fundamentalmente tomista, defiende que, para quienes se encuentran en un nivel superior por religión, buenas costumbres y lo que hoy llamamos civilización, es legítimo que asuman la tutela de pueblos cuyo estado de barbarie les lleva a grandes violencias y pecados, como el canibalismo o el incesto. Sepúlveda salió de manera meridiana perdiendo en aquel debate y sus obras no pudieron ser publicadas en España. Fray Bartolomé fue lo suficientemente poderoso como para impedirlo[481].

Ya el padre Vitoria en 1538 había reconocido a los indios la condición de sujetos de derecho y había alumbrado un modo nuevo de entender las relaciones entre pueblos al sustituir el concepto de cristiandad por el de comunidad internacional, expresión que hoy nos parece corriente pero que aparece en este momento, y está ligada a una evolución importantísima en la manera de entender al otro. El padre Vitoria fue más lejos y negó al papa su capacidad para legitimar guerras o conquistas.

El bachiller Morales, fray Francisco de Benavides, Bartolomé de la Peña, fray Tomás Ortiz, Juan Fernández Angulo, Cristóbal Molina, Melchor Cano, Antonio Ramírez, el padre Suárez, Luis de Molina, Domingo de Soto y otros muchos teólogos, filósofos y expertos en leyes intervinieron en estas polémicas y fueron libres para decir lo que les parecía bien. Vuelvo a insistir en la libertad de expresión como un rasgo fundamental para comprender este periodo de la historia, libertad que no existió en otros lugares del Occidente sino hasta tiempos muy recientes y bajo protección legal.

Nadie con un mínimo de cultura niega ya el papel pionero que tuvieron los legisladores y la maquinaria imperial española en el reconocimiento de los derechos de los pueblos indígenas[482]. Hay que colocar en su contexto y en su tiempo las ideas revolucionarias expresadas primero por los dominicos, y luego por otras órdenes. La justicia exige que se mencione a los dominicos en primer lugar, esas bestias negras de

[481] Santiago Muñoz Machado, *Sepúlveda: cronista del Emperador*, Madrid: Edhasa, 2012. Es una estupenda biografía que, al tiempo que ofrece un animado relato de la época, explica las razones por las que un hombre de la talla de Sepúlveda ha caído en el olvido, las cuales, por cierto, tienen bastante que ver con el asunto de este libro.

[482] S. James Anaya, *Indigenous Peoples in International Law*, Oxford: Oxford University Press, 2004. Paul Keal, *European Conquest and the Rights of Indigenous Peoples: the Moral Backwardness of International Society*, Cambridge: Cambridge University Press, 2003.

la intolerancia y la barbarie, según la imagen habitual que de ellos ha transmitido el protestantismo primero, y más tarde, la Ilustración. Muchos intelectuales y hombres de gobierno, incluidos los propios reyes, asumieron sus ideas en España. Hasta entonces nadie se había planteado que los pueblos conquistados pudieran tener derechos o que los individuos de una civilización salvaje, considerada universalmente no cristiana e inferior, fuesen también seres humanos que merecían respeto. Y esto, que ha cambiado nuestra noción de lo humano a nivel planetario es, nos guste o no, un trabajo de la Iglesia romana. En general, las iglesias protestantes no sintieron por los indios interés ni cultural ni religioso, con algunas excepciones dignas de admiración[483].

Tampoco la cultura laica triunfante sintió curiosidad por América y sus gentes. El descubrimiento y conquista tuvo lugar en el apogeo del Humanismo europeo y, sin embargo, el Humanismo, incluso el español, no demostró interés por América. Es cierto que la primera historia sobre América fue obra del humanista Pedro Mártir de Anglería en un latín elegantísimo, pero después de él vinieron solo dos textos dignos de destacarse: Hernando Colón y Hernán Pérez de Oliva. Sin embargo, sus obras no llegaron a publicarse ni suscitaron interés alguno, y solo la investigación moderna las ha sacado del olvido. La historiografía humanista está lastrada por un defecto radical: el desconocimiento del medio. En 1524 publica Cortés su *Segunda Carta* y en 1526 ve la luz el llamado *Sumario* de Gonzalo Fernández de Oviedo, obras que tienen la ventaja indiscutible de la primera mano[484]. En este sentido es significativa la polémica que Fernández de Oviedo mantuvo con Pedro Mártir, al que acusa de numerosos errores por desconocimiento absoluto de la realidad americana. Lo que Fernández de Oviedo le reprocha a Pedro Mártir es una constante que se repite con desesperante insistencia a lo largo de los siglos: un intelectual euro-

[483] John Elliot fue un clérigo puritano que tradujo a la lengua algonquina un catecismo, y se propuso la evangelización de estas tribus. Elliot acertó de pleno con la lengua que eligió, ya que era hablada con variantes en zonas amplísimas de Estados Unidos y Canadá. Pero su valiente comienzo quedó en una anécdota. La idea de la predestinación impedía que se intentara la incorporación en masa al mundo cristiano y un racismo profundo evitó cualquier mezcla de sangre.

[484] Recientemente ha aparecido el trabajo de Christian Duverger, *Crónica de la eternidad*, Madrid: Taurus, 2012, que pretende demostrar que la crónica oficial de la conquista de México, llamada *Historia verdadera de la conquista de la Nueva España*, no la escribió Bernal Díaz del Castillo, como siempre se ha creído, sino el propio Hernán Cortés. Duverger, autor también de una biografía del extremeño, nos ofrece el retrato de un hombre de gran cultura, un político de primer orden, capaz de reflexionar con acierto sobre cuestiones de largo alcance y preocupado, al mismo tiempo, por su propio papel en la historia del mundo. La *Historia verdadera de la conquista de la Nueva España* está disponible en la red en la Biblioteca Virtual Cervantes.

peo que escribe y juzga la realidad americana sin conocerla. No es difícil responder a la pregunta que Karl Kohut se hace en un estupendo trabajo sobre la extraña relación del Humanismo con América, extrapolable en mi opinión a la mayor parte de la *intelligentsia* europea en todo tiempo, incluido el presente: «Surge la pregunta de por qué no había humanistas que hubieran viajado a América e intentado procurarse de este modo las informaciones necesarias. Pregunta difícil y sin respuesta cierta. De todos modos, hasta finales del siglo XVI ninguno de los humanistas españoles estuvo en América. Viajaron a Italia, Francia, Alemania, Países Bajos, Inglaterra: se quedaron en el Viejo Mundo y no cruzaron el Atlántico para conocer el Nuevo»[485].

La pregunta es molesta pero no difícil. América era una realidad incierta, peligrosa y desde luego incomodísima. El Humanismo es amante de la arqueología textual, ocupación pacífica donde las haya, y fundamentalmente áulico en sus gustos. La curiosidad por la cultura no es exactamente lo mismo que la curiosidad por la vida y, en no pocos casos, resultan incompatibles en un mismo individuo. Pero hay otro asunto relacionado con lo anterior, y por lo menos tan interesante como este: «A esta falta de interés corresponde otra más grave aún y más sorprendente. El Humanismo español fue en su esencia cristiano y moral. El más grande los humanistas peninsulares, Juan Luis Vives, estaba profundamente preocupado por los grandes problemas morales de su tiempo. Escribió muchas obras sobre la paz en Europa, el problema de la pobreza en las ciudades, la responsabilidad de la propiedad privada, la educación de los jóvenes, la vida cristiana, pero no se preocupó por los problemas morales que habían surgido en América. Su caso es típico para el Humanismo español. Fueron misioneros los que protestaron contra los abusos de los conquistadores; fueron teólogos eclesiásticos, y no humanistas, los que discutieron la justificación de la conquista española, defendieron los derechos de los Indios y sentaron la base de un nuevo Derecho Internacional. Es cierto que los teólogos se valieron muchas veces de argumentos sacados de autores antiguos y se empeñaron en escribir un latín elegante según criterios severos de los humanistas, pero esto no cambia nada el hecho fundamental de que estas discusiones fueron en su fondo teológico-jurídicas y no humanísticas»[486]. El humanista español o europeo no se interesa por América y los graves problemas que este descubrimiento plantea a la conciencia cristiana, porque el Humanismo es refractario a todo cuanto no sea su propio mundo.

[485] Karl Kohut, «El humanismo español y América», en *Actas del X Congreso Internacional de Hispanistas* (1989), pág. 3. Disponible en *http://cvc.cervantes.es/literatura/aih/pdf/10/aih_10_1_054.pdf*. Consultado el 1 de noviembre de 2014.

[486] Kohut, «El humanismo español...», pág. 4.

Cuando en el siglo XVIII la Santa Ilustración, heredera directa del Humanismo y sus prejuicios, se convence a sí misma (y lo que es más grave: convence a los otros) de que son ellos los que han descubierto el sol e inventado el fuego, y de que no le deben nada a nadie, aparecen declaraciones de derechos del hombre y del ciudadano, y otros *desiderata* concebidos para convertirse en norte y guía de la nueva sociedad no-religiosa. Y parece como si estos fueran setas que nacen de pronto en la umbría del bosque. Al occidental se le educa para que admire desde la infancia estos logros de su civilización. En muchos libros de texto hay fotografías de algunas de estas declaraciones y fragmentos de ellas. Y es muy posible que el alumno culmine su formación superior, salvo que estudie alguna rama específica del Derecho, sin saber que hasta ahí no se llegó por casualidad, sino a través de un proceso muy largo que empezó en España a principios del siglo XVI. Y eso no porque los españoles fuesen estupendos, sino principalmente por dos razones. Primera: porque eran los imperiales en aquel momento y, por tanto, tenían exacerbado el sentido de la responsabilidad. Segunda: porque en este imperio hubo siempre un sistema de contrapesos en el poder que impidió un funcionamiento efectivo de la ley del silencio[487]. Estaban la Monarquía y la Iglesia, muy poderosa internacionalmente e imposible de controlar. Había que llevarse bien con ella y respetar a sus clérigos. Muchísimo antes de que Thomas Jefferson escribiera, desde su hermosa plantación de esclavos, en la Declaración de Independencia aquella frase inmortal y universalmente conocida «Sostenemos que... todos los hombres son creados iguales e independientes», el jesuita Francisco Suárez había escrito: «Todos los hombres nacen libres por naturaleza, de forma que ninguno tiene poder político sobre el otro». Y añadía que toda sociedad humana «se constituye por libre decisión de los hombres que se unen para formar una comunidad política»[488].

El croquis mental de nuestros conocimientos e ideales como sociedad comenzó por dibujarlo la Ilustración misma, que, cuando llegó a la cumbre, le dio un patada a la escalera y se negó a reconocer deuda alguna ni en conocimiento ni en pensamiento con el mundo anterior a ella, especialmente el hispano-católico. Ya hemos tropezado una vez en la trayectoria de la hispanofobia con una casta intelectual hiperso-

[487] La libertad de expresión sufrió una merma apreciable con el cambio de dinastía. Ni de lejos soñaron los Habsburgo (ni lo pretendieron tampoco) concentrar tanto poder en sus manos como hicieron los Borbones más tarde.

[488] Sobre el pensamiento social de Suárez, véase Wilenius Reijo, *The Social and Political Thought of Francisco Suárez*, Helsinki: Societas Philosophica Fennica, 1963. Sobre la importancia de Suárez en la creación del pensamiento político moderno, véase Quentin Skinner, *The Foundations of Modern Political Thought*, Cambridge: Cambridge University Press, 1988, t. II, págs. 5-6.

berbia que se coloca a sí misma en la cúspide de la civilización y rechaza como bárbaro, oscuro e inferior cuanto está antes o fuera de ella. Si la primera pátina de respetabilidad intelectual a este prejuicio vino del Humanismo, la segunda, la segregó la Ilustración.

«¿Cuándo se jodió el Perú?»

Con esta expresión se alude a un asunto fundamental que surge en cuanto se plantea la vida histórica de Hispanoamérica en cualquiera de sus aspectos: el fracaso económico de los países hispanos frente al éxito espectacular del Norte. Cualquier tema histórico que surja, por pequeño que sea, termina colisionando con este magno problema que no se deja eludir fácilmente. De alguna manera todo el que se acerca a la realidad iberoamericana, ya sea para estudiar su literatura, su demografía o su botánica, tiene unas ideas hechas para explicar este fracaso económico.

La frase del epígrafe es una pregunta que se hace Zabalita, uno de los protagonistas de *Conversaciones en la catedral* (1969) de Mario Vargas Llosa, mientras observa melancólico la descolorida Avenida Tacna en el centro de Lima[489]. Primero se popularizó en la vida pública peruana y luego por el Cono Sur. Ahora se usa ya en todo el ámbito de habla española para referirse a una desastrosa situación actual, que implica una degradación con respecto a otra anterior, la cual no estaba, por tanto, jodida. La pregunta de Zabalita expresa implícitamente que es opinión común que hay un momento a partir del cual se torcieron las cosas, y que estas no estaban torcidas en principio. No insistiremos por ahora en el matiz, pero no lo pierda de vista el lector.

Esta es una cuestión muy seria, porque dependiendo de dónde pongamos el inicio de la espiral descendente, la culpa cae sobre unos u otros. El problema de la culpa subyace penosamente en el fracaso económico de las repúblicas de América del Sur. Y digámoslo ya sin disimulo, las culpas directamente o en diferido van a parar al Imperio español. Esto puede hacerse de manera más sofisticada, más académicamente elaborada o más burda, a lo Chávez, pero lo que vamos a encontrar después de aventar mayor o menor cantidad de hojarasca intelectual es lo mismo.

Culpar al Imperio español del fracaso económico de Sudamérica es como achacar al Imperio romano lo que sucedía en la península Ibérica en tiempos de Atanagildo y Leovigildo (siglo VI), pero el hábito inveterado de entrar en la historia del viejo imperio para buscar culpables y juzgar, tanto los propios como los extraños, está demasiado arraigado

[489] Lo que Zabalita dice literalmente es: «¿En qué momento se ha jodido el Perú?», pero la frase ha sufrido una pequeña modificación al popularizarse.

como para prescindir de él de pronto. Habría que renunciar a las grandes ventajas que proporciona: exime de responsabilidad a los contemporáneos y ofrece como chivo expiatorio a un enemigo que tenía ya una gran tradición literaria e histórica como demonio causante de males. Una de las fuentes nutritivas de la leyenda negra en particular, y de toda imperiofobia en general, es ofrecer un confortable asiento a la autojustificación que busca librarse de culpas o responsabilidades. Si la culpa es del Imperio español (o del imperio que haya), es que no es mía. Esto ya es mucho.

Afrontemos el tema con franqueza, y así evitaremos muchas retóricas y circunloquios innecesarios. Para ello nos servirán de guía dos libros, uno viejo y otro nuevo. El primero lo escribió Alejandro de Humboldt en 1800 y fue el resultado de un viaje famosísimo a América. Se llama *Ensayo político del reino de la Nueva España*. El segundo es la obra reciente de un gran historiador contemporáneo, John Elliot, y lleva por título *Imperios del mundo atlántico: Gran Bretaña y España*[490]. Humboldt nos ayudará a hacer un retrato de cómo era la América española antes de la independencia y de cómo era vista por la intelectualidad ilustrada, y el segundo, por tratarse de una gran obra de síntesis, para ver cuál es la opinión hoy común en la historiografía académica.

Alejandro de Humboldt no fue un gran filósofo ni un gran científico, pero su amor por el saber lo llevó a estudiar y adquirir conocimientos en campos muy diversos. Esto y su asombrosa capacidad de trabajo lo convirtieron en uno de los grandes divulgadores de la ciencia en su tiempo. Su persona fue admirada y no es exagerado decir que reverenciada en vida, y todavía lo es. Llegó a la América española con todos los prejuicios que es posible imaginar en un hombre de la Ilustración, menos uno: no compartía la teoría de la degeneración de Raynal, Buffon y De Pauw, porque en América estaba Estados Unidos, la gran ilusión de Humboldt. De manera que estaba decidido a demostrar que aquel no era un continente irremediablemente condenado a degenerar. De la influencia enorme que ejerció en su tiempo da idea la corriente oceánica que lleva su nombre, pero que él no descubrió. A decir verdad, nunca pretendió haberlo hecho. Fue el jesuita José de Acosta (1540-1600) quien por primera vez la describió, y en tiempos de Humboldt era plenamente conocida por los navegantes. Lo cierto es que Humboldt admiraba profundamente a Acosta (*Viajes* I, 415) cuya *Historia natural y moral de las Indias* fue germen de gran número de verdades científicas que llevan el nombre de otro[491]. En este tiempo funciona ya a pleno rendimiento la

[490] John Elliot, *Imperios del mundo atlántico: Gran Bretaña y España en América*, Madrid: Taurus, 2006.

[491] En 2006 lo ha reeditado Fondo de Cultura Económica. Se encuentra en la red sin dificultad, por ejemplo, en *https://archive.org/details/historianatural02cosrich* (es la edición de 1590 que fue reimpresa en 1894). Consultado el 4 de marzo de 2015.

idea de que ningún conocimiento científico puede venir de los hombres de la Iglesia, ya que estos viven en el seno de una institución oscura, intolerante, enemiga del progreso y de la ciencia.

El liberalismo de Humboldt entiende como bueno no solo el *laissez faire, laissez passer* típico de la doctrina, sino que va más allá y defiende la existencia de una bondad suprema acordada al orden natural como estimulante de las inclinaciones innatas del hombre. Este orden natural permite el libre juego de fuerzas, también naturales, dentro de la sociedad, y se opone, por lo tanto, a las frustraciones e imperfecciones lamentables que van aparejadas a toda institución humana, ya sea estatal, gubernamental o nacional. Los frenos del Estado, monopolios, restricciones, planificaciones, etcétera, son antinaturales y dificultan la libertad del hombre y, en consecuencia, perjudican la cultura, porque no promueven los saludables hábitos del trabajo, la tendencia a comerciar, el amor a uno mismo o el justo sentido de la propiedad: «Precisamente las críticas abiertas o veladas que aparecen en todas partes en el *Ensayo* están fundadas en esta fe en el orden natural. El gobierno imperial español actuaba con suma ineficacia e impedía que los móviles del hombre se movieran libremente buscando su propio beneficio, y por ende, estableciendo el equilibrio y la felicidad sociales»[492]. El barón parte, por tanto, de una posición teórica, según la cual lo que va a encontrar en Hispanoamérica es erróneo y pernicioso para el ser humano. Y precisamente por eso nos interesa: «Esta decidida y militante actitud de Humboldt va a explicarnos muchas cosas: su incomprensión y oposición decidida frente al Imperio español; su pasión liberal a favor de Estados Unidos, el modelo político por excelencia, y a disfavor, por el contrario, de la Nueva España, y su injusta persecución de Carlos Marx»[493]. Por esta razón, a pesar de que se le habían dado toda clase de facilidades para su viaje, de que fue espléndidamente tratado y recibido; de que pudo trazar mapas y planos de las más diversas instalaciones sin restricciones ni desconfianza, y de que consultó con total libertad archivos y documentos reservados, no consideró un deshonor ir a poner a los pies de Thomas Jefferson aquella extraordinaria cosecha de documentos, que el padre fundador, como el gobernante excepcional que siempre fue, se apresuró a copiar rápidamente. El propio Humboldt confiesa que, de su gran mapa de Nueva España, había quedado una copia en la Secretaría de Estado en Washington en 1804. Ese mismo año fue usado para

[492] Alejandro de Humboldt, *Ensayo político sobre el reino de la Nueva España*, estudio preliminar y edición de Juan A. Ortega y Medina, México: Porrúa, 1984, pág. XIV. Juan A. Ortega y Medina fue un exiliado republicano que vivió la mayor parte de su vida en México, donde alcanzó los mayores honores académicos. Su introducción al texto de Humboldt es de una profundidad y una claridad de juicio asombrosas.

[493] Ortega (ed.), *Ensayo político...*, pág. XV.

la expedición de Lewis y Clark desde San Luis a la desembocadura del río Columbia, y en julio de 1806, por el teniente Zebulon Pike para otra expedición que partió de San Luis, Misuri, y acabó tristemente en Santa Fe de Nuevo México. La expedición de Lewis y Clark estaba ya preparada cuando Humboldt y Jefferson se vieron. Este, empero, con muy buen sentido, no consideró oportuno informar de su existencia al prusiano. Los mapas y documentos de Humboldt fueron un instrumento formidable en los planes imperiales de los estadounidenses, y hasta mediados de siglo tuvieron consideración de documentos de Estado. Los estudiantes de minería y otros estudiantes novohispanos que ayudaron a Humboldt, llevados de un loable celo ilustrado, no supieron nunca realmente para quién trabajaban.

En las encantadoras veladas de Monticello, la plantación que Jefferson tenía en Virginia, el barón y el padre fundador gustaban de cambiar impresiones sobre el Imperio español y su futuro. Benjamin Silliman, que visitó a Humboldt en Berlín en el verano de 1851, cuenta que este le refirió las conversaciones que había tenido en Monticello sobre los planes extraordinarios de Jefferson para dividir Hispanoamérica en tres repúblicas[494]. No es de extrañar que en 1856 John B. Floyd, secretario de Guerra, le agradeciera a Humboldt sus servicios en los términos más elogiosos: «A nadie he oído discutir los problemas de nuestras relaciones con México y Cuba con más calma y ponderación hacia nosotros, y con más completa y perfecta apreciación de todos los factores circunstanciales, que acarrearían cualquier progreso ulterior por nuestra parte»[495]. Obsérvense los delicados eufemismos de Floyd: «los problemas de nuestras relaciones con México y Cuba» y «cualquier progreso ulterior por nuestra parte». No obstante lo dicho, a partir de la década de los cuarenta, especialmente desde su conocimiento de la sangrienta expedición del coronel John C. Frémont contra los indios (1842-1844), Humboldt empieza a recelar de la nueva potencia y de su capacidad para mejorar el ser humano. Pronto expresa sus temores de que «precisamente el engrandecimiento territorial trajera consigo circunstancias que impidieran el propio desarrollo de las instituciones libres que son y deben ser del pueblo norteamericano», y finalmente comunica a Benjamin Silliman, del colegio de Yale, que tiene razones para creer que la Confederación (Humboldt llamó siempre a Estados Unidos de esta manera) provocará abusos de poder y, aunque reconoce las ventajas que el engrandecimiento puede traer, lamenta la extinción que amenaza a las razas aborígenes por causa de la violencia de las nuevas poblaciones. Humboldt, que había inspirado a Gallatin un

494 Helmut de Terra, *Humboldt. Su vida y su época (1769-1859)*, México: Gandesa, 1956, pág. 148. Es traducción de un texto alemán.

495 Citado por Fernando Ortiz en su introducción a *Ensayo político sobre la isla de Cuba de Humboldt*, La Habana: Archivo Nacional de Cuba, 1960, pág. 75.

tratado destinado a promover la integración de los pieles rojas[496], tiene en el otoño de su vida que aceptar un hecho amargo que no había previsto en su jubilosa adhesión a la expansión del Imperio estadounidense, a saber: que el nuevo imperio no cuenta ni poco ni mucho con la población indígena, y que hacerla desaparecer de su territorio por expulsión o por desintegración será una prioridad desde el principio[497]. Y la pregunta que surge a continuación es muy desagradable: ¿tenía un hombre como Humboldt derecho a no saber lo que iba a pasar? ¿No tenía elementos de juicio sobrados en sus manos como para imaginarlo? ¿Acaso prefirió mirar para otro lado, en una postura típica del intelectual que coquetea con el poder, le proporciona argumentos y lo arma de razones, pero luego se retira discretamente porque su delicadeza le impide mancharse las manos? Después de haber criticado sin misericordia la actividad de los misioneros españoles, por paternalista y anticuada, Humboldt se ve obligado a reconocer que hay que juzgar a los hombres por cómo actúan ante un problema determinado y no por las ideas con que se enfrentan a él: «En Estados Unidos se ha venido despertando gran estima por mí; pero todo me hace ver que allí la libertad es tan solo un mecanismo para lo útil, mas no es ennoblecedora y avivadora del intelecto y los sentimientos»[498]. Frémont utilizó el nombre de Humboldt para legitimar su actividad conquistadora porque su nombre era un tótem sagrado de la Ilustración mundial, a pesar de que este lamentó siempre —en privado— las matanzas que provocó. En privado, no en público. Porque si Frémont utilizó a Humboldt de manera espuria, el barón se dejó utilizar y no intervino públicamente para evitarlo, cosa que pudo haber hecho y no hizo. Su voz hubiera sido oída en todo el mundo, y quizá hubiera evitado muchas muertes.

Nos encontramos, por tanto, con que el Imperio Viejo y el Imperio Nuevo se ven obligados a enfrentarse al mismo problema: la existencia de población indígena en los territorios de su expansión. Uno y otro necesitan población, y lo saben, pero mientras el Imperio Viejo decidirá contar con los nativos, el Imperio Nuevo, más ilustrado, más tolerante y más liberal, no se planteará siquiera esa posibilidad. Desde el principio los padres fundadores imaginan dos soluciones al problema de la población en el Norte: esclavos negros para la mano de obra sin cualificar y población europea sobrante. Desde estos comienzos en que domina el racismo y la exclusión, a la situación actual en Estados Unidos media un abismo. Todo imperio en su desarrollo tiene que plantearse el problema

[496] Abraham Alfonso Gallatin era un etnólogo y lingüista de origen suizo que fue secretario del Tesoro en Estados Unidos. Hizo posible la compra de la Luisiana a Napoleón sin subir los impuestos.

[497] De Terra, *Humboldt...*, pág. 271; Ortega (ed.), *Ensayo político...*, pág. XIX.

[498] Ortiz en su introducción a *Ensayo político...*, pág. 75.

de la integración de las gentes diversas que lo habitan. Y o lo hace con franqueza y valentía, como lo hizo el Imperio español en su momento, o provocará su propia perdición. Estados Unidos viene haciéndolo desde la segunda mitad del siglo XIX, y ha acabado convirtiendo la lucha contra el racismo y la discriminación (sus demonios familiares) en uno de los pilares de su desarrollo. Y no por generosidad, sino por necesidad y sentido común. Si no lo hubiera hecho, Estados Unidos se hubiera visto desgarrado por tensiones internas y hoy estaríamos escribiendo su epitafio.

El abordaje crítico del Imperio hispanoamericano tenía, pues, que ser negativo. Para Humboldt era la prolongación antinatural de un sistema anacrónico y obsoleto, que ya debería haber muerto, como todo el mundo católico en general, pero que, de algún modo, ha prolongado su existencia. Sin embargo, como su crítica no fue todo lo feroz que la Ilustración europea esperaba; como lo que describió, a su pesar, fue un mundo bastante bien organizado y razonablemente próspero, y no una cueva de ladrones en la que la gente se moría de hambre por las calles perseguida por una tiranía implacable, Humboldt fue acusado de mentir, o al menos de atenuar la «verdadera» situación del Imperio hispanoamericano por agradecimiento al buen trato que en él había recibido. Gran error: desde el principio hasta el final, incluso en sus escasos y siempre matizados elogios, Humboldt trabajó siempre en procura de la disgregación y destrucción de aquel imperio. No por maldad, sino porque consideraba, como todo el mundo protestante primero, e ilustrado después, que lo español era *per se* inmoral, y era, por lo tanto, una obligación de la decencia combatirlo.

A este andamiaje mental se debe añadir que, como señala Juan Ortega, «su *metrón* valorativo, con ser extraordinario, estaba acomodado, sin embargo, a la medida europea». Sus parámetros científicos y morales se ven completamente desbordados por la inmensa geografía política, social y física del Imperio hispanoamericano, que se le escapa por todas partes. Su propia experiencia burocrática en Prusia o Baviera, incluso en Francia, lo habían preparado para comprender el funcionamiento de pequeños estados, pero no realidades políticas desmesuradas como Nueva España, Nueva Granada o el Perú. En no pocas ocasiones critica medidas políticas que solo adquieren sentido en el contexto de un gran imperio, pero que él busca comprender en lo inmediato sin alcanzar las razones profundas. No es que se equivocara en todo, pero en mucho sí. Veamos algunos ejemplos.

La incomprensión más dolorosa del barón tiene que ver con la política de integración indígena. El régimen de misiones (las reducciones) empleado por la Iglesia para asimilar y favorecer los asentamientos de los indios montaraces le parece inadecuado. Las repúblicas de indios, un régimen de autonomía implantado por el Derecho Indiano en 1538 y ratificado en 1549, que aún funcionaba perfectamente cuando Humboldt viaja por Nueva España, no le interesa. Para Humboldt la integración y regeneración del indio debe hacerse por decreto y de un plumazo, destruyendo sus lazos comunales, que él considera perniciosos, y sus sistemas de organización tribal. Que el Derecho Indiano prohíba intervenir tanto a las autoridades eclesiásticas como civiles en estas repúblicas de indios cuyas leyes internas e instituciones se respetan, no le parece un rasgo de tolerancia, sino un anacronismo feudal. Ya en su vejez, admitirá que aquel régimen paternalista español era preferible a la destrucción implacable que se estaba produciendo en el Norte en nombre del progreso.

Son muchas las contradicciones en que Humboldt incurre y que suelen originarse en la colisión entre sus ideas y la compleja realidad circundante. Así, por ejemplo, lamenta constantemente la miseria y la pobreza de los indios, pero se ve obligado a reconocer que los indios agricultores de estas repúblicas, por él tan criticadas, por ser islas que impiden el libre *laissez faire*, única fórmula de felicidad que él reconoce, no pagaban ni impuestos indirectos ni alcábalas, y que su situación era más feliz que la de muchos campesinos europeos, notablemente los de la zona norte de Alemania[499]. Nunca dejó Humboldt de reconocer que el indio asimilado tenía su lugar en el mundo hispano y que participaba abiertamente y sin trabas en la vida de la comunidad. Al prusiano le resulta incomprensible que los campesinos españoles paguen más impuestos que los indios[500].

Con respecto al trabajo de las minas, Humboldt muestra un profundo desagrado. Le parecen demasiado controladas por el Estado, y critica la dependencia económica excesiva con respecto a su explotación, como si la conquista del Oeste no se estuviera haciendo con el estímulo de las minas de oro o como si el desarrollo del capitalismo temprano no dependiera también grandemente de la minería. Estas contradicciones flagrantes demuestran que Humboldt ve el mundo a través de sus prejui-

[499] Ortega (ed.), *Ensayo político...*, págs. 66 y 237. Miguel Molina Martínez, «La minería indiana en la época de Carlos V», en Juan Luis Castellano Castellano y Francisco Sánchez-Montes González (eds.), *Carlos V. Europeísmo y Universalidad. Actas del Congreso Internacional (Granada, mayo-2000)*, Madrid: Sociedad Estatal para la Conmemoración de los Centenarios de Felipe II y Carlos V, 2001, págs. 467-484.

[500] Ortega (ed.), *Ensayo político...*, págs. 551. Ortega comenta con humor: «Extraño y absurdo imperio aquel, debió de haber pensado, que obligaba más a los supuestos y más cercanos amos que a los lejanos vasallos». El esfuerzo fiscal para levantar el enorme imperio de América fue casi todo castellano. Los americanos, como casi todos los habitantes del imperio, pagaban menos tributos que estos: Phillip W. Powell, «Portrait of an American Viceroy: Martín Enríquez, 1568-1583», *The Americas* 14 (1957), págs. 1-24 (pág. 11).

cios y que un mismo hecho le merece un juicio diferente dependiendo de quién lo ejecute o dónde se produzca. En la Nueva España no hay rastro ya de mita, de la que sobreviven restos en Perú, que Humboldt critica sin misericordia[501]. Pero esta no es la situación general. El barón confiesa que el minero novohispano es un hombre libre y el mejor pagado que él ha conocido[502]. Y eso que Humboldt se refiere solo al jornal, que era de 6 reales. Es curioso que ignore o desdeñe informarnos del incremento del salario del indio minero por medio de los llamados «partidos» o derecho a seleccionar uno de los tenates (espuertas) de mineral extraído, que solía valer entre 6 y 8 reales de a ocho, y que recibía el nombre de «pepena». Fue este un arbitrio real (otra intervención atroz de la economía organizada en el paraíso del *laissez faire*) que se ideó para atraer al indio al rudo trabajo minero y evitar la conflictividad social[503]. No había ni mujeres ni niños en las minas, y en líneas generales el minero era un trabajador libre que tenía casa propia. Seguramente esta era muy humilde, pero era suya. Quiere esto decir que las condiciones laborales de los indios mineros de Nueva España en 1804 eran mejores que las de un minero inglés de la misma época. No había ni mujeres ni niños en las minas del Imperio español, pero sí en Inglaterra: «Prior to 1842, children were into the pit to work at very early age, though the six and seven-years-old referred to in an account of 1800 quoted by Ashton and Sykes were uncommon by that time according to the Reports of the Children's Employment Commissioners, when eight was usually the youngest age of entry»[504]. En muchos lugares de Estados Unidos, particularmente en Virginia, los mineros eran pagados con vales, no con dinero de curso legal (*scrip* o *coal scrip*), que solo eran canjeables en los almacenes de

[501] La mita era un sistema de trabajo fiscal característico de la región andina. Los impuestos se pagan no con dinero o bienes, sino con trabajo. Se creó para el imperio de Tuhuantinsuyo y los españoles lo continuaron. Movilizaba a una parte de la población para trabajar por turnos en caminos, puentes, acueductos, minas, etc. Cada grupo aportaba un número determinado de trabajadores durante unos meses o semanas al año. Se elegían por sorteo entre los varones de entre dieciocho y cincuenta años. Era trabajo asalariado. Vale la pena recordar que un europeo medio hoy trabaja para el Estado unos cinco meses al año.

[502] Ortega (ed.), *Ensayo político...*, pág. 370.

[503] Salvador Álvarez, «La historiografía minera novohispana: logros y asignaturas pendientes», en Margarita Guerra Martière y Denisse Rouillon Almeida (eds.), *Historias paralelas. Actas del Primer Encuentro de Historia Perú-México*, Zamora (Michoacán)-Lima: Colegio de México y Universidad Pontificia Católica del Perú, 2005, pág. 121. F. L. Bustamante, «Huelgas del virreinato», *Revista México* (1941), págs. 35-46.

[504] Brian R. Mitchell, *Economic Development of the British Coal Industry 1800-1941*, Cambridge: Cambridge University Press, 1984, pág. 101. Sobre el trabajo de las mujeres, véase pág. 103.

la compañía. Las casas también eran de la compañía y los trabajadores estaban obligados a vivir en ellas pagando alquileres que solían ser muy superiores a los del mercado. Hubo dueños de minas que mejoraron por iniciativa propia las condiciones de vida de los trabajadores, que eran de auténtica esclavitud, pero sus loables iniciativas fueron durante mucho tiempo filantropía, no ley[505].

Humboldt nos informa de que los salarios de los trabajadores novohispanos no están muy por debajo de los que se pagan en Francia, donde, en plena euforia revolucionaria, se pagaban los más altos de Europa. Tampoco son inferiores a los que se cobran en Estados Unidos[506]. No tiene en cuenta en sus cálculos ni los jornales que se pagaban en Tierra Caliente ni en la región de Veracruz, que eran tres o cuatro veces superiores a los del resto del virreinato. Hoy sabemos que los salarios de estas zonas eran los más elevados del mundo occidental[507]. Y si comparamos, como hace Humboldt, el jornal medio novohispano con los que se pagaban en la India del Imperio británico, la diferencia es de 5 a 1 a favor de México. En la zona de Querétaro, el barón visitó los obrajes, que eran grandes talleres manufactureros. Las condiciones de trabajo eran insalubres y opresivas, y el prusiano las critica muy justificadamente. Pero esta explotación del trabajo, ya francamente capitalista, no era peor que la que existía en Inglaterra en los inicios de la Revolución Industrial. Ni en Querétaro ni en Puebla había niños y mujeres trabajando en los obrajes ni se obligaba a los trabajadores a vivir en las dependencias del taller. El Estado intervenía activamente para impedir los abusos más graves[508]. Y esto, junto con otras medidas de planificación económica, le parece a Humboldt quizá moralmente válido, pero nocivo a fin de cuentas al obstaculizar el libre juego de la actividad mercantil y manufacturera. El viajero censura enérgicamente que las autoridades decretasen arrancar viñas y olivos en diversas regiones novohispanas para proteger la producción peninsular, y considera el colmo de los despropósitos que sí se permitiera el cultivo en Chile o en Parras, al norte de Nueva España, con lo cual una medida anula la otra y ninguna sirve para nada[509]. Humboldt presenta el hecho, pero no lo estudia ni acierta a comprenderlo, y todo va a engrosar sus críticas a unas autoridades que no entienden nada del desenvolvimiento de la economía moderna. Ciertamente la autoridad imperial quiere

[505] W. P. Tams Jr., *Smokeless Coal Fields of West Virginia: A Brief History*, Morgantown: Virginia University Press, 2001, págs. 4-8. La primera edición es de 1983.

[506] Ortega (ed.), *Ensayo político...*, pág. 265.

[507] Ortega (ed.), *Ensayo político...*, pág. XXXVIII.

[508] Iam Bazant, «Evolución de la industria textil poblana, 1544-1845», *Historia mexicana* 4 (1964), págs. 473-516.

[509] Ortega (ed.), *Ensayo político...*, pág. 282.

proteger la producción peninsular de estos productos, pero también las de Chile y Parras, donde difícilmente se hubieran podido adaptar otros cultivos. Es una política de equilibrios regionales que busca favorecer las zonas más desfavorecidas y contrapesar la producción para evitar caídas en los precios de venta, como hace hoy la Unión Europea. En el Yucatán fueron taladas las nopaleras sustentadoras de la cochinilla (grana) para proteger la producción de los indios de la Mixteca[510]. Estos cambios en la producción no se decidían a tontas y a locas, sino asegurándose primero que hubiera una alternativa viable, que el Estado apoyaba fomentando el cambio con bajadas de impuestos o directamente subvencionando. Esto nos parece hoy lo más normal del mundo. La cosecha de cacao, típico producto mexicano, se controlaba en el sur (zona de Soconusco) y en Guatemala para facilitar a los agricultores de Venezuela, Ecuador, islas Filipinas y Canarias un medio de vida rentable.

Humboldt se asombra de que durante tres siglos el precio del trigo se hubiera mantenido estable en Nueva España, lo cual le parece antinatural. Y ciertamente lo era. Hay un claro intervencionismo estatal para controlar los precios de los productos de primera necesidad, como el maíz y el trigo, al objeto de evitar las especulaciones con ellos, con las consiguientes carestías y hambrunas. Como era imposible impedir la actividad de los acaparadores, las autoridades, tanto imperiales como locales, establecieron gran previsión de alhóndigas, pósitos y silos para prevenir la especulación, e inyectaban en el mercado grandes cantidades de grano para evitar la elevación de los precios en los años de malas cosechas. Esto de inyectar en el mercado también nos parece hoy lo más normal del mundo. Es imposible que Humboldt no viera estas útiles instituciones bastante voluminosas y repartidas por todos los territorios, pero no despiertan su interés, y es de suponer que las consideró también un odioso ejemplo de intervencionismo estatal[511].

Para acabar, no se puede pasar por alto la ceguera más clamorosa de Humboldt, que tiene que ver con el arte. Solo tiene ojos para los nuevos edificios de estilo neoclásico, y desdeña el espléndido barroco hispanoamericano que le parece «gótico». Con razón comenta Pierre Chaunu: «Pasó Humboldt... por el maravilloso barroco hispano-colonial y parece no haberlo visto. ¿Insensibilidad del sabio naturalista solo atento al fenómeno científico? ¿Incomprensión del barroco? ¿Complejo fundado en motivos religiosos? Lo cierto es que, como acabo de referir, llama gótica a la catedral de México y apenas admira en ella más que las torres adornadas de estatuas y columnas; pasó por Bogotá y no le llamó la atención más que el salto de Tequendama; estuvo en Quito, relicario de

[510] Ortega (ed.), *Ensayo político...*, pág. 304.

[511] Ortega (ed.), *Ensayo político...*, pág. XL.

arte como pocos, con las iglesias de San Francisco o la Compañía, y no se dio por enterado»[512].

La obra de Humboldt tuvo una influencia en su momento y después en toda Hispanoamérica que difícilmente podría comprender el lector de hoy. Durante todo el siglo XIX, lo que había que hacer en México era lo que Humboldt había dicho y lo que había que destruir, aquello que él había condenado. Liberales y conservadores se tragaron ruedas de molino, porque negar a Humboldt era negar la modernidad. Libro en mano, unos y otros verificaron sus proyectos y justificaron sus propuestas. Ignacio Ramírez, el Nigromante, marcó el momento cumbre exigiendo la *humboldtización* de México: «Este programa presuponía necesariamente la condena del mundo colonial; la negación de toda la ciencia en el pasado hispánico», pero Ortega puntualiza con razón las condiciones de este suicidio: «No crea el lector por lo escrito que las cabezas liberales mejor dispuestas ignorasen en absoluto los avances logrados por la ciencia, el arte y la filosofía novohispanas; mas para ellas era cuestión de principio el tener que verse obligadas, incluso dolorosamente, a negar todo progreso que fuese anterior, en el mundo hispánico, a los postulados liberales que ellas sustentaban. Incluso, cuando los adelantos eran evidentes, la mejor solución fue declararlos anticuados, y por lo mismo, inoperantes»[513].

Aunque hubo que esperar hasta la guerra de Cuba para emitir el certificado de defunción del Imperio español, porque un imperio es una realidad tan enorme y compleja que su fallecimiento no se observa a simple vista, en realidad el imperio estaba muerto desde hacía aproximadamente un siglo. Se mantiene en pie por pura inercia, como el Imperio romano en tiempos de Caracalla, y esta larga vida inercial del Imperio español da idea de la formidable maquinaria político-administrativa que creó. Humboldt y su agasajado itinerario por tierras hispanas son un síntoma evidente de este mundo que desfallece. Porque este viaje no era en realidad el que el barón deseaba hacer. El ilustrado quiere hacer un gran viaje de estudios transcontinental, pero no por tierras del Imperio español. Lo intentó primero con Inglaterra y sus posesiones de ultramar, luego con Francia y finalmente con Rusia y el Imperio otomano. Esto por orden de preferencia. Pero no consiguió permiso para viajar en ninguno de estos lugares. No he podido averiguar qué vieron en el prusiano que les hizo recelar pero, considerando el botín de documentos e información privilegiada que el buen Humboldt entregó a Jefferson, el hecho se vuelve más comprensible. Todos vieron algo que les hizo desconfiar. Todos menos las autorida-

[512] Pierre Chaunu, *L'Amérique et les Amériques, de la Préhistoire à nos jours*, París: Armand Colin, 1964, pág. 100.

[513] Ortega (ed.), *Ensayo político...*, pág. XLVI.

des españolas. Más tarde Humboldt pudo visitar Rusia, pero no en las mismas condiciones que en las regiones hispanas donde fue agasajado, atendido y paseado por las clases altas y los dirigentes de cada ciudad como si de un apóstol se tratara (de hecho, lo era), con libre acceso a datos, archivos y documentos. Los rusos accedieron con grandes restricciones. El itinerario del barón fue cuidadosamente supervisado y estuvo en todo momento controlado por las autoridades rusas que, al mismo tiempo que cumplían con sus deberes de hospitalidad, no lo perdían de vista. Nunca se le permitió desplazarse solo ni investigar más que aspectos relacionados con la historia natural. Cualquier observador agudo puede ver en el viaje de Humboldt por el Imperio español el espíritu de su muerte inminente. En el viejo imperio no alienta ya ni el más básico de los instintos, el de autoconservación.

Considerado como uno de los hispanistas más solventes de las últimas décadas, el británico John Elliot tiene una larga trayectoria como investigador y ha enseñado en algunas de las mejores universidades del mundo. Su obra nos viene muy a propósito para tomarle el pulso a los prejuicios del mundo académico más respetado ahora mismo. Entre él y Humboldt median dos siglos, pero realmente hay poca distancia. Comparten la generalizada incapacidad europea para medir la enormidad americana y, en última instancia, el hábito inveterado de los intelectuales europeos —españoles también— de entrar en la historia del Imperio español para juzgar. Elliot además nos servirá para exponer cómo es la remoción última de los viejos prejuicios. En *Imperios del mundo atlántico*, el gran historiador afirma que su propósito es ofrecer una visión equilibrada de los imperios europeos de América centrándose en los casos inglés y español, y dejando de lado a los portugueses y holandeses. Se trata de explicar los distintos hechos históricos de los dos imperios por sí mismos y no como parte de una concepción histórica predeterminada, que es fundamentalmente la angloprotestante, de la que Elliot quiere escapar superando los estereotipos enquistados en siglos de enemistad o en los tópicos de la leyenda negra. Esta obra se escribe, según su propio autor, desde un punto de vista que ya ha superado la hispanofobia. Veamos cómo.

Los indígenas

Para explicar las diferentes evoluciones que ha habido en el Norte y en el Sur, Elliot destaca primeramente las diferencias entre las poblaciones indígenas. Las del Norte eran mucho más retrasadas y estaban formadas por cazadores recolectores, mientras que las del Sur estaban mucho más sedentarizadas y presentaban un alto grado de organización política. Esto ayudó a los españoles y favoreció una práctica activa de asimilación e hizo imposible algo semejante en el Norte. Quedan, por lo tanto, perfectamente explicadas las distintas políticas que se aplicaron en Norte y Sur, y que en modo alguno se debe a que en el Imperio español se suscitó una gran preocupación por los derechos humanos, sino simplemente a que era fácil y útil, porque se podía explotar a los indios como mano de obra. En el Norte se exterminó a los indios, no por racismo sino porque era imposible hacer otra cosa, ya que para trabajar no servían. Ahora bien, no todas las poblaciones indígenas del Norte eran incivilizadas ni todas las del Sur eran civilizadas, entendiendo con esta palabra, como hace Elliot, capaces de producir alimentos de manera intensiva. La mayor parte de la población indígena del Norte cultivaba el maíz y mantenían instituciones de gobierno bastante civilizadas, como los iroqueses, algoquines o dakota[514]. Por contra, no se pueden considerar *civilizadas* a las tribus de la cuenca amazónica y otras muchas áreas en las selvas de Colombia y México o la frontera peruana, por ejemplo. Los fueguinos y los láguidos de la Tierra de Fuego y otras zonas de Chile y Argentina desconocían completamente la agricultura. Los grupos yumanos de Baja California —antes territorio mexicano— estaban en un Paleolítico fosilizado. Sin embargo, la política de asimilación se practicó por igual con indígenas civilizados y sin civilizar, y no se debió, por tanto, a que fuese fácil ponerla en práctica. La labor de los jesuitas en la cuenca amazónica, y de los franciscanos y los dominicos en otros territorios, es un testimonio que duró siglos y se dispersó por miles de kilómetros cuadrados. Había pocas esperanzas de que esta inversión diera frutos a corto y medio plazo, y de hecho no los dio. En la zona de Maynas, en lo que hoy es la Amazonia peruana, «los jesuitas, en el espacio de pocas décadas, hicieron un increíble trabajo de asimilación fundando ciudades como Iquitos, Jeberos, Peras, Borja, Yurimaguas, Lagunas y otros asentamientos y realizando una labor inmensa en todos los campos»[515]. No eran tribus precisamente civilizadas y pacíficas: curare, dardos envenenados, reductores de cabezas, primitivo cultivo de rozas... Varios jesuitas murieron en el intento, pero no por eso abandonaron la empresa. Tampoco eran muy civilizados los habitantes de la larga y estrecha península de California que estaban anclados en el Paleolítico. Desconocían la agricultura y la ganadería, la alfarería y la elaboración de vestidos. Ya Cortés se había adentrado en estas tierras en 1553. Mucho después llegaron los jesuitas, que establecieron, como solían hacer, una férrea supervisión

[514] Philippe Jacquin, *Los indios de Norteamérica*, Madrid: Siglo XXI, 2005.

[515] «Solo los misioneros fueron capaces de llevar adelante la abnegada labor de cristianizar y civilizar a las tribus, en muchas ocasiones con la pérdida de sus vidas; principalmente alcanzó un estimable nivel económico con la extensa red de pueblos fundados por los jesuitas. Mas todo prácticamente desapareció al ser expulsada la Compañía de Jesús en 1764»: María del Carmen Martín Rubio, *Historia de Maynas. Un paraíso perdido en el Amazonas*, Madrid: Atlas, 1991, pág. X.

sobre los territorios a ellos encomendados[516]. Miguel del Barco, jesuita que pasó treinta años en aquella región y que fundó allí la misión de San Javier, que se conserva actualmente bastante bien, dejó una impresionante investigación sobre las condiciones naturales de estos territorios y sobre los nativos. Eran mucho más primitivos que los navajos o los siux. Del Barco cree que hacen falta varias generaciones para que el indígena asimile la idea de futuro, no como horizonte lejanísimo, sino para unos meses, idea sin la cual el sembrar y cultivar no puede prosperar. El indígena siembra y luego olvida cuidar lo sembrado arrastrado por el hambre inmediata. Diez años antes de la expulsión estaba todavía la Compañía mandando exploradores para fundar misiones más al norte. Estas gentes desaparecieron en pocos años tras la expulsión de la Compañía.

Si, como Elliot afirma, los indios del Norte eran inasimilables y no había lugar para otra política más que la que se adoptó, ¿cómo consiguieron entonces los españoles sellar pactos que duraron siglos con tribus indias que habitaban en territorios que hoy pertenecen a Estados Unidos? No debían de ser todos tan salvajes cuando la supervivencia de los que llegaron en el *Mayflower*, como es bien sabido, se debió a la colaboración de los indígenas, que enseñaron a los ingleses a cultivar el maíz. Los pactos fueron una política consciente y deliberadamente practicada por la Monarquía Católica desde el comienzo, porque los españoles fueron siempre pocos. De manera que el imperio que se levantó fue fruto del esfuerzo de los españoles y los indios. En el asedio de Tenochtitlán, Cortés contó con el apoyo de unos 200.000 indígenas[517]. El avance de Gonzalo Jiménez de Quesada por territorio panche se hizo con 50 españoles y unos 15.000 muiscas en 1537[518]. La conquista del Cuzco la llevaron a cabo 190 españoles con Francisco Pizarro al mando de 30.000 muiscas, cañaris y chachapoyas[519]. Solo quienes no conocen a los

[516] «Los jesuitas mantuvieron control absoluto sobre los soldados que entraron con ellos. ¡Ejército impresionante que nunca excedió de una treintena de hombres!»: Miguel del Barco, *Historia natural de la Antigua California*, ed. Miguel León-Portilla, Madrid: Historia 16, 1989, pág. 9.

[517] Raúl Pérez López-Portillo, *Historia breve de México*, Madrid: Sílex, 2002, págs. 54-55.

[518] Marta Herrera Inglés, «Transición entre el ordenamiento territorial prehispánico y el colonial en la Nueva Granada», *Historia crítica* 32 (2006), págs. 118-153.

[519] Elías Martinengui Suárez, *El imperio de los incas: causas de su destrucción*, Lima: B&B Print, 1987, pág. 322. Hay más obras que tratan de estos pactos, como el trabajo de Andrés Ruiz-Esquide Figueroa, *Los indios amigos en la frontera araucana*, Santiago de Chile: Editorial Universitaria, 1993. Está disponible en la red: *www.memoriachilena.cl/602/w3-propertyvalue-94236.html*. Este es uno de los aspectos en la historia de la América española más necesitados de una gran monografía que exponga la importancia que esta política de pactos tuvo en el desarrollo del imperio.

indios ni se tratan con ellos piensan que todos son uno, y creen que no tienen ambición ni conciencia de sí mismos.

En 1977, Philip Wayne Powell, pionero en tantos aspectos, publicó *La guerra chichimeca* que supuso una contribución valiosísima a un campo problemático y poco explorado[520]: «Powell tuvo el mérito de haber participado en el desarrollo de una mejor comprensión de las empresas de conquista españolas al aportar nuevas evidencias de que esas empresas, en muchos años, solo fueron posibles merced a la experiencia y a los esfuerzos militares de los indios que las auxiliaron»[521]. Con los años este campo de investigación abierto por Powell ha conocido un desarrollo notable, pero no tanto como podría esperarse. Aquí nos detendremos solamente en la historia de uno de estos pactos con indios que vivían en territorio de lo que hoy es Estados Unidos. Hay cientos.

La provincia de Sonora estaba formada por parte de lo que es el actual estado de Sonora en México y parte de los estados de Arizona y Nuevo México de Estados Unidos. Constituía un territorio fronterizo e inestable al que los españoles llamaban Tierra Adentro. En el momento del contacto, la región estaba habitada por varias tribus seris (cazadores recolectores) que guerreaban incesantemente entre sí y con otras tribus. Vivían también en el territorio los pimas, divididos en pimas altos y pimas bajos, según su zona de asentamiento. Eran semisedentarios. En el sur estaban los yaquis y los mayos, que eran agricultores. La zona central y noroeste estaba ocupada por otro grupo también agricultor, los ópatas. Este grupo padecía las incursiones de los seris, pero sobre todo de los apaches, que bajaban periódicamente de las zonas septentrionales. Ninguno de estos grupos sentía la menor afinidad con el otro. En el siglo XVIII, el visitador José Rafael Rodríguez Gallardo explica en su informe que los indios defienden tenazmente sus diferencias y que guardan con orgullo la memoria de sus enfrentamientos seculares: «No hay gente más nacional que los indios. Confunden paisanaje y el parentesco. A sus connaturales llaman parientes. Por eso son tan opuestas unas naciones a otras». Y añade: «No hay naciones más opuestas que los yaquis y los pimas bajos. Decirle a un yaqui, "pima", o a un pima, "yaqui", es la mayor afrenta y asunto que exige tomar venganza del improperio»[522].

A mediados del siglo XVII los españoles comienzan a penetrar al norte de Sinaloa. Antes incluso de entrar en la tierra de los mayos, habían pactado con ellos un tratado de ayuda mutua. Parece que son los mayos los que buscan el contacto porque eran un pueblo agricultor y estaban inte-

[520] Philip Wayne Powell, *La guerra chichimeca*, México: FCE, 1977.

[521] José Luis Mirafuentes Galán, «Las tropas auxiliares: conquista, contrainsurgencia y rebelión en Sonora», pág. 95. El artículo está en la red: *www. ejournal.unam.mx/ehn/ehn13/EHNO1305.pdf*. Consultado el 11 de noviembre de 2014.

[522] Mirafuentes Galán, «Las tropas auxiliares...», pág. 101.

resados en las técnicas de cultivo que los jesuitas estaban dando a conocer en zonas limítrofes. La situación de los mayos era particularmente difícil en este momento, y por eso sus jefes buscan una alianza con el nuevo poder en la región. Con una población de unos 30.000 individuos, tienen grandes dificultades para producir alimentos suficientes para todos. Las tierras bajo su dominio no son suficientes. Según Decorme, tenían ya sobrepoblado el territorio y no podían extenderse por tierras adyacentes a causa del encajonamiento que sufrían entre los yaquis, los suaquis y los tehuecos (tribus seris), con los que habitualmente guerreaban[523]. A la presión excesiva sobre sus propios recursos, los mayos debían hacer frente a los saqueos constantes de sus vecinos. De esta situación de encajonamiento y sobrepoblación salieron los mayos merced a su pacto con los españoles. En 1609 el capitán de Sinaloa, Diego Martínez de Hurdaide, declaró la guerra a los yaquis. Necesitó tres campañas para pacificarlos. En la última de ellas llevaba un destacamento con 40 españoles y 4.000 indígenas entre tehuecos y mayos. Dos años después, los mayos colaboraron activamente en la construcción del fuerte de Montesclaros en Sinaloa. En poco tiempo se pactó también con los yaquis y con los ópatas. De manera que estas tribus comenzaron a colaborar entre sí y dejaron de hacerse la guerra. Así estuvieron en condiciones de enfrentarse a las incursiones fronterizas con mucho más éxito. La dependencia que la estabilidad de la frontera tuvo de los acuerdos firmados con estas tribus fue absoluta. La alianza con los ópatas del noroeste fue fundamental para garantizar la seguridad de los asentamientos septentrionales de las incursiones apaches. A los ópatas de la zona de Santa María Bacerac se los dispensó de impuestos o cualquier otra manera de contribución a la Administración imperial con tal de que no se apartaran de sus posiciones de frontera.

A mediados del siglo XVIII, el visitador Rodríguez Gallardo atribuía la lealtad ya secular de los ópatas al hecho de que vivían permanentemente amenazados por los apaches. Ni las autoridades españolas ni los padres jesuitas intervinieron, sino muy discretamente, ni en las formas de organización tribal ni en sus rituales bélicos, por ejemplo. Algunos eran bastante macabros y Rodríguez Gallardo, hombre de la Ilustración, los describe con horror y no acierta a comprender cómo los jesuitas llevan viviendo entre estas gentes más de un siglo. En 1717, el alcalde mayor de Río Chico comenta con satisfacción el paso por su jurisdicción de un destacamento de yaquis auxiliares: «Era gusto verlos, todos indios escogidos, altos, bien dispuestos, bien armados y pintados de pies a cabeza, con sus plumas muy galanas»[524]. Sin duda que tuvo que ser un espectáculo digno de verse.

[523] Gerard Decorme, *La obra de los jesuitas mexicanos durante la época colonial 1572-1767 (Compendio histórico)* II (2 vols.), México: Porrúa, 1941, pág. 315.

[524] Carta de Andrés de Búcar Fajardo a Manuel San Juan de Santa Cruz, 14 de octubre de 1717, Archivo Histórico de Hidalgo del Parral (Chihuahua), citado por Mira-

La única presencia militar española en todo el territorio era el fuerte de Sinaloa, que estaba a 140 leguas de la frontera más cercana y a 240 de la más septentrional. Consta que hasta mediados del siglo XVIII la dotación no pasó de 50 hombres. Estamos hablando de un territorio que equivale a media España y de una frontera de casi 1.000 kilómetros que dependían casi exclusivamente de las tropas y de la organización indígena.

Pactar con los indios no era imposible, pero había que querer hacerlo[525]. Ni siquiera en el momento de mayor necesidad supieron los padres fundadores estadounidenses acercarse a aquellas gentes extrañas. Para ser exactos, hay que decir que hubo un intento, cuando el Congreso Continental de las trece colonias pidió ayuda a los delaware a cambio de tener derecho a un estado propio, pero los delaware no tenían muchas razones para confiar y rechazaron el trato[526]. Sin embargo, los indios colaboraron activamente en la independencia de Estados Unidos, aunque no a las órdenes de George Washington, sino bajo el mando de Bernardo de Gálvez, que aportó su propia experiencia, grandes recursos materiales y 7.000 hombres, de los cuales 1.500 eran indígenas, la mayor parte semínolas muy hispanizados[527].

fuentes Galán, «Las tropas auxiliares...», pág. 100. Véase también Margarita E. Gentile, «Actas de alianza entre indios y españoles (Gobernación de Tucumán, siglos XVI y XVII)», *Bibliographica Americana* 7 (2011), pags. 64-86.

[525] «Durante el auge de la Roma imperial, romanos y extranjeros estuvieron regidos por una misma ley, pero sin que los derrotados jugaran un papel activo en el arreglo político y mucho menos que se vieran como pactantes con el emperador. Y aunque los reyes españoles no contemplaron explícitamente desde un principio un pacto con los indios y mucho menos se imaginaron tal cosa los conquistados, a lo largo del siglo XVI y XVII se fue desarrollando una relación de pacto entre un rey lejano y un vasallo conquistado, mediada por el sistema de justicia. Esta fue una de las grandes novedades de la matriz política en la América española»: Brian P. Owensby, «Pacto entre rey lejano y súbditos indígenas. Justicia, legalidad y política en la Nueva España, siglo XVII», *Historia Mexicana* 61 (2001), págs. 59-106 (pág. 60). Véanse también Alejandro Cañete, *The King's Living Image. The Cultural and Politics of Viceregal Power in Colonial Mexico,* Londres-Nueva York: Routledge, 2004, y Aurelio Espinosa, *The Empire of the Cities: Emperor Charles V, the Comunero Revolt and the Transformation of the Spanish System,* Londres: Brill, 2008.

[526] J. Anthony Paredes, *Indios de los Estados Unidos anglosajones,* Madrid: Fundación Mapfre, 1992, pág. 230.

[527] Bernardo de Gálvez comienza a ser una figura mucho más conocida en Estados Unidos que en España. Tras más de dos siglos, tal y como el congreso estadounidense aprobó inmediatamente tras la independencia, se ha colgado por fin el retrato de Gálvez en dicha institución. Cientos de miles de firmas en Estados Unidos avalaron esta petición. Es el único extranjero que ha merecido este honor. De la importancia que Gálvez tuvo en la independencia de América da idea que el desfile de la victoria con que esta se celebró, lo encabezaron George Washington y el malagueño.

En un intento de «absolver» a México por no ser como Estados Unidos, porque una gran parte del libro está dedicado a la historia mexicana, Elliot termina dando una nueva versión de lo que hemos llamado el Imperio Inconsciente. En el epílogo final, al comparar la evolución divergente a un lado y otro de la frontera del Río Grande, Elliot concluye que la situación actual es la que es, pero que podía haber sido completamente diferente, dependiendo únicamente del azar. Antes de 1492, Colón había solicitado el apoyo de Enrique VIII de Inglaterra, que no se lo prestó. También pudo haber sido financiado por el rey de Portugal. Tras múltiples vaivenes, fue finalmente la reina Isabel la que decidió patrocinar la empresa, pero solo porque la coyuntura era favorable al estar casi concluida la guerra de Granada. Por este simple hecho, esto es, que la reina de Castilla financió la expedición, fueron los españoles los que conquistaron América. Solo por azar México fue Nueva España y no Nueva Inglaterra. El argumento es confortable, pero no se sostiene. No se pueden borrar de un plumazo azaroso las diferencias enormes que existen entre Inglaterra y España a finales del siglo XV. Castilla patrocinó aquella arriesgada empresa porque estaba en condiciones de poder hacerlo. Lo que vino después no fue un momento de suerte deslumbrante sino el trabajo de muchas generaciones.

Igualar el Imperio inglés y el Imperio español en América es como comparar manzanas con calcetines. Tienen algo común en la forma, si los calcetines están enrollados, pero nada más. Las manzanas se pueden comparar con las naranjas, con las peras o con otros seres de naturaleza semejante, pero no con lo que difiere de ella en sustancia. No hubo un Imperio inglés en el Norte, por más que, abusando de la palabra «imperio», así se considere. Acaso hubo un proyecto de imperio que fracasó. Sí hubo y hay un Imperio estadounidense que goza de buena salud y al que le quedan todavía bastantes décadas de vigor. El esquema mental de Elliot es el universalmente aceptado y quizá el que el lector tiene en la cabeza, sea consciente de ello o no:

Imperio inglés en América	>	Estados Unidos, gran éxito.
Imperio español en América	>	Repúblicas sudamericanas, gran fracaso.

Esta interpretación procede de la historiografía del siglo XIX, como veremos en su lugar. Lo que subyace es la idea de que hubo una continuidad del poder anglosajón en el mundo que comenzó en el siglo XVII y dura ininterrumpidamente hasta el siglo XXI. Implica dos evoluciones paralelas para Inglaterra y España, pasando por alto diferencias insalvables, y equipara los territorios de ultramar de una y otra sin atender a lo básico. Para Elliot los españoles llegaron antes a América por azar, y construyeron allí un imperio medieval (¿cómo no?). En cambio, los ingleses, como llegaron más tarde, estaban en un estado de evolución más avanzado, y por esto pudieron fundar colonias más prósperas. Pasa por alto Elliot que esta prosperidad se alcanzó en el Norte después de la independencia, no antes, y que en el momento de producirse esta, los territorios hispanos eran mucho más prósperos que los del Norte.

La comparación entre el Norte y el Sur de América no es posible como Elliot la plantea por la sencilla razón de que supone igualar dos tiempos históricos con una pauta de evolución completamente diferente. El Imperio español de América arranca su andadura en torno a 1500, se desarrolla rápidamente y está en su plenitud en 1700. En 1800 el Imperio español se encuentra próximo a su final, mientras que el Imperio estadounidense —no inglés— comienza su etapa de expansión. Se pueden comparar las etapas iniciales de los imperios, o sus periodos centrales de plenitud, o su decadencia y acabamiento. Lo que no se puede es comparar un imperio con lo que no lo es. En la historia de América ha habido dos imperios sucesivos, no simultáneos. Y si los hubo coetáneos, serían el portugués y el español, no el inglés. Pero no es difícil suponer la razón de este paralelismo forzado. En este magno drama cósmico que enfrenta al anglosajón, cabeza del mundo protestante, con el español, cabeza del mundo católico, los holandeses y los portugueses son actores secundarios. La derrota del portugués o del holandés no excita la autoestima de nadie; en cambio, la (supuesta) derrota del español es capaz de generar endorfinas generación tras generación.

Siempre es conveniente antes de empezar, definir el objeto histórico que se está estudiando, porque las confusiones que se derivan de obviar esta profilaxis son graves. El imperio es una realidad histórica cuyo estudio vive en un mar de confusiones. Hay miles de obras sobre imperios que ni siquiera tratan de definirlo. Imperio es cualquier cosa que así se llama, y por tanto no cabe extrañarse de que un profesional de la historia de prestigio internacional compare los territorios ingleses de América con el Imperio español americano sin percibir la imposibilidad de igualar ambas realidades. Hay un conjunto de cegueras y prejuicios nacionales que explican esta actitud. Cuando en el siglo XIX, en pleno triunfo del colonialismo inglés, se reescribe la historia de Inglaterra, el periodo de Enrique VIII e Isabel I, por ejemplo, deja de ser un tiempo convulso, de grandes dificultades económicas y guerras civiles, y pasa a ser una etapa de esplendor, el momento mítico fundacional. El fracaso del Primer Imperio también deja de serlo, y se transforma en una fase auroral en la cual los ingleses viajan a América para poner las bases del que será la nuevo imperio mundial. La raza anglosajona es la que domina el mundo, no desde el siglo XIX, sino desde mucho antes, y es ella la que arrebató el cetro del poder mundial al español. Pero en 1800 la raza anglosajona domina todavía muy poco. El racismo científico y el darwinismo aplicado a la historia vendrán a cimentar estos supuestos, hoy universalmente aceptados. Lo veremos en su lugar.

Este organigrama de la historia de América que sostiene la obra de Elliot pasa por alto algunas obviedades. La más evidente es que el Imperio español de América no es una casualidad, como el autor explica con tanto entusiasmo (viejo tópico del Imperio Inconsciente), sino un proceso completamente explicable. A finales del siglo XV, Castilla mantiene en todo su vigor los mecanismos políticos, económicos y organizativos de ocupación de territorios. Los otros reinos hispanos han acabado ya su Reconquista, pero Castilla no. Es más, no solo los ha conservado, sino que los ha perfeccionado mucho durante la guerra de Granada[528]. Cualquiera puede hacerse una idea de la complejidad extraordinaria del proceso de asimilación de territorios echando un vistazo a los libros de repartimientos[529]. Una expansión territorial no es nada si no se sabe qué hacer con ella. Por eso hay tantos imperios que fracasan, y que no consiguen superar la fase de aventura generacional o mera ocupación. Los castellanos pudieron muy bien haber llegado a América, y una vez allí no saber qué hacer, como les pasó a los ingleses, y no porque fuesen torpes o les faltara coraje, sino porque su trayectoria histórica era diferente y no les preparó para afrontar semejante desafío. La experiencia de la frontera es crucial en el desarrollo de los imperios, como Turchin demostró. Los rusos, los turcos, los estadounidenses y los españoles fraguaron su identidad en la frontera, pero los ingleses no. Eran insulares. Los españoles llegaron a América en 1492, y en cincuenta años habían conquistado más de 15 millones de kilómetros cuadrados. Los prófugos del *Mayflower* arribaron a la costa en 1620, y ciento cincuenta años después, el territorio que habían podido controlar era aproximadamente como España. No es esta flaca expansión la que se debe comparar con el Imperio español, sino la que tuvo lugar desde 1783, fecha de la independencia de Estados Unidos, que en sesenta años multiplica por ocho su superficie con la

[528] «Hubo más reconocimiento a la alteridad mapuche bajo la autoridad colonial que en el periodo republicano inmediato. Uno de estos elementos reveladores de esta alteridad reconocida fue el uso de mediadores lingüísticos (intérpretes y cargos afines) en las negociaciones hispano-mapuches»: Gertrudis Payás e Icíar Alonso, «La mediación lingüística institucionalizada en las fronteras hispano-mapuche e hispano-árabe, ¿un patrón similar?», *Historia* 42 (2009), págs. 185-201 (pág. 186).

[529] Citaré solo dos. Miguel Ángel Ladero Quesada, «La repoblación del reino de Granada anterior al año 1500», *Hispania* 28 (1968), págs. 489-563. Francisco Bejarano Robles, *Los repartimientos de Málaga*, 2 tomos, Universidad de Málaga y Ayuntamiento de Málaga, 1985-1990.

compra de Luisiana, la incorporación de Florida, la compra de Alaska y la anexión de territorio mexicano por el tratado de Guadalupe Hidalgo. En uno y otro caso, el español y el estadounidense, el procedimiento de expansión es la replicación de sí mismo, no la creación de una colonia, como son los casos de Inglaterra, Francia u Holanda.

Cuando los ingleses llegaron a América simplemente no supieron qué hacer. Carecían de la experiencia del Otro. No sabían ni tratar ni pactar ni guerrear con ese Otro, tan distinto. Desconocían cómo había que actuar cuando se ocupaba un área despoblada y qué medidas adoptar para asimilar un territorio ya habitado. La mitología fundacional dice que los primeros fueron los del *Mayflower*, pero no es así. La Corona inglesa, ante el hecho de que un nuevo mundo se había descubierto, tomó cartas en el asunto e intervino intentando impulsar una expansión que conoció varios fracasos y que solo pudo afianzarse lenta y trabajosamente. El primer intento de asentamiento permanente data de 1607 en Jamestown (Virginia). En 1610 había muerto el 80 por ciento de los que llegaron a bordo de los barcos fletados por la English Virginia Company, la compañía comercial promovida por Jacobo I en 1606, el *Susan Constant*, el *Godspeed* y el *Discovery*. La situación se tornó tan dramática que hubo casos de canibalismo y el asentamiento terminó desapareciendo. Pero ya antes de esto, en 1585, Walter Raleigh había intentado establecer colonias en la llanura oriental de América del Norte. Se fundó fugazmente Virginia en honor de la reina Isabel de Inglaterra, pero su intento no prosperó.

Tolerancia religiosa

Otra causa del divergente desarrollo de Norte y Sur en América es, para Elliot y para la mayoría, un resultado de la tolerancia religiosa del Norte frente a la intolerancia del Sur. Para Elliot, como para casi todo el mundo, incluidos los católicos, esta tolerancia es una realidad autoevidente e incuestionable. Aunque nunca lo diga, porque no hace falta en realidad, el historiador inglés no considera que la persecución de los católicos sea un rasgo de intolerancia. El sociólogo Arthur Schelinger ha denominado el anticatolicismo como «el más profundo prejuicio en la historia del pueblo americano», un prejuicio que se resiste a morir[530]. No hay que irse muy lejos. Uno de los libros más vendidos de la década de los cuarenta en Estados Unidos es la obra de Paul Blanshard *American Freedom and Catholic Power*, que su autor escribe para lamentar que «the

[530] Citado por John McGreevy, «Thinking on One's Own: Catholicism in the American Intellectual Imagination, 1928-1960)», *The Journal of American History* 84 (1997), págs. 9-131. McGreevy es profesor del Departamento de Historia Americana de Harvard.

Catholic problem is still with us». Blanshard considera que el comunismo y el catolicismo son las mayores amenazas para Estados Unidos. Y de esta extraña pareja el catolicismo le parece lo peor. Por ello escribió su siguiente obra, *Communism, Democracy and Catholic Power* (1951). La obra de Blanshard fue comentada favorablemente por Albert Einstein y Bertrand Russel. Los prejuicios de Blanshard tienen una larga historia dentro de la intolerancia religiosa del Norte. En 1691, por poner solo un ejemplo, la Massachusetts Charter dispone que «desde ahora y para siempre se permitirá libertad de conciencia a todos los cristianos, excepto a los papistas que habiten o puedan residir en este territorio»[531]. Este estado de cosas existió antes y después de la independencia. Si se duda de su importancia, pueden estudiarse a fondo las causas profundas que originaron la famosa Ley Seca, un estallido de intolerancia ante la llegada masiva de italianos y polacos que, como católicos, tenían una relación fluida con los vinos[532]. Si no había vino, no había culto católico.

Ni en el Norte se toleraba a los católicos ni en el Sur a los protestantes. Estamos, pues, en lo que a este particular se refiere, en igualdad de condiciones a un lado y otro del Río Grande. Habrá que buscar las causas, por tanto, de la prosperidad o la pobreza en otro sitio.

El trabajo de Elliot, como el de Maltby y otros muchos que podrían citarse, pasa por alto un hecho muy evidente que debería ser un punto de partida a la hora de estudiar el éxito económico del Norte y el fracaso del Sur, a saber, que el imperio del Norte se construyó «después» de la independencia y es el fruto del esfuerzo de los emigrantes venidos luego. En cambio, en el Sur, el imperio se alzó «antes» de aquella, y la prosperidad fue resultado de la Administración imperial y del mestizaje. El declive económico del Sur se produjo después de la década de 1830, no antes. En el momento de la independencia, América del Sur cuenta con las ciudades más pobladas y con las mejores infraestructuras del continente. México tiene, alrededor de 1800, unos 137.000 habitantes, y Lima, Bogotá y La Habana superan los 100.000. En este momento Boston, que es una de las ciudades más pobladas del Norte, cuenta solo con 34.000 habitantes.

El texto de Elliot desconoce absolutamente todo lo sucedido en Amé-

[531] Jon L. Wakelyn, *America's Founding Charters: Primary Documents of Colonial and Revolutionary Era Governance*, Westport (CT): Greenwood Publishing Group, 2006, pág. 323. La traducción es mía.

[532] Murray N. Rothbard, *La Primera Guerra Mundial como consumación: el poder y los intelectuales.* Véase el capítulo II, titulado «El pietismo y la Ley Seca». Este trabajo se publicó por vez primera en 2007 en *http://mises.org/daily/2543* como ampliación a una conferencia presentada en el Pacific Institute «Crisis and Leviatan» (California, 1986). Rothbard fue economista, historiador, filósofo libertario y decano de la Escuela Austriaca de Economía.

rica desde 1830, dando por sentado (nunca explícitamente) que las diferencias entre Norte y Sur se originan antes. Así lo hace notar Fernando Herrera en una reseña muy aguda, que llama la atención sobre los presupuestos en que se basa el trabajo del laureado historiador británico: «Es obvio, no obstante, que en la comprensión de tal situación [diferencia Norte-Sur] han de tener alguna influencia los hechos ocurridos con posterioridad a 1830, de los que el tratado no se ocupa»[533].

Ninguna de las razones aducidas por Elliot sirve para explicar el fracaso económico y la conflictividad en Sudamérica. Para afrontar este problema hay que mirar mucho más lejos y despojarse de muchos prejuicios. Hispanoamérica no podía ser un imperio, porque ya lo había sido. No es asunto de este libro, pero hago notar que los territorios de un imperio, cuando este se derrumba, pasan por una larga etapa de problemas sociales y políticos, y se ven arrastrados por toda suerte de tendencias disgregadoras que generan una enorme conflictividad. Y esto sucedió en Hispanoamérica y en España por igual. El feudalismo es el resultado de la caída del Imperio romano, esto es, del fracaso del Estado. Se genera automáticamente una situación feudal siempre que se produce esta quiebra estatal, porque el feudalismo no es más que la búsqueda de alianzas personales por encima de la ley. El mundo se vuelve demasiado inseguro para confiar en extraños. Consciente de que la situación de Hispanoamérica era pareja a la de Europa tras el fin del Imperio romano, Simón Bolívar dijo que era necesario dejar que América del Sur hiciera su Edad Media. De semejante manera, viven los Balcanes en un estado de angustia permanente. Las terribles guerras que allí se han comenzado tienen una relación directa con el final del Imperio otomano y el Imperio austrohúngaro. El Imperio español hizo durante varios siglos que el milagro *e pluribus unum* fuera posible, y cuando el imperio faltó, afloraron todas las diferencias de sustrato, que eran enormes, y lo que triunfó fue *ex uno, plures.*

[533] Véase *www.juandemariana.org/comentarios/5657/libertades/imperios/mundo/atlántico/.* Consultado el 15 de noviembre de 2015.

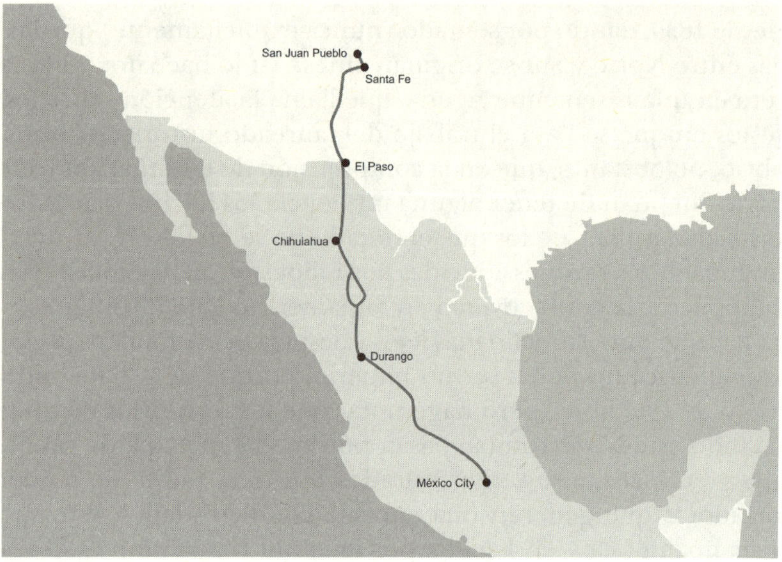

[1] Mapa del Camino Real de Tierra Adentro.

[2] *Lienzo de Tlaxcala* (1522). Pacto de Cortés con los cuatro tlataloques o caudillos tlaxcaltecas. Obsérvese la mano del jefe indio: está explicando las condiciones de su alianza. Chavero, *op. cit.*, lámina 3. Véase también Isabel Bueno Bravo, «El lienzo de Tlaxcala y su lenguaje interno», *Anales del Museo de América* 18 (2010), págs. 56-77.

[3] *Lienzo de Tlaxcala.* El dibujo es anterior a 1560 y representa hechos ocurridos en 1522 cuando Cristóbal de Olid y los tlaxcaltecas derrotaron en la zona de Guadalajara (Jalisco) a los aztecas y sus aliados. Alfredo Chavero, *El lienzo de Tlaxcala,* México: Editorial Cosmos, 1979, lámina 53.

[4] Estatua de fray Antonio de Montesinos en el paseo marítimo Malecón de Santo Domingo, República Dominicana. Tiene 15 metros de alto y es obra del mexicano Antonio Castellanos Basich. Fue donada por el gobierno de México en 1982.

PARTE III

LA LEYENDA NEGRA DESDE LA ILUSTRACIÓN A NUESTROS DÍAS. ASUNCIÓN Y NEGACIÓN

1

La hispanofobia en el Siglo de las Luces

> «Cuando se deja de creer en Dios,
> enseguida se cree en cualquier cosa».
> GILBERT K. CHESTERTON

Llegan las pelucas[534]: la hispanofobia ilustrada

La Ilustración incorpora una parte importante de los tópicos creados por la hispanofobia protestante, pero añade algunos y modifica otros. Esta versión interesa sobre todo porque es la destinada a perdurar y a incrustarse como una parte constitutiva de la modernidad a través del liberalismo. Es la que aparta a España, ya no de Dios, sino de la civilización y la modernidad. Como señala Gómez-Centurión, «lo realmente notable en el caso de Francia es que, siendo la última en producir masivamente una propaganda antiespañola a fines del siglo XVI, fue también probablemente la que más influencia tuvo en consolidar el antihispanismo por el continente, despojándolo del matiz estrictamente protestante y anticatólico que había adquirido en las dos últimas décadas»[535]. Algunos impresores como Jean Mettayer se convirtieron en auténticos especialistas de la edición de panfletos antiespañoles e hicieron su agosto[536].

En el siglo XVIII la versión francesa e ilustrada de la hispanofobia llegará a ser ubicua. Se manifiesta en Pierre Bayle (1647-1706), pionero de la Ilustración y hugonote, cuyas ideas, muy basadas en la condesa d'Aulnoy, se trasladan casi intactas a los ilustrados posteriores; en las *Cartas persas* (Carta 78) y *Del espíritu de las leyes* de Montesquieu; en Voltaire, que puede considerarse uno de los grandes renovadores del mito de la Inquisición; en los textos de Guillaume-Thomas Raynal; en la *Encyclopédie* misma y los artículos escritos en ella por Louis de Jaucourt, y en la *Encyclopédie méthodique* y su famoso artículo sobre España, obra de

[534] Tomo esta expresión de uno de los capítulos de *El auge y el ocaso del Imperio español de América* de Salvador de Madariaga. Es estupenda.

[535] Gómez-Centurión, «Bajo el signo de sagitario...», pág. 217.

[536] J. Mathorez, «Les espagnols et la crisis nationale française à la fin du XVIème siècle», *Bulletin Hispanique* 18 (1916), págs. 86-113. Véase también J. López Barrera, «Libros raros y curiosos. Literatura francesa hispanófoba de los siglos XVI y XVII», *Boletín de la Biblioteca Menéndez y Pelayo* 8 (1925), págs. 83-95.

Masson de Morvilliers. La lista podría alargarse muchísimo, pero basta para demostrar que la hispanofobia en Francia no ocupa un lugar excéntrico y marginal, sino que forma parte del cuerpo central de ideas de la Ilustración[537].

Un recorrido amplio por los tomos de la *Encyclopédie* muestra hasta qué punto la hispanofobia es nuclear en la Ilustración francesa. Aparece no solo en las entradas en las que sería esperable como «España», «Iberia», sino en muchas otras como «lana», «monasterio», «título», «Países Bajos», «mahometismo», etcétera. Es una constante. En realidad, el artículo sobre España, como tantos otros, no es más que un plagio de Louis de Jaucourt. El propio Raynal lo denuncia con irritación en las páginas de sus *Nouvelles Littéraires*: «C'est un plagiat, un brigandage perpetuel, et souvent ils volent les auteurs les plus obscurs». En este caso no es precisamente un oscuro autor, porque Jaucourt plagia en el artículo sobre España al gran Voltaire, a quien resume en distintos pasajes, sobre todo el capítulo II de su *Siècle de Louis XIV*[538].

En Raynal se manifiesta casi plenamente la nueva versión de la leyenda negra que la Ilustración va construyendo. España ya no es una agencia de Lucifer. Esto hubiera sido una superstición intolerable en el organigrama mental de la Ilustración. Ahora es sobre todo una tierra de ignorantes: «Elle (l'Espagne) resta stupide dans una profonde ignorance», sentencia el gran ilustrado francés. La vida intelectual española ha muerto por efecto de la Inquisición. Según Raynal, hay también que importar obreros eficaces porque el celtíbero no sirve para producir manufactura de calidad[539]. La otra gran pasión de Raynal es la América hispana, sin aportación apreciable con respecto a las creaciones protestantes en clave lascasiana: «Raynal, que además de un escritor frívolo era un hombre indocumentado, se propuso razonar [...] el daño con que la España conquistadora del Nuevo Mundo había lesionado la civilización, imponiendo despótica y cruelmente su dominio»[540].

[537] La única monografía disponible sobre la hispanofobia ilustrada es un trabajo que tiene ya algunos años, pero sigue siendo imprescindible: Hilton Ronald, *La légende noir au XVIIIème siècle. Le monde hispanique vu de déhors.* Desde 2002 está disponible en *www.historicaltextarchive.com/hilton/legend/indez.html.* Consultado el 23 de mayo de 2014.

[538] Hilton, *La lègende noir...*, cap. II.

[539] Guillaume-Thomas Raynal, *Histoire philosophique et politique des établissements et du commerce des européens dans les deux Indes.* Disponible en la edición de 1773, en *https://archive.org/details/histoirephiloso02rayn.*

[540] Rómulo Carbia, *Historia de la leyenda negra...*, pág. 127. Carbia procura explicar cómo la condición de exjesuita de Raynal es clave para entender sus filias y sus fobias, y se entretiene además en detallar sus muchos plagios. El mundo del plagio entre los santos padres ilustrados es fascinante.

Resumiendo:

1.) España es un país de gentes ignorantes e incultas.
2.) España está atrasada.
3.) La Inquisición y, por ende, el catolicismo tienen la culpa del atraso y la incultura de España, y en general de cualquier sitio en contacto.
4.) España no forma parte de la civilización.

Con el mito de la ignorancia vienen adheridos otros como la decadencia y el atraso, que completan el cuadro. Continúa naturalmente con pleno vigor la idea de que España es un país intolerante, herramienta de guerra fundamental en las guerras nacional-protestantes. Que los protestantes tampoco toleraran a los católicos no les convierte a ellos en intolerantes, sino, mágicamente, en luchadores contra la intolerancia hispanocatólica. Este argumento de impecable equidad y racionalidad subyace en la visión del mundo que el europeo medio tiene, ya sea católico o protestante. El hecho de que la mayor parte de la población, incluida la que tiene educación superior, no sea capaz de verbalizarlo o exponerlo, significa que forma parte de los cimientos, como la gramática de una lengua. Casi nadie tiene consciencia de la gramática de su lengua, pero la habla muy bien. Todavía faltan por producirse algunos giros nuevos en esta cosmovisión del Occidente que serán segregados por el liberalismo decimonónico. Por ejemplo: los españoles son los mayores antisemitas que ha habido en el mundo. Puesto que la mayor parte de los ilustrados, incluido Voltaire, era profundamente antisemita, este asunto no interesa aún. De manera que ni la expulsión de los judíos ni la conquista del mítico al-Ándalus han aparecido todavía en la panoplia, siempre variable y creativa, de la leyenda negra.

¿Por qué la Inquisición sirve ahora de argumento y prueba de un nuevo pecado imperiofóbico? Porque en realidad se busca achacarle a España el nuevo defecto que aparta a los pueblos de la civilización, la nueva gran palabra sagrada: el español es un a-ilustrado, está al margen de la nueva moda, lo cual simplemente equivale a incultura y superstición. El planteamiento es idéntico al de los humanistas italianos, para quienes el español es un medieval, esto es, un bárbaro y, en consecuencia, un hombre ajeno al Humanismo y al Renacimiento. Quien se opone a la moda ilustrada, no es que tenga simplemente otras ideas, es que está contra el progreso, la razón y la *nature*. El que se atreva a criticar a Voltaire o la *Encycloplédie*, no será respondido por la calidad de sus argumentos, sino como el que toca principios sagrados que llevan al ostracismo de manera inmediata. El que no está conmigo está contra mí, y yo soy la civilización. El cambio de Inquisición=oficina del demonio a Inquisición=oficina de la ignorancia es importante. Viene a probar el carácter mítico, seudorreligioso del cambio social que conduce de la fe en Dios a la fe en la Diosa Razón, y su nuevo cuerpo de administradores. Porque la Ilustración es, no se olvide esto o no se entenderá nada, la primera élite intelectual en Occidente que pretende administrar la moral social y todas sus rentas. Ahora, la Inquisición venía muy a propósito para servir de argumento a otro tópico clásico de la imperiofobia: el imperio es ignorante. Lo vimos ya en Roma y ahora en Estados Unidos. Los divinos alejandrinos consideraban a los romanos unos tontos con suerte, carentes de refinamiento, elegancia y cultura. Poco importaba que hubiera trigo en las tiendas de un lado a otro del Mediterráneo, y a buen precio, gracias a la estabilidad comercial que el Imperio romano producía, no sin esfuerzo.

Curiosamente Raynal no aboga por la desaparición de la Inquisición en Francia, bastante eficaz y activa en este siglo, como la propia experiencia de Raynal podía probar. En realidad ni siquiera la menciona. Cualquiera que lea a Raynal puede fácilmente llegar a la conclusión de que en Francia no ha habido nunca Inquisición, pero no es así. Montesquieu tampoco es ecuánime. Advierte contra el efecto nocivo que la Inquisición tiene tanto en lo económico como en lo cultural y pone como ejemplo a España y Portugal. A Francia no[541].

La famosa pregunta que Masson de Morvilliers se hace en la *Encyclopédie Méthodique* es la exposición más clara y rotunda de la nueva versión de la hispanofobia que crea la Santa Ilustración:

«¿Qué se debe a España? Desde hace dos, cuatro, diez siglos, ¿qué ha hecho España por Europa?». Joseph Pérez le quita importancia al asunto con el argumento de que, en el fondo, Masson de Morvilliers era un «plumífero» de tercera. Pérez no capta la perversa sutileza del asunto. Esto es precisamente lo importante: que se encargue la entrada sobre España para un diccionario que pretende ser una obra de referencia en Europa a un insolvente y que este alcance una notoriedad de la que carecía demostrando sus quilates ilustrados con el recurso a los tópicos hispanófobos. El éxito de Morvilliers, como el de Chomsky, es una clave

[541] Agradezco a Edward Peters y James Buchanan Given que me confirmasen lo que se veía venir: que no hay ninguna monografía de peso sobre la Inquisición en Francia. Es como si nunca hubiera existido en realidad. Hay muchos trabajos sobre la Inquisición y el conflicto con los cátaros en el Languedoc en la Edad Media, el proceso a Juana de Arco y alguna aportación parcial para otras épocas. Nada más. Sin embargo fue más activa en el siglo XVIII que la española, como los ejemplos que arriba consignamos ilustran. Y vivió, como la española, hasta el siglo XIX. Existe la *Histoire de l'Inquisition en France* de Th. de Cauzons (París, 1909), pero su autenticidad es muy dudosa. La bibliografía sobre la Inquisición española es inabarcable. Pero la Inquisición en Francia no le interesa a nadie. Solo este hecho debería bastar para comprender que, antes como ahora, los tópicos de la hispanofobia excitan el morbo y la autocomplacencia de manera tan eficaz y barata que no es fácil que desaparezcan.

para entender este enrevesado complejo de la imperiofobia. Ambos suministran un producto del que hay una gran demanda, porque proporciona confort y autocomplacencia casi gratis. Morvilliers sabe que será muy bien recibido: una garantía de éxito. Y aún incluye otro párrafo: «Se parece hoy a esas colonias débiles y desgraciadas que necesitan sin cesar el brazo protector de la metrópoli [se entiende Francia]: hay que ayudarla con nuestras artes, con nuestros descubrimientos; se parece incluso a esos enfermos desesperados que sin conciencia de su enfermedad rechazan el brazo que les da la vida. Sin embargo, si hace falta una crisis política para sacarla de este vergonzoso letargo, ¿qué es lo que espera aún? ¡Las artes están dormidas en ella; las ciencias, el comercio! ¡Necesita nuestros artistas en sus manufacturas! ¡Los *savants* están obligados a instruirse ocultando nuestros libros! España carece de matemáticos, de físicos, de astrónomos, de naturalistas».

Obsérvese la autopromoción. La encontraremos por doquier. La solución para Rusia o Prusia es importar ilustrados franceses, y naturalmente para España también. Porque Rusia tiene problemas y España también. Francia no. Estudiar la Ilustración francesa como un genial sistema de empleo transcontinental no es un disparate. El hecho es que muchos ilustrados franceses consiguieron colocarse en casi todas las cortes de Europa y con buen salario, porque en su país no había demasiado para repartir ni tantos salones subvencionados. Después de haber pagado tributo al orgullo francés, tan necesitado de alimento en estas fechas, Morvilliers nos explica la razón de la calamidad intelectual española: «El español tiene aptitud para las ciencias, dispone de muchos libros, y sin embargo, es quizá la nación más ignorante de Europa. ¿Qué se puede esperar de un pueblo que necesita la licencia de un fraile para leer y pensar?»[542]. La ignorancia española procede, por tanto, de la existencia de la Inquisición, cuyo control sobre la vida intelectual ha terminado por destruirla. El mito de la Inquisición ya existía en el siglo XVIII, de manera que era fácil usarlo como argumento para producir otra causa: atraso e ignorancia. No se da cuenta el buen hombre de que en su país necesitan las mismas licencias y no parece que eso sea un gran estorbo.

En el caso particular de Morvilliers sí se produjo una reacción intensa. De aquí arranca, en última instancia, la polémica sobre la ciencia en España, de larga vida. La primera contestación a la *Encyclopédie* fue la de Antonio José Cavanilles, eminente botánico afincado en París, con sus *Observations de M. l'abbé Cavanilles sur l'article Espagne de la Nouvelle Encyclopédie*, pronto traducida al español. El autor pasa revista a distintos campos del saber para demostrar que Morvilliers no tiene razón. Seguirá luego otra refutación, la de Carlos Denina. El revuelo alcanzó rango de conflicto diplomático y en las altas instancias se entendió

[542] Edición de Víctor Cases para la Biblioteca Saavedra Fajardo, vol. I, págs. 25-26.

que aquella ofensa requería respuesta y reparación. Y así, la *Gaceta de Madrid* del 30 de noviembre de 1784 anuncia un tema nuevo propuesto para el concurso del año siguiente: «Para la Oratoria. Una apología o defensa de la Nación ciñéndose solamente a sus progresos en las ciencias y las artes, por ser esta parte la que con más particular empeño han intentado obscurecer su gloria algunos escritores extranjeros que llevados de sus engaños y faltos de seguras noticias han publicado obras llenas de injurias e imposturas»[543]. En España misma se desata pronto una gran polémica entre quienes, con Juan Pablo Forner, defienden las artes y las ciencias nacionales y otros, representados por la publicación *El Censor*, que se hacen eco de las críticas francesas y las justifican. El 9 de agosto de 1787 *El Censor* publica una parodia del discurso de Forner que lleva por título «Oración apologética por el África y su mérito literario». Esta es la aparición estelar de una intelectualidad que asume los tópicos de la leyenda negra como marchamo de modernidad. Y esto es muy significativo. Se trata por ahora de un grupo pequeño pero irá creciendo hasta hacerse hegemónico, conforme aumente la necesidad psicológica de buscar razones para el ocaso del Imperio español y de poner esas razones lo más lejos posible. Hasta la segunda mitad del siglo XVIII había sido vergonzoso y generado rechazo general lo que estos intelectuales hacen ahora abiertamente y con orgullo. Es un cambio importante. Importantísimo.

Todo este episodio ha sido cientos de veces descrito y con más detalles de los que ofrezco aquí[544]. La evolución erudita de sus dimes y diretes no nos interesa, sino el episodio en sí, porque es un prisma que proyecta varios aspectos del complejo mundo de la hispanofobia con gran claridad. Ya hemos destacado el hecho singular de que se encargue a un escritor de tercera la entrada sobre uno de los países más grandes de la Europa Occidental (imperio o no), y cuánto beneficio había recibido Morvilliers y la *Encyclopédie* misma de haber escrito en clave imperiofóbica dicho artículo. Todavía hablamos de ello. Es mérito que Morvilliers jamás hubiera alcanzado por la bondad de su obra. Esto Morvilliers lo sabía. El segundo hecho destacable aquí es que hay ofensa y ofensa fuerte. Y la ofensa está siempre, no en quien la inflige, sino en quien la siente. Ya lo dice el viejo refrán: «No ofende quien quiere, sino quien puede». Y ahora Francia puede. En realidad cualquiera puede. Se acabaron los tiempos del «menosprecio alegre» a lo Jiménez de Que-

[543] Víctor Cases, «La polémica España de Masson de Morvilliers», pág. III. Está en *www.saavedrafajardo.org/Archivos/LIBROS/libro0665.pdf*. Consultado el 13 de mayo de 2014.

[544] Para una descripción más detallada pueden consultarse los textos de Joseph Pérez, *La leyenda negra*, o de García Cárcel, *La leyenda negra. Historia y opinión*. Más interesante por la hondura de sus reflexiones es el capítulo correspondiente a este siglo de Salvador de Madariaga, *Auge y ocaso del Imperio Español*.

sada o Lope de Vega. El ego social español ya no soporta el vapuleo sin despeinarse. Permanecen algunas constantes, como el hábito de polemizar hacia el interior haciendo tema de discusión de todo lo que pasa o no pasa con dramática puesta en escena: la pasión por el autocuestionamiento típica de los imperios. Y también permanece intacta otra constante: la inadecuación de la respuesta. A la propaganda orangista que afirmaba que los españoles robaban con impuestos a los neerlandeses, Felipe II respondió convocando una auditoría internacional tras otra y luego publicando los resultados, como si esto pudiera servir para algo. A los grabados de De Bry se contestó con los pesados tomos en latín de Solórzano Pereira, con resultados aún más pobres. Al ataque propagandístico no se responde más que de la misma manera, a ser posible de forma más ofensiva y más falsa. Puede uno ser muy elegante y no hacerlo, pero luego que no se queje de viajar en el vagón de tercera.

Un vistazo al exterior

Durante el siglo XVIII las naciones vecinas distan mucho de vivir momentos de esplendor, ni en el campo de las libertades ciudadanas y la tolerancia ni en bienestar económico. Francia soporta desde la guerra de Secesión un déficit que no acierta a controlar y finalmente llega a una situación de completa bancarrota, una hecatombe económica que provocará una revolución sin precedentes. En 1789, según informa Jefferson, el Estado debe a proveedores y comerciantes la friolera de 600 millones de libras francesas, arrastra un déficit global del triple y la corte gasta un millón más por día[545]. No hay en París agua corriente ni saneamiento y es la capital más maloliente de Europa[546]. Las epidemias de cólera sucesivas han impedido que crezca la población a pesar de la inmigración incesante[547]. El sistema bancario está tan atrasado y obsoleto

545 Thomas Jefferson, *Autobiografía y otros escritos*, Madrid: Tecnos, 1987, pág. 96. Hay una exposición global y asequible de la situación económica de Francia en este periodo en Antonio Escohotado, *Los enemigos del Comercio*, I, Madrid: Espasa, 2008, sección VI, cap. 23.

546 En la página web *Histoire de l'eau-Paris* encontrará el lector información ampliada y detallada de este asunto.

547 Los Bovary y sus vecinos comentan la inminente marcha de Léon, el pasante de notaría, a París, para acabar su carrera de abogado. El boticario Homais considera que hay que prevenirlo contra los ladrones de guante blanco, los carteristas, las malas mujeres, etcétera. Pero el señor Bovary considera que esos no son los mayores peligros: «Yo pensaba sobre todo en las enfermedades, en la fiebre tifoidea, por ejemplo, que ataca a los estudiantes de provincias». A esto el boticario Homais añade: «Es a causa del cambio en el régimen de vida... Y además, el agua de París, ¿comprende usted?»: Gustave Flaubert, *Madame Bovary*, Madrid: Akal, 2007, pág. 71. Flaubert publicó su novela en 1856.

que no reconoce la letra de cambio, de forma que las grandes operaciones tienen que hacerse en metálico y necesitan estibadores.

La hambruna de 1709 en Francia se vio agravada por la presión fiscal que provocó la participación francesa en la guerra de Sucesión. Es, con la hambruna irlandesa de 1845-1849, una de las más terribles sucedidas en el continente desde el Renacimiento. Rudé registra para el periodo 1730-1795 unos cien levantamientos provocados por el hambre y la carestía. Especialmente grave fue el de la primavera de 1775, nacido de las medidas de ajuste del ministro Turgot para evitar la quiebra del Estado francés, que fue finalmente inevitable[548].

La Administración de justicia está casi toda en manos privadas y no es exagerado decir que es virtual. Hemos estudiado todos el valor simbólico de la toma de la Bastilla en la Revolución francesa, pero casi nadie explica el motivo: gran parte de los presos que hay allí han llegado a ella por medio de una *lettre de cachet*, procedimiento al margen de toda legalidad por el que se privaba de libertad a cualquiera sin juicio. Se asemeja mucho a la *Star Chamber* inglesa[549]. Quien quiera entender lo que le ocurre a Edmundo Dantés en *El conde de Montecristo* debe saber que fue víctima de una *lettre de cachet*. Dumas no lo explica, porque en su país no hace falta. El castillo de If pasó de fortaleza construida para defender Marsella a prisión política al margen de todo control judicial durante el siglo XVI. Durante más de un siglo albergó principalmente a protestantes y luego siguió prestando servicio como catacumba del Estado hasta después de Napoleón. Una *lettre de cachet* llevó a la cárcel al dramaturgo Jean-François Marmontel en 1756[550]. También las padecieron Voltaire y Diderot[551]. En el siglo XVIII la *lettre de cachet* se especializa y adquiere distintas formas, si bien todas coinciden en lo mismo: privar a un ciudadano de sus derechos sin juicio y sin amparo legal de ninguna clase. Así se habla de la *petite*

[548] Georges Rudé, *The Crowd in History: a study of popular disturbances in France and England, 1730-1848*, Londres: Serif Books, 2005. La primera edición es de 1964, pero ha sido constantemente renovada por su autor en ediciones sucesivas.

[549] «No se dieron en América ni la *Lettre de Cachet* de Francia ni la *Star Chamber* de Inglaterra u otras formas de privación arbitraria de libertad o persecución»: Salvador de Madariaga, *El ciclo hispánico*, Buenos Aires: Editorial Sudamericana, t. I, 1958, pág. 95. Madariaga se refiere a América en su texto, pero la misma afirmación es válida para la Península.

[550] Marmontel es autor de una obra hispanófoba en su vertiente «barbarie de los españoles en América, tipo Las Casas» que constituyó un enorme éxito: *Les incas ou la destruction de l'Empire du Pérou* (1777). La reiteración y remoción de los lugares comunes de la hispanofobia en Francia es constante y abarca todos los ámbitos.

[551] Claude Quétel, *De par le Roy. Essai sur les lettres de cachet*, Toulouse: Privat, 1982. Bernard Barbiche, *Les institutions de la monarchie française à l'époque moderne*, París: Presses Universitaires de France, 2001.

lettre de cachet o la *grande lettre de cachet*, según determine la privación de libertad o el destierro por pocos años o de por vida.

Estos procedimientos de privación de libertad y derechos son muy parecidos a los de la *Star Chamber (Camera stellata)*, justamente famosa en la historia inglesa. Aparece mencionada por vez primera en 1487 y se mantuvo activa hasta 1641. Era un tribunal secreto, directamente dependiente del rey y su consejo privado. No se conocía (ni se conoce bien ahora) la composición de sus jueces ni sus procedimientos. No admitía testigos ni los acusados tenían defensor ni acusación formal y pública. La expresión *star chamber* («this is a star chamber», por ejemplo) terminó pasando a la lengua corriente como sinónimo de arbitrariedad, abuso e indefensión, y sigue usándose con tinte claramente negativo. Al recuerdo de sus siniestras actividades se debe la formulación de la Quinta Enmienda en la Constitución de los Estados Unidos[552]. La vida de la *Star Chamber* acabó con el Habeas Corpus Act de 1640 que impedía la detención indefinida y el juicio secreto de los súbditos ingleses. Bajo Isabel I se crea en Irlanda la *Court of Castle Chamber*, una réplica de la *Star Chamber*, que dejó en la isla un terrible recuerdo[553]. Cualquier comparación del procedimiento inquisitorial con las actividades de la *Star Chamber* o la *lettre de cachet* es una burda ironía. Jamás el acusado en un proceso inquisitorial estuvo en la situación de absoluta indefensión en que se veían los que eran llevados ante esta institución que no puede ser propiamente considerada un tribunal.

La venta de cargos y oficios en Francia había comenzado a finales de la Edad Media y se convirtió en un mal endémico que terminó pudriendo el Estado[554]. No es un procedimiento inventado en Francia ni muchísimo

[552] Un documento del Tribunal Supremo de los Estados Unidos describió la *Star Chamber* en estos términos: «The Star Chamber has for centuries, symbolized disregard of basic individual rights. The Star Chamber not merely allowed, but required, defendants to have counsel. The defendant's answer to an indictment was not accepted unless it was signed by counsel. When counsel refused to sign the answer, for wharever reason, the defendant was considered to have confessed». Véase la entrada «Star Chamber, Starred Chamber» en el *Oxford English Dictionary* (1989).

[553] Jon G. Crawford, *A Star Chamber Court in Ireland: the Court of Castle Chamber 1571-1641*, Dublín: Four Courts Press, 2005.

[554] La compraventa de oficios públicos sobrevivió ampliamente a la revolución. Estas son las perspectivas de futuro que los padres de Charles Bovary tienen para su hijo: «Soñaba [la madre] con posiciones elevadas, lo veía ya alto, guapo, inteligente, situado, ingeniero de caminos, canales y puertos o magistrado. Le enseñó a leer e, incluso, con un viejo piano que tenía, aprendió a cantar dos o tres pequeñas romanzas. Pero a todo esto el señor Bovary, poco interesado en las letras, decía que todo aquello no valía la pena. ¿Tendrían algún día con qué mantenerlo en las escuelas del estado, comprarle un cargo o el traspaso de una tienda?». Flaubert, *Madame Bovary*, pág. 4.

menos. En cuanto existe algo parecido a un Estado, aparece este sistema que consiste en entregar a particulares gestiones necesarias de la cosa pública. Ahora lo llaman privatización y parece que lo acabaran de inventar. Los romanos tuvieron sus muchas polémicas y problemas con estas venalidades[555]. En 1522 se creó en Francia la Oficina de Partidas Eventuales, que se encargaba de la venta pública de cargos. En tiempos de Francisco I se privatizó la justicia. Para ser juez no se exigía más que un informe de buena conducta y ningún título universitario. Pronto se llegó a la situación de que se creaban cargos para venderlos y recaudar, un círculo vicioso de fatales consecuencias para la hacienda pública, ya que produjo una superfetación del Estado francés que lo llevó a la quiebra de finales del siglo XVIII: «De todos es conocido que la venalidad en España nunca alcanzó la intensidad y la extensión que tuvo en Francia en el Antiguo Régimen. Desde el estudio pionero de Roland Mousnier hasta los más recientes de William Doyle y Robert Descimon, todos coinciden en situar a la monarquía francesa como modelo de gobierno marcado por la venalidad de cargos [...]. Por lo que respecta a la monarquía hispánica, los estudios disponibles... la circunscriben prácticamente al ámbito de los oficios municipales en Castilla y al territorio americano [...] desde el reinado de Carlos II hasta mediados del siglo XVIII»[556]. En Francia, aunque en principio los cargos y oficios comprados eran vitalicios, en el siglo XVIII era posible dejarlos en herencia, si se designaba un sucesor cuarenta días antes de morir. Muchos hombres ilustres clamaban contra esta práctica y alertaban de las consecuencias que podría traer y ya había traído. Al gran Montesquieu, sin embargo, le parece estupenda y la considera no solo altamente recomendable sino moralmente intachable, sin duda porque vivía muy bien con una sinecura en una provincia que heredó de su tío, el cual a su vez la había comprado al Ministerio de Justicia. La teoría de altos vuelos sobre el espíritu de las leyes no incluía una mínima reflexión sobre el respeto al contribuyente. El filosofar y el vivir bien no deben estar reñidos, como iremos viendo[557]. Dicho en castizo: una cosa es predicar y otra dar trigo.

[555] En recios hexámetros, Lucano denuncia esta práctica como uno de los males que han llevado a la guerra civil: *Hinc rapti fasces pretio sectorque favoris / ipse sui populus, letalisque ambitus urbi / annua venali referens certamina campo* (Lucano, *De bello civili sive Pharsalia*, lib. I, vv. 177-179). «Aquí, a precio de mercado, los *fasces* y el favor popular se consiguen y cada año renacen ásperas disputas por asuntos de dinero». La traducción es mía. Recuerdo que los *fasces* eran el símbolo del poder de las magistraturas. Los formaban treinta varas de olmo o abedul (una por curia) unidas por tiras de cuero rojo que llevaban en su centro un hacha o labrys: la unión hace la fuerza y de ella emana la justicia.

[556] Francisco Andújar Castillo, «Introducción. Venalidad de cargos y honores en la España moderna», *Chronica Nova* 33 (2007), pág. 5 (5-10).

[557] Joaquín Escriche, *Diccionario razonado de legislación y jurisprudencia*, Madrid: Imprenta Cuesta, 1874-1876. Búsquese la entrada «Venalidad».

La situación real de los países vecinos y la imagen que el siglo XVIII proyecta de ellos tiene poco que ver. A partir de ahora se oficializa la idea de que el mundo hispano, y por contagio, el católico, está negado para cualquier manifestación cultural o científica. La idea arraiga rápidamente y es creación de la Ilustración gala. Y lo que importa aquí no es si es verdadera o falsa, que lo es, sino por qué se produjo y por qué la hispanofobia adquiere esta fisonomía particular, y no otra, en este momento. Es una idea francesa, insisto, que es asumida por la Ilustración de otros países. En Inglaterra, la Ilustración arremete contra el catolicismo, como era esperable, y lo sigue considerando una calamidad que se debe extirpar, pero no crea estos nuevos tópicos para la leyenda negra, que son fruto de la genialidad francesa. En realidad, la Ilustración francesa tiene mucho que demostrar frente al protestantismo, fundamentalmente que, a pesar de ser Francia una nación católica, no va a la zaga del protestante sometiendo la fe, el mito y la religión al Estado. El protestantismo había operado una fusión completa de la Iglesia y del Estado. La discrepancia religiosa no era un pecado o un delito religioso, sino un crimen contra el Estado. La separación de la Iglesia y del Estado en los países protestantes es uno de los grandes mitos falsos de la historia oficial de Europa. En Francia, la Ilustración viene a ofrecer una ideología que justifica la supremacía del Estado y le somete la religión a falta de una religión nacional que haga esta función. De ahí la enorme dependencia que Francia como nación tiene de sus *philosophes*, de su clase intelectual, entonces y ahora. No tiene parangón en ningún país de Europa.

Acorde con el espíritu de tolerancia que rige en el siglo XVIII en Inglaterra, y del que son buen ejemplo John Locke o David Hume, continúan los pogromos contra los católicos, culpables siempre de cualquier mal real o previsible. El trabajo de Georges Rudé registra nada menos que 375 motines y levantamientos populares en Inglaterra entre 1730 y 1795, reseñados por la prensa. De ellos, 275 fueron motines de hambre y carestía. Los que se produjeron en el verano de 1766 fueron muy graves. Hubo asaltos masivos a los mercados y a las tiendas y los amotinados impusieron un precio distinto al grano, la harina, el pan y otros alimentos de primera necesidad, ya que la inflación y la escasez de abastecimiento los habían convertido en inalcanzables para las clases trabajadoras. De entre los disturbios considerados políticos o xenófobos, el más grave es el motín de Gordon (Gordon Riots) de 1780. Es el más grave, pero no el único. Hubo docenas. Una multitud enloquecida se lanzó a la calle al grito de «No popery!» para exigir que el Parlamento derogara la llamada Catholic Relief Act, disposición legal que levantaba algunas de las restricciones más represivas que pesaban sobre los católicos. Algunos ingleses tolerantes como Charles James Fox habían procurado sacar adelante esta ley para aliviar la presión que se ejercía ininterrumpidamente sobre los católicos y el estado de marginación a que estaban condenados desde hacía siglos [1].

Recordemos que la suma de disposiciones legales anticatólicas alcanza varios tomos en este tiempo. Se compone fundamentalmente de tres cuerpos legales distintos: Acts of Uniformity, Test Acts y Penal Laws[558]. Los Test Acts fueron un conjunto de leyes que establecían distintas clases de pruebas que era necesario superar para demostrar que el aspirante no era católico, si se quería un puesto de trabajo en la Administración (desde pregonero a profesor) u ocupar cualquier clase de cargo público o institucional. Los Test Acts servían para inhabilitar a los católicos para formar parte de las instituciones, y de la vida política y social. El Test Act de 1673, que estuvo vigente durante gran parte del siglo XVIII, llevó el largo título de *Act for preventing dangers which may happen from popish recusant* y se hizo justamente famoso porque obligaba a todo el mundo a jurar que no creía en la transubstanciación o presencia de Cristo en el ritual de la misa, lo que incomodaba a los mismos anglicanos: «I do declare that do believe that there is not any transubstantiation in the elements of the Lord's Supper, or in the elements of the bread and wine, at or after the consecration thereof by any person whatsoever». Obsérvese que el juramento no dice que Cristo no esté presente sino que obliga a quien jura a declarar que él no cree esto. Hubo anglicanos que se negaron a prestar este juramento.

La Asociación Protestante logró reunir 60.000 firmas que dieron alas al fanático líder del movimiento anticatólico, lord George Gordon[559], un propagandista destacable que logró convencer a la gente de que la culpa de todo lo malo que sucedía la tenían los católicos (nada de ello era nuevo) y de que estos preparaban una conspiración con otros católicos del continente para invadir Inglaterra (tampoco esto era novedad: véase Parte II). Rudé insiste en que había causas económicas tras este pogromo: crisis comercial, elevación de precios, subida del paro... Y tiene razón, pero esta es la lógica interna de todos los pogromos. Hay problemas, busquemos al culpable. ¿Quién será? El judío. En este caso, ¿quién será? El católico.

Varias embajadas católicas fueron incendiadas y también los barrios donde vivían católicos ricos. El área de Moorfields, una de las partes más pobres de la ciudad y lugar de asiento de la inmigración católico-irlandesa, fue arrasada. A pesar de las demandas de protección a las au-

[558] Bajo cada uno de estos tres conceptos puede el lector encontrar en internet abundantísima información.

[559] A estos disturbios dedicó Charles Dickens su *Barnaby Rudge* (1841). Últimamente se ha publicado sobre este mismo asunto, en clave de ensayo histórico, *Bello como una prisión en llamas* de Julius Vaan Daal (Logroño: Pepitas de Calabaza, 2012). Tiene la ventaja de estar traducido al español (el original es francés) y actualizado. No se aparta, sin embargo, de la interpretación de Rudé, que tiende a reducir el componente de fanatismo religioso y xenofobia en pro de una ennoblecedora rebelión proletaria.

toridades inglesas hechas por algunos católico-irlandeses notables, tales como James Malo, un acaudalado hombre de negocios, el lord mayor, Brackley Kennet, no consideró necesario intervenir, y las autoridades inglesas dejaron hacer hasta que los disturbios alcanzaron tales proporciones que Londres ardía por los cuatro costados.

En todo este periodo, como el propio Rudé reconoce, el único levantamiento popular destacable en España es el motín de Esquilache. O no había hambre en España o la gente era tan tonta que se moría de necesidad sin protestar.

La imperiofobia y la Ilustración: antiamericanismo, leyenda negra, rusofobia y el fracaso imperial francés

Las tres grandes imperiofobias del Occidente moderno se unen en Francia en el siglo XVIII. Ya expusimos el papel crucial jugado por la *intelligentsia* francesa en el origen de la rusofobia europea y del antiamericanismo, con la teoría de la degeneración. Reducir cualquier forma de eminencia histórica que hubiera en el horizonte es necesario para el ego social francés en este momento. Muy necesario. A partir de ahora la autoestima social de Francia será la de su clase intelectual. Y los ilustrados cumplirán a la perfección con su papel convirtiéndose en la tabla de salvación de su país. Francia ha perdido toda esperanza de convertirse en un imperio. Por el Tratado de París en 1763, se ha visto obligada a ceder todas sus posesiones coloniales continentales. La frustación imperial de la Ilustración francesa se manifiesta en tres frentes: leyenda negra, rusofobia y antiamericanismo. Todos los imperios, viejos o en ciernes, que conviven con Francia son una desgracia. Son bárbaros, atrasados o degenerados. Rusia, España y Estados Unidos ofrecen un lamentable espectáculo.

Rusofobia

Muchos estudiosos hablan de un auténtico mito ruso en la Ilustración francesa. Efectivamente, conforme el siglo avanza se observa que Rusia se va transformando en una auténtica obsesión para los ilustrados del país vecino (véase Parte I). Este punto de vista es correcto pero inexacto, porque confunde lo esencial con lo accesorio. En realidad no interesa Rusia en sí misma, ni su lengua ni su literatura ni su cultura ni sus gentes ni su extraordinaria vitalidad. Los ilustrados franceses que marcharon a trabajar a Rusia fueron y volvieron sin aprender una palabra de ruso. Consiguieron, por ejemplo, no enterarse del descubrimiento de *El cantar del príncipe Igor*, una joya de la literatura épica que se produjo en tiempos de Catalina y que revolucionó el mundo cultural ruso. Tampoco se enteraron de otro descubrimiento sensacional, la *Crónica del Ioakim*, que se produjo en la misma época. No parece que tuvieran curiosidad por ver, puesto que no lo mencionan, esa maravilla del siglo XVI que es la *Vida de Alexander Nevsky*, uno de los manuscritos iluminados más hermosos que existen, ni las *Crónicas de la Rus de Kiev* o la *Crónica de Nóvgorod*. De la misma manera que Humboldt viaja por las más bellas ciudades de la América española sin verlas, el ilustrado francés en Rusia se las arregla con auténtica perfección para hacerse impermeable a su entorno. No, ciertamente Rusia no le interesa, lo que le importa (aparte de su propia comodidad y promoción social) es solo un aspecto de ella: su imperio y su poder. De Rusia solo vale que se ha convertido en un gran imperio en pocos años y estaría bien saber por qué, ya que Francia lo lleva intentando desde hace más de un siglo y no ve fruto. Conforme el siglo XVIII avanza, las ilusiones imperiales francesas van desfalleciendo y se acaban en la guerra de los Siete Años. Después de varios conflictos coloniales con Gran Bretaña, Francia se ve obligada a renunciar en 1763 a sus posesiones de ultramar. Ya no había ilusión de imperio ni esperanza de poder tenerlo.

Diderot, Voltaire, Rousseau y otros ilustrados escriben y polemizan sobre Rusia desde la atalaya de sus prejuicios. Se discute si es posible civilizar a Rusia o no, y hasta la palabra «civilización» se populariza en relación con ella. Surge en estas décadas la imagen de Rusia sin civilizar o superficialmente civilizada, una región bárbara y medio asiática. Toda la intelectualidad del siglo XVIII sentirá cierta curiosidad por Rusia, pero en ningún lugar de Europa Occidental sucederá esto con la intensidad y la constancia que vemos en Francia. El objeto de fascinación no es Rusia en sí misma, sino Rusia en la medida que proyecta frustraciones y deseos insatisfechos. Los mismos que subyacen tras la reedición de la leyenda negra española llevada a cabo por los ilustrados franceses y tras el antiamericanismo en su primera versión, lo que se conoce como «teoría de la degeneración». Todos los clichés acuñados en este tiempo sobre todos los imperios afectados siguen vivos, porque pasaron a formar parte de la modernidad.

Antiamericanismo y teoría de la degeneración

Uno de los pilares de la imperiofobia ilustrada es América, en importancia comparable al hecho de que la intelectualidad europea, que ha preferido en general mirar para otro lado y no enfrentarse a las enormes perplejidades que el nuevo continente plantea, ya no puede seguir eludiendo por más tiempo asunto de tal envergadura. El tema americano se planta en el corazón de Europa y viene para quedarse.

Si una parte de los esfuerzos ilustrados va a modernizar y reescribir la hispanofobia, otra, nada desdeñable, se dirige a desprestigiar a América. Merece la pena que nos detengamos un poco en esto porque ayuda a comprender el desarrollo de la imperiofobia desenfrenada, contra cualquier imperio coetáneo, viejo o naciente, de la Ilustración francesa. El conde de Buffon (1707-1788), considerado uno de los mayores naturalistas de su tiempo, escribió una *Historia Natural* en 44 volúmenes que pretendía compendiar todo el saber humano sobre la naturaleza. Allí explica que América es un continente degenerado. Todo en él, animales y vegetales, es el resultado de la degeneración de las especies que han prosperado en el Viejo Mundo. Las condiciones del clima y el medio natural hacen que estas tierras sean inasumibles para la civilización. Acorde con estas ideas, el abate Raynal escribió en la *Encyclopédie* que América no había producido ni un buen poeta, ni un matemático capaz ni un solo hombre de genio en arte o ciencia. El holandés De Pauw llegó todavía más lejos que Buffon. Para él era inevitable que aquella atmósfera provocase la degeneración progresiva de cuanto cayese en ella, asunto sobre el que Buffon dudaba. Los europeos idos allí, en cuanto desembarcaban, comenzaban a degenerar. La degeneración que América producía en toda forma de vida, especialmente la humana, quedaba patente para Montesquieu en los españoles. El barón considera que los españoles de América son notablemente inferiores a los españoles peninsulares. Es un destino común a todos los europeos: «Los pueblos del Norte, trasladados a los países del Sur, no han llevado a cabo tan bellas acciones como sus compatriotas, los cuales, combatiendo en su propio clima, disponían de todo su arrojo» (*Del espíritu de las leyes*, III, lib. XIV, cap. 2). En cambio, el padre Feijoo considera que los de aquí y los de allí son iguales, y para que no quepa duda los llama «españoles americanos».

Esta América de Raynal, Buffon y De Pauw es todavía la América entera y no exclusivamente la del Norte. Sin embargo, sus ideas solo fueron contestadas enérgicamente por la élite dirigente norteamericana. Solo ellos se sintieron ofendidos por los prejuicios ilustrados y escribieron refutaciones más o menos indignadas de estas ideas que habían sido universalmente asumidas por las élites europeas. De hecho, una de las funciones del viaje de Malaspina fue fijar los límites del Imperio español y dejar fuera las zonas sometidas al imperativo de la degeneración y, por tanto, imposibles de civilizar, por ejemplo en la Patagonia.

En España, la *Historia Natural* de Buffon fue casi inmediatamente traducida y editada por José Clavijo y Fajardo, director del Real Gabinete de Historia Natural creado por Carlos III. Fue uno de los mayores naturalistas de la Ilustración y no se opone ni duda de la teoría de la degeneración de las especies en América. En realidad, en el lado hispano solo algunas voces particulares se oponen a esas ideas. Guste o no, la única contestación organizada a la popular teoría de la degeneración la hicieron jesuitas como Juan de Velasco, Francisco Javier Clavijero, Jolis, Paramás, el abate Molina y otros muchos, y unos pocos católicos no religiosos entre los que cabe destacar al historiador y economista italiano Gian Rinaldo Carli.

Mencionaremos solo a algunos refutadores de la teoría de la degeneración. No pierda de vista el lector que no hubo contestación oficial de ninguna clase en la corte de Carlos III. Uno de los primeros en rechazar la teoría de la degeneración fue Francisco Javier Clavijero, que había nacido en México en 1731 y murió en Bolonia en 1787. Como tantos otros jesuitas españoles, fue a morir a Italia. Hablaba y escribía griego, latín, francés, portugués, italiano, alemán, inglés y náhuatl. Fue un pionero en el estudio de los códices aztecas y un ilustrado convencido, como otros muchos jesuitas, por cierto. Conoció en Bolonia la obra de Cornelius de Pauw, que ingenuamente reputó fruto de la ignorancia, y no de prejuicios poco confesables, y en consecuencia se propuso remediarla. En 1780 empezó a publicar en italiano, para que fuese mayor la difusión de su trabajo, una monumental *Historia Antigua de México* (10 tomos), que fue acompañada por otras obras como *Breve descripción de la Provincia de México en el año 1769, De las colonias de los tlaxcaltecas, Historia de la Antigua o Baja California,* etcétera. No pasaron precisamente desapercibidas. Constituyeron un gran éxito y fueron rápidamente traducidas al francés y al alemán[560].

Pionero también en rechazar la teoría de la degeneración fue el jesuita chileno Juan Ignacio Molina, conocido como el abate Molina, en su *Compendio de la historia geográfica, natural y civil del Reyno de Chile.* Molina había nacido en la remota comuna de Villa Alegre. Dotado de un talento fuera de lo común para las lenguas, los jesuitas se hicieron cargo de su educación y Molina llegó a ser profesor de griego en la Universidad de Bolonia, aunque luego pudo dedicarse a su verdadera pasión: la historia natural, que también enseñó en la misma universidad. Sus obras, escritas casi todas en italiano y latín, fueron prontamente traducidas a las principales lenguas de Europa. La refutación de Molina de la teoría de la degeneración se basa tanto en argumentos tomados de la propia naturaleza como en principios filosóficos. En *Analogías menos observadas de los tres reinos de la naturaleza* (1815) propuso, cuatro décadas antes que Darwin, una teoría de la evolución gradual de las especies.

También se opuso Félix de Azara (1742-1821) en sus *Apuntes para la Historia natural de los Cuadrúpedos del Paraguay y Río de la Plata.* El asunto de los cuadrúpedos no es baladí. Thomas Jefferson dedica parte notable de su argumentación contra la teoría de la degeneración a demostrar que los cuadrúpedos, fundamentales como son para la vida y la prosperidad humana, no degeneran en América. Azara hace lo mismo.

[560] La *Historia Antigua de México* no fue traducida al español hasta 1824 por José Joaquín de Mora. Se publicó en Londres. Véase Juan Luis Maneiro y José Jesús Gómez Fregoso, *Francisco Xavier Clavijero*, Puebla: Universidad Iberoamericana, 2004.

Militar, ingeniero, cartógrafo y naturalista, marchó a América a trazar fronteras (la gran obsesión de Carlos III) por unos meses y pasó allí veinte años. El militar no solo corrige la identificación y descripción de muchas especies sudamericanas erróneamente hechas por Buffon, sino que además desarrolla convincentes argumentos para demostrar que América no estimula la degeneración. Cataloga 448 especies, la mayoría desconocidas. Objeto de atención preferente fueron los pájaros y se le considera el padre de la ornitología. Como el abate Molina, Azara se planteó la posibilidad de una evolución de las especies, precisamente a partir de sus observaciones de las distintas clases de pájaros. Se sabe que Darwin conoció sus obras.

Pero serán los estadounidenses, como dijimos, quienes se opongan con mayor vigor a la teoría de la degeneración, y no hablamos de naturalistas sino de los políticos más importantes de su tiempo. De hecho, fue el desprecio hacia América y los americanos, que Thomas Jefferson sintió bien de cerca en su etapa de embajador, lo que lo llevó a escribir el único libro que publicó, *Notas sobre el estado de Virginia,* concebido como contestación y razonada refutación de las ideas de Buffon sobre la inferioridad americana[561]. Lo mismo hicieron Benjamin Franklin y Alexander Hamilton. Los estadounidenses, que contaban con la emigración europea para crecer y prosperar, no podían permitir que estas ideas locas se expandieran sin contestación.

La teoría de la degeneración no es una nota a pie de página en la historia de la Ilustración. La ley del silencio la ha hecho casi desaparecer, pero fue durante décadas uno de los pilares de la ideología ilustrada sobre cómo debía organizarse el mundo. Sostenía como natural y beneficiosa «la servidumbre natural de los indios» y otras razas inferiores que habitan en las zonas cálidas del planeta, como sostiene Montesquieu, que en *Del espíritu de las leyes* explica que en los países cálidos se genera una natural predisposición hacia la esclavitud, mientras que el espíritu de la libertad florece en el frío y el hielo. La prueba definitiva de que los españoles habían degenerado era que habían mezclado su sangre (otra vez) con razas inferiores como los indios americanos.

[561] «The opinion advanced by the Count de Buffon, is: 1. That the animals common both to the old and new world, are smaller in the latter. 2. That those peculiar to the new, are on a smaller scale. [...] And the reason he thinks is, that the heats of America are less; that more waters are spread over its surface by nature, and fewer of these drained off by the hand of man. In other words, that *heat* is friendly, and *moisture* adverse to the production and developement of large quadrupeds. [...] Our only appeal on such questions is to experience; and I think that experience is against the supposition»: *Notes on the State of Virginia,* Cuestión 6. Jefferson analiza ejemplos diversos de fauna y flora, con especial insistencia en los cuadrúpedos. Disponible en *http://etext.virginia.edu/toc/modeng/public/JefVirg.html.* Consultado el 3 de septiembre de 2012.

Buffon destaca la inferioridad de las especies de América señalando que no hay allí animales grandes como los elefantes o los grandes felinos cazadores. No cae, por cierto, en la cuenta de que en Europa tampoco los hay. Más significativa es la manifiesta inferioridad del indígena. Es un salvaje hermoso pero sin vigor. El conde lo considera indiferente al sexo y Voltaire vendrá acto seguido a divulgar estas ideas explayándose en sus escritos sobre el hombre imberbe, esto es, sin virilidad, y el león cobarde, como característicos del suelo americano. En este ambiente de salones y pelucas, de puro lucubrar sin asiento firme en la realidad, va a nacer el buen salvaje. La debilidad física del indígena la llevará hasta sus últimas consecuencias el holandés Cornelius de Pauw en sus *Recherches sur les Americains* (1768-1769). Los nativos son como niños y hasta su lengua es pobre de palabras. De Pauw nunca aprendió una lengua indígena y ni siquiera sabía distinguir entre ellas. Pero lo grave, con serlo mucho, no es lo ya dicho, sino la subsiguiente consecuencia: el estado en que se encuentra el nativo le veda absolutamente la posibilidad de progresar, evolucionar o aprender. A partir de aquí ya puede el lector extraer las oportunas conclusiones sobre cuál es el destino que más conviene a estas gentes.

Si De Pauw había incorporado la idea del indígena-niño, será la acción combinada de dos viajes la que alumbrará el mito definitivo del buen salvaje, de tan excelsa fortuna en el mundo occidental. El primero es el viaje de Bouganville a Tahití, que originó el *Suplement du voyage de Bouganville* de Diderot, obra que conoció una gran difusión. Diderot exalta el hedonismo sexual de los salvajes y destaca la búsqueda de la felicidad por medio del placer, y no de la virtud, en clave edénica. La exaltación del primitivismo ideal alcanzará su momento de ebullición cuando el viaje de Lahontan por Canadá inspire el *Discurso* de Rousseau y la *Histoire Philosophique* (1770) de Raynal. El buen salvaje se incorpora ya para siempre al imaginario intelectual europeo.

George L. Mosse llama al racismo «der Schattenseite der Aufklarung» (el lado oscuro de la Ilustración)[562]. Distinguir este racismo de los otros que en el mundo son y han sido es harto difícil. Supuestamente hay una xenofobia instintiva e innata que se asienta en impulsos básicos de territorialidad, la cual hace que los inuit o los navajos[563] se llamen a sí

[562] George L. Mosse, *Historia del racismo en Europa*, Puebla: Instituto de Ciencias y Humanidades, 2005. Es traducción de *Die Geschichte des Rassismus in Europa*, Fráncfort del Meno, 1990, pág. 12. Del mismo autor, especialista en el estudio del racismo europeo, es *La cultura europea del siglo XIX*, Barcelona: Ariel, 1997.

[563] Los navajos se denominan a sí mismos *dineh*, que significa el pueblo, la gente. La palabra «navajo» es un apelativo que usaban sus vecinos para referirse a ellos y alude a los cultivos que desarrollaban en los márgenes de los ríos. Los navajos eran muy buenos agricultores.

mismos «la gente» o «el pueblo», y que es en teoría diferente de nuestro racismo europeo, el llamado «racismo científico». La raíz de la diferencia estaría precisamente en las pretensiones de racionalidad y ciencia de este racismo, lo cual determina toda una teoría social y filosófica. En realidad se trata de lo mismo. Cada grupo amuebla lo excelente, lo magnífico, lo divino de sí mismo frente a lo despreciable, inferior e infrahumano de los demás, según la mentalidad de su tribu, pero el hecho permanece intacto. Los tebanos contaban que eran hijos de la tierra, nacidos de los dientes del divino dragón que el héroe Cadmo había sembrado. Los trobriandeses creían que sus ancestros eran dioses venidos de las estrellas. El europeo *comme il faut* no podía justificar su excepcionalidad con una historia mítica, como las de los otros, porque lo especial y único de este grupo es su creencia en que ha superado el mito precisamente. Por lo tanto, su racismo se ha de basar coherentemente en un relato que se presente a sí mismo como no mítico, es más, como lo opuesto al mito, con apariencia completamente diferente al relato religioso tradicional, pero con la misma función. De esta forma la superioridad de las razas nórdicas es incuestionable, puesto que no es mítica, sino racional y científica[564]. La mayor diferencia entre el racismo de las razas nórdicas y cualquier otro ha sido su capacidad para influir en el planeta y provocar devastaciones continentales de la mano de la ciencia.

El pasmoso sintagma «Diosa Razón» nos informa inocentemente de cuál será en la modernidad el origen de mitos (nunca jamás con este nombre), de creencias (saludables todas) y de costumbres (racionales, por supuesto), es decir, de la mayor parte de nuestro universo mental. De camino, nos orienta sobre cuál será el estamento social al que se encomendará la administración de ese capital social imprescindible que es la moral.

Racismo científico: el comienzo

Las nuevas razas dominantes en Occidente necesitan no solo demostrar su superioridad moral frente al putrefacto mundo católico-latino, sino también su superioridad psicofísica. La superioridad moral del protestantismo no tocaba la línea de flotación del mundo católico-latino. Si el protestante pensaba que él era moralmente superior y que su Iglesia era la verdadera, el católico pensaba lo mismo, y esto, al menos hasta el siglo XVIII, lo mantiene a salvo de asumir su propia inferioridad. Pero no por mucho tiempo. Este paso se va a dar justamente en este siglo y el racismo científico va a ser una de sus principales herramientas,

[564] Stanley G. Payne, «Fascismo y racismo», en Terence Ball y Richard Bellamy (eds.), *Historia del pensamiento político en el siglo XX*, Madrid: Akal, 2013.

aunque no la única. El racismo tiene necesariamente que justificarse científicamente a partir del siglo XVIII, porque la ciencia va a sumir la maquinaria de la mitología social y la administración de la moral a partir de este tiempo. Todo racismo tiene un origen y una justificación, que en cada caso se corresponde con la ideología-religión del grupo que defiende su superioridad. Y la de este grupo es la ciencia, que es la que a partir de ahora va a decir qué es lo bueno y qué es lo malo.

El racismo preexistente se adhiere a la argumentación científica a partir del sueco Carl von Linné (1707-1778) y del francés George-Louis Leclerc, conde de Buffon (1707-1788), que catalogaron las razas humanas y determinaron su mayor o menor categoría. Sin embargo, no insistieron mucho en la superioridad o inferioridad de unas y otras. Se da por supuesto, pero no es todavía el hilo argumental determinante. Este punto de vista no se convertirá en el núcleo de una obra «científica» hasta el anatomista Peter Camper (1722-1789). La teoría de Camper se basa en el establecimiento de una taxonomía de las razas humanas, según la cual las razas blancas están en la parte superior y los negros inmediatamente encima del gorila y el chimpancé. La taxonomía de Camper tiene como principio de clasificación la forma craneal y su mayor o menor semejanza con las cabezas perfectas que son las de los atletas griegos de las esculturas. A partir de aquí se produce una auténtica revolución «científica» en torno al estudio de los cráneos.

En la segunda mitad del siglo XVIII, Franz Joseph Gall alcanzó fama mundial al definir una nueva ciencia llamada frenología, que considera que las cualidades intelectuales y morales de un ser humano se manifiestan y se justifican en la forma de su cráneo. Como este figura entre los rasgos racialmente heredados, se convierte inmediatamente en la base de sustentación científica y racional del racismo. Pronto la frenología se hace parte fundamental del currículum universitario y barre del mapa las tradiciones psicológicas espiritualistas que estaban vinculadas a los estudios de la moral dentro de las religiones. La frenología además se acoplaba perfectamente a la idea de la predestinación humana del protestantismo, la cual a partir de ahora ya no será un concepto religioso sino un principio científico. Lógicamente las iglesias protestantes aceptaron la frenología con total convicción y la única resistencia a ella se produjo en la Iglesia católica, por muchas razones, pero sobre todo porque atentaba contra el libre albedrío, piedra angular de la moral católica. Naturalmente esto fue considerado como una prueba más de que el catolicismo era un obstáculo para el avance científico. Que después de lo sucedido en Europa durante la Segunda Guerra Mundial haya caído un piadoso manto de olvido (ley del silencio) sobre esta ciencia, no podrá borrar el hecho de que durante casi dos siglos no hubo en el mundo civilizado quien tuviera coraje para oponerse a sus incuestionables principios, aparte de algún católico suicida, como Jaime Balmes, que por el hecho de serlo ya se calificaba a sí mismo como enemigo de la razón y el progreso[565].

El gran Voltaire ataca con idéntica saña el catolicismo y el judaísmo. En su *Diccionario filosófico* afirma de los judíos que «es la nación más singular que el mundo ha visto, aunque en una visión política es la más despreciable de todas [...]. De un breve resumen de su historia resulta que los hebreos siempre fueron errantes o ladrones, esclavos o sediciosos... Si preguntas cuál es la filosofía de los judíos, la respuesta es breve: no tienen ninguna. Los judíos nunca fueron filósofos, ni geómetras ni astrónomos». ¿No sabía el gran ilustrado de la existencia de Spinoza? Como en el caso de la hispanofobia en la *Encyclopédie*, no hay que ir a las entradas donde esperaríamos encontrar las manifestaciones de estos prejuicios, sino que aparecen desparramados por doquier. Así, en la entrada «antropófagos», Voltaire explica: «¿Por qué no habrían sido los judíos antropófagos? Habría sido la única cosa que hubiera faltado al pueblo de Dios para ser el más abominable de la tierra». La única conclusión posible es esta: «Observamos a los judíos con la misma mirada con la que miramos a los negros, o sea, como una raza humana inferior»[566].

Estas ideas campaban universalmente por escuelas, universidades, tertulias y salones. La prueba de su completa integración social es que a los psicólogos modernos se los llamó frenópatas, y a las modernas clínicas psiquiátricas, frenopáticos, hasta hace pocas décadas, y que el cambio de nombre se debió a la caída en desgracia de esta «ciencia» después de la Segunda Guerra Mundial.

La lucha a muerte por la administración de la moral: la destrucción de la Compañía de Jesús

Es muy curioso que la mayor parte de los grandes ilustrados fuesen educados por los jesuitas. En clave freudiana, se trata de un auténtico asesinato del padre[567] por unos hijos que buscan más poder con menos obligaciones y menos renuncias. El nacimiento de las iglesias nacionales había sometido el poder religioso a los reyes y, por evolución

[565] «Es muy significativo que las teorías frenológicas fueran fundamentalmente criticadas por pensadores de la corriente antiilustrada como el español Balmes»: Carlos Caballero Jurado, «El racismo: génesis y desarrollo de una ideología de la modernidad», *Arbil. Anotaciones y Crítica* 22, pág. 109, nota 3, en *www.etv.es/USERSmmori(22)raci.htm*. Consultado el 11 de enero de 2014.

[566] Voltaire, *Diccionario filosófico*. Disponible en *www.biblio3.url.ed.gt/Libros/dis_fil.pdf*. Consultado el 29 de mayo de 2014.

[567] Enrique Giménez Caballero López, «Los jesuitas y la Ilustración», *Debats* 105 (2009), págs. 131-140.

natural, al Estado, en los países protestantes. Ahora la Ilustración va a hacer lo mismo en la Francia católica. La moral, que es el capital más rentable que genera una sociedad, va a ser administrada por una nueva clase social. La justificación de este cambio en el timón ya no se hará sustituyendo un mito por otro, sino eliminando el mito por lo que se autoproclama el no-mito: la Diosa Razón, la Ciencia, la Razón, la Ley Natural.

El combate por la administración de la moral entre la casta religiosa y la nueva casta intelectual es mucho más una lucha por territorio social y mucho menos por ideas, aunque lo parezca. Lo parece porque el grupo vencedor ha decidido contarla así. Se manifestó en toda su trágica intensidad en la destrucción de la Compañía de Jesús. Es uno de los hechos más fascinantes de la historia moderna y hay pocos que se le puedan comparar, aparte del fin de los templarios, con el que guarda tantas semejanzas. La capacidad de unos y otros para despertar morbos y delirantes fantasías no es la menor de ellas y tiene el mismo origen: una propaganda orquestada para justificar el latrocinio, que ha dejado un gusto conspiranoico enfermizo por todo lo que se refiere a la Iglesia católica. Su implantación triunfal en las propias sociedades católicas demuestra hasta qué punto estas han asumido su propia leyenda negra. El éxito reciente y arrollador de *El código Da Vinci* de Dan Brown es una prueba más, por si alguna faltara.

El final de la Compañía se produce a través de una serie escalonada de golpes en un proceso internacional bien urdido y absolutamente exitoso en el que no faltaron la falsificación de documentos y otros ardides habituales. Así, por ejemplo, volvieron a ponerse en circulación los *Monita Secreta*, que eran unas supuestas reglas o constituciones ultrasecretas por las que se gobernaba la Compañía de Jesús, cuya finalidad última y perversa era dominar el mundo[568]. Son más o menos lo mismo que los Protocolos de Sión en el antisemitismo, los cuales contienen los planes secretos de los judíos con el mismo fin, el cual se logrará por medio de la manipulación de la economía, el control de los medios de comunicación y la instigación de conflictos en otras religiones. Ya vimos falsificaciones de documentos inquisitoriales en el conflicto de Flandes o en el proceso de creación de la rusofobia durante la guerra de Crimea con el supuesto «Testamento de Pedro el

[568] Gregorio Bartolomé Martínez, *Los clérigos a la greña: sátiras, mascaradas, insultos, infundios, descaros, libelos y trampas entre sí de la gente del púlpito y el altar*, Alicante: Club Universitario, 2010. Sobre los *Monita Secreta*, véanse págs. 150 y ss. El autor demuestra con creces que ni los más furiosos anticlericales inventaron nada que no hubieran lanzado contra sí mismos los ordenados *in sacris*. La Compañía de Jesús se lleva la palma. ¿Libertad de expresión? Hubo que protegerla con leyes allí donde el Estado controlaba la religión. Donde esto no pasaba, no hacía falta.

Grande». Aquí tenemos más de lo mismo. Que saliera bien, demuestra que la Compañía no era tan poderosa ni tan temible. Los jesuitas, como los templarios, se dejaron matar sin oponer apenas resistencia. Su desaparición marca el punto de inflexión a partir del cual la derrota del mundo católico-latino será definitiva. Nos interesa este hecho histórico por su carácter simbólico y porque expresa la nebulosa de misterios y oscuras tramas para apoderarse del poder universal con que se va a sustituir y complementar al demonio del mediodía del protestantismo, pero el fin perseguido es el mismo. Es una lucha a muerte por el poder en la que unos se defienden diciendo que Dios está de su parte y el mundo hispanocatólico es el demonio, y los siguientes afirmando que la Razón está de su parte y el mundo hispanocatólico es la ignorancia.

¿Qué razones llevaron a Carlos III a expulsar a los jesuitas del Imperio español? En primer lugar, un desconocimiento abisal de cuánto dependía ese imperio del trabajo de la Compañía y, en general, de su propio imperio. Eran miles de kilómetros de frontera y de territorios en difícil proceso de asimilación, además de infraestructuras educativas insustituibles. Tras la expulsión, el rey pasó el resto de su vida intentando tapar los agujeros que había provocado. No había pensado en esto antes y no tenía recambio. Nunca lo consiguió. La difamación convirtió a los jesuitas en autores de toda clase de siniestras tramas y la paranoia alcanzó tal punto que Carlos III encargó un memorial secretísimo llamado «Noticia de los Ministros que componen el Consejo Supremo de S. M. y de otros dentro y fuera de esta Corte» en 1765, el cual ofrece información detallada sobre la filiación jesuita o antijesuita de los integrantes de las más altas instancias de la Monarquía[569].

El informe de Francisco Requena se publicó en 1992 tras casi dos siglos y medio durmiendo en los archivos[570]. Lo escribió el coronel de ingenieros Requena, que fue enviado a la Amazonia peruana a evaluar la situación de esta región enorme tras la expulsión de los jesuitas. Requena, como Azara y muchos otros oficiales y mandos de ejército, fue a América para intentar conocer y paliar en lo posible los muchos problemas que la marcha de los jesuitas había provocado. Su desolación no tiene límites. Aunque es un militar disciplinado y nunca se manifiesta contra las decisiones de sus superiores, no puede mentir en sus descrip-

[569] R. Olaechea, «El anticolegialismo del gobierno de Carlos III», *Cuadernos de Investigación* II, 2 (1976), págs. 53-90. Enrique Giménez López, «El antijesuitismo en la España de mediados del siglo XVIII», en Pablo Fernández Albaladejo (coord.), *Fénix de España. Modernidad y cultura propia en la España del siglo XVIII (1737-1766)*, Madrid: Marcial Pons, 2006, págs. 284-326.

[570] María del Carmen Martín Rubio, *Historia de Maynas. Un paraíso perdido en el Amazonas. Descripciones de Francisco Requena*, Madrid: Atlas, 1991.

ciones: pueblos abandonados, talleres artesanos destruidos, campos de cultivo desiertos y tribus enteras dejadas a su suerte. Muchas de ellas desaparecieron en dos generaciones y otras quedaron perdidas en un estado de aculturación que incluso hoy no han superado. En las zonas caucheras esto es especialmente evidente. El tiempo lento de los jesuitas era incompatible con la rentabilidad inmediata. No quiere decirse que estuviese reñido con la rentabilidad misma, sino con la rentabilidad y la prisa; con la rentabilidad ahora y a cualquier precio. Para dar idea de la enormidad de esta catástrofe, pondremos solo algún ejemplo. Es el comienzo del suicidio del Imperio español.

Una de las desapariciones más lamentables fue la del Colegio San Pablo de Lima. Había sido fundado por los jesuitas en 1568. Bajo su tutela se crearon otras dos instituciones educativas de nivel superior que fueron el Colegio Real de San Martín y el Colegio del Príncipe, una institución de élite para la nobleza indígena. Este conglomerado cultural se completó en 1584 con una imprenta propia dirigida por Antonio Ricardo. A la solidez del currículum que se seguía en San Pablo, hay que unir su eficacia administrativa y sus sólidas finanzas. Era una empresa rentable respaldada por una próspera agroindustria. La buena gestión de sus propios recursos permitió a los jesuitas la creación de varios gabinetes de investigación como los de Historia Natural, Química, Botánica, y varias bibliotecas[571]. La principal, la del Colegio San Pablo, era en 1765, en el momento de la expulsión, la mejor del continente. Se había creado en 1568, cuando la orden se instaló en la capital virreinal. Ya entonces trajeron consigo una colección de libros cuyo valor se estima en una pequeña fortuna: 200 ducados. Después la orden invirtió otros 500 ducados en libros para San Pablo y finalmente el propio general de la Compañía cursó orden a su procurador en la Península para que se comprara todo lo que se editara conforme fuese apareciendo y fuese enviado allá. En el siglo XVII, el padre Bernabé Cobo escribe: «No es fácil que falten muchos [libros], como no sean muy raros»[572]. Los documentos conservados informan de la llegada regular de cajones de libros a la biblioteca. En 1629 desembarcan treinta y tres cajones y en 1662 arriban otros cien. En San Pablo quedaba una parte de ellos, ya que los repetidos se repartían por las distintas comunidades jesuíticas del territorio. De esta manera se reunió un tesoro bibliográfico que a mediados del siglo XVIII superaba los 40.000 volúmenes. Pocas bibliotecas había en Europa que pudieran compararse con ella y ninguna en América. En estas fechas, la biblioteca de la Universidad de Harvard no sobrepasa los 4.000 libros. Había textos en latín, griego, hebreo, castellano, inglés, italiano, árabe, francés, alemán...

[571] Luis Martín, *La conquista intelectual del Perú: el colegio jesuita de San Pablo 1568-1767*, Barcelona: Casiopea, 2001.

[572] Migueláñez, *Cultura y humanismo...*, II, págs. 85 y ss.

y en varias lenguas indígenas de América. Solo una parte trataban de doctrina y de asuntos religiosos. Cualquier rama del saber (matemáticas, arquitectura, medicina, botánica...) estaba ampliamente representada con los textos más notables en varios idiomas. En la sección de astronomía podían consultarse las obras de Galileo, Copérnico y Kepler. A las obras impresas debe añadirse una impresionante colección de instrumentos científicos, desde los telescopios más modernos a «máquinas eléctricas», aparatos de física y química, que convivían con las obras completas de Newton, Descartes, Malebranche, Locke, Leibniz o Benito Feijoo. A la biblioteca general se debe añadir los muchos libros que los padres tenían en sus celdas y departamentos de estudio para su uso personal o sus investigaciones. En las dependencias del padre José Rocha había 3.951 libros recién llegados de Europa, según inventario ordenado por el virrey Amat. Al producirse la expulsión, la institución fue desmembrada, sus fondos bibliográficos y su instrumental se dispersaron y nunca fueron reconstruidos[573]. Es de suponer que toda esta destrucción era necesaria en nombre del saber y del progreso.

El gran naturalista José de Acosta fue profesor en San Pablo, así como otros muchos científicos de primer orden. En 1648, seiscientos alumnos de razas distintas recibían educación superior en esta institución[574]. Aquí comenzó el estudio científico y sistemático de lenguas distintas de las europeas o las bíblicas, y aquí se creó el laboratorio farmacéutico que difundió por toda Europa la quinina, que empezó a exportarse en 1631 y que llegó a ser conocida como la «corteza jesuita» en toda Europa. McNaspy cuenta cómo en el mundo protestante la predicación convirtió la «corteza jesuita» en un instrumento de penetración del Maligno y de los demoniacos influjos papales[575]. La quinina era una quinta columna, un engaño para apoderarse de la salud y las almas. Esto hizo que hubiera una resistencia tenaz a su uso con los consiguientes perjuicios para la salud. Hicieron falta varias décadas para vencer el rechazo irracional al uso médico de la quinina en Inglaterra y otros países protestantes.

Las misiones de Moxos estaban formadas por treinta etnias diferentes que se establecieron en quince pueblos fundados por la Compañía en un territorio que fue exclusivamente administrado por ellos desde 1664 hasta 1776. Era una región muy amplia de llanura y monte bajo en la cuenca del río Mamoré y sus afluentes, en lo que hoy es Bolivia: «Se

[573] Luis Martín, «Biblioteca del Colegio de San Pablo (1568-1767), antecedente de la Biblioteca Nacional», *Fénix* 21 (1971), págs. 26-36. Se edita en Lima.

[574] Fermín del Pino, «La élite indígena como aliada del nuevo imperio católico: la estrategia jesuita de Acosta», *Revista Histórica* 44 (2009-2010), págs. 37-63. Muy recomendable.

[575] Citado por Javier Burrieza y Manuel Revuelta (dir. Teófanes Egido), *Los jesuitas en España y el mundo hispánico*, t. I, Madrid: Marcial Pons, 2004, pág. 197.

caracterizaron como sus vecinas misiones de Chiquitos por su buena asimilación y aceptación de la doctrina cristiana, buen rendimiento agropecuario, trabajo comunitario y, en especial, por sus grandes avances y logros a nivel artístico, destacándose la producción musical, fruto particular de la metodología jesuita»[576]. En junio de 2006 fueron hallados en Moxos, en el seno de comunidades desparramadas por la selva y fundadas en la segunda mitad del siglo XIX y principios del XX, alrededor de 4.000 páginas musicales y un centenar de cancioneros de música barroca en perfecto estado. La historia de este descubrimiento maravilloso merece ser conocida. Más que historia es una parábola sobre las verdades y las mentiras de la Ilustración y la modernidad, y sobre la destrucción del progreso en nombre del progreso.

La importancia de la música y la extraordinaria cultura musical que se enseñaba en las misiones de Moxos y Chiquitos se manifiesta en el contenido de los archivos parroquiales de Santa Cruz de la Sierra y San Ignacio de Moxos, donde se conservaron en torno a 3.000 y 7.000 piezas respectivamente, y un corpus extraordinario de más de 200 cancioneros, libros de oración, piezas profanas y hasta óperas en varias lenguas. Hay músicas para las más diversas actividades y festividades de calendario litúrgico, con misas completas, antifonías, letanías, himnarios, piezas instrumentales... Piotr Nawrot, musicólogo y estudioso de este universo musical, afirma en una entrevista: «Quiero decir que si todos los días ellos cantaban y tocaban la misa, si uno se iba todos los días a la misa, en tres meses no se repitió el mismo repertorio. Ha sido el centro de las producciones musicales en todo el mundo. Lo que hoy día es Viena, Berlín y París, antes era Chiquitos, Moxos y Guaraníes»[577]. La conservación, generación tras generación, no solo de los textos musicales sino también de la ejecución musical, del canto y los instrumentos del barroco, «nos permite interrogarnos sobre la conducta y las resoluciones que los indígenas tomaron a partir de la expulsión con miras quizá de proteger su etnia, perennizar sus creencias y tradiciones después del cataclismo provocado por el abrupto extrañamiento jesuita»[578]. Antezana describe a un ejército «abochornado» que expulsa de sus hogares a los misioneros y los llevan dete-

[576] Liz Antezana, «Consecuencias cataclísmicas de la expulsión de los jesuitas: el caso de Moxos», *e-Spania. Revue Interdisciplinaire d'études hispaniques*, diciembre de 2011, en *www.e-spania.revues.org/21448*. Consultado en marzo de 2014.

[577] Entrevista publicada el 20 de septiembre de 2012: *www.youtube.com/watch2v=mmJnwi1-DPzA*. Nawrot lleva editados más de 20 volúmenes de la música barroca del Amazonas. Por ejemplo, Piotr Nawrot (ed.), *Monumenta Musica in Chiquitorum reductionibus Bolivia. Cantus Ordinarii Missae*, La Paz: CIMA, 1996. En 2012 recibió el VII Premio Internacional Reina Sofía de Conservación y Restauración del Patrimonio Cultural que le fue entregado por la propia reina con la presencia de varios ministros y embajadores extranjeros.

[578] Liz Antezana, «Consecuencias cataclísmicas...», par. 5.

nidos como criminales a los puntos de reunión que estaban previstos: «La manera en la que fueron desterrados los jesuitas de las misiones de Moxos fue premonitoria del modo en que se trataría en lo posterior a los indígenas» (par. 6). La fecha elegida vino a empeorarlo todo porque septiembre es temporada de lluvias y Moxos es el territorio inundable más grande del mundo. Los jesuitas no solo no se resistieron sino que además procuraron por todos los medios a su alcance sosegar a los indios, que comprendían demasiado bien lo que estaba pasando y se temían con razón lo peor. A los indios de una comunidad lejana a Loreto, el pueblo principal, que presenciaron por casualidad los primeros arrestos en el río Grapay, los persiguieron para detenerlos y que no pudieran llevar la noticia a Loreto, pero lograron escapar: «Llegaban ahora desnudos, exánimes, diciendo despavoridos que venían los blancos a matar a todos los Mojos y a llevarse amarrados a los Padres»[579]. En Loreto la gente empezó a recoger sus cosas y a escapar: «Con trabajo los padres de esa doctrina lograron aquietar, desimpresionar y atraer a estos despavoridos [...]. Un verdadero alzamiento en esta misión de 2.100 habitantes se produjo al mismo punto. Salieron a la plaza jóvenes y viejos, armados de flechas y machetes en actitud de querer defenderse por la fuerza. El jesuita superior salió y amonestó e increpó, y rogó y amenazó con gran energía hasta obtener el desarme y el retiro de todos a sus viviendas»[580]. El 4 de octubre de 1767 los jesuitas entregaron la parroquia de Loreto con su inventario de propiedades y existencias (no se llevaban nada) y registro de confiscaciones. En el colmo de la inmoralidad se les hizo responsables de que todo el proceso se desarrollara sin violencia, de forma que tenían que ser ellos mismos los que evitaran los alzamientos indígenas convenciendo a los nativos de que sus condiciones de vida no cambiarían.

La expulsión de la Compañía no tardó en provocar «un estado de abandono instantáneo en los pueblos misionados: las siembras y retortas se paralizaron, las reservas de Paila fueron vaciadas en beneficio de la armada y los nuevos curas. A seis meses de la expulsión, la miseria era consentida por los nuevos administradores que anularon la política comunitaria de producción»[581]. Pronto el trabajo obligatorio se adueñó del mercado laboral y los quince prósperos pueblos de Moxos quedaron reducidos a once, con notable pérdida de población en todos ellos. El gobernador Lázaro de Ribera describe con dolor cuál es el panorama de la región en su visita de 1786-1787: «Estos pueblos fueron los más ricos y opulentos de la provincia y parecía que la fortuna en ellos se hubiese fijado para siempre, si el furor y los delitos, favorecidos por la impunidad,

[579] Gabriel René Moreno, *Biblioteca boliviana. Catálogo del archivo de Moxo y Chiquitos*, Santiago de Chile: Imprenta Gutenberg, 1888, pág. 26.

[580] Moreno, *Biblioteca boliviana...*, pág. 29.

[581] Liz Antezana, «Consecuencias cataclísmicas...», par. 17.

no hubiesen tomado tanto empeño en su ruina y destrucción»[582]. Ribera logró que se aprobara un plan de recuperación del territorio inspirado en las normas y leyes de los jesuitas, pero no sirvió de nada porque faltó la protección a la propiedad de la tierra, asunto clave para entender todo esto. La propiedad comunal protegida, esas «repúblicas de indios» del Derecho de Indias, se tenían que acabar. A fin de cuentas para eso se había expulsado a los jesuitas[583]. A Humboldt esta autonomía indígena le había escandalizado y la había considerado un obstáculo para el progreso. Y el progreso vino, claro está. En la misma clave, Voltaire, profundamente bien informado, escribió en su *Cándido* verdaderos disparates sobre las misiones jesuíticas en Hispanoamérica.

Antezana considera que la independencia no significó nada para los moxeños, aparte de que les requisaron las obras de arte que tenían en sus iglesias. Tras la proclamación de la república, se abandonaron las plantaciones de algodón, las fundiciones de San Pedro y las curtidurías que los jesuitas habían creado. También dejaron de producirse tabaco, vainilla y aceite de palma, productos que los jesuitas dedicaban a la exportación con gran beneficio económico. Comienza entonces el cultivo de la quinina a gran escala (ya no es demoniaca y los anglosajones la consumen), y sobre todo comienza la fiebre del caucho. Todo este comercio a escala mundial se hace con mano de obra indígena que ha perdido todo control sobre su territorio: «Se fomentaba claramente el control, sometimiento y reducción o exterminio de los autóctonos calificados de *bárbaros habitantes* [...], los nuevos flamantes ciudadanos libres fueron enviados por centenares a las siringas, contratados en el célebre sistema de enganche, hasta fines del siglo XIX»[584].

Pero era tarde para esto. Los indios estaban demasiado integrados y eran demasiado numerosos como para que se les pudiera exterminar sin dejar huella, como sucedió en el Norte, donde no se sabe qué cantidad de indios había en cada tribu que desapareció. En el mundo hispano hay censos y muchos indios que saben leer y escribir, e incluso han alcanzado formación superior. Tienen sobre todo un largo hábito de protección legal. No es tan fácil borrarlos de la faz de la tierra. Pero tampoco se les puede integrar sin más en el mundo de los occidentales. Y ahí se queda-

[582] Lázaro de Ribera, *Descripción exacta e histórica de los indios, animales y plantas de la provincia de Moxos en el virreinato del Perú, 1786-1796,* Mercedes Palau (ed.), Madrid: Ministerio de Agricultura, Pesca y Alimentación, 1989, pág. 217.

[583] Real Cédula de 17 de mayo de 1803. Véase Pedro Querejeta (ed.), *Las misiones jesuíticas de Chiquitos,* La Paz: La Papelera, 1995, pág. 375.

[584] Antezana, par. 21, y también Pilar García Jordán, *Cruz y arado, fuentes y discursos en la construcción de los Orientes en Perú y Bolivia, 1820-1940,* Perú: IFEA-IEP (Tarea Asociación Geografía Educativa), 2001, págs. 254-255. El sistema de enganche es una estafa que termina degenerando en una forma más o menos legal de esclavitud por medio de deudas.

rán, en medio de la nada, en la tierra de nadie de la aculturación, tierra abonada para la marginación, la violencia, y para toda clase de demagogias. Si se quiere de verdad saber de dónde vienen los problemas de Sudamérica, este es un buen campo donde escarbar.

En las plantaciones, los indígenas morían por docenas sin lograr nunca regresar con sus familiares. Hubo algunas revueltas y deportaciones, pero la población indígena quedó por más de un siglo en un estado de depresión colectiva, casi letárgico, sin posibilidad de regresar al pasado y sin capacidad para engancharse al futuro. Surgió entonces un mundo mítico nuevo «como estrategia natural de protección, basada en antiguas tradiciones y en la mitificación del periodo misional jesuita» (Antezana, par. 24). Durante la década de 1880, con el auge de la explotación cauchera comenzaron las huidas masivas de indios hacia zonas poco accesibles de la selva. Esto duró varias décadas. Todavía en 1937 el periódico *La Patria* informa: «Indígenas de San Lorenzo y San Francisco están trasladándose [...] a las zonas selváticas nacientes del río Apere. Eso quiere decir que los indios trinitarios, antiguos descendientes del caudillo Guayocho, siguen huyendo de la civilización». ¿De toda la civilización? No. Cuando los guayochos, como los llamaban despectivamente los carayanas (blancos), abandonaron todo cuanto poseían (viviendas, ropa, enseres, animales...) en busca de una tierra prometida a la que llamaron «tierra santa», se llevaron algo consigo: la música barroca. Cargaron con sus partituras, sus motetes, sus cancioneros, sus violines, sus óperas..., los cuales, durante más de un siglo, habían preservado cuidadosamente en medio de grandes desdichas colectivas, para no ser aniquilados con la llegada de la civilización. Cuando se establecieron, lo primero que hicieron fue nombrar un maestro que enseñara a los niños la solfa y el violín. Esto les permitió también conservar una importante cultura escrita[585]. La imagen de los moxos huyendo hacia la selva con sus partituras barrocas sobrepasa cuanto el realismo mágico haya podido fabular. La música era el lenguaje con el que los jesuitas habían conseguido conectar dos mundos y los nativos lograron preservarla contra la «civilización» con un virtuosismo y una tenacidad que causan asombro.

En 1990, a golpe de música barroca, los pueblos de las tierras bajas organizaron una marcha hasta La Paz para reivindicar ante el presidente Jaime Paz Zamora su derecho a las tierras que les fueron arrebatadas tras la expulsión de los jesuitas. Desde 1996 la Asociación Pro Arte y Cultura

[585] «En resumen, después de la expulsión de los jesuitas... los indígenas de Mojos corrieron el riesgo de perder toda cultura escrita. Mantenerla y fomentarla dentro de lo posible era un desafío que ellos tuvieron que aceptar y lo hicieron con bastante éxito»: Akira Saito, «Las misiones y la administración del documento: el caso de Moxos, siglos XVIII-XX», en Clara López Beltrán y Akira Saito (eds.), *Usos del documento y cambios sociales en la historia de Bolivia*, Osaka: National Museum of Ethnology, 2005, págs. 27-72 (pág. 43).

(APAC) organiza el Festival Internacional de Música Renacentista y Barroca Americana-Misiones jesuíticas de Chiquitos, que se celebra cada dos años. Hoy es considerado el evento cultural más importante de Bolivia y es el más grande del mundo en su género, un asombroso recorrido por 3.000 kilómetros de selva a través de numerosas comunidades que muestran al mundo una extraordinaria cultura musical.

La actividad de los jesuitas generó prosperidad, riqueza y auténtica civilización, sin prisa y sin destrucción. Los intelectuales con peluca que decidieron que era necesario para el progreso borrarlos del mapa, ¿lo hicieron mucho mejor? ¿Realmente importaba mucho que los hombres que hacían este trabajo de integración de dos mundos fuesen remonstrantes, sintoístas o jesuitas? No hay explicación más allá de los prejuicios y la ceguera que estos provocan para entender las razones que causaron los hechos a que nos referimos. Hay otra, pero es todavía más fea que el prejuicio: la codicia. Y lo más grave es que hemos heredado acríticamente la noción de que esto se hizo en nombre del progreso y la dignidad humana. Quienes impulsaron y justificaron ideológicamente desde sus salones tanta devastación, constituyen hoy una gloria para la humanidad, y decir, por ejemplo, una sola palabra contra Voltaire o contra Humboldt sigue siendo el pasaporte más seguro para conseguir el mayor rechazo social e intelectual.

Este cambio radical se sostiene con la idea de que la religión, especialmente la católica, es un obstáculo para el avance científico, idea que hoy habita sin problemas en las cabezas occidentales. Enfrente (e invisible) está la evidencia de que el ser humano ha progresado a lo largo de la historia con su casta sacerdotal, y no contra ella o a pesar de ella. La mayor parte de los grandes descubrimientos (agricultura, ganadería, descubrimiento de América...) se hicieron en tiempos en que los hombres creían en los dioses y respetaban a los sacerdotes[586]. El clérigo había dicho: «Creedme a mí y os diré lo que está bien y lo que está mal». Ahora, el *philosophe* le da un empujón y se coloca en su pedestal con el astuto argumento de que lo que ellos quieren es eliminar el pedestal, como si tal cosa fuera posible. Venden libertad. Esto ha funcionado bien tantas veces: un grupo de hombres aparece en el escenario social pidiendo poder y notoriedad para acabar con la opresión y ofreciendo libertad, justicia, etcétera, y el pueblo ingenuo tiende a creerlo y necesita grandes dosis de realidad implacable para llegar a comprender (si alguna vez lo hace) que solo ha sustituido una casta por otra. Pero el pedestal no hay quien lo mueva. Solo varía el inquilino.

[586] Lewis Mumford, *El mito de la máquina*, Logroño: Pepitas de Calabaza, 2013. *El mito de la máquina* es el resultado de la unión de dos trabajos de Mumford que aparecieron en 1967 y 1970, respectivamente: *Técnica y evolución humana* y *El pentágono del poder*, en lengua inglesa.

La Ilustración francesa es también creadora de otro mito en torno a la Inquisición y España: el mito del *Índice de Libros Prohibidos* como destructor de la vida intelectual. Es un giro novedoso, muy a propósito para apartar, al menos mentalmente, a España de la civilización, la gran palabra del momento. Esta construcción argumental parte de negar una evidencia, a saber, que hay en Francia también un índice de libros prohibidos, tanto por la Iglesia como por el Estado. Es más: hubo muchos libros que nunca estuvieron prohibidos en España y sí lo estuvieron en Francia. En 1995 se publicó en inglés un magnífico trabajo sobre los libros prohibidos en Francia en el siglo XVIII. Se editó en dos tomos. El segundo volumen, llamado *The Corpus of Clandestine Literature in France, 1769-1789*, es un catálogo de las 720 obras prohibidas más vendidas. Una primera conclusión es clara: prohibir un libro es condenarlo al éxito. La prohibición no destruye la difusión ni la popularidad de una obra, ni en España ni en Francia. *L'An 2440* de Louis-Sébastien Mercier registra veinticinco ediciones clandestinas (la primera en 1771) en el espacio de pocos años. Suiza es el origen de la mayor parte del mercado editorial clandestino, que alcanzó en Francia un volumen fabuloso de dinero[587].

Uno de los autores más famosos de la Ilustración fue el exjesuita francés Guillaume-Thomas Raynal. Su obra *Histoire Philosophique et Politique des Établissement dans les deux Indes*[588] (1770) tuvo un éxito editorial absolutamente arrollador. En francés se hicieron 14 ediciones, una en inglés y otra en alemán en el siglo XVIII. Tres años después de la primera edición, la obra fue prohibida por el gobierno francés y en 1774 incluida en el *Índice de Libros Prohibidos* de la Inquisición francesa. Más tarde fue denunciada ante la Asamblea del Clero en Francia. Finalmente su lectura fue prohibida incluso para aquellos que tenían acceso autorizado a los libros prohibidos en 1799. La persecución de Raynal no vino solo de la Iglesia, que fue más bien a remolque, sino del gobierno francés que consiguió que el Parlamento condenara el texto y que fuese públicamente quemado por el verdugo como libro «impío, blasfemo, sedicioso, tendente a sublevar a los pueblos contra la autoridad soberana y echar por tierra los principios fundamentales del orden civil», según consta en la sentencia[589]. Esto, sin embargo, no solo no impidió que tuviera un éxito extraordinario, sino que más bien lo favoreció, ya que generó un

[587] Robert Darnton, *Los best-seller prohibidos en Francia antes de la Revolución*, Madrid: FCE, 2008. La primera edición en inglés es de 1996. La traducción española no incluye los dos tomos de la edición inglesa.

[588] Disponible en la edición inglesa de 1786 en *www.wdl.org*.

[589] García Cárcel, *La leyenda negra...*, pág. 257.

gran interés por parte del público. Las ediciones de 1770 y 1774, que son las primeras, se publicaron sin el nombre de su autor, pero la tercera sí lo llevaba. Esto obligó a Raynal a huir a Suiza en 1781. Después pasará a la corte de Federico II de Prusia y luego a la de Catalina II de Rusia. Es un periplo muy habitual. En 1784 se le permite volver a Francia, pero no puede pisar París. Se instala entonces primero en Toulon, y luego en Marsella, donde se convertirá en un eficaz promotor cultural[590]. La obra de Raynal no fue prohibida en España. Fue traducida, o más bien versionada, por el duque de Almodóvar con el título *Historia política de los establecimientos ultramarinos de las naciones europeas* (5 volúmenes) y publicada entre 1784 y 1790[591].

Cuando la Ilustración creó el cuadro de sociedad española represiva y atrasada colocó en su centro a la Inquisición católica y su *Índice de Libros Prohibidos.* Se entendía que esta lista era directamente responsable del atraso (porque hay atraso) por haber impedido la libre circulación de las ideas, como si la censura y la prohibición de libros fuesen un fenómeno exclusivo de los países católicos, principalmente de España, y no un fenómeno general, también entre los protestantes y en Francia. Situado en el centro del universo, el intelectual que habita la Europa *comme il faut* no puede concebir que haya habido lugares y épocas donde ha habido más espacio a las libertades públicas o individuales que su propio mundo. Naturalmente se parte de una idea que no necesita demostración: la sociedades hispanocatólicas están atrasadas. Recordemos que en el caso de Rusia se discute si es posible o no civilizarla, cómo hacerlo, etcétera. Se da por supuesto que Rusia está sin civilizar. De la misma manera se explaya la Ilustración francesa sobre las causas del atraso español, dando por supuesto, sin necesidad de verbalizarlo, que dicho atraso existe. ¿Por qué están atrasados? Evidentemente, porque no son como nosotros, y porque para que nosotros estemos delante, alguien tiene que estar atrás.

En 1644 el ensayo *Aeropagitica* de John Milton fue prohibido en Gran Bretaña[592]. Es una defensa apasionada y filosófica de la libertad de expresión. Se distribuyó como folleto en la clandestinidad desafiando la prohibición de su publicación y la *Licensing Order of 1643*, que exigía autorización oficial previa para cualquier texto editado en Inglaterra. Los puntos esenciales de la Licensing Order eran:

[590] Gilles Bancarel, *Rainal ou le devoir de la verité*, París: Honoré Champion, 2004.

[591] O. García Regueiro, «Ilustración e intereses estamentales: la versión castellana de la Historia de Reynal», en *Homenaje a N. Salomón. Ilustración española e independencia de América*, Universidad de Barcelona, 1979, págs. 165-207.

[592] *Areopagitica: A speech of Mr. John Milton for the liberty of Uncicens'd Printing to the Parlament of England*, Nueva York: Lawbook Exchange Ltd., 2006.

- Autorización previa a la publicación.
- Obligación de registrar texto, nombre de autor, impresor y editor en un organismo especial llamado Register at Stationers' Hall.
- Cualquier texto ofensivo o peligroso para el gobierno debía ser buscado y destruido.
- Los responsables (autor, impresor, editor o libreros) debían ser arrestados y llevados a prisión.

Los argumentos de Milton son muy interesantes. El poeta considera que la censura debe existir. En esto coincide con Locke, Swift y otros que también participaron en la polémica sobre la Licensing Order, pero no ser previa. Si se publica un texto blasfemo o un libelo debe ser confiscado y destruido y perseguidos sus responsables. Esto incluye cualquier texto católico o de inspiración católica (*blasphemy*): «I mean not tolerated Popery and open superstition, which as it extirpats all religions and civil supremacies, so itself should be extirpat»[593]. La constante defensa de la tolerancia religiosa de los ilustrados protestantes nunca incluyó a los católicos. Sirva de ejemplo la *Epístola de la tolerancia* de John Locke. La diferencia entre lo que el texto dice en realidad y lo que nos han enseñado que dice, es abismal. La *Epístola* de Locke es considerada uno de los textos fundacionales de la democracia moderna y esto es lo que nos cuenta la Wikipedia de ella:

> Para John Locke el hombre es un individuo libre que tiene derechos naturales (entre ellos su autoconservación y su espiritualidad) que serán inviolables tanto por terceros como por un Estado. *Carta sobre la Tolerancia* desarrolla el concepto de la libertad individual, criticará la intolerancia y la coacción que tanto las sectas religiosas, como el Estado, pueden llevar a cabo en contra del individuo. Este concepto de libertad individual y tolerancia religiosa, que se traduce en la aparición de la libertad religiosa, es una de las bases sobre las que se asienta el gobierno civil de corte liberal que desarrollará John Locke en *Dos tratados sobre el gobierno civil* (consultado el 7 de abril de 2014).

Como todo el protestantismo y, en consecuencia, la Ilustración, Locke no piensa que reprimir el catolicismo sea un acto de intolerancia religiosa, sino de profilaxis moral. La «tolerancia» de Locke no tiene nada que ver con lo que hoy consideramos tolerancia. Hoy creemos que una sociedad abierta implica libertad de pensamiento y tolerancia para con las ideas (también las religiosas) que son distintas de la propia, siempre dentro de un orden de máximos y mínimos que llamamos derechos

[593] Jason P. Rosenblat (ed.), *Milton's Selected Poetry and Prose: authoritative texts, biblical sources, criticism*, Nueva York: W. W. Norton & Co., págs. 337-379.

humanos. Lo que Locke denomina «tolerancia» tiene poco que ver con esto. Ni católicos ni musulmanes ni ateos tienen derecho a ella. Estos son tres «extravíos» de la mente humana que deben ser extirpados de la sociedad o esta perecerá[594]. Sus errores corrompen la médula de la ley natural que debe regir la comunidad humana. ¿Cuál es esa ley natural? Una que no incluye a los católicos o la que cada ilustrado decide en cada momento, según su particular saber y entender. Ya hemos visto que la *Nature* en la Ilustración es muy elástica y sirve como argumento de autoridad para cualquier cosa.

La censura ejercida en sus colonias por Gran Bretaña (Australia, Canadá, India y África) fue sumamente estricta. En Australia duró oficialmente hasta 1823, fecha en que fue sustituida por una muy restrictiva *publishing freedom.* En 1737 el Parlamento inglés votó una ley que establecía la creación de un *Examiner of Stage* para censurar las obras de teatro de contenido político, moral o religioso considerado intolerable. Edward Capell fue nombrado gran inquisidor teatral con un salario de 200 libras anuales. Esta censura no fue abolida hasta 1968. El trabajo del *examiner* consistía en leer las obras, comprobar que no había en ellas nada objetable y autorizar o desautorizar su puesta en escena, previa comunicación al lord chamberlain que era quien finalmente firmaba el permiso. El delito de *blasphemy* contra la Iglesia anglicana ha sido parte fundamental de la censura británica y ha sido considerado delito hasta el 8 de mayo de 2008, aunque no había condenas por este concepto desde 1977. Durante los años setenta el Committee on Obscenity and Film Censorship, popularmente conocido como Williams Committee, veló por la limpieza de las películas que se veían en Gran Bretaña[595].

La expresión *publishing freedom,* o «libertad de prensa», o «libertad de expresión», son sintagmas mágicos, como lo ha sido también la frase «libertad religiosa». Cuando se dejan de lado las palabras y se va a ver en qué consisten en realidad, encontramos que denominan un conjunto de restricciones muy severas para expresar libremente las ideas religiosas o los contenidos políticos discrepantes con el gobierno vigente, sea este el

[594] Locke escribió su *Epístola* en el exilio holandés, de donde regresó en el séquito de la esposa de Guillermo de Orange, tras el golpe de Estado protestante que llamamos Revolución Gloriosa (1688). Había tenido que exiliarse acusado de haber participado en el complot de Rye House, que fue un plan para asesinar a Jacobo, hermano y heredero católico de Carlos II. Este complot y el subsiguiente golpe de Estado fue el resultado de la imposibilidad de sacar adelante legalmente el Acta de Exclusión (Exclusion Bill), que era un proyecto de ley que pretendía excluir de la sucesión al hermano abiertamente católico del rey.

[595] James Cole Robertson y James Crighton, *The British Board of Film Censors: Film Censorship in Britain, 1896-1950,* Dover (New Hampshire): Croom Helm, 1985.

que sea. En el mundo católico las leyes de este tipo no se habrían llamado libertad de prensa sino simple y llanamente censura. Esta manía de los católicos de llamar a las cosas por su nombre es una fuente constante de tergiversaciones y malentendidos a dos niveles, interno y externo. En el mundo católico se cree que esas expresiones remiten a un referente real que se corresponde con las palabras usadas. Así, Miguel Servet abandonó Francia, donde había una inquisición católica establecida, abierta y públicamente, y marchó a Ginebra corriendo tras la «libertad religiosa» que allí se proclamaba, para encontrarse con la realidad de lo que este sintagma significaba en boca del calvinismo. El resultado fue una muerte atroz. Igualmente Locke escribe su *Epístola de la tolerancia* usando esta palabra mágica para denominar lo que no lo es. Si un católico hubiera escrito que protestantismo, islam y ateísmo son errores que deben ser extirpados de la sociedad, no hubiera denominado a su escrito «epístola de la tolerancia», y habría sido considerado un fanático, como mínimo. Esta existencia a dos niveles, realidad y lenguaje, es clave para comprender la mentalidad protestante y el mundo moderno. Ya sabemos que el lenguaje crea la realidad. El eufemismo es la manifestación más visible y el lector está rodeado de ellos por todas partes. Ahora mismo suelen proceder de la lengua inglesa y se difunden a través de las agencias de prensa. Así, en los años setenta, comenzamos a llamar «interrupción voluntaria del embarazo» al aborto y últimamente hemos aprendido a calificar como «daños colaterales» a los muertos civiles en las guerras[596]. No importa cuál sea la realidad, sino qué palabras se usan para referirse a ella. Luego el lenguaje hace el resto del trabajo. No hay forma de entender el fenómeno de la leyenda negra más que desde el punto de vista del lenguaje y la manipulación del lenguaje. Esto el mundo católico no ha sido capaz de verlo ni de analizarlo nunca. Y mucho menos de responder adecuadamente a ello. Y sus intelectuales han estado tan ocupados imitando «las novedades» que no han atinado ni a planteárselo[597].

[596] «Voluntary Interruption of Pregnancy». En inglés queda todavía más atenuado su sentido porque se usan las siglas VIP, que remiten a una realidad mucho más positiva.

[597] «Estas cosas me dijo Steinlauf, hombre de buena voluntad: cosas extrañas para mi oído desacostumbrado, entendidas y aceptadas solo en parte, y mitigadas por una doctrina más fácil, dúctil y blanda, la que hace siglos que se respira más acá de los Alpes, y según la cual, entre otras cosas, no hay vanidad mayor que esforzarse en tragarse enteros los sistemas morales elaborados por los demás, bajo otros cielos». Steinlauf, viejo sargento del ejército austrohúngaro, le recuerda con vibrantes palabras al joven Primo Levi, novato en Auschwitz, que es su principal obligación no colaborar con sus enemigos en la destrucción de su persona y de sus ideas, dejándose arrastrar por la inercia y la comodidad de la rendición: Primo Levi, *Si esto es un hombre*, Barcelona: Aleph Editores, 2012, pág. 43.

En los países protestantes existe un tipo de censura desconocida en los países católicos, que es la que se ejerce directamente en bibliotecas y librerías: «Surprisingly, in liberal-minded countries such a Sweden and Norway wich boast the earliest press freedom laws, surveillance of public and school libreries remained a concern to authors and publishers even through the latter part of the century. No less surprising is the diehard tradition of surveillance of books in schools and libraries in the United States»[598]. En Estados Unidos *El amante de lady Chartteley* estuvo censurado hasta los años setenta en varios estados, y en el Reino Unidos, Penguin Books sufrió en 1960 un proceso judicial por su publicación. El *Ulises* de James Joyce estuvo prohibido en Estados Unidos quince años y en 1930 el U. S. Customs confiscó todas las copias que Harvard disponía del *Cándido* de Voltaire. También pasaron apuros en algunos estados *Tom Sawyer* y *Huckleberry Finn* de Mark Twain. He aquí una selección de libros, obras de teatro, canciones, periódicos, etcétera que fueron prohibidos en Boston entre 1881 y 1965, según la investigación de Neil Miller[599]:

Leaves of Grass (Hojas de hierba) de Walt Whitman
El Decamerón de Giovanni Boccaccio
Three Weeks (Tres semanas) de Elinor Glyn
Many Marriages (Muchos matrimonios) de Sherwood Anderson
Antic Hay (Danza de sátiros) de Aldous Huxley
The American Mercury (magazine)
Desire Under the Elms (Deseo bajo los olmos) de Eugene O'Neill (teatro)
Elmer Gantry (El fuego y la palabra) de Sinclair Lewis
An American Tragedy (Una tragedia americana) de Theodore Dreiser
The Sun Also Rises (Fiesta) de Ernest Hemingway
Oil! (¡Petróleo!) de Upton Sinclair
Black April (Negro de abril) de Julia Peterkin
Manhattan Transfer de John Dos Passos
Mosquitoes (Mosquitos) de William Faulkner
Nigger Heaven (Cielo para negros) de Carl van Vechten
The World of William Clissold (El mundo de William Clissold) de H. G. Wells
Dark Laughter de Sherwood Anderson
Strange Interlude (Extraño intervalo) de Eugene O'Neill (teatro)
Lady Chatterley's Lover (El amante de lady Chatterley) de D. H. Lawrence
A Farewell to Arms (Adiós a las armas) de Ernest Hemingway
Jews Without Money (Judíos sin dinero) de Michael Gold
God's Little Acre (La parcela de Dios) de Erskine Caldwell

598 Mette Newth, *The Long History of Censorship*, en *www.beaconforfreedom.org*. Consultado el 20 de mayo de 2014.

599 Neil Miller, *Banned in Boston: The Watch and War Society's Crusade against Books, Burlesque and the Social Evil*, Boston: Beacon Press, 2011.

Within the Gates de Sean O'Casey (teatro)
The Children's Hour (La calumnia) de Lilliam Hellman (teatro)
Waiting for Lefty de Clifford Odets (teatro)
Strange Fruit (Extraño fruto) de Lilliam Smith
Forever Amber (Ambiciosa) de Kathleen Winsor
The Moon is Blue (La luna es azul) de Otto Preminger (película)
Wake up Little Susie de The Everly Brothers (canción)
Naked Lunch (El almuerzo desnudo) de William S. Burroughs

Molière estuvo prohibido en Quebec muchos años y en 1847 el Custom Act canadiense prohibió «the importation of books and drawings of an inmoral or indecent character while Canadian jurisprudence has subsequently turned its attention to combating sedition as well». Hasta 1958 los censores disponían de listas oficiales de libros prohibidos y en 1914 el censor jefe prohibió 253 libros extranjeros y varios periódicos locales. Hasta los años sesenta Norman Mailer y Henri Miller estuvieron prohibidos en Canadá[600]

Tras la independencia de 1814 las leyes noruegas reconocieron la libertad de expresión, pero no sin fuertes restricciones, como la discrepancia expresa contra las leyes vigentes o los contenidos religiosos contrarios a la religión oficial, especialmente procatólicos o de inspiración católica[601].

La idea de que la existencia de un índice de libros prohibidos por la Iglesia ha afectado grandemente a la vida intelectual y científica en el mundo católico es uno de los tópicos nuevos en la renovación deciochesca de la leyenda negra. Ha sido poco estudiado y goza todavía de gran predicamento intelectual. En *La verdad de las mentiras*, Mario Vargas Llosa afirma que la narrativa de ficción tuvo un desarrollo tardío en Hispanoamérica debido a que la Inquisición prohibía este tipo de textos[602]. Sin duda esta prohibición ha sido fundamental y decisiva en nuestra

[600] Pearce J. Carefoote, «Government Censorship of Print», en Carole Gerson y Jacques Michon (eds.), *History of the Book in Canada*, vol. 3, Toronto: University of Toronto Press, 2007, págs. 468-472.

[601] Una detallada historia de la censura noruega fue publicada por Arthur Thuesen en Oslo en 1960. Lleva por título *Beslaglagte og supprimerter skritter* (Publicaciones confiscadas y suprimidas). Como no sé noruego, me valgo de un resumen disponible en *www.beaconforfreedom.org*. Consultado el 3 de marzo de 2015.

[602] «Los inquisidores españoles, por ejemplo, prohibieron que se publicaran o importaran novelas en las colonias hispanoamericanas con el argumento de que esos libros disparatados y absurdos —es decir, mentirosos— podían ser perjudiciales para la salud espiritual de los indios. Por esta razón, los hispanoamericanos solo leyeron ficciones de contrabando durante trescientos años, y la primera novela que, con tal nombre, se publicó en la América española apareció solo después de la independencia (México, 1816)»: Mario Vargas Llosa, *La verdad de las mentiras*, Madrid: Punto de Lectura, 2007, pág. 15.

literatura. Por ella, la novela tuvo que ir a buscar una cuna en tierras más libres, y no fue España el lugar donde nació. Y por eso también (¿qué duda cabe?) ha vivido el *Lazarillo de Tormes*, prohibido desde la primera edición, ignorado de público y crítica durante siglos. Evidentemente este argumento carece de fundamento, pero necesita explicación. Cuando un escritor de primera, que ha demostrado tantas veces tener bien amuebladas las meninges, recurre a un razonamiento tan simplón hay que preguntarse por las razones que justifican una operación mental semejante. La respuesta no se hace esperar: la pereza intelectual. ¿Para qué ir a buscar razones más lejos, teniendo a mano una tan sobada, tan socorrida, tan eficaz, y que lo mismo sirve para un roto que para un descosido? A este respecto Powell señala: «El Santo Oficio, tanto en España como en América, estaba subordinado a la Corona. Salvo pequeñas excepciones, no tenía jurisdicción sobre los indios americanos. La censura de libros se ejercía principalmente en lo concerniente a la literatura religiosa, sin que afectara de forma destacada a las principales corrientes por las que discurrían las bellas letras, las obras científicas, etc.»[603].

Ilustrados exiliados o perseguidos

La persecución y el exilio son un fenómeno generalizado y común en toda Europa. Ciñéndonos al siglo XVIII, los ilustrados franceses sufren desde la primera generación la intolerancia de su país. Pierre Bayle pertenece a esa primera hornada. Era hijo de un predicador hugonote pero es enviado sorprendentemente al colegio de los jesuitas de Toulouse. Un mes después se convierte al catolicismo y un año más tarde se arrepiente. Para escapar a la persecución a que es sometida su religión en el país de la *liberté*, Bayle marcha a Suiza. Regresa al poco tiempo y durante varios años vive en semiclandestinidad como preceptor de algunas familias. Finalmente es nombrado profesor de Filosofía en la universidad protestante de Sedan, en la provincia de Lorena, que todavía en este momento forma parte del Sacro Imperio. Cuando el ducado de Lorena es invadido por Francia en 1681, Bayle tiene que huir de nuevo. La derogación del Edicto de Nantes en 1685 por Luis XIV obliga a exiliarse a unos 200.000 franceses hugonotes. Este edicto, que permitía la existencia de hugonotes en ciertas áreas y ciudades bajo estrictas condiciones, había sido promulgado por Enrique IV tras los horrores de las matanzas de la Noche de San Bartolomé. Como otros muchos intelectuales protestantes franceses, Bayle busca refugio en los Países Bajos, pero no porque allí reinase la tolerancia, sino porque el calvinismo es la religión oficial de ese territorio y los hugonotes son calvinistas.

603 Powell, *El árbol del odio...*, pág. 38.

Bayle es pionero de dos novedades que serán características de la Ilustración. La primera es fundamento de la popularidad que adquirieron las ideas y los prejuicios ilustrados: la divulgación científica e ideológica a través de publicaciones periódicas de pequeño formato. La Santa Ilustración no tiene púlpito desde el que propagar sus ideas, de manera que necesita de otro medio barato y eficaz. Desde 1684 Bayle publica *Nouvelles de la république des lettres,* que tendrán un gran éxito. La Ilustración no crea, pero sí populariza el periódico. La segunda novedad es la publicación enciclopédica. Bayle es considerado autor del primer gran diccionario ilustrado: *Dictionnaire historique et critique,* pero no inventa nada. La obra está concebida como una ampliación del famoso diccionario enciclopédico de personas notables del jesuita Louis Moréri. El *Grand Dictionnaire historique* en 10 volúmenes de Louis Moréri tuvo al menos 20 ediciones legales entre 1674 y 1759, y fue traducido al alemán, inglés, holandés, español e italiano. Constituyó un éxito extraordinario y marcó la tendencia a la enciclopedia monumental en lengua vulgar característica de la Ilustración, la cual no es un invento de *les philosophes.*

Ya tratamos más arriba de Raynal, y ahora hay que mencionar al ilustrado estrella, Voltaire, que vivió gran parte de su vida exiliado. Sus obras estuvieron prohibidas en Francia, pero no por eso se le ocurrió decir que había poca libertad en su país. El rasero de medir es distinto en cada caso. Nacido en el seno de una familia media, recibió una excelente educación en un colegio jesuita precisamente. Luego se hizo rico con algunos pequeños «trucos» en la lotería e invirtiendo las ganancias en industria armamentística (a pesar de que hizo del antibelicismo una de sus señas de identidad) y en comercio de Indias en Cádiz (a pesar de haber proclamado la catastrófica situación económica de la América española). Con admirable discernimiento, Voltaire pensó siempre que una cosa eran las ideas, y otra, la economía personal. Aquel le hizo comprender que su dinero era más rentable y estaba más seguro en la América española que en las colonias francesas. Murió siendo inmensamente rico. En Ferney, el castillo que se compró en la frontera suiza, pasó años y años echando de menos los salones de París. Un ilustrado sin salón es como un jardín sin flores. Fue una nostalgia que lo acompañó largas décadas, porque murió muy anciano. Pero ni su propia experiencia ni la de otros ilustrados, ni las vicisitudes por las que pasó la *Encyclopédie,* ni la prohibición de sus obras lo llevaron nunca a pensar que hubiera intolerancia o represión en Francia.

En España se estudia el proceso de Pablo de Olavide como la prueba irrefutable del poder que las tinieblas inquisitoriales tenían, sin pensar en que cuesta trabajo encontrar otro ilustrado que sufriera una experiencia semejante. ¿Conoce alguno el lector? Intente reunir cinco nombres.

El triunfo definitivo de la ley del silencio

El capítulo VI de *Los jesuitas en España y el mundo hispánico* contiene un epígrafe titulado «Delenda est memoria» que trata del intento de borrar de la historia los logros de la Compañía de Jesús[604]. Pero esto no ha sucedido solo con los jesuitas, que son una de las puntas del iceberg de un fenómeno mucho más amplio y generalizado al que venimos llamando ley del silencio. Consiste en hacer invisible todo logro cultural, científico o social que se produce en el mundo católico al mismo tiempo que se resaltan y se destacan continuamente los que se producen en el mundo protestante, de tal manera que los primeros parecen un hecho excepcional y los segundos, una constante. Esta operación de borrado y subrayado va acompañada de su contraria: todo problema o dificultad sucedida en el mundo católico es repetida y destacada hasta la saciedad, de tal forma que parece que las sociedades católicas siempre funcionan mal. Al mismo tiempo los problemas o hechos poco edificantes que tienen lugar en el mundo protestante son presentados como excepción en una trayectoria perfecta y rápidamente olvidados. Por eso, por ejemplo, todo el mundo sabe de la intransigencia católica, pero desconoce las leyes discriminatorias contra los católicos que existieron en los territorios protestantes hasta bien avanzado el siglo XIX, las cuales fueron casi siempre más agresivas, intransigentes y humillantes que las católicas. Unos cuantos ejemplos bastarán para dar idea de la eficacia de la ley del silencio. Ella y la propaganda usada *pro domo sua* son responsables de la representación mental que el europeo, tanto católico como protestante, tiene de su mundo. Porque —no hace falta ni decirlo— el católico ha asumido este paisaje social y habita mentalmente en la cosmovisión de Occidente que el protestante ha dibujado.

Un episodio destacado en la aplicación de esta ley del silencio tiene que ver con la Escuela de Salamanca y afecta no solo a la ciencia jesuita sino también a la de los dominicos. Juntos eran los grandes agentes de la maldad demoniaca (versión protestante) y del oscurantismo ignorante (versión ilustrada).

Con el nombre genérico de Escuela de Salamanca se designa a un grupo de iusnaturalistas y moralistas que desarrollaron su labor durante los siglos XVI y XVII principalmente. Se han usado otros nombres como escuela española de Derecho Internacional, doctores de Salamanca, maestros de Salamanca, etcétera. En general se considera que sus iniciadores fueron Francisco de Vitoria, Diego de Covarrubias, Martín de Azpilcueta y Domingo de Soto. Estuvieron todos vinculados a la Universidad de Salamanca, pero bastantes de ellos, como Domingo de Soto, enseñaron

[604] Javier Burrieza y Manuel Revuelta, *Los jesuitas en España y el mundo hispánico*, dir. Teófanes Egido, Madrid: Marcial Pons, 2004, t. I, pág. 272.

fuera de España. Muchos son los campos de estudio y los nombres, pero aquí solo vamos a enseñar un botón de muestra[605].

El *Manual de confesores y penitentes* de Martín de Azpilcueta y Jaureguizar, más comúnmente llamado doctor Navarro (1492-1586), tuvo 81 ediciones entre la segunda mitad del siglo XVI y el primer cuarto del siglo XVII. Llega a las 92 si tenemos en cuenta las versiones, ediciones parciales y abreviadas. Fue casi inmediatamente traducido al latín, y varias veces al francés y al italiano. El *Comentario resolutorio de cambios* es uno de los cuatro apéndices que acompañaban la edición del *Manual* y pronto adquirió vida propia. Su difusión fue rapidísima. Hasta 1569 se editó en diez ocasiones, y tuvo varias traducciones como obra independiente al latín, francés e italiano varias veces. Cuando se dejó de editar en las lenguas vernáculas, siguió editándose en latín en los principales centros editoriales europeos durante décadas. Del éxito de la obra da idea que Azpilcueta tuvo que escribir y publicar en latín cinco *quaestiones* relacionadas con su asunto a modo de apostillas, que se editaron a partir de 1593. Aquí, en la línea de moral positiva característica de la Escuela de Salamanca, es decir, la que no se despega de la realidad concreta con la que el hombre tiene que lidiar en cada momento, Azpilcueta ofrece un análisis de la realidad económica de su tiempo en donde desarrolla, por primera vez, conceptos que solo mucho después serán estudiados, como el fenómeno de la inflación y los motivos que la provocan.

En 1953 J. Schumpeter publicó su decisiva *History of Economic Analysis* y ahí dedicó bastantes páginas a Azpilcueta y a otros maestros de Salamanca. ¿Cómo era posible que hubieran estado olvidados tanto tiempo? ¿Por qué nadie se había dado cuenta de que los principios de la economía política se habían definido en España a comienzos del siglo XVI y que aquellos hombres eran «the founders of modern economics»? Antes de que la autoridad casi apostólica de Schumpeter, sin duda una de las mejores cabezas del siglo XX, viniera a reconocer la deuda, los economistas de Salamanca vivían en la inopia, en un perfecto estado de invisibilidad decretado por la inapelable ley del silencio. Porque Schumpeter acierta en todo, pero hay algo que no explica: existen razones por debajo del silencio que justifican la desaparición de los maestros de Salamanca de los manuales. No es un despiste ni un oscurecimiento inevitable debido al paso del tiempo. Para comprender lo sucedido hay que situar los hechos en una perspectiva adecuada[606]. No es que hubiera en Salamanca

[605] Marjorie Grice-Hutchinson, «El concepto de Escuela de Salamanca: sus orígenes y su desarrollo», *Revista de Historia Económica (Suplemento)* 2 (1989), págs. 21-26. Es breve y útil. Puede verse también de la misma autora la introducción a *The School of Salamanca. Readings in Spanish Monetary Theory, 1544-1605*, Oxford: Oxford Clarendon Press, 1952.

[606] Véase *http://democraciaparticipativa.net/documentos-data-a-referenda/documentos-en-espanol/doctrina-social-cristiana/4623-la-escuela-de-salamanca.html*. Consultado el 1 de enero de 2015.

un puñado de individuos anómalos y descontextualizados a los que les dio por pensar en asuntos extremadamente raros y novedosos para su tiempo, como por ejemplo la inflación, sus causas, los conceptos de valor y precio, etcétera. No fueron unas lumbreras que se iluminaron solo a sí mismas, como fanales en medio de una isla desierta. Para empezar fueron varias generaciones de profesores y alumnos. Sus obras fueron traducidas a distintos idiomas y sus versiones latinas fueron estudiadas allí donde no fueron traducidas, en muchas universidades de Europa. La mayor parte de ellos viajó, estudió y enseñó fuera de España. Pero en un momento determinado se les deja de mencionar porque son clérigos; para más inri, dominicos y jesuitas en su mayoría, dos órdenes que primero encarnaban las pecaminosas tinieblas del papado, en el mundo protestante, y luego la oscuridad misma de la superstición y la sinrazón en la Ilustración. En el mundo protestante no se les podía ni traducir ni mencionar, condena que se hizo aún más rigurosa con la Ilustración. Adam Smith pudo muy bien haber conocido a Azpilcueta, pero se hubiera dejado matar antes de citarlo y reconocer que había aprendido algo de un dominico[607].

Edward Jenner, su descubridor, escribió: «No puedo imaginar que en los anales de la historia se encuentre un ejemplo de filantropía más noble y más amplio que este». Y en 1825, unos veinte años después de que hubiera concluido, Humboldt afirmaba: «Este viaje permanecerá como el más memorable en los anales de la historia». Sin embargo, para mediados de siglo ya se había olvidado y hoy es difícil encontrar a un español (no digamos ya a un extranjero) que sepa quién fue Francisco Javier Balmis[608], un médico militar que llegó a ser el médico personal de Carlos IV y que

[607] «En este complaciente culto a Smith cayó como un bombazo la *History of Economic Analysis* (1954) de Joseph A. Schumpeter... Fue capaz, casi por primera vez, de dar una visión realista y fría del célebre escocés... A partir de Schumpeter, los historiadores del pensamiento económico se han replegado bastante. Se concede que Smith no creó nada, pero fue el gran sintetizador y sistematizador, el primero que tomó todos los hilos de sus predecesores y los entrelazó en un entramado coherente y sistemático. Pero en realidad la obra de Smith no fue sino el reverso de lo coherente y sistemático»: Murray N. Rorthbard, *Historia del pensamiento económico*, Madrid: Unión Editorial, 1999, t. I, pág. 478. Véase el capítulo XVI, «El célebre Adam Smith», en donde Rothbard expone toda su crítica sobre Smith. Véase también Carlos Rodríguez Braun, «Adam Smith», *Ilustración Liberal* 27, primavera 2006. En este artículo el autor sostiene lo cuestionable de la afirmación de que Smith deba ser considerado el fundador del liberalismo económico.

[608] La novelista neoyorquina Julia Álvarez publicó en 2006, fecha del II Centenario de la Expedición, que en España pasó sin pena y gloria una novela titulada *Saving the World*, que trata de este asombroso viaje desde la perspectiva de la única mujer que formó parte de la expedición, la directora del orfanato de La Coruña. Aunque han sido traducidos al español otros títulos de esta autora, esta novela no lo ha sido. *Saving the World* si está traducida y publicada con el título *Para salvar al mundo* (Alfaguara, 2007).

convenció al rey y sus ministros para que financiaran una expedición que llevara la vacuna de la viruela por todo el mundo: la Real Expedición Filantrópica de la Vacuna contra la Viruela, que comenzó en 1803 y acabó en 1814[609]. Antes de organizar la que es considerada por la OMS como la primera campaña médica internacional, Balmis había vivido y trabajado en La Habana primero, y luego en México, donde había investigado sobre las enfermedades venéreas y sobre algunos tratamientos que podían paliar su desarrollo (*Tratado sobre las virtudes del agave y la begonia*, 1794).

La expedición partió de La Coruña en 1803 y recorrió Puerto Rico, Venezuela, Cuba y varias ciudades de México. Otros médicos que formaban parte de ella llevaron la vacuna hasta Texas por el norte y Nueva Granada (Colombia) por el sur, y finalmente alcanzaron Chiloé en Chile. En 1805 la expedición abandonó América y zarpó de Acapulco rumbo a Manila. Vacunaron en Filipinas e incluso hicieron varias incursiones en territorio chino, fundamentalmente en la zona de Cantón [2].

La 2 de Televisión Española emitió el 22 de abril de 2014 un reportaje de la serie *History of the World* (BBC), y de nuevo el 28 de septiembre de 2014, sobre la vacuna de la viruela que acaba de esta manera: «Galileo Galilei vivía en un mundo donde pensar e investigar se castigaba con la muerte. Doscientos años después Edward Jenner vive en un mundo donde hay libertad y donde estudiar mejora la vida humana». Por supuesto no se dice una sola palabra sobre Balmis y su expedición. El descubrimiento de Jenner no provocó ninguna clase de iniciativa encaminada a usarlo provechosamente ni dentro ni fuera de Gran Bretaña. Después de dar a conocer el descubrimiento, lo más que Jenner pudo hacer fue construirse una cabaña en su jardín y vacunar a los niños del vecindario, en el condado de Gloucestershire. Nadie se interesó ni por su vacuna ni por él. Jenner se hace famoso a causa de la Expedición Filantrópica de Balmis que dio a conocer la vacuna a nivel mundial, y de la decisión de Napoleón de vacunar a sus tropas en 1805, tras conocer la iniciativa de Balmis. A partir de entonces, se reconoce en Gran Bretaña el trabajo de Jenner, y se lo colma de honores a bombo y platillo, pero no se organiza ninguna campaña de vacunación.

No puede considerarse que Benito Feijoo sea una figura olvidada pero sí oscurecida, porque, siendo benedictino, no cuadra en el organigrama anticlerical de la Ilustración, una de sus señas de identidad más destacadas y queridas. Lo es porque permite igualar Ilustración y protestantismo, y alejar a Francia de su mundo natural, el católico-latino, para incluirla en el club de las naciones protestantes. Feijoo se definió a sí mismo como un «escéptico mitigado», lo cual no le causó problema ninguno con su

[609] Susana María Ramírez Martín, *La salud del imperio. La Real Expedición Filantrópica de la Vacuna*, Madrid: Doce Calles, 2002. Jz. Bowers, «The Odyssey of Smallpox vaccination», *Bulletin of the History of Medicine* 55 (1981), págs. 17-33.

orden ni con la Inquisición ni con las autoridades de su país. Feijoo no tiene prejuicios con los protestantes. Admira muchísimo a Francis Bacon y cita con frecuencia su *Novum Organum.* También lee y cita a John Locke y Robert Boyle, cuyas obras conoce y admira. El benedictino sabe perfectamente lo que Locke piensa de los católicos y el catolicismo, pero, con admirable espíritu de tolerancia, no considera esto más que como un pequeño desliz de pensamiento. La tolerancia de Feijoo contrasta con el sectarismo intolerante de Locke. El ilustrado gallego ni siquiera se detiene a reprochar la actitud militantemente anticatólica de Locke, que jamás hubiera reconocido en un católico virtud o inteligencia alguna. Feijoo se define a sí mismo de esta manera: «Yo, ciudadano libre de la república de las letras, ni esclavo de Aristóteles ni aliado de sus enemigos, escucharé siempre con preferencia a toda autoridad privada, lo que me dictaren la experiencia y la razón» (*Teatro Crítico Universal,* t. VII, Discurso 13, parág. 37). No se mantuvo precisamente al margen de las polémicas literarias y filosóficas de su tiempo y son famosas las discusiones que sostuvo dentro y fuera de España. En el interior, las disputas llegaron a ser tan agrias que Fernando VI prohibió con un decreto que se le atacara. Es ingente la correspondencia que mantuvo en varias lenguas[610].

El éxito editorial de Feijoo no es comparable a ningún autor europeo de su tiempo ni tampoco a ninguna obra colectiva. Incluso para los estándares actuales resulta extraordinario. De las obras de Feijoo se vendieron 420.000 ejemplares, y la cifra sería muy superior si se computaran las ediciones clandestinas. Fue traducido al inglés, francés, alemán, italiano y portugués[611]. Fue el gran creador y divulgador del pensamiento ilustrado, muchos años antes de que publicaran los enciclopedistas que los europeos estudian en sus libros de texto. Pero no a Feijoo. El *Teatro crítico universal* se editó entre 1726 y 1740, bastante antes de que viera la luz la *Encyclopédie* que se fue editando entre 1751 y 1765 en medio de enormes dificultades económicas y de todo tipo. Al *Teatro crítico* le siguieron las *Cartas eruditas y curiosas,* que fueron viendo la luz entre 1742 y 1760. Benito Feijoo es bastante más viejo que Montesquieu, Diderot, Voltaire o Rousseau. El *Teatro crítico* tuvo en vida de su autor más de 200 ediciones, mientras que el *best seller* máximo de la Ilustración oficial que fue *La Nouvelle Hèloise* (1761) de Rousseau tuvo 70 ediciones[612].

[610] Sobre Feijoo y los libertinos franceses como Diodati, La Mothe le Vayer, Gassendi y Naudé, véase Iris M. Zavala, «Tradition et reforme dans la pensée de Feijoo», en *Jean-Jacques Rousseau et son temps,* París: Nizet, 1969, págs. 54 y ss.

[611] Manfred Tietz, «Feijoo y Alemania: las traducciones parciales de sus obras en la Alemania del siglo XVIII», *Boletín del Centro de Estudios del siglo XVIII* 7-8 (1980), págs. 101-106.

[612] J. A. Pérez Rioja, *Panorámica histórica y actualidad en la lectura,* Madrid: Pirámide, 1983, pág. 73.

Tampoco puede decirse que viva en el olvido Gregor Mendel (1822-1884), pero ello se debe a que su figura fue rescatada en el siglo XX. Mendel era un monje agustino de Moravia (antes Austria; ahora República Checa) que publicó sus trabajos en 1866, sin que nadie notara su existencia[613]. De repente tres botánicos «redescubren» al mismo tiempo las leyes de Mendel en 1900: Carl Correns, Hugo de Vries y Erich von Tschermak. El hecho de que ninguno quisiera ceder la preferencia hizo que saliera a la palestra el nombre de Mendel. Aquellos y William Bateson fueron propuestos como padres de la nueva ciencia llamada genética, pero al final y por razones semejantes Mendel fue reconocido internacionalmente como tal[614]. Nadie persiguió a Mendel por sus investigaciones, ni su condición de monje le impidió ni física ni psíquicamente estudiar la naturaleza.

Hubiéramos podido hablar de muchos otros científicos o ilustrados católicos perseguidos o ninguneados, como Georgius Agricola, José de Acosta, François d'Aguilon..., pero es una lista interminable. Cuando la Ilustración se nombra a sí misma administradora única del templo de la Diosa Razón, asume muchos de los rasgos de una iglesia militante. Como nueva gestora de la moral, decreta inmediatamente condena de cuanto había habido antes que ellos (como hicieron los humanistas en su momento), un erial donde habitaban la superstición, el atraso, la servidumbre y la ignorancia bajo la férula de la Iglesia católica. La Ilustración nunca ataca a otra Iglesia más que a la católica. Con buen criterio. Si lo hubiera hecho, hubiera corrido «verdadero» peligro, porque las iglesias protestantes representaban a una nación y estaban ligadas al poder de esos estados. Cuanto atentaba contra ellas, vulneraba las leyes que protegían su integridad. No se olvide esto. En cambio, atacar a la Iglesia católica era relativamente fácil. No era alta traición. Por otra parte es el engrandecimiento del Estado lo que la Ilustración quiere, y por lo tanto no tiene sentido atacar la fe cristiana que ya se le ha sometido. La Iglesia será desde entonces y para siempre el enemigo del saber y la libertad. Desde este momento es elegante, de buen tono y hace fino criticar, con razón o sin ella, a la Iglesia católica. Cualquier asno puede comprar su etiqueta de moderno, culto y progresista de esta manera tan sencilla. Los conocimientos anteriores se trasmiten, claro que sí, pero se callan los nombres y se omite el origen. Y así, como por arte de magia, aparecen en el siglo XVIII ideas, teorías, filosofía, pensamiento, estadísticas, biología, nuevos conceptos... como si hubieran surgido de la nada.

[613] Fabio Salamanca, *El olvidado monje del huerto: Gregor Johann Mendel*, México: Pangea, 1988.

[614] Robin Marantz-Henig, *El monje en el huerto. La vida y el genio de Gregor Mendel, padre de la genética*, Madrid: Debate, 2001.

La versión ilustrada de la leyenda negra es el resultado de la imperiofobia en sentido estricto, pero también de otras razones que mantienen y perpetúan el mito, razones muy complejas de autojustificación de la modernidad. Se produce un deslizamiento que va confundiendo historia y literatura, historia y propaganda, que alcanzará su plenitud en el siglo XIX. El hecho de que Goya dibuje a Galileo torturado por la Inquisición significa que, para convertirse en un ilustrado, ha tenido que asimilar algunas mentiras [3]. Es más, que ni siquiera se ha planteado que esto podía no ser verdad, y que si hubiera negado estas torturas habría sido automáticamente acusado de ser un anticuado, un prehistórico. Los tópicos de la hispanofobia se transforman en iconos que hay que esgrimir para ser moderno, *un rite de passage.* Una parte de la intelectualidad española colabora activa y eficazmente en la asimilación de los prejuicios de la leyenda negra, en la idea de que oponerse a ellos es ser un anticuado, un hombre fuera de la modernidad. Aquí comienza a fraguarse la negación de la existencia de la hispanofobia. La leyenda negra no es solo una forma de prejuicio que deforma la realidad y que, con tintes claramente racistas, defiende la inferioridad moral de un grupo humano. Es también un producto que sigue teniendo amplio mercado. El mundo hispanocatólico va adquiriendo cada vez más los rasgos del chivo expiatorio, porque el imperio va dejando de existir, pero siguen vivas las naciones que florecieron luchando contra él. Un enemigo es un aliado inapreciable. Los muros invisibles dentro de los que viven las autojustificaciones del protestantismo, la superioridad indiscutible de las razas nórdicas y el ego social de Francia están construidos con los ladrillos de la leyenda negra. Cada generación, según su necesidad, va a añadir un capítulo nuevo para convencerse de que ellos están en el lado bueno, porque dejaron a los malos en la otra orilla.

[1] Caricatura de Charles James Fox titulada «A Word of Comfort» (22-marzo-1790). Biblioteca del Congreso de los Estados Unidos.

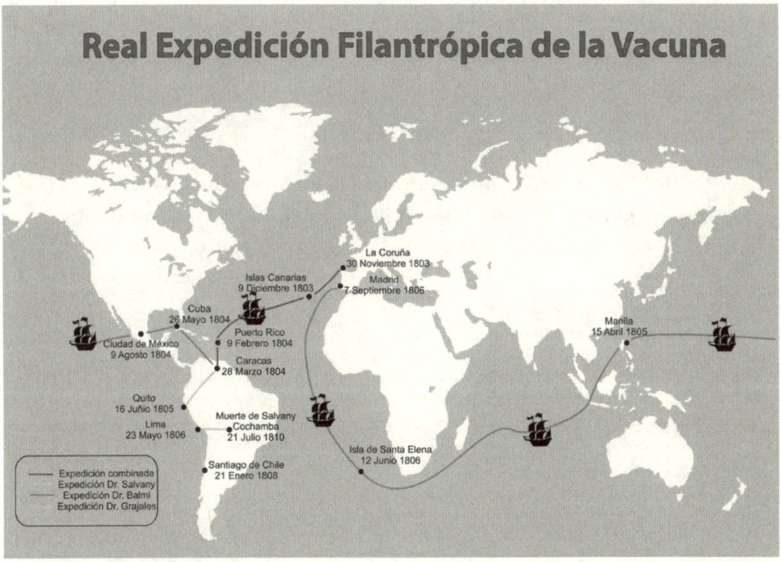

[2] Mapa de la Real Expedición Filantrópica. Emilio Balaguer Perigüel y Rosa Ballester Añón, *En el nombre de los niños.* La Real Expedición Filantrópica de la vacuna (1803-1806), Madrid: Asociación Española de Pediatría, 2003, pág. 189.

[3] Imaginarias torturas sufridas por Galileo a manos de la Inquisición, según Goya. Edward Peters, *Inquisition*, Oakland (CA): University of California Press, 1989, pág. 9.

2

El siglo XIX: nacionalismo, liberalismo y racismo científico

Historia y propaganda: el triunfo de la historia nacionalista

Durante el siglo XIX se escribe el relato de la historia de Europa que estudiamos todavía. Es un momento de euforia nacionalista en varios países vecinos, euforia que procede de raíces distintas, pero todas muy firmes y vigentes hoy. El Reino Unido, por ejemplo, ha conseguido superar el fracaso de su Primer Imperio y, aprendiendo de sus errores, logra irradiarse por medio mundo a través de un proceso de expansión que mejora y corrige el primer intento, que tan flacos resultados dio. Acorde con la grandeza del Imperio británico se escribe una historia nacional que transforma un pasado de pobreza, intentos fallidos de expansión, intolerancia religiosa e incesantes guerras civiles en una marcha triunfal hacia el dominio del mundo.

Esta reescritura del pasado es un hecho universal. Los chinos, cuando triunfaban en la vida, no ennoblecían a sus descendientes sino a sus ancestros, y el grado de nobleza adquirido se medía por el número de generaciones muertas que se convertían en nobles. Hubo quien no logró ennoblecer más que a su padre y quien pudo llegar hasta sus tatarabuelos e incluso más. El nacimiento de la literatura artúrica, sin ir más lejos, está vinculado al establecimiento de los Plantagenet en Inglaterra, que quisieron dotar a sus nuevos dominios de un pasado lejano y prestigioso. Del mismo modo, el invento de genealogías fantásticas fue uno de los negocios más lucrativos del Humanismo. Nada de esto es raro y no tendría mayor interés para nuestro asunto si no fuera porque en su marcha triunfal hacia el dominio universal los ingleses habían tropezado con el Imperio español, al que se habían enfrentado, pero nunca derrotado. Para más inri, los logros españoles en América habían sido espectaculares frente a una América del Norte que no pudo despegar hasta después de la independencia. Todo esto era muy molesto y había por tanto que proceder a una reacomodación de los hechos[615].

[615] Elisabetta Sala, *Elisabetta la Sanguinaria*, Milán: Ares, 2010. Estudia toda la propaganda que ha rodeado y recreado la época isabelina hasta suplantar completamente la realidad.

En la segunda mitad del siglo XIX, Alemania e Italia consiguen unificar políticamente su territorio. En medio de la euforia nacionalista que precedió y siguió a los procesos de unificación arriba mentados, se escriben también unas convenientes historias nacionales que necesitan explicar, ante todo, la falta de unidad política hasta fecha tan tardía como la segunda mitad del siglo XIX. No hay que buscar muy lejos: el Imperio español ofrece soluciones para todos. En el caso alemán, la historiografía decimonónica nos cuenta cómo Alemania se hace presente en la historia de Europa con una fuerza inusitada con Martín Lutero y cómo el protestantismo, la auténtica encarnación del alma alemana, que no podía vivir y manifestarse en las estrecheces del catolicismo, no pudo llevar a la cumbre su misión, que era el engrandecimiento de Alemania, porque el Imperio español y su decadente catolicismo estorbaron su triunfo y condenaron a Alemania al multiconfesionalismo y a la división. En paralelo se va escribiendo la historia de la superioridad racial de los pueblos germánicos, verdad científica irrefutable en Europa durante más de un siglo. También los italianos unifican su territorio, que, naturalmente, había estado dividido y sojuzgado políticamente por culpa del Imperio español.

Los franceses se ciñen al viento después del descalabro napoleónico y reconstruyen su país por el procedimiento, ya usado con éxito con anterioridad, de encargar a su clase intelectual el demostrar que aquí no ha pasado nada. El nacionalismo francés, muy malherido, se encomienda al ego intelectual que sostiene el orgullo nacional versionando y repitiendo *pro domo sua* el relato de la historia de Europa al modo inglés y alemán. Ni que decir tiene que en la historia francesa del XIX, son los franceses los que consiguen finalmente llevar un poco de civilización a aquella tierra bárbara allende los Pirineos. Nosotros no podemos dar cuenta aquí de la enormidad de estos procesos de reestructuración del pasado cuyas consecuencias son bien visibles en los libros de texto y en la vida cotidiana de cualquier europeo. Nos limitaremos a hacer algunas calas, como los arqueólogos, para que el lector pueda hacerse una idea siquiera aproximada de esta reescritura de la historia que consistió en silenciar unos hechos, exaltar otros y maquillar muchos.

Von Luther zu Bismarck

En la historiografía alemana se conoce como «Von Luther zu Bismarck» una concepción histórica según la cual la Reforma ocupa un papel privilegiado y decisivo. Refleja la vieja creencia de que Martín Lutero y su mensaje eran el reflejo del alma alemana y de que existía una afinidad profunda entre nación y protestantismo. Este es el punto de vista del gran teólogo decimonónico Friedrich Daniel Ernst Schleiermacher:

«Religious feelings and national loyalties issues from the same source and flowed in the same direction. That direction led toward some kind of new Reich, a unified political community that would combine both cultural identity and state patriotism»[616]. Uno de los más importantes valedores de esta versión de la historia alemana fue Leopold von Ranke. Para él, el buen comienzo que la aparición de Lutero significó para la nación alemana fue destruido por la oposición católica, con el Imperio español al frente y Roma detrás. La resistencia católica impidió que la Reforma pudiera llevar a cabo su tarea de unificación nacional y privó a los alemanes de unidad, tanto religiosa como política: «The triumph of the Protestant system in all germany would have been the best thing for the national development of Germany»[617]. Como el triunfo total del protestantismo no se produjo, el catolicismo es el culpable de la división interna y de la vulnerabilidad de Alemania durante más de dos siglos. Exactamente los mismos hechos pueden ser explicados a la inversa. Si Alemania se mantuvo dividida fue porque el nacionalismo excluyente que se manifestó a través del protestantismo no dio lugar a otra opción. O hubiera sido necesario suprimir a los millones de católicos que se resistieron a la conversión forzosa. Los territorios del Sacro Imperio estaban en mejor posición que los demás para convertirse en el corazón de aquel imperio que planeó Carlos V. Si no llegaron a serlo fue por la falta de visión política y de altura de miras de sus oligarquías, que alimentaron el germen de la secesión, el racismo y la división mirando por sus propios intereses, no por los de la totalidad de Alemania. Ese Reich con que Alemania ha soñado siempre, para su desgracia y la ajena, estuvo ahí, al alcance de la mano. Si no lo tomaron fue porque no quisieron.

La importancia de Leopold von Ranke en el nacimiento de la historia contemporánea difícilmente puede exagerarse. Se le considera el padre fundador, y con razón. Ranke defiende una historia científica (nueva palabra mágica) y basada en documentos, lo cual parece en principio muy razonable. Pero los documentos, incluso las actas notariales, tienen un contexto. Además, puesto que es imposible conocer todos los documentos que un determinado asunto o época ha producido, salvo en tiempos muy remotos, se ha de proceder a una selección: se eligen unos y se desechan otros. Ahí está la trampa que corroe por la base toda pretensión de objetividad en la historia de Ranke. La *Historia de los pueblos romanos y germanos, 1494-1514* fue publicada en 1824. Tiene como una de sus fuentes básicas los documentos conservados en la República de Ve-

[616] James J. Sheelan, *German History 1770-1866*, Oxford: Clarendon Press, 1989, pág. 379.

[617] Leopold von Ranke, *German History in the Age of the Reformation*, vol. I, pág. 229, citado por Thomas A. Brady Jr., «The Protestant Reformation in German History», *Occasional Papel* 22, German Historial Institute, Washington, 1998, págs. 9-45.

necia, principalmente la correspondencia diplomática. Es una elección singularmente atinada que permite a Ranke llegar adonde quiere ir por otro camino. La hispanofobia y el anticatolicismo de Ranke hubieran quedado demasiado a la vista si su base documental prioritaria hubiera sido germano-protestante. Por eso elije con acierto documentos latinos y católicos, de garantizada objetividad. Pero resulta que Venecia fue un aspersor de hispanofobia de primer nivel en los siglos áureos e incluso después. Sus embajadores (Contarini, Tiépolo, Soranzo, etcétera, tan usados por Ranke) hicieron cuanto en su mano estuvo para que la hispanofobia cundiera, a veces alentando mentiras que iban más allá de toda lógica, como que los españoles eran aliados de los turcos.

Esta versión del pasado con la que el protestantismo busca justificar su papel en la historia se hizo universal, y aparece como un entramado, a veces visible y a veces invisible, en la historiografía, el arte y la literatura. De 1815 data el cuadro de Alfred Friedrich Teich titulado *Carlos V ante la tumba de Lutero en la capilla de Wittenberg* [1]. Recoge una leyenda local según la cual Carlos V decidió permitir, contra el parecer de sus consejeros españoles, que Lutero fuese enterrado y no quemado como corresponde a un hereje. Ahí están el duque de Alba y algunos caballeros y clérigos que con gestos visibles muestran su repulsa a la decisión del emperador. «Según el mensaje del cuadro, Lutero no fue exhumado y quemado en 1547 porque el emperador se opuso a la voluntad de los "romanos" y de los españoles. Esto supone algo más que un pequeño detalle en relación con la imagen de España en Alemania, pues, en 1815, Lutero se hallaba en trance de convertirse en héroe nacional alemán y una generación y media después, la ola "antipapista" cobraría nuevos bríos en el renovado Imperio germánico»[618]. En estas fechas los españoles, incluida su clase intelectual, viven completamente ignorantes de que la hispanofobia siga siendo necesaria para alimentar el nacionalismo alemán (y varios otros). Es más, conforme el Imperio español se deteriora y avanza hacia su final, crece la oleada de quienes asumen los tópicos de la leyenda negra como las causas de su acabamiento. De manera que se produce una conjunción astral: varios territorios de Europa en pleno auge nacionalista que buscan justificaciones a su existencia y a sus fracasos en el pasado fabricando enemigos —el nacionalismo siempre tiene necesidad de ellos—, y una España que pretende explicar su decadencia achacando la situación presente a las maldades de aquel imperio y, por tanto, asumiendo los tópicos de la leyenda negra para eludir responsabilidades. A esto, por si algo faltara, hay que añadir el surgimiento de varios nacionalismos periféricos en la propia España que repetirán hasta la extenuación el cuadro de los horrores del Imperio español.

[618] Schilling, «Del Imperio común...», pág. 49.

La Inglaterra victoriana es la cumbre del periodo colonial británico. No todo él es alegría y prosperidad. A lo que se conoce como *Mid-victoriam boom*, el periodo que va de 1850 a 1873, años de bonanza económica e indiscutible primacía internacional, siguió otro, de 1873 hasta 1913, una etapa que los historiadores llaman la Gran Depresión. Antes, en la década de 1840 hubo años muy difíciles. Los ingleses los recuerdan como los *hungry forties*, y en ellos se vio seriamente comprometida la continuidad y viabilidad de la nueva sociedad capitalista industrial británica. Como señala Esteban Canales, «la evolución de la economía británica a lo largo del amplio periodo que conduce del término de las guerras napoleónicas al inicio del siglo XX anuncia la trayectoria que en el concierto político internacional experimentó Gran Bretaña: el paso de una primacía recién conquistada a una fase de relativa decadencia a través de una etapa central de plenitud. El balance, cuando se considera este espacio en su conflicto, pierde espectacularidad sin ganar por ello dramatismo: los resultados no fueron tan buenos como el liderazgo inicial hacía previsible ni tan malos como podría suponerse de atender únicamente a su tramo final»[619]. Curiosamente, el apogeo del Imperio británico no acabó con el hambre ni limó las enormes diferencias sociales, sino que más bien profundizó un rígido sistema clasista que es característico de la sociedad británica[620].

Los historiadores victorianos como Macaulay, Stubbs, Burke, Freeman o Froude ofrecen una visión análoga de la historia de Inglaterra, la de un avance ininterrumpido y nunca fracasado hacia el éxito total: «The past may be revered; it is not regretted, for there is nothing to regret. Whig history that earns the name is, by definition, a success story»[621]. Naturalmente esto exigía reescribir el pasado de Inglaterra y así se hizo. Lo chocante es que así fuera creído por hombres cuya inteligencia sobrepasaba la del común. Para aceptar esta versión hay que no haberse detenido a mirar el devenir de las leyes inglesas, o la historia del hambre, o las revueltas y guerras civiles, o la atención sanitaria a las clases pobres y un largo etcétera. No ver más allá de las meras apariencias y de la autopropaganda del presente (exitoso, ahora sí) hace escribir a Ortega disparates como el siguiente: «Cuando hacia 1910, un joven inglés contemplaba su pueblo, veía a este avanzar en un *crescendo*

[619] Esteban Canales, *La Inglaterra victoriana*, Madrid: Akal, 2008, pág. 10. La primera edición es de 1999.

[620] Mónica Charlot y Roland Marx (dirs.), *Londres 1851-1901. La era victoriana o el triunfo de las desigualdades*, Madrid: Alianza Editorial, 1993.

[621] J. W. Burrow, *A Liberal descent: Victorian historians and the English Past*, Cambridge: Cambridge University Press, 1981, pág. 3.

ininterrumpido de poderío, desde sus orígenes hasta aquella fecha. La única pérdida de la gran integración que es Inglaterra fue la secesión de algunas colonias norteamericanas, pérdida fecunda, porque ella enseñó a los ingleses el modo de no volver a perder nada. Pero un joven español que en la misma fecha mirase el pretérito de España, se encontraba con un espectáculo estrictamente contrario a ese. Veía que su pueblo formó repentinamente un gran imperio en el siglo XVI, y que, desde entonces hasta la fecha, España no había hecho sino perder tierras, poderío y fe en sí misma»[622]. El espejismo de la «gran integración» se desvanece de inmediato en cuanto se giran los ojos en el mapa y se mira Irlanda, o las comarcas despobladas de Escocia. Y la pérdida constante de tierras y poderío desde el siglo XVI, cuando se sabe que la mayor extensión de ese imperio se alcanzó bajo el reinado de Carlos III.

El historiador y político Thomas Macaulay ocupa una posición análoga a la de Ranke en la historia de Gran Bretaña. En un artículo escrito sobre lord Clive en 1840, Macaulay expresa su sorpresa de que la conquista de las Indias Orientales por los ingleses no despierte en Europa, ni siquiera en Inglaterra, el interés que despertó la conquista de América por los españoles. Y se queja de que haya pocos europeos que desconozcan el nombre de Hernán Cortés, mientras que en la propia Inglaterra hay que buscar mucho para hallar a alguien que sepa dar razón de quién ganó la batalla de Buxar, o de quién ordenó la matanza de Patna, o de si Smaja Dowla reinaba sobre el Uda o sobre Travancora. Esto le parece todavía más escandaloso porque la población sometida por los ingleses es diez veces mayor que la de los indios americanos y muy superior en civilización material. Macaulay es la mejor prueba de que todavía a mediados del siglo XIX está vivo entre los ingleses el deseo de emular los logros de los españoles en sus siglos áureos, de alcanzarlos y sobrepasarlos. Con toda seguridad tienen más presente el imperio ya oficialmente muerto que los españoles coetáneos, por razones complejas a las que ya nos hemos referido varias veces y que pueden resumirse en dos: el deseo de olvidar y el de no tener la culpa de su fin. Pero Macaulay y su generación no quieren olvidar: el Imperio español es todavía el único rasero de medir el poder y la grandeza que se ofrece a la vista. Y quieren dejar bien claro que ellos estuvieron siempre a la misma altura, aunque para ello haya que maquillar un poco los hechos.

En este empeño comparativo hubo incluso alguna tentación de equiparar la invasión normanda de Inglaterra con la de los árabes en la península Ibérica, y la batalla de Guadalete (711) en la que la Hispania visigoda fue derrotada por los árabes, con la batalla de Hastings (1096) que dio la victoria a los normandos sobre los sajones, pero fue solo una

[622] José Ortega y Gasset, *La rebelión de las masas*, Madrid: El País, 2002, pág. 287. Este párrafo se encuentra en el «Epílogo para ingleses».

tentación. La llegada de los normandos había sido poco más que un traspiés y fueron rápidamente asimilados. En cambio, en España los árabes habían traído e implantado una religión diferente y una cultura radicalmente distinta, que se incrustó en las venas de España e hizo de ella algo anómalo para siempre entre las naciones europeas. Con gran sentido del humor, Peter Linehan comenta a propósito de William Stubbs (1825-1901): «El problema fundamental de la España del siglo octavo es que no era la Inglaterra del siglo octavo. Los problemas de España del siglo octavo (y los de la del siglo diecinueve, sospechamos) eran para él tanto fisiológicos y climáticos como morales. Lo que se necesitaba para remediarlos era un régimen de duchas frías y buenos latigazos»[623]. No creo que para el señor Stubbs el problema de España pudiera arreglarse a base de agua fría y azotes, sino más bien de transfusiones de sangre, en el caso de que pudiera haber arreglo para las flojas razas sureñas. A las propias palabras de Stubbs nos remitimos: «La estirpe real visigoda y el derecho consuetudinario eran teutónicos: estaban degenerando rápidamente y sumiéndose en la normalidad de las naciones del sur»[624]. La normalidad del sur es la inferioridad. Este punto de vista no es excepcional, sino un estado de opinión perfectamente admitido e incuestionable.

Los visigodos, según Freeman, que habían sido absorbidos por la atmósfera debilitante de los encantamientos romanos, sucumbieron rápidamente ante el empuje árabe. No hay ni comparación con lo sucedido en Inglaterra. La reciedumbre teutónica de los normandos resurgió rápidamente en suelo inglés, en cuanto se quitaron de encima «el ligero barniz francés» que se les había adherido espuriamente[625]. La conquista normanda para Freeman no es más que «un derrocamiento temporal de nuestra identidad nacional». De tal manera que esta catástrofe finalmente no fue tal, y en pocas generaciones Inglaterra absorbe y cautiva a sus conquistadores e «Inglaterra fue Inglaterra de nuevo»[626]. Se realza la historia de Inglaterra, siempre por delante, y si no, sí al mismo nivel que la potencia internacional del momento. Así Stubbs, por ejemplo, considera con total seriedad que la España de Carlos V en muchos aspectos se podía leer «como una página de la historia de Inglaterra tres siglos atrás, dada la semejanza de sus ingredientes»[627]. El pasado se organizó

[623] Peter Linehan, *Historia e historiadores de la España medieval*, Salamanca: Universidad de Salamanca, 2011, pág. 35. La primera edición en inglés es de 1993.

[624] W. Stubbs, *Constitutional History of England*, Oxford Clarendon Press, 1883, t. I, pág. 236. Disponible en *https://archive.org/details/constitutionalh04stubgoog*.

[625] Edward A. Freeman, *Comparative Politics*, Londres: Macmillan, 1873, pág. 173. Disponible en *https://archive.org/details/comparativepoli030612mbp*.

[626] Edward A. Freeman, *History of the Norman Conquest of England*, Oxford Clarendon Press, 1867, t. I, pág. 2.

[627] William Stubbs, *Lecturers on European History*, ed. A. Hassall, Londres-Nueva York-

para buscar causas de tan glorioso presente. Esto es una actitud que tiene poco de original y no nos interesaría aquí si no fuese porque esta reorganización del pasado supuso la consagración de algunos tópicos de la leyenda negra, que dejaron de ser hechos de propaganda para ser historia respetable e indiscutible. La ley del silencio vino a ser el aliado insustituible de esa historia siempre exitosa de los ingleses, desde sus mismísimos y legendarios orígenes hasta alcanzar el dominio universal en su etapa colonial. Gran Bretaña había estado siempre en la primera división de la historia. Así, por ejemplo, el fracaso de la Invencible se transformó en el momento en que el inglés le disputa al español su dominio del mar y se lo arrebata. Naturalmente esta reconstrucción exige olvidar que tras este intento de invasión hubo otros dos más, porque esto indica de manera que admite poca refutación que aquel fracaso no supuso un gran descalabro para el imperio, y que ni fue un momento crucial ni decidió nada sobre el dominio de los mares. Inglaterra además había sido siempre rica, liberal y democrática, y la intolerancia religiosa era un fenómeno desconocido allí.

No vaya a pensar el lector que este asunto de los visigodos degenerados es una antigualla de museo o un matiz erudito de medievalista fantasioso. Es una idea que se hace popular entre las clases letradas y seudoletradas cuando se asume que la mayor o menor importancia que un pueblo había tenido o tenía en Europa se mide por la cantidad de genes germanos de que disfruta, un planteamiento perfectamente racista que vino incrustado en el liberalismo y que grandes intelectuales españoles aceptaron como una realidad científica. En *La realidad histórica de España,* Américo Castro insiste en la debilidad del germano que vino a España, causa y origen de los males posteriores, porque sin duda hay males[628]. Careciendo de la necesaria dosis de sangre germánica de calidad, ¿qué otra cosa puede haber? La idea subyacente y casi siempre inexpresada es que todo lo que se ha movido en Europa desde los más remotos tiempos se debe a la raza germánica. De esto no cabía la menor duda. Por eso Ortega, que asimiló la historiografía europea triunfante desde el siglo XIX, sin poner en duda sus presupuestos, escribió *La España invertebrada,* para explicar que las razones del fracaso de España (porque hay fracaso incuestionablemente) venían de la calamitosa naturaleza de las élites visigodas, que llegaron ya casi desgermanizadas y, en consecuencia, carentes de vigor y de capacidad rectora. Faltando lo principal (genes germánicos de buena calidad) era comprensible que todo lo que vino después hubiera ido de mal en peor. Que casi todas las naciones de Europa hubieran intentado lo mismo que España, a saber,

Bombay: Longmans, Green & Co., 1904, pág. 13, citado por Peter Linehan, *Historia e historiadores...*, pág. 36.

[628] Américo Castro, *La realidad histórica de España,* México: Porrúa, 1996, pág. 75 y 78.

levantar un imperio, y hubieran fracasado, era una realidad muy evidente para cualquiera que tuviera ojos en la cara, y Ortega los tenía, pero no fue suficiente. La tragedia de Ortega (la palabra no es excesiva) y de la generación anterior y posterior a la suya es que necesitan desesperadamente respuestas, y, más desesperadamente todavía, que esas respuestas estén lo más lejos posible de su tiempo. Por eso aceptaron acríticamente una versión de la historia de Occidente que se escribe a posteriori, a mayor gloria del colonialismo, de los nacionalismos decimonónicos y de las razas germánicas. Pero no lo hicieron sin motivo. Había razones, pero es probable que estas razones ni ellos mismos pudieran explicarlas. Nosotros intentaremos exponerlas en la última parte de este capítulo, pero adelantamos que decir que la culpa de nuestros males la tienen los visigodos degenerados o la expulsión de los judíos de 1492 es tanto como decir que la culpa es de aquellos españoles de entonces, y no de estos de ahora. Las razones de los problemas están en el remoto pasado, que hemos heredado y del que somos víctimas inocentes, y no en el inquietante presente. Por lo tanto, no son responsabilidad nuestra.

En cuanto a la tolerancia religiosa en el siglo XIX en Gran Bretaña, se puede decir que cuando en 1850 se permitió el regreso de los sacerdotes y obispos católicos a territorio británico, hubo reacciones de fanatismo que jamás se produjeron en España cuando el culto protestante fue autorizado. El periódico *The Bulwark or Reformation Journal* publicó las más virulentas soflamas, comparando el catolicismo con una «plaga» moral y política, que llevaba consigo superstición, depravación y corrupción. Era de temer que se produjera una reconquista de Inglaterra por parte de los papistas. Charles James Fox, parlamentario anglicano y hombre tolerante, que defendió la *Catholic Relief Act*, proyecto de ley que pretendía aliviar la situación de marginación legal de los católicos, fue objeto de virulentos ataques. El cardenal Wiseman, primer representante de la Iglesia católica en Inglaterra en varios siglos, fue quemado en efigie, se rompieron las ventanas de varias iglesias católicas y se celebraron procesiones antipapales por toda Inglaterra.

El hecho de que Inglaterra nunca intentara expandirse por Europa Occidental explica que no haya sufrido el acoso de una leyenda negra. Como no ha habido poder local que se sintiera amenazado, no ha habido propaganda ni intelectuales que fabricasen las correspondientes justificaciones. Con un buen criterio admirable, Inglaterra se ha limitado durante toda su historia a combatir todo poder que amenazara con crecer y hacerse hegemónico en el continente, pero jamás ha pretendido erigirse en ese poder ella misma. En 1936, Winston Churchill lo explica estupendamente en una carta privada: «Durante cuatrocientos años la política exterior de Inglaterra ha consistido en oponerse a la potencia más fuerte, más agresiva, más dominante del Continente y, en particular, evitar que los Países Bajos cayesen en manos de ella [...].

Repárese en que la política de Inglaterra no tiene en cuenta qué nación es la que busca la dominación de Europa. La cuestión no reside en si se trata de España, de la Monarquía Francesa, el Imperio germánico o el régimen de Hitler. No tiene nada que ver con gobernantes o naciones; se ocupa únicamente de quién es el tirano potencialmente más fuerte y dominador»[629]. Si Inglaterra hubiera intentado alguna vez esta hegemonía, habría dejado alguna huella imperiófoba, pero no ha sido así. Los franceses, que sí lo hicieron, dejaron un husmillo perfectamente reconocible. La fugaz aventura napoleónica generó de manera inmediata un arranque propagandístico fenomenal. De hecho, la expresión «leyenda negra» se puso de actualidad a finales del siglo XIX para referirse a Napoleón, como ya explicamos en la Parte I.

Francia

Todo el siglo XIX francés es un intento fracasado tras otro de expansión. Tras el completo desastre napoleónico, Francia se ve obligada a aceptar en 1830 la creación de Bélgica por mandato de Inglaterra. El Reino Unido de los Países Bajos fue una nueva entidad política y territorial creada a partir de la expansión napoleónica y formada por lo que hoy son los Países Bajos, Bélgica, Luxemburgo y parte de Alemania. Tuvo una vida breve que acabó con la Revolución belga de 1830. Tanto Gran Bretaña como Rusia querían evitar un fortalecimiento de Francia a toda costa y ambas se apresuraron a reconocer y legitimar en la Conferencia de Londres de 1830 la independencia de Bélgica, que Talleyrand no tuvo más remedio que aceptar.

A mediados del siglo XIX aparece en el horizonte una palabra nueva, una de esas palabras inocentes que nos vienen ayudando a destripar algunas verdades molestas. A partir de las independencias de las naciones que habían conformado la Monarquía Hispánica, los franceses comienzan a usar el vocablo «Latinoamérica» en un claro intento de incluir a Francia en el nuevo mapa político de Sudamérica. La palabra «Hispanoamérica» no se debía usar porque resaltaba la presencia española en el continente y parecía como si solo ellos hubieran hecho algo allí. La otra palabra concurrente, «Iberoamérica», tampoco era satisfactoria porque solo hacía referencia a los pueblos peninsulares y dejaba fuera la importantísima labor de Francia en aquellos lares: Haití, Guadalupe, La Martinica, La Guyana... Tráfico de esclavos a gran escala y penales básicamente. Intentando convertir en invisible lo que no había forma de obviar y situarse en pie de igualdad con españoles y portugueses, comienzan los periódicos franceses a poner en circulación la palabra

[629] Pérez, *La leyenda negra*, pág. 252.

«Latinoamérica». Lo latino es una unidad superior de pueblos a cuya cabeza está Francia.

Hay discusión sobre quién inventa el término. Para unos es el poeta chileno exiliado en París Francisco Bilbao, en 1856. Otros consideran que su primera aparición es en un poema de José María Torres Caicedo, también de 1856, llamado «Las dos Américas». Tuvo en cualquier caso un éxito inmediato en una coyuntura que era favorable a la idea de que Francia podía expandirse por Iberoamérica, que debía convertirse en Latinoamérica. Es posible que el neologismo hubiera pasado sin pena ni gloria si no hubiera sido rápidamente adoptado y promocionado por la clase dirigente e intelectual francesa, que lo usó como un modo de legitimar el enésimo intento francés de tener un imperio en algún sitio. Michel Chevalier, ministro de Hacienda de Napoleón III, promovió al trono de México a un hermano de Sissi, Maximiliano I, el cual fue presentado y justificado como «un latino» (de ahí la importancia del término Latinoamérica) que venía a gobernar México, territorio latino, bajo el protectorado de Francia, también latina. El pobre Maximiliano de Habsburgo se metamorfoseó en latino con el argumento de que hablaba una lengua romance, en concreto el retorromance, que es efectivamente un dialecto latino hablado por unas 200.000 personas entre Italia y Suiza. Naturalmente esta maniobra no se presentó así a la opinión pública internacional hasta que llegó el momento decisivo. El joven y desorganizado Estado mexicano había contraído deudas infinitas que, como no se pagaban, dieron a los acreedores razones para intervenir en el país. Se formó una coalición internacional y Francia, Inglaterra y España mandaron tropas. Las españolas y las inglesas las mandaba el general Prim, que cuando se percató de que el verdadero propósito francés era invadir el país ordenó la retirada. Maximiliano es presentado al mundo como el nuevo y flamante emperador de México en 1863. Cuatro años después sería fusilado por los hombres de Benito Juárez. El Habsburgo no era un mal hombre, pero usufructuaba un desconocimiento edénico de la complicadísima situación en que estaba el país sobre el que venía a reinar. No menor que el de Chevalier. Maximiliano era un liberal convencido y creía que con ser un monarca liberal todo se solucionaba. Precisamente lo fusilaron los liberales de Juárez. En realidad se atrevieron a tanto porque Francia había abandonado a su suerte a su protegido, en cuanto la guerra de Secesión terminó (1866) y los estadounidenses hicieron saber a los franceses que debían acabar con aquella descabellada empresa. Los franceses obedecieron al punto y el desdichado Maximiliano murió al año siguiente.

Este es el contexto que popularizó la palabra «Latinoamérica» y que, a pesar del enorme fracaso de la empresa a la que sirvió de palabra-fetiche, no dejó nunca de utilizarse. A fin de cuentas servía magníficamente bien para evitar el nombre de España (Hispanoamérica) o de España y Portugal (Iberoamérica). Andando el tiempo, Francia con el apoyo de Alemania impuso (el verbo es excesivo: ni portugueses ni españoles hicieron nada para evitarlo) la etiqueta «Latinoamérica y el Caribe» para todo asunto que tuviera que ver con Iberoamérica en la Europa comunitaria. Las palabras nunca son inocentes o gratuitas.

Viene luego la humillante derrota en la guerra franco-prusiana de 1871. La guerra franco-prusiana había comenzado en julio de 1870 y acabó en mayo de 1871. Cuando comenzó gobernaba todavía en Francia Napoleón III, lo que se conoce como Segundo Imperio francés. Este falleció cuando el emperador fue capturado el 2 de diciembre de 1870 en la batalla de Sedán. Al conocerse la derrota de Sedán, las iras populares se desataron contra el emperador. Dos días después, en medio de una verdadera conmoción nacional, se proclama la Tercera República en París. Desde el inicio de la contienda los prusianos habían llevado ventaja y habían infligido una derrota tras otra a los franceses y los esfuerzos del nuevo régimen no pudieron mejorar la situación. El 19 de septiembre de 1870 el general Helmuth von Moltke llegó hasta la capital y puso sitio a París, que terminó rindiéndose el 28 de enero de 1871. Para que las tropas alemanas abandonaran el territorio francés, el gobierno de la República se vio obligado a ceder a los prusianos la provincia francesa de Alsacia y parte de los Volsgos y Lorena, además de 5.000 millones de francos en oro. Hasta que esta cantidad no se satisfizo, las tropas prusianas mantuvieron ocupadas varias provincias.

El descontento popular era enorme y había problemas serios de orden público. La Guardia Nacional, cuyos integrantes eran en su mayoría de extracción popular y pequeños burgueses, se negó a colaborar con el Gobierno de Defensa Nacional y terminó proclamando en París un régimen libertario conocido como la Comuna, que duró setenta días y fue reprimido con extrema dureza. Alrededor de 10.000 muertos se produjeron durante lo que se conoce como la Semana Sangrienta y París quedó sometido a la ley marcial durante cinco años.

En cuanto a la historiografía francesa decimonónica, se limita a repetir los tópicos ya habituales sobre España. El fracaso de esta como imperio es para Guizot manifiesto y previsible desde sus mismos orígenes. Este punto de vista, como señala Rómulo Carbia, «tuvo voceros de ruidosa notoriedad que eran verdaderos directores de la opinión en materia histórica»[630]. En su famoso *Curso sobre historia moderna* (1829-1832), que luego se editó sintetizado con el título *Historia de la civilización en Europa*, Guizot vino a suministrar materiales a la mayor parte de los hombres cultos de su tiempo. En lo que a España y su imperio se refiere, sus ideas son las esperables. En la lección 12 explica que, mientras triunfaba la libertad en Holanda con perseverancia y buen sentido, esta moría en

[630] Rómulo D. Carbia, *Historia de la leyenda negra hispano-americana*, pág. 209.

los dominios de España bajo la tiranía del poder absoluto, tanto laico como eclesiástico.

Sin embargo, ningún traspiés, por grave que sea, hará que Francia se presente ante el mundo a la luz de sus fracasos. Francia es y será la nación elegida por Dios, el compendio más acrisolado de artes y ciencias. Así lo explica el cartel que pide el voto en el referéndum sobre la anexión de Saboya en 1860:

> Última llamada a los habitantes de Saboya. El día 22 de abril brillará con un resplandor incomparable en nuestra historia. Por uno de esos decretos incomparables de la Providencia que no se repite en la vida de un pueblo, vuestro destino está en vuestras manos. Sois llamados a estos comicios para decidir si queréis ser anexionados a Francia. A Francia, la primera de las naciones en las artes, en la industria, en el comercio, en la guerra; a Francia, la nación amada por Dios. ¿Quién de entre vosotros no responderá SÍ? ¡Quién podrá abstenerse y mostrarse indiferente al destino de su país! Todo ciudadano de 21 años de edad es elector. Vuestro voto no es solamente un derecho, sino incluso un deber, el deber de un hijo para con su madre. No a la abstención. Vayamos a votar como se marcha hacia la victoria, porque quien se abstenga en este día solemne se parece al que deserta en el campo de batalla en el momento del combate. Viva Francia. Viva el emperador **[2]**.

Los horrores del colonialismo, ni siquiera cuando alcanzaron los límites de la demencia, fueron objeto de interés en Europa. Sigue habiendo hoy en Bruselas una calle dedicada a Leopoldo II de Bélgica, uno de los grandes genocidas de la historia de la humanidad, sin que esto cause ni vergüenza ni sonrojo a nadie.

La confusión de literatura e historia

En el siglo XIX se solidifica definitivamente la fusión de historia y literatura que comenzó a gestarse en los tiempos de las guerras de religión, fundamentalmente a través del uso del «testigo presencial» como garante de la verdad de las difamaciones. Recordemos que la *Brevísima relación* de fray Bartolomé de Las Casas y la *Exposición de algunas mañas de la Santa Inquisición Española* de González Montano se presentaron al público como la descripción de hechos verídicos que un testigo presencial ofrecía.

El trabajo de mezcla sistemática de verdad y literatura que el siglo XVIII había llevado a cabo está cumplido y dará sus mejores frutos en el siglo siguiente, con el triunfo de la novela como objeto de consumo masivo, y más específicamente de la novela romántica e histórica. Esta se convierte en un pasatiempo popular y con ella vienen todos los temas que habían ocasionado este triunfo rotundo de un género poco prestigioso hasta hacía unas décadas. España y sus tinieblas es uno de los temas favoritos, de una popularidad tan fantástica que terminará creando realidades. Así, por ejemplo, todas las inquisiciones pasan a ser una sola y se confunden con la española. Las novelillas que consumen niñeras y soldados no se paran en distinciones: hay Inquisición en la Edad Media en España y hasta tenebrosos jesuitas. La novela «histórica» es un gran negocio y sus anacronismos y fantasías pasan a formar parte de la cultura popular.

Antecedentes

A lo largo del siglo XIX, la novela gótica y la novela histórica, subgéneros de la novela romántica, harán el resto del trabajo para afianzar *sine die* los tópicos de la leyenda negra hispanófoba y anticatólica en el imaginario europeo, en un *continuum* que dura con perfecta salud hasta nuestros días. Muchos nombres insignes, plumas señeras de la literatura occidental, van a aparecer aquí mezclados con plumíferos más o menos de tercera. La novela se populariza a gran escala y se convierte en un artículo de consumo que inevitablemente exige obreros más o menos cualificados. Son muchos los brotes que al frondoso árbol de la leyenda negra le vienen a salir ahora. Nosotros vamos a detenernos solo en aquellos que ofrecen más interés por su vigencia y popularidad. Uno de ellos es sin duda la incorporación del clérigo libidinoso y la bella acosada. La perversión sexual, presente en el cuadro general de la hispanofobia desde los tiempos de Italia y de Lutero, va a dar frutos espectaculares ahora. Los antecedentes del erotismo anticlerical se remontan, como era de esperar, al siglo XVIII, como casi todos los giros nuevos que va adquiriendo la hispanofobia, los cuales van a incorporarse como una parte esencial de la modernidad a través de liberalismo. No es que aparezca una literatura erótica ligada a la religión, a cualquier religión, ya sea islámica, sintoísta o cristiana. O que veamos triunfar relatos eróticos sobre clérigos cristianos de cualquier confesión, lo que a fin de cuentas se justificaría porque el cristianismo es la religión mayoritaria en nuestro mundo. No es así. La literatura erótica naciente presenta exclusivamente temática católica, o mejor dicho, anticatólica. No hallaremos clérigos luteranos, ni anglicanos, ni presbiterianos, etcétera. ¿Por qué? Para responder hemos de regresar al siglo XVIII. Veámoslo con un poco de detalle.

En 1724 se publica en Dublín *A Master-key to Popery giving a full account of all the customs of the Priest and Friars and the Rites and Ceremonies of the Popish Religion.* Su autor es Antonio Gavín, «one of the Roman-Catholic Priest of Saragosa». Ese mismo año se edita en francés, en

Ámsterdam, y luego en alemán. Siguen otras muchas. En inglés tuvo 15 ediciones y es probable que en esta lengua, habida cuenta de que también hubo algunas impresiones ilegales, superara ampliamente los 100.000 ejemplares en este siglo [3]. Antonio Gavín es de nuevo un «testigo presencial», un renegado, como otros que ya hemos mencionado, cuyo relato adquiere verdad inmediata a causa de su procedencia. Se trata efectivamente de un sacerdote aragonés que en la guerra de Sucesión había apoyado al archiduque Carlos. Al llegar los franceses, Gavín decide huir con las tropas inglesas disfrazado de oficial. Sigue un vagabundeo en la pobreza por Orleans, París, San Sebastián, Lisboa... Hasta que decide marcharse a Inglaterra. Casi inmediatamente se convierte al anglicanismo, pero esto, para su propia sorpresa, no lo saca de la miseria. En 1720 se traslada a Irlanda como pastor anglicano y allí escribe *A Master-key to Popery*. Aunque es nombrado capellán de la armada, esto tampoco lo satisface y termina abandonando Inglaterra para marchar a Virginia, donde frecuentó a Thomas Jefferson y en cierto modo contribuyó a su educación. Finalmente le nombró heredero de su biblioteca. No es exagerado suponer que tanto él como sus obras tuvieron bastante influencia sobre el joven Jefferson y en la colonia entera de Virginia. De hecho no se ve de qué otro sitio pueden proceder las alusiones al justicia de Aragón que aparecen en documentos del Congreso de Filadelfia.

El éxito de Gavín es extraordinario, hasta el punto de que debería ser considerado uno de los textos clave de la leyenda negra. Su influencia sobre personalidades destacadas estadounidenses ayuda a comprender muchos prejuicios y resentimientos[631]. Sin embargo, incomprensiblemente, Gavín ha sido ignorado por varias generaciones de estudiosos y no ha sido editado en España hasta 2008. Su editor, Genaro Lamarca, expresa también su perplejidad por este hecho[632]. El libro es rico en episodios de morbo erótico y debe considerarse a Gavín, si no el creador, sí el primero que es capaz de conseguir un gran éxito con un tema nuevo adherido a la hispanofobia en su vertiente anticatólica, concretamente el de las perversiones sexuales de los católicos españoles. Uno de los episodios más famosos de Gavín es el de madame Faulcaut, joven doncella liberada de las cárceles de la Inquisición por los franceses al acabar la guerra de Sucesión[633]. El relato de Gavín, escrito en primera persona, se

[631] Joan R. Gundersen, «Anthony Gavin's A Master-key to Popery: A Virginia Parson's Best Seller», *The Virginia Magazine of History and Biography* 82 (1974), págs. 39-46.

[632] Antonio Gavín, *Claves de la corrupción moral de la Iglesia católica*, trad. y ed. Genaro Lamarca, Zaragoza: Instituto Fernando el Católico, 2008. Hubo otra traducción que se hizo en Buenos Aires en 1826, pero no sirvió para dar a conocer el texto.

[633] Ramón J. Sender tradujo esta parte y la incluyó en su novela *Carolus Rex* sin citar la fuente.

goza en la descripción de los abusos sufridos por madame Faulcaut, la cual a su vez le sirve para dar coartada a la historia del harén de jóvenes que los inquisidores mantienen en Zaragoza para su disfrute personal. Esto, reconoce Gavín, no lo ha visto él en persona, pero madame Faulcaut se lo ha contado. Otra vez el testigo presencial.

Siempre que hay un recrudecimiento de la hispanofobia hay que preguntarse la razón por la que sucede e ir a ver qué es lo que pasa en el país donde dicho recrudecimiento brota, el cual tiene inevitablemente como origen un momento de apuro que reclama a gritos un enemigo al que echarle la culpa. Hemos seguido este procedimiento ya varias veces y da muy buenos resultados. El éxito de Gavín se produce en los años que siguieron al golpe de Estado que destronó al último rey católico del Reino Unido, Jacobo II. Recordemos que este rey, legítimo heredero del trono, fue depuesto por un complot de ultranacionalistas anglicanos con la ayuda de las tropas extranjeras del protestante Guillermo de Orange, luego Guillermo III de Inglaterra, tras convertirse al anglicanismo. No todos los ingleses estaban de acuerdo con esto, ni mucho menos. El hijo y el nieto de Jacobo II intentaron recuperar el trono arrebatado a su padre y protagonizaron dos intentos de cierta envergadura. El primer gran levantamiento jacobita tuvo lugar en 1715, y el segundo, en 1745; entre una y otra fecha hubo más de setenta revueltas jacobitas. Fueron fundamentalmente escoceses e irlandeses quienes apoyaron durante generaciones el derecho al trono de Jacobo II y sus descendientes. Los irlandeses eran en su mayoría católicos, pero entre los escoceses predominaban los presbiterianos, una confesión calvinista. En lo que ambos coincidían era en no ser anglicanos. Jacobo II había desarrollado una política de tolerancia religiosa que había beneficiado a unos y otros. El apoyo decidido de los clanes escoceses a la causa jacobita provocó lo que se conoce como «clearances», deportaciones masivas de población, que causaron la despoblación de las Highlands, todavía hoy bien visible, y migraciones masivas de escoceses a Australia y Estados Unidos. Fue el fin del sistema de clanes y de la cultura gaélica.

El holandés Guillermo III tuvo muchas dificultades para afianzarse como rey de Inglaterra. Ni España ni Francia lo reconocieron como rey legítimo nunca, ni a él, ni a Ana, que lo sucedió en el trono. En este contexto se produce el éxito espectacular de Antonio Gavín y, en la línea erótica abierta por él, de otros textos que vendrán a continuación, todos en clave de morbo anticatólico español. En medio de una confusa y poco estable situación en el interior, siempre es útil alimentar la demonización de un enemigo posible en el exterior. Se trataba de mantener viva la idea de que los malvados católicos indígenas con ayuda de otros católicos extranjeros podían poner en peligro Gran Bretaña. Nadie como el viejo Demonio español podía representar este papel, y

Gavín vino a ponerlo a punto, con algunos toques de maquillaje y atrezo para adaptarlo a los tiempos.

No es este el único *best seller* de Gavín. Guiado por el éxito de *A Master-key to Popery*, el exsacerdote se pone de nuevo a la tarea y publica *El licenciado Lucindo*[634], recurriendo al mismo procedimiento. Gavín, como autor-narrador que escribe en primera persona, dice que le ha llegado un manuscrito escrito por don Juan Chueca, que viene a engrosar su nómina de relatos de curas católicos de vida licenciosa, como Lorenzo Armengual; el deán don Pedro, que llegó a organizar una orgía entre damas zaragozanas y militares franceses; el capellán Salaz, y el sacerdote y eunuco don Manuel, especialista en llevar monjas a la perdición.

Los renegados

Gavín, como otros conversos al protestantismo, se aplica a difamar la confesión abandonada con celo y perseverancia. Este es un proceso que ya hemos visto en este libro antes de ahora. Es curioso constatar que no sucede lo mismo a la inversa y cabe preguntarse por los motivos. El protestante que abandona su iglesia para hacerse católico no siente la necesidad de ofender a la iglesia abandonada porque ingresa en un mundo que no se lo demanda. Es más, si lo hiciera, estaría mal visto. En todo caso, el converso al catolicismo escribirá textos apologéticos defendiendo los principios católicos y las bases de su moral, pero no describirá horrores y mentiras encaminados a demostrar la podredumbre ética, la ignorancia o el fanatismo de la confesión protestante que ha abandonado. El nuevo católico querrá demostrar que su antigua confesión se asienta sobre bases doctrinales o morales equivocadas, pero no buscará mancillar la reputación protestante recurriendo a acusaciones de inmoralidad y barbarie. El caso de Chesterton es paradigmático y con él, los de otras conversiones espectaculares, como las de John Henry Newman, Ronald Knox, T. S. Eliott o Tolkien. Chesterton abandona el anglicanismo y se hace católico. Militantemente católico, podríamos decir, pero nunca insultantemente antianglicano. Crea entonces un personaje que se hace muy famoso, el padre Brown, un detective cuyas aventuras giran en torno a la idea del libre albedrío del ser humano, del error moral como fruto de una decisión personal (no de la predestinación) y del perdón de Dios como fundamento de su relación con el hombre. El neocatólico Chesterton no escribe turbulentas historias de clérigos anglicanos sexualmente depravados. Quisiera llamar la atención sobre este

[634] Antonio Gavín, *El licenciado Lucindo o el cura canalla*, Zaragoza: Instituto Fernando el Católico, 2011.

hecho repetido con regularidad a lo largo de los siglos, y que vemos continuamente ante nuestros ojos como si fuera lo más natural del mundo. No lo es. Se trata de una manifestación crucial para entender el desarrollo de la leyenda negra y cómo funcionan los mecanismos sociales de autojustificación que la mantienen viva. Hay una diferencia abismal entre la actitud de los renegados católicos y la de los renegados protestantes, y hay que pensar pausadamente en ella para calibrar la mayor o menor tolerancia del catolicismo y las iglesias protestantes hacia sus rivales.

Los textos tipo Gavín tienen un enorme interés no solo por la gran popularidad de que gozaron sino porque inspiraron y engendraron obras posteriores, también de gran éxito, dando lugar a toda una corriente literaria. Piénsese que Gavín, hasta bien entrado el siglo XX, ha sido el autor español de más éxito en Inglaterra después de Cervantes. De manera que son muchas las razones que hacen incomprensible el desconocimiento de su obra. Gavín es uno de los grandes creadores e innovadores de la leyenda negra. Él populariza el morbo sexual en los mitos hispanófobos y anticatólicos, particular que tendrá una importancia extraordinaria y un éxito que durará siglos, en un trasvase inagotable y sin fronteras precisas entre una realidad supuestamente histórica que sirve de sustento al relato y la ficción que sobre este trampantojo se monta.

Siguiendo la moda de unir catolicismo y morbo sexual, escribe Diderot su novela *La religiosa* (1760). Cuenta en ella la desdichada historia de una muchacha, Suzanne Simonin, que es obligada por su familia a ingresar en un convento. Tras indecibles penalidades termina siendo víctima de la lascivia de la superiora[635]. Son muchos los textos que podrían citarse, pero aquí mencionaremos solamente algunos a modo de ejemplo de un negocio editorial que produjo, sin exagerar, cientos de ediciones y miles de libros, y que ha educado a Occidente, incluida Rusia y su órbita de influencia.

Esta corriente pronto encuentra eco en España. *Cornelia Bororquia o La víctima de la Inquisición* parece que se editó por primera vez poco después de la Revolución francesa, aunque este particular no está claro. Se sabe que hubo una segunda edición en Francia en 1801 o 1802. Al principio apareció como obra anónima, pero pronto se conoció el nombre de su autor, Luis Gutiérrez (1771-1809), un exfraile trinitario de tendencia afrancesada que fue ajusticiado por su vinculación con el gobierno de José I. Se hizo pasar ante un ministro británico por un enviado de Fernando VII y, descubierta la suplantación, fue condenado a muerte. La obra marcó un hito en la historia del anticlericalismo español. Se trata de una novela epistolar que pretende ser histórica, y que cuenta

[635] Denis Diderot, *La religiosa*, Madrid: Círculo de Lectores, 1979.

los infortunios de la bella Cornelia y su enamorado Bartolomé Vargas[636]. La dama, que había despertado los deseos del arzobispo de Sevilla, es secuestrada por este. A pesar de los muchos esfuerzos que se hacen para liberarla, no se consigue y Cornelia termina apuñalando a su raptor cuando intenta violarla. Finalmente será juzgada por la Inquisición y condenada a la hoguera por este crimen. A pesar de la prohibición, la obra fue popularísima y tuvo 25 ediciones en el siglo XIX en España. También se tradujo al inglés y al francés.

Hace ya muchas décadas que Menéndez Pelayo había señalado a *El licenciado Lucindo* de Gavín como claro antecedente de *El Monje* de Matthew Lewis, una de las novelas góticas de mayor éxito. Los protagonistas, Lucindo y Ambrosio respectivamente, se parecen muchísimo: los dos son españoles, sacerdotes, lascivos, carentes de escrúpulos, hipócritas y asesinos. La obra de Lewis, un *best-seller* durante décadas, tiene una trama inverosímil donde no faltan incestos, violaciones, castillos en ruinas, iglesias, conventos y clérigos católicos de desbordante sexualidad. El éxito fue tan grande que tuvo incluso sus secuelas, como *The Awful Disclosures of Maria Monk* (1836), la cual era supuestamente una monja canadiense que cuenta los abusos sexuales sufridos por ella en distintos conventos **[4]**. No se presenta al público como una novela sino como un relato de experiencias personales en primera persona, un sistema que ya nos es familiar. El libro dio lugar incluso a una investigación, pero los abusos denunciados por María nunca pudieron probarse. Esto, unido a errores de bulto sobre las órdenes religiosas que menciona, como el color de los hábitos o la existencia en determinadas fechas de conventos que no existían, arroja dudas más que razonables sobre la verosimilitud de lo narrado[637].

En la misma línea pueden citarse, entre docenas, *El italiano o El confesionario de los penitentes negros*[638] (1797) de Anne Radcliffe; *La abadesa*[639]

[636] Luis Gutiérrez, *Cornelia Bororquia o La víctima de la Inquisición*, Madrid: Cátedra, 2005. Véase también Ricardo Rodrigo Mancho y Pilar Pérez Pacheco, «Nuevas claves para la lectura de Cornelia Bororquia (1801)», *Olivar* 4 (2003), págs. 83-103.

[637] María Monk, *Awful Disclosures of Maria Monk and the Hotel Dieu Monastery of Montreal*, Nueva York: Arco, 1977. De esta obra y otras semejantes trata Richard J. Hofstadter, «The Paranoid Style in America Politics», en *Harper's Magazine*, noviembre de 1964. El ensayo fue luego publicado como libro. Disponible en *http://harpers.org/archive/1964/11/the-paranoid-style-in-american-politics/*. Hofstadter trata del importante papel que en la política norteamericana ha jugado la paranoia del enemigo y las conspiraciones secretas, en las que el catolicismo y los jesuitas especialmente ocupan un lugar destacado.

[638] Está disponible en la red en la traducción anónima aparecida en Málaga en la segunda mitad del siglo XIX: *www.ttle.satd.uma.es/index.php/obras/66*.

[639] La traducción aparecida en Barcelona (Imprenta Oliva, 1836) contiene unos deliciosos grabados al más puro estilo del inquisidor malvado.

(1799) de William Henry Ireland; *The three Spaniards* (1800) de George Walker; *Adeline St. Julian* (1800) de Anne Ker; *Zastrossi* (1810) de Shelley; *Melmoth el errabundo* (1820) del irlandés Charles Maturin... A estas alturas todas las Inquisiciones en cualquier país han pasado a ser *la Inquisición*, como señala Peters, y representan al modelo español[640]. Heredero de esta tradición, Edgar Allan Poe escribirá *El pozo y el péndulo* (1843).

Uno de los libros de mayor éxito popular lleva por título *Les mystères de l'Inquisition et autres societés secrets d'Espagne*. Se editó en francés en 1844 a pesar de que su autora, madame de Suberwich, era alemana. Publicó bajo el seudónimo de Victor de Féreal. Vestida de hombre viajó por España y escribió el inevitable libro de viajes[641]. La novela mentada no solo está profusamente ilustrada con imágenes tenebrosas que están vinculadas al nombre de España de manera indeleble, como lo están las imágenes del *western* ligadas a Estados Unidos. Como ya es costumbre en este tiempo, realidad y ficción han borrado sus fronteras en lo que a España se refiere y el relato de madame de Suberwich va precedido de una introducción que pretende ser histórica y que viene a añadirse a esa ensaladilla que mezcla una supuesta realidad histórica, que es creación de la propaganda imperiófoba, con relatos inventados que suceden en ella. El *revolutum* cerebral de madame de Suberwich es fenomenal: Torquemada es el responsable de introducir la Inquisición en Castilla y Aragón y los españoles han padecido tres siglos de agonía e ignorancia hasta que fueron rescatados por unos arcangélicos soldados de Napoleón. Los pobres españoles han tenido un destino muy malo bajo los rigores de la Iglesia de Roma, lo que contrasta con la estupenda situación del mundo protestante, tan libre y tolerante: «D'une part c'étaient Luther, Melanchton et Zwingli dénonçant au monte les abus de l'Eglise romaine, confondant la théologie embrouillée des moines, dotant l'Allemagne et la Suisse de ce large code d'égalité et de liberté»[642]. Este texto es solo un ejemplo de la bazofia intelectual y literaria que ha educado a varias generaciones de europeos y sigue educando **[5]**. Al peso, esta literatura popular vende toneladas de papel. Es un producto de consumo de primer orden que ha movido y mueve una industria muy próspera. Este proceso de confusión propaganda-historia-literatura ha funcionado a pleno rendimiento a nivel popular y ha llevado al extravío a personas con buena formación que realmente creen que lo narrado responde a una realidad histórica.

[640] George Haggerty, «The Horrors of Catholicism: Religion and Sexuality in Gothic Fiction», *Romanticism in the Net* 36-37 (noviembre 2004-febrero 2005), en *www.erudit. org/revue/ron/2004/v/n36-37/011133ar.html*. Consultado el 12 de noviembre de 2014.

[641] Victor de Féreal, *L'Espagne pintoresque, artistique et monumentale* (1848). Disponible en *www.bibliotecadigital.jcyl.es*.

[642] Victor de Féreal, *Les mystères de l'Inquisition*, págs. x-xi. Disponible la edición de 1845 en *https://archivo.org/details/mystresdelinqu00subeuoft*.

Estamos ante imágenes que pueden considerarse ya arquetípicas en la mentalidad europea. El morbo sexual ligado a los sacerdotes católicos, la paranoia conspirativa con base en Roma, la maldad más horrible y fanática oculta tras una sotana española, preferentemente jesuita (también sirven bien los dominicos), etcétera, son recursos literarios de éxito casi garantizado. Es lo que encontramos en Pérez Reverte, y este ejemplo actual ayudará a entender cómo funciona este trasvase que alimenta las mentiras de la leyenda negra haciéndolas pasar por historia con gran éxito para los autores. Las novelas de Alatriste suceden en el siglo XVII. El lector sabe que Alatriste es de mentira, que es un personaje ficticio, pero vive moviéndose por decorados históricos, por ejemplo el Madrid del Siglo de Oro, que el lector supone reconstrucción fiel de la realidad. De manera que cuando le cuentan que el gran inquisidor es un fanático asesino que pone los pelos de punta o que el sistema de funcionamiento habitual de la Administración es un procedimiento corrupto, la compraventa de cargos, se cree las dos cosas[643].

La leyenda negra como argumento del racismo científico y del colonialismo. Los españoles como raza degenerada y semita-antisemita

El colonialismo

El ministro Talleyrand en una grave ocasión le dijo a Napoleón: «Con las bayonetas, sire, se puede hacer de todo, menos una cosa: sentarse sobre ellas». El colonialismo fue un movimiento de expansión sobre el que Europa pretendió sentarse y no pudo. La silla era inadecuada. Los pueblos expansivos (casi todos los europeos) no consiguen acomodarse sobre su expansión más que aplicando políticas imperiales, pero esto es mucho más fácil de decir que de hacer. Por eso los imperios son un milagro tan infrecuente. Lo que sucede es que, cuando cuajan, cambian el mundo.

El colonialismo tuvo su fase álgida en el último tercio del siglo XIX. Por fin, las naciones de Europa que habían fracasado intentando aplicar el modelo imperial español consiguen hallar un sistema que les permite una expansión rapidísima. Tan rápida como efímera. Desde que la reina Victoria es proclamada emperatriz de la India en 1876 hasta que abandona el subcontinente y la India se proclama independiente en

[643] En mi artículo «Vigencia y rentabilidad de los mitos de la leyenda negra en la literatura actual: de Umberto Eco a Dan Brown pasando por Pérez Reverte», *Revista Amaltea* (en prensa), intento medir el volumen de negocio que genera en el mercado editorial internacional de las últimas décadas el recurso al morbo anticatólico y a la hispanofobia. Sigue teniendo un éxito extraordinario cuyas causas procuro explicar.

1947, pasan solo setenta años. Insistimos en que es un proceso que tuvo un éxito espectacular en su principio (también los imperios comienzan así) y que fracasó estrepitosamente en unas décadas provocando catástrofes continentales en cadena cuyas desdichadas consecuencias todavía llenan los telediarios. La historiografía académica no ha hecho muchos esfuerzos por distinguir colonialismo de imperio. De hecho la palabra «imperialismo» nació para explicar el colonialismo y condenarlo moralmente sin atender al hecho de que el imperio tiene poco que ver con el colonialismo. Son dos movimientos de expansión completamente distintos. El imperio es expansión incluyente que genera construcción y estabilidad a través del mestizaje cultural y de sangres. Con lo dicho, el colonialismo no tiene en común más que el movimiento de expansión inicial. No produjo ni mestizaje ni estabilidad. Es excluyente y basa su estructura en una diferencia radical entre colonia y metrópoli. Por contra, Roma replicaba a Roma, como España replicaba a España y Estados Unidos se replicaba a sí mismo en cada estado que se fue sumando a la Unión. Pero ni el colonialismo inglés ni el francés hicieron florecer otras Francias y otras Inglaterras.

Ya hemos mencionado varias veces el Tratado de París de 1763. Puso fin a la guerra de los Siete Años, un conflicto que William Pitt se empeñó en mantener vivo hasta aniquilar por completo las fuerzas francesas. Inglaterra se dispuso a incorporar lo que habían sido territorios franceses del Canadá, pero no hubo tiempo para nada porque diez años más tarde estalla la guerra de Independencia de las Trece Colonias, que se proclaman independientes en 1783. Gran Bretaña ejercía sobre sus territorios ultramarinos el más férreo control comercial y artesanal. En 1699 prohíbe la producción de textiles y en 1750 la de metales. Solo los navíos ingleses (ni escoceses ni irlandeses, y no digamos españoles u holandeses) pueden atracar en los puertos americanos. Resulta cómico que, generación tras generación, se haya justificado la piratería inglesa con el argumento de que era una actividad necesaria en pro del libre comercio, porque el Imperio español impedía que se pudiera comerciar libremente con América[644].

El control inglés es necesario para desarrollar con éxito lo que se pretende: comerciar con beneficios. Y no se busca más: no hay planes de urbanismo ni fundación de universidades y hospitales ni redes de comunicación planificadas ni medios de evangelización, esto es, de integración, etcétera. La Proclamation Act es una prueba definitiva. Es una ley emitida por el Parlamento inglés poco después del Tratado de París que prohíbe a las colonias extenderse más. Por la misma época se obliga a los americanos a comprar azúcar en el Norte (ahora territorio británico)

[644] Queda intocado el tema de la piratería, otro agujero negro al que habría que lanzarse de cabeza.

cuando hasta entonces venían haciéndolo en las Antillas a mucho mejor precio. Las medidas encaminadas a garantizar el monopolio se suceden una tras otra. La Stamp Act o Ley del Timbre obliga a que todo documento público se haga en papel oficial impreso en Inglaterra. La Quartering Act o Ley de los Cuarteles determina que en las colonias debe haber un ejército permanente de 100.000 hombres que tendrá que ser pagado por los colonos. En este tiempo el número de soldados que hay en la América hispana no llega a 50.000, para un territorio veinte veces más grande y mucho más poblado. Siguen las Leyes de Towshend, que eran impuestos al consumo. Con semejante política no es de extrañar que el desarrollo de las Trece Colonias no se produjera hasta después de la independencia: en 1775 tenían 2,5 millones de habitantes y en 1817 habían pasado a 8,5 millones, un crecimiento espectacular[645].

Racismo

«El racismo encontró su caldo de cultivo ideológico en los países donde habían crecido el protestantismo y el liberalismo»[646]. En un magnífico artículo, Caballero Jurado explica que este racismo se origina con el colonialismo porque los europeos (algunos europeos, conviene precisar) se expanden por el mundo, de manera que la experiencia del Otro, antes rara o infrecuente, se vuelve ahora frecuente. El europeo (insisto: solo algunos) cobra conciencia de su singularidad, lo cual se solidifica en esa monstruosidad que llamamos racismo científico. Pero la experiencia del Otro a gran escala ya la habían tenido otros europeos y no habían desarrollado teorías racistas por ello, sino Derecho de Indias. El racismo está perfectamente expresado en el Humanismo alemán de los siglos XV y XVI. No tiene una expresión científica entonces porque el europeo piensa en este tiempo todavía en clave religiosa y por eso este racismo se explica en esa clave. Cuando el cientifismo se apodere de toda forma de pensamiento en Europa, el racismo se expresará de esa manera, la más peligrosa de cuantas cabe imaginar, porque el «pen-

[645] Joan Alcázar y otros, *Historia contemporánea de América*, «Los procesos de las diversas independencias americanas», editado por la Universidad de Alicante, la Universidad Autónoma de México, la Universidad de Guadalajara (México) y la Universidad de Valencia, 2003, págs. 33-36. Es un libro bien hecho, obra colectiva de muchos americanistas. Su punto de vista, sin embargo, no difiere del que explicamos en la Parte II tomando como ejemplo a John Elliot y su *Imperios del mundo atlántico...*: se insiste en analizar en paralelo las historias del Norte y del Sur de América, confundiendo el final de un imperio con el comienzo de otro, y en explicar lo que pasa hoy por lo que pasó hace más de trescientos años.

[646] Caballero Jurado, «El racismo: génesis y desarrollo...», pág. 37.

samiento científico» es una creencia que tiene en este momento todos sus carismas intactos y oponerse a cualquier postulado «científico» es condenarse al ostracismo social e intelectual.

En un trabajo sumamente interesante Eric Griffin explica que «in the English public mind of the 1590's, anti-Semitism and Hispanophobia seem to have been two sides of the same coin». Griffith analiza el desarrollo del sentimiento antiespañol desde el siglo XVI hasta el presente, tomando como punto de partida *El judío de Malta* de Christopher Marlowe, y cómo se ha perpetuado un estereotipo étnico, claramente racista, que empezó entonces pero que dura hasta nuestros días: «La incesante repetición de estas tipologías antihispánicas crearon una especie de círculo vicioso que funcionó para valorar la ética de la homogeneidad religioso-política y étnica en las que los nacionalistas absolutos de Inglaterra parecen haberse centrado cada vez más. Incluso las obras del periodo tienen en común con muchas polémicas de la Leyenda Negra el hecho de que en ambas encontramos un discurso de la hispanidad que es claramente de tipo racial. En su forma madura la Leyenda Negra es en gran medida un discurso de color»[647].

Una parte importante de los argumentos decimonónicos para explicar el ocaso del Imperio español está ligada al desarrollo del racismo científico. Son las ideas que encontramos en Joaquín Costa o Lucas Mallada, para quienes la decadencia es la manifestación de una auténtica degeneración racial, punto de vista compartido muy dolorosamente por Ángel Ganivet, por Rafael Salillas o Ángel Pulido[648]. Al otro lado del Atlántico el panorama es el mismo. El mexicano José Vasconcelos considera en *La raza cósmica: misión de la raza iberoamericana* (1925) que la inestabilidad que padece el territorio es causa de la mezcla de razas. Los nacionalismos periféricos harán buen uso de estas ideas racistas. Pompeu Gener explica la situación con claridad: «España está paralizada por la necrosis producida por la sangre de razas inferiores

[647] «The incesant repetition of these anti-Hispanic typologies created a kind of feedback loop that functioned to valorize the ethos of religio-political and ethnic homogeneity that England's absolute nationalists seem to have turned increasingly toward. Further, the plays of the period have in common with many of its Black Legend polemics the fact that in them both we find a discourse of hispanicity that is clearly racialized. For its mature form the Black Legend is very much a discourse of color»: Eric Griffin, «From Ethos to Ethnos: Hispanizing the Spaniards in the Old World and the New», *The New Centenial Review* 2 (2002), págs. 69-116 (págs.100-101), y también Barbara Fuchs, *Exotic Nation. Maurophilia and the Construction of Early Modern Spain*, Filadelfia: University of Pennsylvania Press, 2009.

[648] Michael Aronna, *Pueblos enfermos: The Discourse of Illnes in the Turn-Of-The-Century Spanish and Latin America Essay*, Chapel Hill (North Carolina): U. N. C. Department of Romance Languages, 1999.

como la semítica, la bereber y la mongólica, y por espurgo que en sus razas fuertes hizo la Inquisición y el Trono, seleccionando todos los que pensaban, dejando apenas como residuo más que fanáticos serviles e imbéciles [...]. Del sur al Ebro los efectos son terribles; en Madrid la alteración morbosa es tal que casi todo su organismo es un cuerpo extraño al general organismo europeo. Y desgraciadamente la enfermedad ha vadeado ya el Ebro, haciendo terrible presa en las viriles razas del norte de la Península»[649]. Ahí queda eso. Las consecuencias siguen vivas y coleando.

El asunto, no ya de la decadencia, sino de la degeneración racial sufrida por España aparece en autores de gran renombre que reflejan en sus obras una opinión que era la habitual. Lo hallamos, por ejemplo, en *Olalla* de Stevenson. Un joven oficial inglés se recupera de sus heridas en un pueblo indeterminado de España. Por consejo del médico, decide pasar la convalecencia como huésped de una casa aristocrática venida a menos. Pero no es solo la decadencia económica lo que aflige a Olalla y su familia. Se trata más bien de una auténtica degeneración genética. Olalla, la joven y hermosa hija, de la que el protagonista se enamora profundamente, se lo explica con todo detalle: «Mis antepasados, hace ochocientos años, gobernaban toda esta provincia: eran prudentes, poderosos, astutos y crueles; eran una de las mejores familias españolas; sus estandartes iban a la cabeza en las batallas; el rey les llamaba primos... Pero pronto comenzó a producirse un cambio. El hombre se ha elevado; si ha surgido de los brutos, puede descender de nuevo al mismo nivel [...]; mis antepasados empezaron a decaer; sus mentes se adormecieron; sus pasiones despertaban en ráfagas, vehementes e insensatas como el viento en los desfiladeros de las montañas; la belleza seguía pasando de generación en generación, pero faltaba ya la inteligencia que guía y el corazón que atesora sentimientos humanos». Así las cosas, Olalla ha tomado hace ya tiempo su decisión como última descendiente de tan degenerada saga: «Pero yo he hecho ya mi promesa: mi estirpe desaparecerá de la faz de la tierra»[650].

Olalla es un relato en la mejor tradición gótica: castillo aislado y en ruinas, naturaleza salvaje, vientos aulladores, personajes atormentados... Es también una alegoría de la España petrificada y, más que decadente, degenerada, una imagen que Stevenson no crea, pero que hereda y le sirve para enmarcar la historia de un amor imposible. Son las mismas imágenes con las que Herman Melville amuebla su *Benito Cereno*

[649] Pompeu Gener, *Herejías*, 1887, pág. 239, citado por Francisco Caja, *La raza catalana*, Madrid: Encuentro, 2009, pág. 74. En 2013 ha aparecido el segundo volumen, también extraordinario, de esta obra.

[650] Robert L. Stevenson, *El diablo en la botella y otros cuentos*, Madrid: Alianza Editorial, 1984, págs. 98-99.

(1855): «Cuando la nave se hizo destacadamente visible sobre la cresta de un oleaje plomizo con jirones de niebla, aquí y allá, cubriéndola como harapos, apareció como un monasterio de blancas paredes, tras una terrible tormenta, asomando sobre un peñasco pardo en el corazón de los Pirineos. Pero no era una semejanza puramente imaginaria lo que entonces por un momento llevó al capitán Delano a casi pensar que un barco repleto de monjes se hallaba ante sus ojos. Mirando por encima de los macarrones, se encontraba lo que realmente semejaba un tropel de capuchas oscuras, al tiempo que saliendo a tongadas a través de las portillas abiertas, se divisaban tenuemente otras oscuras figuras móviles, como frailes negros deambulando por los claustros». Un capitán de barco optimista, generoso y estadounidense, Amasa Delano, se dispone a ayudar a un barco español en apuros, al mando de un débil y desfalleciente Benito Cereno. El vigor y el altruismo del primero son el contrapunto de la postración y la abulia del segundo. Si Benito Cereno hubiera sido un hombre más enérgico, difícilmente los esclavos del barco hubieran llegado a apoderarse de este. La actitud distante e incomprensible para con quien lo está ayudando hace pensar a Delano que el español es un impostor, alguien que suplanta al capitán porque no puede ser que se comporte de ese modo, como si ignorase totalmente las reglas de cortesía del mar: «Ahora bien, como nación... estos españoles son una gente bien rara; la propia palabra *español*, tiene una curiosa resonancia a conspiración que recuerda a Guy Fawkes». El racismo más descarado se muestra por todas partes. A los españoles, como raza decadente y degenerada, siguen los calificativos de los negros como «seres indiscutiblemente inferiores», semejantes a «perros de Terranova»[651]. Evidentemente muy bajo han tenido que caer esos españoles para dejarse dominar por seres tan bajos.

La expulsión de los judíos en 1492

El antisemitismo, siempre presente en la leyenda negra, se expresa en dos vertientes, una nueva y otra vieja, en los siglos XIX y XX. Por una parte continúa engordándose y adornándose con nuevos argumentos provenientes del racismo científico la idea de que los españoles son una raza irremediablemente inferior o degenerada por contaminación semita. Por otra, se expande una novedad, vinculada al liberalismo, según la cual la intolerancia de los españoles para con los judíos está en el origen de todos sus males. Cuando España los expulsó en 1492 selló su destino. En pocos años los españoles se transforman en los

[651] Christopher Freeburg, *Melville and the Idea of Blackness. Race and Imperialism in Nineteenth-Century America*, Nueva York: Cambridge Univ. Press, 2012.

mayores antisemitas del mundo y aquí conviene ya precisar: no son los españoles del siglo XIX sino los españoles imperiales. La idea de que la expulsión de los judíos está en el origen de los males de España comienza a aparecer en la década de los años treinta del siglo XIX ligada a los movimientos de emancipación de católicos y judíos en Gran Bretaña. La hallamos en William H. Prescott y en Washington Irving. En España cuenta como principal difusor a Amador de los Ríos, y más tarde será la piedra angular de los estudios del judío alemán Yitzhak Baer y de otros muchos. Como siempre que le sale un cuerno nuevo al Demonio español, hay que preguntarse qué sucede en el grupo humano que lo genera. Y lo que está pasando es la Haskalá o Ilustración judía, que defiende la integración de los judíos en las sociedades en las que viven y su igualación en los derechos de ciudadanía. De aquí vendrá a nacer el sionismo. Luego lo veremos.

Para relacionar la expulsión de los judíos con la decadencia del Imperio español hay que pasar por alto un hecho difícil de soslayar, a saber, que antes de la decadencia hubo un tiempo de auge y esplendor y que este se alcanzó sin la presencia de los judíos. Seguramente hubieran colaborado con entusiasmo al levantamiento de aquel imperio, pero no pudieron y esto no parece que supusiera un gran descalabro. Este punto de vista, popularísimo, hace ya tiempo que está desacreditado, al menos en algunos sectores académicos, y así lo señala Joseph Pérez: «En vista de la documentación publicada sobre fiscalidad y actividades económicas no cabe la menor duda de que los judíos no constituían ya una fuente de riqueza relevante, ni como banqueros ni como arrendatarios de rentas ni como mercaderes que desarrollasen negocios a nivel internacional. Es lo que confirma la situación en 1492, y en los años siguientes [...]. La expulsión de los judíos produjo problemas a nivel local, pero no una catástrofe nacional. Es a todas luces descabellado atribuir a aquel acontecimiento la decadencia de España y su pretendida incapacidad para adaptarse al mundo moderno. Todo lo que sabemos ahora demuestra que la España del siglo XVI no era precisamente una nación económicamente atrasada [...]. En términos estrictamente demográficos y económicos, y prescindiendo de los aspectos humanos, la expulsión no supuso para España ningún deterioro sustancial, sino solamente una crisis pasajera, rápidamente superada»[652]. Sin embargo, esta idea se mantiene con bastante buena salud entre muchos historiadores. Una exposición breve y aguda de esta visión mesiánica y providencial se encuentra en Jaime Contreras: «E. Rivkin y M. Cohen no sienten pudor alguno en razonar

[652] Joseph Pérez, *Historia de una tragedia. La expulsión de los judíos de España*, Barcelona: Crítica, 2013, págs. 118-120. La primera edición es de 1993. Para una adecuada contextualización de este hecho, véase Luis Suárez Fernández, *La expulsión de los judíos. Un problema europeo*, Barcelona: Ariel, 2012.

de manera semejante [igualando expulsión y destino catastrófico para España]. Su ejercicio intelectual roza, desde luego, el atrevimiento más despreocupado; pero buscar la piedra filosofal del mundo puede ser, también, consecuencia de unas premisas trascendentalizadas por efecto de una cultura que necesita magnificar la absoluta necesidad de ser pequeña minoría. Y todo ello sin recurrir a los principios codificados de la sacralidad doctrinal rabínica»[653]. En este proceso previsto por Jehová, terminarán igualándose la expulsión y el Holocausto tras la Segunda Guerra Mundial, idea frecuente en la historiografía anglosajona hasta hoy.

La expulsión de los judíos de España en 1492 ha hecho derramar ríos de tinta desde que comenzó su andadura como argumento central de la historia de España a mediados del siglo XIX. Por una parte son cientos los textos que intentan determinar las razones que provocaron la expulsión. Para unos la culpa fue de la Inquisición; para otros, de la reina Isabel, que era una fanática intransigente; para otros, del rey Fernando y su desmedido afán de conseguir dineros; para otros, de los «menudos» o gente humilde, que desarrollaron un antisemitismo rencoroso frente a la prosperidad de judíos y conversos... Hay varios puntos que merecen destacarse aquí. En primer lugar la posición central que el asunto judío pasó a ocupar en el siglo XIX en la historia del Imperio español, que nunca antes había tenido. Este viaje de la periferia al centro tiene una explicación. Se buscan desesperadamente causas que expliquen el ocaso del Imperio español y cuando se encuentra esta, tan precisa, tan concreta y tan lejana, el éxito de la idea será fulminante. Es difícil imaginar un planteamiento más conveniente para las atormentadas generaciones del siglo XIX: las razones del ocaso están allí y no aquí. Al convertirse en asunto crucial en el devenir de aquel imperio, se hace necesario encontrar las razones por las que una nación en pleno éxito se hace el harakiri expulsando a una parte primordial de sí misma y acarreando su propia ruina. La lógica consecuencia es una inmensa literatura histórica que trata de las «causas» de esta expulsión frente al hecho palmario de que ha habido expulsiones y persecuciones de judíos en Europa Occidental y Oriental por docenas y no se buscan esas causas con tanto empeño. Simplemente porque no hacen falta: es antisemitismo. ¿Tiene alguna causa? Pero la historia nacional de esos países no tiene con esas expulsiones una relación de necesidad. Son acontecimientos circunstanciales y periféricos. Tenemos entonces que un mismo hecho, el antisemitismo universal y su rosario de expulsiones y persecuciones, se transforma en el caso particular de la historia del Imperio español en una circunstancia única, de consecuencias extraordinarias e irrepetibles, una catástrofe anuncia-

[653] Jaime Contreras, «Historiografía anglosajona e historia de España: percepción de judíos y conversos», *Frontera* 4 (1999), págs. 179-193 (pág. 186).

da que, como las profecías, condena a aquel imperio desde el principio a la barbarie y la decadencia. Que la relación causa-consecuencia esté completamente desquiciada no importa porque la conexión judía es un aliviadero colosal para unas élites que se niegan a asumir su responsabilidad. Es evidente que los judíos han sido expulsados de muchos lugares muchas veces y que esto no ha provocado grandes crisis, excepto para las víctimas del antisemitismo, naturalmente.

Hay otro factor nada desdeñable en el éxito del vínculo expulsión de los judíos-causa de la decadencia y este es el empeño con que los propios judíos promovieron y difundieron el argumento. El asunto venía de muy atrás y hay que detenerse un momento aquí. Cuando se produjo la expulsión en 1492, se desató una literatura profética fenomenal en las comunidades sefarditas que se desparramaron por Europa, principalmente en los Países Bajos. Estos grupos jugaron un papel muy destacado en la consolidación de una imagen negativa de España, a pesar de su constante nostalgia de Sefarad. Cualquier contratiempo o revés sufrido por la Monarquía Católica fue interpretado como el resultado del maltrato y la expulsión que los judíos habían sufrido. El declive del poder español en Europa no podía tener otra causa[654]. Es completamente lógico y comprensible que aquellos judíos que habían sido expulsados de su tierra expresaran su frustración y su dolor de esta manera y de muchas otras. La preferida fue anunciar el Armagedón más o menos inmediato a la tierra que los había echado. Desde 1492 cada revés sufrido por la España imperial vino a encajar en el molde profético de muchos sefarditas exiliados. Así, la muerte de los hijos de la reina Isabel o la Armada Invencible eran una intervención de Jehová para vengar a su pueblo maltratado[655].

Data de 1753 el primer intento moderno de legalizar la presencia de judíos en Inglaterra. Habían sido expulsados por Eduardo I en 1290. El edicto fue tan severo y eficaz que hasta la época de Cromwell no hay testimonio de la presencia de ninguna comunidad judía. En 1656 un documento menciona la existencia en Londres de una pequeñísima comunidad de judíos sefarditas, a los que se toleró dentro de su situación de ilegalidad. La Jewish Naturalisation Act de 1753, con la que se pretendía regularizar la situación de los judíos, produjo una fuerte oposición y solo estuvo en vigor unos meses. En las primeras décadas del siglo XIX se producen las polémicas que llevaron a la emancipación de los católicos y se aprobaron las leyes que los convirtieron en ciudadanos británicos con plenos derechos, después de siglos de marginación e intolerancia. En paralelo se produce también la emancipación de los judíos y el reco-

[654] Jaime Contreras, «La versión judía: leyenda negra y leyenda rosa», *Historia 16*, 193 (1990), págs. 65-78.

[655] García Cárcel, *La leyenda negra...*, págs. 68-80.

nocimiento al derecho de ciudadanía. En 1858 los judíos son legalmente admitidos en el Parlamento. La mayor parte de estos judíos eran sefarditas, procedentes de Holanda. Los primeros llegaron en tiempos de Oliver Cromwell, cuando Menasseh Ben Israel, líder y rabino holandés, pero nacido en Madeira, pactó con aquel que, aunque no se levantaría formalmente el edicto, se consentiría *de facto* la presencia de judíos. Menasseh Ben Israel es uno de los muchos que profetizaron la destrucción de España[656]. Para él esta es una tierra de oscuridad y tinieblas donde los judíos han sufrido tanto como en Egipto. Pero Yahvé nunca abandona a su pueblo y la venganza de Dios llegará, como ocurrió con Pompeyo que se apoderó de Jerusalén en 63 a. C. y acabó su vida asesinado; como Sisebuto que obligó a los judíos a convertirse y murió envenenado: «Véase el fin que tuvieron. Ella, la reina, Isabel la maldita, padeció hastío de su vida y, devorada la mitad de su cuerpo por una llaga perniciosa y fija que se llama cáncer, murió»[657].

Esta pequeña comunidad judía, mayoritariamente sefardita, se vio reforzada durante las guerras jacobitas por su apoyo decidido a la causa de Guillermo de Orange. Mucho se ha escrito sobre el papel jugado por los judíos expulsados de España en la propaganda hispanófoba. La tragedia de los judíos españoles se expresó de muchas maneras, y la que aquí tratamos ahora fue una de ellas. Es un tema amplísimo que solo vamos a rozar tangencialmente para explicar uno de los últimos brotes temáticos del árbol florido de la leyenda negra, según el cual la historia de España está condenada desde sus inicios por la expulsión de los judíos en 1492, lo que la privó de la única gente con talento para las ciencias y para los dineros. Este crecimiento nuevo es característicamente decimonónico. Hasta ahora la proverbial intolerancia española nunca se había manifestado en relación con los judíos. Estos solo habían servido para manchar la sangre española y contaminarla, demostración palpable de su inferioridad frente a la noble y purísima sangre romana de los italianos del Humanismo o frente a la no menos excelente sangre germánica de los luteranos. Pero ahora, en el siglo XIX, los españoles, tras ser más semitas que nadie para Paulo Jovio, Lutero o Voltaire, se transforman en la materialización misma del antisemitismo. Este giro reclama una explicación. Ya lo hemos dicho varias veces, pero no viene mal insistir en ello. Cada nueva rama, cada nuevo tópico o subtópico que nace en el seno de la leyenda negra, obedece a algo que sucede en el grupo que lo produce. Y lo que sucede se llama Haskalá o Ilustración judía. Se trata de un movimiento que se desarrolla en las comunidades judías occidentales desde finales del siglo XVIII y sobre todo durante el

[656] J. Kaplan, H. Mechoulan y R. H. Popkin (eds.), *Menasseh Ben Israel and his world*, Nueva York: E. J. Brill, 1989.

[657] García Cárcel, *La leyenda negra...*, pág. 74.

siglo XIX. Propugna la integración de los judíos en las sociedades en las que viven y su abierta participación en ellas. La idea fundamental es salir del gueto, no solo física sino también mentalmente. A partir de la Haskalá florecen las luchas por la emancipación de los judíos y su integración en las sociedades occidentales. Supuso también un renacimiento de la cultura secular judía y un compromiso claro de los judíos con la vida política de los países en los que residían. Disraeli, primer ministro de Gran Bretaña, es un ejemplo señero de esta nueva actitud y de su éxito. En última instancia la Haskalá es responsable del nacimiento de distintos movimientos políticos judíos y del desarrollo del sionismo.

Cuando en el siglo XIX cobran brío en el seno de las comunidades judías estos movimientos encaminados a defender su lugar en la sociedad y a superar el estado de marginación secular, la expulsión de los judíos de España en 1492 se transforma en un argumento central, en la prueba irrefutable de cuántos males pueden venir a un país o a un imperio cuando expulsa o maltrata a los judíos que forman parte de él.

La obra de Grace Aguilar es un ejemplo de la popularidad que este planteamiento llegó a tener en Gran Bretaña. De allí la idea viajó a España y cobró carta de naturaleza con Amador de los Ríos, con éxito fenomenal. Aguilar, de origen sefardí, y por lo tanto familiarizada con toda la literatura profética que acompañó a la expulsión a partir de 1492, publicó en 1850 *El valle de los cedros o la mártir*. Esta y otras obras de Aguilar, siempre sobre tema judío, se publicaron en la época en que los judíos luchaban por el reconocimiento de sus derechos civiles en Gran Bretaña. En este contexto, intenta presentar judaísmo y protestantismo como semejantes en su lucha por la libertad frente a la persecución católica. En consecuencia, los judíos aparecen como leales patriotas ingleses repitiendo los tópicos anticatólicos y antiespañoles habituales. Sin embargo, a pesar de sus reiterados elogios a la nación liberal que había acogido a los judíos en lugar de expulsarlos, y del carácter amable y conciliador de sus escritos, al final de su vida Aguilar levantó la voz para clamar contra las restricciones de derechos que los judíos padecían en Gran Bretaña, que definió como «la última reliquia de la intolerancia religiosa», una situación que ella consideraba «deshonrosa».

El valle de los cedros es el valle simbólico de la intimidad del hogar donde los judíos se ven obligados a refugiarse ante la intransigencia del mundo exterior. Ambientada en la España medieval, cuenta la historia de Marie, joven criptojudía que se enamora de Arthur, protestante británico que visita Castilla. A pesar de su amor, Marie no está dispuesta a renunciar a su religión y a su comunidad, y termina casándose con el joven judío al que está destinada. El asunto sc complica cuando el marido de Marie es asesinado y Arthur acusado del crimen. Para salvar a Arthur, Marie declara ante el tribunal de la Inquisición y confiesa su condición de judía. La intervención real la salva de la hoguera, pero su salud está ya muy quebrantada y muere[658]. Son evidentes los anacronismos del relato, lo cual no impidió que gozara de una gran popularidad. Grace Aguilar fue una figura muy conocida y respetada en su tiempo.

Más trascendente que Aguilar, en opinión de Caro Baroja, fue la novela de Benjamin Disraeli titulada *Coningsby or the new generation* (1844): «Es el expositor más convencido de la doctrina de la superioridad semítica. Sidonia hijo = Disraeli (o, si se quiere, lord Beaconsfield) considera que los judíos españoles descienden de los *árabes* que adoptaron la religión mosaica, y que en tiempos remotos se asentaron en la Península. Estos "Mosaic Arabs", como les llama, se conservaron siglos en su estado de pureza y con ella conservaron una extraordinaria capacidad intelectual. La decadencia de España se debe a la expulsión sistemática de elementos tan vigorosos»[659]. Caro Baroja no puede dejar de señalar la enorme contradicción que hay tanto en Aguilar y Disraeli, como en muchos otros autores judíos al insistir en que la decadencia del Imperio español se debe a la expulsión de los judíos y, al mismo tiempo, insistir en la importancia que estos tuvieron en algunos linajes aristocráticos, o bien como criptojudíos después de la expulsión. Para Disraeli tienen origen hebreo los duques de Medina-Sidonia, los marqueses de Cádiz y otros.

En las décadas de la pureza racial como valor incontrastable, las élites judías se apuntan con decisión al carro del linaje antiquísimo y sin mácula. Y Disraeli no es una excepción: «The Hebrew is an unmixed race»[660]. Contradicción también evidente, dada su facilidad para emparentar con las mejores casas de España, en la que él mismo insiste. ¿Era Disraeli sefardita? *The Jewish Encyclopedia*[661] acredita su parentesco con los Méndez Furtado, los Núñez de Lara, Lindo y otras familias sefarditas. Y hay más pruebas que demuestran este origen. El hecho es que para estas nuevas generaciones que han salido del gueto y desean la integración y el triunfo social, España se transforma en un paradigma y una amenaza: esto es lo que le pasará a la nación que maltrate a los judíos. Disraeli lo explica con claridad: «¿Dónde está España? Su caída, su irremediable e

[658] «El sacrificio de la joven judía es la imagen del dolor padecido por la comunidad hebrea cuando son víctimas del ostracismo social y de la incomprensión a causa de su religión. Y esto es lo que Grace Aguilar quiere trasmitir a su público, que es en gran medida protestante»: Miriam Llorens López, «Grace Aguilar o el tradicionalismo hecho trasgresión», en Mercedes Arriaga Flórez y otros (eds.), *Escritoras y pensadoras europeas*, Sevilla: ArCiBel, 2007, pág. 430.

[659] Julio Caro Baroja, *Los judíos en la España Moderna y Contemporánea*, t. III, Madrid: Istmo, 1986, pág. 169.

[660] Benjamin Disraeli, *Coningsby or the new generation*, 1844, pág. 209-210. Disponible en *https://archive.org/details/coningsbyornewg01disrgoog*. Consultado el 4 de marzo de 2015.

[661] Véase t. IV, pág. 622.

incomparable caída, debe ser achacada principalmente a la expulsión de una gran parte de sus súbditos, los más industriosos e inteligentes»[662].

Este planteamiento conocerá una amplísima difusión en la historiografía nacional hasta convertirse en un asunto clave de la historia de España. Amador de los Ríos será uno de sus principales valedores, primero en *Estudios históricos, políticos y literarios sobre los judíos en España* (1848) y luego en *Historia social, política y religiosa de los judíos en España y Portugal* (1876). Para Amador de los Ríos no cabe duda: «Con la expulsión de los hebreos se echaban de los dominios españoles las verdaderas fuentes del bienestar de los pueblos: el comercio y la industria sufrieron, pues, un golpe mortal, bien que menos sensible para la segunda que con la reciente conquista de Granada recibía Castilla nuevos cultivadores. El comercio, por el contrario, cerraba las puertas a los pueblos vencidos y perdía por el momento casi toda su vida»[663]. La autoridad de Modesto Lafuente sumada a la de Amador de los Ríos hará que estas ideas se conviertan en moneda de uso común y así, en un instante, España perdió no solo grandes capitales y un dinámico sector financiero sino también a las personas intelectualmente más cualificadas y quedó condenada para siempre al fracaso[664]. No se entiende cómo pudo mantenerse en pie después de amputación tan radical.

Este planteamiento, a pesar de que ha perdido a nivel académico casi toda credibilidad, sigue estando extendido a nivel popular e incluso culto, y lo encontramos por doquier. En el diario *El País* del 22 de julio de 2009, Basilio Baltasar, director de la Fundación Santillana, publicó un artículo titulado «¿De dónde procede nuestra incapacidad?», donde viene a explicar que la causa de los males nacionales es aquella expulsión de hace más de cinco siglos. Es un ejemplo tomado al azar. El capítulo 26 del tomo II de *Los enemigos del comercio* comienza con la siguiente declaración: «Paralelo siempre a algún brote de progreso, el ideal comunista se mantuvo ajeno a España en función de su propio retraso, sellado

[662] «Where is Spain? Its fall, its unparalleled and its irremediable fall, is mainly to be atributed to the expulsión of that large portion of its subjects, the most industrious and intelligent»: Disraeli, *Coningsby...*, pág. 212.

[663] José Amador de los Ríos, *Estudios históricos, políticos y literarios sobre los judíos en España*, Madrid: Imprenta de Días y Comp., 1848, pág. 189. Unas décadas más tarde publicará *Historia social, política y religiosa de los judíos en España y Portugal*, Madrid: Imprenta Fontanet, 1876.

[664] Modesto Lafuente, *Historia general de España*, Madrid: Establecimiento Tipográfico de Mellado, 1852. Mucho tiempo después se sigue repitiendo lo mismo. Así, M. Cohen escribe: «Vale la pena estudiar lo que España pudo tener y no tuvo por culpa de la Ex pulsión», afirmación que puede leerse en «Lo que Hispanoamérica perdió: el impacto de la expulsión en su retraso cultural-económico», en A. Alcalá (ed.), *Judíos. Sefarditas. Conversos*, Valladolid: Ámbito, 1995, págs. 434-454 (pág. 439).

pocos meses antes de empezar a ser el mayor imperio conocido con la expulsión de judíos y mozárabes»[665].

Asumiendo la leyenda negra: los fantasmas del liberalismo español

Todos los tópicos de la leyenda negra remozados por la Ilustración están ya asumidos con perfecta naturalidad, como una verdad inapelable y autoevidente, en *El fanatismo* de Meléndez Valdés[666]. No falta detalle: atraso, ignorancia, hogueras, perversión sexual y doncella virtuosa perseguida por pérfido inquisidor. Uno se pregunta dónde vería este buen hombre las hogueras, porque durante los reinados de Carlos III y Carlos IV hubo cuatro condenas a muerte dictadas por el Santo Oficio. La última se produjo en 1781. En 1782 murió quemada por el calvinismo la última bruja, Anna Gölfi. Las hogueras se apagan en Europa casi al mismo tiempo de costa a costa.

¿Cuántos muertos produjo poco después la Revolución francesa en cantidad de miles? Pero no se juzga el hecho, que en realidad no interesa en sí mismo, sino quién lo comete. Porque la situación es idéntica: un grupo humano tiene unas ideas y las considera tan sagradas y tan superiores que se siente autorizado a atropellar a quien no las comparte. Llamamos a esto intolerancia. Se engaña quien considera que el auto de fe católico interesa porque es un acto de intolerancia. No es así. Importa porque es católico y español. Hemos ido dando ejemplos innegables de intolerancia religiosa en la Europa protestante: en leyes, en persecuciones, en muertes, en marginación civil y política..., pero el árbol de Tyburn en Londres, donde tantos católicos perdieron la vida, es desconocido para la opinión pública porque cuenta una historia que a nadie gusta recordar. No, porque no interesa el autor. No satisface la autoestima de nadie, ni la de la víctima ni la del verdugo. Esto es así por una extraña conjunción de circunstancias que intentaremos explicar más abajo.

El texto de cabecera que va a servir de «testigo presencial» al liberalismo foráneo y español sobre la Inquisición es obra de un sacerdote católico, Juan Antonio Llorente. Fue un colaborador activo de José I. El régimen napoleónico le permitió recobrar posición e influencia, perdidas tras la caída de Urquijo, secretario de Carlos IV, con quien había sido

[665] Antonio Escohotado, *Los enemigos del comercio* II, Barcelona: Espasa, 2013, pág. 489. Ignoro qué significado tiene la mención de los mozárabes.

[666] Disponible en *www.cervantesvirtual.com/portales/juan_melendez_valdes/obras/poesias-tomo-ii–0/*. Consultado el 3 de julio de 2015.

comisario de Inquisición de Corte precisamente[667]. En este tiempo envió a Napoleón un informe titulado «Reglamento para la Iglesia Española» en el que proponía una reorganización del clero secular que seguía la nueva división administrativa y la supresión de las órdenes religiosas. Con ello recuperó el terreno perdido y gran parte de su influencia social. Se le nombró en 1809 caballero de la Orden Real de España con una pensión de 30.000 reales. Llorente llama «plebe canalla y vil, pagada por el oro inglés» a los héroes de la guerra de la Independencia. Durante el reinado de José I ocupó el cargo de director de Bienes Nacionales, que no eran otros que los confiscados por los franceses a sus compatriotas insumisos. De este cargo fue apartado por la desaparición de 11 millones de reales. Derrotados los franceses, marchó al exilio. Intentó varias veces lograr el indulto, pero no lo logró. El resultado fue la publicación en francés en 1817 de una obra que de inmediato se hizo famosa en Europa: *Histoire critique de l'Inquisition espagnole*, en 4 tomos. Terminó siendo expulsado de Francia al descubrirse sus actividades como carbonario. El gobierno liberal español aceptó entonces su regreso y volvió a Madrid, donde murió[668]. El éxito de Llorente fue fenomenal. Durante décadas se le ha tenido por una obra histórica y como tal fue empleada por Prescott, que repite la cifra espectacular de 32.000 quemados en la hoguera. Como detalle se ha de señalar que Llorente siempre afirmó que tenía pruebas documentales de lo que decía, pero que desdichadamente se le quemaron.

La asunción de la leyenda negra comienza con la Ilustración, cuando una parte de las élites españolas confunden modernidad y rechazo de lo propio. Ya sabemos que en todo tiempo y lugar abunda el individuo que, cuando asume una ideología, se traga el catecismo entero sin digerir, con puntos, comas y paréntesis. En realidad es una confusión interesada. Con el caso francés ante los ojos, se veía muy claro cuánto territorio social se podía ocupar si se desplazaba de él a la Iglesia católica, que había sido un pilar del imperio y, para apartarla, alguna maldad había que achacarle. No es que no las tuviera, naturalmente, pero el sustituto no siempre fue de mejor calidad. Ni siquiera de idéntica calidad. En este tiempo, sin embargo, se trata de una asunción parcial. Muchos e insignes ilustrados españoles rechazan la versión francesa de la leyenda negra, que es la que tiene vigencia en este momento, y comprenden que ser un ilustrado y repetir los tópicos hispanófobos de los vecinos son dos cosas completamente distintas. El fenómeno de la asunción casi

[667] Aleix Romero Peña, «Mariano Luis de Urquijo. Biografía de un ilustrado», *Sancho el Sabio. Revista de Cultura e Investigación Vasca* 34 (2011), págs. 55-78.

[668] Francisco Fernández Pardo, *Juan Antonio Llorente, español «maldito»*, San Sebastián: F. Fernández, 2001. El texto de Llorente está disponible en la edición de 1870 en *https://archive.org/stream/historiacriticad01llorgoog#page/n11/mode/2up*.

completa de la leyenda negra se produce en el siglo XIX. Y así Goya dibuja a un Galileo torturado por la Inquisición porque está convencido de que tal hecho se produjo. Esta asimilación responde a una conjunción de factores que, unidos, dan como resultado la extraña relación que los españoles de ahora tienen con su historia, que es como si no fuera suya, porque efectivamente no lo es.

La relación de los españoles y sus clases letradas con los tópicos de la leyenda negra podría plantearse siguiendo el siguiente esquema:

1. Siglos áureos
Los españoles saben de la leyenda negra y sus lugares comunes, pero no se interesan mucho por ella. Cuando lo hacen, la rechazan en un tono de «menosprecio alegre», que no llega a verdadero disgusto. La autocrítica imperial funciona a pleno pulmón en un clima de gran libertad de expresión y con total indiferencia con respecto al uso que la propaganda antiespañola pueda hacer de ella.

2. Siglo XVIII (Ilustración)
Una parte de las clases letradas asume como ciertos los tópicos de la leyenda negra. La crítica a la política imperial ya no es el resultado de la autocrítica interior, sino de asumir como verdades lo que sobre el Imperio español se dice y se escribe fuera. La autocrítica política y la libertad de expresión han sufrido una merma muy notable desde la llegada de los Borbones. A mediados del siglo ya resulta bastante evidente para las cabezas más despejadas que el imperio avanza hacia su acabamiento. Es un proceso irremediable, pero quienes buscan sus causas encontrarán en los tópicos de la leyenda negra un argumentario eficaz para aliviar sus desazones, iniciando un vínculo que será muy fructífero y duradero.

3. Desde mediados del siglo XIX en adelante
Cuando en la parte primera del siglo XIX se produzca el derrumbamiento definitivo del imperio, el liberalismo ofrece un repertorio de causas que servirán para explicar lo sucedido sin mayor investigación. En las repúblicas americanas hay necesidad social y política de la leyenda negra para justificar, primero, la independencia misma como la liberación de una tiranía barbara e intolerante, y luego, los propios fracasos. Y en España no es menor esta necesidad. Hay que echarle la culpa a alguien de la postración nacional y la leyenda negra, con todos sus tópicos (Inquisición, barbarie lascasiana, intolerancia religiosa, etcétera), ofrece un mecanismo de eficacia probada para que los contemporáneos puedan, con razones admitidas por todos, eludir su responsabilidad. La España del siglo XIX necesita de los tópicos de la leyenda negra como ninguna otra nación del mundo, porque solo así encuentra alivio y explicación a su propia situación.

En el siglo XIX triunfa en España y Francia una escuela de historiadores liberales para los que la historia de España es el relato de una decadencia cuya causa principal es la intolerancia religiosa, materializada en la Inquisición. Nadie ha sido capaz de probar nunca estas afirmaciones porque el Santo Oficio no tuvo jamás una política de intervención ni en el comercio ni en el desarrollo industrial o financiero. El enorme alivio emocional e intelectual que estas ideas traen a quienes las asimilan es extraordinario, especialmente si son españoles. No hay que pensar más, no hay que investigar más y, sobre todo, nosotros, nuestra generación, los contemporáneos, no tenemos la culpa de lo sucedido. El imperio se deshizo porque tuvo malos principios y el declive que vino después es completamente lógico. Atrincherados tras cortinas de humo cuidadosamente argumentadas para eludir todo sentimiento de responsabilidad o culpabilidad por haber perdido la herencia de los antepasados, por haber fracasado donde ellos triunfaron, el español decimonónico se define a sí mismo. El proceso había empezado en el siglo XVIII como anuncio de lo que todavía no se veía pero se sentía: que el imperio se acababa y había que ir buscando culpables. Y esos culpables no vamos a ser nosotros, los que hemos llevado el imperio a su decadencia y fin, sino aquellos que lo levantaron. Es un argumento disparatado, que solo la leyenda negra hace creíble.

Como sucedió con el Imperio romano, el derrumbamiento del Imperio español produjo una ingente literatura exculpatoria de los contemporáneos. Es un punto de vista universal y erróneo el buscarle causas al final de los imperios, y no a su nacimiento, y aún más, a su consolidación. Ambos procesos son lo verdaderamente asombroso de estos macrosistemas. Se entiende que quienes se ven directamente afectados por la decadencia y el derrumbe no hallen sosiego racional para pensar en la totalidad del fenómeno imperial con un poco de despego y objetividad, pero que esta sea la piedra de toque, década a década y siglo tras siglo, no se entiende muy bien. Parece como si el imperio se presentara ante los ojos como un fenómeno natural y espontáneo cuyo final hay que investigar porque lo lógico es que durara eternamente. Basta pararse a pensar unos minutos para darse cuenta de que no es así. Lo que hay que preguntarse no es por qué el Imperio español se vino abajo en la primera mitad siglo XIX, sino cómo consiguió mantenerse en pie tres siglos, porque ningún fenómeno de expansión nacido desde la Europa Occidental (y nunca dentro de ella) ha conseguido producir un periodo más largo de expansión con estabilidad y prosperidad. Y esto es lo que hay que ponerse a investigar, levantando los trampantojos de la leyenda negra que se han convertido *in aeternum* en el argumentario oficial del nacionalismo de varios países europeos, de las iglesias protestantes y de distintas ideologías, desde la Ilustración a las izquierdas pasando por el liberalismo. Es ahí donde hay muchísimo que aprender.

Consolidar un imperio transcontinental es una tarea de titanes y lo normal es que el pueblo que la asume se agote. Basta con echar un vistazo a la historia moderna y contemporánea de Europa y dejarse anegar por las evidencias. ¿A cuántos arranques de imperio hemos asistido? ¿Cuánto duraron y qué produjeron mientras existieron? En la historia inglesa se llama Primer Imperio al de la América del Norte y Segundo Imperio al de la época colonial que arranca a mediados del siglo XIX. El primero, si respetamos las fechas tradicionales, comienza con la llegada del *Mayflower* en 1620. Ya explicamos en su lugar que los intentos de establecerse en América eran muy anteriores, pero no importa. Esta fecha puede ser válida. Desde este momento hasta la independencia de las Trece Colonias ha pasado un siglo y medio y la expansión inglesa por el Norte ha sido poco exitosa. Tras ella, Inglaterra tardará casi medio siglo en iniciar una segunda expansión en la India. Evidentemente habían llegado allí mucho antes, como habían llegado otros, pero esto no significa nada. Poner el pie en un sitio y hacer algo allí son dos cosas totalmente diferentes. Esta expansión comienza como una actividad puramente comercial y privada a cargo de la Indian East Company, y así continuó varias décadas hasta que la rebelión de los cipayos (1857) hizo peligrar la presencia británica en el subcontinente indio y el Estado se decidió a intervenir[669]. A partir de este momento, con más o menos empeño, el gobierno y la Corona intentan llevar a cabo una política auténticamente imperial. Así, por ejemplo, se fundan cuatro universidades: la Universidad de Calcuta (1857), la Universidad de Bombay (1857), la Universidad de Madrás (1857) y la Universidad de Allahabad (1887). No son muchas si tenemos en cuenta la extensión y población del territorio. Y si las comparamos con las que se levantaron en la América hispana son muy pocas. Las siguientes universidades que se fundan en la India son ya el resultado de la iniciativa de instituciones o personalidades hindúes destacadas. La quinta fue la Universidad Hindú Banaras creada en 1916 por el líder independentista Pandit Madan Mohan Malaviya. Vino después la Universidad de Mysore, creada por el maharaja Sri Krishna Raja Wadiyar IV, también en 1916. Tampoco este Segundo Imperio será longevo. Desde la proclamación de la reina Victoria como emperatriz de la India hasta la independencia transcurren setenta años.

Francia no consiguió grandes logros en sus territorios de Norteamérica, atrapada como Inglaterra por un problema demográfico que ni una ni otra supieron superar por manifiesta incapacidad para relacionarse con la población indígena. Tras la pérdida de Nueva Francia en la guerra de los Siete Años, Francia realiza su más esforzado intento, tras la

[669] La compañía tenía ya ciento cincuenta años de antigüedad, pero solo en la década de 1830 había conseguido hacerse realmente fuerte.

revolución, cuando Napoleón, dando curso a una aspiración nacional largamente sentida, comienza su expansión por Europa Occidental y otros territorios, la cual será un fracaso. Tras varios cambios de régimen y revoluciones, esta etapa convulsa y violenta viene acompañada de una expansión colonial, sobre todo africana y asiática, menos exitosa que la inglesa e igualmente inestable. La Alemania unificada intentará sumarse al fenómeno generalizado de expansión de sus vecinos y las tensiones resultantes desembocarán en la Primera Guerra Mundial, el conflicto más mortífero que haya conocido la historia de Europa hasta ese momento. Otras naciones europeas participarán en la expansión colonial con varia fortuna, como Bélgica o Italia, pero ninguna acertará a desarrollar un sistema mínimamente estable. Las consecuencias, después y durante, serán terribles en algunos casos, como las masacres producidas por la Compañía del Congo, propiedad de Leopoldo I de Bélgica, que esclavizó, mutiló y llevó a la muerte a millones de seres humanos[670]. El balance del colonialismo no es para tocar campanas.

Como se ve, expandirse por el mundo es mucho más fácil que permanecer constructivamente en los lugares que se han conquistado. Sin duda porque, entre otros factores que también pueden influir, se trata de un esfuerzo formidable de invención y flexibilidad, de integración y estructuración social que no puede perpetuarse si no tiene un mínimo éxito, esto es, o el imperio ofrece más que quita a la mayoría o no durará. Y pensar que este estado de cosas tan anómalo, tan antinatural, puede durar eternamente, es razonar al revés. Cuando una persona muy anciana fallece de gripe un invierno cualquiera, solemos decir que ha muerto de gripe, pero no es verdad. Ha fallecido porque ha llegado a una edad en que hay que morir. La causa inmediata puede ser el virus de una gripe invernal o un rotura de cadera, dos patologías completamente diferentes, porque la verdadera razón es el agotamiento del organismo por efecto de los años. Si lo mismo le hubiera sucedido a un hombre de veinticinco años, el episodio gripal no habría sido más que una anécdota. Por el mismo proceso murió el Imperio español, que, como suele ocurrir a los imperios, falleció de consunción interna, por debilidad aparejada al desgaste de los años, y no por razones exógenas.

[670] Adam Hochschild considera que la compañía provocó la muerte de unos 10 millones de personas. Entre 1885 y 1908 la población del Congo se redujo a la mitad: *King Leopold's Ghost: A Story of Greed, Terror and Heroism in Colonial Africa*, Mariner Books, 1998, pág. 228. Más breve y accesible es el artículo de Mario Vargas Llosa titulado «La aventura colonial», en el cual señala: «Catorce naciones regalaron en 1885 un inmenso territorio al rey de los belgas, Leopoldo II. Congo vivió un horror comparable al Holocausto, sin que haya recaído sobre el monarca ninguna sanción moral». Disponible en *www.elpais.com/diario/2008/12/28/opinion/1230418811_850215.html*. Consultado el 7 de julio de 2015.

[1] *Carlos V ante la tumba de Lutero,* Alfred Friedrich Teich (1815).
Heinz Schilling, «Del imperio común a la leyenda negra: la imagen de España en la Alemania del siglo XVI y comienzos del siglo XVII» en *España y Alemania: percepciones mutuas de cinco siglos de historia,* eds. Miguel Ángel Vega *et alii,* Madrid: Editorial Complutense, 2002, pág. 49.

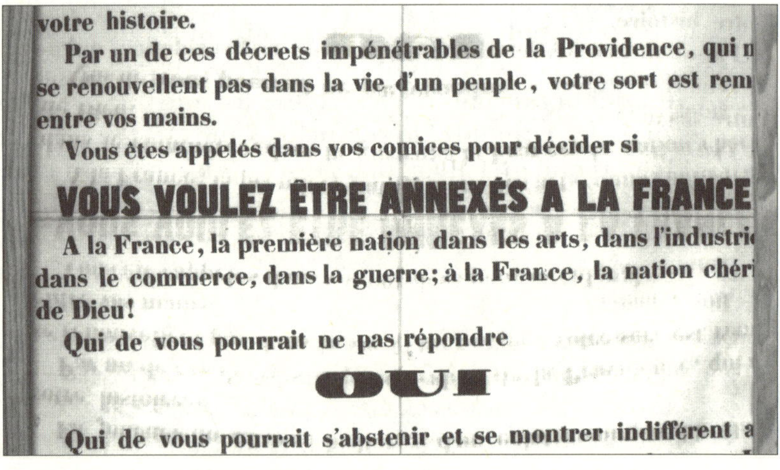

[2] Cartel expuesto en el Ayuntamiento de Irvine (Alta Saboya, 2009). Fotografía de la autora.

[3] Ilustración erótico-lésbica que acompañó a Denis Diderot, *La religieuse*, París: Presses Universitaires, 1954. Reproduce imágenes de la edición de 1892.

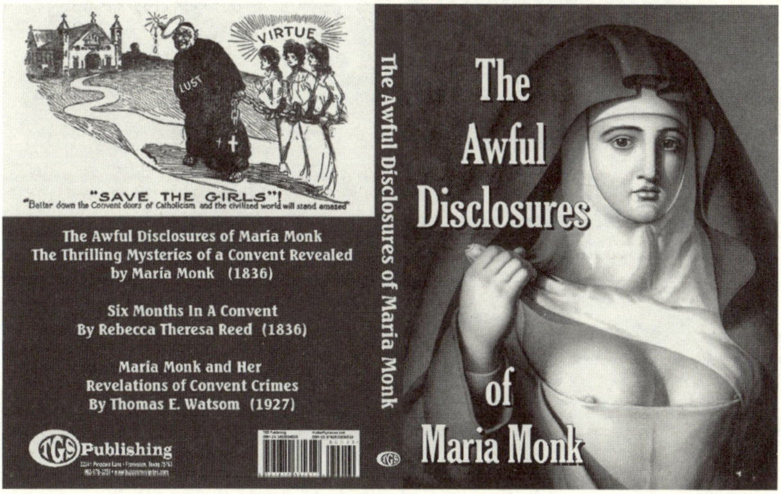

[4] Portada y contraportada de una edición moderna de *The Awful Disclosures of Maria Monk.*

[5] Ilustración erótica que acompañó a M. de Féreal,
Los Misterios de la Inquisición, Barcelona: Editorial de Juan Pons, 1876.
Los dibujos son obra de Eusebio Planas.

3

Siglos XX y XXI. A modo de conclusión

Aceptar la derrota es merecerla

Una exposición metódica de las conclusiones a que nos ha llevado este libro exigiría probablemente doblar el número de páginas. Su tema está completamente abierto y necesita investigaciones parciales de mucho mayor calado. Hay varios agujeros negros de profundidad impredecible, como las guerras civiles en los Países Bajos, los pactos hispano-indígenas o la discontinuidad histórica del siglo XIX, que precisan urgente acometida. No hay muchas posibilidades de que esto suceda. La versión de la historia de Europa unánimemente aceptada y académicamente sancionada circula por otros carriles. Se escribió para justificar el protestantismo y más tarde el colonialismo y los nacionalismos decimonónicos y, como las construcciones a que dieron lugar estas ideologías están perfectamente vivas, también seguirá viva la versión histórica que las justifica.

Pero hay algo que importa muchísimo aquí antes de dar por terminado este libro: acabar con la absurda idea de que la leyenda negra y sus consecuencias son un fenómeno del pasado. Para ello nos concentraremos en varios aspectos muy concretos de la realidad. El primero tiene que ver con el mínimo fenómeno, pero fenómeno al fin, de la revisión histórica del Imperio español acometida por historiadores estadounidenses después de la guerra de Cuba. Va creciendo, y como la influencia hispana en el Imperio Nuevo es cada vez mayor, es posible que esto tenga consecuencias no visibles todavía. En segundo lugar nos ocuparemos de las pantallas (cine y televisión), el invento crucial del siglo XX. Hubiera estado bien hacer una incursión en los videojuegos, que a fin de cuentas mueven ya más dinero que el cine, pero la incapacidad manifiesta de quien esto escribe lo ha hecho imposible. Lo que se ve y se dice en las pantallas es una buena lección para aquellos que han decidido poner en el pasado, confortable e irresponsablemente, la hispanofobia. Que hagan esto quienes han heredado aquella de su religión o su nacionalismo local es comprensible, porque contribuye a perpetuar un estado de opinión que justifica positivamente su existencia y beneficia sus intereses. Pero que hagan lo mismo quienes llevan hoy el nombre de españoles es, como mínimo, perjudicial para ellos mismos. La leyenda negra sigue existiendo porque tiene mercado y ese mercado no lo maneja precisamente el mundo latino-católico. Y por último, trataremos un problema doloroso y caro: la prima de riesgo de la deuda soberana para financiar el Estado que en los últimos años ha habido que asumir y que habrá que pagar, un sobrecoste colectivo que debe hacernos reflexionar sobre las cargas que la historia impone, se quiera o no, y sobre la actitud cobarde y suicida que es negar las evidencias. Las víctimas viven mejor eludiendo que lo son. Pero con ello se hacen cómplices de sus verdugos y merecedoras de su destino.

El Imperio Viejo y el Imperio Nuevo: de la guerra de Cuba a la revisión histórica

La guerra entre España y Estados Unidos que terminó con la pérdida de los últimos territorios de ultramar tuvo dos efectos importantes, pero de signo distinto. Por una parte, dio ocasión a la última gran campaña hispanófoba y marcó una apoteosis de la prensa amarilla en Estados Unidos. Mas, por otra parte, ocasionó una reacción de rechazo a sus mentiras y a sus prejuicios hispanófobos. William Randolph Hearst en el *New York Journal* y Joseph Pulitzer en el *New York World* encabezaron una campaña de prensa coreada por *The Sun* de Charles Dana y el *New York Herald* de James Gordon Bennett[671]. Su objetivo era convencer a la opinión pública de que era necesaria aquella guerra. Necesaria y justa. Sus procedimientos para fabricar al enemigo no difieren de los que ya hemos visto en procesos semejantes en Gran Bretaña u Holanda[672]. La campaña fue larga y tenaz porque el estadounidense medio no tenía mucho interés en costear una guerra cuyos beneficios no resultaban evidentes. Son docenas los casos de manipulación de los hechos o directamente falsedades que podrían aducirse para dar idea de la virulencia y el empeño que pusieron los poderes fácticos que de la prensa se valieron. Nos limitaremos a algunas pinceladas.

Cuando Frederic Remington, ilustrador enviado por Hearst a Cuba para proporcionar imágenes de la Revolución cubana, llegó a la isla,

[671] David R. Spencer, *The Yellow Journalism: The Press and America's Emergence as a World Power*, Evanston (ILL): Northewestern University Press, 2007. Es útil para hacerse una idea del entramado de intereses económicos sostenidos por el amarillismo, como por ejemplo las ganancias de los publicistas y otros muchos grupos empresariales.

[672] José Luis Vidal Coy, «Poder político y censura: la relación del *establishment* estadounidense con la información en conflictos ultramarinos del siglo XX», *Documentación de las Ciencias de la Información* 33 (2010), págs. 209-231. Explica las líneas de continuidad en el *modus operandi* para crear y justificar guerras que se fraguaron en este momento en la prensa estadounidense y su actitud en otros conflictos posteriores.

se encontró con un ambiente bastante tranquilo y telegrafió a su jefe: «Everthing is quiet. There is no trouble. There will be no war. I wish to return». A lo que Hearst contestó: «Please remain. You furnish the pictures and I'll furnish the war»[673].

El acorazado *Maine* explotó en la bahía de La Habana a las 21:40 horas del 15 de febrero de 1898. Hubo 665 muertos, entre ellos dos marinos españoles que perecieron en las operaciones de salvamento. El capitán del buque, Charles Sigsbee, exhortó a la opinión pública a «suspender todo juicio hasta conocer los detalles de lo ocurrido». Sin embargo, la prensa estadounidense acusó a los militares españoles del hecho inmediatamente. Fue una espectacular campaña de mentiras, exageraciones y falsificaciones. El 17 de febrero el *New York Journal* salía con el siguiente titular: «Destruction of the War Ship Maine was the Work of An Enemy». Debajo había un dibujo del acorazado en el que se veía una mina junto a la quilla, de la cual salían unos hilos eléctricos conectados a un detonador manipulado por españoles en la playa. Hearst vendió ese día un millón de ejemplares. Poco después publicaba una imagen del boquete abierto por el torpedo español en el *Maine*. Años después, el historiador estadounidense Willis F. Johnson descubrió que la misma fotografía se había publicado en el periódico de Hearst como un eclipse de sol unos años antes. Sin embargo, ni Hearst ni Pulitzer constituyen un desdoro ni para su país ni para su profesión. Hasta ahora, que sepamos, nadie se ha avergonzado de recibir el Premio Pulitzer. La lista de falsificaciones es interminable y alcanzó incluso a las imágenes en movimiento recién inventadas. En Nueva Jersey se grabó una película Edison de 25 segundos conocida como «Shooting Captured Insurgents Spanish-American», donde se ve a soldados españoles matando sin misericordia a insurgentes cubanos. Cabe preguntarse cómo fue posible todo este despliegue sin el concurso de las altas autoridades del gobierno[674]. Pronto se desató una histeria colectiva que transformó la consigna «¡Recordad el *Maine*, al infierno con España!» (Remember the *Maine*, to Hell with Spain!) en un grito de guerra. En privado Pulitzer bromeaba diciendo que «nadie fuera de un manicomio» podía creer que España realmente hubiera decidido hundir el barco[675]. Sin embargo, continuó su campaña de la misma manera.

[673] La figura de Hearst, sin embargo, sigue siendo objeto de admiración. A su muerte en 1951 tenía 16 periódicos, 16 magazines y radios, y televisiones que sumaban el 18 por ciento del total de las emisiones. Véase la hagiografía: Kenneth Whyte, *The Uncrowned King: the Sensational Rise of William Randolph Hearst*, Berkeley: Counterpoint, 2009. Según Whyte, Hearst no tuvo nada que ver con aquella guerra.

[674] ¿Qué hacía Hearst con su yate *Bucanero* en La Habana una semana antes de la explosión tomando fotografías del *Maine* y de la costa a centenares de metros?

[675] Ivan Musicant, *Empire by Default: The Spanish-American War and the Dawn of the American Century*, Nueva York: Henry Holt & Co., 1998, pág. 152.

La explosión del *Maine* fue presentada por Hearst a la opinión pública como el resultado de la perfidia española antes de que las autoridades estadounidenses hubieran dicho nada al respecto. El 25 de abril el presidente William McKinley declaró la guerra a España. Naturalmente no todos los medios de comunicación actuaron así, pero la influencia de estos prudentes fue escasa. El también periodista Ernest L. Meyer definió a Hearst de esta manera: «El señor Hearst en su larga y poco honorable carrera ha inflamado los ánimos de los americanos contra los españoles; de los americanos contra los japoneses; de los americanos contra los filipinos; de los americanos contra los rusos, y en el curso de sus incendiarias campañas ha impreso retorcidas mentiras, documentos inventados, historias de falsas atrocidades, delirantes editoriales, ilustraciones y fotografías sensacionalistas y otros montajes para conseguir sus jingoísticos fines»[676].

La palabra «jingoísmo» apenas si se usa hoy en español. En el diccionario de la RAE aparece definida como «patriotería exaltada que propugna la agresión contra otras naciones». Su origen parece estar en una popular canción de *music-hall* en 1878, en Londres:

> *No queremos pelear, pero por Jingo, sí lo hacemos.*
> *Tenemos las naves, tenemos los hombres y también el dinero.*
> *Ya peleamos con el oso en el pasado, y mientras seamos auténticos británicos, los rusos no tomarán Constantinopla.*

«Jingo» es una forma familiar y un poco vulgar para Jesús. La palabra «jingoísmo» se hizo popular en Gran Bretaña e inmediatamente en Estados Unidos en el contexto del darwinismo social. La circunstancia concreta en que nació tiene que ver con la propaganda que generó la explosión de rusofobia en el mundo anglosajón en la segunda mitad del siglo XIX[677]. Gran Bretaña, en plena expansión colonial, considera una amenaza el poder ruso y se esfuerza por presentarlo al mundo occidental como un peligro para el equilibrio europeo. En 1878 se produjo una nueva crisis diplomática —había una cada diez años aproximadamente— con los rusos. El conflicto se resolvió en el Congreso de Berlín cuando Benjamin Disraeli obligó al recién nacido estado búlgaro (apoyado por Rusia) a ceder Macedonia al Imperio otomano.

Uno de los episodios más famosos que creó la prensa amarilla estadounidense es el de Clemencia Arango, que venía a actualizar el viejo tópico de la leyenda negra según el cual los españoles son moralmente

[676] Véase *www.lasparanoias.blogspot.com.es/2007/11/hearst-conspiracy.html*. Consultado el 18 de febrero de 2015.

[677] Martin Ceadel, *Semi-detached Idealist: The British Peace Movement and International Relations, 1845-1945*, Oxford: Oxford University Press, 2000, págs. 103-106.

depravados. Sucedió en 1897. Clemencia era una atractiva joven que fue detenida a bordo del barco estadounidense *Olivette* acusada de llevar cartas a los rebeldes exiliados. Hearst y sus colegas crearon una fantástica historia de vejaciones, indecentes manoseos y todo lo imaginable en el registro a la joven, que fue llevado a cabo por varias matronas del servicio de policía. El titular «¿Protege nuestra bandera a las mujeres?» iba acompañado de un dibujo donde se veía a una indefensa y desnuda Clemencia rodeada de policías españoles [1]. Era pues un deber básico de la decencia intervenir en aquella guerra. Hay que decir en honor a la verdad que Clemencia Arango, nada más llegar a Nueva York, intentó por todos los medios deshacer lo que ella creía un equívoco y contó a todo el que quiso oírla que la policía española la había tratado con total corrección. Lo que sucede es que su voz no llegó nunca a la opinión pública. Ya lo dice el viejo lema: «No dejes que la verdad te estropee un buen titular».

Aparte de todo lo esperable en este contexto, la guerra tuvo una consecuencia inesperada: hizo emerger una contestación también estadounidense a la explosión de hispanofobia amarillista, la cual, andando el tiempo, daría lugar a una corriente de revisión histórica que todavía producirá muchos frutos y que se muestra en vertientes diversas. Afectan poco o nada a España, pero tiene mucha importancia para el porvenir de la cultura hispana.

En la construcción de la idea nacional en Estados Unidos ha sido crucial el papel jugado por el mundo hispano, la oposición a «Los Otros», es decir, España e Hispanoamérica. La clase intelectual estadounidense del siglo XIX contribuyó muy activamente al proceso de formación de esta conciencia nacional insistiendo hasta el ridículo en la mentada oposición. Esta actitud es opuesta a la de los intelectuales hispanos y españoles que, inmersos en el mismo proceso durante el mismo siglo, se revolvieron contra su propia historia y se enzarzaron en un debate estéril hacia el interior que solo podía resultar dañino para sus naciones y que básicamente gira en torno a esta cuestión: ¿de quién es la culpa de nuestro fracaso? No es que este debate fuera causa de graves daños en realidad. Es más bien el resultado o la consecuencia de un dolor previo e inevitable, el que se apodera de los pueblos que formaron parte de un imperio y, por tanto, de la primera división de la historia, cuando aquel se disgrega y saben que van a atravesar un largo vía crucis en los furgones de cola.

Para la *intelligentsia* estadounidense del siglo XIX el Imperio español constituye una suerte de lección moral, un espejo de lo que no hay que ser ni hacer. Lo que piensan de España George Ticknor, Prescott o Longfellow debe enmarcarse en el interés que el Imperio Nuevo siente por el Imperio Viejo y su decadencia. En un estupendo trabajo, Iván Jaksic estudia a estos y otros autores y establece las características comunes a todos ellos en su visión del mundo hispano[678]. Destaca en primer lugar el interés compartido por definir el carácter español, del que destacan dos notas: la religiosidad, como una atmósfera asfixiante que impregna todos los actos de la vida dentro de la habitual y autoevidente intransigencia católica, y en segundo lugar, el espíritu caballeresco, un rasgo medieval que lleva a una actitud ante la vida aventurera y poco práctica en definitiva. Esto procede, como ya hemos visto, de la visión romántica de España como país medieval y caballeresco por excelencia, una idea cuyo origen se remonta al Humanismo italiano y que era tan estereotipada y falsa en el siglo XV como en el XIX. Otra idea común destacada por Jaksic es que la decadencia del Imperio español ofrece lecciones muy aprovechables a la nueva potencia, como una guía en negativo hacia el futuro[679]. Curiosamente el punto de vista de estos intelectuales estadounidenses no difiere del que ofrecen los españoles. Las razones de unos y otros son distintas, pero vienen a coincidir en lo mismo: el Imperio español acabó mal porque tuvo malos principios. De esto los estadounidenses deducen que, como el suyo tiene buenos principios, no va a sufrir la misma suerte. Para John Draper (1811-1882) de la Universidad de Nueva York, la destrucción del Imperio español es obra del mismo Dios en persona: «Si este justo castigo, no hubiera caído sobre España, los hombres hubieran ciertamente dicho: no hay retribución, no hay Dios». A esto se atrevió a contestar Juan Valera, tan cosmopolita y escéptico como asombrado de que hubiera semejante furia apocalíptica a orillas del Hudson. Es la misma inquina vengativa que nutre a Martín Lutero y a todo el pensamiento dual protestante, para el cual el universo es una lucha de Luz y Tinieblas, Bien y Mal. Y para que ellos sean la Luz y el Bien, alguien tiene que estar en la posición del Mal y las Tinieblas. Para eso se creó el Demonio del Mediodía y sirve a su propósito tan bien en el siglo XVI como en el siglo XIX: «se ve que es un bien y no un mal el que este pobre país esté muy perdido, porque, mientras peor estemos, mayores y más luminosas serán las pruebas de la existencia de Dios y de su justicia. Largo es, muy largo el capítulo de las culpas que Draper nos echa a cuestas, pero las dos culpas más enormes son las de haber destruido por completo o casi por completo dos civilizaciones: la oriental y la occidental». Y los españoles del XIX se sienten cómodos al explicar que la culpa es de «aquellos» españoles que levantaron el imperio, no de estos que lo perdieron. La condena de la conquista de

[678] Iván Jaksic, *Ven conmigo a la lejana España: los intelectuales norteamericanos ante el mundo hispano, 1820-1880*, Santiago de Chile: FCE, 2007, y también María de Guzman, *Spain's Long Shadow: The Black Legend, off-Whiteness and Anglo-American Empire*, Minneapolis: University of Minnesota Press, 2005.

[679] Ya aparece en este tiempo la idea recurrente entre los intelectuales norteamericanos de México como problema, como atraso, como no modernidad.

América en clave lascasiana es unánime. Milagrosamente, ninguno de estos historiadores reparó en las masacres de indios (sin censos ni cuantificación posible) conforme se avanza hacia el Oeste. El indio en el Norte es tan invisible, tan irreal y tan no humano que su desaparición no merece comentario. El único indígena que parece haber tenido existencia plena y sustantiva es el hispano, pero en realidad interesa solo en la medida en que puede ser usado como argumento propagandístico-moral contra el Imperio Viejo. La conquista del Oeste es el momento en que hubiera debido aparecer un fray Antonio de Montesinos que se colara en la Casa Blanca y obligara al presidente de turno a sentarse y escuchar, como hizo fray Antonio con Fernando el Católico. Pero tal situación es impensable en el Norte, donde no había clero insumiso. Por eso no hubo allí Derechos de Indias ni repúblicas de indios ni mestizaje. Por eso hubo una desaparición completa y casi perfecta —por la falta de datos fiables— de los nativos.

En esta historiografía estadounidense no podía faltar la Inquisición y la intransigencia religiosa (falta de libertad, etcétera) por ella representada para justificar la decadencia del Imperio español. Frente a esto se alza una tolerancia religiosa estadounidense evidente por sí misma y que naturalmente no considera la discriminación de los católicos como un rasgo de intolerancia sino como una muestra más de acrisolado liberalismo. El español es intransigente desde el punto de vista religioso y además es supersticioso (papista), esto es, tiene poco o ningún espíritu científico. Esto es una consecuencia irremediable de su arraigado catolicismo, porque el catolicismo es supersticioso y enemigo del pensamiento racional y científico al que persigue (Galileo). Por eso el español no tiene carácter emprendedor ni espíritu de empresa.

Historiadores como Francis Parkman, George Bancroft, William H. Prescott y John Lothrop Motley pusieron de moda conceptos vinculados al Romanticismo que han gozado de larga popularidad. Ellos dominaron las letras históricas en Estados Unidos durante cincuenta años y fueron modelo de textos escolares. Como señala Powell, «debe recordarse que estos hombres pensaron y escribieron como predicadores protestantes nórdicos y, por cierto, lo hicieron así al yuxtaponer conceptos y hechos históricos católico-protestantes, hispano-ingleses, hispano-holandeses o teutónico-latinos. Eran todos ellos anticatólicos, completamente imbuidos de un indiscutible concepto de superioridad nórdica sobre lo latino y, en cierto modo, víctimas de una manera de pensar que carecía de mundo y con algunas características antiintelectuales. En su moralista ingenuidad... pintaron aterradoras y emocionantes imágenes de héroes (nórdicos) y villanos (latinos, especialmente españoles) y, en los escritos que seguían los falsos moldes de la Leyenda Negra, a veces se contradijeron para que sus conclusiones hispanófobas coincidieran con su preconcebido, progresivo y materialista concepto de un mundo a las claras predestinado a ser dominado por el obviamente superior tipo teutónico»[680].

Como dijimos, la guerra con España sirvió para que triunfase el amarillismo en la prensa estadounidense y para provocar la última gran oleada de propaganda hispanófoba, poco creativa pero útil. Tuvo sin embargo un efecto poco previsible: sirvió para que algunos estadounidenses cultos tomaran conciencia de aquellos excesos que ofendían la inteligencia de cualquiera. En algunos casos, como el de Charles F. Lummis, esta evolución se debió a experiencias personales. Lummis había nacido en Massachusetts en 1859. Cuando fue contratado por *Los Angeles Times*, imbuido del espíritu de los pioneros, decidió recorrer a pie las 3.500 millas que lo separaban de su destino. Un accidente en Nuevo México lo obligó a detenerse y le dio ocasión para conocer a los indios pueblo y el mundo hispano. Esto cambió su vida. Los indios pueblo eran un grupo sedentario y agricultor que vivía en complicadas construcciones que contradicen de plano la idea común, expresada por Elliot y otros cientos, de que los indios del Norte eran nómadas e inasimilables. Pedro de Tovar descubrió el Gran Cañón en 1540 guiado por varios hopi, una rama de los indios pueblo. En 1888 Lummis sufrió un ictus que lo dejó sin habla y regresó con los pueblo hasta su completo restablecimiento[681].

Con el cambio de siglo y la guerra se produce un auténtico descubrimiento por parte de las zonas, digamos, yanquis de que hay una parte muy grande de Estados Unidos que es hispana y mestiza. Y comienza un interés que va creciendo lentamente por conocer ese mundo, al mismo tiempo que este se manifiesta cada vez con más fuerza dentro de las fronteras estadounidenses y los ambientes exclusivamente WASP (acrónimo en inglés de «blanco, anglo-sajón y protestante»). Varios historiadores estadounidenses han analizado la colonización española desde Luisiana hasta California y han publicado gran cantidad de relatos de viajes. Como destacan Altamira y más tarde García Cárcel, la labor de esta historiografía norteamericana es extraordinaria. En general estos historiadores evitan los juicios de valor y en conjunto puede decirse que su análisis es bastante favorable a la colonización española en América. Manning exculpó totalmente a la monarquía y culpó de los excesos a los funcionarios. Otros como Lummis o Dellenbaugh llevan a cabo una clara defensa de esta labor. En 1916 Charles F. Lummis escribió: «Porque creo que todo joven norteamericano ama la justicia y admira el heroísmo tanto como yo, me he decidido a escribir este libro. La razón de que no hayamos hecho justicia a los exploradores españoles

[680] Powell, *El árbol del odio*, pág. 155-156 y también 257.

[681] Mark Thompson, *American Character: The Curious Life of Charles Fletcher Lummis and the Rediscovery of the Southwest*, Nueva York: Arcade Publishing, 2001.

es sencillamente que hemos sido mal informados. Su historia no tiene paralelo y sin embargo, nuestros libros de texto no han reconocido la verdad, si bien ahora ya no se atreven a discutirla... En este país de hombres libres y valientes, el prejuicio de raza, la más supina de todas las ignorancias humanas, debe desaparecer... Los hechos que levantan a la humanidad no provienen de una sola raza... Amamos la valentía, y la exploración de las Américas por los españoles fue la más grande, la más larga y la más maravillosa serie de valientes proezas que registra la historia... En mi juventud no le era posible a un muchacho anglosajón aprender esa verdad y aún hoy es sumamente difícil, dado que sea posible. Convencido de que es inútil la tarea de buscar, en uno o en todos los libros de texto ingleses, un relato exacto de los héroes españoles, me propuse que ningún otro joven norteamericano amante del heroísmo y de la justicia tuviese necesidad de andar a tientas en la oscuridad como a mí me ha sucedido»[682].

Aquí hay que mencionar también a Edward G. Bourne y su *Spain in America* (1904) porque inicia la revisión de la leyenda negra en Estados Unidos[683]. En una reseña de la época se destaca: «Aquí se insiste en el hecho de que la noción predominante sobre el mal gobierno español y el atraso colonial necesita ser ampliamente corregida en interés de la verdad histórica. El grado verdadero de cultura intelectual y prosperidad material que el autor muestra haber existido en las colonias hispanoamericanas debe disipar algunas nubes de ignorancia y prejuicio que han envuelto tanto tiempo el relato de la colonización española del Nuevo Mundo»[684]. Sin embargo, el autor de la reseña rechaza la idea de Bourne, novedosa en ese momento, de que la historia hispana de los territorios norteamericanos debe considerarse parte de la historia de Estados Unidos.

El mismo año en que se publica el libro de Bourne nace la Sociedad Hispánica de América con sede en Nueva York. Es fruto del esfuerzo de Archer Milton Huntington, hispanista y filántropo que recibió en vida grandes honores académicos en Harvard, Yale, Columbia y también en España.

682 Lummis, *Los descubridores españoles...*, pág. 25.

683 Edward Bourne, *Spain in America*, Nueva York y Londres: Harper and Brothers, 1904.

684 «Here stress is laid upon the fact that the prevalent notions about Spanish misrule and colonial backwardness need extensive correction in the interest of historical truth. The actual degree of intellectual culture and material prosperity which the author shows to have existed in the Spanish-American colonies ought to dissipate some of the clouds of ignorance and prejudice which have enveloped so long the tale of Spanish colonization in the new world»: William R. Shepherd, en *Political Science Quaterly* 20 (1905), págs. 329-331.

Conforme el siglo XX avanza, esta corriente que se opone al racismo hispanófobo habitual va cobrando bríos y generando sus propias tendencias. Benjamin Keen y Lewis Hanke se enzarzaron en un agrio debate a mediados de siglo a propósito de la leyenda negra. Keen acusó a Hanke de excederse en su refutación de la leyenda negra y de contribuir en la creación de una leyenda blanca alternativa[685]. Desde entonces acá una parte de la historiografía norteamericana sobre el mundo hispano ha recorrido un camino que ha dado frutos espectaculares como la obra de Powell y de otros muchos, que no vamos a mencionar ahora de nuevo porque aparecen en las notas de este libro. Que el Imperio Nuevo lleva en su interior mucho del Viejo y que este forma parte de su propia historia ya no es una idea extraña y nadie se atreve a rechazarla abiertamente, la comparta o no. Digamos que esa actitud se ha vuelto políticamente incorrecta. Es difícil de soslayar el hecho de que aproximadamente la mitad de lo que hoy es territorio estadounidense ha sido en algún momento de su historia parte del Imperio español.

La profundidad del cambio se advierte en dos síntomas: libros de texto y *best sellers*. *The American Pageant* es un clásico manual de enseñanza media en Estados Unidos. En él se habla abiertamente de la leyenda negra como factor deformador de la historia. En los libros de texto europeos y españoles por mí consultados, y son muchos, no hay siquiera mención a la existencia de la leyenda negra. En el capítulo 1 de *The American Pageant* podemos leer:

> «Las fechorías de los españoles en el Nuevo Mundo oscurecieron sus logros sustanciales y colaboraron al nacimiento de la Leyenda Negra. Este falso concepto sostiene que los conquistadores simplemente torturaron y masacraron a los indios ("matar por Cristo"), robaron su oro, les contagiaron la viruela y no dejaron más que miseria tras ellos. Los invasores españoles ciertamente mataron, esclavizaron e infectaron a un sinnúmero de nativos, pero también erigieron un colosal imperio que se extendió desde California y Florida hasta la Tierra de Fuego. Trasplantaron su cultura, leyes, religión y lengua a una amplia variedad de sociedades indígenas, los cimientos de muchas naciones hispanohablantes. Evidentemente, los españoles, que llevaron más de un siglo de ventaja a los ingleses, fueron los genuinos constructores de imperios y los innovadores culturales del Nuevo Mundo. Si los comparamos con sus rivales anglosajones, su creación colonial fue más grande y más rica... Y en último término los españoles honraron a los nativos fundiéndose con

[685] Benjamin Keen, «The Black Legend Revisited: Assumptions and Realities», *Hispanic American Historical Review* 49 (1969), págs. 703-719, y más tarde «The White Legend Revisited: A Reply to Professor Hanke's *Modest Proposal*», *Hispanic American Historiacal Review* 51 (1971), págs. 336-355.

ellos a través del matrimonio e incorporando la cultura indígena a la suya propia, no ignorándolos y, con el tiempo, aislando a los indígenas como hicieron sus adversarios ingleses»[686].

Dejemos a un lado imprecisiones evidentes como el considerar la leyenda negra fruto de errores y fechorías y no una deformación propagandística, o el encantador eufemismo «shunnig and... isolating» para referirse a un exterminio sistemático. Orillemos también algunos deslices como el resbaladizo sintagma «high compliment», delator de profundos e inconfesables prejuicios. Concentrémonos en lo esencial: el cambio de mentalidad que el párrafo anterior delata es enorme —máxime si tenemos en cuenta que está en un libro de texto— y contrasta vivamente con una Europa (con España incluida) que niega la evidencia o considera la hispanofobia un hecho del pasado (quizá justificable).

En 1991 se publicó *The Last Conquerors* de Marc Simmons, una obra que para proceder del mundo universitario adquirió una sorprendente popularidad[687]. Simmons dedica su trabajo a don Juan de Oñate, fundador de San Juan de los Caballeros, el primer asentamiento europeo en territorio de lo que hoy es Estados Unidos. La extraordinaria expedición colonizadora del mexicano Oñate ha resultado ser mucho más atractiva para el público actual que las habitualmente conocidas y estudiadas en escuelas e institutos. La comparación que hace el autor entre Oñate y John Smith como padre fundador es demoledora para el segundo. Otra obra de gran éxito ha sido *The Forgotten Founders: Rethinking the history of the Old West* del antiguo secretario de Interior Stewart Udall, que ofrece en su narración un panorama mucho más complejo

[686] «The misdeeds of Spanish in the New World obscured their sustantial achievements and helped give birth to the Black Legend. This false concept held that the conquerors merely tortured and butchered the Indians ("killing for Christ"), stole their gold, infected them with smallpox, and left little but misery behind. The Spanish invaders did indeed kill, enslave and infect countless natives but also erected a colossal empire, sprawling from California and Florida to Tierra de Fuego. They grafted their culture, laws, religion and language onto a wide array of native societies, the fondations for a score of Spanish-speaking nations. Clearly, the Spaniards, who had more than a century's head start over the English, were genuine empire builders and cultural innovators in the New World. As compared with their Anglo-saxon rivals, their colonial establishment was larger and richer... And in the last analysis the Spanish paid the Native Americans the high compliment of fusing with them through marriage and incorporating indigenous culture into their own, rather than shunning and eventually isolating the Indias as their English adversaries would do»: David M. Kennedy y Lizabeth Cohen, *The American Pageant* (13.ª ed.), Boston: Cengage Learning, 2005, págs. 23-24. La traducción es mía.

[687] Marc Simmons, *The Last Conquistador: Juan de Oñate and the Settling of the Far Southwest*, Norman: University of Oklahoma Press, 1991.

y multirracial que el que vemos en el *western* habitual, con blancos anglosajones e indios atacando las carretas. Chinos, eslavos y sobre todo hispano-mestizos conforman un intrincado tapiz donde el componente WASP es solo uno más.

Cine y televisión

Las ilustraciones que acompañaban a las novelas que hicieron furor en el siglo XIX, con su villano español, su inquisidor, su dama en apuros, su castillo derruido, etcétera, se trasladaron al cine nada más aparecer. Powell lo describe con humor: «El estereotipo del español, según nuestros textos escolares, literatura popular, cine y televisión, es el de un individuo moreno, con barba negra puntiaguda, morrión y siniestra espada toledana. Se dice que es, por naturaleza, traicionero, lascivo, cruel, codicioso y absolutamente intolerante. A veces toma la forma de un encapuchado inquisidor, malencarado. Más recientemente y con menos acritud se le ha presentado como una especie de astuto escurridizo, semidiabólico y donjuanesco gigoló [...]. Aquel villano español... continúa personificando las perversidades de la Iglesia católica-estatal; la barbarie de la conquista del Nuevo Mundo y un genérico concepto de inferioridad moral-físico-intelectual en contraste con las virtudes de los nórdicos»[688]. La agudeza y exactitud de la descripción de Powell queda de manifiesto cuando se la compara con las que encontramos en estudios escritos treinta o cuarenta años después, porque las imágenes representadas son las mismas[689].

Pero antes de continuar con los tópicos hispanófobos del cine debemos mencionar una película excepcional. Rompiendo todos los clichés al uso, en 1936 se estrenó *La kermesse heroïque* del director belga Jacques Feyder, con guion del propio Feyder y de Charles Spaak. Está considerada una de las obras maestras de la historia del cine. Un pequeño pueblo flamenco, Boom, se dispone a celebrar una gran kermés y todos se preparan para la fiesta, cuando llega la noticia de que los tercios españoles van a pernoctar en el lugar. El pánico cunde entre la población, y el burgomaestre, que teme por su vida, dada la fama terrible de los españoles, decide hacerse el muerto para salvar el pellejo. Ante la cobardía de los hombres, la esposa del burgomaestre y las demás mujeres deciden hacerse cargo de la situación. Reciben a los visitantes con gran amabilidad y cortesía, y pronto se ve que son unos soldados bien disciplinados

688 Powell, *El árbol del odio*, pág. 8.

689 Jesús F. Pascual Molina, «La imagen de España a través del arte, el cine y la publicidad», *Actas del Congreso Internacional de la Asociación Europea de Profesores de Español XLIII*, Centro Virtual Cervantes. Consultado el 2 de julio de 2015.

y alegres, que no hay pillajes ni violaciones, y todo transcurre del modo más agradable. «Quizá hemos juzgado mal a los españoles», dice un lugareño. El duque de Olivares es un encanto de cortesía y comprensión y hace muy buenas migas con la supuesta viuda del burgomaestre, hasta el punto de que cuando se entera de que la muerte es fingida decide hacer la vista gorda. Menudean los encuentros amorosos entre las damas flamencas y los soldados, y estos se gastan muy a gusto los dineros en festejar tan agradable acogida. Al día siguiente, los españoles abandonan el pueblo. Es una despedida triste para todos. El estreno de *La kermesse heroïque* provocó escándalos en París y Bruselas y los nacionalistas flamencos consiguieron que no pudiera estrenarse en Brujas. En España no se vio hasta 1968.

A partir del análisis de dos películas y del papel interpretado en ellas por Sergi López, Samuel Amago procura explicar «cómo la Leyenda Negra se sigue perpetuando a sí misma en el cine contemporáneo europeo». Se trata de *Harry, un ami qui vous veut bien* (2000), producción francesa dirigida por el alemán Dominik Moll, y *Dirty Pretty Things* (2002), del británico Stephen Frears. No nos detendremos a explicar los argumentos pero en ambas López interpreta no solo al malo, sino a un malo de quien se procura destacar que es español. Es el *Spanish villain*, un personaje casi arquetípico desde los tiempos del teatro isabelino: «En años recientes López ha recibido algunas de las críticas más favorables por películas en las que interpreta al villano —ha hecho personajes de dudosa catadura moral en al menos seis películas producidas en Francia y España—, pero lo que hace su aparición en *Harry* y en *Dirty Pretty Things* destacable es que ambos, Moll y Frears, insisten en lo que el personaje tiene de español en momentos clave de sus películas»[690].

Pero el fenómeno es mucho más amplio que el cine europeo. La leyenda negra está perfectamente instalada en la industria cinematográfica estadounidense, que es sin lugar a dudas la mayor del mundo. Es ocioso insistir sobre la importancia que el cine estadounidense ha tenido y tiene en la educación de los occidentales en el siglo XX y XXI. Evidentemente no crea los arquetipos de la leyenda negra, pero los ha recibido y los repite, y por tanto los perpetúa. En un artículo de 2007, Marta Inigo Ros analiza unas cuarenta películas con el propósito de establecer cuáles son los patrones lingüísticos usados comúnmente para identificar lo español. Es un trabajo de sociolingüística, pero al mismo tiempo no puede evitar analizar cómo España y los personajes españoles

[690] Samuel Amago, «Why Spaniards make good bad boys: Sergi Lopez and the Persistence of the Black Legend in contemporary European cinema», *Film Cristicism*, septiembre 2005, en *http://www.thefreelibrary.com/Why+Spaniards+make+good+bad+guys%3A+Sergi+Lopez+and+the+Persistence+of...-a0140243093*. La traducción es mía. Consultado el 15 de agosto de 2015.

son retratados y hasta qué punto esta representación está determinada por estereotipos ya establecidos siglos antes[691].

En la mayoría de las películas analizadas, en especial aquellas que tratan de asuntos históricos, prevalece la imagen de una España fanática y atrasada con los habituales componentes de tiranía y crueldad. La otra imagen recurrente procede del Romanticismo y remite a un país pintoresco, apasionado y exótico. Es curioso constatar cómo en las películas ambientadas en el siglo XVI, España aparece como una tiranía que amenaza la paz mundial. Como siempre que aparece un matiz nuevo, un añadido inesperado al conjunto colosal de la leyenda negra, hay que ir a ver cuáles son los apuros por los que pasan los países en que se genera este crecimiento. En los duros años de la Segunda Guerra Mundial resultó bastante sencillo utilizar los tópicos de la leyenda negra para aplicarlos a un nuevo enemigo, con el esperable efecto de autoafirmación y confianza: si luchamos contra aquel poder terrible y demoniaco y lo vencimos, ahora haremos lo mismo contra esta amenaza no menos satánica.

Estas películas se hicieron durante la Segunda Guerra Mundial, o en los años que la precedieron o la siguieron. Resultaba muy convincente «to compare the fight against Spanish imperialism with the struggle against Hitler»[692]. Los mitos de la leyenda negra, asumidos como verdad histórica durante generaciones, permitían esta igualación del horror nazi y del horror español, asunto poco o nada analizado, pero en absoluto oculto o disimulado y que llega perfectamente sano hasta nuestros días. Recordemos el reportaje titulado «Spanish Inquisition: the brutal truth» (BBC, 2000) que comentamos en el capítulo «La Inquisición y la *Inquisición*» (Parte II) y que arranca con unas imágenes en las que la bandera de España ondea junto a la esvástica hitleriana. De la misma manera, la belga Christiane Stallaert iguala historia de España y nazismo.

La caracterización física es la esperable: hombres y mujeres de pelo negro, ellos normalmente con bigote y barba. Así, Catalina de Aragón, que era pelirroja y de piel muy blanca, es encarnada por Irene Papas, que tiene un aspecto mucho más racial, en *Ana de los mil días* (1969). También es característico el modo de hablar y la tendencia a gesticular todo el tiempo. Los roles sociales representados ofrecen un repertorio muy característico de la leyenda negra: «They are mainly aristocrats,

[691] Nombraremos solo algunos de los títulos estudiados a lo largo de varias décadas: *Fire over England* (1939), *Sangre y arena* (1941), *The Spanish Main* (1945), *Christopher Columbus* (1949), *La condesa descalza* (1954), *El Cid* (1961), *Ana de los mil días* (1969), *The Pit and the Pendulum* (1962), *La misión* (1986), *Vanilla Sky* (2002), etcétera. Marta Inigo Ros, «The Stereotyping of Spanish Characters and their Speech Patterns in Anglo-American Films», *RAEL: revista electrónica de lingüística aplicada* 6 (2007), págs. 1-15.

[692] Inigo Ros, «The Steretyping of Spanish...», pág. 9.

conquistadores, guerrilleros, soldiers, sailors, and priest/inquisitors». Los estereotipos de la leyenda negra siguen tan vivos como siempre. Por un lado, como Inigo Ros explica, se ha producido un proceso de iconización que es muy evidente, ya que lo español aparece necesariamente asociado a rasgos específicos que son recurrentes cada vez que aparecen España o los españoles: «Cruelty in the New World, vicious imperialism in Europe, aristocrats, priest, gypsies/dancers/bandits and bullfighters». El proceso de iconización va siempre acompañado de lo que en semiología se llama «borrado», esto es, de la desaparición de aquellos rasgos que no se adecuan al estereotipo, de tal manera que individuos, actividades, objetos, paisajes, historia, cultura... si no casan con los clichés, son secundarios e irrelevantes y se vuelven invisibles. Inigo Ros considera que esto es especialmente visible en las películas viejas y que parecen detectarse pequeños cambios en las que se han hecho desde finales de los ochenta en adelante, aunque no son realmente significativos[693].

A quienes vienen anunciando el fin de la hispanofobia o la leyenda negra, solo cabe recomendarles que vean los documentales de La 2 de Televisión Española, tanto nacionales como foráneos. El martes 5 de febrero de 2014 a las 16:00 horas, se pudo oír: «En tan solo cuarenta años, desde la llegada de Colón, los españoles habían saqueado gran parte de América Central y del Sur». Es un capítulo de la serie documental History of the World, de la BBC, que volvió a ser emitido por La 2 de Televisión Española el 28 de septiembre de 2014. Las barbaridades más disparatadas sobre los españoles pululan por doquier y ni siquiera llaman la atención. El 20 de mayo de 2014 a las 17:30 horas se emitió el reportaje sobre Sudamérica titulado «Andes: The Dragon's Back» (BBC, 2007), donde se afirma: «1.500 millones de incas fueron aplastados por solo 200 aventureros españoles». ¿Había 1.500 millones de seres humanos en el planeta cuando los españoles llegaron a América? Averiguo y resulta que este documental ha sido emitido por la misma cadena varias veces. Pero no he hallado mención alguna a este disparate en ningún lugar, prensa, radio o internet. Quienes lo veían y oían, ¿no escuchaban?

Cualquier ocasión es buena para mostrar los prejuicios hispanófobos o anticatólicos con la seguridad de que los ofendidos no se defenderán. «¿A cuántos hombres heterosexuales de más de treinta años conoces que sigan siendo católicos y no sean unos frikies?», se dice en la serie emitida por La 1 de Televisión Española y titulada *Ley y Orden. Acción criminal.* Se vio el domingo 13 de julio de 2014 a las 21:45 horas.

693 «However, in spite of this slightly more accurate portrayal of Spaniards and Spain, clichés remain strong as shown in Viggo Mortensen's description of Spaniards as "orgullosos y grandes" (proud and great) and the topics of Milos Forman's and Adrian Brody's latest film: Goya and the Inquisition and the bullfighter Manolete»: Inigo Ros, «The Steretyping of Spanish...», págs. 10 y 11.

Hemos señalado ya muchos ejemplos de la perpetuación de las mentiras hispanófobas a través de la televisión. Son florecillas que me fui tropezando por casualidad, porque es raro que vea televisión[694]. Con esto quiero decir que si me hubiera puesto a ello de manera organizada y sistemática, no hubiera encontrado florecillas sino bosques completos.

La crisis de 2007: España y la prima de riesgo (PIGS y GIPSY)

El pensamiento correcto en el mundo financiero y mediático internacional —español también— es que los países del Norte, de tradición calvinista y protestante, son cumplidores, laboriosos y exigentes con la moral. Los del Sur, en cambio, son corruptos, vagos, malos socios y malos pagadores. Esto viene de lejos. Ya para Lutero el término *welsch* era sinónimo de inmoral y malvado (véase Parte II). Este planteamiento lo hereda la Ilustración y se convierte en ciencia con la frenología y el darwinismo social anglosajón. Es pura y simplemente racismo, puesto a punto con un rebozado científico para servir de excusa a los nacionalismos tribales europeos: el británico colonial, el alemán de entreguerras, el italiano, etcétera. También los nacionalismos celtibéricos de la periferia absorbieron el veneno en grandes cantidades. La idea la compartieron por igual liberales y conservadores en la España de la segunda mitad del siglo XIX por razones que hemos procurado explicar. Concentrémonos en este punto: es una evidencia para la opinión pública occidental que el Norte es laborioso y el Sur, despilfarrador, y que en la presente crisis el pobre Norte está pagando las desastrosas políticas de los países del Sur. Así, en 2013 se publica en España *Europa a la deriva* del periodista Gavin Hewitt, que venía de ser un gran éxito en lengua inglesa. Según Hewitt, esta crisis es un duelo entre el Norte frugal y el Sur derrochador[695].

Conviene aquí detenerse un momento en el caso griego, porque constituye una suerte de parábola moral de mucha enjundia. Cuando en las elecciones del 25 de enero de 2015 ganó en Grecia el partido Syriza, cualquier periódico servía como ejemplo del sentir general: un pueblo idiota que se ha dejado engañar por las promesas demagógicas de un partido indigno de credibilidad y que finalmente terminará por toparse con la realidad austera e implacable de la Europa seria. Engañar para ganar elecciones no es una excepción en democracia, sino más bien la

[694] Otro documental reciente que repite los mismos tópicos lo ha elaborado la Universidad de Southampton para History Group Project en 2012 con el agravante de que ha sido concebido para la divulgación educativa. Está disponible en la sección de Educación de YouTube. Consultado el 4 de enero de 2016.

[695] Gavin Hewitt, *Europa a la deriva*, Madrid: Alianza Editorial, 2013.

norma. A fin de cuentas no hay mucha diferencia entre vender un candidato o cualquier tipo de mercancía. Ya se nos ha olvidado que George Bush llegó a la presidencia de Estados Unidos con un pequeño desliz electoral. Pero los trapos sucios del Norte se airean poco. Son siempre una excepción en una normalidad de buena gestión y ejemplar democracia. En cambio, el Sur vive en un estado de tropiezo permanente. Es como un error congénito.

Damos por sentado que Syriza, la Coalición de la Izquierda Radical, debe atenerse a lo firmado con las autoridades financieras europeas e internacionales por el gobierno de Samaras, el anterior primer ministro, y por los de antes de Samaras, esto es, por los que han llevado a Grecia a la quiebra. Ya nadie recuerda las peticiones de la opinión pública griega (intelectuales, medios de comunicación, asociaciones cívicas...) para dar una solución «a la islandesa» a la crisis que acababa de estallar. Recordemos que en Islandia los bancos no fueron rescatados con dinero público y sus directivos fueron a prisión por haber abusado irresponsablemente de la confianza de los ciudadanos.

Recordemos que Islandia dejó morir a tres de los cuatro bancos que operaban en el país (Kaupthing, Landsbanki Islands y Glitnir), pero esto no evitó que fuera necesaria una quita de en torno al 70 por ciento del capital adeudado. Islandia pudo hacer esto porque no está en la zona euro y, por tanto, puede tomar decisiones como devaluar su moneda para hacerla competitiva. «Si estuviéramos fijados al euro... tendríamos que sucumbir a las leyes de Francia y Alemania», declaró David Oddsson, director del Banco Central de Islandia, cuando se hizo saber a la opinión pública internacional que los prestamistas extranjeros no iban a poder recuperar más que un 10 o un 15 por ciento de sus inversiones[696]. Sin embargo, esto no convirtió a los islandeses en PIGS. Nadie piensa de ellos que son unos vagos y unos irresponsables por haberse endeudado exageradamente. Es más, parece que todo el mundo admira el valor con que los islandeses decidieron tomar el toro por los cuernos y romper las reglas de juego del mundo financiero internacional al decidir no pagar sus deudas.

Pero cuando los griegos quisieron hacer lo mismo, esas mismas autoridades financieras que aceptaron el envite islandés se negaron a permitirlo, entre otras razones porque los grandes bancos, en su mayoría alemanes, eran el principal acreedor de Grecia. Y Grecia no podía (ningún país de la Zona Euro puede) tomar esa decisión libremente. De manera que los griegos se enfrentan al vendaval con una mano atada

[696] David Ollsson, *Wall Street Journal*, 17-octubre-2008. Daniel Chartier, *La spectaculaire déroute de l'Island*, Presses de L'Université du Québec, 2010. Es un buen ejemplo de rendida admiración hacia los islandeses por exactamente lo mismo que se ha denigrado e insultado a los griegos. Aparte de eso, tiene interés.

a la espalda y un pie en un cepo. Para empezar no tienen control de ninguna clase sobre la moneda protagonista de esta crisis financiera: el euro. Hans-Werner Sinn, presidente de IFO (Instituto de Investigación Económico Alemán, que es como la patronal alemana) considera que si Grecia hubiera salido del euro hace cinco años estaría ahora mucho mejor. Entonces, ¿por qué no sale Grecia del euro? Porque el euro es la moneda de Alemania y una fuente de ingresos inapreciable. Por cada euro que sale de Alemania, vuelven dos (datos del IFO).

Grecia es un país del que no hay que fiarse. Ni de Grecia ni de Italia ni de Portugal ni de Irlanda ni de España (PIGS). ¿Qué tienen en común las naciones que forman tan heterogéneo grupo? Que no son protestantes. ¿Y cómo se ha llegado a la conclusión de que no hay que fiarse de ellos? ¿Esto es algo que se sabe desde hace poco o desde hace mucho? ¿Qué datos de la experiencia avalan este convencimiento que nadie, ni en el Sur ni en el Norte, pone en duda? Expondremos algunos ejemplos para ilustrar esos «datos de la experiencia» que toda Europa parece conocer por ciencia infusa.

Cuando acabó la Primera Guerra Mundial se fijaron las indemnizaciones de guerra que Alemania debía pagar en 132.000 millones de marcos, es decir, 2,8 veces el PIB alemán de 1913 (47.000 millones de marcos) y cinco veces el francés. Es una cifra importante que hubiera puesto en apuros a cualquiera, pero no a Alemania. Porque no pagó. Rápidamente las potencias ganadoras recortaron la cantidad en un 60 por ciento (sin duda una buena quita) y el pago anual se redujo a 2.000 millones de marcos, algo más del 4 por ciento del PIB. Pero esto solo se pagó un año, porque rápidamente se decretó una moratoria para renegociar. Un complejo sistema de ingeniería financiera se puso en marcha para que Alemania no pagara sus deudas sin que nadie acusara a Alemania de no hacerlo. Los griegos, como son una raza inferior, no merecen tanto. Es difícil encontrar un texto en el que no se diga que los alemanes «no podían» pagar sus deudas o en el que se les infravalore por ello. En cambio, en cualquier tertulia televisiva o escrito periodístico se lee que los griegos «no quieren» pagar las suyas. Pero volvamos a lo principal. Como los alemanes no pagaban, el estadounidense Charles Gates Dawes vino a echar una mano por cuenta de su gobierno, lo que se condensó en el llamado Plan Dawes (1924): préstamos a bajo interés, ayudas a fondo perdido, inversiones estadounidenses a gran escala[697]. Los 2.000 millones pasaron a 800 millones anuales. Pero esto tampoco fue suficiente. La crisis de 1929 puso de manifiesto hasta qué punto era grande la dependencia económica de Alemania con respecto a Estados Unidos. Si esto es una verdad molesta, pero irrefutable para muchos países europeos,

[697] A. G. Kenwood y A. L. Lougheed, *Historia del desarrollo económico internacional*, Madrid: Akal, 1995, págs. 275 y ss.

en el caso de Alemania la dependencia llega al mero existir. Alemania existe solo porque Rusia existe y Estados Unidos necesita que esté ahí, si no ya habría acertado a morir en alguno de esos suicidios que organiza cada cierto tiempo. Lo asombroso es el espejismo que considera que una nación que ha tenido que ser completamente reconstruida dos veces en menos de un siglo con dinero extranjero sea considerada un dechado de cualidades admirables y no como un socio sospechoso. Hasta los años setenta, más de sesenta aviones estadounidenses aterrizaban diariamente en Berlín (tinta, papel higiénico, monederos... cualquier cosa) para que nada faltara a la población alemana. La reconstrucción de la universidad y de todas sus instalaciones la pagaron los dólares yanquis, que la estuvieron costeando a fondo perdido hasta esa década.

En 1929 hubo de nuevo que renegociar la deuda alemana. Esta vez se hizo bajo los auspicios de Owen D. Young por parte estadounidense. Siempre el paraguas estadounidense. La cantidad que había que pagar se redujo de nuevo (otra quita) en un tercio y se escalonó el pago de lo restante a lo largo de cincuenta y nueve años. Paralelamente, Alemania recibió el préstamo Young por un montante de 1.200 millones de marcos a un 5,5 por ciento de interés, con vencimiento a los treinta y cinco años, para reflotar el Banco Central Alemán. No tuvo que acudir al mercado internacional de deuda y, por tanto, no hubo prima de riesgo. Pero Alemania tampoco pagaba en estas más que favorables condiciones. Se creó el Banco de Pagos Internacionales dirigido por el francés Pierre Quesney para lidiar con este toro porque la reestructuración de Young tampoco daba resultado. En 1932 Francia terminó renunciando al pago de las compensaciones de guerra, por aburrimiento. Xavier Lépine, presidente del Consejo Ejecutivo de La Française AM, apostilla: «Sin embargo, la historia de la deuda alemana y, por ende, de la ayuda —también involuntaria— de sus acreedores no termina ahí. Los préstamos Dawes y Young seguían vigentes y a partir de 1934, con la llegada de los nazis al poder, sumada a verdaderas dificultades económicas, cesaron el pago de las obligaciones. Diecinueve años más tarde, en 1953, se firmó un nuevo tratado con los alemanes y se canjearon los préstamos Dawes y Young por otros nuevos con una quita del 40 por ciento (*no comment...*), que se reembolsaron en 1969 y 1980, respectivamente..., cincuenta años después de su emisión y con un tipo de interés reducido (en torno al 5 por ciento frente a una inflación del 10 por ciento) sobre un principal amputado en un 40 por ciento»[698]. No está mal para el socio más digno de confianza de la Unión Europea y poder hegemónico indiscutible ahora mismo en Europa, y más destacadamente en la zona euro donde España está. Su

[698] Xavier Lépine, «La deuda alemana y Europa: una larga y curiosa historia», publicado el 16 de julio de 2012 en *www.fundspeople.com/noticias/tribuna*. Consultado el 19 de junio de 2015.

deuda soberana se ha financiado prácticamente al cero por ciento en la crisis que todavía padecemos y que estalló en 2007. A pesar de ello, no ha podido evitar el estancamiento.

Pero no acaba aquí la historia. Acabada la Segunda Guerra Mundial se firmaron acuerdos en 1953 que preveían el pago de lo debido al menos hasta 1945, porque lo anterior se refiere solo a los préstamos Dawes y Young. Sin embargo, Alemania no cumplió estos acuerdos[699]. La República Federal Alemana se negó a abonar los intereses impagados sobre las obligaciones debidas por Alemania en el periodo 1945-1952. El argumento esgrimido por la República Federal Alemana era que la República Democrática Alemana no pagaba y que, por lo tanto, no iba ella sola a cargar con la deuda. Tampoco se pagaron los 10.000 millones de marcos que los griegos se vieron en la obligación de prestar *manu militari* a la Alemania nazi[700]. Se añadió entonces una cláusula según la cual Alemania solo pagaría en caso de unificación. Y ahí quedó la cosa hasta 1990, en que Alemania comenzó de nuevo a pagar una deuda que tenía ya casi ochenta años. Los intereses impagados se liquidaron a un módico 3 por ciento en una época en que los intereses giraban en torno al 10 por ciento. El principal se pagó el 3 de octubre de 2013. Casi cien años después, tras varias quitas y con una etapa de más de cuarenta años sin pagar nada y recibiendo ayudas a fondo perdido. Si se diesen estas condiciones, ¿no serían capaces los griegos de pagar sus deudas? No hay que ser superhombres para hacerlo.

El hecho es que el mundo entero cree, contra toda evidencia, que Alemania paga sus deudas. Alemania ha recuperado la virtud (los protestantes nunca la pierden) tras el traspiés de la Segunda Guerra Mundial, que no fue más que un mal momento. Los malos que no pagan son los mediterráneos e irlandeses, esto es, los católicos u ortodoxos. En cualquier caso, no protestantes. Actúan los primeros de acuerdo a su naturaleza inmoral e inferior, y los segundos, como corresponde a la suya, es decir, de manera respetable y virtuosa.

¿Por qué el prestigio de Alemania no se ha visto mermado por lo expuesto arriba? Porque el cotarro internacional que crea y destruye opinión pública lo maneja el mundo protestante. En los países que no lo son, la propaganda es un instrumento que se maneja mal, torpemente. Si a esto añadimos que no existe en ellos ley de silencio como mecanismo social de opinión pública, entenderemos por qué la buena reputación protestante nunca se pierde. Pero es que aquellos que se ven perjudica-

[699] Timothy W. Guinnane, «Financial *Vergangenheits bewältigung*: the 1953 Debt Agreemant», *Center Discussion Paper* 880, enero de 2004, en *http://econ.yale.edu/-egcenter/*. Consultado el 27 de junio de 2015.

[700] Hein A. M. Klemann y Sergei Kudryaslov, *Occupied Economies: An Economic History of Nazi-Occupied Europe, 1939-1945*, Londres y Nueva York: Berg, 2012.

dos por las políticas de acrecentamiento de la deuda con el euro como mecanismo de control tampoco saben usar adecuadamente la información. La mayor parte de la opinión pública ignora estos hechos, y aquellos que están en la obligación de conocerlos o no los saben o no saben qué hacer o están tan aplastados por sus complejos que no atinan a nada. Esta información hubiera debido aparecer en todos los medios de comunicación de los países perjudicados por el aumento desmesurado y artificial de las primas de riesgo, no una vez o dos, sino un día sí y otro también, hasta que no quedara un solo griego, un solo italiano, un solo español o un solo portugués que no la supiera. Repetirla hasta la saciedad, hasta que impregne el ambiente con tal espesura que sea imposible respirar sin reaccionar. No contra nadie sino a favor de nosotros mismos.

Las autoridades económicas de la Unión Europea, bajo hegemonía alemana, están mucho menos interesadas en superar la crisis que en conseguir que los bancos que financiaron las burbujas del sur (especialmente alemanes) recobren los créditos concedidos irresponsablemente. El argumento lógico sería que ni siquiera los prestamistas más detestables están blindados contra los impagos. Sin embargo, en este caso es así. Y el euro es el conjuro que hace posible este milagro. Un procedimiento inédito en la historia occidental se ha inventado para estos prestamistas: la transformación de la deuda privada en deuda pública. Es muy simple. El crédito a bajo interés y con grandes facilidades hace que aumente la deuda privada, porque familias, empresas pequeñas y grandes aprovechan la coyuntura para mejorar su situación. Se crea una burbuja crediticia que finalmente estalla. Los gobiernos, para evitar las quiebras bancarias, se endeudan para ayudar a los bancos. Y ya tenemos la deuda privada convertida en deuda soberana. Añadamos a esto que el Banco Central Europeo presta dinero no a los Estados, sino a los bancos a muy bajo interés (1 por ciento y menos, por ejemplo), y que los bancos utilizan ese dinero para comprar deuda pública al 3, 4 y 5 por ciento o más. Más las primas de riesgo que se puedan arañar manipulando el mercado de deuda. El negocio es redondo. ¿Para quién? Para los mismos bancos que provocaron esta crisis prestando irresponsablemente. Los ciudadanos terminan pagando la deuda bancaria transformada en pública y las ayudas terminan sirviendo a los bancos para comprar la deuda que ellos han producido, pero a mucho mayor interés.

La Fundación Friedrich Ebert, ligada a la socialdemocracia alemana y famosa en España por haber financiado ilegalmente al PSOE de Felipe González en los años setenta y ochenta, publicó en 2012 un informe donde se dibujan los posibles escenarios que podemos encontrar en Europa tras la crisis. El más destacable es el que se denomina «síndrome del Mezzogiorno». Presenta un grupo unificado de territorios que mantienen el euro con Alemania en el centro, y España e Italia divididas en varios fragmentos, algunos de los cuales se habrían adherido a esta

Europa fuerte y, otros, los que están más al sur, no. Se menciona específicamente a Cataluña y el norte de Italia. Se ve que se despistaron un poco y se olvidaron de La Rioja, que es la comunidad autónoma más rica.

Para terminar este esbozo comparativo de las deudas griegas y alemanas y de la actitud de la comunidad internacional ante ellas, nos referiremos brevemente a lo sucedido después de la Segunda Guerra Mundial con los dineros que los alemanes debían a los griegos. Cuando la guerra termina, se condena a Alemania a indemnizar a Grecia con 7.000 millones de dólares por los daños causados durante la ocupación de 1941-1944. Como era de esperar, esta indemnización jamás se pagó. Los argumentos alemanes fueron los esperados. Como la RDA no pagaba, la RFA tampoco. A esto se llamó, con mucho arte, argumento de la discontinuidad del Estado. Cuando se produjo la reunificación, los griegos, haciendo gala de una gran generosidad y comprensión, consideraron el hecho como una etapa nueva en la historia de Alemania y decidieron olvidar la reclamación de la deuda. ¿Bonito, no? La cantidad no era pequeña precisamente. Esos 7.000 millones de dólares al interés de la tasa de inflación estadounidense desde 1946 dan la hermosa cifra de 80.000 millones de hoy día. Si se aplica la tasa de interés del bono americano, la cifra es mucho mayor y sacaría a Grecia de bastantes apuros. El argumento de la discontinuidad del Estado, que fue totalmente tomado en serio por la comunidad internacional, no fue el único empleado por Alemania para no pagar. Se usó otro aún más absurdo, el de los «materiales». Alemania, al parecer, había llevado muchos «materiales» (¿se refiere a los panzer y las minas antipersona con que sembraron los campos del Peloponeso?) a Grecia y se habían quedado allí, de lo cual los griegos tenían que estar más bien agradecidos. En fin, todo esto ha ocurrido. Aunque parezca mentira, ha ocurrido.

Tampoco en el caso de Gran Bretaña demostró la comunidad internacional desconfianza ni se oyeron reproches descalificadores. Los británicos, como los islandeses, nunca podrían ser PIGS. En 1976, James Callagham, primer ministro de Gran Bretaña, tuvo que enfrentarse a una gravísima crisis. Había síntomas bastante evidentes, pero nadie la vio venir **[2]**. La libra esterlina se desplomó y el gobierno comenzó a tener dificultades para colocar la deuda. Con un ingreso fiscal decreciente, pronto no hubo dinero para hacer frente a los gastos corrientes. Callagham tuvo que solicitar un préstamo urgente (rescate) al Fondo Monetario Internacional para evitar la suspensión de pagos. La cantidad fue de 2,3 billones de libras esterlinas. Era el préstamo más grande jamás concedido por el FMI[701]. Para que nos hagamos una idea de lo que esta cifra repre-

[701] Véase *www.telegraph.co.uk/comment/columnists/benedict-brogan/6410123/the-debt-crisis-of-1976-offers-a-vision-of-the-blood-sweat-and-tears-facing-David-Cameron.html.* Consultado el 28 de julio de 2015.

sentaba en este año, el PIB de Francia era de 335.548 millones de euros y el de Gran Bretaña de 208.260 millones. La inflación estaba en el 27 por ciento y el paro en más del 20 por ciento. Las duras condiciones que este organismo impuso fueron vistas en Gran Bretaña como una auténtica humillación nacional. Fuera de Gran Bretaña, uno de los artículos más duros fue el editorial de *The Wall Street Journal* (29-abril-1975) titulado «Goodbye, Great Britain»: «The British government is now so clearly headed toward a policy of total confiscation that anyone who has any wealth left is discounting furiously at any chance to get it out of the country [...]. Goodbye, Great Britain. It was nice knowing you». Pero ni en este ni en otros textos en la prensa internacional se acusó a Gran Bretaña de estar chupando la sangre a la comunidad internacional ni se los llamó piratas ni se la asoció a ningún animal cuyo nombre sea un insulto[702]. Es más, toda la comunidad internacional lamentó unánimemente las fatigas que estaban pasando los británicos, nadie les culpó de aquella crisis ni demostró desconfianza en Gran Bretaña para superar su deuda. De esta unanimidad en la confianza y el respeto hizo gala *El País*, que en un editorial titulado «La economía británica o cómo salir de la crisis» (25-septiembre-1977) demostraba una fe inquebrantable en la capacidad de los ingleses y veía por todas partes brotes verdes que anunciaban la recuperación económica. Nada más lejos de la realidad. Al otoño de 1977 siguieron tiempos aún más duros, y eso que Gran Bretaña contaba con algo que Grecia no tiene: petróleo en el mar del Norte. El invierno de 1978 a 1979 se conoce como «the Winter of Discontent», unos meses terribles de paro, huelgas y desórdenes públicos.

¿Eran culpables los ingleses de aquel tropiezo? Tanto como lo son ahora quienes tienen problemas para financiar su deuda soberana. Y estuvo bien que la comunidad internacional demostrara comprensión y confianza en ellos. Sin embargo, ¿por qué en circunstancias semejantes se desata un vendaval de descalificaciones e insultos hacia otros países? Porque cuando aprieta el zapato en los países protestantes de Europa, el hábito es recurrir a un procedimiento de autodefensa que se conoce como «chivo expiatorio» y que permite echar las culpas fuera. En otro tiempo la culpa de todos los males propios la tuvieron el Imperio español y la Iglesia católica. Uno y otra sirvieron para justificar desde el racismo religioso al racismo científico. Una parte importante del éxito económico de las sociedades protestantes se debe a haber inventado la propaganda, en primer lugar, y saber usarla en beneficio propio, lógicamente. Con ella se desarrolló otro mecanismo paralelo: el chivo expiatorio. Esta es la viga maestra de la cosmovisión y autorrepresentación

702 El artículo, que tuvo una gran repercusión, se transformó luego en un libro: Kathleen Burk y Alec Cairncross, *Goodbye Great Britain. The 1976 IMF Crisis*, New Haven: Yale University Press, 1992.

protestante. Ante cualquier apuro, se pone en marcha un mecanismo de propaganda interesada que busca lo más sencillo: que sean otros los que paguen la mayor parte de los platos rotos. Ahora esos otros son naturalmente los pueblos no protestantes de la Unión Europea. Los viejos prejuicios anticatólicos e hispanófobos son aventados de nuevo para proteger el bolsillo lo más posible. No nos hemos convertido en PIGS o GIPSY gratuitamente, en un momento de creatividad periodística [3]. Esta manera ofensiva y agresiva de afrontar los problemas es el primer paso hacia el éxito. El economista Ricardo Aronskind señala: «Llamarlos PIGS no es una humorada. Es el comienzo de una campaña denigratoria, no precisamente con fines éticos. La ideología de las finanzas internacionales parte de la base de que el sistema económico mundial es justo y moral. Sus voceros presentan a los prestamistas como una especie de Cruz Roja que acude en solidaria ayuda de aquellos que la requieren. Una organización moderna que se desvive por asistir a los débiles, a los necesitados (de crédito). Lamentablemente, estos solícitos y prudentes hombres de negocios se tropiezan reiteradamente con... PIGS. Frente a la seriedad, surge la irresponsabilidad. Frente a la eficiencia, la impericia. Frente a la honorabilidad, el pecado bajo la forma de corrupción, desorden, despilfarro. Si alguien ha llegado a ser un PIG, es porque debido a sus desmanejos ha terminado archiendeudado. Por lo tanto, merece sufrir. Si esos países extraviados están siendo arrojados en el camino del ajuste, de los salarios miserables, del desempleo, de la migración forzosa, del estancamiento, es porque son PIGS»[703].

No es nada nuevo. Las turbulencias financieras que buscan subordinar económicamente a un país y transformar el Estado en una mera herramienta de recaudar para pagar deuda van necesariamente precedidos de un periodo de denigración colectiva. Se convence a propios y extraños de que la población de ese país es la culpable de los males que se le vienen encima y que, en cambio, hay un mundo serio y respetuoso que viene a meterlos en vereda, por su mala cabeza. Se monta una campaña de denigración que transforma a los que van a ser saqueados en los culpables del saqueo. Para ello es importantísimo proceder a la destrucción de la autoestima nacional de forma que se asuma que son los propios pecados y no las aventuras financieras descontroladas de otros los que han llevado a la situación de endeudamiento.

El acrónimo PIGS existía desde antes de la crisis, al menos desde mediados de los noventa, pero tenía poco uso. Lo habían empleado *Newsweek*, *The Economist* o *The Times*, pero es *Financial Times* el que lo populariza. Hace referencia a la frase hecha «flying pig» (cerdo que vuela). Se usa también la expresión «economía porcina». Pero si hay un

[703] Disponible en *www.pagina12.com.ar/diario/suplementos/cash/17-4232-2010-03-29.html*. Consultado el 12 de junio de 2015.

ambiente *pig*, un ámbito falto de seriedad y de ética en nuestro mundo global, ese es el del conglomerado denominado Las Vegas Group, un grupo financiero integrado por grandes corporaciones como Goldman Sachs, que tan destacado papel ha tenido en Grecia; agencias de calificación de riesgo como Standard & Poor's, Fitch y Moody's, y medios de comunicación afines a ellos como *Wall Street Journal, The Economist, Financial Times, The Times, Daily Telegraph* y *Fox News* principalmente. La economista inglesa Susan Strange (London School of Economics) denominaba a este tipo de actividad financiera especulativa «capitalismo de casino», y fue de las primeras en advertir a finales de los setenta de que se estaba abriendo una brecha peligrosísima entre la capacidad de control del mundo financiero por los estados-nación y el mercando financiero globalizado[704]. Esta brecha no ha hecho más que ensancharse en el caso de la Europa Occidental conforme los Estados han ido perdiendo poder a favor de la Unión Europea, y esta no ha creado mecanismos capaces de poner en vereda estos poderes económicos omnímodos que campan por sus respetos y pueden poner a un Estado contra las cuerdas en cuanto ven dificultades en el horizonte. Si disminuyen las ganancias, alguien va a pagar la factura y no van a ser ellos.

La leyenda negra y sus tópicos eran un artefacto disponible para ser usado *urbi et orbi* en el contexto de la crisis de la deuda. Otra vez se ha desempolvado el viejo monigote, ya casi una reliquia, pero tan útil como siempre. ¿Hay algún hecho de la experiencia que permita comprender por qué la prima de riesgo de Alemania se ha mantenido alrededor de cero y la española ha llegado a alcanzar el 3 por ciento? De la fiabilidad alemana hemos tratado más arriba. Ahora conviene que, para acabar, nos ocupemos de la in-fiabilidad española.

En la época contemporánea nos encontramos con que el manejo de la deuda externa en el siglo XIX es un desastre en la recién nacida España. Simplemente no tiene experiencia en acudir a ese mercado persa que es el mundo financiero internacional como estado-nación. El imperio recién muerto se ha financiado siempre a su manera. Era rentable prestarle dinero y cuando no podía pagar, imponía las condiciones de sus impagos sin que esto supusiera un gran problema. El real de a ocho era la moneda de aquel imperio y lo sobrevivió con creces. Esta moneda tuvo varios nombres: peso de a ocho, peso duro, peso fuerte o dólar español. El más usado es el de real de a ocho[705]. Empezó a acuñarse tras la reforma monetaria de 1497 y en el siglo XVIII se convirtió en la primera divisa de uso mundial. En Estados Unidos fue moneda de curso legal hasta 1857. Se le llamaba allí *Spanish dollar* y equivalía a un dólar

[704] Susan Strange, *Casino Capitalism*, Manchester: Manchester University Press, 1997.

[705] Es lo que grita el loro de Long John Silver en *La isla del tesoro*: «¡Piezas de a ocho, piezas de a ocho!».

americano. De hecho, al principio los dólares USA eran garantizados con reales de a ocho [4]. Como anécdota diremos que hasta 1997 se mantuvo la costumbre en el mercado bursátil estadounidense de vender y comprar acciones en octavos, por el real de a ocho que era la divisa de garantía cuando comenzó a funcionar Wall Street. Con semejante moneda, no había mucho problema de financiación. Durante más de tres siglos el real de a ocho no solo fue moneda internacional, sino que también fue el principal producto de exportación en los Estados del norte, las Antillas, Filipinas, China, Japón, Indochina, Corea, India y los estrechos malayos. Se utilizaba en las transacciones comerciales con Oriente, Inglaterra y Francia. Uno de los principales mercados del real de a ocho fue China y los pueblos asiáticos, que aceptaban esta moneda por su valor intrínseco, y la consideraban como una mercancía sujeta a la ley de la oferta y la demanda. El prestigio internacional del real de a ocho hizo que la tomaran como único medio de cambio del comercio internacional para comerciar con Oriente y obtener té, sedas, marfil, etcétera. Cuando China emitió su primera moneda de plata, el tahel, en 1899, lo hizo según el modelo español del real de a ocho. La unidad del comercio mundial hasta el siglo XIX fue el real de a ocho, que precedió a la libra esterlina de oro inglesa y al dólar de plata estadounidense en su hegemonía financiera mundial. El real de a ocho, como divisa reconocida, sirvió de cambio en las amplias rutas del tráfico mercantil y abrió la puerta a la formación liberal. Asombrosamente, todavía a finales del siglo XIX el papel del real de a ocho seguía siendo competitivo en Oriente, y allí desplazó y superó a otras unidades de plata, como el dólar USA, el dólar británico, el yen japonés, el tálero de María Teresa de Austria, la piastra francesa, la rupia de la India, el chelín inglés de plata. La moneda del imperio tuvo mucha más vida que él. Le pasó como al Cid, que ganaba batallas después de muerto. Fallecida la Monarquía Católica Universal, el real mantuvo su poder competitivo y era la moneda reserva que se atesoraba en China, India y Medio Oriente[706].

Pero ahora aquel imperio que hizo posible el real de a ocho ya no existe. La pequeña España, con una deuda enorme después de las guerras napoleónicas, ni siquiera tiene mecanismos de administración adaptados a su nueva situación como parte disgregada de un imperio. Tampoco las nuevas repúblicas hispanas los tienen y padecerán un largo calvario con la deuda, calvario que está muy lejos de haberse acabado. Serían muy largas

[706] Guillermo Céspedes Castillo, «El real de a ocho, primera moneda universal», en Carmen Alfaro y otros (coords.), *XIII Congreso Internacional de Numismática*, Madrid: Ministerio de Cultura, 2005, págs. 1751-1760. María Ruiz Trapero, «El real de a ocho: su importancia y trascendencia», en Susana Cabezas y María del Mar Royo (eds.), *IV Jornadas Científicas sobre Documentación de Castilla e Indias en el siglo XVI*, Madrid: CEMA, 2005, págs. 357-370. Contiene interesantes imágenes.

de contar ahora las tentativas, los ensayos y los errores cometidos por los distintos gobiernos decimonónicos. Baste decir que hubo varias quiebras y también algunos intentos que estuvieron a punto de salir bien, como el de Bravo Murillo, pero no pudieron cuajar. Los ingleses y los holandeses, que habían tenido sus grandes dificultades para financiarse, habían aprendido ya a finales del siglo XVII que había que garantizar los préstamos, porque si no lo hacían con total fiabilidad, no había quien les prestara dinero. Los nuevos españoles tardan algo más de medio siglo en aprender a manejarse en su nueva situación, pero aprenden[707]. Veamos cómo.

El punto de máxima tensión política y económica se alcanza con el Tratado de París que pone fin a la guerra con Estados Unidos. Es también el punto álgido de la deuda. Las condiciones que los estadounidenses impusieron a España en diciembre de 1898 fueron muy duras. El país tiene que asumir, no ya su propia deuda, lo cual es razonable, sino también la deuda de los territorios secesionados. Recordemos que Alemania había dejado de pagar con el argumento de la discontinuidad del Estado. Mayor discontinuidad que esta no cabe. El hecho es que con la deuda cubana asumida, el montante total alcanza el 123,6 por ciento del PIB. En marzo de 1899 es nombrado un nuevo gobierno que preside Francisco Silvela con Raimundo Fernández Villaverde como ministro de Hacienda. Sobre las bases del plan trazado por el anterior ministro, Joaquín López Puigcerver, y su director general de Deuda Pública, Estanislao García Monfort, Villaverde acomete reformas draconianas y consigue reducir la deuda al 76,7 por ciento del PIB[708]. La aplicación de las reformas de Villaverde y su continuación en el tiempo fueron muy positivamente valoradas dentro y fuera de España. Su plan ha sido calificado como «la obra de más amplio reconocimiento en la historia moderna de España»[709]. En 1920 la deuda pública española había descendido al 44,4 por ciento y la peseta se había fortalecido tanto que era un problema.

La otra gran crisis de deuda se produce con la Guerra Civil, pero ya en agosto de 1939, con el nuevo gobierno todavía en Burgos, José Larraz López, ministro de Hacienda, hace saber a los acreedores que las deudas se van a comenzar a pagar inmediatamente. Y se hace, en muy pocos años además. A la muerte de Franco en 1975 la deuda está en mínimos

[707] Bartolomé Yun y Francisco Comín, «Spain: from compositive monarchy to nation-state, 1492-1914. An exceptional case?», en Bartolome Yun y P. O'Brien (eds.), *The Rise of the Fiscal State in Eurasia. A Global History, 1500-1914*, Cambridge: Cambridge University Press, 2012, págs. 233-267.

[708] Bartolomé Yun y Francisco Comín, «Las crisis de la deuda pública en España (siglos XVI-XIX)», *Actas del X Congreso Internacional de la AEHE* (8, 9 y 10 de septiembre de 2011).

[709] Jordi Maluquer de Motes, *España en la crisis de 1898. De la Gran Depresión a la modernización económica del siglo XX*, Barcelona: Península, 1999, pág. 17.

históricos, el 7,3 por ciento del PIB[710]. Es aproximadamente por estas fechas cuando quiebra Gran Bretaña.

Nunca desde el fin de la guerra de Cuba ha dejado España de pagar sus deudas. ¿Por qué entonces tiene que asumir un sobrecoste de financiación como si fuera un mal pagador, indigno de confianza? Pero es que España, además de tener todos los pecados congénitos típicamente PIGS, esto es, no-protestantes, tiene un plus. Digamos que se le puede añadir un poco más aprovechando la historia negra que arrastra, con los tópicos hispanófobos del protestantismo, la Ilustración y el liberalismo. Con tanto becario resulta asombroso que no se haya hecho una investigación sobre el uso de los tópicos de la leyenda negra por parte de la prensa en lengua inglesa y alemana en la crisis de la deuda. En junio de 2012 el periódico alemán *Süddeutsche Zeitung* comentaba los problemas financieros españoles con un artículo titulado «España: una crisis de 500 años» y allí se explicaba que el siglo XX en nuestro país era «una vuelta a la Inquisición».

Lo explica muy bien Ramón Tamames en una entrevista que transcribo en parte: «Este subidón de la prima de riesgo... es más bien, por ejemplo, cosa de un banco, como el City Bank, que predijo en noviembre que España iba a quebrar... Predijo la quiebra y es que tienen muchas ganas de subir la prima de riesgo y ganar más. Es una paradoja porque nuestra deuda está garantizada por el eurogrupo. Y claro, cuanto más suba, mejor. Es una vergüenza que se tenía que decir constantemente [...]. La situación italiana es más grave en términos de deuda, pero... están inmunizados. Cuando se firma el euro en el 98, Italia tiene una deuda de 120 por ciento, y luego del 110 por ciento o con más de 100 siempre, mientras que España que está en el 68, pues nos tratan así»[711]. Pero Tamames no explica el porqué, de dónde viene este plus de peligrosidad.

Esta crisis necesitaba, como dijimos, un chivo expiatorio y lo ha encontrado ya fabricado en parte. El resto del producto solo ha necesitado algún adorno. Hemos mentado más arriba al chivo expiatorio y el mecanismo de transferencia de la culpa como piedra angular de la mentalidad protestante y de su exitosa propaganda. La expresión «chivo expiatorio» designa normalmente en antropología la creencia en que la culpabilidad y otros sufrimientos de la comunidad pueden ser transferidos hacia una víctima, animal o humana, de manera ritual. Para René Girard, en cambio, el mecanismo del chivo expiatorio tiene un sentido mucho más amplio[712]. Limitar su campo de acción al ritual es un error,

[710] Enrique Fuentes Quintana, «José Larraz», en F. Comín, P. Martín-Aceña y J. M. Serrano Sanz (eds.), *La Hacienda en sus ministros. Franquismo y democracia*, Zaragoza: Prensas Universitarias de Zaragoza, 1997, págs. 1-15.

[711] Cadena Intereconomía, entrevista emitida el 25 de marzo de 2012.

[712] René Girard, *El chivo expiatorio*, Barcelona: Anagrama, 1986.

porque su presencia en casi todas las sociedades es mucho más ubicua y generalizada. El mecanismo autorregulador de la persecución unánime es biológico y cultural al mismo tiempo y tiene que ver con la carencia o el deterioro de los patrones de dominio vigentes hasta el momento en una comunidad, es decir, cuando la jerarquía de poder que ha mantenido cohesionado al grupo entra en crisis por las causas que sean[713]. Una comunidad en que se activa el mecanismo para buscar y encontrar chivos expiatorios padece graves disensiones internas o sufre algún desastre real o imaginario. Se establece entonces un falso vínculo causa-efecto entre el chivo expiatorio elegido y el problema real o imaginario al que se enfrenta. El chivo expiatorio es un mecanismo de transferencia de la violencia y búsqueda de cohesión social que existe plenamente en las sociedades protestantes, que lo llevan en sus mismos cimientos, puesto que nacieron contra algo, para alejarse y separarse de ese algo que era en sí mismo malvado e inmoral, el catolicismo. Es un *modus operandi* que puede, y de hecho lo es, ser manipulado conscientemente por grupos sociales que buscan mantener su poder frente a nuevas situaciones que se lo disputan o por grupos que buscan alcanzar ese poder arrebatándoselo a otros, porque estas crisis colectivas ponen en cuestión el *statu quo* establecido. En las fases ulteriores del proceso, los perseguidores terminan viéndose a sí mismos como las víctimas pasivas de su propia víctima, del enemigo imaginario que ellos mismos han fabricado. Termina finalmente apareciendo «una progresión de rituales y relatos míticos, que no reflejarían la verdad de lo sucedido sino la visión deformada de la realidad»[714]. La antropología considera este proceso como ciego e inconsciente más que interesado o deliberado, y no se entretiene en su manipulación plenamente organizada por determinados grupos o ideologías, como los nacionalismos. O ciertos países o clubes financieros.

Aquellos españoles y estos españoles

Para Platón y Aristóteles la sabiduría es hija de Zauma, la sorpresa. Comienza, por tanto, el saber con el asombro y el maravillarse[715]. Ojalá venga el lector de sumergirse en páginas plagadas de asombros, tantos y tan egregios que la impericia de la autora no habrá podido oscurecer su brillo. Está por un lado el hecho asombroso de la unanimidad en el prejuicio hispanófobo, capaz de atravesar lenguas, siglos y hasta religiones. Era esperable, ya que la imperiofobia en sus distintas manifestaciones

[713] Agustín Moreno Fernández, «Descripción y fases del mecanismo del chivo expiatorio en la teoría mimética de René Girard», *Endoxa* 32 (2013), págs. 191-206 (pág. 194).

[714] Moreno, «Descripción y fases...», pág. 202.

[715] *Teeteto* (115d); *Metafísica* (I, 2, 98261).

vivía y vive sin ser molestada, plácidamente acomodada en el regazo de los que la albergan. Quienes sentirían un pinchazo moral sumamente molesto si se sorprendieran a sí mismos en algún desliz racista u homófobo, proclaman orgullosos su imperiofobia, actualmente bajo la forma habitual de antiamericanismo.

La persecución o discriminación de los católicos no es un rasgo de intolerancia en Occidente. Desde la Ilustración al menos está sancionado que es más bien un síntoma de modernización. Así, nada ha empañado el título de «una de las naciones más tolerantes del mundo» que puede leerse ligado a Holanda en cualquier texto histórico para plebeyos o expertos, guías de viajes y documentos de todo tipo. Esto a pesar de que las leyes de discriminación de la población católica estuvieron vigentes hasta la invasión francesa. Otro excelso ejemplo de tolerancia es el Reino Unido, aunque sus leyes discriminatorias vivieron hasta mediados del siglo XIX. En Estados Unidos los católicos han sido discriminados hasta los años setenta de manera visible y sin disimulo.

Es una cosa muy rara, pero los católicos no se defienden. Como no soy católica más que de refilón, esto no lo comprendo. Las causas deben estar en el subsuelo de la mentalidad católica y no llego a ellas. La actitud del protestante es radicalmente distinta, antes y ahora. El protestantismo es el triunfo de una verdad oculta, moralmente superior y arrebatada por Roma a los pueblos durante siglos. Esto no es una idea del pasado, sino un estado de opinión perfectamente vivo y actuante entre los protestantes de toda nacionalidad. Puede el lector entretenerse buscando en Google las páginas de algunas confesiones de reciente implantación en España y verá la virulencia del ataque. En cambio no encontrará esta actitud ofensiva entre los católicos, ni siquiera en los territorios misionales de la Iglesia católica. Durante una visita papal al Parlamento Europeo en 1988, el eurodiputado norirlandés Ian Paisley montó un escándalo inverosímil acusando a Juan Pablo II de ser el Anticristo [5]. El asunto pasó bastante desapercibido. Si hubiera sido al contrario, hubiera habido altavoces proclamando la intolerancia católica como un mal perenne. De hecho los conversos actuales al protestantismo muestran la misma agresividad hacia el catolicismo de los padres fundadores. En definitiva, ¿cómo puede uno ver al Demonio paseándose tranquilamente por las calles y no reaccionar? No iremos muy lejos a buscar un caso ilustrativo. Lo tenemos en casa y es muy popular. El periodista César Vidal es un ejemplo fácil y bien visible. Su proceder insultante tiene la misma causa hoy que hace quinientos años: necesita ofender y denigrar para justificarse. Si los católicos no fuesen demoniacos y moralmente inferiores, ¿por qué me habría hecho yo protestante? He huido de los malos para estar con los buenos.

Cuando España firma el Tratado de París en 1898, el país recibe la noticia como un mazazo. Cualquier periódico o gacetilla comarcal se hace eco día tras día de lo que se llama el Desastre, porque como tal se vivió colectivamente. ¿Qué fue lo que resultó tan insoportable? ¿Fue realmente un desastre? En realidad no fue más que la recepción del certificado de defunción de un imperio que estaba muerto desde hacía ya mucho. Más de un siglo después resulta difícil calibrar cuánta responsabilidad tuvieron las élites intelectuales en aquel histérico llanto colectivo que ensordeció a los locales y que se oyó con plena claridad más allá de las fronteras. Era natural, por otra parte. La tradición intelectual española es autocrítica y flagelante desde muy antiguo. Ya el marqués de Santillana se quejaba: «Hago un singular reposo [se refiere al ocio intelectual] a las vexaciones e trabajos que el mundo continuamente trahe, mayormente en aquestos nuestros reynos»[716]. El intelectual español nace, crece, se reproduce y muere en un hábitat que exige la crítica nacional, si se quiere conseguir algún respeto. Quien no la practique con la necesaria virulencia, será calificado como mínimo de ignorante y cateto (no sabe las maravillas que hay más allá de las fronteras), y además de derechas. Era por tanto imposible que surgiera ante aquella crisis una solución a la francesa, por falta de tradición. Desde que apareció el salón subvencionado en tiempos de Luis XIV, el intelectual francés ha vivido de y para dar brillo y razones a la *grandeur*, achicando descalabros y transformando disparates en logros para la humanidad.

Todo el siglo XIX prepara ese momento, el de la llegada del certificado de defunción. Hay una construcción argumental que comienza en el siglo XVIII y que va durante todo el siglo XIX cargándose de razones y causas históricas inventadas por la propaganda para llegar a la conclusión más que necesaria, necesitada: aquella según la cual la culpa del acabamiento del imperio la tienen aquellos españoles que lo levantaron y no estos que lo llevaron a su final. Con precisión casi matemática van asumiéndose uno a uno los tópicos de la leyenda negra. Los españoles del siglo XIX construyen con ellos una explicación que necesitan casi desesperadamente, y hay que buscarla allí, en aquellos españoles y no aquí, en estos de ahora. Ello nos muestra hasta qué punto la diferencia entre unos y otros es radical. Habría que pensar este asunto con mucho pormenor y mucho mimo porque la continuidad de nombres suele ser engañosa. Los españoles del siglo XIX no son en absoluto los del siglo XVII. El español del siglo XVII no habría buscado nunca un culpable para sus males que no fuese él mismo. Solemos considerar que España es un estado europeo que nació en la primera oleada de formaciones estatales, la del Renacimiento, pero, si bien se piensa, la España de hoy se forma en el siglo XIX, en la etapa postimperial y como parte desgajada de un organismo mayor. Con

[716] López de Mendoza, Íñigo, *Obras completas*, ed. Ángel Gómez Moreno y Maximilian Kerkhof, Barcelona: Planeta, 1988, pág. 232.

mucho tino dijo el historiador Juan Antonio Ortega que «España se independizó de sí misma».

Así las cosas, es muy posible que la historia del Imperio español la escriban alguna vez los arqueólogos. Tendrán mucho y bueno donde entretenerse. Estaría bien saber cómo se imaginarán aquella gente que tantos restos en piedra dejó. Pero esto no sucederá hasta que los pueblos que descienden de aquellos españoles, incluido el nuestro ahora, hayan adquirido despego suficiente y hasta que a aquellos otros que echaron los dientes luchando contra aquellos españoles les suceda lo mismo. Digamos que es un mensaje en una botella que se arroja al mar. Seguro que algún día llegará, pero nosotros no lo veremos. El Imperio español merece justicia histórica y la tendrá, pero hace falta mucho más tiempo. Los españoles de hoy tienen, cuando la tienen, una relación con aquel imperio bastante confusa. En realidad el factor dominante suele ser el de entrar en el Imperio ya muerto para buscar culpables y justificar el presente. En esto los descendientes de aquellos españoles y los descendientes de sus enemigos se comportan igual. De vez en cuando estos españoles y los del otro lado del charco, a los que solemos llamar hispanos por costumbre, tienen como un ataquillo de orgullo, a veces ridículo, a veces nostálgico y siempre inútil. También los peninsulares deberíamos tener otro nombre que nos separara nítidamente de aquellos españoles. Parece que los españoles siguen existiendo, cuando ni los hispanos ni los que llevan ahora este nombre son ya aquellos españoles. En verdad, también los españoles peninsulares deberían llamarse hispanos. Si trasladamos la situación a Roma se verá más claro. Ningún pueblo románico es romano. Los romanos ya no existen. En el siglo V ya no existían. Ni los portugueses, ni los italianos ni los franceses son romanos. Y los que así son llamados hoy día, los habitantes de la ciudad de Roma, no tienen nada que ver con aquellos romanos del imperio.

El Imperio español es una unidad histórica ya fallecida cuya comprensión escapa por completo a la historiografía occidental hoy vigente. Lo vio muy bien Madariaga cuando habló del «ciclo hispánico». El problema es que solo sucede de vez en cuando que una persona se acerca (o se aleja, según se mire) a los hechos aquí parcialmente historiados y comprende su extraordinaria magnitud. Eso es tan excepcional que ni crea corrientes académicas, ni muchísimo menos opinión pública.

Hemos llegado al siglo XX después de fatigarnos por muchos senderos y hemos visto que la leyenda negra sigue viva. ¿Cómo se explica esa continuidad histórica frente a la discontinuidad del Imperio? Si como defendemos aquí no hay continuidad entre aquellos españoles y estos españoles, ¿por qué estos de ahora siguen padeciendo los efectos de la hispanofobia?

Dos son las razones principales que explican la perpetuación de la hispanofobia y sus tópicos. La primera es su papel en el aparato de autojustificaciones de las naciones protestantes con sus correspondientes iglesias, y luego de la Ilustración y del liberalismo. Las naciones y las religiones que se formaron contra el Imperio español no pueden prescindir de la leyenda negra porque se quedarían sin Historia. Y una vez muerto el imperio, la leyenda negra se transforma de manera suave y natural en el mecanismo que hemos llamado chivo expiatorio. La existencia de la hispanofobia es útil al mundo protestante y rentable económicamente cuando llega el caso. Los tópicos de la leyenda negra se reproducen y se perpetúan porque tienen mercado. Mientras la hispanofobia era imperiofobia, la victimización era poco evidente. Cuando ya no había imperio, la hispanofobia se había convertido en un mecanismo social utilísimo al que costaba renunciar, porque ofrecía grandes ventajas. El mundo protestante necesita culpables, enemigos, un diablo que explique lo que va mal, como toda corriente histórico-ideológica que nace contra algo. Es un mundo moralmente dual. Los nacionalismos funcionan de la misma manera. Esto en la mentalidad católica no se ve ni se comprende, porque el catolicismo no nació ni se ha mantenido contra algo.

En consecuencia, el protestantismo no podía ser sino la historia de un éxito[717]. De otro modo, ¿cuál sería su razón de ser?, ¿cómo justificar el cisma? La ruptura con el catolicismo tenía que ser explicada y solo la denigración de este podía servir para tal fin. Por lo tanto, ningún fracaso es fracaso sino una etapa hacia el triunfo. Para creerse esto hay que repetir hasta la saciedad, hasta el autoconvencimiento y la negación de la realidad, que el mundo católico es un fracaso, de forma que cualquier traspiés se transforma en norma y se magnifica hasta la deformación. No tiene importancia que Holanda, tras la secesión, sufriera el régimen oligárquico más cerrado y falto de representatividad que haya conocido Europa, ni que se pagaran más impuestos que nunca, ni las hambrunas atroces y cíclicas que vinieron después. Tampoco empaña el manto de nación supertolerante que tuviera leyes de discriminación religiosa hasta que perdió su independencia en tiempos de Napoleón, ni que se haya vivido allí en un apartheid *de facto* (columnización) que todavía es visible. Holanda es rica y tolerante por definición. Su historia es la de un triunfo, una vez liberada del oscurantismo hispanocatólico. La independencia oficial de las provincias neerlandesas que Orange consiguió secesionar se produjo en 1648 (Tratado de Münster). El año 1672 ha pasado a la historia de Holanda como «el año del desastre» (*Rampjaar*). ¿Qué sucedió en esa región en este año para dejar tan terrible e inolvidable apelativo? Se puede apostar mil contra uno a que el lector no lo sabe. Quien esto escribe tampoco lo sabía hasta hace un año, poco más o menos. La ley del silencio es implacable y perfecta. Sin embargo,

[717] Véase *Foxe*, I, pág. 27, nota 7.

es asunto de mucho interés ir al detalle de las consecuencias del éxito del nacionalismo orangista, especialmente en el momento de plena euforia triunfal. Es averiguación que le dejo como tarea al lector, que a estas alturas o es ya un amigo, y por tanto hay confianza, o un enemigo irreconciliable. Así se dará cuenta del esfuerzo que supone traspasar el muro de invisibilidad que las diversas versiones del protestantismo y del nacionalismo han levantado en la historia de Europa. También la historia de Inglaterra es la historia de un enorme triunfo contra toda evidencia, como explicamos más arriba.

Es urgente sacar la leyenda negra del estrecho cauce en el que la historiografía al uso la ha mantenido, como un hecho histórico de límites precisos vinculado a las exageraciones de la propaganda de guerra durante los siglos XVI y XVII, con una prolongación en el siglo XVIII. La leyenda negra es un fenómeno histórico y social muchísimo más amplio, que nace en la propaganda pero vive en la literatura y la historia, donde cobra realidad y prestigio, hasta convertirse en lo que primordialmente es: un hecho de opinión pública casi universal en Occidente. Es más: si privamos a Europa de la hispanofobia y el anticatolicismo, su historia moderna se torna un sinsentido.

La discusión sobre si la leyenda negra existió realmente o no, o si existió pero ya ha muerto, demuestra una incomprensión profunda de esta realidad, cuyas causas hay que buscar en la leyenda negra misma. Tiene que ver con la dificultad para calibrar un fenómeno histórico tan largo y ubicuo. No había a mano nada con que se la pudiera comparar y para hacerlo había casi que salirse de la historia de Europa. La segunda razón de su longevidad es que la leyenda negra mienta una serie de prejuicios que gozan de gran predicamento intelectual, de tal manera que quien se atreva a oponerse a sus tópicos consagrados se arriesga a ser descalificado ideológicamente primero y luego intelectualmente. El que vio al rey desnudo en el desfile y se atrevió a decirlo, no nos engañemos, no pudo pasar de ser un Diógenes, si es que sobrevivió a aquel atrevimiento. Cualquier discusión sobre la leyenda negra adquiere de inmediato tintes ideológicos, y las ideologías, como las religiones en otro tiempo, no muestran una gran capacidad de tolerancia. A fin de cuentas no dejan de ser un artefacto que se monta en el cerebro para que sirva de brújula. Cualquier grumo que venga a entorpecer el engranaje debe ser automáticamente desechado y triturado, no vaya a ser que su presencia indique que la brújula nos lleva en una dirección equivocada o en una dirección que no sabemos cuál es. Realmente la leyenda negra es eficaz para autojustificar religiones e ideologías. La leyenda negra nace como un prejuicio imperiófobo, pero se mantiene después por la razón antes explicada y porque, transformada en chivo expiatorio, se muestra extraordinariamente útil y rentable ante cualquier dificultad sobrevenida, como la crisis que arranca en 2007.

Decía Leonardo Da Vinci que como no se puede lo que se quiere, hay que querer lo que se puede. Y lo que se puede ahora es la Unión Europea. No hay por lo tanto más remedio que colaborar activa y lealmente para que ese monstruo de Frankenstein que es la Unión perdure y funcione bien. Pero esto hay que hacerlo sin papanatismos y sin perder el norte de los propios intereses. La Unión Europea debe servir para crear un espacio de convivencia donde puedan habitar en paz, prosperidad y solidaridad pueblos muy diversos, y no para que unos prosperen a costa de otros, logrando por medios poco éticos y poco visibles una hegemonía que por otros procedimientos no lograron. Cuando llegó la crisis de 2007 nos convertimos en PIGS, esto es, directamente en cerdos o en GIPSY, que es algo más pintoresco. Dos generaciones de españoles, al menos, van a trabajar más y a ganar menos que otros europeos para pagar un sobrecoste de financiación cuyas causas carecen de explicación racional, fuera de los prejuicios protestantes y de la propaganda financiera bien urdida a partir del anticatolicismo y la hispanofobia. Y puesto que nuestros hijos y nietos van a cargar con estos sobrecostes de manera casi irremediable, estaría bien que les contáramos el porqué. Sin negar nunca la amarga verdad: que la culpa mayor la tenemos nosotros, porque no fuimos capaces de defender nuestros intereses y los suyos. Para eso, para ayudar a poner en claro no el pasado, sino el futuro, se ha escrito este libro.

[1] El registro de Clemencia Arango,
según un periódico de Hearst.

[2] Portada del disco *Crisis? What crisis?*
de Supertramp.

[3] *Españoles representados como cerdos.* Grabado holandés anónimo del siglo XVI, Ingrid Schulze Schneider, *La leyenda negra de España. Propaganda en la guerra de Flandes (1566-1584)*, Madrid: Ed. Complutense, 2008, pág. 112.

[4] Dólar estadounidense de la época de Benjamin Franklin emitido con la garantía del real de a ocho español.

[5] El parlamentario protestante Iam Paisley acusa al papa Juan Pablo II de ser el Anticristo en el parlamento europeo (1988). Disponible en *www.watchmanafrica.blogpost.com.es/2014/10/the-day-ian-painsley-called-pope.html*

Bibliografía

ALVAR EZQUERRA, Alfredo, *La leyenda negra*, Madrid: Akal, 1997.

ARNOLDSSON, Sverker, *La leyenda negra, estudios sobre sus orígenes*, Göteborg: Universitas, 1960.

CARBIA, Rómulo D., *Historia de la leyenda negra hispano-americana*, Madrid: Marcial Pons, 2004.

DE GUZMÁN, María, *Spain's Long Shadow: The Black Legend, Off-Whiteness and Anglo-American Empire*, Minneapolis: University of Minnesota Press, 2005.

GARCÍA CÁRCEL, Ricardo, *La leyenda negra. Historia y opinión*, Madrid: Alianza Editorial, 1992.

GIBSON, Charles (ed.), *The Black Legend: Anti-Spanish Attitudes in the Old World and the New*, Nueva York: A. A. Knofp, 1971.

HANKE, Lewis, *La lucha española por la justicia de América*, Madrid: Grech, 1987.

JUDERÍAS LOYOT, Julián, *La leyenda negra: estudios del concepto de España en el extranjero*, Valladolid: Consejería de Educación y Cultura, 1997.

MALTBY, William S., *La leyenda negra en Inglaterra. Desarrollo del sentimiento antihispánico 1558-1660*, México: Fondo de Cultura Económica, 1982.

MATEO BRETOS, Lourdes, y GARCÍA CÁRCEL, Ricardo, *La leyenda negra*, Madrid: Anaya, 1991.

PÉREZ, Joseph, *La leyenda negra*, trad. de Carlos Manzano, Madrid: Gadir, 2009.

POWELL, Philip Wayne, *El árbol del odio*, Madrid: Porrúa, 1972.

VÉLEZ, Iván, *Sobre la leyenda negra*, Madrid: Encuentro, 2014.

VILLAVERDE RICO, M.ª José y CASTILLA URBANO, Francisco (dirs.), *La sombra de la leyenda negra*, Madrid: Tecnos, 2016.

Agradecimientos

Muchas personas en mayor o menor medida me han ayudado a escribir este libro y quiero darles las gracias: Rafael Núñez, Ricardo Lamas Vallo, William Chislett, Juan Jesús Zaro, Edward Peters, Salvador Villena y Magdalena López Cózar. Debo gratitud especialmente a Ramón Soler Díaz, marido y sin embargo amigo, sin cuya ayuda y crítica jamás hubiera acabado este libro, y a Ignacio Gómez de Liaño, que me pidió que lo escribiera. También a Carmen Giusti Hudskopf, Alejandro Campana Giusti, Luna Blanca Perea, Bruno Giusti Díaz, M.ª Fernanda Fortea Salto, P. Benjamín Crespo, Carlos Vara Thorbeck, Wenceslao Soto Artuñedo y a Francisco Pérez Fresquet.